中国社会科学院文库
法学社会学研究系列
The Selected Works of CASS
Law and Sociology

中国社会科学院创新工程学术出版资助项目

中国社会科学院文库·法学社会学研究系列
The Selected Works of CASS · Law and Sociology

归善斋《吕刑》汇纂叙论

Collecting and Comment on Marquis Lü's Criminal
Law in the Study for Choiceness

尤韶华 / 著

社会科学文献出版社
SOCIAL SCIENCES ACADEMIC PRESS (CHINA)

《中国社会科学院文库》
出版说明

《中国社会科学院文库》（全称为《中国社会科学院重点研究课题成果文库》）是中国社会科学院组织出版的系列学术丛书。组织出版《中国社会科学院文库》，是我院进一步加强课题成果管理和学术成果出版的规范化、制度化建设的重要举措。

建院以来，我院广大科研人员坚持以马克思主义为指导，在中国特色社会主义理论和实践的双重探索中作出了重要贡献，在推进马克思主义理论创新、为建设中国特色社会主义提供智力支持和各学科基础建设方面，推出了大量的研究成果，其中每年完成的专著类成果就有三四百种之多。从现在起，我们经过一定的鉴定、结项、评审程序，逐年从中选出一批通过各类别课题研究工作而完成的具有较高学术水平和一定代表性的著作，编入《中国社会科学院文库》集中出版。我们希望这能够从一个侧面展示我院整体科研状况和学术成就，同时为优秀学术成果的面世创造更好的条件。

《中国社会科学院文库》分设马克思主义研究、文学语言研究、历史考古研究、哲学宗教研究、经济研究、法学社会学研究、国际问题研究七个系列，选收范围包括专著、研究报告集、学术资料、古籍整理、译著、工具书等。

中国社会科学院科研局
2008 年 12 月

自　　序

世间存有善心、恶念，人生自我选择，并经法律道德调控。笔者与多数人同心求善，虽时有蒙祸之虞，终而不悔。归，集中、回归。归善斋有三重含义，即汇集经学善解；《吕刑》导人向善；国学诸家合善。此外对学术善政也有所期盼。

一　汇集经学善解

本书采用汇纂叙论的方式。经典其实是历代不断推衍而成的。经学数千年，不同的时代，不同的学者，不同的感悟，各表词义，繁简不一，发挥、产生不同的影响。广阅群书，目的有二，一方面是尽可能多地展现历代经学家的各种见解。汇纂，在于戒己利人，在叙论过程中，转述或详，或略，或省，理解难保准确，恐有不当，或有断章取义之嫌，因此采用汇纂，便于查考。在明清，汇纂是经学的治学模式之一，有不少专门的汇纂书籍，汇纂的范围各有不同。今人顾颉刚、刘起釪所著《尚书校释译论》也是汇纂，只是通过对正文的注解显示。本书与其近似，但稍有区别，作为叙论引用的脚注。

另一方面，是本书经比较，鉴别，以探觅其善。此中过程冗长，枯燥、烦躁与乐趣交加。本书分为两大部分，第一部分是《要论》，作为上篇，包括穆王吕王之争、吕国所在歧义、改刑诸说异同。第二部分是《句解》，由于篇幅较长，依据段落分为两篇，即中篇《古训》，包括书序、古训上、古训下、天牧；下篇《详刑》，包括详刑上、详刑中、详刑下、敬刑。中篇、下篇的篇名及其下一级标题，按《尚书》之例取名，以第一个实词命名。

《要论》各部分均有诸多分歧，"穆王吕王之争"，有春秋战国说、炎帝文明说、魏刑说、综合说；"吕国所在歧义"，有新蔡说、南阳说、山西说、山东说、江苏说。"改刑诸说异同"，有适时说、尽心说、仁爱说、衰世说、敛财说、失刑说。诸说中又有所歧义。而《句解》的字、词、段、句，大多又有歧义。

"穆王吕王之争"，起因于今人对传统结论的质疑。"吕国所在歧义"，大多为古人之争，有些争议起于今人。"改刑诸说异同"及《句解》均为古人，上自战国汉魏，下至明清，主要是唐宋，尤以宋人为多，解说者官学合一，加入了自己执政、司法中的经验教训和为政的理念。宋人解说夹杂理学，带有些许神秘之感。明清大多是汇纂。晚清官、学开始分流，解经多以训诂，而《吕刑》叙述的是为政、刑罚，晚清的解说不如唐宋。今人刘起釪《尚书校释译论》汇集有诸多晚清之说，刘起釪也仅从史学角度解说，本书间有采用。

何以为善，出于笔者的判断，包含了学术的感悟。善解，也许并非确实为善，仅仅是笔者以为善，他人可能会有不同见解。笔者虽非愚顽，却聪明不足，深恐思虑有所不至，非敢自善，也难以尽善，仅希冀减少遗憾。常有此感，以为自己所论相当得体，得意未久，而继续翻阅文献，古人早已说过，并且更为适宜。重读书稿，发现原有论点有错，断句有误，而自我纠错。句解最难，首先要读懂，字词解说都要体现出来，给出如此采信的理由。语言发展演变，又是多义，常有词句百思不得其解，而后顿悟。有论者作长篇幅评论，有助于原文的理解。不少字词没有恰当的解说，只得不断地查阅文献，这是本书完稿延误时日的主要因由。

思维方法、视觉角度、经历理念的不同，是导致歧义出现的缘由。笔者判断的标准是，《吕刑》全文的宗旨、段落叙述的内容、上下文衔接是否相符。解说难以确认是初始含义，只是尽力使其接近初始含义。有不同论者，解说角度不同，均为合理，就互补，并众善合而为一。见解相同或近似的，采用行文较为贴切的解说；行文相同的，以先前者为准。

"穆王吕王之争"成文较早，并由于自身的特点，体例不同，笔者的评论夹杂在诸说之中。其余部分，体例相同。"吕国所在歧义"、"改刑诸说异同"，先以诸说分述，再作叙评总述。《句解》是每句诸段分述，再作叙评总述。一般读者可读叙评总述，学者可读分述，专门研究者可读引述汇纂。

二 《吕刑》导人向善

《吕刑》宗旨就在于使民归善。道德问题在很大程度上是法律问题。以邪恶欺诈为荣，以良善诚信为耻，人们以为是道德沉沦，实际并非如此。良善诚信、邪恶欺诈并存，古今中外，概莫如此。人心归善，而空怀善心不敢为。善恶不明，祸福不测，这是一个法律问题。为善得福，为恶得祸应是社会的尺度。

人本善良，竞相为恶，其因何在？《吕刑》在《古训》中对此作了叙述。上古民风淳朴，蚩尤开始作乱，平民仿效成为习俗。三苗国君不分轻重、有罪无罪，滥用刑罚，杀戮无辜。民众对于滥刑习以为常，人心转变为恶，奸邪良善无所分别，一同作恶，违背诚信。随后，叙述帝舜使民归善。放逐三苗国君，增修德政，定民居、厚民生、正民心，用刑中正得当。君臣敬天、敬民，百姓效仿，行德为善。帝舜的司法官杜绝威虐，拒绝贿赂。最后重申，告诫要以此为鉴，勤勉敬刑。

在《详刑》中，除了叙述具体的断狱用刑的方法外，强调择人、敬刑、度及。择人是最重要的，断狱要选择善良纯洁温和的人，而不使用花言巧语的人，才能保障用刑中正。其次是敬刑，用刑要谨慎。再次是度及，即指忖度情罪相及，罪法相及，不株连无辜。三者被视为用刑的大纲。此外，强调重申克己私意，告诫徇私枉法必将受到处罚，出入人罪，与犯者同罪。《吕刑》用词最多的是"中"字，是详刑要实现的目标，是德政的重要内容。

论《吕刑》者，虽对赎刑毁誉参半，但大多认同存有"恻隐怜悯"，并以善为说。天道福善，使善者有所恃，恶者无所肆，为善者得福，为恶者得罪，迁善远恶。就是说，用刑得当，善恶分明，祸福可测，民众自然向善而诚信。"刑期于无刑"，正是经学长久的话题。《吕刑》论及的问题，也是当今社会面临的问题。《吕刑》导人向善的宗旨应为司法的尺度，在现代社会，包括民事司法。有《吕刑》论者说，厄运之极，治原之开。此说甚是有理。有论西学者将当今司法的弊端简单归因于中国传统，恐在于未知国学。事实恰好相反。

三 国学诸家合善

国学复兴，随着时间的推移，反对的声音渐弱，支持的声音渐强，障碍已基本消除，而国学复兴的意愿正在扩展。这是与当前的心理基础和社会基础相适应的。国学有各种流派，各自表述。

笔者以为，国学是探讨中华传统文化在当代中国的传承和应用的学科。历史学注重过去，国学着眼当今，重在经世致用。国学一定是历史上存在的事物，而历史上存在的事物并非皆为国学。国学是实践的学科，现实之学。历史学是既往之学。

复兴国学，并非简单复兴儒学，儒学是帝王之学，等级制度不符合现代社会，而且圣人道德只是虚幻的，独尊儒术已不可能重现。国家大多是由普通人组成的，必须建立大众道德体系，而墨家是平民之学。在传统文化中，当代最容易被接受的是兼爱。利他是圣贤之心（有心难为），利己为小人之行，兼爱才是凡俗之举。早在1896年梁启超就预测说"当知墨子之学当复兴"。梁启超认为"非孔教之诸子，其学派实皆本于六经"，而"六经之文，无一字不可见于用"。① 梁启超对六经的评论，虽有夸张之嫌，却也不无道理。唐人韩愈说，"儒墨同是尧舜，同非桀纣，同修身、正心以治天下国家"。只是儒学不认同兼爱。② 墨、儒、法、道各家可以互补。国学的核心结构应为民本、诚信、兼爱、法制。

西学与国学仍会有长期的争议。而事实上，论西学者也当属传统的沿袭。明人王守仁有"抛却自家无尽藏，沿门持钵效贫儿"诗句。③ 唐人李

---

① 梁启超：《〈西学书目表〉后序》，见《读西学书法》1896年时务报馆本。
② "儒墨同是尧舜，同非桀纣，同修身、正心以治天下国家。""儒讥墨以上同、兼爱、上贤、明鬼。"（唐）韩愈：《读墨子》，《墨子》，《钦定四库全书》本。
③ （明）王守仁：《王文成全书》卷二十《咏良知四首示诸生》，《钦定四库全书》本。

白有"宋人不辨玉,鲁贱东家丘"诗句。① "东家丘",隋人颜之推《颜氏家训》有记载,说是"世人多蔽",贵耳贱目,重遥轻近。邻近的贤哲,"每相狎侮,不加礼敬"。对于他乡异县,"延颈企踵,甚于饥渴"。鲁人称孔子为东家丘。② 可见外寻贤哲,本身就是民族性格。

梁启超称说"当知今之西学,周秦诸子多能道之"。梁启超主张融合中西,中学为本,西学为用,对论西学者也有所评论。③ 融合中西可为至论,而对论西学者的评价,虽事出有据,却稍嫌刻薄,有失宽容。笔者以为,国学的民族特色结合时代精神,兼容民主和科学。而国学可以增进民主自生能力。

笔者所指的应用国学合墨、儒、法、道各家之善,而不排斥西学。《墨子》被视为先秦诸子中唯一引用《吕刑》的著述,《吕刑》也将成为应用国学的主体。在此仅是顺题而谈,随后将有专述。

愿人心归善,善者得福。请为善者祈福。

---

① (唐)李白:《李太白文集》卷十三《送薛九被谗去鲁》,《钦定四库全书》本。
② "世人多蔽,贵耳贱目,重遥轻近。少长周旋,如有贤哲,每相狎侮,不加礼敬。他乡异县,微藉风声,延颈企踵,甚于饥渴,校长短,核精粗,或彼不能如此矣。所以鲁人谓孔子为东家丘。"(隋)颜之推:《颜氏家训》卷上《慕贤篇第七》,《钦定四库全书》本。
③ "要之舍西学而言中学者,其中学必为无用;舍中学而言西学者,其西学必为无本。无用无本,皆不足以治天下。""吾尝见乎今之所论西学者矣,彝其语,彝其服,彝其举动,彝其议论,动曰:中国之弱,由于教之不善,经之无用也。推其意,直欲举中国文字,悉付之一炬。而问其于西学格致之精微,有所得乎?无有也。问其于西政富强之本末,有所得乎?无有也。之人也,上之可以为洋行买办,下之可以为通事之西奴,如此而已。更有无赖学子,自顾中国实学,一无所识,乃藉西学以自大,嚣然曰:此无用之学,我不为之,非不能也。然而希、拉(谓希腊拉丁)、英、法之文,亦未上口,声光化电之学,亦未寓目,而徒'三传'束阁,《论语》当薪,而揣摩风气,摭拾影响,盛气压人,苟求衣食。盖言西学者,十人之中,此两种人几居其五。"梁启超:《〈西学书目表〉后序》,见《读西学书法》1896年时务报馆本。

目　录

上篇　《吕刑》要论

一　穆王吕王之争 ……………………………………………… 3
（一）关于春秋战国说 ………………………………………… 4
（二）关于炎帝文明说 ………………………………………… 6
（三）关于魏刑说 ……………………………………………… 9
（四）关于综合说 ……………………………………………… 14
（五）关于周穆王之事 ………………………………………… 21
（六）关于《周书·吕刑》的结构和经典意义 ……………… 32
（七）结语 ……………………………………………………… 36

二　吕国所在歧义 ……………………………………………… 37
（一）吕甫关系 ………………………………………………… 37
（二）吕国诸说（上） ………………………………………… 42
（三）吕国诸说（下） ………………………………………… 54
（四）四国关系 ………………………………………………… 64
（五）叙评 ……………………………………………………… 74

三　改刑诸说异同 ……………………………………………… 82
（一）适时说 …………………………………………………… 82
（二）尽心说 …………………………………………………… 87

（三）仁爱说 ……………………………………………………… 89
　　（四）衰世说 ……………………………………………………… 90
　　（五）敛财说 ……………………………………………………… 91
　　（六）失刑说 ……………………………………………………… 102
　　（七）叙评 ………………………………………………………… 103

中篇　《吕刑》句解：古训

一　书序 ……………………………………………………………… 109
　　（一）编者序：吕命穆王训夏赎刑，作《吕刑》 ……………… 110
　　（二）作者自序：惟吕命，王享国百年耄荒度作刑，
　　　　　以诘四方 …………………………………………………… 122

二　古训（上） ……………………………………………………… 132
　　（一）王曰：若古有训，蚩尤惟始作乱，延及于平民 ………… 132
　　（二）罔不寇贼鸱义，奸宄，夺攘矫虔 ………………………… 141
　　（三）苗民弗用灵制以刑，惟作五虐之刑曰法 ………………… 147
　　（四）杀戮无辜，爰始淫为劓、刵、椓、黥 …………………… 154
　　（五）越兹丽刑并制，罔差有辞 ………………………………… 161
　　（六）民兴胥渐，泯泯棼棼，罔中于信，以覆诅盟 …………… 165
　　（七）虐威，庶戮方告无辜于上 ………………………………… 171
　　（八）上帝监民，罔有馨香德，刑发闻惟腥 …………………… 174
　　（九）皇帝哀矜庶戮之不辜，报虐以威，遏绝苗民，
　　　　　无世在下 …………………………………………………… 177

三　古训（下） ……………………………………………………… 186
　　（一）乃命重黎，绝地天通，罔有降格 ………………………… 186
　　（二）群后之逮在下，明明棐常，鳏寡无盖 …………………… 193
　　（三）皇帝清问下民，鳏寡有辞于苗，德威惟畏，
　　　　　德明惟明 …………………………………………………… 199
　　（四）乃命三后，恤功于民，伯夷降典，折民惟刑；
　　　　　禹平水土，主名山川；稷降播种，农殖嘉谷 ………… 208

（五）三后成功，惟殷于民；士制百姓于刑之中，
　　以教祗德 ·· 218
（六）穆穆在上，明明在下，灼于四方，罔不惟德之勤 ···· 225
（七）故乃明于刑之中，率乂（yì）于民棐彝 ················· 230
（八）典狱非讫于威，惟讫于富 ·· 235
（九）敬忌，罔有择言在身 ·· 240
（十）惟克天德，自作元命，配享在下 ······························ 244

四　天牧 ·· 251
（一）王曰：嗟，四方司政典狱，非尔惟作天牧 ·············· 251
（二）今尔何监？非时伯夷播刑之迪 ································· 256
（三）其今尔何惩？惟时苗民匪察于狱之丽 ······················ 259
（四）罔择吉人，观于五刑之中；惟时庶威夺货，
　　断制五刑，以乱无辜 ·· 262
（五）上帝不蠲，降咎于苗，苗民无辞于罚，
　　乃绝厥世 ·· 267
（六）王曰：呜呼，念之哉，伯父伯兄、仲叔季弟、
　　幼子童孙，皆听朕言，庶有格命 ···························· 271
（七）今尔罔不由慰曰勤，尔罔或戒不勤 ·························· 276
（八）天齐于民，俾我，一日非终，惟终在人 ·················· 280
（九）尔尚敬逆天命，以奉我一人，虽畏勿畏，虽休勿休
　　 ·· 286
（十）惟敬五刑，以成三德，一人有庆，兆民赖之，
　　其宁惟永 ·· 291

下篇　《吕刑》句解下：祥刑

一　祥刑（上） ·· 303
（一）王曰：吁，来，有邦有土，告尔祥刑 ······················ 303
（二）在今尔安百姓，何择非人，何敬非刑，何度非及 ······ 307
（三）两造具备，师听五辞 ·· 315
（四）五辞简孚，正于五刑 ·· 319

（五）五刑不简，正于五罚 …………………………………… 322
　　（六）五罚不服，正于五过 …………………………………… 325
　　（七）五过之疵：惟官，惟反，惟内，惟货，惟来 ………… 329
　　（八）其罪惟均，其审克之 …………………………………… 336
　　（九）五刑之疑有赦，五罚之疑有赦，其审克之 …………… 340
　　（十）简孚有众，惟貌有稽，无简不听，具严天威 ………… 344

二　祥刑（中）……………………………………………………… 353
　　（一）墨辟疑赦，其罚百锾，阅实其罪 ……………………… 354
　　（二）劓辟疑赦，其罪惟倍，阅实其罪 ……………………… 359
　　（三）剕辟疑赦，其罚倍差，阅实其罪 ……………………… 361
　　（四）宫辟疑赦，其罚六百锾，阅实其罪 …………………… 363
　　（五）大辟疑赦，其罚千锾，阅实其罪 ……………………… 365
　　（六）墨罚之属千，劓罚之属千，剕罚之属五百，宫罚之
　　　　　属三百，大辟之罚其属二百，五刑之属三千 ……… 369

三　祥刑（下）……………………………………………………… 374
　　（一）上下比罪，无僭乱辞，勿用不行 ……………………… 374
　　（二）惟察惟法，其审克之 …………………………………… 381
　　（三）上刑适轻下服，下刑适重上服，轻重诸罚有权 ……… 384
　　（四）刑罚世轻世重，惟齐非齐，有伦有要 ………………… 391
　　（五）罚惩非死，人极于病 …………………………………… 400
　　（六）非佞折狱，惟良折狱，罔非在中 ……………………… 404
　　（七）察辞于差，非从惟从 …………………………………… 408
　　（八）哀敬折狱，明启刑书胥占，咸庶中正 ………………… 412
　　（九）其刑其罚，其审克之 …………………………………… 416
　　（十）狱成而孚，输而孚，其刑上备，有并两刑 …………… 418

四　敬刑 …………………………………………………………… 427
　　（一）王曰：呜呼，敬之哉，官伯族姓，朕言多惧 ………… 427
　　（二）朕敬于刑，有德惟刑 …………………………………… 431

（三）今天相民，作配在下，明清于单辞 ················ 433
（四）民之乱，罔不中听狱之两辞，无或私家于狱
之两辞 ·································· 439
（五）狱货非宝，惟府辜功，报以庶尤 ················ 445
（六）永畏惟罚，非天不中，惟人在命 ················ 450
（七）天罚不极，庶民罔有令政在于天下 ·············· 455
（八）王曰：呜呼，嗣孙，今往何监，非德于民之中，
尚明听之哉 ······························ 460
（九）哲人惟刑，无疆之辞，属于五极，咸中有庆 ······ 466
（十）受王嘉师，监于兹祥刑 ······················ 473

附录　《吕刑》解译 ································ 478

引证文献资料 ····································· 483

后　记 ··· 490

上篇 《吕刑》要论

此篇由穆王吕王之争、吕国所在歧义、改刑诸说异同三部分组成。

一
穆王吕王之争

研究《尚书·周书·吕刑》（简称《周书·吕刑》），首先遇到的问题是《吕刑》的性质。拙文《〈尚书〉所见的法律形式》①已就《吕刑》几个需要探讨的问题，即《周书·吕刑》是刑书还是发布刑书的文告，《吕刑》是周刑，还是周刑的修正案，或单行条例，或者《吕刑》是吕国的刑书，从发布和适用的角度进行初步的辨析、论证，并提出自己的见解，即《吕刑》是规定赎刑的单行条例，而《周书·吕刑》则为条例的发布文告。有关观点说，《吕刑》是吕国的刑书，而拙文则认为此说证据稍嫌不足。拙文在当时未及展开讨论，这一问题有必要进一步地探讨阐述。现在此基础上作进一步的论证。

确定《吕刑》的性质，最重要的是探究《吕刑》的发布主体。就其分歧而言，有穆王之刑、吕王之刑和楚王之刑说。最主要的是穆王之刑和吕王之刑两说。穆王之刑说是传统学说。吕王之刑则起于近代以来的疑古之说，代表人物有郭沫若、傅斯年、杨向奎、刘起釪等先生。顾颉刚先生则持楚王之刑说。钱穆先生则持《周书·吕刑》为战国晚期学者之作。吕王之刑有多种说法。引起纷争的原因，与先秦史的其他众多问题一样，在于使用主观的推断法，即先主观地假定一个正确的标准，凡不符合该标准的，即对原来的结论作出否定的推断，得出一个新的结论。由于不同的假定标准，或着眼点不一样，得出的结论不同，就此产生出众多的分歧。

---

① 尤韶华：《〈尚书〉所见的法律形式》，《法律史论丛》第11辑，社会科学文献出版社，2011。

谁也无法保证假定的标准是正确的，即使这一假定是正确的，还有普遍和例外的问题。因此，对于古代史的研究，似乎应提倡综合判断的方法，即对各种可能进行综合分析比较，从而得出一个相对可靠的结论。

（一）关于春秋战国说

春秋说以文字为主要判断标准，兼以神话。郭沫若先生在 1932 年所著的《金文丛考》以"地"为后起之字，认为"地与天为配，视为万汇之父与母然者，当是后起之事"，而《吕刑》篇有"绝地天通"之语，"足知其非实录矣"。① 1945 年郭沫若在《十批判书》② 第一编《古代研究的自我批判》中的第一个问题《古代研究上的资料问题》提出了《吕刑》春秋说。他原先以《吕刑》的文体与《左传》相近，故相信为周穆王所作。而后来由于彝器中有《吕王作内姬壶》，从文字上看是春秋的器皿，认为吕国曾称王，同时，《吕刑》两称吕国之祖伯夷，而位在禹、稷之上，故推翻自己原来的判断，认为非周穆王所作，揣想它是春秋时吕国的某王所造的刑书。③ 这一结论是郭沫若先生通过自我批判得出的，他认为，他在 1930 年的《中国古代社会研究》一书中太草率，太性急，有好些未成熟的或甚至错误的判断，由于他人的沿用或征引，在古代史研究方面出现新的混乱。所以要谴责自己，自我清算。④ 首先，应当佩服郭沫若先生自我谴责、

---

① 郭沫若：《金文丛考》，人民出版社，1954，第 32 页。
② 郭沫若的《十批判书》，作于 1943～1945 年。1945 年 9 月由重庆群益出版社出版，1954 年人民出版社改排出版，1976 年人民出版社改排重印。作者进行了若干文字订正。1982 年收入《郭沫若全集·历史编》第 2 卷。原书的《改版书后》，作者后改题为《蜥蜴的残梦——〈十批判书〉改版书后》，收入《奴隶制时代》一书中。2008 年中国华侨出版社再版。
③ "《吕刑》一篇，文体与《左传》相近，旧称为周穆王所作，我也相信不疑。但其实那也是靠不住的。我揣想它是春秋时吕国的某王所造的刑书，而经过后来的儒者所润色过的东西。吕国曾称王，彝器中有《吕王作内姬壶》可证，由文字上看来是春秋时的器皿。吕国是大岳伯夷之后，故《吕刑》中两称伯夷，而位在禹、稷之上。这已尽足以证明它决不是周穆王所作的了。"
④ "我首先要谴责自己。我在一九三〇年发表了《中国古代社会研究》那一本书，虽然博得了很多的读者，实在是太草率，太性急了。其中有好些未成熟的或甚至错误的判断，一直到现在还留下相当深刻的影响。有的朋友还沿用着我的（转下页注）

自我清算的勇气。然而，前后3种结论只是依据3种假定的标准。其实，《左传》原名为《左氏春秋》，汉代改称《春秋左氏传》，简称《左传》，为春秋末年左丘明为解释孔子的《春秋》而作。《吕刑》与《左传》文体相近，得不出为周穆王所作的结论。同时，从吕国称王和《周书·吕刑》两称伯夷也得不出春秋吕王所作的结论。可以说依然是两种可能性并存，甚至有其他可能。所以后一个结论，即《吕刑》春秋说，也难脱太草率、太性急之嫌。郭沫若先生本身也因此只说是"揣想"。

1989年马小红曾从历史背景、刑罚制度、青铜器铭文、思想体系予以印证，否定春秋说，企图说明《吕刑》出于西周，是穆王之刑。① 马小红的结论不同，在于她设定的判别标准不同。然而，傅斯年、杨向奎、刘起釪等先生却认为《吕刑》是西周时吕王之刑，致使马小红的论证无法说明问题。同时，也无法排除《周书·吕刑》所反映的刑罚制度、青铜器铭文、思想体系出现于春秋。

战国说则单纯以文字为依据。1931年钱穆先生的《周官著作时代考》② 认为，《周书·吕刑》是战国后期学者依据《周官》所作。其假定的标准是"法"字，李悝有《法经》六篇，至商鞅时才形成法治雏形。而《周书·吕刑》有"五虐之刑曰法"，被视为晚出的证据。③ 1993年10月，在湖北省荆门市郭店村一号楚墓M1发掘出804枚竹简，有字简730枚，为竹质墨迹，计13000多个汉字，书体为楚系篆书，包含多种古籍，被认定为战国中期的竹简，其中有《缁衣》篇，引用了《周书·吕刑》三处。先后有学者就此撰文。晁福林的《郭店

（接上页注④）错误，有的则沿用着我错误的征引而又引到另一错误的判断，因此关于古代的面貌引起了许多新的混乱。这个责任，现在由我自己来清算，我想是应该的，也是颇合时宜的。"

① 马小红：《试论〈吕刑〉的制作年代》，《晋阳学刊》1989年第6期。
② 初刊于1931年6月《燕京学报》第11期。
③ "《周官》以前，'五刑'之名，仅见于《周书》之《吕刑》。而《吕刑》亦是一篇晚出书也。""此处特地点出'五虐之刑曰法'一语，即已是《吕刑》晚出铁证。""自晋人铸刑鼎以后一百年，而有李悝之六篇《法经》。传及商鞅，渐次确定了一个法治之雏形。到后才有一辈学者运其理想，用《周官》，作《吕刑》，始有二千五百条乃至三千条等第之刑律之想象，此始近情实也。"见《两汉经学今古文平议》，商务印书馆，2001，第379页。

楚简〈缁衣〉与〈尚书·吕刑〉》通过对郭店楚简《缁衣》、《礼记·缁衣》、《周书·吕刑》的文字对比，从原始文本到定本变化发展的过程，推测《吕刑》原始文本当在春秋至战国初期，而在战国后期最后写定。①郭静云的《从不同文本引用〈尚书·吕刑〉篇试探战国社会思想的多元性》通过五种版本引用《周书·吕刑》的文字对比，认可晁福林的说法，并以其探讨战国的社会思想。② 在历史文献引用和传抄的过程中，出现增、衍、减、损、脱、补、改、误，或出于有意，或出于无意，同时，古文字学本身就有诸多争议，另外，还有出土文物年代检测是否准确的问题。因此，以文字作为判定历史文献的制作年代的标准，有太多的不确定因素。而各自揣测，也自然结论多样。而以文字为标准，所产生的问题是取其一点（或多点），而忽略其他因素，有攻其一点，不及其余之嫌。

（二）关于炎帝文明说

此说以神话为主，兼以文字作为根据。1930 年傅斯年先生同时发表

---

① "《尚书·吕刑》篇的文本有一个形成和写定的时间。我们可以做这样的推测，那就是战国后期所定的《吕刑》，对于原始文本（或者说是流传的文本），进行过改造。原始的文本可能出自战国前期的儒家，其所表述的主题应当是符合儒家教化思想的言论。""无论是《尚书·吕刑》，抑或是《礼记·缁衣》都有一个从原始文本到定本的变化发展的较长过程。郭店简《缁衣》称引《吕刑》三处，这表明《吕刑》初始文本出现肯定在郭店简的时代之前，或当在春秋至战国初期。简文'購'是《吕刑》的初始用字，而今本《吕刑》所用的'赖'，是后起字，表明今本《吕刑》的写定不当在郭店之前，很可能是战国后期才最终完成的。同样，简文的'銍（至）'为儒家所云'五至'的简称，战国后期写定的《吕刑》将其改定为'命'；简文的'迪'，变为'不迪'。这些改动都应当是儒家学派吸取法家思想的结果。简文称引的文字与今本《吕刑》的不同之处，对于说明《吕刑》的成篇时代是比较有力的证据。"晁福林：《郭店楚简〈缁衣〉与〈尚书·吕刑〉》，《史学史研究》2002 年第 2 期，第 25～29 页。
② "在目前所有的文献中，传世的《尚书·吕刑》经本、郭店楚墓出土的《缁衣》先秦简本、上海博物馆收藏的《缁衣》先秦简本、传世的《礼记·缁衣》经本和传世的《墨子·尚同中》等五种文献皆有相同的文句，但五种文献中同一文句却又各有不同。笔者认为，这些不同之处牵涉到不同版本之流传，故在尊重诸版本独立性之前提下，进行不同文本之考证，并由此考察《吕刑》篇在历史上的修编及其思想演化。"郭静云：《从不同文本引用〈尚书·吕刑〉篇试探战国社会思想的多元性》，《史学史研究》2009 年第 2 期，第 84～92 页。

了两篇文章，都提到了《周书·吕刑》，由于意图的差异，行文稍有点差别。第一篇是为了论证姜姓的本原，认为姜姓不是周的分封国。其根据有三点：在先秦的文献中只有《墨子》引用《周书·吕刑》；《周书·吕刑》讲述南方神话，没有提及周王室之事；吕国称王。而吕国称王，则认为"吕侯受王命"讲不通，以"命"作为吕王的号，吕王称呼为"吕命王"，诸如"周昭王"是一个称呼一样，这样文字才通顺。因此，篇中"王曰"就是"吕王曰"，而这个吕王就是吕命王。并以吕王作大姬尊壶作为吕国称王的辅证。既然吕国在西周称王，谈的又是一些外国的神话，自然不是周的同宗。① 第二篇则用于论证姜姓分成两地。姜尚因辅佐周武王而被封于齐后，其故地吕国依然存在，且后代有称王的。② 炎帝文明说是杨向奎先生的进一步发挥，他引用了后一篇，用以论证《周书》的《洪范》、《吕刑》不属于黄帝体系，而属于炎帝体系。并以《洪范》为《河图》，以《周书·吕刑》为《洛书》。杨向奎先生认为《周书·吕刑》中南方神话指的是楚国，这一段神话故事，春秋时的楚昭王已不能明白，而向观射父发问。文中引用了

---

① "姜之原不在诸夏，又可以《吕刑》为证。《吕刑》虽列《周书》，但在先秦文籍今存者中，仅有《墨子》引他。若儒家书中引《吕刑》者，只有汉博士所作之《孝经》与记而已。《吕刑》全篇祖述南方神话，全无一字及宗周之典。其篇首曰：'惟吕命王，享国百，耄荒。度作刑以诘四方。'《史记》云：'甫侯言于王。'郑云：'吕侯受王命，人为三公。'这都是讲不通的话。'吕命王'到底不能解作'王命吕'。如以命为吕王之号，如周昭王之类，便'文从字顺'了，篇中王曰便是吕王曰了。吕称王并见于彝器，吕王作大姬尊壶，其辞云：'吕王作大姬尊壶，其永宝用享。'（见《窓斋集古录》第十四）可知吕称王本有实物为证。吕在周代竟称王，所谈又是些外国语，则姜之原始不是诸夏，可谓信而有征。"傅斯年：《民族与古代中国史·姜原》，《国立中央研究院历史语言研究所集刊》第二本第一分，1930年5月。
② "吕既东迁而为齐，吕之故地犹为列国，其后且有称王者。彝器有'吕王作大姬壶'，《书》有'吕命王，享国百年，旄荒'。《书·吕刑》：'惟吕命王，享国百年，耄荒。度作刑，以诘四方。'《史记》云：'甫侯言于王。'郑云：'吕侯受王命人为三公。'此皆求其文理不可解而强解之之辞。吕命王，固不可解作王命吕。如以命为吕王之号，如周昭王之类，则文从字顺矣。且吕之称王，彝器有征。《吕刑》一篇王曰辞中，无一语涉及周室之典，而神话故事，皆在南方，与《国语》所记颇合。是知《吕刑》之王，固吕王，王曰之语，固南方之遗训也。引《吕刑》者，墨子为先，儒家用之不见于《戴记》之先，《论语》《孟子》绝不及之。此非中国之文献儒家之旧典无疑也。然后来吕之世系是否出之太公望，则不可知，其为诸姜则信也。"傅斯年：《民族与古代中国史·大东小东说》，《国立中央研究院历史语言研究所集刊》第二本第一分，1930年5月。

《国语·楚语》。① 刘起釪先生同意傅斯年先生的观点，只是对"命"的解释持有异议，认为"命"可以作为"明"或"名"的同音假借，显示其英明、盛名之意，即英明之王、盛名之王；甚至不用假借，解释为"膺命之王"、"受命之王"。② 只是这种说法随意性太强，显得牵强，而且，"命"当"受命"又会陷入困境，为何不按传统说法"受王之命"。

《史记》对《周书·吕刑》有一段记载，周穆王以吕侯为相，当时，有些诸侯国内治理不安定，吕侯向穆王提议，修订刑法。《史记》所录为《周书·吕刑》的节选，突出其教导有国有土的诸侯如何运用刑罚治理国家、安抚百姓之意，即"告尔祥刑"。《史记》称《周书·吕刑》为《甫刑》③，据孔颖达疏证所言，吕侯以后改称甫侯，《史记》所称甫侯是以子孙之国号命名。④

---

① "在全部《尚书》中，《洪范》《吕刑》属于同一体系，而不同于其它篇章，其它篇属于黄帝体系，夏周固轩辕之苗裔，而申吕乃属于炎帝。黄帝炎帝同为缔造中华文明之始祖，《汉志》以《洪范》为《洛书》，其实《洪范》应是《河图》，禹治洪水，主要以黄河为主，应赐《河图》。《洪范》之'九畴'，畴为田畴。中国古代田畴有图，九畴有图，而治河应用《河图》。《洛书》应是《吕刑》。'刑有书，而畴有图。'这一段神话故事，春秋时的楚昭王已不能明白，于是向观射父问道：'《周书》所谓重黎实使天地不通者，何也？若无然，民将能登天乎？'观射父的回答是：古者民神不杂。及少昊之衰，九黎乱德，民神杂糅，引起很多严重后果，'颛顼受之，乃命南正重司天以属神，命火正黎司地以属民，使复旧常，无相侵渎，是谓绝地天通'。"吴锐：《杨向奎先生论炎帝文明》，《中国哲学史》1996年第3期。

② 顾颉刚、刘起釪：《尚书校释译论》第4册，中华书局，2005，第2086页。

③ "诸侯有不睦者，甫侯言于王，作修刑辟。王曰：'吁，来！有国有土，告汝祥刑。在今尔安百姓，何择非其人，何敬非其刑，何居非其宜与？两造具备，师听五辞。五辞简信，正于五刑。五刑不简，正于五罚。五罚不服，正于五过。五过之疵，官狱内狱，阅实其罪，惟钧其过。五刑之疑有赦，五罚之疑有赦，其审克之。简信有众，惟讯有稽。无简不疑，共严天威。黥辟疑赦，其罚百率，阅实其罪。劓辟疑赦，其罚倍洒，阅实其罪。膑辟疑赦，其罚倍差，阅实其罪。宫辟疑赦，其罚五百率，阅实其罪。大辟疑赦，其罚千率，阅实其罪。墨罚之属千，劓罚之属千，膑罚之属五百，宫罚之属三百，大辟之罚其属二百：五刑之属三千。命曰甫刑。'"郑玄注："《书说》云，周穆王以甫侯为相。"《史记》卷四《周本纪第四》，中华书局，1999。

④ 伪孔传说：吕侯"后为甫侯，故或称《甫刑》"。对此孔疏说："知'后为甫侯'者，以《诗·大雅·崧高》之篇宣王之诗，云'生甫及申'；《扬之水》为平王之诗，云'不与我戍甫'，明子孙改封为甫侯。不知因吕国改作甫名？不知别封余国而为甫号？然子孙封甫，穆王时未有甫名而称为《甫刑》者，后人以子孙之国号名之也。犹若叔虞初封于唐，子孙封晋，而《史记》称'晋世家'。"（汉）孔氏传、（唐）陆德明音义、（唐）孔颖达疏《尚书注疏》卷十八《周书·吕刑》，《钦定四库全书》本。

《吕刑》出于吕侯之手是基本上可以确定的，而需讨论的是究竟是周的刑书还是吕的刑书。炎帝文明说，从炎帝文明而言，可以说是有道理的，只是忽略了很重要的三点，即吕侯在周的身份，以及周穆王西游、南征及其天子的地位与《吕刑》的关系。如果吕侯确实出任周穆王的官职，权高位重，《吕刑》是吕侯建议周穆王修订的，出自吕侯之手，吕侯按照自己的思维，塞点私货是完全可能的。而周穆王西游、南征及其天子的地位与《吕刑》的南方神话、赎刑及其天罚论紧密联系。因而不能说《吕刑》与周王室没有关系。这一点在后文讨论。

（三）关于魏刑说

　　此说以神话为依据。顾颉刚先生1923年在《论〈今文尚书〉著作时代书》中认为《周书·吕刑》是可信的。① 而后来在《读书笔记》中却对此提出怀疑，设想出两种可能。一是吕接楚地，使其神话相互串联；二是因为吕为楚所灭，楚接受吕的神话。如果是后者，王就是楚王，《吕刑》也就是楚的刑书。② 顾颉刚先生关于《周书·吕刑》可能成于楚灭吕之后的说法，甚至其学生刘起釪先生都不能认同，认为是一种偶然的设想。而认可其前一种设想，即吕接受楚文化。③ 顾颉刚先生的设想都属于推测，有很大的随意性。其实，吕受楚文化的影响，或楚受吕文化的影响都是可能的。只是仅以神话本身难以说明"王"

---

① "先生要我重提《尚书》的公案，指出《今文尚书》的不可信，这事我颇想做。前天把二十八篇分成三组，录下：第一组（十三篇）：《盘庚》、《大诰》、《康诰》、《酒诰》、《梓材》、《召诰》、《洛诰》、《多士》、《多方》、《吕刑》、《文侯之命》、《费誓》、《秦誓》。这一组，在思想上，在文字上，都可信为真。"顾颉刚：《论〈今文尚书〉著作时代书》，《古史辨》第一册，上海古籍出版社，1982，第201页。

② "《吕刑》一篇所载故事，其属于西方系统者为伯夷、禹、稷，属于南方系统者为绝地天通之重黎。得无吕以其地之接于楚，遂接受楚文化，以其神话与姬、姜、姒之神话串联为一乎？抑此篇所谓王者乃是楚王，所谓吕乃是楚邑，以吕灭与楚，使楚人接受其文化乎？若如后说，则此篇乃楚之刑书也。"《顾颉刚读书笔记》卷九，（台北）联经出版有限公司，1990，第6753页。

③ 顾颉刚、刘起釪：《尚书校释译论》第4册，中华书局，2005，第2090页。

是谁人。

　　傅斯年先生在《民族与古代中国史·姜原》中论证姜姓的本原，使用的是《左传》和《国语》。认为《左传》和《国语》保留了很多古代的史料，具有世系观念，又有神话，并将世系和神话混为一谈。因此，可以从神话的世系中寻找民族的同异。其中对"姜之世系"的考证基本上用的是《国语》，其中以《周语》为主，另有《晋语》和《郑语》，而晋国和郑国是周朝的封国。按傅斯年先生引用的《国语》，姜的世系为炎帝、共工、伯夷、四岳。姜姓的来源有两说。一说是炎帝生于姜水。一说是四岳佐禹治水有功，上帝赐禹姒姓，给以天下，赐四岳姜姓，以吕为氏，给以封国。因姜尚，或称吕尚辅佐周武王有功，封于齐。而出于姜姓的封国还有许国和申国。姜姓的区域在今山东东部和河南西南。傅斯年先生认为周以姬姓而用姜之神话，则姬周当是姜姓的一个支族，或者是一更大之族之两支。① 傅斯年先生所引

---

① "《左传》一部书是如何成就的，我们现在还不能确切的断定；但，一、必不是《春秋》的传；二、必与《国语》有一亲密的关系；则除去守古文家法者外，总不该再怀疑了。《国语》《左传》虽是混淆了的书，但确也是保存很多古代史料的书。例如古代世系，这书中的记载很给我们些可供寻思的材料。世系的观念他们有，他们又有神话，结果世系和神话混为一谈。民族的观念，他们没有，但我们颇可因他们神话世系的记载寻出些古代的民族同异的事实来。譬如姜之一姓，《国语》中有下列的记载：'昔少典氏取于有氏，生黄帝、炎帝。黄帝以姬水成，炎帝以姜水成；成而异德，故黄帝为姬，炎帝为姜。二帝用师以相济也，异德之故也。异姓则异德，异德则异类。异类虽近，男女相及，以生民也。同姓则同德，同德则同心，同心则同志。同志虽远，男女不相及，畏黩敬也。'(《晋语》四)'姜嬴荆芈，实与诸姬代相干也。姜，伯夷之后也；嬴，伯翳之后也。伯夷能礼于神以佐尧者也；伯翳能议百物以佐舜者也。其后皆不失祀，而未有兴者。周衰，其将至矣！''昔共工弃此道也，虞于湛乐，淫失其身，欲壅防百川，堕高堙庳，以害天下。皇天弗祝，庶民弗助，祸乱并兴，共工用灭。其在有虞，有崇伯鲧播其淫心，称遂共工之过。尧用殛之于羽山。其后伯禹念前之非度，厘改制量，象物天地，比类百则，仪之于民，而度之于群生。共工从孙四岳佐之，高高下下，疏川导滞，钟水丰物，封崇九山，决汨九用，陂鄣九泽，丰殖九薮，汨越九原，宅居九隩，合通四海。故天无伏阴，地无散阳，水无沉气，火无灾燀，神无闲行，民无淫心，时无逆数，物无害生。帅象禹之功，度之于轨仪，莫非嘉绩，克厌帝心。皇天嘉之，祚以天下，赐姓曰姒，氏曰有夏，谓其能以嘉祉殷富生物也。祚四岳国，命以侯伯，赐姓曰姜，氏曰有吕；谓其能为禹股肱心膂，以养物丰民人也。此一王四伯，岂繄多宠？皆亡王之后也！唯能厘举嘉义，以有胤在下守祀，不替其典。有夏虽衰，杞鄫犹在。申吕虽衰，齐许犹在。唯有嘉功，以命姓受祀，迄于天下。及其失之也，（转下页注）

一　穆王吕王之争

《周语三》只是中间一段。该篇内容出于周灵王的太子之口，在于劝阻周灵王雍堵河流，说明其危害。周灵王终于壅堵了水流。到周景王时多宠臣，祸乱由此始萌生。景王去世，王室大乱。到了周定王，王室就衰微了。①

按照傅斯年先生《周语》周灵王太子以姬姓而用姜之神话的说法，《吕刑》中周穆王也同样可以以姬姓而用姜之神话。而按顾颉刚先生的接受神话的说法，吕、楚皆为周之属国，周接受吕楚神话的可能性更大。再者，一个神话中往往涉及多个民族的先祖，也难以说明属于哪个民族的神话。况且，神话可以增衍改编。东汉皇甫谧的《帝王世纪》排列的五帝时期的帝王世系与《史记》有所不同。故以神话为标准来确定《吕刑》出于谁手难以为凭。而且篇名为《吕刑》，说成魏王之刑书，未免过于牵强。

傅斯年先生亦引用了《诗经·大雅》和《诗经·鲁颂》来论证姜姓的本原，但引用不全，而使之不甚准确。② 姜嫄，并非指姜姓之本原而是周朝祖先后稷之母。《雅》乃周王畿内的乐调。《大雅》大多是西周王室贵族的作品，歌颂其祖先及武、宣诸王功绩。《诗·大雅·生民》记述姜嫄祷告神灵，祭祀上帝，祈求生子，因踩着上帝足印而怀胎，生下后稷。以为不祥而多次丢弃，却被牛羊喂养，樵夫救起，大

（接上页注①）必有悖淫之心闲之，故亡其氏姓，踣毙不振，绝后无主，湮替隶圉。夫亡者岂繄无宠？皆黄炎之后也！'（《周语》三）'昔烈山氏之有天下也，其子曰柱，能殖百谷百蔬。夏之兴也，周弃继之，故祀以为稷。共工氏之伯九有也，其子曰后土，能平九土，故祀以为社。'（《周语》四）'齐许申吕由太姜'（《周语》二）。周以姬姓而用姜之神话，则姬周当是姜姓的一个支族，或者是一更大之族之两支。"综合上举《国语》《左传》之记载，知姜之所在有两个区域。一在今河南西境，所谓四岳之后者，一在今山东东境。然河南西境必是四岳之本土，此可以'齐许申吕由大姜'，及'太公封于营邱，比及五世，皆返葬于周'，诸说证之。"

① "灵王二十二年，谷、洛斗，将毁王宫。王欲壅之，太子晋谏曰：'不可。'""王卒壅之。及景王多宠人，乱于是乎始生。景王崩，王室大乱。及定王，王室遂卑。"（《国语·周语三》）傅斯年：《民族与古代中国史·姜原》，《国立中央研究院历史语言研究所集刊》第二本第一分，1930年5月。

② "又《诗·大雅·生民》，'厥初生民，时维姜嫄。'《诗·鲁颂·宫》，'赫赫姜嫄，其德不回。'"傅斯年：《民族与古代中国史·姜原》引，《国立中央研究院历史语言研究所集刊》第二本第一分，1930年5月。

鸟保暖。后稷从事各种农耕，上天赐以良种，后稷始创祭享礼，用农牧产品祭祀上帝、先祖，祈神佑护，流传至今。①"即有邰家室"一语，毛传解释说，姜嫄是邰（tái）地人，尧因上帝让后稷生于邰，就将邰作为后稷的封国。②《史记·周本纪》记述，周的始祖后稷，其母为姜原，有邰氏女，为帝喾元妃，在郊外踩巨人足迹怀孕而生，以为不祥，多次丢弃而受马牛、林人、飞鸟庇护，以为神人，收养长大，取名弃。③而《说文》解释说邰为炎帝之后，姜姓，封于邰，是周弃的外家。④《史记·周本纪》记述了因弃喜好耕农而百姓仿效，帝尧举弃为农师。帝舜因黎民饥饿，令弃播种百谷。封弃于邰，号曰后稷，别姓姬氏。⑤《诗·鲁颂·閟宫》第一段说的也是姜嫄生后稷，后稷农耕之事。⑥

帝舜令弃播种百谷之事亦见于《虞书·舜典》，作为帝舜对二十二

---

① "厥初生民，时维姜嫄。生民如何？克禋克祀，以弗无子。履帝武敏歆，攸介攸止；载震载夙，载生载育，时维后稷。诞弥厥月，先生如达。不坼不副，无菑无害。以赫厥灵，上帝不宁。不康禋祀，居然生子。诞寘之隘巷，牛羊腓字之。诞寘之平林，会伐平林；诞寘之寒冰，鸟覆翼之。鸟乃去矣，后稷呱矣。实覃实訏，厥声载路。诞实匍匐，克岐克嶷，以就口食。蓺之荏菽，荏菽旆旆，禾役穟穟，麻麦幪幪，瓜瓞唪唪。诞后稷之穑，有相之道。茀厥丰草，种之黄茂。实方实苞，实种实褎，实发实秀，实坚实好，实颖实栗，即有邰家室。诞降嘉种，维秬维秠，维穈维芑。恒之秬秠，是获是亩；恒之穈芑，是任是负，以归肇祀。诞我祀如何？或舂或揄，或簸或蹂；释之叟叟，烝之浮浮。载谋载惟，取萧祭脂，取羝以軷，载燔载烈。以兴嗣岁。卬盛于豆，于豆于登。其香始升，上帝居歆。胡臭亶时。后稷肇祀，庶无罪悔，以迄于今。"
② 毛传："邰，姜嫄之国也。尧见天因邰而生后稷，故国后稷于邰。"
③ "周后稷，名弃。其母有邰氏女，曰姜原（通娠）。姜原为帝喾元妃。姜原出野，见巨人迹，心忻然悦，欲践之。践之而身动，如孕者。居期而生子，以为不祥，弃之隘巷，马牛过者，皆辟不践。徙置之林中，适会山林多人，迁之，而弃渠中冰上，飞鸟以其翼覆荐之。姜原以为神，遂收养长之，因名曰弃。"
④ 张守节正义引《说文》："邰，炎帝之后，姜姓，封邰，周弃外家。"
⑤ "弃为儿时，屹如巨人之志。其游戏，好种树麻、菽，麻、菽美。及为成人，遂好耕农，相地之宜，宜谷者稼穑焉，民皆法则之。帝尧闻之，举弃为农师，天下得其利，有功。帝舜曰：'弃，黎民始饥，尔后稷播时百谷。'封弃于邰，号曰后稷，别姓姬氏。后稷之兴，在陶唐、虞、夏之际，皆有令德。"
⑥ "閟宫有侐，实实枚枚。赫赫姜嫄，其德不回。上帝是依，无灾无害。弥月不迟，是生后稷。降之百福。黍稷重穋，稙稚菽麦。奄有下国，俾民稼穑。有稷有黍，有稻有秬。奄有下土，缵禹之绪。"

人封官设职的一部分。①《史记·五帝本纪》收录了《虞书·舜典》的内容。其中大禹平水土，皋陶为大理，伯夷主礼，弃主稷。禹的功绩最大。②从《虞书·舜典》和《史记》收录的尧舜神话看，实际上是一个整体的神话，其中的人物牵涉到相关的姓氏部落诸侯。这一神话在贵族、士族当中流传，各姓氏部落诸侯自认一个作为先祖，或他人将某个人物作为某一姓氏部落的先祖。在流传过程中，增衍、美化或丑化、修改。对于本姓氏的先祖，当然是不断地美化，如《诗经》中周王室贵族对其先祖神话增添了诸多的内容，而他人的创作则有随意性。总之，神话的内容随着时间的推移在增加，也就产生出各种各样的版本。

而且，从《虞书·舜典》和《周书·吕刑》的比较中，显然是从传说转化为神话，由帝舜所为变成上帝所为。另一个变化是皋陶被排除在外，伯夷由主礼变成主刑。禹和后稷的职责不变。伯夷、禹和后稷为上帝派来的三后。如果是吕侯奉命起草文告，由于伯夷主刑，自然在前；禹的功劳大，自然是第二；后稷主农耕，也只能在最后。从神话的顺序看，上

---

① "舜曰：'咨，四岳！有能奋庸熙帝之载，使宅百揆亮采，惠畴？'佥曰：'伯禹作司空。'帝曰：'俞，咨！禹，汝平水土，惟时懋哉！'禹拜稽首，让于稷、契暨皋陶。帝曰：'俞，汝往哉！'帝曰：'弃，黎民阻饥，汝后稷，播时百谷。'帝曰：'契，百姓不亲，五品不逊。汝作司徒，敬敷五教，在宽。'帝曰：'皋陶，蛮夷猾夏，寇贼奸宄。汝作士，五刑有服，五服三就。五流有宅，五宅三居。惟明克允！'""帝曰：'咨！四岳，有能典朕三礼？'佥曰：'伯夷！'帝曰：'俞，咨！伯，汝作秩宗。夙夜惟寅，直哉惟清。'伯拜稽首，让于夔、龙。帝曰：'俞，往，钦哉！'""帝曰：'咨！汝二十有二人，钦哉！惟时亮天功。'"

② "舜谓四岳曰：'有能奋庸美尧之事者，使居官相事。'皆曰：'伯禹为司空，可美帝功。'舜曰：'嗟，然！禹，汝平水土，维是勉哉。'禹拜稽首，让于稷、契与皋陶。舜曰：'然，往矣。'舜曰：'弃，黎民始饥，汝后稷播时百谷。'舜曰：'契，百姓不亲，五品不训，汝为司徒，而敬敷五教，在宽。'舜曰：'皋陶，蛮夷猾夏，寇贼奸轨，汝作士，五刑有服，五服三就；五流有度，五度三居；维明能信。'""舜曰：'嗟！四岳，有能典朕三礼？'皆曰伯夷可。舜曰：'嗟！伯夷，以汝为秩宗，夙夜维敬，直哉维静絜。'""此二十二人咸成厥功：皋陶为大理，平，民各伏得其实；伯夷主礼，上下咸让；垂主工师，百工致功；益主虞，山泽辟；弃主稷，百谷时茂；契主司徒，百姓亲和；龙主宾客，远人至；十二牧行而九州莫敢辟违，唯禹之功为大，披九山，通九泽，决九河，定九州，各以其职来贡，不失厥宜。方五千里，至于荒服。南抚交趾、北发，西戎、析枝、渠庾、氐、羌，北山戎、发、息慎、东长、鸟夷，四海之内，咸戴帝舜之功。"

帝先派重黎，只是部分解决问题，才又派三后。如果确实是魏王刑书，有自己的祖先神重黎就行了。①

（四）关于综合说

今人治《吕刑》之作，当以顾颉刚、刘起釪先生的《尚书校释译论》最详。② 关于《吕刑》的发布，刘起釪先生自有其说，认为是吕侯本身在吕国国内发布的文告。该书从多角度综合论证，且称之为综合说。

1. 书序问题

《周书·吕刑》与《尚书》的其他各篇一样，有一段"书序"。③ 据孔颖达疏正之意，吕侯被穆王任命为司寇，穆王采用吕侯的建议，让吕侯参照夏的赎刑，制定刑书，吕侯以周穆王的名义布告天下。《周书·吕刑》是西周司寇吕侯奉周穆王之命制定刑书，而作的发布文告。④ 刘起釪先生认为，是吕侯本身在吕国国内发布的文告，即《吕刑》为吕王之作，与周穆王无关，并以此反证本篇的《书序》是谬误的。⑤

---

① "王曰：'若古有训，蚩尤惟始作乱，延及于平民，罔不寇贼，鸱义，奸宄，夺攘，矫虔。苗民弗用灵，制以刑，惟作五虐之刑曰法。杀戮无辜，爰始淫为劓、刵、椓、黥。越兹丽刑并制，罔差有辞。民兴胥渐，泯泯棼棼，罔中于信，以覆诅盟。虐威庶戮，方告无辜于上。上帝监民，罔有馨香德，刑发闻惟腥。皇帝哀矜庶戮之不辜，报虐以威，遏绝苗民，无世在下。乃命重黎，绝地天通，罔有降格。群后之逮在下，明明棐常，鳏寡无盖。皇帝清问下民鳏寡有辞于苗。德威惟畏，德明惟明。乃命三后，恤功于民。伯夷降典，折民惟刑；禹平水土，主名山川；稷降播种，农殖嘉谷。三后成功，惟殷于民。士制百姓于刑之中，以教祗德。穆穆在上，明明在下，灼于四方，罔不惟德之勤，故乃明于刑之中，率乂于民棐彝。典狱非讫于威，惟讫于富。敬忌，罔有择言在身。惟克天德，自作元命，配享在下。'"
② 顾颉刚、刘起釪：《尚书校释译论》第4册，中华书局，2005。
③ "吕命穆王训夏赎刑，作《吕刑》。"
④ 孔疏："吕侯得穆王之命为天子司寇之卿，穆王于是用吕侯之言，训畅夏禹赎刑之法。吕侯称王之命而布告天下。史录其事，作《吕刑》。""吕侯得王命，必命为王官。《周礼》司寇掌刑，知吕侯见命为天子司寇。"
⑤ "汉代出现的本篇《书序》竟说'吕命穆王训夏赎刑，作《吕刑》'。不仅语句已有问题，而本篇内容与周穆王根本无涉，且篇中所言赎刑亦与夏不相干，是此序文之谬误是很显然的。"顾颉刚、刘起釪：《尚书校释译论》第4册，中华书局，2005，第2083页。

一　穆王吕王之争

　　章太炎先生在《国学讲演录·经学略说》中讲《尚书》时，分为六讲，其二删书，孔子删《书》之事，专讲《书序》，讲述了《书序》信与疑的历史过程。汉代至北宋，皆认为《书序》为孔子所作。① 对《书序》产生疑义的为南宋朱熹，朱熹的学生蔡沉所作《集传》而不载《书序》，自宋至明读《尚书》皆不重《书序》。② 在章太炎先生看来，朱熹对《书序》的怀疑似乎有一定的根据，即因《康诰》之序生疑，成王不应称康叔为弟，周公不应称王，而又非武王时事，所以说其序为伪造。③ 章太炎先生解释朱熹怀疑的原因是由于对古今官职理解有误，认为实际上是周公摄政，以成王名义发布文告，并以民国内阁摄政，发布大总统令来加以比喻。④ 其后，章太炎先生谈到《书序》的必要性，《尚书》主要是叙事，似乎无须有序，但有些篇章无头无尾，尤其是《周书》与《夏书》，王是谁皆不可知，并列举《夏书·甘誓》和《周书·吕刑》为例，因此认为《尚书》无序就难以解读。⑤ 接着，章太炎先生强调，《书序》并非汉代人

---

① "汉人亦以《书序》为孔子作。他且勿论，但观《史记·孔子世家》曰：'孔子序《书传》，上纪唐、虞之际，下至秦缪，编次其事。'是太史公已以《书序》为孔子作矣（《夏本纪》多采《书序》之文）。《汉书·艺文志》刘向、歆《七略》，亦曰：'《书》之所起远矣，至孔子纂焉，上断于尧，下讫于秦，凡百篇，而为之序。'是刘氏父子亦以《书序》为孔子作矣。汉人说经，于此并无异词。""汉时古文家皆以《书序》为孔子作，唐人作五经《正义》时，并无异词，宋初亦无异词。"

② "朱晦庵出，忽然生疑。蔡沉作《集传》不载《书序》。""自宋至明，读《尚书》者，皆不重《书序》，梅鷟首发伪古文之复，亦以《书序》为疑。习非胜是，虽贤者亦不能免。不有清儒，则《书序》之疑，至今仍如冥冥长夜尔。"

③ "晦庵以此为疑，犹可说也。《书序》向来无疑之者，乃据《康诰》'王若曰：孟侯、朕其弟'一语而疑之，以为如王为成王，则不应称康叔为弟；如为周公，则周公不应称王，心拟武王，而《书序》明言'成王既伐管叔、蔡叔，以殷余民封康叔'，知其事必在武康叛灭之后，决非武王时事。无可奈何，乃云《书序》伪造。"

④ "不知古今殊世，后世一切官职，皆可代理，惟王不可代；古人视王亦如官吏，未尝不可代。生于后世，不能再见古人。如生民国，见内阁摄政，而布告署大总统令，则可释然于周公之事矣。"

⑤ "《书》本叙事，似不必有序，然《尚书》有无头无尾之语，如《甘誓》'大战于甘，乃召六卿'，未明言谁与谁大战；又称'王曰：嗟六事之人，予誓告汝，有扈氏威侮五行，怠弃三正'，亦不明言王之为谁。如无《书序》'启与有扈战于甘之野'一语，真似冥冥长夜，终古不晓矣（孔子未作《书序》之前，王字当有异论，其后《墨子》所引《甘誓》以王为禹）。《商书序》称王必举其名，本文亦然。《周书》与《夏书》相似，王之为谁，皆不可知。《吕刑》穆王时作，本文但言王享国百年，序始明言穆王。如不读序，从何知为穆王哉？是故，《书》无序亦不可解。"

伪造，司马迁见过《书序》原文。①

朱熹虽怀疑《书序》，对《吕刑》本身却无质疑，只是质疑赎刑非夏刑，而是出于周穆王。此点在后文详说。

2. 史料的可信性问题

刘起釪先生提出的第一个论据涉及史料的可信性问题，先秦文献引用《周书·吕刑》及《周书·吕刑》本篇均未涉及周穆王。首先，先秦文献引用《吕刑》达十六次之多，无一次涉及周穆王，同时列举一些先秦文献引用《尚书》涉及人名的事例，由此认为《吕刑》出于吕王，原与周穆王丝毫没有关系。因此将"及至汉代，几乎无不说《吕刑》为周穆王之文，自是历代经师直至现代学者，竟无一不承穆王之说"视为"《尚书》经说中的一异事"。② 其次，刘起釪先生说《夏书》4 篇、《商书》5 篇、《周书》17 篇其作者或篇主无一不在篇文中记载分明，并无歧义，《周书》最后一篇《秦誓》篇文中并未说明作者或篇主，但先秦文献其文明称《秦誓》，又与《左传》所载该文史事相合，则自可相信《史记》及《书序》所说为秦穆公事。唯独《周书·吕刑》，篇文明载篇主是吕王，与周室任何王无涉，先秦文献引此篇次数不少，亦无一次涉及周王，至汉代凭空扯上周穆王，是完全不应该的事。尤其，还强调《墨子》引用明为吕王之刑。③

如前文所述，刘起釪先生认为"现代学者竟无一不承穆王之说"就已显得过于武断，忽略了郭沫若、傅斯年、钱穆、杨向奎等先生的说

---

① "自虞、夏至孔子时，《书》虽未有序，亦必有目录之类，历古相传，故孔子得据以为去取。否则，孔子将何以删《书》也？《书序》文义古奥，不若《诗序》之平易，决非汉人所能伪造。自《史记》已录《书序》原文，太史公受古文于孔安国，安国得之壁中，则壁中《书》已有序矣。"

② "《周语》引'昔在有虞、有崇伯鲧'，《左传》引《虞书》'数舜之功'，《孟子》引'舜使益烈山泽、稷树五谷'，又引'禹疏九河'，《荀子》引'禹有功抑下洪'，《周语》引'盘庚曰'，其他类此必引明该文献所涉人名者尚多。而《墨子》引《禹誓》，《孟子》、《墨子》引《汤誓》，《左传》引《康诰》，明其为禹、汤之誓，卫康叔之诰，正如《墨子》引《吕刑》，亦明为吕王之刑（这些详见《尚书学史》第 2 章）。"顾颉刚、刘起釪：《尚书校释译论》第 4 册，中华书局，2005，第 2083 页。

③ 顾颉刚、刘起釪：《尚书校释译论》第 4 册，中华书局，2005，第 2084 页。

法。而史料的可信性问题的论据也有些牵强。《尚书》大多为叙事，引用自然涉及人名。而《周书·吕刑》为发布刑书的文告，并非叙事，也不涉及人名，文中未提及周穆王也属自然。在这一点上，刘起釪先生与傅斯年先生的说法相同。笔者对此的看法已在前文说明。关于周穆王的事，将在后文专门论述。傅斯年先生也同样提到《墨子》引文问题，在此特就《墨子》的引用略加探讨。《墨子》引用《周书·吕刑》有两处。一是《墨子·尚贤中》，并非如刘起釪先生所说引用明为吕王之刑，而是提"先王之书《吕刑》道之"。先王为何王，似乎应全面考察。该篇的开篇以尧、舜、禹、汤、文、武为三代圣王，称其为政兼爱天下而利万民，尊天事鬼，得到天鬼的赏识，立为天子，万民奉为圣王。并谴责暴王桀、纣、幽、厉，称为政天下兼而憎之，诟天侮鬼、贼杀万民，故天鬼罚之，使之受到刑戮，子孙离散，绝无后嗣。上帝对无能的也不喜欢。《墨子》用《周书·吕刑》来论证上帝使用贤能管理天下。所谓贤能指的是禹、稷、皋陶。① 从行文来看，先王指周王更为合理。二是《墨子·尚同中》引用《尚书·周书》三处，皆称先王之书。《墨子》引先王之书《吕刑》用以证明要善于用刑。圣王以五刑治天下，而有苗以五刑乱天下，并非刑不善，而在于用刑不善。《墨子》引先王之书《术令》，语见《虞书·大禹谟》，以证善于用口。《墨子》引先王之书

---

① "然则富贵为贤，以得其赏者，谁也？曰：若昔者三代圣王尧、舜、禹、汤、文、武者是也。所以得其赏，何也？曰：其为政乎天下也，兼而爱之，从而利之，又率天下之万民，以尚尊天事鬼、爱利万民。是故天鬼赏之，立为天子，以为民父母，万民从而誉之曰'圣王'，至今不已。则此富贵为贤以得其赏者也。然则富贵为暴以得其罚者，谁也？曰：若昔者三代暴王桀、纣、幽、厉者是也。何以知其然也？曰：其为政乎天下也，兼而憎之，从而贼之，又率天下之民，以上诟天侮鬼、贼杀万民。是故天鬼罚之，使身死而为刑戮，子孙离散，室家丧灭，绝无后嗣。万民从而非之曰'暴王'，至今不已。则此富贵为暴而以得其罚者也。然则亲而不善以得其罚者，谁也？曰：若昔者伯鲧，帝之元子，废帝之德庸，既乃刑之于羽之郊，乃热照无有及也。帝亦不爱。则此亲而不善以得其罚者也。然则天之所使能者，谁也？曰：若昔者禹、稷、皋陶是也。何以知其然也？先王之书《吕刑》道之，曰：'皇帝清问下民，有辞有苗。曰：群后之肆在下，明明不常，鳏寡不盖。德威维威，德明维明。乃名三后，恤功于民。伯夷降典，哲民维刑。禹平水土，主名山川。稷隆播种，农殖嘉谷。三后成功，维假于民。'则此言三圣人者，谨其言，慎其行，精其思虑，索天下之隐事遗利，以上事天，则天乡其德。下施之万民，万民被其利，终身无已。"

《相年》，语见《商书·说命中》，以证建国、设都、立官，在于为万民兴利除害。过去的圣王就是这样做的。①《墨子》在此盛赞"圣王"，吕王恐难为墨子心目中的圣王。尤其是，还引用先王之书《周颂》。先秦儒、墨两家都主张法先王，尽管目的不尽相同。另一方面，并不能确定哪一代吕侯称王。诸侯称王属于僭越行为，很可能发生在西周末年，或春秋前期吕国灭亡之前。按墨子的理念不会认可此种行为。战国的墨翟，甚至有可能并不知道吕侯曾经称王。因此，《墨子》先王之书的指向应当是明确的，尤其是，《墨子》不认伯夷，而认皋陶。这也许是，墨子认为《吕刑》为吕侯起草，用伯夷调包替换皋陶，而墨子确认《舜典》的说法。

3. 吕王的身份问题

比起郭沫若、傅斯年、杨向奎诸先生对吕王身份的简单认定，刘起釪可谓详尽，用了数千字的篇幅来论证吕王的身份。他几乎汇集了近代学者关于诸侯称王的研究资料，包括金文研究和文献资料。资料的翔实和丰富，令人佩服，认定吕侯称王是没有问题的，在此不加引证。按他的说法，吕是在母系氏族时代即与姬姓结为婚姻关系的姜姓的一支。西周立国后，吕国被封于今河南境内。当时许多封国在自己境内都称王。出土的金文中有好几件吕王之器。而最主要的依据是"惟吕命王享国百年"，解命为令，金文中命与令同字，而令为善。令王，即美善之王。刘起釪先生将

---

① "今天下之人曰：'方今之时，天下之正长犹未废乎天下也，而天下之所以乱者，何故之以也？'子墨子曰：'方今之时之以正长，则本与古者异矣。譬之若有苗之以五刑然。昔者圣王制为五刑以治天下，逮至有苗之制五刑，以乱天下，则此岂刑不善哉？用刑则不善也。是以先王之书《吕刑》之道曰：苗民否用练，折则刑，唯作五杀之刑，曰法。则此言善用刑者以治民，不善用刑者以为五杀。则此岂刑不善哉？用刑则不善，故遂以为五杀。是以先王之书《术令》之道曰：唯口出好兴戎。则此言善用口者出好，不善用口者以为谗贼寇戎，则此岂口不善哉？用口则不善也，故遂以为谗贼寇戎。故古者之置正长也，将以治民也。譬之若丝缕之有纪，而网罟之有纲也。将以运役天下淫暴而一同其义也。是以先王之书《相年》之道曰：夫建国设都，乃作后王君公，否用泰也。轻大夫师长，否用佚也。维辩使治天均。则此语古者上帝鬼神之建设国都立正长也，非高其爵，厚其禄，富贵佚而错之也。将此为万民兴利除害，富贵贫寡，安危治乱也。故古者圣王之为若此。'"

此句解释为:"惟我吕国英明美善之王享国已经百年了。"① 吕侯固然在国内称王,却不足以证明可以用《周书·吕刑》的篇名来确认为吕王之刑。此说证据稍嫌不足,既不能证明吕侯为周穆王司寇以周穆王的名义发布文告为伪,亦不能证明吕侯在封国内发布文告为真。且刘起釪先生本身考据"命"字有三说,解命为令只是其中一说。尤其是《周书·吕刑》的行文,诸如"以诘四方"、"有邦有土"是否适合封国国君,刘起釪先生并未说明。按孔颖达之意,"以诘四方"是治天下四方之民。据二孔之说,《吕刑》发布当在周穆王晚年。②"邦",刘起釪先生亦解为国。按其译文,"有邦有土"为"有国有土的各级领主们"。③ 吕国在南阳西三十里。④ 据刘起釪先生本身考证,商周之世,地方诸侯国仍小,大都只有几十里,最大的也不过百里。吕国称王,领土应有所扩张。⑤ 这就出现一个问题,封国内是否还有下一级的国。此说似当存疑。

而尤其是《周书·吕刑》中"王"以得天命自居,宣扬天罚论,是强调德与刑及其与天命的关系。《吕刑》中的神话讲述的也是天命和刑罚的关系。《周书·吕刑》论述天命,是在于为其轻刑,主要是赎刑,提供理论依据,在该篇的前部、中部、后部反复强调,而几乎占用三分之二的篇幅。所用之词,皆天子口吻。如只有实行德政,才能符合天意,获得天命,享有天下。⑥ 天子善政,万民赖之,是安宁长久之道。⑦ 这与《尚书》

---

① 顾颉刚、刘起釪:《尚书校释译论·吕刑》第4册,中华书局,2005,第2084~2087页。
② 伪孔传:"言吕侯见命为卿,时穆王以享国百年,耄乱荒忽。穆王即位过四十矣,言百年,大其虽老而能用贤以扬名。""度时世所宜,训作赎刑,以治天下四方之民。"孔疏:"惟吕侯见命为卿,于穆王享有周国已积百年,王精神耄乱而荒忽矣。王虽老耄,犹能用贤,取吕侯之言,度时世所宜,作夏赎刑以治天下四方之民也。"
③ 顾颉刚、刘起釪:《尚书校释译论·吕刑》第4册,中华书局,2005,第2079页。
④ (东汉)王符:《潜夫论·志氏姓篇》:"宛西三十里有吕城。"(唐)李泰编著《括地志》:"古吕城在邓州南阳县西三十里,吕尚先祖封。"(南宋)罗泌:《路史·国名纪》:"吕,侯爵、伯夷之封,杜预谓在南阳宛西。"
⑤ 顾颉刚、刘起釪:《尚书校释译论·吕刑》第4册,中华书局,2005,第1906页。
⑥ "惟克天德,自作元命,配享在下",伪孔传:"必是惟能天德,自为大命,配享天意,在于天下。"孔疏:"能配当天命,在于天之下。"
⑦ "一人有庆,兆民赖之,其宁惟永",伪孔传:"天子有善,则兆民赖之,其乃安宁长久之道。"

中誓诰的天罚的表述是相一致的。如《夏书·甘誓》①,《商书·汤誓》②,《周书·泰誓上》③、《泰誓下》④,《周书·牧誓》。⑤《周书·泰誓上》⑥、《泰誓中》⑦还阐述了天罚和民意的关系。《周书·泰誓》三篇大量阐述天罚。《吕刑》完全与其相似。尤其是,《吕刑》有"以奉我一人",而《泰誓下》有"奉予一人"。而《周书·费誓》出自春秋时代秦穆公伐郑,没有天罚之说。《商书·仲虺之诰》用于宣示天命,通篇讲述商奉天命取夏而代之。最后强调崇天道,永保天命。⑧《商书·汤诰》以伐桀视为天命而诰示天下。⑨《周书·大诰》以占卜的方式,宣示奉天命东征。⑩《周书·康诰》宣示天命,内容包括依照天命获得封国,应施行德政,以顺天命;文王依据天命作罚,康叔只是奉天行罚。《周书·召诰》主要宣示德政与天命得失的关系。

刘起釪引用了丁山师《由三代都邑论其民族文化》对《诗·六月》"王于出征,以匡王国"、"王于出征,以佐天子"等句的评论,丁山师认为"王国、天子自是周天子",所谓诸"王于出征"明系诸侯称王者。⑪虽然刘起釪自己也说,虽然在国内自称王,仍是周王朝的诸侯,⑫却忽略了"以匡王国"、"以佐天子"的重要含义。吕侯在吕国内称王,但在周朝作为诸侯只是佐天子而已。如果《吕刑》是吕王之刑,强调明德慎刑,自然没有问题,要是自称受命于天,等同天子,就不免有僭越之嫌。吕王

---

① "有扈氏威侮五行,怠弃三正。天用剿绝其命,今予惟恭行天之罚。"
② "有夏多罪,天命殛之。"
③ "商罪贯盈,天命诛之。""予弗顺天,厥罪惟钧。""以尔有众,底天之罚。"
④ "尔其孜孜,奉予一人,恭行天罚。"
⑤ "今予发惟恭行天之罚。"
⑥ "天矜于民,民之所欲,天必从之。"
⑦ "天视自我民视,天听自我民听。"
⑧ "兹率厥典,奉若天命。夏王有罪,矫诬上天,以布命于下。帝用不臧,式商受命,用爽厥师。""钦崇天道,永保天命。"
⑨ "天道福善祸淫,降灾于夏,以彰厥罪。肆台小子,将天命明威,不敢赦。敢用玄牡,敢昭告于上天神后,请罪有夏。"
⑩ "予惟小子,不敢替上帝命。天休于宁王,兴我小邦周,宁王惟卜用,克绥受兹命。"
⑪ 顾颉刚、刘起釪:《尚书校释译论·吕刑》第4册,中华书局,2005,第2086页。
⑫ 顾颉刚、刘起釪:《尚书校释译论·吕刑》第4册,中华书局,2005,第2087、2088、2091页。

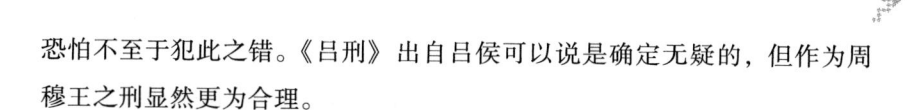

恐怕不至于犯此之错。《吕刑》出自吕侯可以说是确定无疑的，但作为周穆王之刑显然更为合理。

4. 神话和祖宗功德问题

这是刘起釪先生认为《吕刑》是吕王之刑铁证的两大次要理由。关于神话，郭沫若、傅斯年、杨向奎、顾颉刚诸先生均已提及。只是刘起釪先生论证相当翔实。笔者的看法已见前述，关于吕姓先祖的神话不再评论。而楚国神话，刘起釪先生还提及周诸诰的谴责对象和引为鉴戒的总是殷商和商纣，而《周书·吕刑》所谴责的是苗族和蚩尤，以说明《吕刑》是吕王之刑，其根据是推测吕国临近三苗之地，吕国曾与之全力斗争。① 其实，刘起釪忽略了时代的变迁。周诸诰的历史时代在开国之初，征讨殷商，自然以殷商和商纣为谴责对象并引为鉴戒。而周穆王晚年则离开国已经150年，征讨楚国，自然以苗族和蚩尤作为谴责对象并引为鉴戒。这一问题将在后文关于周穆王之事中继续讨论。

至于祖宗功德，刘起釪先生列举了《周书》的《大诰》、《康诰》、《酒诰》、《梓材》、《洛诰》、《无逸》、《君奭》、《立政》、《顾命》、《文侯之命》，颂扬文王、武王功德。而《吕刑》无一语提及。② 在此，刘起釪先生忽略了文体的不同。《周书·吕刑》是发布刑书的文告，这在《周书》中也是唯一的一篇。刘起釪先生列举的《周书》诸篇则重在叙事。而且，前文已经提及，《周书·吕刑》在论述天罚论方面，完全与《周书》相同。而主要的是周昭王伐楚丧身汉水，周穆王对此难以启齿。这在后文详说。

（五）关于周穆王之事

傅斯年、杨向奎、刘起釪诸先生均将《周书·吕刑》讲述南方神话而没有提及周王室之事，作为《吕刑》为吕王之刑的重要理由。马小红论及

---

① 顾颉刚、刘起釪：《尚书校释译论·吕刑》第4册，中华书局，2005，第2087、2088、2091页。
② 顾颉刚、刘起釪：《尚书校释译论·吕刑》第4册，中华书局，2005，第2088、2089页。

《吕刑》的历史背景，但也只是三言两语。《周书·吕刑》的重点在于赎刑，讲叙神话只是为了表明天罚论，以提倡明德慎刑，为赎刑创造理论依据。赎刑的施行以及对蚩尤和三苗的谴责，均与周穆王之事有很大的联系。

1. 周穆王与赎刑问题

关于赎刑，《周书·吕刑》序说是夏刑。① 杨伯峻先生则认为未必为禹所作。② 杨伯峻先生用《赎刑》来反证《禹刑》，似乎有些牵强，但说的有一定道理。笔者著有《象刑歧义考》一文，引述了南宋朱熹，元人吴澄、陈栎的评论。③ 按朱熹的观点，赎五刑始于穆王，夏的《赎刑》是周穆王托言而为。由于周穆王巡游无度以致财匮民劳，在其末年无以为计，借用赎刑敛财，充实国库，却以轻刑作为托词。④ 元人吴澄亦同意赎刑始于穆王说。⑤ 陈栎则引述朱熹之文。⑥ 另有《文献通考》引朱熹门人蔡沉的评述，实际上也是朱熹的观点。⑦ 元人王恽亦引朱熹之文。⑧ 将赎刑与周穆王联系起来始于朱熹。这就出现一个有趣的问题，朱熹和刘起釪同样疑

---

① "吕命穆王训夏赎刑，作《吕刑》。"
② 《左传·昭公六年》，"夏有乱政，而作禹刑"，杨伯峻《春秋左传注》："《尚书·吕刑序》云：'吕命穆王训夏《赎刑》，作《吕刑》。'……是相传夏有《赎刑》，亦曰《禹刑》，未必为禹所作耳。"
③ 《中国法制史考证》甲编第一册，中国社会科学出版社，2003，第48页。
④ "若夫穆王之事，以予料之，殆必由其巡游无度，财匮民劳，至其末年无以为计，乃特以为此一切权宜之术以自丰。而又托于轻刑之说，以违道而干誉耳。夫子存之盖以示戒。而程子策试尝发问焉，其意亦可见矣。"（南宋）朱熹：《御纂朱子全书》卷三十三《虞书·舜典·舜典象刑说》，《钦定四库全书》本。
⑤ "《周官》亦无其文，至《吕刑》乃有五等之罚，疑穆王始制之，非先王之法也。"（元）吴澄：《书纂言》卷一，《钦定四库全书》本。
⑥ （元）陈栎：《书集传纂疏》卷一，《钦定四库全书》本。
⑦ "《吕刑》一书，先儒蔡九峰以为：'《舜典》所谓赎刑者，官府学校鞭扑之刑耳，若五刑则固未尝赎也。今穆王赎法，虽大辟亦许其赎免矣。盖王巡游无度，财匮民劳，至其末年，无以为计，乃为此一切权宜之术，以敛民财。夫子录之，亦以示戒。'愚以为未然。"《文献通考》卷一百六十二《刑考一·刑制》。蔡沉，字仲默，建阳人，少从朱熹游，隐居九峰山下，人称"九峰先生"，注《尚书》，《朱文公订正门人蔡九峰书集传》为元代以后试士必用。
⑧ "晦庵《象刑说》：'周穆王五刑皆赎，复舜之旧。不察舜之赎，初不上及五刑，而穆王之法，亦必疑而后赎。穆王之事，以予料之，殆必由其巡游无度，财匮民劳，至其末年，无可为计，乃特为此一切权宜之术以自丰，而又托以轻刑之说，以违道而干誉耳。'"（元）王恽《玉堂嘉话》卷四。

《书序》，结论却完全相反。朱熹认定周穆王而疑《书序》；刘起釪否定周穆王，认定吕王而疑《书序》。两个谁更合理？答案在周穆王的经历之中。

2. 周穆王与南方神话问题

周穆王与南方神话问题主要是蚩尤与三苗问题。三苗，古族名，又叫"苗民"、"有苗"，其后裔分布在洞庭湖和鄱阳湖之间。神话有许多版本，大多认为，蚩尤为九黎族首领，三苗族先王。刘起釪先生引用了许多文献资料，也认可此说：《周书·吕刑》是最早记录蚩尤的。《吕刑》的记录显示蚩尤与苗民先后同属关系是明白的。① 《战国策·秦策》称黄帝曾与蚩尤大战于涿鹿而擒之。而其注则称蚩尤为九黎之君。② 《吕氏春秋·荡兵》的注③、《周书·吕刑》的解释和传，也皆称蚩尤为九黎之君。④ 三苗为九黎之后见《国语·楚语》注。⑤ 而《周书·吕刑》孔颖达疏引郑玄注，说郑玄认为苗民就是九黎之后，由于数次为恶，先后受到诛杀。颛顼（zhuān xū）诛杀九黎，分其子孙为三国。高辛衰弱，三苗再次作恶，帝尧兴盛，又诛杀三苗。舜时流放三苗。大禹摄政时，三苗在洞庭湖抗命，大禹又一次征讨。⑥

尧舜时两次征讨三苗，见于《尚书》和《史记》，只是记载略有出入。《尚书·虞书·舜典》的记载较为简略。三苗，与欢兜、共工、鲧合称为"四罪"，被舜迁于三危，而成为西戎。⑦ 而按《史记·五帝本纪》所载，因三苗在江淮、荆州数为乱而为尧所迁。⑧ 三危之地何地，有诸多

---

① 顾颉刚、刘起釪：《尚书校释译论·吕刑》第4册，中华书局，2005，第1914页。
② "黄帝伐涿鹿而擒蚩尤。"注云："蚩尤，九黎之君，好兵也。"
③ "人曰蚩尤始作兵。"高诱注："蚩尤，少昊之末九黎之君名也。"
④ 马融："少昊之末九黎君名。"伪孔传："九黎之君号蚩尤。"
⑤ "昔少昊之衰也，九黎乱德。……其后三苗复九黎之德。"韦昭注："三苗，九黎之后也。高辛氏衰，三苗行其凶德如九黎之为也。"
⑥ "苗民弗用灵。"孔疏："郑玄以为苗民即九黎之后。颛顼诛九黎，至其子孙为三国。高辛之衰，又复九黎之恶。尧兴，又诛之。尧末，又在朝，舜臣尧又窜之。后禹摄位，又在洞庭逆命，禹又诛之。"
⑦ "流共工于幽州，放欢兜于崇山，窜三苗于三危，殛鲧于羽山，四罪而天下咸服。"
⑧ "欢兜进言共工，尧曰不可而试之公师，共工果淫辟。四岳举鲧治鸿水，尧以为不可，岳强请试之，试之而无功，故百姓不便。三苗在江淮、荆州数为乱，于是舜归而言于帝，请流共工于幽陵，以变北狄；放欢兜于崇山，以变南蛮；迁三苗于三危，以变西戎；殛鲧于羽山，四罪而天下咸服。"

观点，即为西戎，应在西部。而此后《尚书·虞书·舜典》、《史记·五帝本纪》又有舜"分北三苗"之说。刘起釪先生引苏轼《书传》说，苗国在洞庭湖和彭泽湖之间，为南方之国。流放西部的只是其君主，而其民并未流放。而帝舜大功告成后，苗民仍不服，就将其分开。① 而三苗之国在洞庭彭泽之间，在苏轼之前即见于《战国策·魏策二》②、《韩诗外传》③、《淮南子·齐俗》注④以及《史记·吴起列传》。⑤《淮南子·修务训》载，在将三苗放逐之后，舜再次南征三苗，死于征途之中，⑥《帝王世纪》亦载其死于鸣条，葬于苍梧。⑦

　　大禹讨伐三苗之事，《墨子》的《兼爱》和《非攻》篇对此作了论述。《兼爱》一篇是用来论证先王亲行兼相爱，这些事记录于竹帛、金石、盘盂之中。并以《泰誓》和《禹誓》为例。说《泰誓》颂扬周文王，而《禹誓》是禹征有苗之事。禹在出征前发表誓言，说并非他胡作非为，而是苗民蠢蠢欲动，上天对他们降下惩罚，于是他率领众邦君主去征讨有苗。墨子认为，禹不是为了追求富贵、福禄和享受而是为了追求天下的利益，除去天下的祸害，这就是兼爱。墨子说，他所说的兼爱就是从禹那里学到的。⑧《非攻》一篇用以论证不要攻伐侵略。有喜欢攻伐的国君，非

---

① "苗之国左洞庭右彭泽，南方之国也。而窜西裔者必窜其君，其民未也。至此治功大成，而苗民犹不服，故分北之。"
② 吴起云："昔者三苗之居，左彭蠡之波，右洞庭之水，汶山在其南，而衡山在其北。"
③ 卷三："当舜之时，有苗不服，其不服者，衡山在南，岷江在北，左洞庭之波，右彭蠡之水。"
④ "三苗髳首。"高诱注曰："三苗之国在彭蠡、洞庭之野。"
⑤ "昔三苗氏，左洞庭，右彭蠡。"
⑥ "放欢兜于崇山，窜三苗于三危，流共工于幽州，殛鲧于羽山。舜作室，筑墙茨屋，辟地树谷，令民皆知去岩穴，各有家室。南征三苗，道死苍梧。"
⑦ "有苗氏叛，舜南征，崩于鸣条，年百岁，殡以瓦棺，葬于苍梧九疑山之阳。"
⑧ "今若夫兼相爱、交相利，此自先圣六王者亲行之。何知先圣六王之亲行之也？子墨子曰：吾非与之并世同时，亲闻其声，见其色也。以其所书于竹帛，镂于金石，琢于盘盂，传遗后世子孙者知之。《泰誓》曰：'文王若日若月，乍照，光于四方，于西土'，即此言文王之兼爱天下之博大也，譬之日月，兼照天下之无有私也，即此文王兼也。虽子墨子之所谓兼者，于文王取法焉！且不唯《泰誓》为然，虽《禹誓》即亦犹是也。禹曰：'济济有众，咸听朕言！非惟小子，敢行称乱。蠢兹有苗，用天之罚。若予既率尔群封诸君，以征有苗。'禹之征有苗也，非以求以重富贵，干福禄，乐耳目也。以求兴天下之利，除天下之害。即此禹兼也。虽子墨子之所谓兼者，于禹求焉。"

难墨子，说大禹征讨有苗氏，汤讨伐桀，周武王讨伐纣，都被立为圣王，是何缘故？而墨子以天罚论来解释，说他们是奉天讨伐诛杀，而非攻伐侵略。以前三苗大乱，上天下令诛杀。他列举了一些现象，作为上天的旨意：太阳晚上出来，下三天血雨，龙出现于祖庙，狗在市上哭叫，夏天结冰，土地开裂，五谷不熟，而使百姓大为震惊。大禹受命，拿天赐玉符，征讨有苗。一位人面鸟身的天神助战，射死有苗将领。大禹战胜三苗后，划分山川，节制四方，神民依从而天下安详平静。从三位圣王的行为来看，则并非攻伐侵略，而是替天诛杀。①

上述记载，介于传说与神话之间。但勾勒出了一条清晰的线索。蚩尤为九黎之君，因作恶，在涿鹿为黄帝擒杀。九黎之后裔三苗，又数度为恶，先后受到颛顼、帝尧、帝舜、大禹的惩罚和征讨。神话以上帝的名义，为对有苗的征讨提供正当的理由。《墨子》还从兼爱和非攻的角度，为大禹的讨伐提供了另外一项正当理由。

三苗作为征伐的对象，而三苗之国就在荆楚一带，大禹征讨就因三苗在洞庭湖抗命而起。因此，惩罚三苗的神话，似乎不应是南方的神话，更合理的解释是，征伐者或其他人虚构出来加在被征伐之上。《周书·吕刑》是最早记载蚩尤的，或者是记录当时在贵族和士族中流传的神话，或直接就是《周书·吕刑》本身虚构出来的，将其及其后裔三苗作为谴责对象和借鉴，以加上上帝惩罚的标签，为征讨荆楚和赎刑提供正当理由。

3. 周穆王巡游与征伐问题

在周穆王之前，周昭王曾南征。《史记·周本纪》记载周昭王南巡不归。②《古本竹书纪年》记载，周昭王攻楚，有十六年、十九年及末年三

---

① "今遝夫好攻伐之君，又饰其说以非子墨子曰：以攻伐之为不义，非利物与？昔者禹征有苗，汤伐桀，武王伐纣，此皆立为圣王，是何故也？子墨子曰：子未察吾言之类，未明其故者也。彼非所谓攻，谓诛也。昔者三苗大乱，天命殛之，日妖宵出，雨血三朝，龙生于庙，犬哭乎市，夏冰，地坼及泉，五谷变化，民乃大振。高阳乃命玄宫，禹亲把天之瑞令，以征有苗。四电诱祗，有神人面鸟身，若瑾以侍，搤矢有苗之祥。苗师大乱，后乃遂几。禹既已克有三苗，焉磨为山川，别物上下，卿制大极，而神民不违，天下乃静，则此禹之所以征有苗也。""若以此三圣王者观之，则非所谓攻也，所谓诛也。"

② "昭王之时，王道微缺。昭王南巡狩不返，卒于江上。其卒不赴告，讳之也。"

次，皆出师不利。第一次在涉过汉水时，遇到兕（sì）。① 兕是一种形状与犀牛相似却又凶恶的动物。《山海经·海内南经》有记载，在湘水南，状如牛，苍黑，一角。②《尔雅·释兽》则说兕似牛，一角，青色，形如马鞭柄。犀，似水牛，猪头，三角，一顶上，一额上，一鼻上。③《说文》说兕是象的形状，青色，如野牛。而犀是南部边陲之外的牛，一角在鼻，一角在顶，状如猪。④《国语·越语》说水犀之甲为边外进贡，犀有山犀、水犀，水犀皮有珠甲。⑤《左传·宣公二年》犀兕并称。⑥《周礼·函人》说犀兕的寿命不同。⑦《战国策·楚策一》有描写楚王云梦射兕的记载，作为勇猛的记录。⑧《吕氏春秋·至忠》亦载。⑨《庄子·秋水》则载勇敢的猎夫不避兕虎。⑩

《尔雅·释地》说云梦为十薮（sǒu）之一。⑪《淮南子·坠形训》则说云梦为九薮之一。⑫《吕氏春秋·有始览》记载亦同。⑬ 据《史记·河渠书》，云梦在汉水边上。⑭《周礼·夏官·职方》说云梦与江汉相连。⑮

---

① "周昭王十六年，伐荆楚，涉汉，遇大兕。"
② "兕在舜葬东，湘水南。其状如牛，苍黑，一角。""兕兕西北有犀牛，其状如牛而黑。"
③ "兕似牛。注：一角，青色，重千斤。疏：其皮坚厚，可制甲。交州记，角长三尺余，形如马鞭柄。""犀，似水牛，猪头，大腹，庳脚，脚有三蹄，黑色，三角，一顶上，一额上，一鼻上，鼻上者即食角也。小而不椭，好食棘，亦有一角者。"
④ "兕，如野牛而青，象形。""犀，南徼外牛，一角在鼻，一角在顶，似豕，从牛，尾声。"
⑤ "水犀之甲。注：'今徼外所送，有山犀、有水犀。水犀之皮有珠甲，山犀则无。'"
⑥ "犀兕尚多。"
⑦ "犀甲寿百年，兕甲寿二百年。"
⑧ "楚王游于云梦，结驷千乘，旌旗蔽日，野火之起也若云霓，兕虎嗥之声若雷霆，有狂兕车依轮而至，王亲引弓而射，壹发而殪。王抽旃旄而抑兕首，仰天而笑曰：'乐矣，今日之游也。'"
⑨ "荆庄哀王猎于云梦，射随兕，中之。"
⑩ "陆行不避兕虎者，猎夫之勇也。"
⑪ "楚有云梦。"
⑫ "何谓九薮？曰越之具区，楚之云梦，秦之阳纡，晋之大陆，郑之圃田，宋之孟诸，齐之海隅，赵之巨鹿，燕之昭余。"
⑬ "何谓九薮？吴之具区，楚之云梦，秦之阳华，晋之大陆，梁之圃田，宋之孟诸，齐之海隅，赵之巨鹿，燕之大昭。"
⑭ "于楚，则西方通渠汉水、云梦之野。"
⑮ "正南曰荆州，其山镇曰衡山，其泽薮曰云梦，其川江汉。"

《史记·货殖列传》则说在江陵之东。① 《尚书·禹贡》伪孔传说云梦指云梦泽，在江南。说其有平土丘，退水后可以耕作。孔颖达说其表示云梦泽很大。② 云梦泽的具体方位，历来有多种说法，毋庸细究。总之，周昭王第一次伐楚在云梦的沼泽受阻于大兕。

第二次在汉水，阴风骤起，天昏地暗，鸡兔惊恐，六师尽丧。③ 第三次载其南巡不返。④ 有观点将十九年和末年合二为一，因此，史学界对周昭王伐楚有两次和三次的说法，这是由于对周昭王在位时间的推算和认定不同而各有其说。对于周昭王的死因，《史记·齐太公世家》记载，管仲将昭王南征不复作为齐桓公伐楚的理由之一，而对此，楚王则回复说应到水边问问，指其命丧水中。⑤《帝王世纪》说，死于五十一年南征，因船人进胶船，至中流而解，周昭王及祭公落入水中而亡，侍卫辛余靡将其捞起。⑥ 按《吕氏春秋·音初》所说，周昭王伐楚返回渡汉水时，桥梁坍塌，昭王落入水中，侍卫辛余靡救其上岸后，又将祭公救上岸。⑦ 学者各有所引，亦各有其说。

关于周穆王巡游、征伐之事，《左传·召公十二年》载其车辙马迹，肆欲周行天下，祭公谋父作诗谏止。⑧ 此事《史记·周本纪》记载为征犬戎之事。周穆王不听祭公谋父之谏而征犬戎，得四白狼四白鹿以归。⑨

---

① "江陵故郢都，西通巫、巴，东有云梦之饶。"
② "荆州云土梦作乂。云梦之泽在江南，其中有平土丘，水去可为耕作畎亩之治。" "此泽既大，其内有平土，有高丘，水去可为耕作畎亩之治。"
③ "周昭王十九年天大曀，雉兔皆震，丧六师于汉。" 曀（yì），阴风，阴暗。
④ "昭王末年，夜清，五色光贯紫微，其王南巡不返。"
⑤ "三十年春，齐桓公率诸侯伐蔡，蔡溃。遂伐楚。楚成王兴师问曰：'何故涉吾地？'管仲对曰：'昔召康公命我先君太公曰：五侯九伯，若实征之，以夹辅周室。赐我先君履，东至海，西至河，南至穆陵，北至无棣。楚贡包茅不入，王祭不具，是以来责。昭王南征不复，是以问焉。'楚王曰：'贡之不入，有之，寡人罪也，敢不共乎！昭王之出不复，君其问之水滨。'"
⑥ "昭王在位五十一年，以德衰南征。及济于汉，船人恶之，乃胶船进王。王御船至中流，胶液解，王及祭公俱没于水而崩。其右长臂且多力，拯拔王。国人讳之。"
⑦ "周昭王亲将征荆，辛余靡长且多力，为王右。还反涉汉，梁败，王及祭公抎于汉中，辛余靡振王北济，又反振祭公。"
⑧ "昔穆王欲肆其心，周行天下，将皆必有车辙马迹焉。祭公谋父作《祈招》之诗以止王心。王是以获没于祇宫。"
⑨ "穆王将征犬戎，祭公谋父谏曰：'不可'……王遂征之，得四白狼四白鹿以归。自是荒服者不至。"

《今本竹书纪年》说为周穆王十二年。① 而《史记·秦本纪》记有周穆王西巡和征伐徐偃王作乱之事。造父因善于驾车而得宠于周穆王，周穆王有骥、温骊、骅骝、骙耳四匹骏马，驾车西游，乐而忘归。而徐偃王乘机作乱。造父为穆王驾车，一日千里，返回成周，镇压叛乱。② 《史记·赵世家》亦载造父为周穆王驾车西游和日驰千里征伐徐偃王之事。周穆王大破徐国，赐造父以赵城。③ 周穆王西游事，据《史记·秦世家》注，郭璞说按《古本竹书纪年》记载，在穆王十七年，西征昆仑，见西王母。《括地志》说昆仑在肃州酒泉县南八十里，见西王母即在此山。④ 征伐徐偃王事，据《史记·秦世家》注，《地理志》说临淮有徐县，即古徐国。《括地志》说泗州徐城县北三十里的大徐城，即古徐国。⑤《今本竹书纪年》说周穆王六年赐徐子诞为伯。⑥《后汉书·东夷列传》载有徐偃王僭号，率九夷攻打宗周之事。当时徐国正处于兴盛时期，因此周穆王分东方诸侯由徐偃王管理。⑦《淮南子·人间训》说徐偃王好行仁义，陆地有三十二国遵从徐偃王。春秋初年，徐国为楚国所灭。《淮南子》评论徐王只知仁义而不知世变。⑧

---

① "十二年，毛公班、井公利、逢公固帅师从王伐犬戎。""冬十月，王北巡狩，遂征犬戎。"
② "造父以善御幸于周缪王，得骥、温骊、骅骝、骙耳之驷，西巡狩，乐而忘归。徐偃王作乱，造父为缪王御，长驱归周，一日千里以救乱。缪王以赵城封造父，造父族由此为赵氏。"
③ "幸于周缪王。造父取骥之乘匹，与桃林盗骊、骅骝、骙耳，献之缪王。缪王使造父御，西巡狩，见西王母，乐之忘归。而徐偃王反，缪王日驰千里马，攻徐偃王，大破之。乃赐造父以赵城，由此为赵氏。"
④ "集解郭璞曰：'纪年云穆王十七年，西征于昆仑丘，见西王母。'正义《括地志》云：'昆仑山在肃州酒泉县南八十里。十六国春秋云前凉张骏酒泉守马岌上言，酒泉南山即昆仑之丘也，周穆王见西王母，乐而忘归，即谓此山。有石室王母堂，珠玑镂饰，焕若神宫。'"
⑤ "集解《地理志》曰：'临淮有徐县，云故徐国。'正义《括地志》云：'大徐城在泗州徐城县北三十里，古徐国也。'"
⑥ "六年春，徐子诞来朝，锡命为伯。"
⑦ "后徐夷僭号，乃率九夷以伐宗周，西至河上。穆王畏其方炽，乃分东方诸侯，命徐偃王主之。偃王处潢池东，地方五百里，行仁义，陆地而朝者三十有六国。"
⑧ "昔徐偃王好行仁义，陆地之朝者三十二国。王孙厉谓楚庄王曰：'王不伐徐，必反朝徐。'王曰：'偃王，有道之君也，好行仁义，不可伐。'王孙厉曰：'臣闻之，大之与小，强之与弱也，犹石之投卵，虎之啖豚，又何疑焉？且夫为文而不能达其德，为武而不能任其力，乱莫大焉。'楚王曰：'善。'乃举兵而伐徐，遂灭之。知仁义而不知世变者也。"

一日千里之事，日本学者古田武彦提出短里的说法。短里，为一里76～77米。周代采用短里，秦始皇废弃短里，采用长里，约等于435米，汉代继承了秦的长里。魏恢复了周的短里，西晋袭用短里。东晋再废短里，复用秦汉的长里。此后变化不大。一日千里用的就是短里。① 周穆王西游有许多神话故事，除《穆天子传》大量记载外，还有《列子·周穆王》等。② 周穆王南征，亦有神话，说一军尽化，君子为猿鹤，小人为虫沙。③ 周穆王还有北征神话。④

《古本竹书纪年》记有周穆王伐楚之事。大起九师，东至于九江，以鼋（yuán，大鳖）鼍（tuó，扬子鳄）为桥。来自各种记载，有七年、十七年、三十七年、四十七年之说。⑤ 按《水经注疏》卷三十八《湘水》，九江有两说。宋儒以洞庭为九江，汉儒以彭蠡为九江。⑥ 这是由于《尚书·禹贡》多次提到九江，儒者对此作出不同的解释而致。其实，历史上的江河湖泊屡有变化，地名也常有变更。九江地名在历史上多所更改。秦设九江郡，治所寿春。为当时辖境最大的郡。秦末汉初割西境置衡山郡，割南境置庐江、豫章二郡。九江郡辖境限于淮南。名称也在九江郡、九江国、淮南郡、延平郡中反复更改。曹魏复为淮南郡。隋废江州改置九江郡，唐

---

① 《中国古代里单位之史料批判》，《中日〈穆天子传〉学术研讨会论文集》，1992。
② "穆王不恤国是，不乐臣妾，肆意远游，命驾八骏之乘。""遂宾于西王母，觞于瑶池之上，西王母为天子谣，王和之，其辞哀焉。"
③ 《太平御览》卷七四引《抱朴子》："周穆王南征，一军尽化。君子为猿为鹤，小人为虫为沙。"
④ "穆王北征，行流沙千里，积羽千里。"《古本竹书纪年》引《山海经·大荒北经》注。
⑤ "穆王十七年起九师至九江，以鼋为梁。""周穆王三十七年，伐楚，大起九师，至于九江，叱鼋鼍以为梁。""周穆王七年大起师，东至于九江，架鼋鼍以为梁。""周穆王四十七年，大起九师，东至于九江，比鼋以为梁。""周穆王伐大越，起九师，东至九江，架鼋鼍以为梁也。"
⑥ "又北至巴丘山入于江。山在湘水右岸。赵云：按巴丘山，宋人以为《禹贡》之东陵。曾彦和曰，巴陵与夷陵相为东西，夷陵亦曰西陵，则巴陵为东陵可知。又曰，沅、渐、无、辰、叙、酉、湘、资、醴水，皆合洞庭中，东入于江。是为九江。《导江》云，过九江至于东陵，今之巴陵，巴陵之上，即洞庭也。因九水所合，遂名九江。《水经》九江在长沙下隽县西北。《楚地记》云，巴陵，潇湘之渊，在九江之间。是也。晁以道云，洞庭九江也。胡渭曰，以洞庭为九江，始于宋初胡旦，而晁、曾从之。朱子故主其说，而力辨辨寻阳九江之非。""《禹贡·导水》于导澜下云，东汇泽为彭蠡，此湖汉九水，汉儒之所谓九江也。"

废九江郡复为江州。彭蠡，自南宋朱熹开始，有诸多的学者，认为是巢湖。这也许与汉将淮南划为九江郡有关。观点纷争，也不必深究，九江事实上存在于多处，并无排他性。所需要知道的是周穆王东至于九江究竟何处。《墨子·公输》有关荆州的云梦满是犀兕麋鹿，江汉的鱼鳖鼋鼍天下最多的说法，① 使周穆王伐楚与周昭王伐楚联结了起来。《周礼·夏官·职方》说云梦与江汉相连。周昭王第一次伐楚在汉水遇大兕，第三次南巡不返，楚王指其溺水，而江汉多鼋鼍，周穆王却又怪异地在九江以鼋鼍为桥。显然是周昭王溺水，为鼋鼍所伤，或葬身鼋鼍之腹，周穆王的行为旨在为父报仇。荆州的云梦泽为九薮之一，并未提及洞庭湖，也许包含其中。而《尚书·禹贡》荆州篇中两提九江，后接云梦。洞庭湖为后起记载，或为湖泊演变之故。元时洞庭湖仍多鼋鼍。元人尚仲贤《洞庭湖柳毅传书》有所载。② 江汉相连，扬子鳄在上游地区生存也属常理。故此，周穆王伐楚东至九江，以云梦泽更为合理。周穆王南征曾经到达汉水以南，云梦泽在江汉之间，为楚地，周穆王所到何处，无可查究。况且，楚国辖境也存在诸多争议。楚国辖境逐步扩张，穆王时，是否到达洞庭湖尚无成说。长江下游地区不会是楚国辖区。

综上所述，周穆王六年，徐偃王见穆王，穆王分东方诸侯，令其主之，同时赐其为伯。十二年，穆王西征犬戎，两战获白鹿、白狼和五名犬戎首领。十三年到十七年，穆王西游，与西王母会于瑶池（昆仑山）。十七年，穆王归国平定徐偃王叛乱。三十七（或四十七）年大起九师，东至九江伐楚。周穆王的故事有许多版本，毋庸赘述。

4. 相互印证关系的形成

周穆王巡游与征伐从三个方面与《吕刑》形成相互印证的关系，即周穆王巡游征伐与《吕刑》神话之间、周穆王巡游征伐与《吕刑》赎刑之间以及《吕刑》神话与赎刑之间，形成相互印证的关系。

《尚书·夏书·甘誓》中启与有扈氏在甘的郊外大战，以天命为由

---

① "荆有云梦，犀兕麋鹿满之，江汉之鱼鳖鼋鼍为天下富。"
② "无非是鱼鳖鼋鼍共随从，紧拦纵，阵面上交攻，将他来苦淹淹厮葬送。"

谴责有扈氏。① 《尚书·商书·汤誓》中商汤以天命为由谴责夏桀。② 周初期诸誓、诰谴责殷商和商纣。周昭王和周穆王伐楚，在西周中期，而楚被视为三苗之地，蚩尤及其后裔三苗，自然就成为谴责对象。这与《夏书》、《商书》及周初诸诰誓的体例是一致的。按三苗左洞庭、右彭蠡的说法，吕国地处南阳，离洞庭、彭蠡甚为遥远，中间隔着许多诸侯国，其后，为楚国所灭，则为楚国北扩之故。春秋早期，楚灭邓国而与吕国交界。刘起釪先生推测吕国临近三苗之地，吕国曾与之全力斗争过于牵强。反过来，《吕刑》谴责蚩尤及其后裔的神话，又证实了周穆王伐楚的真实性。大多观点认为，周昭王曾伐楚，而周穆王伐楚之事多为传说。但《吕刑》不可能出于周昭王，也不大可能出于吕王。如果，《吕刑》为周穆王所为，显然说明其伐楚之事是真实的。同时，《吕刑》的神话，也可以回答刘起釪先生关于颂扬祖宗功德的问题，周初诸诰誓由于祖宗功德明显，自然颂扬，而对于周穆王而言，其父伐楚，一次败归，一次丧师汉水，最后丧身鼋鼍，实在无可颂扬，其死因甚至秘而不宣。

赎刑为《吕刑》的重点，天命德政轻刑，只是借口。虽然汉儒对轻刑大加颂扬，从南宋朱熹开始，就对周穆王的赎刑提出质疑，包括元人，已如前文所述。如果只为轻刑，大可降低刑罚幅度，而不必实施赎刑。对于吕王而言，也是如此。富者生，穷者死并非轻刑之道，历代儒者对此多所抨击。所有刑罚皆可赎，显然在于敛财。周穆王长期巡游征伐，自然导致国库空虚，大规模赎刑，是充盈国库的重要途径之一。因此，赎刑的制定和实施符合周穆王的实际需要。《吕刑》以赎刑为重点，也同样反过来证明周穆王巡游征伐的真实性。

赎刑的制定和实施，也回答了刘起釪先生引为鉴戒的疑问。《吕刑》着意赎刑，必须托口轻刑，就有借鉴的问题，使用殷商之例，未免过于遥远。而伐楚是一个近例，要以轻刑为托词，其借鉴是滥刑，于是就出来了虐刑之说，利用原来流行的三苗之说，或干脆就是自己虚构的，加在楚国

---

① "启与有扈战于甘之野，作《甘誓》。大战于甘，乃召六卿。王曰：'嗟！六事之人，予誓告汝：有扈氏威侮五行，怠弃三正，天用剿绝其命，今予惟恭行天之罚。'"

② "有夏多罪，天命殛之。"

身上，携上帝之命加以谴责，并作为借鉴。以天命处罚滥刑，明德慎刑，正好符合周穆王天子的身份。

周穆王伐楚，在三十七年，而作《吕刑》应在此前后，用以筹集费用或补偿亏空。《史记·周本纪》说穆王即位，年已五十。① 《周书·吕刑》有"耄，荒度作刑"之句。《礼记·曲礼上》说八十、九十称为"耄"。② "荒度"，《周书·益稷》有"惟荒度土功"之句，伪孔传解释为大力治理水土。③ 此说近于词义。刘熙《释名》："荒，大也。"按年龄推断，正好在三十七年前后。

（六）关于《周书·吕刑》的结构和经典意义

李力说，解决《吕刑》性质问题的关键在于澄清吕侯所作的《吕刑》与《周书·吕刑》的关系。④ 此说甚有道理。而澄清这种关系，就有必要就其结构和经典意义进行说明。《周书·吕刑》结构中的内容，是笔者在《〈尚书〉所见的法律形式》⑤ 一文中讨论的一部分，在此，只是拣其要点，从结构的角度略作引述。

1.《周书·吕刑》的结构

按其内容，《周书·吕刑》可以分为四个部分。

（1）书序与引语

《周书·吕刑》开篇前是书序⑥和引语⑦。书序不是正文本身，但共同说明"作刑"的背景。伪孔传和孔颖达认为是吕侯被穆王任命为司寇，周穆王采纳吕侯的建议，认为西周原有的刑法过重，让吕侯参照夏的赎

---

① "穆王即位，春秋已五十矣。"
② "八十、九十曰耄。"
③ "以大治度水土之功故。"
④ 《先秦法制研究之批判》，《中国法制史考证》甲篇第一卷，中国社会科学出版社，2003，第384页。
⑤ 载杨一凡主编《中国古代法律形式研究》，社会科学文献出版社，2011，第64~82页。
⑥ "吕命穆王训夏赎刑，作《吕刑》。"
⑦ "惟吕命，王享国百年，耄，荒度作刑，以诘四方。"

刑，修订刑书，变重为轻。吕侯受命于周穆王，以周穆王的名义布告天下，史官记录了此事，而成为《吕刑》。《周书·吕刑》篇是吕侯奉周穆王之命修订刑书而作的发布文告。①

（2）神话与传说

叙述苗民五虐之刑的危害以及德刑和天命的关系。实际上，三苗五虐之刑的危害，也是为了说明用刑得当与天命的关系。首先讲述了苗民五虐之刑的危害，并强调应引以为戒。蚩尤及三苗之主实施五虐之刑，滥刑无辜，致使国民竞相为恶，作奸犯科。而被刑的无辜国民上告天，上天（上帝）降罪于三苗之主。帝舜（皇帝）代天刑罚，灭绝三苗之主，符合民意，获得天命。对此，主典刑狱的各个诸侯，应引以为戒。其次叙述了帝舜灭三苗之后，命三后，即伯夷、禹和稷施行德政，伯夷主刑罚，禹平水土，稷教农耕。帝舜因用刑得当，符合天命，得以长久统治。其后，要求四方诸侯司法官借鉴帝舜的德政和三苗灭绝的教训，使用刑符合德政，以保天命。此部分内容在《周书·吕刑》中几乎占一半篇幅。

（3）司法程序与原则

教导诸侯如何善于用刑。②首先是明确"两造具备，师听五辞"的司法程序。其次是五刑、五罚、五过的量刑原则。按照口供、证据证明的罪行轻重以及确凿或可疑，有区别地适用刑罚。疑罪的量刑原则是刑疑从罚，罚疑从免。按伪孔传，罚即赎刑。③首先确定了五刑疑罪赎刑的数额，并要求检查核实所犯的罪行，使罚与刑名相当，然后收取赎金。④在这里需

---

① "更从轻以布告天下。""夏法行于前代，废已久矣。今复训畅夏禹赎刑之法，以周法伤重，更从轻以布告天下。以其事合于当时，故吕侯得穆王之命为天子司寇之卿，穆王于是用吕侯之言，训畅夏禹赎刑之法。吕侯称王之命而布告天下。史录其事，作《吕刑》。""吕侯得王命，必命为王官。《周礼》司寇掌刑，知吕侯见命为天子司寇。"

② "有邦有土，告尔祥刑。"伪孔传："有国土诸侯，告汝以善用刑之道。"

③ "当正五罚，出金赎罪。"

④ "墨辟疑赦，其罚百锾（huán），阅实其罪。劓辟疑赦，其罚惟倍，阅实其罪。剕辟疑赦，其罚倍差，阅实其罪。宫辟疑赦，其罚六百锾，阅实其罪。大辟疑赦，其罚千锾，阅实其罪。"孔疏说："检阅核实其所犯之罪，使与罚名相当，然后收取其赎。此既罪疑而取赎，疑罪不定，恐受赎参差，故五罚之下皆言阅实其罪，虑其不相当故也。"

要明确的是五刑的赎刑相加正好三千,① 即《吕刑》规定的赎刑有三千条,而并非五刑的正刑有三千。规定如此多的赎刑名目,朱熹质疑周穆王假托轻刑敛财并非没有道理。此后叙述了刑罚轻重的使用原则。② 最后是司法官的用人原则及其约束。③ 以上是《周书·吕刑》的核心部分,叙述司法程序、量刑原则、用刑原则以及用人原则。其重点是赎刑的使用。《周书·吕刑》全文1200余字,这一部分仅占整个篇幅的三分之一,400余字。

(4) 篇尾

重申德刑及天命之间的关系,再次告诫典狱之官。

从结构上看,《周书·吕刑》是一篇采用阶梯似的步骤,而又非常紧凑的文告,更似刑书的说明书。《吕刑》,又称《甫刑》,或是周刑的修正案,或是专门规定。笔者更倾向于《吕刑》是规定赎刑的单行条例,而《周书·吕刑》篇则为条例的发布文告。根据主要为:其一,《周书·吕刑》篇指称五刑有赎刑三千条,那么,就必须有详细的专门规定;其二,断狱必须"明启刑书",而《周书·吕刑》篇本身在适用赎刑时无法作为刑书使用;其三,叙述相关法律原则,符合刑书发布文告的特性;其四,《周书·吕刑》篇论述天命,在于为其轻刑,主要是赎刑,提供理论依据,而几乎占用三分之二的篇幅。

2. 《周书·吕刑》的经典意义

从《周书·吕刑》的内容看,周穆王意在赎刑,这一观点应是有其合理的成分。而其提出轻刑的相关原则,似乎也是为赎刑的施行作铺垫。尽管如此,《周书·吕刑》篇关于德、刑与天命关系,以及司法原则的论述,还是对后世产生了重大的影响。这也是《吕刑》收入《尚书》的主要原因。

宋人夏僎提到孔子收录《周书·吕刑》的目的。他认为,刑罚是国

---

① "墨罚之属千,劓罚之属千,剕罚之属五百,宫罚之属三百,大辟之罚其属二百。五刑之属三千。"

② "上下比罪,无僭乱辞,勿用不行,惟察惟法,其审克之! 上刑适轻,下服;下刑适重,上服。轻重诸罚有权。刑罚世轻世重,惟齐非齐,有伦有要。"

③ "非佞折狱,惟良折狱,罔非在中。察辞于差,非从惟从。哀敬折狱,明启刑书胥占,咸庶中正。其刑其罚,其审克之。狱成而孚,输而孚。其刑上备,有并两刑。"

家重要的事务。而穆王解说刑罚,不以穆王之名,而以吕侯之名,原因何在呢?因为穆王巡游征伐无度,不把刑罚当回事。现在解说刑罚的书,虽说是穆王的训令,实际上却是吕侯的政令。所以书序的作者和作书的作者,均先以"吕命"作为篇目,并将其篇称为《吕刑》。否则的话,穆王巡游至老不厌,怎么会在老年时却关心起赎刑一事?吕侯的为人虽然无法考证,但是,从该书看来,训辞温柔宽厚,意图真诚。其温和具有三代之风,其渊博诸如酬唱和诗。确实不是轻率随便地说说。一定是怀有怜悯忧伤之心,所以其言显得忠厚慈祥。夏僎认定吕侯确是仁人君子。孔子收录《周书·吕刑》在于选取其言。①

章太炎先生在《国学讲演录·经学略说》中论经典源流及古今文大概的一段评论有助于我们对《周书·吕刑》的认识。他说,古代法律也是官书,如汉代有《汉律》。汉以前,按《周礼》所言,有五刑二千五百条,而《周书·吕刑》则记为三千条,当时一定会在简册中记录。孔子却不编入六经。说古人崇尚道德而不崇尚刑法是迂腐之言。孔子之所以不编入六经,是出于刑律历代有所变化,不足以作为经常不变的准则。② 这一评论显然相当切合实际。章太炎的说法说明了两点,一是《尚书》没有收录刑书;二是《周书·吕刑》是作为经典收录的。这也可以从另一角度反映出《周书·吕刑》并非刑书,而只是一篇颁布刑书的文告。而其经典的意义在于和《尚书》其他篇章有关法律文化的论述一样,成为以后数千年的司法体制和司法制度的基础。

---

① "刑罚,国之重事。而穆王训之,不系于穆王而系于吕侯,何也?盖穆王盘游无度,日事车马,视刑罚为何事?今日训刑之书虽曰穆王训之,而实吕侯之命也。故序书与作书者皆先以吕命题其首,而目其篇为吕刑,盖其言皆出于吕侯之口也。不然,则穆王驰骋老而不厌,独于耆年乃独介介于赎刑一事哉?吕侯之为人虽不可考其终始,然观是书之作,训辞温厚,意旨恳切。穆乎有三代之风,渊乎有赓歌之作。诚非苟于有言而姑为是言也。必哀矜于其心,故忠厚慈祥于其言。吕侯诚仁人君子人也。夫子取之,取其言也。"(宋)夏僎:《尚书详解》卷二十五《吕刑》,《钦定四库全书》本。

② "又古律亦官书,汉以来有《汉律》。汉以前据《周礼》所称,五刑有二千五百条,《吕刑》则云三千条。当时必著简册,然孔子不编入六经,至今无只字之遗。盖律者,在官之人所当共知,不必以之教士。若谓古人尚德不尚刑,语涉迂阔,无有足处。且《周礼·地官》之属,州长、党正,有读法之举,是百姓均须知律。孔子不以入六经者,当以刑律代有改变,不可为典要故尔。"

（七）结语

吕侯受命于周穆王，在周穆王三十七年伐楚前后，起草赎刑的单刑法规，以周穆王的名义发布，后世称为《吕刑》。《周书·吕刑》是《吕刑》的发布文告。郭沫若、傅斯年、杨向奎、刘起釪等质疑传统说法，分别以语言、神话和出土文物为标准，单一或多角度地论证《吕刑》为吕王之刑，顾颉刚则认为是魏王之刑。钱穆认为《周书·吕刑》是后起之书。上文对郭沫若、钱穆的春秋战国说，傅斯年、杨向奎的炎帝文明说，顾颉刚的魏刑说和刘起釪的综合说作了述评，对周穆王巡游和征伐之事作了论证，以认定《吕刑》为吕侯起草的以周穆王名义发布的刑事法规，并认定《吕刑》是规定赎刑的单行条例，《周书·吕刑》则是条例的发布文告。

二
吕国所在歧义

吕侯是周穆王时期《吕刑》的起草者，吕国的地位极为重要，并且，吕国在东周之前一直是强国，因此在研究《吕刑》时，对吕国存在的时间和空间范围进行查考显得相当必要。《尚书·周书·吕刑》，在被引用时又有称《甫刑》的，因此，吕侯与甫侯、吕国与甫国及其之间的关系也是难以回避的。由于《诗》、《书》及《左传》均未提及吕国的地理位置①和时间跨度，因而就产生出许多的歧义。历代经师及现代学者各有所引，亦各有其说。内容随着时间的推移在增加，也就产生出各种各样的版本。正如树的枝杈，越往上越多。这些歧义与各自引用的史料和假定标准有很大的关系。各家对史料的引用，其来源及相互衔接，以及假定标准是否合理值得关注。相当一部分史料的引用频率很高，从中也许可以得出某种结论。

（一）吕甫关系

先秦以及汉代有许多历史文献中引述了《吕刑》的内容，既有称之为《吕刑》的，也有称之为《甫刑》的。刘起釪先生作了详细的列举，②使我们能够对此有全面的了解。正是由于这种混称的情况，引起历代学者

---

① "诗书及左氏传注不言吕国所在。"（宋）王应麟：《困学纪闻》卷三《诗》，《钦定四库全书》本。
② 顾颉刚、刘起釪：《尚书校释译论》第4册，中华书局，2005，第1902页。

探讨吕侯与甫侯之间的关系。在对吕国进行探寻时，从吕甫开始既是合理的，也是必须的。

1. 吕侯改封为甫侯说

持此说的有汉人孔安国，唐人孔颖达、颜师古，宋人苏轼、夏僎、魏了翁、章如愚，元人吴澄、梁益，清人毛奇龄、朱鹤龄。

《尚书正义·周书·吕刑》汉孔传说，吕侯后来改封为甫侯，所以有些书将《吕刑》称为《甫刑》。① 孔颖达疏对此作了解释：因为《礼记》引此篇多称为《甫刑》，所以孔传认为吕侯后改封为甫侯。吕侯子孙改封为甫侯的根据是《诗经》。其中《崧高》篇是周宣王时期的诗，诗文有"生甫及申"；《扬之水》篇是周平王时期的诗，诗文有"不与我戍甫"。以此认定吕侯的子孙改封为甫侯。孔颖达对此仍存有疑问，说不知是吕国改为甫国，还是另封有一个甫国。然而，周穆王时没有甫国的名称却出现《甫刑》的提法，是后人以子孙的国号来称呼。孔颖达以叔虞初封于唐，而子孙封于晋，《史记》则称《晋世家》来加以说明。孔颖达还补充解释说，周宣王时改吕为甫，而《郑语》史伯在周幽王时说的话仍称"申吕虽衰，齐许犹在"是由于上下文的关系，史伯先论及四岳治水，齐、许、申、吕皆其后裔，所以后文仍称申吕，吕指的是甫。② 宋人苏轼③、

---

① "吕侯后为甫侯，故或称《甫刑》。"（汉）孔安国传、（唐）孔颖达疏《尚书正义》卷十九《吕刑第二十九》，《钦定四库全书》本。

② "传'后为'至'甫刑'正义曰：《礼记》书传引此篇之言多称为'《甫刑》曰'，故传解之'后为甫侯，故或称《甫刑》'。知'后为甫侯'者，以《诗·大雅·崧高》之篇宣王之诗，云'生甫及申'；《扬之水》为平王之诗，云'不与我戍甫'，明子孙改封为甫侯。不知因吕国改作甫名？不知别封余国而为甫号？然子孙封甫，穆王时未有甫名而称为《甫刑》者，后人以子孙之国号名之也。犹若叔虞初封于唐，子孙封晋，而《史记》称《晋世家》。然宣王以后，改吕为甫，《郑语》史伯之言幽王之时也，乃云'申吕虽衰，齐许犹在'，仍得有吕者，以彼史伯论四岳治水，其齐、许、申、吕是其后也。因上'申吕'之文而云'申吕虽衰'，吕即甫也。"（汉）孔安国传、（唐）孔颖达疏《尚书正义》卷十九《吕刑第二十九》，《钦定四库全书》本。

③ "《史记》作甫侯。""《吕刑》、《孝经》、《礼记》皆作《甫刑》，说者谓吕侯后封甫，《诗》之申甫是也。"（宋）苏轼：《书传》卷十九《周书·吕刑第二十九》，《钦定四库全书》本。

夏僎①赞同孔颖达的说法。采用孔颖达说法的宋人还有魏了翁②、章如愚③、蔡沉。④ 而元人吴澄⑤、梁益⑥，清人朱鹤龄⑦只是将此作为一说加以引述。元人陈师凯《书蔡氏传旁通》则引颜师古。⑧

《尚书正义·周书·吕刑》中，孔颖达只是简单提及《扬之水》，而《毛诗注疏·国风·王·扬之水》孔颖达疏作了扩展解释：毛传说，《尚书》有《吕刑》篇，《礼记》引之作《甫刑》。孔颖达引孔安国"吕侯后

---

① "礼记孝经引吕刑皆作甫刑。孔氏谓扬之水平王之诗云：不与我戍甫，明吕侯子孙改封为甫侯，但不知因吕国作甫名，不知别封余国而为甫号耳。然穆王时未有名甫，而称甫刑者，后人以子孙之国号名也。若叔虞封唐，子孙封晋，而史记称晋世家也。此说甚然。"（宋）夏僎：《尚书详解》卷二十五《吕刑》，《钦定四库全书》本。

② "或称甫刑知后为甫侯者，以诗大雅崧高之篇宣王之诗云甫及申扬之水为平王云不与我戍甫，名子孙改封为甫侯，不知因吕国改作甫名，不知别封余国而为甫号。然子孙封甫，穆王时未有甫名而称为甫刑者，后人以孙之国号名也。犹若叔虞初封唐，子孙封晋而史记称晋世家。然宣王以后改吕为甫，郑语史伯之言幽王之时也，乃云申吕虽衰齐许犹在，仍得有吕者。以彼史伯论四岳治水，其齐许申是其后也，因上申吕之文，而云申吕虽衰，吕即甫也。"（宋）魏了翁：《尚书要义》卷十九《君牙、冏命、吕刑》"未有甫追称甫，既有甫仍称吕"，《钦定四库全书》本。

③ "礼记以吕刑为甫刑，正义曰礼记书传引此篇之言多称为甫刑。曰故传解之后为甫侯，故或称甫刑，知后为甫侯者，以诗大雅崧高之篇宣王之诗云生甫及申。扬之水为平王之诗云不与我戍甫。明子孙改封为甫侯。不知因吕国改作甫名，不知别封余国而为甫号。然子孙封甫，穆王时未有甫名，而称为甫刑者，后人以子孙之国号名之也。"（宋）章如愚：《群书考索续集》卷五《经籍门》，《钦定四库全书》本。

④ "又按，《书传》引此，多称《甫刑》。《史记》作甫侯，言于王作修刑辟，吕后为甫欤。"（宋）蔡沉：《书经集传》卷六《吕刑》，《钦定四库全书》本。

⑤ "吕国名刑，刑书也。礼记孝经作甫刑，宣王时诗云甫及申，平王时诗云不与我戍甫，盖吕侯子孙或因吕为甫，或别封为甫，穆王时未有甫名，后人曰甫刑者，犹叔虞封唐，子孙称晋，诗从初所封称唐国风，史记从后所封，称曰晋世家也。"（元）吴澄：《书纂言》卷四下，《钦定四库全书》本。

⑥ "孔颖达书正义记传引吕刑多为甫刑。诗大雅崧高为宣王时诗，云生甫及申，王风扬之水为平王时诗，云不与我戍甫，明子孙改为甫侯，穆王时未有甫名而称为甫刑者，后人以子孙国号名之也。宣王以后改吕为甫，而郑语史伯云申吕虽衰齐许犹存，乃幽王时言仍得称吕者，因申吕之文，吕即甫也。"（元）梁益：《诗传旁通》卷三《国风·扬之水》"甫即吕也（吕）"，《钦定四库全书》本。

⑦ "孔传，吕侯为天子司寇；疏云，篇名《吕刑》，经皆言王曰，知吕侯以穆王命作书也。书传引此篇之言，多称《甫刑》。《大雅·崧高》云，生申及甫王；《风·扬之水》云不与我戍甫，必子孙改封为甫也。"（清）朱鹤龄：《尚书埤传》卷十五《周书·吕刑》，《钦定四库全书》本。

⑧ "颜师古曰，吕侯为周穆王司寇，作赎刑之法，谓之《吕刑》。后改为甫侯，故又称《甫刑》。（元）陈师凯：《书蔡氏传旁通》卷六下《吕刑》，《钦定四库全书》本。

为甫侯"之说。又引《周语》四岳为侯伯,赐姓姜,氏有吕,申吕虽衰齐许犹在。以此说明毛传为何说甫、许皆为姜姓,与申同姓。认为平王母家申国,只应守卫申,而无须守卫甫、许,《扬之水》提及甫许的缘由,只是因为同姓而借用,其实并不守卫甫许。六国时秦、赵皆伯益之后,同为嬴姓,而《史记》、《汉书》大多称秦为赵,与此相类似。① 清人毛奇龄《诗传诗说驳义》认同孔颖达的说法。引《国语》"齐申许吕皆由大姜",认为由于四国皆姜姓,可通称。引孔颖达,守卫申而说甫许,就如六国秦赵都是嬴姓,《史记》、《汉书》多称秦为赵一样。毛奇龄进一步说,如许甫称许吕,那么,吕即甫字。因此也可以证明《吕刑》即《甫刑》。②

乍看起来,孔颖达的说法不好理解。其实,这是一种连环证明,将《诗经》作为其连接点。不妨把两个地方的解释放在一起来看:《扬之水》孔氏的解释企图说明申许甫皆为姜姓,诗人只是借许甫来说申,并认为是惯例,以《史记》、《汉书》为旁证。而按照《国语》申吕齐许由大姜的说法,姜姓的流派四支。在此情况下,申甫许既为姜姓,而又无吕,甫自然是吕。接上《吕刑》孔氏的解释,《崧高》周宣王时期的诗,《扬之水》篇是周平王时期的诗,皆在穆王之后,宣王、平王之时有甫无吕,则解释为改封为甫。称《吕刑》为《甫刑》是后人以子孙国号来称呼,并以《史记》旁证。而对于《郑语》史伯在周幽王时仍称申吕,孔氏则用上下文来解释。

2. 甫即吕说

持此说的有宋人卫湜、罗泌、郑樵、林之奇,元人梁益、吴澄,

---

① "传正义曰,《尚书》有《吕刑》之篇,《礼记》引之皆作《甫刑》。孔安国云,吕侯后为甫侯。《周语》云,作四岳为侯伯,赐曰姜,氏有吕,又曰申吕虽衰齐许犹在。是申与甫许同为姜姓。故传曰,甫诸姜,许诸姜,皆以姓,与申同也。平王母家申国,所成唯应成申,不成甫许也。言甫许者,以其同出四岳,俱为姜姓,既重章以变文,因借甫许以言申,其实不成甫许也。六国时秦赵皆伯益之后,同为嬴姓,《史记》、《汉书》多谓秦为赵亦此类也。"(汉) 郑氏笺、(唐) 陆德明音义、(唐) 孔颖达疏《毛诗注疏》卷二十五《国风·王·扬之水》"不与我戍甫",《钦定四库全书》本。

② "考《国语》富辰曰,齐申许吕皆由大姜,则以四国皆姜姓,可通称。孔氏正义云,戍申而曰甫许,犹六国秦赵俱嬴姓,《史记》、《汉书》多称秦为赵是也。若许甫称许吕,则吕即甫字,《书》《吕刑》即《甫刑》可见。"(清) 毛奇龄:《诗传诗说驳义》卷二《国风·王·扬之水》,《钦定四库全书》本。

二　吕国所在歧义

清人余萧客、吴景旭，今人刘起釪，有多种提法。宋人卫湜《礼记集说》认为"春秋时有吕国而无甫侯，吕就是甫"。① 清人余萧客认同此说。② 宋人罗泌《路史》说，图经将新蔡作为古吕国，后来的吕国靠近申国，在周也称为"甫"，又写作"郙"字。③ 元人梁益《诗传旁通·国风·扬之水》引述此说。④ 宋人郑樵《通志》说有人认为宣王时改吕为甫，然而吕甫发音相近，未必改名。只是有人将吕氏写成甫氏。⑤ 元人吴澄则说，有人认为"吕"、"甫"发音相同，又如"受"、"纣"二字发音不同，当初却是一样的。⑥ 清人吴景旭《历代诗话》引朱氏，说甫即吕。⑦

以上说法简略。宋人林之奇《尚书全解·周书·吕刑》有较为详细的论述：对于诸书引《吕刑》而称《甫刑》，亦引《崧高》和《扬之水》说甫即吕，并引汉唐孔氏，但不予认同，认为即使子孙改为甫侯，吕侯在穆王之世不应称之为《甫刑》。又认为，《崧高》之诗"甫及申为周之翰"指的是穆王之世，吕侯为何要称甫？于是他认为，甫与吕，同荆与楚、商与殷一样是可以通用的。⑧

---

① "春秋有吕国而无甫侯，吕即甫。"（宋）卫湜：《礼记集说》卷一百四十一《缁衣第三十三》"甫刑即吕刑也"，《钦定四库全书》本。

② "春秋有吕国而无甫侯同（朱校宋本《礼记疏六十二》）。"（清）余萧客：《古经解钩沉》卷二十四《孝经》，《钦定四库全书》本。

③ "图经以新蔡为古吕国，盖后来之吕近申，在周亦曰甫，亦作郙。（上蔡有郙亭）"（宋）罗泌：《路史》卷二十四《国名纪》，《钦定四库全书》本。

④ "图经以新蔡为古吕国。后来之吕近于申，在周亦曰甫字，亦作郙。甫即吕也。"（元）梁益：《诗传旁通》卷三《国风·扬之水》，《钦定四库全书》本。

⑤ "或言宣王时改吕为甫，然吕甫声相近未必改也。故又有甫氏出焉。"（宋）郑樵：《通志》卷二十五《氏族略第一》，《钦定四库全书》本。

⑥ "或曰吕甫声协，犹'受''纣'二字不同，其初盖一也。"（元）吴澄：《书纂言》卷四下，《钦定四库全书》本。

⑦ "朱氏曰甫即吕也。"（清）吴景旭：《历代诗话》卷五《甲集下之上·申甫》"维申及甫维周之翰"，《钦定四库全书》本。

⑧ "《孝经》及《礼记》诸书引此篇之言多曰《甫刑》。按《崧高》之诗有'生甫及申'，《扬之水》之诗有'不与我戍甫'。甫即吕也。汉孔氏曰，吕侯复为甫侯。唐孔氏因之以吕侯在穆王之世。而《崧高》宣王之诗、《扬之水》平王之诗，故谓吕侯，子孙改封为甫。使其子孙方改为甫侯，则吕侯在穆王之世不应谓之《甫刑》。又《崧高》之诗所言'甫及申为周之翰'者正指此穆王之世。吕侯而谓之甫何也？《毛诗正义》曰，《诗》及《礼记》作甫，《书》及外传作吕，盖因燔诗书，字遂改易，后人各从其学，不敢定故也。此说亦未尽。盖甫与吕，正犹荆之与楚，商之与殷，故《吕刑》又曰《甫刑》也。"（宋）林之奇：《尚书全解》卷三十九《周书·吕刑》，《钦定四库全书》本。

今人刘起釪称甫与吕并用，以林之奇或吴澄之说来理解就可以了。①

3. 吕姓封于甫国说

今人刘起釪引清人江声《经疏》吕是甫侯的氏，引陈乔枞《经说》甫侯也称吕侯，甫是指其国，吕是其氏，称皮锡瑞《考证》沿袭陈说。②刘起釪在此只是引述而已。另有《钦定四库全书》编纂者以苏轼《春秋列国图说》为据，考证说春秋有莒国无吕国，怀疑是吕姓封于甫国，《尚书》指其姓，其他书指其国，所以记载为《甫刑》。③

一言以概之，无论吕侯改封为甫侯说、甫即吕说，还是吕姓封于甫国说，其共同特点是，均认为甫、吕是通称。吕侯改封为甫侯说起于汉唐，清代仍有人引用。甫即吕说起于宋代，元代和清代有多人征引，有多种提法，都有人附和。吕姓封于甫国说皆为清人，《钦定四库全书》编纂者仅以苏轼《春秋列国图说》为据。唯唐人孔氏及宋人林氏有详论，余者略说而已。其中元人吴澄、梁益对吕侯改封为甫侯说、甫即吕说皆以引述。

（二）吕国诸说（上）

吕国所在何处，共有五说，其中新蔡说和南阳说是传统之说，与穆王时的吕侯有关。

1. 新蔡说

依据大吕小吕亭推论而来，有古吕和东吕两说。持此说的有南朝梁刘昭，唐人李吉甫，北宋王存、欧阳忞、乐史、欧阳修，南宋潘自牧、罗

---

① 顾颉刚、刘起釪：《尚书校释译论》第4册，中华书局，2005，第1903页。
② "江声《音疏》云：'吕，甫侯氏也。'陈乔枞《经说考》云：'甫侯亦称吕侯者，甫其国，吕其氏也。'皮锡瑞《考证》袭陈说。"顾颉刚、刘起釪：《尚书校释译论》第4册，中华书局，2005，第1903页。
③ "甫刑疏因吕国改作甫名。（臣清植按）苏轼《春秋列国图说》有莒无吕，疑此盖吕姓而封于甫者。《尚书》指其姓，他书传指其国，故曰甫刑。史记亦曰甫侯言于王作修刑辟。"（唐）明皇御注、（唐）陆德明音义、（宋）邢昺疏《孝经注疏》卷一《考证》，《钦定四库全书》本。

泌、郑樵、程公说，元人梁益，今人徐少华、金荣权。按欧阳忞的提法，是蔡平王从上蔡迁入，将古吕改为新蔡。

（1）古吕说

西晋人杜预（222～285年），引述此说，称有人说豫州新蔡外城是古吕国。① 而北魏郦道元（约公元470～527年）的《水经注》却说新蔡县有大吕小吕亭，不知有何渊源。② 南朝梁刘昭（约公元510年前后）注《后汉书·郡国志》引地道记，称新蔡大吕亭，是故吕侯国。③ 唐人李吉甫（758～814年）的《元和郡县志》说新蔡县是汉的旧县，古吕国。并列举其后归属的变化。④ 北宋王存（1023～1101年）《元丰九域志》亦说新蔡县是古吕国。⑤ 北宋欧阳忞《舆地广记》除承袭李吉甫的表述方式外，并说春秋时蔡平侯自上蔡迁此，所以称为新蔡。⑥

以上为第一阶段，从西晋至北宋：西晋的杜预只说是有人说新蔡是古吕国；而北魏郦道元则称新蔡县的大吕小吕亭不知有何渊源。认定新蔡为古吕国的始于南朝梁刘昭，其后为唐朝李吉甫和北宋王存和欧阳忞。但皆未确定古吕国存在于何时。南宋潘自牧《记纂渊海》仍引述欧阳忞《舆地广记》的说法。⑦

---

① "又云豫州新蔡外城古吕国也。"（晋）杜预《春秋释例》卷六《土地名第四十四之一》"吕"，《钦定四库全书》本。

② "又按新蔡县有大吕小吕亭而未知所是也。"（北魏）郦道元：《水经注》卷三十一"清水"，《钦定四库全书》本。

③ "新蔡有大吕亭。注地道记曰：故吕侯国，左传昭四年伐楚入栎亭。杜预曰县东北有大栎亭。"（南朝宋）范晔撰、（南朝梁）刘昭注《后汉书》卷三十《郡国志·郡国二》，《钦定四库全书》本。

④ "新蔡县，本汉旧县，古吕国也。汉属汝南郡，晋属汝阴郡，宋属新蔡郡，东魏孝静帝于此置蔡州。隋开皇十六年于此置舒州领广宁县。仁寿二年改县为汝北，大业二年改为新蔡县，属蔡州。"（唐）李吉甫：《元和郡县志》卷十《河南五道》，《钦定四库全书》本。

⑤ "新蔡县古吕国也。"（宋）王存等：《元丰九域志》卷一，《钦定四库全书》本。

⑥ "新蔡县，古吕国也，春秋时蔡平侯自上蔡徙此，故曰新蔡。二汉属汝南郡，魏晋属汝阴郡，南齐置北新蔡郡，后魏曰新蔡郡，北齐曰广宁郡，隋开皇初郡废，十六年置广宁县。仁寿元年改曰汝北，大业初改曰新蔡，属汝南郡，唐属蔡州。"（宋）欧阳忞：《舆地广记》卷九，《钦定四库全书》本。

⑦ "新蔡古吕国。春秋时蔡平侯徙都于此，故曰新蔡。"（南宋）潘自牧：《记纂渊海》卷十九《郡县部·蔡州》，《钦定四库全书》本。

北宋乐史（930~1007年）《太平寰宇记》又引述欧阳忞的《舆地广记》，并说新蔡县东西一百八十里六乡为古吕国，还引述《国语》记载，在成周时南有荆蛮申吕，提及在穆王时有吕侯训夏赎刑。① 这可认为是新蔡说的第二阶段，肯定了古吕国的范围和时间，即穆王时吕国在新蔡的东西一百八十里六乡。

北宋欧阳修（1007~1073年）《新唐书·宰相世系表》则从共工说起，讲述吕氏世系。吕氏出于姜姓，是炎帝后裔。共工为诸侯，封地在弘农之间。其从孙伯夷因佐禹治水有功，赐氏为吕，封为吕侯，封地在新蔡。历经夏商世代皆有国土，周穆王时出任司寇，周宣王时改吕为甫。春秋时吕国为强国所并。其地后来为蔡平侯所占。嫡长子以外的支系在商周时有的已经成为平民。吕尚封于齐国。② 南宋郑樵（1104~1162年）《通志》亦采用新蔡说，认为从伯夷受封，历经夏商，至周穆王，吕侯被任命为司寇。吕国后为宋国所灭。③

南宋程公说（1171~1207年）又作了更多的引述。《春秋分记》多次提及新蔡为古吕国。在解释蔡国地名时说新蔡是古吕国，平王从上蔡迁至于此，是南宋时的蔡州新蔡县。④《春秋分记》在解释楚国地名时，称

---

① "新蔡县东西一百八十里六乡，古吕国也。国语当成周之时，南有荆蛮申吕，周穆王时有吕侯训夏赎刑。史记蔡叔二子迁于新蔡。舆地志蔡平侯自上蔡徙都于此，故曰新蔡。汉为县，属汝南郡，晋属汝阴郡。宋属新蔡郡。东魏孝静帝于此置蔡州。隋开皇十六年于此置舒州领广宁州县。仁寿二年改县为汝川。大业二年改为新蔡县属蔡。"（宋）乐史：《太平寰宇记》卷十一《河南道十一·蔡州》，《钦定四库全书》本。

② "吕氏出自姜姓，炎帝裔孙，为诸侯，号共工氏有地，在弘农之间，从孙伯夷佐尧掌礼，使遍掌四岳，为诸侯伯，号太岳。又佐禹治水有功，赐氏曰吕，封为吕侯。吕者膂也，谓能为股肱心膂也。其地蔡州新蔡是也。历夏商，世有国土，至周穆王吕侯入为司寇，宣王世改吕为甫。春秋时为强国所并。其地后为蔡平侯所居。吕侯枝庶子孙当商周之际或为庶人。吕尚，字子牙，号太公望，封于齐。"（宋）欧阳修《新唐书》卷七十五上《表第十五上·宰相世系表》，《钦定四库全书》本。

③ "吕氏，姜姓侯爵炎帝之后也，虞夏之际受封为诸侯。或言伯夷佐禹有功，封于吕，今蔡州新蔡即其地也，历夏商不坠。至周穆王，吕侯入为司寇。" "吕望相武王，吕姜为卫庄公妃，其时吕国犹存故也。吕望封齐之后，本国微弱，为宋所并，故宋有吕封人乐惧，吕封人华豹。"（宋）郑樵：《通志》卷二十五《氏族略第一》，《钦定四库全书》本。

④ "新蔡，古吕国，平王自上蔡迁焉，今蔡州新蔡县。"（宋）程公说：《春秋分记》卷二十八《书十·疆理书第四》"蔡地释名"，《钦定四库全书》本。

"申"原为申国，是宋时邓州的南阳县。在方城之内，用以守护北门，防御中原诸国。吕为古吕国，是南宋时蔡州的新蔡县。引述《国语》记载，在成周时南有荆蛮申吕，吕在穆王时有穆王训夏赎刑；引述《左传》记子重请求夺取申吕作为赏田，而巫臣不赞同，申吕在这里作为附属国，作为军事力量，用以防御北方。若夺取，就是没有申国、吕国，晋国、郑国就会到达汉水。大概是认为方城地势险要和城郭坚固。而申国在方城之上，吕国在方城之下，连成一片，确实是防御北方的军事要地。① 在解释地名的歧义时提到吕有两处，鲁成公七年（公元前584年），子重请求夺取的申吕，为古吕国，后为楚地，即南宋时的蔡州新蔡县。鲁襄公元年（公元前572年）楚入侵宋国吕留，是宋地，为南宋时的徐州。② 按此说，则吕侯作《吕刑》时吕国在新蔡。

而宋人罗泌、元人梁益有"后来的吕国靠近申国"之说（参见前文"甫即吕说"），此说是先新蔡后南阳，但时间模糊，不能确定何时从新蔡迁往南阳。则吕侯作《吕刑》时吕国在何处不能确定。明清未有学者采用古吕之说。今有当地坊间论者采古吕说，以证新蔡为姜尚出生地，已与《吕刑》无关。

（2）东吕说

有今人提出"东吕"之说，已与《吕刑》无关。徐少华《吕国铜器及其历史地理探疑》一文认为吕国是西周宣王时与申从山西先后迁于南阳，同时又肯定新蔡有吕国说法，而推论春秋早中之际，楚国取申灭邓，吕国同时纳入楚境，楚先后于其地置县，并东迁申于信阳、罗山一带，迁吕于新蔡一带，历春秋中晚期两国一直并存。③ 金荣权《古吕国

---

① "申，本申国，邓州南阳县，在方城之内，申息北门，以备中国。吕，古吕国，今蔡州新蔡县。国语当成周之时，南有荆蛮申吕，其在穆王则有吕侯训夏赎刑，传谓子重请取于申吕以为赏田。巫臣曰不可，此申吕所以邑也，是以为赋，以御北方。若取之，是无申吕也。晋郑必至于汉。盖以方城为固，而申在方城之上，吕在方城之下，形势绵络，实备北方要处。"（宋）程公说：《春秋分记》卷三十《书十·疆理书第四》"楚地释名"，《钦定四库全书》本。
② "吕有二，成七年，子重请取于申吕，古吕国也后为楚地，今蔡州新蔡县。襄元年楚侵宋吕留，宋地也，今徐州。"（宋）程公说：《春秋分记》卷三十五《疆理书第十一·地理释异上》，《钦定四库全书》本。
③ 徐少华：《吕国铜器及其历史地理探疑》，《中原文物》1996年第4期。

综考》一文认可徐少华关于吕国东迁的判断，进一步推论申吕相继灭亡时间为公元前688～前683年。① 有坊间论者称，南阳吕国于公元前688年为楚文王所灭，其遗族一支东迁新蔡，为楚国附庸小国，称"东吕"。

综上所述，新蔡说，源于西晋的杜预，衍化为古吕说和东吕说，古吕说又分出先新蔡后南阳之说。西晋杜预只作为传闻记述，北魏郦道元则称不知大吕小吕亭的渊源。南朝梁刘昭认定新蔡为古吕国。北宋乐史确认穆王时吕国在新蔡县的东西一百八十里六乡。北宋欧阳修认定吕侯封地在新蔡，历经夏商周，周穆王时出任司寇，宣王时改吕为甫，春秋时吕国为强国所并。宋人罗泌认为吕国先新蔡，后南阳，时间不确定。今人论者称公元前688～前683年申吕相继灭亡，遗族东迁新蔡，为楚国附庸小国，称"东吕"。

2. 南阳说

此说与穆王时的吕侯有关。持此说的有东汉王符，西晋杜预，南朝宋人徐广、裴骃，北魏郦道元，唐人司马贞，南宋胡安国、罗泌、王应麟，元人梁益，明人朱朝瑛、冯复京，清人顾炎武、张尚瑗、吴景旭、阎若璩、毛奇龄、朱鹤龄，今人钱穆、傅斯年、刘起釪、何光岳、徐少华、金荣权。

（1）南阳说的演变

东汉王符（83～170年）《潜夫论》说，炎帝的后代四岳伯夷，为帝尧掌管礼仪之教，受封于申吕。其后代吕尚，为文王的顾问，因战胜商殷而受封于齐；其他后裔，有封于许、向，有封于纪，有封于申城。申城在南阳宛北序山之下；宛西三十里有吕的遗址；许在颍川，即东汉的许县。② 南朝宋人裴骃《史记集解》引徐广《史记音义》说吕在南阳

---

① 金荣权：《古吕国综考》，《南都学坛》2011年第2期。
② "炎帝苗胄四岳伯夷为尧典礼，折民惟刑，以封申吕，胤生尚，为文王师，克殷而封之齐，或封许、向，或封于纪，或封于申城，在南阳宛北序山之下。故《诗》云，亹亹（wěi wěi）申伯，王缵（zuǎn）之事，于邑于谢，南国是式。宛西三十里有吕望，许在颍川今许县是也。"（汉）王符：《潜夫论》卷九《志氏姓第三十五》，《钦定四库全书》本。

宛县西。① 北魏郦道元（约 470～527 年）《水经注》引《史记》说吕尚的先祖为四岳，因佐禹治水有功，在虞夏之际被封于吕，而由于其氏而称作吕尚。并引南朝宋人徐广吕在宛县西之说。汉代吕后封其兄弟的儿子吕忿为吕城侯，估计就在此处。② 唐人司马贞《史记索隐》引《地理志》说申国在南阳宛县，吕国在宛县之西。③ 南宋胡安国（1074～1138 年）《胡氏春秋传》亦采南阳说。④

南宋罗泌（1131～1189 年）《路史》说吕为侯爵，是伯夷的封地，引杜预说在南阳宛西，南阳宋时隶邓，宛县在后周时并入南阳。⑤ 元人梁益《诗传旁通》采用罗泌《路史》之说，并说元时邓隶属南阳。⑥

南宋王应麟（1223～1296 年）《困学纪闻》引《汉书·地理志》说南阳宛县是申伯之国。又说《史记正义》引《括地志》说故吕城在邓州南阳县西。又引徐广吕在宛县之说，以及《水经注》四岳受封于宛西吕城之说。因此王应麟认为申吕在汉的宛县。同时，对《舆地广记》蔡州新蔡古吕国的说法，王应麟认为新蔡当时属于蔡国，子重不可能请求作为赏田，因此，很明显吕国在宛县。⑦ 王应麟又有《诗地理考》，其内容基本

---

① "徐广曰：吕在南阳宛县西。"《史记》卷三十二《齐太公世家第二》，中华书局，1982，第 1477 页。
② "《史记》曰吕尚先祖为四岳，佐禹治水有功，虞夏之际受封于吕，故因氏为吕尚也。徐广《史记音义》曰吕在宛县。高后四年封昆弟子吕忿为吕城侯疑即此也。"（北魏）郦道元：《水经注》卷三十一"淯水"，《钦定四库全书》本。
③ "《地理志》申在南阳宛县，申伯国也。吕亦在宛县之西也。"《史记》卷三十二《齐太公世家第二》，中华书局，1982，第 1477 页。
④ "姜姓侯爵出自炎帝裔孙伯夷为四岳佐禹平水土有功赐姓曰姜氏曰吕谓之吕侯其国在南阳宛县之西。"（南宋）胡安国：《胡氏春秋传·春秋诸国兴废说·齐》，《钦定四库全书》本。
⑤ "吕（甫），侯爵，伯夷之封。杜预谓在南阳宛西，南阳今隶邓（宛后周并入南阳）。"（宋）罗泌：《路史》卷二十四《国名纪》，《钦定四库全书》本。
⑥ "吕姓侯爵，伯夷之封也，《舜纪》云伯夷次禹能礼于神。爰封之吕，杜预云在南阳宛县西，宛于后周并入南阳，南阳本隶邓，而今之邓乃隶南阳。"（元）梁益：《诗传旁通》卷三《国风》，《钦定四库全书》本。
⑦ "汉地理志南阳宛县申伯国。史记正义引括地志云故吕城在邓州南阳县西。徐广云吕在宛县。水经注亦谓宛西吕城四岳受封。然则，申吕汉之宛县也。""舆地广记云蔡州新蔡古吕国。今按新蔡之地属蔡，未尝属楚。子重不当请为赏田。则吕国在宛明矣。"（宋）王应麟：《困学纪闻》卷三《诗》，《钦定四库全书》本。

相似。① 明人朱朝瑛（1605～1670年）《读诗略记》②、清人顾炎武（1613～1682年）《左传杜解补正》③、张尚瑗《三传折诸·左传折诸》④引述王应麟之说。《钦定四库全书》本《毛诗注疏》清人考证也引述王应麟《困学纪闻》。⑤ 明人冯复京《六家诗名物疏》亦引《史记》及徐广之说，并考证《左传》楚国拥有申吕时新蔡属蔡国，否定南朝梁刘昭注《汉书·郡国志》和北宋欧阳忞《舆地广记》的新蔡说，认为吕国在宛县是正确的。⑥ 清

---

① "申，《郑语》史伯曰当成周者南有申吕。《周语》富辰曰齐许申吕由大姜。（四国皆姜姓四岳之后）甫，《书·吕刑》孔氏注吕侯后为甫侯，故或称甫刑。（《唐世系表》宣王世改吕为甫，朱氏曰甫即吕也，亦姜姓。《吕刑》《礼记》作《甫刑》。当时盖以申故而并戍之。）徐广曰吕在宛县。（《左传》楚子重请取于申吕以为赏田，申公巫臣曰不可，此申吕所以邑是，是以为赋以御北方，若取之是无申吕也，晋郑必至于汉。《史记》吕尚先祖为四岳，佐禹治水有功虞夏之际受封于吕。《列女传》太姜有吕氏之女。）"《水经注》宛西吕城，四岳受封于吕。（括地志故吕城在邓州南阳县西四十里。《吕氏春秋》吕在宛县西，伯夷主四岳之祀，佐禹有功，氏曰有吕，或为甫。《郡国志》汝南新蔡有大吕亭，故吕侯国。《舆地广记》蔡州新蔡县古吕国。今以《左传》考之，楚有申吕时新蔡属蔡，非楚邑，当以在宛县为正。）"（宋）王应麟：《诗地理考》卷二，《钦定四库全书》本。

② "扬之水不流束楚，彼其之子不与我戍甫，怀哉怀哉，曷月予还归哉。《舆地记》新蔡县有古吕国。王伯厚以左传考之，楚有申吕时新蔡属蔡非楚邑当以在宛者为正。"（明）朱朝瑛：《读诗略记》卷一，《钦定四库全书》本。

③ "王应麟曰国语史伯曰当成周者南有申吕，汉地理志南阳宛县申伯国，诗书及左氏解不言吕国所在。史记正义引括地志云故吕城在邓州南阳县西。徐广云吕在宛县。水经注亦谓宛西吕城四岳受封。然则，申吕汉之宛县也。"顾炎武：《左传杜解补正》卷中"七年子重请取于申吕以为赏田"，《钦定四库全书》本。

④ "此申所以邑也。王伯厚《诗经考异》曰：维申及甫，维周之翰。申甫之地为形势控扼之要。甫即吕也。甫刑一曰吕刑。汉地理志南阳宛县申伯国，诗经及左氏注不言吕国所在。括地志云故吕城在邓州南阳县西。徐广云吕在宛县。《水经注》亦谓宛西吕城四岳受封。然则申吕汉之宛县也。高帝入关光武起兵皆先取宛县。李忠定曰天下形势关中为上，襄邓次之。"（清）张尚瑗：《三传折诸·左传折诸》卷十二，《钦定四库全书》本。

⑤ "崧高章维申及甫。笺申，申伯也，甫，甫侯也。困学纪闻云，甫即吕也，史伯曰，当成周者南有申吕。汉地理志南阳宛县申伯国。诗书及左传不言吕国所在，史记正义引括地志云故吕城在邓州南阳县西，徐广云吕在宛县，水经注亦谓宛西吕城四岳受封，然则，申吕汉之宛县也。"《毛诗注疏》卷二十五《考证》，《钦定四库全书》本。

⑥ "左传楚子重请取于申吕以为赏田。史记云吕尚先祖为四岳，佐禹治水有功，虞夏之际受封于吕，徐广云吕在宛县。玉海云郡国志汝南新蔡有大吕亭故吕侯国。舆地广记蔡州新蔡县古吕国。今以左传考之，楚有申吕时新蔡属蔡，非楚邑。当以在宛县为正。"（明）冯复京：《六家诗名物疏》卷十九《扬水篇》"甫"，《钦定四库全书》本。

人吴景旭《历代诗话》亦考证《左传》，否定《汉书·郡国志》、《舆地广记》的新蔡说，① 可以说基本上也是引述王应麟之说。

《春秋集传释义大成·春秋世次图说》亦说吕国在南阳。② 清人阎若璩《潜邱札记》引王符、徐广、司马贞、郦道元，以证吕国在南阳。③ 清人毛奇龄（1623～1716年）《毛诗写官记》说，《尚书》的《吕刑》，即《礼记》的《甫刑》，孔氏认为吕侯后为甫侯，但是，吕国在何处？他赞同吕国在南阳宛西的说法，而引《吕氏春秋》和徐广之说。并认为吕与申同处一地，只是申在宛北，吕在宛西。④ 清人朱鹤龄《尚书埤传》引《水经注》。⑤

今人刘起釪采用南阳说，有长篇论证。⑥ 另有山西吕国南迁南阳之说，即何光岳、徐少华、金荣权，参见山西说。按此说，则周穆王时吕国应在山西。

---

① "《郡国志》汝南新蔡有大吕亭，故吕侯国。《舆地广记》蔡州新蔡县，古吕国。今以左传考之，楚有申吕时新蔡属蔡，非楚邑，子重不当请为赏田，宜以在宛县为正。"（清）吴景旭：《历代诗话》卷五《甲集下之上·申甫》"维申及甫维周之翰"，《钦定四库全书》本。

② "齐，姜姓，侯爵出自炎帝裔孙伯夷，佐禹平水土有功，赐曰姜氏，谓之吕侯，国在南阳宛县，在今河南府路南阳府。商末太公吕望佐武王定天下有功封于营丘，是为齐侯。"《春秋集传释义大成·春秋世次图说》，《钦定四库全书》经部五。

③ "《诗·王风集传》云甫即吕也。今未知其国之所在，计亦不远于申许。请证以《潜夫论》炎帝苗胄四岳伯夷或封于申城，在南阳宛北序山之下。故《诗》云'亹亹申伯于邑于序'。宛西三十里有吕，更证《齐太公世家》注徐广曰：'吕在南阳宛县西'，又司马贞曰：《地理志》申在南阳宛县申伯之国吕亦在宛县之西也。三证郦注'清水条'宛西吕城四岳佐禹治水虞夏之际受封于吕。所以《括地志》最可信者，云故申城在邓州南阳县北三十里，故吕城在邓州南阳县西四十里。然则两国相距四十八里有奇。其窔迂明析至此。而朱子不知。盖缘误本《通典》，谓申在今邓州信阳军之境。申既不确吕遂茫然宜哉。"（清）阎若璩：《潜邱札记》卷二《释地余论》，《钦定四库全书》本。

④ "书之吕刑，亦即礼之甫刑也。而孔氏以为吕侯后为甫侯，然则其国何在乎？按吕国在南阳宛县西，后隶于邓，故吕氏春秋云吕在宛西矣。徐广亦云在宛西矣。然则，吕与申一地也，特申在宛北，吕在宛西耳。"（清）毛奇龄：《毛诗写官记》卷一"不与我戍甫，甫即吕也"，《钦定四库全书》本。

⑤ "《水经注》宛西吕城，四岳所受封。"（清）朱鹤龄：《尚书埤传》卷十五《周书·吕刑》，《钦定四库全书》本。

⑥ 顾颉刚、刘起釪：《尚书校释译论》第4册，中华书局，2005，第1903页。

综上所述，南阳说先起于东汉王符，南朝宋人徐广又采用南阳说，为南朝宋人裴骃、北魏郦道元所引用，唐人司马贞则引《地理志》。而南宋罗泌则引杜预之说，未知何据。同时，罗泌又采信新蔡古吕说，于是有先新蔡后南阳之说。南宋王应麟论证新蔡说之误，为明清所引述。今人刘起釪长篇论证南阳说。另有山西迁入南阳之说。

（2）吕国国都在南阳的具体位置

有梅溪水西、府西三十里、董吕（营）村、南阳县西四十里四种提法：

梅溪水西。

南朝魏人郦道元《水经注》说有梅溪水经过宛西吕城东。梅溪水出自宛县县治北的紫山。梅溪水再向南又经过杜衍县东，其故城在西。地势下陷，湍溪水注入，古人在安众县筑堰蓄水，称为安众港。梅溪水再向南称为石桥水，又称女溪，南流向左注入淯水。① 宋人乐史《太平寰宇记》引《南雍州记》说，南阳县西北七里有梅溪，源自紫山，南经百里奚故宅。② 《河南通志》说梅溪水在南阳府西二十里，出自府北紫山，南流经杜衍县故城东，湍流注入；潦河在镇平县东四十里，源自南阳县的马崎坪，流经杏花山，又南流至新野县注入淯河。③ 那么按郦道元《水经注》，吕国应在梅溪水和潦河之间。

府西三十里。

东汉王符（83～170年）《潜夫论》说宛西三十里有吕的遗址，参见

---

① "淯水又南，梅溪水注之，水出县北紫山，南迳百里奚故宅。奚，宛人也，于秦为贤大夫所谓迷虞智秦者也。梅溪又迳宛西吕城东（按梅近刻讹作紫）。梅溪又南迳杜衍县东，故城在西（按此下近刻衍按字）。汉高帝七年封郎中王翳为侯国，王莽更之曰闰衍矣。土地垫下，湍溪是注，古人于安众堨之，令游水是潴（按令近刻讹作今），谓之安众港。世祖建武三年上自宛遣颍阳侯祭遵西击吕奉弟终（按近刻讹作众），破之于杜衍，进兵涅阳者也。梅溪又南谓之石桥水（按女近刻讹作汝）又谓之女溪南流（按南近刻讹作之）而左注淯水。"（魏）郦道元：《水经注》卷三十一"淯水"，《钦定四库全书》本。
② "梅溪，南雍州记云南阳县西北七里有梅溪，源发紫山南经百里奚故宅。"（宋）乐史：《太平寰宇记》卷一百四十二《山南东道一·邓州》，《钦定四库全书》本。
③ "梅溪水（在南阳府西二十里源出府北之紫山南流经杜衍故城东湍流注之）潦河（在镇平县东四十里源出南阳县之马崎坪西流经杏花山又南流至新野县入淯河）"。《河南通志》卷十二《河防一·南阳府》，《钦定四库全书》本。

前文。清人顾栋高《春秋大事表》说，申国在南阳府治南阳县，吕国府治西三十里。① 顾镇《虞东学诗》引《春秋大事表》之说。②

董吕（营）村。

《明一统志》说，吕城在府城西三十里，虞夏时吕望的先祖封于此地。明代时名为董吕村。③ 明人冯复京《六家诗名物疏》引《明一统志》之说。④《河南通志》采用此说。⑤《大清一统志》则说，吕城，在南阳县西南三十里，是周穆王时封吕侯于此。先后引《国语》、《水经注》、《括地志》、王应麟《诗地理考·郡国志》之说。最后又引《元统志》说南阳县西有董吕营村，即古城。⑥ 今人有徐少华采董吕村的提法。当地坊间论者亦如之。

南阳县西四十里。

清人毛奇龄《毛诗写官记》引《括地志》申城在邓州南阳县北三十里，吕城在邓州南阳县西四十里。⑦ 朱鹤龄《尚书埤传》亦引《括地志》。⑧ 清人阎若璩著有《重校〈困学纪闻〉》。而《钦定四库全书》本王应麟《困学纪闻》有阎若璩按语，说《括地志》记载故申城在邓州南阳

---

① "故申城在府治南阳县，故吕城在府城西三十里。"（清）顾栋高：《春秋大事表》卷六上《南阳府》，《钦定四库全书》本。

② "春秋大事表言，申国在南阳府治南阳县，吕国在府治西三十里。"（清）顾镇：《虞东学诗》卷三，《钦定四库全书》本。

③ "吕城在府城西三十里，虞夏时吕望先祖封于此今名董吕村。"（明）李贤：《明一统志》卷三十《南阳府·古迹》，《钦定四库全书》本。

④ "《一统志》吕城在南阳府城西三十里，虞夏时封吕望先祖与此，今名董吕营村。"（明）冯复京：《六家诗名物疏》卷十九《扬水篇》"甫"，《钦定四库全书》本。

⑤ "吕城在府城西三十里董吕村，相传禹封吕望祖于此，今名董吕村。"《河南通志》卷五十二《古迹下·南阳府》，《钦定四库全书》本。

⑥ "吕城，在南阳县西南三十里，周穆王时封吕侯于此。《国语》史伯曰当成周者南有申吕。《水经注》梅溪迳宛西吕城东。《括地志》故吕城在南阳县西三十里。王应麟：《诗地理考·郡国志》汝南新蔡有大吕亭，故吕侯国。欧阳忞：《舆地广记》蔡州新蔡县故吕国，今以左传考之，楚有申吕时，新蔡属蔡非楚邑，当以在宛县为正。《元统志》今南阳县西有董吕村，即古城。"《大清一统志》卷一百六十六《南阳府二》，《钦定四库全书》本。

⑦ "是以括地志云故申城在邓州南阳县北三十里，故吕城在邓州南阳县西四十里。"（清）毛奇龄：《毛诗写官记》卷一"不与我戍甫，甫即吕也"，《钦定四库全书》本。

⑧ "《括地志》故吕城在邓州南阳县西四十里。"（清）朱鹤龄：《尚书埤传》卷十五《周书·吕刑》，《钦定四库全书》本。

县北三十里,故吕城在邓州南阳县西四十里。并且认为《诗集传》说申在今邓州信阳军之境也是不正确的。

以上几种提法差别不大。梅溪水离府治就有二十里,再往西,差不多也快三十里。董吕村离府治又是三十里。还有起算点的不同(包括府治位置的确认),以及里数的表达也并不求准确,也就是大概的数字。也就是说,吕国在南阳府治西二十余里至四十里之间。董吕村只是说出具体的地名而已。《明一统志》、《春秋大事表》均说三十里,而晚出的《春秋大事表》不提董吕村,或省略或存疑。今有镇平县当地坊间论者,求证唐代南阳府治的位置,提出吕国在镇平。

(3) 吕国辖区

上文只是表述了吕国的国都,而吕国的辖区并未提及。而有明清学者在解释评论《诗经》的《扬之水》时涉及了这一问题。

明人梁寅(1303~1389年)《诗演义》说《扬之水》三章都是采用比喻手法的兴体诗。申国靠近楚国,屡次遭到侵伐,周平王之母为申侯之女,因而派遣京畿之民守卫。守卫者因归期未卜,怀念故土,想念家人,期盼还家而作诗。诗中戍申之后有戍甫、戍许,梁寅说甫为吕侯之国,申甫相近,一定是婚姻之国,所以一同守卫,许国也与申相近,也一并守卫。梁寅非议说,幽王为申侯所杀,而不能复仇,周平王只知其母,不知其父,是怎么当的儿子?况且,诸侯有难,只是方伯的职责,京畿之民专门守卫王室,而让其远戍也是不对的。①

明人朱朝瑛(1605~1670年)《读诗略记》的说法却有不同。他也非议周平王,引诗序说《扬之水》讽刺平王忘杀父之仇,而感立己之恩,

---

① "平王以申国近楚,数被侵伐,遣畿内之民戍之。故戍者怨思而作此诗也。'扬之水不流束薪,彼其之子不与我戍申,怀哉怀哉,曷月予还归哉?'三章皆兴也,扬之水弱不流束薪,以兴家之人不能与我同戍申。'怀哉怀哉'思之甚切也。'曷月还归',言归期未卜也。'扬之水不流束楚,彼其之子不与我戍甫,怀哉怀哉,曷月予还归哉?'甫者吕侯之国,申甫相近必婚姻之国故并戍之也。'扬之水不流束蒲,彼其之子不与我戍许,怀哉怀哉,曷月予还归哉?'许亦与申相近,故并戍之。以平王之母申女也,故遣兵戍申,然幽王为申侯所杀,而不能复仇,是知有母而不知有父。恶得为子哉?矧诸侯有难方伯之责。畿内之民专卫王室而使之远戍亦非也。其诗所以列于变风也。"(明)梁寅:《诗演义》卷四《王国风·扬之水》,《钦定四库全书》本。

是灭天理之举。引《括地志》申在南阳县北,吕在南阳县西。认为古称强宛,其力足以自守。引《国语》史伯言申吕方强而怜爱太子,又引《竹书纪年》幽王被杀之后,许男参与立太子宜臼为平王于申,认为平王对甫许的感恩仅次于申。所以三国并戍。①

《钦定四库全书》本《毛诗注疏》清人李光型考证解释《扬之水》章"不与我戍申"时说,其传指申是姜姓之国,《郑语》提到守卫成周的南有申吕,《周语》则提及齐许申吕来自太姜,这是用以阐明四国同为四岳伯夷的后裔;解释"不与我戍甫"时,先引罗泌《路史》新蔡为故吕国,次引《吕氏春秋》宛西说、徐广宛县说,后引《括地志》故申城南阳县北三十里,故吕城南阳县西四十里,认为申吕同为一地;解释"不与我戍许"时说,许与申吕接壤,所以一同守卫。② 这是一种三段论证法。元人梁益《诗传旁通》说,许,姜姓国,为四岳的后裔,齐许申吕皆四岳后裔。春秋时男爵许国的地域即当时的许州。③

综上所述,申国靠近楚国,屡次遭到侵伐,周平王之母为申侯之女,周平王派遣京畿之民守卫申国,诗中戍申之后有戍甫、戍许,以上三人角度略有区别地提出看法。梁寅说甫为吕侯之国,申甫相近,一定是婚姻之国,所以一同守卫,许国也与申相近,也一并守卫。朱朝瑛认为平王对甫

---

① "扬之水。扬之水不流束薪,彼其之子不与我戍申,怀哉怀哉,曷月予还归哉?序曰刺平王也。平王忘不共之仇,而怀立己之德,天理灭矣。诗人不忍直斥,而以不均为刺,亦可以见戍申之事为人情之所不与,而二三弱卒出于势迫者矣。严华谷云,不流束薪喻东周衰弱不能令天下也。欧阳永叔曰,彼其之子,周人谓他侯国之当戍者也。按《括地志》申在今河南南阳县北,吕在今南阳县西。古称强宛,其力足以自守,平王特之以示德耳何?子曰,《国语》史伯言申吕方强,其陕爱太子必可知也。《竹书纪》幽王既弑,立宜臼于申者许男与焉,则平王之德甫许,当亦德申之亚矣。"(明)朱朝瑛:《读诗略记》卷一,《钦定四库全书》本。

② "扬之水章不与我戍申,传申姜姓之国。臣光型按郑语云当戍周者南有申吕,周语云齐许申吕由太姜,同四岳伯夷之后也。不与我戍甫。臣光型按罗泌路史云,新蔡为故吕国,后来之吕近申,在周亦曰甫,一作鄜,上蔡有鄜亭。吕氏春秋云吕在宛西,徐广亦云吕在宛县,括地志云故申城在邓州南阳县北三十里,故吕城在邓州南阳县西四十里,是申吕同一地也。不与我戍许。许与申吕接境,故并戍之也。"(汉)郑氏笺、(唐)陆德明音义、(唐)孔颖达疏《毛诗注疏》卷六《考证》,《钦定四库全书》本。

③ "许,姜姓国,太岳之胤也。齐许申吕皆四岳之后,春秋男地,即今许州。"(元)梁益:《诗传旁通》卷三《国风·扬之水》,《钦定四库全书》本。

许的感恩仅次于申，所以三国并戍。李光型认为申吕同为一地，许与申吕接壤，所以一同守卫。这是在引证以前各代的记载和说法的基础上，作出的进一步推论。在排除其他理由之后，属于地理上的理由。明人只说是许申吕三国相近，而清人则认为许申吕三国接壤。

比较新蔡与南阳两说，南阳说先于新蔡说。南阳说从东汉王符开始，而至明清，历代而至今人均有采用此说者。其间偶有南宋罗泌提出先新蔡后南阳说。新蔡说在晋人杜预时仅是有人说的表述方式，南朝梁刘昭时才认定新蔡为古吕国。南宋王应麟否定新蔡说，唯有元人梁益引述罗泌先新蔡后南阳说。明清未见有采此说者。今人有新蔡为东吕说。今有坊间文人为争姜尚家乡而重提新蔡说。南阳说是自汉代至今存在的一种说法，新蔡说则是中途出现而又消失，存在于南朝梁至元代。

（三）吕国诸说（下）

山西、江苏说出于今人附会，山东说则出于南宋罗泌。其中山东说、江苏说均与周穆王时的吕侯无关。

1. 山西说

此说源于宋人罗泌，此前只是探讨山西的吕姓来源，以及与地名的关系。而今人有依据地名、甲骨卜辞和青铜铭文推论山西有吕国者。探讨吕的姓氏与地名的有晋人杜预，五代冯继先，宋人吕祖谦、魏了翁、吕本中、程公说，明人王道焜、赵如源，清人顾栋高、《山西通志·古迹·霍州》。宋人罗泌则说霍邑县亦称吕，元人梁益引述罗泌。今人有信笔提及山西吕国者，而专论者主要为何光岳、徐少华、金荣权。

宋人郑樵《通志》说，吕氏有五支，为姜姓之后裔。而晋国有吕氏，来源于魏氏。另有叱邱氏、副吕氏、叱吕氏改为吕氏。① 晋人杜预《春秋释例》载有春秋晋国魏氏世系：毕万→魏犨→魏锜（为吕氏）→

---

① "吕氏有五姜姓之后，以国为氏。又晋有吕氏，出于魏氏。又有叱邱氏、副吕氏、叱吕氏并改为吕。"（宋）郑樵：《通志》卷三十《氏族略第六·同名异实第一》，《钦定四库全书》本。

吕相。① 五代冯继先《春秋名号归一图》记载晋国吕锜、吕相在春秋出现的时间。魏锜吕锜、吕相魏相混称。② 宋人吕祖谦《左氏传续说》解"晋侯使吕相绝秦"时说，因魏锜封于吕邑，故称吕相。吕祖谦对"吕相绝秦"作了评论，由于晋国打算攻打，先数落秦国的罪过，是后世檄书的开端，大多是虚言诬陷。③ 宋人魏了翁《春秋左传要义》对"吕相绝秦"作有评论，认为并非诬陷秦国。④ 宋人吕本中《春秋集解》⑤、宋人

---

① "魏氏：毕万；魏犨，万之孙（按自毕万以下《永乐大典》阙，从程公说《春秋分记》所引《世族谱》补入。又按分记云，万生芒季，芒季生武仲州，即武子犨也）；魏颗，魏犨子（按此条《永乐大典》阙，从襄三年正义所引《世族谱》补入）；魏锜，魏犨子，为吕氏（按此条《永乐大典》阙，从程公说《春秋分记》所引《世族谱》补入）；魏绛，魏犨子庄子（按庄子二字从《春秋分记》所引《世族谱》补入）；颗别为令狐氏，绛为魏氏，盖颗长而庶，绛幼而嫡故也（按孔颖达襄三年正义云，魏世家武子生悼子，悼子生绛，则绛是犨孙，计其年世孙应是也，先儒悉皆不然，未知何故，附录于此）；魏颉，魏颗子，颗长生颉，则绛是颉之叔父（按自魏绛以下《永乐大典》阙，从襄三年正义所引《世族谱》补入）；吕相，魏锜子；魏舒，庄子之子献子；魏曼多，舒之孙（按程公说《春秋分记》云，系本舒生佗，佗生曼多。又按自吕相以下《永乐大典》并阙，从《分记》所引《世族谱》补入）。"（晋）杜预：《春秋释例》卷九《世族谱第四十五之下·晋》，《钦定四库全书》本。

② "魏锜（宣十二年，魏犨之子）；吕锜（成十六，即魏锜也，吕相父）；吕相（成十三，魏锜之子），魏相（成十八）。"（五代）冯继先：《春秋名号归一图》卷上《周鲁齐晋》，《钦定四库全书》本。

③ "晋侯使吕相绝秦（十三年）。魏锜封于吕邑，故称吕相。晋欲伐秦，故先数秦之罪。后世檄书盖自此始。然此书大抵多是诬秦。此可见风俗之变。向来辞命初未尝有不着实者。虚言相诬盖自此始。左氏书，秦为令狐之役，而又召狄与楚欲道以伐晋，诸侯是以睦于晋。盖记秦之曲只此数端耳。此见左氏书法，如秦有韩之师，此本是晋许秦赂，晋不与之。此是晋曲，今晋却言秦不是。秦纳文公乃是大功，今言是穆之成。如晋文之征曹卫，而诸侯朝晋，自是文公欲图伯，是时秦穆虽预诸侯之朝，本不是为秦，而却言有大造于西。此则己未有一分恩于人，却言有十分；别人有十分恩于己，则作一分说过。"（宋）吕祖谦：《左氏传续说》卷八《成公上》，《钦定四库全书》本。

④ "十八吕相说言诸侯致命于秦，杜刘异。刘炫以为诬秦，今知不然者。凡诬秦者谓加之罪。传辞少略者可得称诬。今传云诸侯疾之，将致命于秦，文公恐惧，绥静诸侯。又云我有大造于西，传文既详明诸侯，诸侯实有此意，若无诸侯何得称为大造。且秦师袭郑，郑亦疾秦。此则诸侯之义也。刘以为实无诸侯而规杜过，非也。"（宋）魏了翁：《春秋左传要义》卷二十八《成公十一年至十六年》，《钦定四库全书》本。

⑤ "左氏传，公及诸侯朝王，遂从刘康公、成肃公会晋侯伐秦，夏四月戊午晋侯使吕相绝秦。秦桓公既与晋厉公为令狐之盟，而又召狄与楚欲道以伐晋，诸侯是以睦于晋。"（宋）吕本中：《春秋集解》卷十八《成公》，《钦定四库全书》本。

程公说《春秋分记》①亦提及"晋侯使吕相绝秦"。明王道焜、赵如源同编《左传杜林合注》解释"晋侯使吕相绝秦"提及杜预"吕相魏锜子"的说法。②

清人顾栋高《春秋大事表》说，霍州西三里有吕乡，州西南十里有吕城，均由于作为吕饴甥的封地而得名，后又赐给魏锜，所以又有吕锜吕相之称。③《春秋左传注疏》晋人杜预注"晋侯使郤乞告瑕吕饴甥且召之"说，瑕吕饴甥指的是吕甥，姓瑕吕，名饴甥，字子金。④《山西通志·古迹·霍州》也记载，汾河西有吕州城，引《隋书·地理志》说隋朝开皇十六年设置汾州，十八年改为吕州。《竹书纪年》说晋献公十九年虢公丑出逃卫国，虢被分给瑕父吕甥作为封地。引《都志》说是北虢，而非彭城五十九里的吕城。又引《郡县志》、《博物记》、《困学纪闻》。⑤

以上只说山西的吕姓来源，以及与地名的关系。把地名与吕国联系在一起的是宋人罗泌，说霍邑县亦称吕，唐武德初年设吕州。因在《路史·国名纪》⑥中提及，使人产生山西有一个吕国的感觉。元人梁益《诗传旁通》沿袭《路史》"霍邑县亦称吕，唐武德设吕州"之说，紧接着又说晋

---

① "传十三年夏四月戊午，晋侯使吕相绝秦。桓公既与晋厉公为令狐之盟，而又召狄与楚欲道以伐晋，诸侯是以睦于晋。五月丁亥晋侯以诸侯之师及秦师战于麻隧秦师败绩。"（宋）程公说：《春秋分记》卷七十三《秦世本》"成公"，《钦定四库全书》本。

② "夏四月戊午晋侯使吕相绝秦（杜吕相魏锜子）。"（明）王道焜、赵如源同编《左传杜林合注》卷二十三，《钦定四库全书》本。

③ "又州西三里有吕乡，州西南十里有吕城。盖皆以吕饴甥所居得名，后以赐魏锜，故复有吕锜吕相之称。"（清）顾栋高：《春秋大事表》卷六下《山西平阳府·霍州》，《钦定四库全书》本。

④ "晋侯使郤乞告瑕吕饴甥且召之（注：郤乞，晋大夫也。瑕吕饴甥，即吕甥也。盖姓瑕吕，名饴甥，字子金。晋侯闻秦将许之平，故告吕甥召使迎已）。"（晋）杜氏注、（唐）陆德明音义、（唐）孔颖达疏《春秋左传注疏》卷十三（起僖公十五年尽二十一年），《钦定四库全书》本。

⑤ "吕州城，汾河西，《隋志》开皇十六年置汾州，十八年改吕州。《竹书纪年》晋献公十九年虢公丑奔卫，乃命瑕父吕甥邑于虢。《都志》云北虢也，非彭城东五十九里之吕。《博物记》永安有吕乡，吕甥邑也。"《郡县志》霍邑西南十里有吕城。《纪闻》云霍邑，古吕州，即虢也，唐为吕州。虢，即永安。其城甚固。"《山西通志》卷五十七《古迹一》，《钦定四库全书》本。

⑥ "霍邑亦曰吕，武德初为吕州（十七年废）。"（宋）罗泌：《路史》卷二十四《国名纪》，《钦定四库全书》本。

献公十九年会虞师伐虢时,灭下阳,虢公丑逃亡到卫国,晋侯令吕甥将虢作为封地。似乎并不将霍邑与吕国联系。但是,又视为河东之吕,① 含义有点模糊。

今之论者既有仅将与"吕"相关的地名用来论述吕的姓氏的来源的,又有专文用来论述吕国的。何光岳《吕国的形成和迁徙》一文认为,新石器时代末期,吕部族由羌人分出,与亲族申部族由甘肃东部东迁到山西中部的汾水中游。姜姓诸侯助周灭商后,吕国与申国南迁于南阳一带,为周王镇守南方,防止南蛮的骚扰。② 徐少华《吕国铜器及其历史地理探疑》一文以山西中西部有吕梁山,西南部有吕乡、吕城、吕坂等为据,并将甲骨卜辞中关于"吕"的记载视为地名或族名,佐以与吕王相关的吕国青铜器,推论四岳族因协助大禹治水有功,舜封其后于申、吕、许,申在陕北的古之申山、申水一带,而吕在以太岳为中心的山西西南境地活动,认同杨筠如、蒙文通、王玉哲的观点,吕于西周宣王时与申先后迁于南阳以实南土。两周之际的吕国在今南阳市以西30里的董吕村一带,与申国相邻,申在东,吕在西。③ 徐少华还在《周代南土历史地理与文化》一书中推论,春秋晋大夫吕甥所食之吕邑,当亦因吕人故居而得名。④ 金荣权《古吕国综考》一文引述王玉哲、徐少华的论点,认为吕国初封之地山西省境内,亦认为吕于西周宣王时与申先后迁于南阳。⑤

比较古今论者的区别,在于同一事实得出不同的结论,也就是霍州的吕邑。清人顾栋高说法,作为晋大夫吕饴甥的封地而得吕邑之名,而后吕邑又赐给魏锜,魏锜因地得姓,称吕锜,其子为吕相。今之论者则称因吕人故居而得名,仅以"当"字为论,并无吕饴甥原为何名之据。

---

① "霍邑亦曰吕,唐武德中为吕州,十七年废,乃甗邑也。晋献公十九年回虞师伐虢,灭下阳,虢公丑奔卫,晋侯命瑕父吕甥邑于虢,此河东之吕也。"(元)梁益:《诗传旁通》卷三《国风》,《钦定四库全书》本。
② 何光岳:《吕国的形成和迁徙》,《史学月刊》1984年第3期。
③ 徐少华:《吕国铜器及其历史地理探疑》,《中原文物》1996年第4期。
④ 徐少华:《周代南土历史地理与文化》,武汉大学出版社,1994。
⑤ 金荣权:《古吕国综考》,《南都学坛》2011年第2期。

2. 山东说

有宋人罗泌《路史·国名纪》的东吕说，此说由解释太公望的隐居地和出生地引起，与穆王时的吕侯无关。参与这一话题的主要有战国孟轲，战国末期《吕氏春秋》的作者，西汉司马迁，晋人杜预、张华，南朝宋裴骃，北魏郦道元，唐人司马贞、李吉甫，宋人乐史，元人梁益、于钦，清人阎若璩，有一个发展和演变的过程。山东济南另有汉初吕后所封吕国。

先是战国孟轲（前372～前289年）的《孟子·离娄上》有太公居东海之说。① 随后战国末期吕不韦（？～前235年）所编的《吕氏春秋》说太公望为东夷之士。汉人高诱作注说，太公望是河内人，因在周的都城丰镐的东边，所以说是东夷之士。② 司马迁（约前145～前90年）的《史记·齐太公世家》说，太公望吕尚，东海上人，其先祖曾为四岳，因辅佐大禹治水有功，虞夏之际封于吕，或封于申。夏商之时，申吕嫡长子以外的支系有的得到封地，有的成为平民。尚为其后裔，本姓姜，从其封地姓，所以叫吕尚。吕尚曾经贫困，年老时在水边垂钓，求取辅助周文王。③ 南朝宋裴骃《史记集解》引《吕氏春秋》东夷之士说。唐人司马贞《史记索隐》引三国蜀汉谯周（199～270年）说吕望曾在朝歌杀牛，在孟津卖饮食。④

晋人杜预《春秋释例》分别叙述了莒国和齐国的世系。莒国为少昊之后，嬴姓，最初建都于计，后迁都于晋时的阳城莒县。齐国，姜姓，其

---

① "孟子曰：'伯夷辟纣，居北海之滨，闻文王作，兴曰："盍归乎来！吾闻西伯善养老者。"太公辟纣，居东海之滨，闻文王作，兴曰："盍归乎来！吾闻西伯善养老者。"二老者，天下之大老也，而归之，是天下之父归之也。天下之父归之，其子焉往？诸侯有行文王之政者，七年之内，必为政于天下矣。'"

② "太公望东夷之士也（太公望河内人也于周丰镐为东故曰东夷之士）。"（汉）高诱注《吕氏春秋》卷十四《孝行览第二首时》，《钦定四库全书》本。

③ "太公望吕尚者，东海上人。其先祖尝为四岳，佐禹平水土甚有功。虞夏之际封于吕，或封于申，姓姜氏。夏商之时，申、吕或封枝庶子孙，或为庶人，尚其后苗裔也。本姓姜氏，从其封姓，故曰吕尚。吕尚盖尝穷困，年老矣，以渔钓奸周西伯。"《史记》卷三十二《齐太公世家第二》，中华书局，1982，第1477页。

④ "集解吕氏春秋曰：'东夷之士。'""索隐谯周曰：'吕望尝屠牛于朝歌，卖饮于孟津。'"《史记》卷三十二《齐太公世家第二》，中华书局，1982，第1477页。

先祖或封于吕，或封于申，所以太公称吕望。周武王时封于营丘，即晋时的临淄。①

北魏郦道元的《水经注》三次提到太公望的居所。《水经注·河水五》先引司马迁说，吕望东海上人，年老却没有得到重用的机会，以垂钓的方式，求取周文王的任用。次引西汉韩婴说吕望五十岁时在棘津贩卖饮食，七十岁在朝歌杀牛，九十岁作为周王的师父领取俸禄。又引魏晋皇甫谧（公元215～282年）说吕尚欲隐居东海之滨，听说周文王善待老人，所以到周的境内垂钓。最后又说，当时汲县有人认为此处也有吕尚的隐居处。②《水经注·清水》记载说，汲县西北有石夹水，当地人也称之为磻溪，称太公曾在此钓鱼。城东门北侧有太公庙，庙前有碑。碑文说太公望河内汲县人。西汉时有县民报告县令崔瑗，太公生于汲县，旧居还存在。于是，在崔瑗的主持下立坛祭祀。而城北三十里有太公泉，泉上又有太公庙。西晋汲县县令卢无忌曾在此立碑。郦道元说，太公躲避商纣乱世，或隐居集市杀牛，或隐居水边钓鱼。何必要在渭水河边才能称为磻溪。只要开心，弯曲的水边就可以。磻溪之名就不用质疑了。③《水经注·渭水》

---

① "莒，莒国，嬴姓，少昊之后，周武王封兹舆期于莒，初都计，后徙莒今城阳莒县是也。《世本》自纪公以下为己姓，不知谁赐之姓者。十一世兹平公方见春秋，共公以下微弱，不复见四世，楚灭之。""齐，齐国姜姓太公望之后，其先四岳佐禹有功，或封于吕，或封于申，故太公曰吕望也。太公股肱周室。成王封之于营丘，今临淄是也。僖公九年，鲁隐公之元年也，简公四年获麟之岁也。简公弟平公二十三年，春秋之传终矣。平公二十五年卒后，二世七十年而田氏夺齐，太公之后灭矣。"（晋）杜预：《春秋释例》卷九《世族谱第四十五之下》，《钦定四库全书》本。

② "司马迁云：吕望，东海上人也，老而无遇，以钓干周文王。韩婴云：吕望行年五十，卖食棘津，七十则屠牛朝歌，行年九十，食为帝师。皇甫士安云：欲隐东海之滨，闻文王善养老，故入钓于周。今汲县城亦言有吕望隐居处。"（北魏）郦道元：《水经注》卷五《河水五》，《钦定四库全书》本。

③ "清水又东，周新乐城，城在获嘉县故城东北，即汲之新中乡也。又东过汲县北，县故汲郡治，晋太康中立城，西北有石夹水，飞湍濬急，人亦谓之磻溪，言太公尝钓于此也。城东门北侧有太公庙，庙前有碑，碑云，太公望者河内汲人也。县民故会稽太守杜宣白令崔瑗曰，太公本生于汲，旧居犹存。君与高国同宗，太公载在经传，今临此国，宜正其位，以明尊祖之义。于是国老王喜、廷掾郑笃、功曹邠勤等咸曰宜之，遂立坛祀，为之位主。城北三十里有太公泉，泉上又有太公庙，庙侧高林秀木，翘楚竞茂。相传云太公之故居也。晋太康中范阳卢无忌为汲令，立碑其上。太公避纣之乱，屠隐市朝，避钓鱼水，何必渭滨，然后磻溪？苟惬神心，曲渚则可。磻溪之名，斯无嫌矣。"（北魏）郦道元：《水经注》卷九《清水》，《钦定四库全书》本。

说，渭水的右边有磻溪水流入。溪中有泉水涌出，叫作兹泉，形成深潭，就是《吕氏春秋》所说的太公钓兹泉。东南角有石室，大概是太公所居之处。①

至此，是第一个阶段。从战国到南北朝，有隐居和出生地两种说法。隐居说有战国孟子、魏晋皇甫谧、南北朝郦道元。孟子、皇甫谧指太公望隐居东海之滨；郦道元将渭水之滨也作为隐居处。但两者并不冲突。出生地说有战国末期吕不韦的《吕氏春秋》，汉代司马迁、高诱、崔瑗，西晋卢无忌。吕不韦的《吕氏春秋》仅说东夷之士；司马迁说东海上人，并无具体地点。高诱、崔瑗、西晋卢无忌则指在河内汲县。崔瑗、西晋卢无忌是听信汲县县民之说，高诱的说法也许是来源于此。郦道元只是将汲县之说作为传闻引述，表明有人说汲县也有隐居处，强调不必加以质疑。说明他本人并不认可此说。司马迁、杜预认为太公望的先祖封于吕或申。司马迁认为太公望已是平民。

此后转入第二阶段。此阶段的特点是在东海之滨出现了具体的地点曲海城，说是太公望的出生地，持此说的是西晋张华、唐人李吉甫、宋人乐史。唐人李吉甫《元和郡县志》说，莒县是故莒国，而汉代的海曲县在莒县东一百六十里，此地有东吕乡东吕里，是太公望的出生地。② 宋人乐史《太平寰宇记》说，莒县西南一百九十里的元三乡是故莒国。引《地理志》说周武王时封少昊的后裔兹舆于莒，嬴姓，最始建于都计，在高密县东南四十里，春秋时徙于莒。而汉的曲海县城在县东北六十里，属琅琊郡。引《博物志》说曲海城有东吕乡东吕里，太公望出于此地。③

---

① "渭水之右，磻溪水注之。水出南山兹谷，乘高激流，注于溪中。溪中有泉，谓之兹泉，泉水潭积，自成渊渚，即《吕氏春秋》所谓太公钓兹泉也。今人谓之凡谷，石壁深高，幽隍邃密，林障秀阻，人迹罕交，东南隅有石室，盖太公所居也。水次平石钓处，即太公垂钓之所也。其投竿跽饵，两膝遗迹犹存，是有磻溪之称也。"（北魏）郦道元：《水经注》卷十七《渭水》，《钦定四库全书》本。

② "莒县故莒子国也，汉为莒县。""汉海曲县在县东一百六十里，属琅琊郡，有盐官，地有东吕乡东吕里，太公望所出也。"（唐）李吉甫：《元和郡县志》卷十二《河南道七·密州·莒县》，《钦定四库全书》本。

③ "莒县西南一百九十里元三乡故莒子国也。《地理志》曰'周武王封少昊之后嬴姓兹舆于莒，始都计'，在今高密县东南四十里，春秋时徙于莒。""汉曲海县城在县东北六十里，属琅琊郡，有盐官。《博物志》曰此地有东吕乡东吕里，太公望所出也。"（宋）乐史：《太平寰宇记》卷二十四《河南道二十四·密州》，《钦定四库全书》本。

二 吕国所在歧义

以上并无山东有吕国的说法。东吕的提法始于宋人罗泌。罗泌《路史》说太公望出自东吕,吕就是莒。并以西晋张华《博物志》为证。又引《太平寰宇记》莒县东百六十有汉的曲海城。① 元梁益《诗传旁通》所述②源自宋人罗泌《路史》。而元人于钦《齐乘》只说海曲城在莒州东百六十里地,有东吕乡,是太公望的出生地,说法与宋人乐史《太平寰宇记》相同。③

罗泌东吕的说法显得有点模糊,但有清人已注意到。《钦定四库全书》本《史记》卷三十二清人考证,《齐太公世家》记载,虞夏之际封于吕,《史记集解》引徐广《史记音义》说吕在南阳宛县西。而《国名纪》解释说,吕是侯爵,伯夷的封地,西晋杜预说是在南阳宛县西;太公生于东吕,吕就是莒,西晋张华《博物志》海曲城有东吕乡,是太公望的出生地。《路史·国名纪》与徐广的说法不同。④ 按照罗泌东吕的说法,商代有两个吕国,东吕等同于莒国,似乎罗泌否定太公望与吕侯的关联。

清人阎若璩(1638~1704年)又持太公望隐居东海之说。《四书释地续·北海东海》提及《史记·齐世家》记载太公望吕尚是东海上人,而汉人高诱注不知道后汉琅琊国海曲县。又提及南朝梁人刘昭注《续汉书·郡国志》引西晋张华《博物记》太公望生于东吕乡之说。说刘昭认为太公望曾在棘津钓鱼,将本属于清河国广川县的棘津城辩称应当在琅琊国海曲县。阎若璩说,此城远非他所认为的海曲城,《通典》称在莒县东,那么,当日太公避纣之乱,隐居东海之滨,家就在海曲。汉崔瑗、晋卢无忌

---

① "而太公乃出东吕,吕,莒也。(《博物志》曲海城有东吕乡东吕里,太公望所出也。《寰宇记》密之莒县东百六十汉曲海城。)"(宋)罗泌:《路史》卷二十四《国名纪》,《钦定四库全书》本。

② "《博物志》曲海城有东吕乡,东吕里太公望所出也。《寰宇记》密之莒县东百六十里,汉曲海城,太公出于东吕,吕,莒也。"(元)梁益:《诗传旁通》卷三《国风》,《钦定四库全书》本。

③ "海曲城莒州东百六十里地有东吕乡太公望所出。"(元)于钦:《齐乘》卷四《古迹》,《钦定四库全书》本。

④ "《齐太公世家》虞夏之际封于吕,集解徐广曰吕在南阳宛县西。臣召南按《路史·国名纪》曰吕,侯爵,伯夷之封,杜预谓在南阳宛西,南阳今隶邓宛,后周并入南阳。而太公乃出东吕,吕,莒也。《博物志》曲海城有东吕乡东吕里,太公望所出也。与徐广说异。"《史记》卷三十二《考证》,《钦定四库全书》本。

立齐太公碑，以为汲县人者是不正确的。①

山东济南另有汉初吕后所封吕国，与先秦的吕国无关。司马迁《史记》记载齐王举兵西攻济南的吕国。②宋司马光《资治通鉴》记载西汉吕后立吕台为吕王，割让齐国的济南郡为吕国。③宋吕祖谦《大事记》记西汉吕后元年割齐国的济南郡为吕国。立郦侯吕台为吕王，吕台死于次年，立其太子吕嘉为吕王。九年，吕后崩，齐王举兵西攻吕国。④《御批历代通鉴辑览》亦记载其事。⑤

概述之，山东说有四个阶段，只在第三阶段罗泌提出"东吕"之说。从战国孟子到南北朝郦道元，有太公望隐居和出生东海之滨两种说法，但无具体地址。西晋张华、唐人李吉甫、宋人乐史指称具体地点曲海城，说是太公望的出生地。南宋罗泌提出"东吕"说。清人阎若璩又持太公望隐居东海之说。汉初吕后时封吕台于济南。

3. 江苏说

文献并无吕国之说，只有吕县、吕城镇、吕城山的记载。今人以地名为据附会徐州有吕国，此说与穆王时的吕侯无关。

（1）吕县

《吕氏春秋》有"昔上古龙门未开吕梁未发"之句，汉人高诱作注

---

① "《齐世家》太公望吕尚者，东海上人。注未悉后汉琅邪国海曲县。刘昭引《博物记》注云，太公吕望所出，今有东吕乡。又钓于棘津，其浦今存。又于清河国广川县棘津城，辩其当在琅邪海曲。此城殊非余谓海曲故城，《通典》称在莒县东，则当日太公辟纣，居东海之滨，即是其家。汉崔瑗、晋卢无忌立齐太公碑，以为汲县人者误。"（清）阎若璩：《四书释地续》，《钦定四库全书》本。
② "齐（哀王）遂举兵西吕国之济南。"（西汉）司马迁：《史记》卷五十二《齐悼惠王世家》，《钦定四库全书》本。
③ "高皇后元年四月……立武悼王长子郦侯台为吕王，割齐之济南郡为吕国。"（宋）司马光：《资治通鉴》卷十三《汉纪五》，《钦定四库全书》本。
④ "吕氏元年四月……割齐之济南郡为吕国，立郦侯吕台为吕王。（以史记本纪汉书年表修）""汉高皇后吕氏二年冬十一月吕肃王台薨，立吕太子嘉为吕王。（以通鉴史记本纪修）""九年七月太后崩。""八月丙午齐王举兵讨吕氏。西攻吕国之济南。（以史记本纪列传修）"（宋）吕祖谦：《大事记》卷九，《钦定四库全书》本。
⑤ "（元年四月）太后立吕台为吕王。太后使大谒者张释风大臣，大臣乃请割齐之济南郡为吕国，立吕台为王。明年卒。"《御批历代通鉴辑览》卷十三《汉》，《钦定四库全书》本。

说，吕梁在彭城的吕县，禹移开大石，疏通水道，称之为吕梁。《江南通志》提及徐州府东有吕梁故城，引《元和志》说吕梁故城在彭城县东五十七里，是故吕县。吕城东十里有吕梁洪。①

《春秋左传注疏》晋人杜预注"秋楚子辛救郑侵宋吕留"说，吕留是两个县名，属彭城郡。② 杜预《春秋释例》说吕是彭城吕县；留是彭城留县。③ 杜预注另见《左传杜林合注》。④ 宋人程公说《春秋分记》说，鲁襄元年楚国侵宋国吕留，在宋代时的徐州。⑤《江南通志·舆地志》解释楚侵宋吕留，引杜预注称是彭城郡的吕城、留城。秦代置县。⑥

（2）吕城镇

宋人祝穆《方舆胜览》说，吕城离郡城一百五十里，由吕蒙所筑。⑦《明一统志》说，丹阳县东五十四里有吕城，吴将吕蒙所筑的遗址尚存。⑧《钦定大清一统志》记载相同。⑨《江南通志·舆地志》说当时为镇。⑩ 有

---

① "彭城在府东南，尧封彭祖于彭城号大彭氏国于此。""吕梁故城在府东。《元和志》云吕梁故城在彭城县东五十七里，即故吕县也。城临泗水，其东二里有三城，一在水南，一在水中东上，一在水北，并高齐所筑立镇，以防陈寇。又吕城东十里吕梁洪上有二城：一曰云梦，一曰梁王。土人谓云梦为韩信，梁王即彭越。又洪西岸有尉迟庙，唐尉迟敬德督徐州，尝凿吕梁洪，因筑此城。"《江南通志》卷三十三《舆地志·古迹四》"徐州府"，《钦定四库全书》本。

② "秋楚子辛救郑侵宋吕留。注吕、留二县名，属彭城郡。"（晋）杜氏注、（唐）陆德明音义、（唐）孔颖达疏《春秋左传注疏》卷二十九（起襄公元年尽四年），《钦定四库全书》本。

③ "吕彭城吕县留彭城留县。"（晋）杜预：《春秋释例》卷五"襄元年"，《钦定四库全书》本。

④ "秋楚子辛救郑，侵宋吕留。杜：吕留二县，今属彭城郡。"（明）王道焜、赵如源同编《左传杜林合注》卷二十五，《钦定四库全书》本。

⑤ "鲁襄元年楚侵宋吕留，宋地也，今徐州。"（宋）程公说：《春秋分记》卷三十五《疆理书第十一·地理释异上》，《钦定四库全书》本。

⑥ "春秋曰襄公元年楚子辛侵宋吕留，杜预注云彭城郡之吕城、留城也。秦置县，汉封张良为留侯，国于此。"《江南通志》卷三十三《舆地志》，《钦定四库全书》本。

⑦ "吕城去郡城百五十里，吕蒙所筑。"（宋）祝穆：《方舆胜览》卷三《镇江府（丹徒、丹阳、金坛）》，《钦定四库全书》本。

⑧ "吕城在丹阳县东五十四里吴将吕蒙所筑遗址尚存。"（明）李贤：《镇江府》卷十一，《钦定四库全书》本。

⑨ "吕城在丹阳县东五十里，吴吕蒙所筑遗址尚存。"《钦定大清一统志》卷六十二《镇江府》，《钦定四库全书》本。

⑩ "吕城在丹阳县东五十四里，吴将吕蒙所筑遗址犹存，今为镇。"《江南通志》卷三十一《舆地志·古迹》，《钦定四库全书》本。

屠陵侯庙祭祀吕蒙。①

（3）吕城山

《钦定大清一统志》记载泰州东三十里有吕城山，山形如城，因有姓吕的人居住于此而得名。②

（4）徐州吕国

在文献记载中江苏的吕县、吕城镇、吕城山均与吕国无关。但楚"侵宋吕留"，似乎已有所混淆，宋人郑樵《通志》有吕为宋所并之说。而今有坊间文人则以宋国有吕邑为证，说徐州也有吕国。

另宁夏也有吕城。北魏郦道元《水经注》说，黄河水北经典农城东，俗名吕城，是汉成帝阳朔年间冯参任上河典农都尉时所建，用以垦田。③《甘肃通志·古迹·宁夏府》引述了《水经注》。④ 不知其名何来，也未曾有人与吕国相联系。

（四）四国关系

四国关系的论述出自《周语》。《国语·周语中》有"齐许申吕由大姜"之说，韦昭注，四国均为姜姓之国，为四岳的后裔。⑤《国语·周语下》进一步述说了四国的来源与关系："胙四岳国，命为侯，赐姓曰姜，氏曰有吕。……申吕虽衰齐许犹在。"韦昭注说帝尧因四岳辅佐有功，赐予吕地以为封国，任命为方伯，使之掌管诸侯。姜姓是四岳的先祖炎帝的姓，炎帝衰落，其后代变易不定，而至四岳德政显著，帝尧重新赐予其祖姓，使其

---

① "屠陵侯庙在丹阳县吕城镇，祀吴将吕蒙。"《江南通志》卷三十九《舆地志》，《钦定四库全书》本。

② "吕城山，在泰州东三十里，山形如城，相传昔有吕姓者居此因名。"《钦定大清一统志》卷六十六《扬州府》，《钦定四库全书》本。

③ "又北过北地富平县西……又北迳上河城东，世谓之汉城。薛瓒曰：上河在西河富平县，即此也，冯参为上河典农都尉所治也。河水又北迳典农城东，俗名之为吕城，皆参所屯以事农甿。"（北魏）郦道元：《水经注》卷三《河水》，《钦定四库全书》本。

④ "上河城在府南，水经注河水自胡城，又迳上河城东，世谓之汉城。又北迳典农城东，俗名为吕城，皆冯参为上河典农都尉，所屯以事农者。"《甘肃通志》卷二十三《古迹·宁夏府》，《钦定四库全书》本。

⑤ "四国皆姜姓，四岳之后。"（吴）韦昭注《国语》卷二《周语中》，《钦定四库全书》本。

接续炎帝之脉，以国名为氏。申吕是四岳的后裔，在商周之世也可能封在申地。① 韦昭之说与司马迁略有区别。司马迁在谈及齐国时说太公望吕尚，其先祖曾为四岳，因辅佐大禹治水有功，虞夏之际封于吕，或封于申。尚为其后裔，本姓姜，从其封地姓，所以叫吕尚。从其叙述来看，司马迁指四岳在虞夏之际封于吕，或封于申，又指太公望从其封地姓而叫吕尚，封于吕是其第一选择。韦昭则先肯定帝尧时封于吕，而商周之世或封于申。东汉王符说四岳伯夷，为帝尧掌管礼仪之教，受封于申吕。北魏郦道元《水经注》受封之事引《史记》之说。宋人林之奇《尚书全解·周书·吕刑》说，吕指吕侯，引《周语》，称吕国为姜姓之国。② 元人马端临主张四岳封于申。

历代对于申吕齐许出于同源几无异议。宋人吕祖谦《左氏传续说》对四国关系有个评价：上古有姓，有氏，有族。姓是源头，历经百世不能改变的是"姓"；在同姓中分别支派，各取为号的称之"氏"。某一支派合称为族。齐是姜姓，而姜姓的正派是吕氏，申国、许国同出姜姓只是别为支派。后世姓氏混乱已久，均已失去源头。当时的姓，原为上古的氏。③ 申吕齐许均为姜姓之国，申许齐三国从吕国分出，另立支派，似乎是获得历代经师认同。齐国受封之事，参见吕国山东说。此处仅叙述历代经师对许国、申国的说法。

1. 许国

晋人杜预《春秋释例·世族谱》说，许国属于姜姓，与齐国是同

---

① "胙四岳国，命为侯（尧以四岳佐禹有功封于吕命为侯伯使长诸侯），赐姓曰姜（姜，四岳之先炎帝之姓也，炎帝世衰，其后变易，至四岳有德，帝复赐之祖姓，使绍炎帝之后），氏曰有吕（以国为氏）……申吕虽衰许犹在（申吕四岳之后，商周之世或封于申，齐许其族也。"（吴）韦昭注《国语》卷三《周语下》，《钦定四库全书》本。

② "吕，吕侯也。《国语》曰尧使禹治水，四岳佐之，祚四岳国，为侯伯，氏曰有吕。又曰齐许申吕由大姜。则吕者，四岳之后，姜姓之国也。"（宋）林之奇：《尚书全解》卷三十九《周书·吕刑》，《钦定四库全书》本。

③ "古者，有姓，有氏，有族。姓出于一。而百世不可易者谓之姓；别其支派各取以为号者谓之氏；合而言其一派之所自出者谓之族。如齐本姜姓。则姜氏之正派者便是吕氏。其他如申国、许国之类，虽同出于姜姓而支派却别。后世姓氏殽乱已久，俱失其所从来。今之所谓姓，却是古之所谓氏。"（宋）吕祖谦：《左氏传续说》卷一，《钦定四库全书》本。

祖，均为尧时四岳伯夷的后裔。周武王封其苗裔文叔在许地。在晋代时的颍川的许昌。直至庄公十一世进入春秋，其间四次迁移。战国初年为楚国所灭。① 引述杜预之说有宋人魏了翁《春秋左传要义》"许始封及迁灭改易"条。② 同时《春秋左传要义》"主四岳故称大岳，许其后"条还追述许与炎帝的世系关系，引《周语》称共工是炎帝之后，炎帝是神农别号。帝尧命大禹治水，共工的从孙四岳辅佐大禹有功，赐予封国，并赐姓姜，以吕为氏。又引贾逵说，姜是炎帝之姓，帝尧是复赐四岳祖姓，所以知道四岳为神农之后，四岳官名，掌管四岳的祭祀，尊称之大岳。许是四岳的后裔。③ 宋人王应麟《诗地理考》亦引杜预说，又引《地理志》说颍川许县是故许国，二十四世为楚所灭。引《括地志》故城在许州许昌县南三十里，原为汉许县。引《九域志》颍昌府许田县。④ 明人引杜预说的有冯复京《六家诗名物疏》，又引《地理志》、《括地志》，另引《明一统志》河南开封府许州，在府城西南二百二十里，周

---

① "许国，姜姓，与齐同祖，尧四岳伯夷之后也。周武王封其苗裔文叔于许，以为太岳胤。今颍川许昌是也。灵公徙叶，悼公迁夷，一名城父；又居析，一名白羽。许男斯处容城。自文叔至庄公十一世始见《春秋》。元公子结元年获麟之岁也。当战国首结为楚所灭矣（按此二句隐十一年正义引《释例》作当战国初楚灭之）。"（晋）杜预：《春秋释例》卷九《世族谱第四十五之下·许》，《钦定四库全书》本。

② "谱云，许姜姓，与齐同祖，尧四岳伯夷之后也。周武王封其苗裔文叔于许，今颍川许昌是也。灵公徙叶，悼公迁夷，一名城父；又居析，一名白羽。许男斯处容城，自文叔至庄公十一世始见春秋。元公子结元年获麟之岁也。当战国初楚所灭之。地理志云，颍川郡许县故许国，文叔所封，二十四世为楚所灭也。汉世名许县耳，魏武作相改曰许昌。"（宋）魏了翁：《春秋左传要义》卷五"隐公六年至十一年·二十五许始封及迁灭改易"，《钦定四库全书》本。

③ "《周语》称共工、伯鲧二者皆黄炎之后。言鲧为黄帝之后，共工为炎帝之后，炎帝则神农之别号。《周语》又称尧命禹治水，共之从孙四岳佐之，胙四岳国，命为侯伯，赐姓曰姜，氏曰有吕。贾逵云，共，共工也。从孙同姓末嗣之孙。四岳，官名，大岳也，主四岳之祭焉。姜，炎帝之姓，其后变易至于四岳，帝复赐之祖姓以绍炎帝之后，以此知大岳是神农之后，尧四岳也，以其主岳之祀，尊之，故称大岳，许国是其后也。"（宋）魏了翁：《春秋左传要义》卷五"隐公六年至十一年·三十六主四岳故称大岳，许其后"，《钦定四库全书》本。

④ "《春秋谱》曰，许，姜姓与齐同祖，尧四岳伯夷之后也。周公封其苗裔文叔于许，今颍川许昌是也。灵公徙叶，悼公迁夷（一名城父），又居析（一名白羽）。许男斯处容城，自文叔至庄公十一世始见春秋。《地理志》颍川许县，故许国，二十四世为楚所灭。《括地志》故城在许州许昌县南三十里，本汉许县。《九域志》颍昌府许田县。"（宋）王应麟：《诗地理考》卷一"许"，《钦定四库全书》本。

为许国。①

宋人程公说《春秋分记》② 转述杜预说。元人齐履谦《春秋诸国统纪》说，许为姜姓国，炎帝的裔孙，伯夷为帝尧四岳，武王封其苗裔文叔于许，十一世至庄公入春秋。③ 此为沿袭杜预之说。元人刘瑾《诗传通释》④、元人朱公迁《诗经疏义会通》⑤、明胡广等《诗传大全》⑥、《钦定诗经传说汇纂》⑦ 简略引称说，许为国名，姜姓，在颖昌府许昌县，即开封府的许州。

宋人罗泌《路史》亦称许国为文叔所封，在许昌，但称为郑所灭。⑧ 亦有他人说许灭于郑，不细考。

概言之，许国之说出自杜预，其后的学者多为引述或转述，认同杜预

---

① "《春秋谱》曰，许，姜姓，与齐同祖，尧四岳伯夷之后也。周公封其苗裔文叔于许。今颖川许昌是也。灵公徙叶，悼公迁夷，一名城父；又居析，一名白羽。许男斯处容城，自文叔至庄公十一世始见春秋。《地理志》颖川许县故国，二十四世为楚所灭。《括地志》故城在许州许昌县南三十里。《一统志》河南开封府许州，在府城西南二百二十里，周为许国。"（明）冯复京：《六家诗名物疏》卷十五《国风·鄘二·许》，《钦定四库全书》本。

② "许，姜姓，男爵，与齐同祖。其先出自炎帝裔孙伯夷，为尧四岳，武王封其苗裔文叔于许，以续大岳之祀。自文叔至庄公十一世，国在颖昌府长社县许田镇。灵公徙叶，悼公迁夷，又居析，至斯处容城云。"（宋）程公说：《春秋分记》卷八十《次国第一·许》，《钦定四库全书》本。

③ "许，姜姓国，炎帝裔孙，伯夷为尧四岳，武王封其苗裔文叔于许，十一世至庄公入春秋。"（元）齐履谦：《春秋诸国统纪》卷六《许国第十七》，《钦定四库全书》本。

④ "许，国名，亦姜姓，亦颖昌府许昌县是也。钱氏曰许在今许州。"（元）刘瑾：《诗传通释》卷四《诗·朱子集传·王一之六·扬之水》，《钦定四库全书》本。

⑤ "许，国名，亦姜姓，今颖昌府许昌县是也（辑录颖昌府许昌县即今河南开封府许州也）。"（元）朱公迁：《诗经疏义会通》卷四《王一之六·扬之水》，《钦定四库全书》本。

⑥ "许，国名，亦姜姓，今颖昌府许昌县是也（颖昌府许昌县即今河南开封府许州也）。"（明）胡广等：《诗传大全》卷四《王一之六·扬之水》，《钦定四库全书》本。

⑦ "严氏粲曰，许，国名，亦姜姓，今颖昌府许昌县是也（《皇舆表》颖昌府许昌县，今开封府许州，隶河南）。"《钦定诗经传说汇纂》卷五《王一之六·扬之水》，《钦定四库全书》本。

⑧ "许，男爵，太叔之封，郑灭之。王符云，颖川许县，周靖帝始为州，今治长社，定六年魏文曰许昌。"（宋）罗泌：《路史》卷二十四《国名纪·许》，《钦定四库全书》本。

的说法，几乎没有歧义。许国为四岳后裔，周武王时封文叔于许，汉代时为许县，曹操改为许昌。进入春秋有四次迁移，灭于战国初期。杜预说灭于楚国，另有说灭于郑。

2. 申国

晋人杜预《春秋释例》说申在南阳宛县。① 围绕着南阳，就申国受封有几说。《国风·王·扬之水》有"不与我戍甫"，《毛诗注疏》汉人毛亨传，申是姜姓之国，平王之舅。郑氏笺，周平王母家申国，在陈郑之南。唐人孔颖达疏引杜预说，指申在南阳宛县。② 围绕着南阳，就申国受封有几说。

（1）改大说

持改大说的有汉人郑氏，唐人孔颖达，宋人段昌武、李樗、黄櫄、范处义，清人朱鹤龄。《诗经·大雅·崧高》有"于邑于谢，南国是式"，《毛诗注疏》汉人郑氏说，申伯由于贤能，到周王室出任卿士，辅佐周王有功。在周王又想让他发挥以前诸侯的作用，将国都迁到谢地，南方的诸侯国皆归其统管，加以治理时，扩大其国土，让他作为侯伯。所以《诗经》那么说。唐人孔颖达疏说，申伯由于贤能，到周王室出任卿士，那么，申伯先封于申，才到王室任职。大概申国本国靠近谢地，当时被任命为州牧，所以改国都于谢。如果申伯不先为诸侯，不能说"入为卿士"。伯爵出封于谢地，只当管理本国事务而已，而言"南国是式"，就是作为一州之牧，所以知道扩大国土，与以往不同。③

---

① （晋）杜预：《春秋释例》卷七《土地名第四十四之三·申》，《钦定四库全书》本。
② 毛亨传："申，姜姓之国，平王之舅。"郑氏笺："平王母家申国，在陈郑之南，迫近强楚，王室微弱而数见侵伐，王是以戍之。"孔颖达疏："杜预云，申今南阳宛县是也。在陈郑之南，后竟为楚所灭，故知迫近强楚，数见侵伐是以戍之。"（汉）郑氏笺、（唐）陆德明音义、（唐）孔颖达疏《毛诗注疏》卷二十五《国风·王·扬之水》，《钦定四库全书》本。
③ "申伯以贤人为周之卿士，佐王有功。王又欲使继其故诸侯之事，往作邑于谢，南方之国皆统理，施其法度时，改大其邑，使为侯伯，故云然。"疏："申伯以贤人为王之卿士，则申伯先封于申，来仕王朝。""盖申伯本国近谢，今命为州牧，故改邑于谢，取其便宜。若申伯不先为诸侯，不得云入为卿士。""伯爵出封于谢，当自理其国而已，而云南国是式，则为一州之牧，故知改大其邑，不同旧时。""诗人言南国是式之意，以其使为侯伯，故云然。"（汉）郑氏笺、（唐）陆德明音义、（唐）孔颖达疏《毛诗注疏》卷六《大雅·崧高》，《钦定四库全书》本。

宋人段昌武《毛诗集解》引郑氏说。① 宋人李樗、黄櫄《毛诗李黄集解·崧高》说，郑氏认为改大国土，让其作为方伯，这一说法也许是对的。按照《史记·周本纪》，申侯与西戎一起攻杀幽王，那么，申国应当是侯爵，命他为方伯，所以称申伯，诸如召公称公，而叫召伯，是让他出任方伯。申伯既然原有申国，又建都于谢，可见改都于谢，是对其功劳的酬谢。引《国语》说谢是申伯国，在南阳。引苏氏，南阳有申城，是申伯国。② 宋人范处义《诗补传》也认同改大国土，出任方伯说法。③ 清人朱鹤龄《诗经通义》引孔颖达疏。④

此说出于汉代郑氏，唐人孔氏进一步解释，宋人段昌武引郑氏说，李樗、黄櫄、范处义肯定此说，清人朱鹤龄引孔氏疏。其根据是方伯之制。关于方伯制，宋人严粲《诗缉》引朱氏说，先王留下的制度，如果诸侯有事，方伯连率诸侯之师加以讨伐；王室有事，方伯连率诸侯之师进行救援。⑤ 宋人段昌武《毛诗集解》⑥、清人严虞惇《读诗质疑》⑦ 亦引。另有引者，不细考。

（2）改封说

持宣王改封说的有南宋魏了翁、王应麟，元人许谦，明人冯复京、季

---

① 郑曰："以贤人为王之卿士佐王有功，王又欲使继其故诸侯之事改大其邑使为侯伯。"（宋）段昌武：《毛诗集解》卷二十五《崧高》，《钦定四库全书》本。

② "郑氏曰改大其邑使为侯伯，意或然也。按《史记·周本纪》云，申侯与西戎共攻幽王，则是申者乃侯爵也。以其为方伯，故谓申伯，亦犹召公称公，而谓之召伯者，以其为方伯也。申伯既旧有申国矣，复邑于谢，以见改邑于谢，所以酬其功也。《国语》云，谢西之九州何如，注云'谢，申伯之国也'。今在南阳。苏氏云，南阳有申城，申伯国也。"（宋）李樗、黄櫄：《毛诗李黄集解》卷三十五《崧高》，《钦定四库全书》本。

③ "申伯始以申国之贤诸侯入为卿士，既佐王有功，王遂使继其旧之事，改大其邑，俾邑于谢，以为南国之式，则方伯连帅之任也。"（宋）范处义：《诗补传》卷二十五《变大雅·崧高》，《钦定四库全书》本。

④ "疏，申伯先受封于申国，本近谢，今命为州牧，故改邑于谢焉。"（清）朱鹤龄：《诗经通义》卷十《大雅·崧高》"于邑于谢"，《钦定四库全书》本。

⑤ "朱氏曰，先王之训，诸侯有故，则方伯连率以诸侯之师讨之；王室有故，则方伯连率以诸侯之师救之。"（宋）严粲：《诗缉》卷七《国风·王·扬之水》，《钦定四库全书》本。

⑥ "朱曰，先王之制，诸侯有故，则方伯连帅以诸侯之师讨之；王室有故，则方伯连帅以诸侯之师救之。"（宋）段昌武：《毛诗集解》卷六《国风·王·扬之水》，《钦定四库全书》本。

⑦ "先王之制，诸侯有故，则方伯连帅以诸侯之师讨之；王室有故，则方伯连帅以诸侯之师救之。"（清）严虞惇：《读诗质疑》卷六《国风·王·扬之水》，《钦定四库全书》本。

本，清人陈启源。改封说的提法各异。

南宋魏了翁（1178～1237年）《春秋左传要义》说，申国在周初受封，其后中断，周宣王申伯作为王舅改封在谢，《诗·大雅·崧高》赞美其事。引《汉书·地理志》说宛县为故申伯国，认为宛县是周宣王改封之后的申国，以前不知其地所在。①

南宋王应麟《诗地理考·南国》引郑氏改大说；引陈氏命为州牧；引毛氏谢地为周之南国；引林氏申是宣王才开始分封的，此前在王畿之内；引孔氏申伯先受封于申国，原本靠近谢地，因为被任命为州牧，而以谢地为国都。注引严氏申国在宛，谢城在棘阳，申谢其地相近；注引孔氏曰申国在南阳宛县。王应麟认为，申伯原为伯爵，改封之后或许晋升为侯爵，《周本纪》所说的申侯，是申伯子或孙。②

元人许谦《诗集传名物钞·大雅三·崧高》引《史记》四岳佐禹有功，虞夏之际或封于申，认为申旧国非宣王始封，谢非申之旧国，而是宣王改封申伯于此地。申之旧国无可查考。当时在南阳的申国，是以申伯而命名谢地。由于厉王之乱，申伯失去故国。宣王以国舅为由，奖赏其功绩，而改封于谢地。申原为侯爵，又以其贤能加任为方伯。③

---

① "《外传》说伯夷之后曰，申吕虽衰齐许犹在，则申吕与齐许，俱出伯夷同为姜姓也。《国语》曰，齐许申吕由大姜，言由大姜而得封也。然则申之始封亦在周兴之初，其后中绝。至宣王之时，申伯以王舅，改封于谢。《诗·大雅·崧高》之篇美宣王褒赏申伯，云王命召伯定申伯之宅，是其事也。《地理志》南阳郡宛县故申伯国。宛县者谓宣王改封之后也，以前则不知其地。"（宋）魏了翁：《春秋左传要义》卷一《隐公元年》"二十九申吕齐许皆姜姓申改封谢"，《钦定四库全书》本。

② "郑氏曰，改大其邑，使为侯伯，南方之国皆统焉。陈氏曰，命为州牧也。毛氏曰，谢，周之南国。林氏曰，宣王之世，申伯以王舅大臣，为南国屏翰，盖前此申在王畿之内，而宣王始分封之，以捍卫王室。楚经营北方，大抵用申息之师。其君多居于申，合诸侯亦在焉。""孔氏曰，申伯先受封于申国，本近谢，今命为州牧，故邑于谢。（严氏曰，申国在宛，谢城在棘阳，申谢其地相近。孔氏曰申国在南阳宛县，是在洛邑之南。）申伯旧是伯爵，今改封之后或进爵为侯，《周本纪》云申侯，是申伯子与孙。"（宋）王应麟：《诗地理考》卷四《南国》"南国是式"，《钦定四库全书》本。

③ "《史记》谓，四岳佐禹有功，虞夏之际或封于申，然则申旧国非宣王始封之也，谢非申国之旧，宣王改封申伯于此。""申之旧国莫可考知。今南阳之申，因申伯而名谢地也。厉王之乱，申伯失其国。宣王以元舅之亲，故录其功而改封于谢欤。申故侯爵，今又以其贤加命为方伯也。"（元）许谦：《诗集传名物钞》卷七《大雅三·崧高》"尹吉甫送申伯"，《钦定四库全书》本。

二 吕国所在歧义

明人冯复京《六家诗名物疏》引《郑语》说守卫成周的南有申吕；《周语》说齐许申吕出自太姜；《括地志》说故申城在邓州南阳县北三十里；引郑玄说平王母家申国在陈郑之南，靠近强楚；引《明一统志》说南阳府府治南阳县为周的申伯之国；谢城在湖阳县城北，周申伯之都从申迁于此处。信阳县在府治的西南二百七十里，周申伯所封的县境内有谢城，即申伯封地。有两座古墓，相传是申伯之墓。又作按语，引南宋严坦叔（严粲）之说申国在宛县，谢城在棘阳。宛县即南阳县，棘阳古城在邓州境内。引《荆州记》棘阳东北百里有谢城，认为严粲之说正确。又认为宣王之初申伯受封于南阳，后更改都城到谢地，即棘阳，明代属邓州。邓州离郡治一百二十里，平王母之家。申侯估计是申伯的子或孙。①

明人季本《诗说解颐正释·大雅·崧高》引孔氏说，申伯先受封于申国，靠近谢地，宣王被任命为州牧，改国都于谢，谢在明代时的信阳州，在周王室的南面。② 而在《诗说解颐正释·国风·王·扬之水》却说，申，姜姓国，本在南阳府宛县，即明代的南阳县，宣王时迁谢地，即明代的汝宁府之信阳州。③ 季本虽引孔氏，原意已变。

清人陈启源《毛诗稽古编》说，申伯应是有国土而出任王室卿士，如果不是原为国君，怎么可能与王室联姻。城谢和城齐一样，是迁国而非

---

① "《郑语》史伯云，当成周者南有申吕。《周语》富辰云，齐许申吕由太姜。《地理志》南阳郡宛县故申伯国。《括地志》故申城在邓州南阳县北三十里。笺云平王母家，申国在陈郑之南，迫近强楚。《一统志》河南南阳府南阳县附郭周申伯国，谢城在湖阳城北，周申伯之都，自申迁于此。信阳县在府治西南二百七十里。周申伯所封县境有谢城，即申伯封邑，有二冢相传以为申伯冢。按严坦叔云，申国在宛，谢城在棘阳。宛，今南阳县也。棘阳故城在邓州境。《荆州记》云，棘阳东北百里有谢城，则严说是也。然则宣王之初申伯先受封于今之南阳，后更邑于今之邓州，邓州去郡治百二十里，平王之母家。申侯当是申伯之子若孙也。"（明）冯复京：《六家诗名物疏》卷十九《国风·王二·扬之水》，《钦定四库全书》本。

② "孔氏曰，申伯先受封于申国，近于谢，今命为州牧，故改邑于谢是也。谢即今信阳州，在周之南。"（明）季本：《诗说解颐正释》卷二十五《大雅·崧高》，《钦定四库全书》本。

③ "申，姜姓国，本在南阳府宛县，今之南阳县也。至宣王时迁谢，在南阳郡棘阳东北百里，今汝宁府之信阳州也。"（明）季本：《诗说解颐正释》卷六《国风·王·扬之水》，《钦定四库全书》本。

始封。孔疏说是改大，恐怕未必是那样。①

以上为宣王改封说，南宋魏了翁认为申国在周初受封，其后中断，周宣王改封在谢，即宛县，以前不知其地所在。南宋王应麟认为周宣王从申，即南阳宛县改封谢地，即棘阳。改封之后由伯爵晋升为侯爵。元人许谦认为虞夏之际或封于申，厉王之乱，申伯失去故国，周宣王改封在谢，即宛县。申之旧国无可查考。申原为侯爵，又以其贤能加任为方伯。明人冯复京认为宣王之初申伯受封于南阳，后更改都城到谢地，即棘阳，明代属邓州。明人季本认为宣王时从南阳府宛县，即明代的南阳县，迁谢地，即明代的汝宁府之信阳州。清人陈启源只说城谢是迁国而非始封，未说明在何处。宣王改封说有诸多区别，关键在于对谢地的认定。由于对谢地认定不同，而导致歧义。改封地谢地有宛县、棘阳、信阳。认定谢地在棘阳或信阳的，则认为是原封地在宛县，改封棘阳或信阳。认定谢地在宛县的，则认为改封宛县，旧国无可查考。初封时间也有歧义，虞夏之际或封于申、周初受封、宣王之初受封后更改。初封与改封之间的延续性也有歧见，有中断之说。同时，对于申伯之称，看法也不同，有方伯之说和伯爵晋升侯爵之说。

(3) 初封说

初封说有宋人林之奇和元人马端临。前文已提及，南宋王应麟《诗地理考·南国》引林氏，申是宣王才开始分封的，此前在王畿之内；清人姜炳璋《诗序补义》亦引其说。② 元人马端临《文献通考》叙述了申国的始终。申国，姜姓，侯爵。唐虞四岳受封于申国，在南阳宛县，宋元时的信阳军。宣王时作为周王的卿大夫，被派往南方管理诸侯的侯伯。尹吉甫作《崧高》之诗赞美其事。申侯因幽王废申后及太子，联合缯、西夷、犬戎攻杀幽王，立平王，东迁洛邑。平王派兵守卫申国，周人怀念故土，作扬之水之诗讽刺。楚国多次伐申，申国为楚国所灭。楚灭申国春秋无明文，

---

① "申伯当是有土之名入相王室，如卫武公、虢文公之类。周家王后，皆侯国女。申伯是王舅，若非旧为国君，安得与王室联姻。其'城谢'也，犹下篇之'城齐'，乃迁国非始封也。(孔疏以为，申伯旧国已绝，今改而大之恐未然。)" (清) 陈启源：《毛诗稽古编》卷二十二《大雅·崧高》，《钦定四库全书》本。
② "林氏之奇曰，申初在王畿内，宣王始分封之，以扞城王室。" (清) 姜炳璋：《诗序补义》卷二十二，《钦定四库全书》本。

但鲁僖公二十五年楚派申息之师伐商密,申息已经成为楚国的辖地。①

同为初封说,表述却有所不同。林之奇指宣王时受封,而马端临指唐虞时受封。

(4) 楚灵王迁移说

持楚灵王迁移的有南宋罗泌、元人梁益。南宋罗泌《路史》说申为伯爵,是周平王之母的祖籍国,楚灵王灭申后将之迁到宋时的信阳军方城山内。唐申州的南阳,汉的宛县。引《诗·崧高》说周宣王命昭伯确定申伯的住宅,让人垦治申伯田地。又引王符《潜夫论》说申城在南阳苑北序山之下,这就是诗所说的定都城于序的意思。② 元人梁益《诗传旁通》说,申为伯爵,是周平王之母的祖籍国,楚灵王灭申后将之迁到信阳军方城山内。此为承袭罗泌《路史》之说,但叙述的方城的历代行政区归属略有不同,汉属平氏县。③

申国四说的共同特点是皆认同宛县,即南阳。改大说称申从宛县扩大至谢地,未指谢地何处,亦未指封于何时。改封说或指宣王改封于谢地,即南阳,其前不知所在;或指宣王从宛县改封谢地,而谢地或在棘阳或信阳,初封时间则或唐虞,或周初,或宣王;初封说或指唐虞初封,在宛

---

① "申,姜姓,侯爵,其先神农之后,为唐虞四岳,受封于申国,在南阳宛县,今信阳军,宣王时入为王卿士,出为南方侯伯。尹吉甫作《崧高之诗》以美其事。幽王娶申女为后,生太子宜臼,后宠褒姒,废申后及太子。申侯怒,与缯(缯姒姓之国)、西夷、犬戎攻杀幽王骊山下,虏褒姒,尽取周赂以去。诸侯乃即申侯,共立故幽王太子宜臼为平王,东迁洛邑。平王遣兵戍申,周人怨思,作《扬之水》之诗,以刺之。鲁庄公六年楚武王伐申过邓,十八年楚文王与巴人伐申而惊其师,申后为楚所灭。(楚灭申春秋无明文,然僖公二十五年楚以申息之师伐商密,其时息已亡,则所谓申息皆楚邑也,申灭于楚可知。二十八年楚师败于城濮,楚子使谓子玉曰,大夫若入其若申息之老何,亦一证)"(元)马端临:《文献通考》卷二百六十三《封建考四·春秋列国传授本末事迹·申》,《钦定四库全书》本。
② "申,伯爵,初为侯,平王母申姜国,楚灵迁之今信阳军之方城内也,唐申州之南阳,汉之苑县。《诗》云王命召伯定申伯之宅,彻申伯土田(见《高崧》。潜夫谓在南阳苑北序山之下所谓于邑于序者)。"(宋)罗泌:《路史》卷二十四《国名纪·申》,《钦定四库全书》本。
③ "申,伯爵,初为侯,平王母申姜国,楚灵王迁之今信阳之方城内也。方城,山名,汉平氏县,魏义阳军,刘宋立司州,宋安郡,梁曰北司州,改郢州,周为申州,隋为义州,唐为申州,宋曰义阳,改信阳军,国朝为信阳州,淮水所出。"(元)梁益:《诗传旁通》卷三《国风·扬之水》,《钦定四库全书》本。

县，宋元时属信阳；或指宣王初封。谢地的地理位置和信阳的管辖范围的认定，对歧义的产生起关键性作用。

就申吕齐许四国关系，均确认为四岳之后，首指封于吕，仅司马迁有"或封于申"说。许和齐，封于周初，在战国相继而灭，则为定说。申国初封时间有唐虞、周初和宣王之说。有评论，四国作为姜姓之国，四岳之后，吕为正派，齐、申、许为支派。

（五）叙评

吕侯在周穆王时作为王室的卿大夫（有推测为司寇），起草《吕刑》并奉命发布，吕国在西周应当是一个强大的诸侯国。而在春秋时则没有记载其所在，由此在后世引起许多歧义，包括吕甫并用、吕国的地理位置、齐许申吕四国关系等，均无定说。

《吕刑》常为诸书所引用，多有引为《甫刑》的，吕甫的关系就是遇到的第一个问题。就此有三说，一是吕侯改为甫侯说，起于汉人孔安国的传，即学界所说的伪孔传，唐人孔颖达疏以《诗经》的《大雅·崧高》、《国风·王风·扬之水》篇为据，作了解释，周宣王、周平王时有甫侯而无吕侯，说明吕国已经改为甫侯，而称《吕刑》为《甫刑》，是后人以子孙的国号来称呼。有宋元及清数人沿袭此说。二是甫即吕说，亦有宋元清数人持此说，提法各异。其中宋人林之奇有较为详细的论述，否定唐孔的说法，认为甫与吕，同荆与楚、商与殷一样是可以通用的。元人吴澄引他人的话说，"吕"、"甫"发音当初一样。三是吕姓封于甫国说，皆为清人，人数少于前两说。今人刘起釪称甫与吕并用，以林之奇或吴澄之说来理解就可以了。笔者以为，三说均无实据，周宣王、周平王时称"甫"，并不能证明吕侯改为甫侯。林之奇或吴澄之说简单明了，如果要在两者之间选择的话，笔者更倾向于林之奇，毕竟吴澄发音相同的说法需要证明才能成立，而林之奇的通用说无须证明。

吕国的地理位置有五说，即新蔡说、南阳说、山西说、山东说和江苏说。就笔者掌握的文献史料，其中新蔡说和南阳说是传统说法，与周穆王时起草和发布《吕刑》的吕侯有关。南阳说早于新蔡说，东汉、西晋、南朝、唐宋元明清以及今人有二十余人持此说。新蔡说则是中途出现而又消失，仅存于南朝梁至元代，有十余人持此说。南阳说起于东汉的王符，说是在宛西三十里有吕的遗址。新蔡说，源于西晋的杜预，只作为传闻记述，而南宋罗泌则引杜预说在南阳宛西，未知何据。南朝宋人徐广又采用南阳说，为南朝宋人裴骃、北魏郦道元所引用。郦道元又称不知新蔡大吕小吕亭的渊源。南朝梁刘昭认定新蔡为古吕国。北宋乐史确认穆王时吕国在新蔡县的东西一百八十里六乡。南宋罗泌采信新蔡古吕说，于是有先新蔡后南阳之说。南宋王应麟论证新蔡说之误，唯元人梁益引述罗泌之说，明清皆引南宋王应麟。今人刘起釪长篇论证南阳说。另有山西迁入南阳之说。从时间段上说，南朝至元代，同时存在南阳说和新蔡古吕说。新蔡古吕说主张穆王吕侯作《吕刑》时吕国在新蔡，南阳说则主张穆王时的吕国在南阳。今人论称新蔡"东吕"，即申吕相继灭亡，楚国东迁吕侯遗族于新蔡，为附庸小国，已与穆王时的吕国无关。

山西说、山东说、江苏说系后人所为。山西说、山东说起源于南宋罗泌，江苏说则纯属今人坊间之说。对于与吕有关的地名，原本只是作为吕姓氏来源的探讨，南宋罗泌指称霍州亦有"吕"，由于记述于《路史·国名纪》，让人另有吕国的感觉。元人梁益则称河东之吕，时间均指向不明。今人除信笔指山西有吕国者外，专论者有何光岳、徐少华、金荣权，均认为申吕从山西迁往南阳，但迁徙的时间说法不一。何光岳称申吕在助周灭商之后迁往南阳，按此说，则周穆王时吕国应在南阳；徐少华、金荣权则指是在宣王时迁南阳，按此说，周穆王时吕国应在山西。

山东说，从战国孟子到清人阎若璩主要是谈论太公望吕尚隐居或出生东海之滨。西晋张华、唐人李吉甫、宋人乐史指称具体地点曲海城东吕乡东吕里，说是太公望的出生地。南宋罗泌引西晋张华记述于《路史·国名纪》，提出"东吕"说，与山西说一样，让人另有吕国的感觉。江苏说为今人坊间论说，指徐州也有吕国。

吕国的地理位置的五说，大多以与"吕"相关的地名为据，新蔡说是大小吕亭；南阳说是宛西吕城；山西说是霍州吕邑、吕州、吕乡、吕城、吕坂；山东说是海曲城东吕乡东吕里；江苏说是吕邑、吕县。笔者以为，地名不足以成为吕国的依据，既不能证己之真，又不能证人之伪，而更可能被证伪。

阎若璩的《潜邱札记》提到，关于地理沿袭伪谬之说固然难以计数，但是，想要凭空提出新的说法，反而不如旧说妥当。① 此论不无道理。以"吕"为地名有多种因素，对于同一事实可以得出不同的结论：

山西霍州的吕邑，按清人顾栋高说法，作为吕饴甥的封地而得吕邑之名，而后吕邑又赐给魏锜，魏锜因地得姓，称吕锜，其子为吕相。此为旧说，相对于今人视其为吕人故居而得名推论出山西吕国的新说，似乎更为妥当。今人亦有仍袭旧说，探讨吕姓来源的。东海之滨作为吕尚的隐居地或出生地，较罗泌山东东吕说，也更为妥当。按司马迁的说法，夏商之时，申吕嫡长子以外的支系有得到封地的，也有成为平民的。吕尚曾经贫困，而三国蜀汉谯周说其曾在朝歌杀牛、孟津卖饮食，可以作为证明贫困的根据。吕尚应当是平民。曲海城东吕乡东吕里可以推测为吕尚的出生地或隐居地。但也许有可能是其他吕氏的聚居地。吕尚一说出生或隐居于河南的汲县。江苏徐州的吕县因县内有吕梁洪，吕镇为吕蒙所筑，吕城山因有姓吕之人居住于此而得名。宋国的吕邑，即汉代的吕县。以此为据称徐州有吕国，坊间之说，无以为据。

新蔡的大小吕亭，作为有吕姓者居住的证据尚可，作为吕国的证据，则难以有足够的说服力。新蔡古吕之说自从王应麟就证伪后，除元人梁益采罗泌外，几无论者。而当地坊间论者采古吕说，仅以证新蔡为姜尚出生地，已与《吕刑》无关。今人的新蔡东吕说，已别于古吕说，首先承认南阳为古吕。新蔡东吕说属于吕国迁移论者，仅以有多地以吕命名而作出迁移的推论，证据显然不足。

南阳说为旧说，起论最早，论者最多，时间最长。然而仅宛西吕城仍不足为据，需要其他旁证。《国语·郑语》是解释申吕常引的史料。周宣王之弟郑桓公，宣王时封于郑，周幽王时为司徒。周幽王欲废嫡立庶，废除申后及太子宜臼，立褒姒为后及其子伯服为太子，加害太子宜臼，并烽火戏诸侯。郑桓公认为王室多难，恐祸及自己，向周太史问计，如何逃避祸难。周太史说王室将衰弱，戎狄将昌盛，是不可避免的事，对当时的周

---

① "地理之说，袭谬踵伪，固不胜数，而一欲凿空出新，反不如旧说之安者。"（清）阎若璩：《潜邱札记》卷二《释地余论》，《钦定四库全书》本。

王室的形势作了分析。叙述了环绕成周南北东西的诸侯国，并强调"申、缯、西戎方强"，"申吕方强"，如果周幽王欲杀太子而立伯服，会导致申、缯、西戎联合伐周。周王室的存亡在三年之内，周太史要郑桓公早作准备。周太史所说的环绕周王室南部的诸侯国，其顺序是"荆蛮、申、吕、应、邓、陈、蔡、随、唐"。① 按此说法，申吕应当是与楚国邻近。

南宋王应麟《困学纪闻》对《诗·大雅·崧高》"维申及甫，维周之翰"的解释，可视为关键性证据。王应麟认为申吕的地理地势是具有控扼作用的军事要地。先引史伯说守卫成周的南有申吕，又引《左传》记载楚大夫子重请申吕为赏田，申公巫臣不赞同，申吕作为诸侯国，是作为抵御北方的军事力量。楚获得申吕才开始变得强大。这就是申吕作为守护周王室军事屏障的原因。西汉高祖、东汉光武帝起兵先取宛县，可见地势的重要。引南宋初抗金名臣李纲的话，说天下的地势关中最重要，襄邓次之。②

---

① "桓公为司徒（桓公，郑始封之君，周厉王之少子，宣王之弟，桓公友也，宣王封之于郑，幽王八年为司徒），甚得周众与东土之人（周众，西周之民；东土，陕以东也），问于史伯曰：'王室多故（史伯，周太史。故，犹难也），余惧及焉。其何所可以逃死。'史伯对曰：'王室将卑，戎狄必昌，不可偪也（昌，盛也；偪，迫也）。当成周者（成周，雒邑），南有荆蛮、申、吕、应、邓、陈、蔡、随、唐（荆蛮，芈姓之蛮，鬻熊之后也。申吕，姜姓。应、蔡、随、唐皆姬姓也。应，武王子所封。邓，曼姓。陈，妫姓也），北有卫、燕、翟、鲜、虞、路、洛、泉、徐、蒲（卫，康叔之封；燕，邵公之封，皆姬姓也。翟，北翟也。鲜、虞，姬姓在翟者。路、洛、泉、徐、蒲，皆赤翟，隗姓也），西有虞、虢、晋、隗、霍、杨、魏、芮（八国姬姓也。虞，虞仲之后。虢，虢叔之后，西虢也），东有齐、鲁、曹、宋、滕、薛邹、莒（齐，姜姓。鲁、曹、滕，皆姬姓。宋，子姓。薛，任姓。邹，曹姓；莒，已姓，东夷之国也）。申、缯、西戎方强（申，姜姓，幽王前后太子宜咎之舅也。缯，姒姓，申之与国也。西戎亦党于申。周衰，故戎翟强也），王室方骚（骚，扰也），将以纵欲，不亦难乎？王欲杀太子以成伯服，必求之申（太子将奔申），申人弗畀必伐之（畀，与也）。若伐申，而缯与西戎会以伐周，周不守矣（言幽王无道，无与共守者）。缯与西戎方将德申（申修德于二国，二国亦欲助，正徵其后福）。申吕方强，其隩爱太子亦必可知也（吕申同姓。隩，隐也）。王师若在（在，在申也）其救之亦必然矣。王心怒矣，虢公从矣（言石父在亦从王而怒）。凡周存亡不三稔矣（稔，年也）。君若欲避其难，速规所矣。时至而求用恐无及也（时，难也。用，备也）。'"（吴）韦昭注《国语》卷十六《郑语》，《钦定四库全书》本。

② "申甫之地为形势控扼之要。甫即吕也，吕刑一曰甫刑，史伯曰当成周者南有申吕，左氏传楚子重请申吕以为赏田，申公巫臣曰不可，此申吕所以邑也，是以为赋以御北方。楚得申吕始强。兹所以为周室之屏翰欤。""高帝入关光武起兵皆先取宛，其形势可见。李定忠曰天下形势关中为上，襄邓次之。"（宋）王应麟：《困学纪闻》卷三《诗》，《钦定四库全书》本。

王应麟用几段论证，用《国语·郑语》说明申吕在周王室的南部，引《左传》说明申吕在楚国的北部。对于周王室而言，申吕可以抵御南方；对于楚国而言，申吕可以抵御北方。又用汉高祖、东汉光武帝起兵先取宛县说明地势的重要，同时说明申吕在宛县。最后用李纲的话进一步印证。清人顾炎武（1613～1682年）《左传杜解补正》①、张尚瑗《三传折诸·左传折诸》②、吴景旭《历代诗话》③ 引述王应麟之说。清人顾镇《虞东学诗》亦引《国语》守卫成周的南有申吕的说法，认为自楚灭申，凭借方城山地势险要，靠近王城，因此申吕是王城的南部屏障，而虞虢是其北部屏障。④

　　笔者以为，从现有引证的文献资料，可以说明在周宣王时申吕在南阳，而至周幽王时，申吕一直是强国。春秋初年，由于楚国的崛起强盛，申吕为其所灭。在新蔡古吕说已经被证伪，先新蔡后南阳说，以及山西迁入南阳说，均无法证实的情况下，南阳说作为传统的说法，尽管难有确证，却是最可采信的。

　　吕国在南阳的地理位置有东汉王符府西三十里说、南朝北魏人郦道元梅溪水西说、《明一统志》董吕（营）村说、清人毛奇龄引《括地志》南阳县西四十里说，四种提法各有人引述。而今有镇平县当地坊间论者，求证唐代南阳府治的位置，提出吕国在镇平。此处歧义的是吕国国都的位

---

① "王应麟曰国语史伯曰当成周者南有申吕。"（清）顾炎武：《左传杜解补正》卷中"七年子重请取于申吕以为赏田"，《钦定四库全书》本。

② "此申所以邑也。王伯厚《诗经考异》曰：维申及甫，维周之翰。申甫之地为形势控扼之要。甫即吕也。甫刑一曰吕刑。""高帝入关光武起兵皆先取宛县。李忠定曰天下形势关中为上，襄邓次之。"（清）张尚瑗：《三传折诸·左传折诸》卷十二，《钦定四库全书》本。

③ "《国语》史伯曰当成周者南有申吕。又富辰曰齐许申吕由大姜。《左传》楚子重请取于申吕以为赏田，申公巫臣曰不可，此申吕所以邑也，于是为赋以御北方若取之，是无申吕也。故平王以申近楚遣畿内之民戍之，甫以申故而并戍之。后竟为楚所灭而楚始强。据此则申甫之地为形势控扼之要，所以为周室之屏翰也。按《汉地理志》南阳郡宛县故申伯国。《括地志》云故申城在邓州南阳县北三十里，故吕城在邓州南阳县西四十里。《吕氏春秋》吕在宛县西，伯夷主四岳之祀。《水经注》亦谓宛西吕城，四岳受封。然则申吕汉之宛县也。高帝与楚相持常出武关，收兵宛叶间。光武起南阳以宛首事。其形势可概见矣。李忠定曰天下形势关中为上，襄邓次之。"（清）吴景旭：《历代诗话》卷五《甲集下之上·申甫》"维申及甫维周之翰"，《钦定四库全书》本。

④ "国语当成周者南有申吕，自楚灭申，因裕州方城山为固，与王城逼近，则申吕为王城南户而虞虢其北户也。"（清）顾镇：《虞东学诗》卷三，《钦定四库全书》本。

置。关于吕国的辖区，明清有论者。《诗·国风·王风·扬之水》叙述周平王之母为申侯之女，申国靠近楚国，屡次遭到侵伐，周平王派遣京畿之民守卫申国，诗中戍申之后有戍甫、戍许。申吕许一同守卫，在排除其他理由之后，属于地理上的理由。明人梁寅解释为甫为吕侯之国，申甫相近，许国也与申相近；李光型认为申吕同为一地，许与申吕接壤。

历代行政区域以及度量衡的多所变更。北宋欧阳忞《舆地广记》①、南宋潘自牧《记纂渊海》②记载了南阳县的变更情况。《河南通志》记载了镇平县的沿革及与南阳县的关系。③《大清一统志》记载了古苑城的变更情况。④

---

① "中下南阳县，故申国，战国时秦周王以为宛县置南阳郡，汉因之，王莽以宛为南阳，后汉复为宛，晋如之，后魏置上陌县，后周并宛入焉，更名上宛，隋开皇初改为南阳郡，唐属邓州。博望镇，汉博望县也，武帝置以封张骞，属汉阳郡，后汉及晋皆因之，其后废焉。安众镇，二汉安众县也，属南阳郡，晋省之。汉杜衍县属南阳郡，后汉省之，故城在今县西。二汉育阳县，属南阳郡，晋因之，其后废焉，故城在今县南。汉雉县，属南阳郡，东汉及晋皆因之，元魏曰北雉，后省，即陈仓人所逐二童子名宝鸡者，雄止陈仓为石，雌止此县，故名之。汉西鄂县属南阳郡，东汉及晋皆因之，元魏省入北雉。西魏向城县属雉阳郡，隋开皇初省废，属淯阳郡，唐属邓州复省入南阳。"（北宋）欧阳忞：《舆地广记》卷八《京西南路》，《钦定四库全书》本。

② "邓州倚郭，穰县。外县四：南阳、内乡、淅州、顺阳。南阳本春秋申国，秦置宛县，后属南阳郡，汉宛、博望、安众、杜衍、育阳、雉、西鄂七县之地并属南阳郡，东汉省杜衍县，晋省安众、育阳，又废博望。元魏置上陌县，改雉曰北雉，省西鄂。孝文置向成县。后周并宛上陌，连名上宛，隋改上宛为南阳，向成属育阳郡，唐属邓相，唐末省向成入南阳。"（南宋）潘自牧：《记纂渊海》卷十二《郡县部·邓州》，《钦定四库全书》本。

③ "镇平县，汉（置安众县属南阳郡），东汉（因之），晋南北朝隋唐宋俱废（为穰县北乡地），金（置阳管镇），元（初置镇平县属南阳府），明（初省入南阳县，成化六年复置，仍属南阳府）。"《河南通志》卷三《沿革上》，《钦定四库全书》本。

④ "宛县故城，今府治。春秋楚邑，秦昭襄王十五年白起攻楚取宛，十六年封公子市于宛，二十七年使司马错攻楚，赦罪人迁之南阳，宛于是始兼南阳之名，三十五年置南阳郡治宛。二世三年沛公略南阳郡围宛，宛降。汉三年汉王出荥阳走宛，寻出兵叶间，后亦为南阳郡治。更始元年刘縯拔宛，更始入都之，既封其宗室为宛王。建武二年遣吴汉击破之，魏太和初使司马懿督荆豫诸州，镇宛，嘉平中王昶亦镇焉。自是常为重镇。晋时屡为石勒、慕容儁、苻坚所陷。刘宋仍为南阳郡治。后魏太和二十九年攻宛拔北城，南阳太守房伯玉降，县属魏为荆州治，北周废宛入上陌，隋初并废南阳郡。唐武德三年置宛州，领南阳、上苑、上马、安固四县，并寄治宛城。八年州废，上马入唐州，余二县入南阳，属邓州。李吉甫元和志县西南至邓州一百二十里。按郦道元水经注，南阳郡治大城，大城西南隅即古宛城，荆州刺史治，故亦谓之荆州。萧德言括地志南阳县城在宛大城西南隅，其西南二面皆古宛城也。"《大清一统志》卷一百六十六《南阳府·古迹》，《钦定四库全书》本。

笔者以为，历代行政区域以及度量衡的变更，难以确证。因此，吕国国都地理位置的几种提法，没有太大的区别，应当在府西二十余里至四十里之间，即在梅溪水西、潦河水东。明人的许申吕三国相近说、清人的许申吕三国接壤说，也没有太大的区别，两种推论均有一定的合理性。申吕的辖区当在邓县以北、许昌以南，吕国在西，申国在东。申吕应是接壤的，申吕的东西辖区尚无人涉及。吕国国都在镇平县却也未必，而镇平县属于吕国辖区，应当没有大的疑义。同时，吕尚的家乡在南阳、新蔡或镇平之说也大可存疑。

申吕齐许四国同出姜姓吕氏，始祖是四岳，已成定论，四岳之前的姜姓世系多所歧义，本文未曾涉及。司马迁说四岳封于吕，或封于申，而封于吕是第一顺序的说法，元人许谦引《史记》。元人马端临主张四岳封于申。其余论者多持封于吕之说。而太公望吕尚在周武王时封于齐、许文叔在周武王时封于许，吕国为正派，申齐许为支派，也无歧义。唯申国有诸说，即改大说、改封说、初封说、楚王迁移说。申的地理位置，汉人郑玄说在郑陈之南，西晋杜预说是在南阳宛县，唐人孔颖达引杜预，此后无异议。改大说起于汉人郑玄，认为申侯辅佐周王室有功，周宣王改其国都于谢，扩大国土，任命申侯为方伯，统辖南方诸侯。引述者有唐宋和清人。改封说宋元明清皆有持论者，主张周宣王时改封于谢，而对谢地的地理位置和信阳的管辖范围的认定有所不同，说法各异，包括其初封的时间、地点以及改封以后的地点，其中初封时间有唐虞之际、周初、周宣王初封后改封。持初封说为宋人林之奇，认为申侯原本在王畿，周宣王时才受封于谢。元人马端临在认定四岳封于申以后，没有提及其后有否变动。宋人罗泌、元人梁益则指楚灵王将申国迁移至方城山内。而今人有论者申吕在周宣王时从山西迁移至南阳。此说有强证之嫌，为兼顾多处吕地，凭空推出吕国迁移说，并借周宣王封申于谢一事，让申到山西走了一遭，又一同迁移到南阳。

笔者以为，四国关系，载于《国语·周语》，其始祖为四岳，因辅佐大禹治水有功，受封为诸侯国，得赐姜姓，称吕氏。无论以国称氏，或以氏称国，其国名应是吕国。四岳当以封于吕为宜。齐和许，为周初受封，与周穆王时的吕国无关。四国中，从文献的论述看，申吕的关系最为密切。申封于唐虞当可存疑。封于周初或周宣王，均可采信。若封于周初，则与周穆王时的吕国无关；若初封于周宣王，或许是周穆王时的吕侯的后裔。按东汉王符的说法，姜姓国还有向国、纪国。

以上笔者对吕甫关系、吕国地理位置，以及齐许申吕四国关系作了评述。吕甫关系以林之奇之说为宜，相当于荆楚，可以通用；吕国诸说当采南阳之说；四国关系，则吕国为正派，申许齐为支派，申封于周初或周宣王均可采信。若申为周宣王所封，则可能为周穆王时期吕侯后裔。概而言之，伯夷为唐虞四岳，受封于吕国，嫡长子承袭吕侯之位，支系或得封地，或成为平民。太公望吕尚以平民助周灭商，而周武王时封于齐；许文叔封于许。西周时"吕"、"甫"通称，吕侯即为甫侯。周穆王时吕侯出任周王室卿士，或为司寇，起草并发布《吕刑》。申国与吕国关系密切，申侯在周宣王时受命出任方伯，改国都于谢。申吕接壤，申吕的国都均在汉代时的宛县，申国在东，吕国在西。往西镇平县为吕国辖区，北与许国相近或接壤，南与邓国相近或接壤。若申受封于周宣王属实，则申侯或许是周穆王时吕侯的后裔。申吕在周平王之前为强国。申吕灭于春秋初年，许和齐在战国相继灭国。

吕国诸说仍可以存为一说，作为古吕文化的组成部分，继续研究，或许可能找到更多的实证，同时，也可以就与吕国的渊源作深入的研讨。

三
改刑诸说异同

本部分阐述《钦定四库全书》本《尚书》的经学著作对《吕刑》书序"训夏赎刑"的评论，集中于改刑的论点。笔者作了详细的分类，有适时说、尽心说、仁爱说、衰世说、敛财说、失刑说，共六种说法。其中以适时说、敛财说参与的论者多，涉及面广。适时说以唐人孔颖达《尚书注疏》为主；敛财说以宋人蔡沉《书经集传》为主，其论点来源于朱熹。明人陈第、马明衡则全面质疑蔡沉。他人多为零星议论。六说其论各异，也有共同之处。本部分的任务是，探求各说的内容、特色及其成因。笔者以为，最应当在意的是，《吕刑》给后世留下了什么。

（一）适时说

与此说有关的论者为汉孔，唐孔，宋人苏轼、陈经、夏僎、张沂、黄伦。《尚书注疏》汉孔氏只说"夏禹赎刑之法"是改重从轻。[①] 唐人孔颖达的疏对此作了长篇的解释。此说涉及的几个问题，笔者按孔颖达的论述排列，他人之论穿插其中。

1. 改刑因由

孔颖达说明治国方式历代变化，刑罚轻重因时而改。殷因此变更了夏

---

① "训畅夏禹赎刑之法，更从轻，以布告天下。"（汉）孔氏传、（唐）陆德明音义、（唐）孔颖达疏《尚书注疏》卷十八《周书·吕刑》，《钦定四库全书》本。

法，周又改了殷。夏法在前代实施，久已废弃了，周穆王时重新对诸侯解说夏法，是因为周法太重，需要改重从轻，发布遵行。由于此事符合当时的形势，孔子收入《尚书》，以供仿效。①

2. 周赎刑与夏赎刑的区别

孔颖达推论以货币支付赎金，免除刑罚，是唐虞之法。而《周礼》记载，职金负责接受士族的罚金或充当罚金的货物，转交司兵，那么，周亦有赎刑。之所以远取夏的赎刑，《周礼》只说士族的罚金，平民似乎不能赎罪，即使可以赎罪，赎罪的方式一定与夏法不同。夏刑轻于周刑，因而仿效采用。②

3. 《周礼》五刑与《吕刑》的区别

《周礼》五刑"其属各五百"，共二千五百条，而《吕刑》三千条，反而增多。孔颖达比较《周礼》墨罪、劓罪、宫罪、剕罪、杀罪各五百，五刑只有二千五百；而《吕刑》五刑三千，按刑数多于《周礼》。说变周用夏，是改重从轻，是《周礼》轻刑少，重刑多，《吕刑》轻刑多，重刑少。《吕刑》墨、劓皆千，剕刑五百，宫刑三百，大辟二百。③ 宋人夏僎《尚书详解》认同此说。④

宋人苏轼《书传》也作了同样的比较。《周礼》之刑二千五百，穆王

---

① "王者代相革易，刑罚世轻世重，殷以变夏，周又改殷，夏法行于前代，废已久矣。今复训畅夏禹赎刑之法，以周法伤重，更从轻以布告天下。以其事合于当时，故孔子录之以为法。"（汉）孔氏传、（唐）陆德明音义、（唐）孔颖达疏《尚书注疏》卷十八《周书·吕刑》，《钦定四库全书》本。

② "金作赎刑，唐虞之法。《周礼》职金掌受士之金罚货罚，入于司兵，则周亦有赎刑，而远训夏之赎刑者，《周礼》惟言士之金罚，人似不得赎罪，纵使亦得赎罪，赎必异于夏法。以夏刑为轻，故祖而用之。"（汉）孔氏传、（唐）陆德明音义、（唐）孔颖达疏《尚书注疏》卷十八《周书·吕刑》，《钦定四库全书》本。

③ "《周礼》司刑掌五刑之法，以丽万民之罪。墨罪五百，劓罪五百，宫罪五百，剕罪五百，杀罪五百。五刑惟有二千五百。此经五刑之属三千，按刑数乃多于《周礼》，而言变从轻者，《周礼》五刑皆有五百，此则轻刑少，而重刑多。此经墨劓皆千，剕刑五百，宫刑三百，大辟二百，轻刑多，而重刑少。变周用夏，是改重从轻也。"（汉）孔氏传、（唐）陆德明音义、（唐）孔颖达疏《尚书注疏》卷十八《周书·吕刑》，《钦定四库全书》本。

④ "孔颖达谓周礼司刑掌五刑之法，墨罪五百、劓罪五百、宫罪五百、剕罪五百、杀罪五百，五刑惟有二千五百条，此言五刑之属三千。按刑数乃多于周礼，而云变重从轻者，《周礼》五刑皆五百，轻刑少而重刑多。此经言，墨劓皆千，剕刑五百，宫刑三百，大辟二百。轻刑多，而重刑少，变周用夏，是改重从轻也。"（宋）夏僎：《尚书详解》卷二十五《吕刑》，《钦定四库全书》本。

三千，虽然增加条目，却入墨劓多，入宫辟少。同时，苏轼强调，解说刑就必须根据赎金，没有赎金锾数的话，将难以作为五刑轻重的标准。就如宋代的折杖一样，如果不是以杖数折算，就不知徒流增减的标准。① 宋人黄伦《尚书精义》引苏轼之论。② 此外还有宋人陈经《陈氏尚书详解》以增加轻刑条目，减损重刑来说明《吕刑》的轻刑。③

4. 改刑的历史背景

孔颖达陈述，周公是圣人，因时立法，而刑罚太重，穆王改刑，远取夏法，殷刑肯定重于夏。夏在尧舜之后，民风淳朴，易于治理，用刑较轻。刑轻，则百姓不敬畏，所以殷刑稍重。而商汤之后，时势逐渐苛酷，商纣作炮烙之刑，刑罚更重。在商暴虐之后，周初用刑不可能忽然太轻，虽然减轻，仍重于夏法。成康之治，刑罚弃置不用。到周穆王，百姓仍然易于治理。吕侯审时度势，建议改用夏法。④ 宋人夏僎《尚书详解》认同此说。⑤ 宋人

---

① "《周礼》之刑二千五百，穆王之三千，虽增其科条，而入墨劓者多，入宫辟者少也。赎者疑赦之罚耳。然训刑必以赎者，非赎之锾数，无以为五刑轻重之率（lü）也。如今世徒流皆折杖，非以杖数折，不知徒流增减之率也。"（宋）苏轼：《书传》卷十九《周书·吕刑第二十九》，《钦定四库全书》本。

② "东坡曰，周公之刑二千五百，而穆王三千虽增其科条，而入墨劓者多，入宫辟者少也。赎者疑赦之罚耳。然训刑必以赎者，非赎之锾数，无以为五刑重轻之率也，如今世徒流者，皆折杖，非以杖数折，不知徒流增减之率也。"（宋）黄伦：《尚书精义》卷四十九《吕刑》，《钦定四库全书》本。

③ "《吕刑》之书，虽为训刑而作，其实轻刑也。何以知之，即周官而知之。《周官》载五刑之属二千五百，是大辟与宫皆五百也。至穆王时其属三千，大辟之罚至于二百，而墨劓之罚三千。是轻刑则增其条目，重刑则减损也。"（宋）陈经：《尚书详解》卷四十七《周书·吕刑》，《钦定四库全书》本。

④ "然则，周公圣人，相时制法。而使刑罚大重，今穆王改易之者，穆王远取夏法，殷刑必重于夏。夏承尧舜之后，民淳易治，故制刑近轻，轻则民慢，故殷刑稍重。自汤以后，世渐苛酷，纣作炮烙之刑，明知刑罚益重。周承暴虐之后，不可顿使太轻。虽减之轻，犹重于夏法。成康之间刑措不用，下及穆王，民犹易治，故吕侯度时制宜，劝王改从夏法。"（汉）孔氏传、（唐）陆德明音义、（唐）孔颖达疏《尚书注疏》卷十八《周书·吕刑》，《钦定四库全书》本。

⑤ 孔颖达谓"然则周公相时制法，而使刑罚太重。今穆王改易之者，穆王远取夏法，商制必重于夏，夏承尧舜之后，民淳易治，故制刑近轻，轻则民慢。故商刑稍重，自汤以后世渐苛酷，纣作炮烙之刑。明知刑法益重，周承暴虐之后，不可损使太轻，虽减之犹重于夏。成康之间，刑措不用，下及穆王，民犹易治。吕侯度时制宜，改从夏法"。（宋）夏僎：《尚书详解》卷二十五《吕刑》，《钦定四库全书》本。

黄伦《尚书精义》引张沂《书说》①行文大略相近。

宋人苏轼《书传》对此也作了相同的陈述。尧舜之刑至夏禹时明确完备。以后的帝王德行衰败，政令繁多，于是刑罚稍为加重，数代逐渐积累，而非一人之意。到周公时，五刑各五百。不是周公不能改，而是由于从夏开始，世人习惯重法。忽然轻了，就会出现奸民肆虐，良民受害。成康之治，刑罚弃置不用。穆王末年，奸民更少，此后才敢改刑。②宋人夏僎《尚书详解》说，刑罚之事，是二帝三王所不能避免的，都有圣贤综合各种因素采用适宜的方式。夏僎认为苏轼之说很确切。③宋人陈经《陈氏尚书详解》的表述接近苏轼，强调风俗还淳返朴，方可以轻刑。④

5. 吕侯适时改刑

孔颖达强调并非周公之刑不善，但不可长久适用，也并非吕侯高智能，但立法可以适合于时势。只要适合于时势，就可称为善事，就是这个原因，不能说吕侯才高于周公，法胜于前代，而要观察民情、时势，以确

---

① "张沂曰，夏承尧舜之后，民淳易治，故制刑近轻，轻则民慢。至汤刑稍重，厥后纣作炮烙之刑，罚益重。周承其后，不可顿使太轻，虽轻于商，犹重于夏；至成康之间，刑措不用；下及穆王，民复易治，故吕侯度时制宜，请训用夏法。"（宋）黄伦：《尚书精义》卷四十九《吕刑》，《钦定四库全书》本。
② "尧舜之刑至禹明备。后王德衰而政烦，故稍增重，积累世之渐，非一人之意也。至周公时，五刑之属各五百。周公非不能改，以从夏盖世习重法，而骤轻之，则奸民肆而良民病矣。及成康刑措，穆王之末奸益衰少，而后乃敢改也。"（宋）苏轼：《书传》卷十九《周书·吕刑第二十九》，《钦定四库全书》本。
③ "刑罚之事，二帝三王所不免，皆有圣贤折衷裁处，而独以夏法为言者，东坡谓尧舜之刑至禹明备，后王德衰而政烦，故稍增益积，累世之渐非一人之意也。至周公时，五刑名属五百，周公非不能改，以从夏盖习重法，而骤轻之，则奸民肆而良民病。及成康刑措，穆王之末，奸益衰少，然后乃敢改作。此说甚长。"（宋）夏僎：《尚书详解》卷二十五《吕刑》，《钦定四库全书》本。
④ "然则，周公之制非欤？曰民习于重而未敢以骤去也。夏有乱政而作禹刑，商有乱政而作汤刑。盖自唐虞而后，德渐衰，俗渐降，刑渐重。至于成周之民，耳目习见夫刑之重也，而骤然去之，则适以启民之奸心，无乃召乱乎。至于穆王之时，虽是世降德衰，不及文武之盛时，然而承成康刑措之后，民之犯轻刑者有之，而无有犯死刑者。穆王于此始减其死刑，而增其轻刑为之赎法，以遵唐虞之旧。观天下之势，惟是风俗还淳反朴，方可以轻刑。"（宋）陈经：《尚书详解》卷四十七《周书·吕刑》，《钦定四库全书》本。

定教化方式和刑罚轻重。① 宋人夏僎《尚书详解》认同此说。② 宋人黄伦《尚书精义》引张沂，略述其意。③

孔颖达对《吕刑》的评价只及吕侯，而未涉周穆王。宋人夏僎《尚书详解》极力赞颂吕侯，而同时又非议周穆王。周穆王巡游无度，不关心刑罚之事。训告遵行的刑书，虽然以周穆王的名义，实际上是吕侯的政令。所以，序书与作书者以"吕命"题名，以表明《吕刑》出于吕侯之口。否则，周穆王纵马奔驰老而不厌，而到垂暮之年才留意赎刑一事。《吕刑》训辞温厚，意图恳切。必定有恻隐怜悯之心，才能有忠厚慈祥之言。吕侯是仁人君子。孔子收录《吕刑》是选择其言。④

将此说的要点略加概括：孔颖达认为夏商周的刑罚历朝变动，夏法废弃已久。赎刑是唐虞之法，周初也有赎刑，可能只适用于士族，即使用于平民也与夏代不同，夏法轻于周法。由于周法太重，周穆王取用夏法。周初五刑条目皆为五百，《吕刑》轻刑条目多，重刑条目少，尽管总数多于周初，也是改重为轻。苏轼补充说，必须根据赎金的锾数作为五刑轻重的标准。孔颖达主张，由于尧舜说民风淳朴，易于治理，而用轻刑；夏商民风变坏，奸恶增多，用刑渐重。在商纣暴虐之后，周公虽然改轻，仍重于夏法。经成康之治，民风重归淳朴，易于治理，所以才改用夏禹赎刑。苏

---

① "圣人之法非不善也，而不以经远；吕侯之智非能高也，而法可以适时。苟适于时，事即可为善。亦不言吕侯才高于周公，法胜于前代，所谓观民设教，遭时制宜，刑罚所以世轻世重，为此故也。"（汉）孔氏传、（唐）陆德明音义、（唐）孔颖达疏《尚书注疏》卷十八《周书·吕刑》，《钦定四库全书》本。

② 孔颖达谓"周公圣人之法，非不善也，而不以经远，吕侯之智非能高也，而法可适时。苟适时，事即可为善，亦不可谓吕侯才高于周公，法胜于前代也。此论极然。故特录之"。（宋）夏僎：《尚书详解》卷二十五《吕刑》，《钦定四库全书》本。

③ 张沂曰："非圣人制作不及吕侯，盖刑罚世轻世重，所宜损益也。"（宋）黄伦：《尚书精义》卷四十九《吕刑》，《钦定四库全书》本。

④ "刑罚国之重事，而穆王训之，不系于穆王而系于吕侯何也？盖穆王盘游无度，日事车马，视刑罚为何事？今日训刑之书，虽曰穆王训之，而实吕侯之命也。故序书与作书者皆先以吕命题其首，而目其篇为《吕刑》盖其言皆出于吕侯之口也，不然则穆王驰骋老而不厌，独于耆年乃独介介于赎刑一事哉？吕侯之为人，虽不可考其终始，然观是书之作，训辞温厚，意旨恳切，穆乎有三代之风，渊乎有赓歌之作，诚非苟于有言而姑为是言也，必哀矜惨怛乎其心，故忠厚慈祥于其言。吕侯诚仁人君子人也。夫子取之，取其言也。"（宋）夏僎：《尚书详解》卷二十五《吕刑》，《钦定四库全书》本。

轼补充说，后王德行衰败，刑罚加重非一人之意，而是数代逐渐积累，世人习惯重法，忽然轻了，就会出现奸民肆虐，良民受害的现象。夏僎力主苏轼说。孔颖达将改刑之功归于吕侯，相比周公，并非吕侯才高于周公，法胜于前代，两者都是审时度势。夏僎力赞吕侯而非难穆王。周穆王巡游无度，顾不上刑罚。《吕刑》实际上是吕侯的政令，以穆王的名义发布。《吕刑》训辞显示恻隐怜悯之心，孔子选择其言而予收录。孔颖达对周穆王不作评论，大概是有意回避，并解释说，是吕侯建议周穆王改刑。适时说将重心放在吕侯身上，与此后几说有较大的区别。

（二）尽心说

此说有宋人林之奇、吕祖谦、胡士行，用"尽心刑罚"来评论《吕刑》，同时涉及周穆王和吕侯。宋人林之奇以恻隐之心来说明周穆王和吕侯的尽心。《尚书全解》说，刑典制定之后，不可轻易改变，君臣要尽心对待。《吕刑》告诫诸侯，以苗民为警戒的教训，以伯夷皋陶为仿效的典范。其言恻隐怜悯，担心百姓陷于罪戾而不能自我解脱，显现不忍心之意，"尽心"已经达到极点。吕侯辅佐周穆王致太平，为西周立了大功。从《吕刑》中可以看到周穆王、吕侯的功业。正因为周穆王、吕侯尽心刑罚，孔子才将吕侯收入《尚书》。①

吕祖谦的角度却不同。宋人时澜的《增修东莱书说》认为，乱世弊病繁衍，人老阅历深长。穆王时，文武成康那样的恩泽逐渐衰微，奸邪作乱之人日益增加。《吕刑》是周穆王高龄所作，观察世态人情深刻。古今刑狱诉讼之事均已言及。用刑者应该尽心。吕祖谦又说，赎刑最早见于《虞书》，只有"金作赎刑"一句话，大概由于皋陶为司法官，委托其斟

---

① "刑者，侀也。侀者，成也。一成而不可变，故君子尽心焉。今观此篇，所以告诸侯之书，以苗民为戒，以伯夷皋陶为法，其言恻怛（cè dá）矜（jīn）哀，惟恐民之陷于罪戾而不能以自脱，盖有不忍人之心，其尽心可谓至矣。《诗》曰惟申及甫惟周之翰，四国于蕃，四方于宣，甫侯之名与申伯并称于《雅》，则是佐穆王致太平之功，有大造于周者。其功业，即此篇而可见以穆王之为君而吕侯之为臣，君臣之间尽心刑罚如此，此夫子所以取之而预于百篇也。"（宋）林之奇：《尚书全解》卷三十九《吕刑·周书》，《钦定四库全书》本。

酌处理，而不预设条目。而今吕侯受命掌管刑罚，却仍然烦闷穆王训告遵行的赎刑有三千之多，比照舜帝皋陶还是有间距的。《吕刑》恻隐怜悯，通晓刑狱诉讼，孔子当然会收录，以作后世典范。而其中显示的细微含义，也不可不明察。吕祖谦有一段评论，百岁耄荒，仍劳累于万机政事，恻隐怜悯之意不止，还揣度刑罚以禁约四方。周穆王对百姓仁厚。周穆王的气质有绝人之处，驾马巡游，虽违背帝王之道，总不是品行卑劣；耄荒之年血气衰微，上引远古，下及民情，明察世态，也超过众人。如果有周公召公的培养，所达到的功业，不可轻易衡量。① 对于周穆王的气质，《胡氏尚书详解》也有相同的表述。②

相对而言，林之奇持论，周穆王、吕侯担心百姓陷于罪戾而不能自我解脱，显现恻隐怜悯之心，训告诸侯遵行《吕刑》，重点在于"君臣尽心"刑罚，两者并重。吕祖谦从人生阅历来说明，专重周穆王。文武成康之时的德政留下的恩泽逐渐衰败，奸邪作乱增多，周穆王只是老年作刑，观察世态人情深刻，所以能尽言古今用刑之事，重点在于训告"用刑者尽心"。林之奇、吕祖谦均指孔子因《吕刑》恻隐怜悯而收录。吕祖谦强调，要明察《吕刑》与舜帝皋陶的间距。其中，吕祖谦、胡士行对周穆王的中年过错感到惋惜，但并未指责。吕祖谦似乎近于仁爱说。

---

① "世衰则情伪繁，人老则经历熟。穆王之时，文武成康之泽寖微，奸宄日胜。其作书既耄，阅世故而察物情者亦熟矣。故古今犴（àn）狱言之略尽，用刑者所宜尽心焉。""刑之有赎，始见于《虞书》，不过有金作赎刑一语而已。盖皋陶作士，斟酌出入，舜一以付之，固不预立条目之多也。今吕侯既受命而犹烦穆王训夏赎刑至三千之多焉，视舜皋陶之际则有间矣。是书哀矜明练，固夫子所以示后世，而微见其意者亦不可不察也。""百年耄荒乃倦于万机之时也，哀矜之意犹不能已，方且度刑以诘四方。穆王之于民厚矣。尝论穆王之气质禀赋，盖有甚绝人者，血气方盛，驭八骏而略四方，虽曰失道，要非醒䤃者所能为，及其改过于血气既衰、期颐笃老之际，训告四方，上引邃古，下极民情，琅然精明，亦加于人数等，受于天者如此。使有周召之徒养成之，岂易量其所至哉。"（宋）时澜：《增修东莱书说》卷三十四《周书·吕刑第二十九》，《钦定四库全书》本。
② "穆公气质有绝人者，八骏之驰，虽失道，要非醒䤃者所为；及血气衰矣，耄荒之年训告四方，上引邃古，下及民情，朗然精明，亦加人数等，使无中年之失，所至岂易量哉？"（宋）胡士行：《尚书详解》卷十二《周书·吕刑第二十九》，《钦定四库全书》本。

（三）仁爱说

有宋人陈经、明人马明衡论之，只对周穆王加以评价。另有元人邹季友，明人陈第，清人陈启源、朱鹤龄亦持此说。《陈氏尚书详解》认定赎刑是唐虞之法。唐虞感化人心以德，不以刑。唐虞的刑只是防民为恶，使其回归善行。周穆王远述唐虞之旧，表明其用心仁善。陈经论述的角度与吕祖谦相同，结论却不同。周穆王垂老之年作刑，经历丰富，对人情世态认识深刻，少年的刚果血气消除殆尽，仁爱之心开始显现。当盛年之时还专事游历，计议谋虑还顾不上德政。①

明人马明衡（1517年进士）《尚书疑义》亦提及周穆王天资高，只是忍不住欲望，老年时，精神已尽，返其初心，念及爱民，见天下滥刑，而兴仁爱之心，令吕侯作赎刑，训告四方遵行。马明衡强调，相比之下，训告《吕刑》，只是"一事之尧舜、禹汤、文武周公"，也显示出与人为善之心。②

以上二人均言周穆王年老收敛少年心性，显现仁爱之心，体察民情，

---

① "故在唐虞之时，则轻刑如舜所载'象以典刑、流宥五刑、鞭作官刑、扑作教刑、金作赎刑'是也。在穆王之时，则可以轻刑如此篇'训夏赎刑'是也，所以此篇近不取夏商周之法，而远述唐虞之旧，盖唐虞之化，专以德，不以刑。唐虞之所谓刑者，特以防民，使归于德而已。呜呼，穆王之用心，仁矣哉。"《吕刑》曰'惟吕命，王享国百年'，耄期荒忽之年，方且详度时宜，为之增损轻重，作刑以诘治四方。史官书此，亦有意存焉。人惟历年之久者，其更事必多，其谙究人情必熟，至于垂老之年，则其少年刚果之血气消除殆尽，仁爱之心至此时始发见。想当盛年之时，尚留意车辙马迹之间，其计虑必未及此。"（宋）陈经：《尚书详解》卷四十七《周书·吕刑》，《钦定四库全书》本。
② "想穆王亦是阔大通达的人，其天资亦高明，故虽车辙马迹遍于天下，然后命君牙为司徒，命伯冏为仆正，其于道理，亦皆见得，特不胜其意欲之偏耳。迨至末年，精神鼓舞已尽，返其初心，有一念思及爱民之意，见夫天下刑辟之滥，而不忍之心油然而兴，故命吕侯斟酌为此法，以训四方。"夫圣人之书，载道以为训者也。尧舜、禹汤、文武周公，尽是道而无疵，固备载之，以为天下后世法。舍此而下，苟有合于是者，亦并取焉，以附夫尧舜、禹汤、文武周公之后，是亦'一事之尧舜、禹汤、文武周公'也。充其一事，而事事皆如是焉，是亦尧舜、禹汤、文武周公而已矣。是则圣人载道以为训，亦圣人与人为善之心也。……是特可以论周穆王《吕刑》一事而已耶也。"（明）马明衡：《尚书疑义》卷六《吕刑》，《钦定四库全书》本。

令吕侯改刑。而论述方式不尽相同。马明衡强调应当重视周穆王的一事之善。元明清的论者，针对敛财说而发，马明衡的其他论点，以及其他人的论点见敛财说。

（四）衰世说

持此说的有宋人黄度、朱熹，元人金履祥，清帝康熙。黄度《尚书说》却将《吕刑》与成康之治作比较，得出另一种结论。帝舜时只赎轻刑，夏禹时专用赎刑。成康之治，刑罚弃置不用，就是赎刑也不用，大概与帝舜时代百姓不触犯官府一样具有相同的美德。穆王末年，出现奸恶之徒，于是训告遵行夏禹赎刑。赎刑虽轻却开始用刑，这就是刑罚轻重的变化。①

《朱子语类·尚书二·吕刑》朱熹答国秀"穆王去文武成康时未远，风俗人心何缘如此不好"问，天下原本就有一些不好的风俗、习性，圣人用礼乐刑政维持，不好的人也能革面悔过自新。一旦礼乐刑政没有得以有效地施行，不好的品质就各自显现出来了，也没有人悔过自新了。所以如此不好。去恶从善的做人道理遂日怀警惧忧患之心反身检省得刚好，才一日停止，就都变坏了。②

明人刘三吾（1313～1400 年）《书传会选》引元人金履祥（1232～1303 年），《吕刑》是穆王晚年制定的刑书。自昭王南征不归，西周法制由盛到衰。穆王在位日久，中年更是举止荒唐。虽然能自我克制，然而风俗日下，弊端滋生。晚年命吕侯为司寇，重修刑法，颁布天下。大要是增加墨刑，囊括所有的罪恶；减少宫刑、死刑，避免犯罪的人太多。条目多

---

① "舜流宥鞭扑，其最轻者赎，夏后氏之世专行赎法，成康刑措虽赎亦不用，盖与舜之世民不犯有司同其美。穆王末年，奸慝既作，遂训夏后氏赎法用之。赎虽轻法而始用刑矣。此轻重之变也。"（宋）黄度：《尚书说》卷七《周书·吕刑》，《钦定四库全书》本。

② "国秀问穆王去文武成康时未远，风俗人心何缘如此不好。曰，天下自有一般不好底气象。圣人有那礼乐刑政在此维持，不好底也能革面；至维持之具一有废弛处，那不好气质便自各出来，和那革面底都无了，所以恁地（nèn dì）不好。人之学问遂日恁地恐惧修省得恰好，才一日放倒，便都坏了。（恪）"《朱子语类》卷七十九《尚书二·吕刑》，《钦定四库全书》本。

而量刑轻,大概意味衰世的出现。① 清帝康熙《御制日讲书经解义》说,《吕刑》一篇,在上为罚赎之条,在下有夺货之病。史臣在篇首,就"以耄荒发其端",以见其为衰世之书。②

以上四人,均将昭穆之世与成康之治相比。成康之世刑罚弃置不用,昭穆之世则风俗人心变坏,弊端滋生,奸恶作乱,法制由盛转衰。金履祥还指责周穆王中年的举止。

收录《吕刑》的因由,宋人黄度《尚书说》,作长篇幅评论,认为,夫子录其书,着盛衰之变。③ 清帝康熙《御制日讲书经解义》则说,篇中反复言德,言中有敬刑之意,因此为孔子收录。④

(五) 敛财说

此说论者有宋人朱熹、蔡沉、陈大猷,元人董鼎。反对此说者有元人邹季友,明人陈第、马明衡,清人陈启源、朱鹤龄。宋人蔡沉《书经集

---

① "仁山金氏曰,《吕刑》穆王晚年之书也。自昭王南征不复,周纲陵夷。穆王在位日久,中更荒废,虽能自克,然风俗日下,情伪日滋。晚年命吕侯为司寇,重修刑法,史谓甫侯言于王而修之也,故曰《吕刑》作为诰命,颁之天下焉。大抵增墨刑之条,以尽天下之恶,减宫刑、大辟之条,以逭(huàn)犯罪之众,刑繁而轻,盖衰世之意也。"(明)刘三吾:《书传会选》卷六《吕刑》,《钦定四库全书》本。
② "《吕刑》一篇,在上则为罚赎之条,在下则有夺货之病。史臣于篇首,即以耄荒发其端,以见其为衰世之书。然篇中反复言德,言中有敬刑之意,故孔子有取焉。"《日讲书经解义》卷十三《吕刑》,《钦定四库全书》本。
③ "夫子定书录穆王三书何也。……穆王三书,周之衰也,周衰何以录其书,以为文武周公之法度纪纲犹在也。周公作《立政》以教成王,固以为常。得人以守其法度,则天下可以常安,王室可以常尊。《立政》大要在于任、准、牧而已。穆王《君牙》岂非所谓常任者欤;《冏命》岂非所谓准人者欤;《吕刑》岂非所谓勿误于庶狱。惟有司之牧,夫推其本,则自司寇苏公式敬由狱者欤。然求其实,则周道衰矣。何以言之,主德多违,人材衰息,风俗浇漓,固皆异于文武成康之世矣。而不至于遂乱者,则犹凭借于周公之纪纲法度而已矣。夫子录其书,着盛衰之变焉。《吕刑》训刑与皋陶言德刑之叙,何如曰绝不同。禹、皋陶专推明君德,有司听断岂足言哉。《吕刑》儆戒司政典狱,可谓曲尽人情之变,而于君德略矣。"(宋)黄度:《尚书说》卷七《周书·吕刑》,《钦定四库全书》本。
④ "《吕刑》一篇,在上则为罚赎之条,在下则有夺货之病。史臣于篇首,即以耄荒发其端,以见其为衰世之书。然篇中反复言德,言中有敬刑之意,故孔子有取焉。"《日讲书经解义》卷十三《吕刑》,《钦定四库全书》本。

传》对此作了比较完整的论述。宋人陈大猷（1198~1250年）《书集传或问》评论说，学者应知道蔡沉的说法出自朱熹。① 蔡沉是朱熹的学生，确如陈大猷所言，其说出自朱熹，几乎所有的说法，都可以从朱熹那里找到出处。陈大猷、董鼎在某些方面持赞同意见。陈第、马明衡全面质疑敛财说，邹季友、陈启源、朱鹤龄在某些方面提出看法。此说的论述方式与适时说相同，以蔡沉叙述的次序分类排列，插入他人之论。

1. 赎刑是否古制

蔡沉《书经集传》先对《舜典》和《吕刑》作了比较。《吕刑》专门训告赎刑，大概是依据《舜典》"金作赎刑"之语。而仔细阅读此书，其实不是。《舜典》只赎官府、学校之刑，五刑不赎。五刑从宽只处以流刑，鞭扑从宽才许赎免。而穆王的赎法大辟也给予赎免。② 《朱子语类·尚书二·吕刑》朱熹答"郑敷文所论《甫刑》之意是否"问，说，他们不去考证那赎刑，如远古金作赎刑只是轻刑，流宥五刑之类，都是流到远方。官府、学校的鞭刑、扑刑是轻刑，才赎免。③ 《朱子语类·尚书一·舜典》说古人赎金只是用于鞭扑之小刑，重刑无赎。穆王好巡幸无钱而造赎法，五刑皆有赎，并予列举。④ 清人程川《朱子五经语类》均予引述。⑤

---

① "蔡氏之说出于晦菴，学者所当知。"（宋）陈大猷：《书集传或问》卷下《吕刑》，《钦定四库全书》本。
② "按此篇专训赎刑，盖本《舜典》金作赎刑之语，今详此书，实则不然。盖《舜典》所谓赎者，官府学校之刑尔，若五刑则固未尝赎也。五刑之宽惟处以流。鞭扑之宽方许其赎。今穆王赎法，虽大辟亦与其赎免矣。"（宋）蔡沉：《书经集传》卷六《吕刑》，《钦定四库全书》本。
③ "问郑敷文所论《甫刑》之意是否？曰，便是他们都不去考那赎刑。如古之金作赎刑，只是刑之轻者，如流宥五刑之属，皆是流宥。但有鞭作官刑，扑作教刑，便是法之轻者，故赎。（义刚）"《朱子语类》卷七十九《尚书二·吕刑》，《钦定四库全书》本。
④ "古人赎金，只是用于鞭扑之小刑而已，重刑无赎。到穆王好巡幸，无钱，便遂造赎法，五刑皆有赎，墨百锾，劓惟倍，剕倍差，宫六百锾，大辟千锾。（淳）"《朱子语类》卷七十八《尚书一·舜典》，《钦定四库全书》本。
⑤ "问郑敷文所论《甫刑》之意是否？曰便是他们都不去考那赎刑。如古之金作赎刑，只是刑之轻者，如流宥五刑之属，皆是流宥。但有鞭作官刑，扑作教刑，便是法之轻者，故赎。""古人赎金只是用于鞭扑之小刑而已，重刑无赎。到穆王好巡幸无钱使，遂造赎法，五刑皆有赎，墨百锾，劓惟倍，剕倍差，宫六百锾，大辟千锾。"（清）程川：《朱子五经语类》卷四十九《周书二》，《钦定四库全书》本。

三　改刑诸说异同

有元人陈栎《书集传纂疏》略引答《吕刑》问。①

元人董鼎《书传辑录纂注》从另一个角度说明《吕刑》并非古制。《吕刑》书序无所创造，只增加一个"夏"字而已。自古刑罚岂能专为夷狄，不为中国。有人说，"训夏赎刑"是夏禹之刑。其实，夏承虞治，没听说有变法。《周礼》也没有赎五刑的记载。②

蔡沉《书经集传》还将《吕刑》与汉人张敞的"建为入谷赎罪之法"作了比较。按《说文系传》"建"，即立法。③ 宋人司马光《类篇》又引《说文》。④ 蔡沉说，张敞讨伐羌兵，军粮不足，立法"入谷赎罪"。当时并未涉及"杀人及盗"。而萧望之等还以为，这样一来，富者得生，贫者独死。担心由于打求利之路，而有害于国家的治理、百姓的教化。曾经提出疑问，唐虞之世有这样的赎法吗？⑤《朱子语类》有蔡沉提问的记录，正是萧望之一段。蔡沉问"五刑不赎之意"说，是周穆王才有赎刑。曾见萧望之说远古没有赎刑，还相当怀疑。后来才觉得赎刑不是古制。朱熹因此取《萧望之传》，看完后回答，可以这样说。也没有引证。⑥ 元人董鼎《书传辑录纂注》⑦、清人程

---

① "问郑敷文所谓甫刑之意是否？曰，他门都不去考那赎刑。古之金作赎刑，只是刑之轻者，如流宥五刑皆是流窜。"（元）陈栎：《书集传纂疏》卷六，《钦定四库全书》本。

② "此序亦无所发明，但增一夏字。自古刑辟之制，岂专为夷狄，不为中夏邪？或曰训夏赎刑，谓训夏后氏之赎刑也，曰夏承虞治，不闻变法。《周礼》亦无五刑之赎，其非古制明甚。"（元）董鼎：《书传辑录纂注》卷首下，《钦定四库全书》本。

③ "建，立朝律也。从聿从廴。臣锴曰，聿律也，定法也。《周礼》曰，惟王建国，建长世之法。惟曰欲至于万年，惟王子子孙孙永保民也。"（南唐）徐锴：《说文系传》卷四《通释》，《钦定四库全书》本。

④ "《说文》建，立朝律也。"（宋）司马光：《类篇》卷五，《钦定四库全书》本。

⑤ "汉张敞以讨羌兵，食不继，建为入谷赎罪之法，初亦未尝及夫杀人及盗之罪。而萧望之等犹以为，如此则富者得生贫者独死，恐开利路，以伤治化，曾谓唐虞之世而有是赎法哉？"（宋）蔡沉：《书经集传》卷六《吕刑》，《钦定四库全书》本。

⑥ "仲默问五刑不赎之意。曰，是穆王方有赎刑，尝见萧望之言，古不赎刑。某甚疑之，后来方省得赎刑不是古。因取《望之传》，看毕，曰说得。也无引证。（义刚）"《朱子语类》卷七十九《尚书二·吕刑》，《钦定四库全书》本。

⑦ "仲默论五刑不赎之意，先生曰，是穆王方有赎法，尝见萧望之言，古不赎刑。某甚疑之，后来方省得赎刑不是古。因取望之传看毕，曰说得。也无引证。"（元）董鼎：《书传辑录纂注》卷六《吕刑》，《钦定四库全书》本。

川《朱子五经语类》①亦载。

《朱子语类·尚书一·舜典》朱熹另一条答问还对赎刑作了评论。赎刑起于周穆王。远古赎刑赎鞭扑而已。既已杀人伤人，又可以用赎金免刑，有财的人可以杀人伤人，对于无辜受害者是多么大的不幸。况且，杀人者安居乡里，受害人的亲属欲报亲仇，岂肯让其安居。所以隐居边陲，流放远方，可以使彼此两全。②

元人董鼎《书传辑录纂注》在对两者比较时，也作了评论。舜帝允许用赎金鞭扑轻刑，是为了促使产生愧耻之心，开通自新之路。周穆王五刑尽赎，从此之后，富人虽杀人可以免死，而大量在路上行走的受刑人必一定都是穷人也，公正在哪里呢？③

宋人陈大猷《书集传或问》引述蔡沉之后说，周穆王的赎刑，虽然不符合古制，所赎的只是罪行不确凿的，而非如张敞之法，明知有罪还给予赎免。④

明人陈第（1541~1617年）《尚书疏衍》强调赎刑只是其中一件事而已。儒者指责说，唐虞鞭扑才许赎刑，穆王之法即使死刑也可赎免。陈第认为是由于不知只赎免不确凿和可同情的。罪行不可疑，怎么会赦免；不

---

① "仲默问五刑不赎之意，曰，是穆王方有赎刑，尝见萧望之言，古不赎刑，某甚疑之。后来方省得赎刑不是古，因取望之传看毕，曰说得。也无引证。（黄义刚录《吕刑》）"（清）程川：《朱子五经语类》卷四十九《周书二》，《钦定四库全书》本。
② "赎刑起周穆王。古之所谓赎刑者，赎鞭扑耳。夫既已杀人伤人矣，又使之得以金赎，则有财者皆可以杀人伤人，而无辜被害者何其大不幸也。且杀之者安然居乎乡里，彼孝子顺孙之欲报其亲者，岂肯安于此乎。所以屏之四裔，流之远方，彼此两全之也。（僩）"《朱子语类》卷七十八《尚书一·舜典》，《钦定四库全书》本。
③ "且舜既以五流而宥五刑矣，鞭扑之轻者乃许以金赎，所以养其愧耻之心，而开以自新之路。曰眚灾肆赦，则直赦之而已。穆王乃以刑为致罪，以罚为赎金。既谓五刑之疑有赦，而又曰其罚若干锾，则虽在刑赦罚赎，五刑尽赎。……自是有金者虽杀人可以无死，而刑者相半于道必皆无金者也，中正安在哉？"（元）董鼎：《书传辑录纂注》卷首下，《钦定四库全书》本。
④ "蔡氏曰，此篇专训赎刑，盖本《舜典》'金作赎刑'之语。然《舜典》所谓赎者，官府学校之刑尔。若五刑则固未尝赎也。五刑之宽，惟处以流鞭扑，今穆王赎法，虽大辟亦与其赎免也矣。汉张敞以讨羌兵，食不继，建为入谷赎罪之法，初亦未尝及夫杀人及盗之罪，而萧望之等犹以为如此则富者得生贫者独死，恐开利路，以伤治化，曾谓唐虞之世而有是赎法哉？（要之，穆王之赎，虽非尽合古制，而所赎止及于不简者，非明知其罪而使之赎，如张敞之法也。）"（宋）陈大猷：《书集传或问》卷下《吕刑》，《钦定四库全书》本。

赦免，怎么会赎呢？既然可疑，以本罪处刑，忍心吗？所以，审核所犯罪行的轻重，酌情确定罚金的多少，也是量刑平允的一种方式。按照汉制，苏建出塞失军当斩，赎为平民；太史公司马迁被处以宫刑，家贫不足以自赎，这也是遗留下来的吗？汉人路温舒说，刑事诉讼，关系世人生死。掌管司法的官吏用刑严酷，从处死人中获利，并非憎恨人，而是自保安全的方式。自安之道在人之死。①

马明衡《尚书疑义》坚持，至于赎刑，也不能过于责备，虽与舜帝流宥五刑稍有不同，也同样出于"失之不经，而不至于大杀不辜"，不也可以。况且，细查其含义，也是可疑的赎免，其不疑触犯五刑的，按本罪处刑，哪能因贿赂侥幸免罪。②

以上是关于《吕刑》不符合古制的争议。蔡沉指《吕刑》专门训告赎刑，《舜典》只赎鞭扑轻刑，《吕刑》大辟也赎免，并非古制。此说法来自朱熹答问。元人董鼎指书序增加"夏"字，远古刑罚不会专为夷狄，不为中国。没有听说夏有变法，《周礼》也无赎刑记录。蔡沉又提及张敞立"入谷赎罪之法"，说萧望之以为会使富者得生，贫者独死，忧虑打开求利之路而有害于治理教化，赎刑非唐虞之法。此说法也来自朱熹答问。朱熹另有答问，赞同《舜典》，杀人伤人，赎金免刑有财的人可以杀人伤人，无辜受害者则是不幸，流放远方，彼此两全。元人董鼎则说舜帝赎轻刑在于开通自新之路；周穆王五刑尽赎致使富人免死，路上充满受刑的穷人，不能显示公正。

陈大猷开始提出异议，《吕刑》尽管不合古制，但只赎可疑，而非如

---

① "至于赎刑，特其中之一事耳。儒者訾（zǐ）之曰，唐虞鞭扑扑许其赎，今穆王之法虽大辟亦免之矣。不知赎也者，赎其所矜疑也，不疑何赦，不赦何赎。夫既疑矣当之以本罪忍乎？故计所犯之重轻而酌锾之多寡，亦平允之一道也。""汉制，苏建出塞失军，赎为庶人；太史公下蚕室，家贫不足以自赎。其亦《吕刑》之遗意乎？""汉路温舒谓，狱者天下之大命，狱吏深刻，利人之死，非憎人也，自安之道在人之死。悲矣，悲矣夫。"（明）陈第：《尚书疏衍》卷四《吕刑》，《钦定四库全书》本。

② "若赎刑之意，亦未可甚病。盖刑狱一事极难，非德之至精者，不能无疵。……《吕刑》之赎刑，虽与舜流宥五刑少异者，亦所谓失之不经，而不至于大杀不辜也，不亦可哉。况详其意，亦所谓疑者赎之耳，其不疑而丽于五刑者，刑之固自若也，安能以货而幸脱哉。"（明）马明衡：《尚书疑义》卷六《吕刑》，《钦定四库全书》本。

张敞之法赎免有罪。陈第把蔡沉对《吕刑》不符合古制的指责归因于不知只赎可疑，不疑者不赎。既然可疑，按本罪处刑，让人不忍心，于是，核定罪行轻重，缴纳相应的赎金，也是一种平允的方式。马明衡以为《吕刑》疑罪赎刑与《舜典》流宥五刑，同样出于避免错杀，况且，不疑的按本罪处刑，不会因赂侥幸免罪。

2. 改刑意图

蔡沉《书经集传》陈述了周穆王改刑的意图。穆王巡游无度，导致财匮民劳，国库空虚，缺乏补给，就将赎刑作为权宜之计，用来搜刮民财。① 从《朱子语类·尚书二·吕刑》朱熹答"郑敷文所论《甫刑》之意是否"问，可以推测，穆王胡做乱做，到晚年无钱，致使制定出这种刑罚。② 又见元人陈栎《书集传纂疏》③、清人程川《朱子五经语类》④。

元人董鼎《书传辑录纂注》则指，五刑尽赎，难道不是借刑狱收取民财？周穆王年老荒唐，车辙马迹无所不至。吕侯窃用《舜典》"赎刑"二字，制定《吕刑》，用以聚敛民财，供其胡乱开销。⑤

清人朱鹤龄（1606～1683年）《尚书埤传》引元人邹季友《书传音释》。远古刑罚适当，法律简明。而到西周，律令日益繁杂。周穆王同情百姓容易触犯法律，所以凡五刑有疑，都通过赎刑论处。就其制止富人贿赂的告诫，一定不是为聚敛民财而提出来的。罪行可疑的就缴纳赎金而免罪，是出于极其的怜悯谨慎之心，并非说有罪皆可以赎免，而使富者得生，贫者独死。《吕刑》一篇之中，明察应以怜悯的狱情，鉴戒难以欺蒙

---

① "穆王巡游无度，财匮民劳，至其末年无以为补，乃为此一切权宜之术，以敛民财。"（宋）蔡沉：《书经集传》卷六《吕刑》，《钦定四库全书》本。
② "想见穆王胡做乱做，到晚年无钱，使撰出这般法来。（义刚）"《朱子语类》卷七十九《尚书二·吕刑》，《钦定四库全书》本。
③ "想穆王胡做，晚年无钱使，后撰出那般法来。"（元）陈栎：《书集传纂疏》卷六，《钦定四库全书》本。
④ "想见穆王胡做乱做，到晚年无钱使，撰出这般法来。（黄义刚录《吕刑》）"（清）程川：《朱子五经语类》卷四十九《周书二》，《钦定四库全书》本。
⑤ "五刑尽赎，皆不免于非鬻狱乎？……穆王耄荒，车辙马迹无所不至。吕侯窃《舜典》'赎刑'二字，作为此刑，以聚民财，资其荒用。"（元）董鼎：《书传辑录纂注》卷首下，《钦定四库全书》本。

的天道。真诚叹息，周详练达。可惜书序专指"训夏赎刑"，而使解读者随意讽刺诽谤。①

明人陈第、马明衡提出质疑。陈第《尚书疏衍》针对蔡沉，认为是揣摩导致判读错误。彼一时，周穆王希望遍游天下。祭公谋父作《祈招》之诗，以消除其游玩之心。此一时，训告赎刑，说明周穆王已经萌发悔悟之心。因悔悟而念及于刑罚；念及于刑罚，就一心一意地谨慎忧虑，实在不是敛民自富。此后，周穆王在"祗宫"善终。②

马明衡《尚书疑义》则针对朱熹，认为朱熹的看法和蔡沉仿效的根据是，把周穆王视为无德的君主，尽管说出有德之言，也不足取信于后世。马明衡列举《吕刑》的内容，坚持，其言辞恳切，出于至诚恻隐之意，如果出于聚敛民财，是说不出那种话来的。穆王一念之善，虽不是圣人之心，却与圣人相同。马明衡批评说，宋代除两三个大儒外，对人有一事一念与圣人相同的，不愿认可，而注重表达其不同，一定要寻找出不同，掩盖其相同之处。这是由于未能体会圣人之心。③

---

① "邹季友曰，古者刑清律简，至周而律令益繁，穆王哀民之易丽于法也，故五刑之疑各以赎论。观其讫货惟富之戒，必非为敛民财而作也。刑之可疑者则赦其罪而罚其金，乃哀矜敬慎之至，非谓罪皆可赎，而使富者得生，贫者独死也。一篇之中，察狱情之隐痛，鉴天道之难欺。咨嗟恳恻，谆复详练。罚赎，特篇中之一事耳。书序专言训夏赎刑，遂使解者肆为讥诋，惜哉。"（清）朱鹤龄：《尚书埤传》卷十五《周书·吕刑》，《钦定四库全书》本。

② "儒者又谓穆王巡游无度，财匮民劳，至其末年为此一切权宜之术，以敛民财。此又揣摩之过也。夫穆王欲以车辙马迹遍天下，彼一时也。故读祈招之诗，伤哉其言之矣。今此训刑之作，意其悔心之萌乎。夫悔而念及于刑，念刑而笃于敬惧，此一时也。实非敛民以自富者也。故祗宫（zhī gōng）获殁，尚延共、懿、孝、夷之绪，有以也哉。"（明）陈第：《尚书疏衍》卷四《吕刑》，《钦定四库全书》本。

③ "朱子又谓穆王荒游无度，至晚年无钱使，后撰出那般法来，而蔡氏俱祖之。此无他，皆以穆王非有德之君。故虽有德言，不足取信于后世也。愚反复读之，爱其词旨恳切，出于至诚恻怛之意，而非以为掊（pǒu）敛之资也。""而其曰审克，曰阅实其罪，曰中，曰德，曰敬忌，曰惟良，曰哀敬，不一而足。其丁宁反复，深切之意，蔼然见于言外，此穆王一念之善，谓非圣人之心，而与圣人同者欤。若曰财匮民劳，欲以敛财为事，则其曰罚惩匪死，人极于病，即其所谓罚者亦恐其有亏枉，而不敢苟也。此岂汲汲于敛财者而能虚饰为是言哉。""大抵后世于圣贤未能见得实理实心，而实知圣贤所以为圣贤者，在此而不在彼，或只就躯壳上看，故即其人之心有一念一事可同于圣贤者，不肯法其同，以达其异；必欲求其异，以掩其同。宋自二三大儒之外，多有此病，是皆未足以见圣人之心也。"（明）马明衡：《尚书疑义》卷六《吕刑》，《钦定四库全书》本。

清人朱鹤龄《尚书埤传》引清人陈启源说，《吕刑》一篇皆怜悯恻隐之意。提到赎金，不过"墨辟疑赦"以下数语。蔡沉认为书序说是专门训告赎刑，大概是误解书序。书序说"训夏赎刑"，赎指罚赎，刑指五刑。朱鹤龄力主陈启源之说，罪行确凿就处刑，罪行可疑就赎免。所以并言赎刑，并非是只训告赎罚，《吕刑》行文中说得很明确。蔡沉没看仔细，就误将赎刑合二为一，并加"专"，《吕刑》于是就变成贪财纳贿，借刑狱收取民财。同时朱鹤龄认为，邹季友对《吕刑》经文解释得很好，却归罪书序，大概也是没有仔细看孔颖达的正义之言。①

以上为改刑意图的争议。蔡沉将周穆王训告赎刑归因于搜刮民财弥补造成的亏空，此论来源于朱熹答问。董鼎则认为是吕侯窃用《舜典》"赎刑"而五刑尽赎，聚敛民财，以供周穆王巡游开销。邹季友开始有所异议。西周律令日益繁杂，周穆王同情百姓容易触犯刑罚，五刑有疑，通过赎刑论处，并告诫不得通过贿赂使有罪获免。《吕刑》不是出于聚敛民财，而是由于极其的怜悯恻隐之心。可惜，书序专指"赎刑"，使论者误解。陈第则指蔡沉揣摩误判，穆王改刑是对巡游萌发悔悟之心，念及刑罚，一心忧虑，而非聚敛自富。在马明衡看来，朱熹、蔡沉把周穆王视为无德之君，以为其言不足为后世采信；实际上《吕刑》言辞至诚恻隐，绝非出于聚敛民财。穆王一念之善，与圣人相同。陈启源批评蔡沉误解书序，《吕刑》赎刑仅数语，而非专指"赎刑"。朱鹤龄则说，蔡沉没有看仔细，误将赎、刑合二为一；邹季友未细看孔颖达的正义而归罪书序。

3.《吕刑》收录原因

蔡沉《书经集传》认为孔子收录《吕刑》，大概是作为警戒。②《朱

---

① "陈启源曰，《吕刑》一篇皆哀矜恻怛之意。其言赎者，不过墨辟疑赦以下数语耳。仲默以为专训赎刑，盖误解书序也。书序训夏赎刑，赎谓罚赎，刑谓五刑。疏云，罪实则刑之，罪疑则赎之，故并言赎刑，非是惟训赎罚也，其语甚明。仲默不察，乃误合赎、刑为一，又加以专字，而《吕刑》遂为黩货鬻狱之书矣。邹氏善知经意，而归罪书序，其亦未审正义之言乎。"（清）朱鹤龄：《尚书埤传》卷十五《周书·吕刑》，《钦定四库全书》本。
② "夫子录之，盖亦示戒。"（宋）蔡沉：《书经集传》卷六《吕刑》，《钦定四库全书》本。

子语类》朱熹答贺孙"赎刑所以宽鞭扑之刑，则《吕刑》之赎刑如何"问，大概《吕刑》不是先王之法，所以程子有一策问说，《商书·盘庚》、《周书·吕刑》孔子收录在《尚书》，也许是将垂戒后世。① 有元人董鼎《书传辑录纂注》②、清人程川《朱子五经语类》③ 引述。

蔡沉《书经集传》同时认为《吕刑》一书显示的恻隐怜悯之心，仍可以使人推想出三代遗留下来的忠厚之意。④《朱子语类·尚书二·吕刑》朱熹答"郑敷文所论《甫刑》之意是否"问，周穆王其中阐述不可轻于用刑之类，也说了许多好话不可不知。⑤ 又见《朱子语类·尚书一·舜典》，行文略有不同。⑥ 清人程川《朱子五经语类》均予引述。⑦ 元人陈栎《书集传纂疏》仅引答《吕刑》问。⑧

元董鼎《书传辑录纂注》的意思与蔡沉相近，表达方式稍有不同。由于孔子眷爱《吕刑》还有恻隐怜悯之意，虽失落先王的良法，而善心

---

① "问赎刑所以宽鞭扑之刑，则《吕刑》之赎刑如何？曰，《吕刑》盖非先王之法也，故程子有一策问云，商之《盘庚》、周之《吕刑》，圣人载之于书，其取之乎，抑将垂戒后世乎？（广）"《朱子语类》卷七十九《尚书二·吕刑》，《钦定四库全书》本。

② "贺孙问，赎刑所以宽鞭扑之刑，则吕刑之赎刑如何，曰《吕刑》盖非先王之法也，故程子有一策问云，商之《盘庚》、周之《吕刑》圣人载之于《书》，其取之乎，抑将垂戒后世乎？"（元）董鼎：《书传辑录纂注》卷六《吕刑》，《钦定四库全书》本。

③ "问，赎刑所以宽鞭扑之刑，则《吕刑》之赎刑如何？曰《吕刑》盖非先王之法也。故程子有一策问云，商之《盘庚》、周之《吕刑》圣人载之于书，其取之乎，抑将垂戒后世乎？（辅广录《吕刑》）"（清）程川：《朱子五经语类》卷四十九《周书二》，《钦定四库全书》本。

④ "然其一篇之书，哀矜恻怛，犹可以想见三代忠厚之遗意云尔。"（宋）蔡沉：《书经集传》卷六《吕刑》，《钦定四库全书》本。

⑤ "圣人也是志法之变处。但是他其中论不可轻于用刑之类，也有许多好说话，不可不知。（义刚）"《朱子语类》卷七十九《尚书二·吕刑》，《钦定四库全书》本。

⑥ "圣人存此篇，所以记法之变。然其间亦多好语，有不轻于用刑底意。（淳）"《朱子语类》卷七十八《尚书一·舜典》，《钦定四库全书》本。

⑦ "圣人也是志法之变处，但是他其中论不可轻于用刑之类，也有许多好说话，不可不知。（黄义刚录《吕刑》）" "圣人存此篇所以记法之变。然其间亦多好语，有不轻于用刑底意。（陈淳录《吕刑》）"（清）程川：《朱子五经语类》卷四十九《周书二》，《钦定四库全书》本。

⑧ "圣人也是志法之变处。但是其中论不可轻于用刑之类也，有许多好说话不可不知。"（元）陈栎：《书集传纂疏》卷六，《钦定四库全书》本。

尚存，所以收入《尚书》。只是其篇首特以"耄荒"二字显示其含义细微的差别。①

对于作为警戒，明人马明衡、陈第不予认同。马明衡《尚书疑义》对"程子发策问"提出疑问。如果孔子"意在垂戒"而收录，却不明言，放在经书中，与尧舜禹汤文武周公的教诲并传，后人怎么会知道呢？② 陈第《尚书疏衍》说，《吕刑》之言对于国家法律和民众的疾苦有重大关系，有人认为，孔子收入此篇，作为警戒，难道是这样吗？《吕刑》一篇，叹息有苗，远思尧舜，追述三后，警戒后人。言辞殷勤恳切，忧虑用刑不当，放纵有罪，或伤害无辜，而伤及民命，违逆天和。于是告诫勤勉、谨慎、亲贤远佞，不受贿赂。恻隐怜悯之情充满诏告，与先王之言一样真诚，这才是孔子收录的缘由。③

以上是《吕刑》收录原因的争议。蔡沉指孔子为警戒后世收录《吕刑》，同时认可《吕刑》显示恻隐怜悯之心，均见于朱熹答问。董鼎则表示，孔子眷爱《吕刑》恻隐怜悯之意，篇首又以"耄荒"二字以示细微区别。在马明衡看来，将《吕刑》收于经书，不明言，后人无法知晓垂戒之意。陈第主张，孔子鉴于《吕刑》恻隐怜悯之心与先王之言一样真诚而予收录。在这上面，有视觉角度的区别。三种着眼点，孔子到底是先示警而后取其恻隐，或者先取其恻隐而后显示细微区别，或者仅取恻隐之善心？董鼎明显有错，"耄荒"是作书者之言，而非序书者之言。

其实，视觉角度贯穿敛财说争议的几个方面。包括《吕刑》不合古制，改刑意图和收录原因。其关键问题在于如何看待周穆王的巡游和《吕

---

① "夫子以其书犹有哀矜之意而录之。至其篇首特以'耄荒'二字发之其意微矣。""然不见斥于孔子，则犹拳拳于哀矜畏惧，虽越先王之良法而美意尚存欤。"（元）董鼎：《书传辑录纂注》卷首下，《钦定四库全书》本。

② "《吕刑》一书，诸儒皆以赎刑为非。程子发策问，谓圣人意在垂戒，故录之。夫圣人若意在垂戒，又不明言，只根于经，以与尧舜禹汤文武周公之训并传，人将何得而知之？"（明）马明衡：《尚书疑义》卷六《吕刑》，《钦定四库全书》本。

③ "然后知《吕刑》之言大有关于国体民瘼也。或谓孔子录此以示戒，岂其然，岂其然。""《吕刑》一篇，序以为训夏赎刑作也。今反复读之，嗟有苗，思尧舜，述三后，示来嗣。其惓勤恳切，惟恐失于不经不辜，将下伤民命，而上违天和也，故戒之勤，戒之审，戒之佞，戒之狱货，恻怛哀矜之情洋溢于诏告，肫（zhūn）肫然先王之法言，孔子所为取也。"（明）陈第：《尚书疏衍》卷四《吕刑》，《钦定四库全书》本。

刑》之间的关系，是否认可周穆王的一念之善。赎刑分合，纵然有关，也属于其次。书序使人误解，更是其次。

视觉角度的区别，也反映于以上其他诸说，不妨列表比较：

论点	周穆王行为	改刑原因	收录原因
适时说	孔颖达： 夏僎：巡游无度，不顾刑罚	吕侯建议 吕侯政令	因时改刑 恻隐怜悯
尽心说	林之奇：吕侯辅佐致太平 吕祖谦：阅历深长	君臣尽心 用刑者宜尽心	恻隐怜悯 恻隐怜悯
仁爱说	陈经：血气消除，经历丰富 胡士行：血气衰微 马明衡：精神尽，返初心 陈第：萌发悔悟之心	显现仁爱 体察民情 仁爱，一事之尧舜、禹汤、文武周公 一心谨慎忧虑	恻隐怜悯 恻隐怜悯
衰世说	黄度： 金履祥：中年举止荒唐 康熙：	出现奸恶之徒 风俗日下，弊端滋生	着盛衰之变 反复言德有敬刑之意
敛财说	蔡沉：巡游无度 朱熹：胡做乱做 董鼎：年老荒唐，无所不至	国库空虚 晚年无钱 吕侯窃用赎刑	警戒，恻隐怜悯 警戒，有好话 尚存恻隐怜悯

从列表中可以看出视觉角度与论点的联系。适时说孔颖达对周穆王的行为不置可否，虽说穆王改刑，却认为是接受吕侯建议，为此将适时改刑归功于吕侯；夏僎指认周穆王巡游无度，不顾刑罚，干脆说《吕刑》是吕侯政令。尽心说林之奇、吕祖谦均不非议周穆王，林之奇褒扬君臣尽心，吕祖谦认为周穆王阅历深长，能体察世态人情。仁爱说均指周穆王血气消除，或萌发悔心而转生仁爱。衰世说则以为周穆王行为荒唐，疏于治国，导致风俗日下，奸恶作乱，在成康之后重新用刑。敛财说则指周穆王巡游无度，国库空虚，晚年无钱。这是以上五说歧义的成因。而论者大多对《吕刑》言辞恻隐怜悯或褒扬，或认可，或未持异议，这是其相同之处。也因此认定孔子取其言而收录《吕刑》，只是对孔子有否示戒之意起争议。

（六）失刑说

宋人黄伦《尚书精义》引林希。周穆王"训夏赎刑"，是西周用刑轻重不当。孔子在《孝经》中提及西周五刑的条目三千，林希认为，那也太多。对于荀子"刑名从商"之说，林希认为，即使夏刑稠密，也能够轻重得当。①"刑名从商"，见《荀子·正名篇》，是林希西周失刑说的重要依据。唐人杨倞注说，商的刑法没有听说过，《康诰》说殷罚有伦，这是指殷刑允当。②清人惠栋《春秋左传补注》解说"商有乱政而作汤刑"。《汲郡古文》说，祖甲二十四年重作汤刑。《外传》称之为"帝甲乱之"。祖甲贤君的事，见《尚书》。只是改变汤刑，就说"乱之"，按《吕氏春秋·孝行览》，《商书》说刑三百，不孝是最严重的罪。《荀子·正名篇》说"刑名从商"；《康诰》说，殷罚有伦。经一番引证之后，惠栋认为，大概自祖甲以后刑罚才开始多了起来。③

林希的说法，是相对夏商而言，其说简略，只有通过引证其他文献才可理解。殷刑五百，用刑又允当。在林希看来，殷商刑少而又允当，大概是《荀子》刑名从商的原因。而说夏刑虽多，轻重得当，大概是《吕刑》改从夏法，变重为轻。而周刑既多又重，相比之下，属于用刑不当。西周用刑不当首先指周初。既然说，周刑三千太多，必定认为夏刑少于三千。周穆王改刑之后，还是属于失刑。其实，林希的周代失刑说，只是从《荀子》"刑名从商"推论而来。同时，林希认为西周失刑，应当是与殷商之

---

① "林希曰，穆王训夏赎刑，周失刑也。周刑之属，墨五百，劓五百，大辟五百。穆继成康丕式之后，享国耄荒，其臣甫侯为训夏乃作详刑，以诰四方。墨劓不五百而千，劓五百，宫三百，大辟二百。孔子曰五刑之属三千，其庶矣乎。荀子曰，刑名从商，则夏刑密亦得轻重之中。"（宋）黄伦：《尚书精义》卷四十九《吕刑》，《钦定四库全书》本。

② "商之刑法未闻。《康诰》曰殷罚有伦，是亦言殷刑之允当也。"（唐）杨倞注《荀子》卷十六《正名篇第二十二》，《钦定四库全书》本。

③ "商有乱政而作汤刑。汲郡古文曰，祖甲二十四年重作汤刑。《外传》云，元王勤商十有四世。帝甲乱之，七世而陨。祖甲贤君事见《尚书》。止以改作汤刑，故云乱之。《吕氏春秋·孝行览》云，《商书》曰，刑三百，罪莫大于不孝。高诱曰，商汤所制法也。《荀子·正名篇》云'刑名从商'，《康诰》云，殷罚有伦。盖自祖甲以后刑始颇矣。"（清）惠栋：《春秋左传补注》卷五，《钦定四库全书》本。

初相比较。林希之说与周穆王的行为无关。由于未能见到林希原书，其本意真实如何，不可而知，对其说也只是揣度而已。

（七）叙评

周穆王中年专历巡游，《吕刑》作于老年，由于论者对于其巡游经历视角的区别，对于改刑出现五种论说，即适时说、尽心说、仁爱说、衰世说、敛财说。另有失刑说。在六说中，"适时说"和"敛财说"比较详尽，其他的相对简略。"适时说"论者为唐宋；"尽心说"论者为宋人；"仁爱说"论者有宋元明清数人；"衰世说"论者为宋元数人；"敛财说"论者为宋元数人，批评者有元明清数人；"失刑说"论者为宋人，仅1人持说。

"适时说"以唐人孔颖达为主，从改刑因由、周夏区别、《周礼》五刑和《吕刑》五刑区别、改刑时机、周公与吕侯的比较几个方面论述。孔颖达说夏商周刑罚历代更迭，周初刑重需要改刑。这一论点似乎是可以接受的。他从《周礼》找出依据，说周也有赎刑，用于士族，同时作出推论，即使也用于平民，也与夏刑有别。这点值得注意，倒是有可能，但是，作为《吕刑》远取夏禹之刑的依据，却也未必。孔颖达以"夏"为"夏禹"，但也有论者持论"诸夏"，即中国，下及西周，并有称"诸夏"为西周诸侯。周初赎刑旧典应也在吕侯斟酌损益之列。有关论点参见《句解》的相关部分。周初"五刑"皆五百，而《吕刑》轻刑多，重刑少，当然可以称为改重为轻。改刑被归因于吕侯，孔颖达以为是吕侯建议，夏僎说是吕侯政令。鉴于周穆王的行为，两者说法或许皆为可取。至于改刑的时机，孔颖达说成康之后，周穆王时民风淳朴易于治理。这点并无根据，似可存疑。

成康之后，至穆王晚年已近百年，民情风俗已变，故有论者另起其说。"尽心说"和"衰世说"都提到穆王之世的民风。"尽心说"吕祖谦已将周穆王之世当作乱世看待，其论点是：德政逐渐衰败，奸邪作乱增多，周穆王老年作刑，善于观察世态人情而尽言古今用刑之事。林之奇未提及民风，但指穆王、吕侯担心百姓陷于罪戾而不能自我解脱。"衰世说"指斥昭穆之世则风俗人心变坏,弊端滋生,奸恶作乱。此二说,就民风而言,应当比"适时说"更接近真实。训告"用刑者尽心"在《吕刑》行文中即可读到。阅历深而善于观察世态人情,尽言古今用刑之事,这一论点也是十分可取的。法制由盛转衰,比较"成康"也应是事实,条目多而量刑轻是否意味着"衰世",则是一个衡量的标准问题,稍有过于苛刻之嫌。至于君臣是否尽心刑罚,却难以查考。

"仁爱说"从另一角度谈论,即周穆王晚年或收敛少年血性,或精神已尽,或悔悟,而显现仁爱。先有宋人提出,陈经和吕祖谦一样强调周穆王丰富的阅历,加上仁爱之心,就使得其说服力更强。元明清论者则是针对南宋"敛财说",主要是明人陈第、马明衡。

"敛财说"以南宋蔡沉为主,依据朱熹的论点从《吕刑》赎刑是否古制、改刑意图、《吕刑》收录原因论述。舜帝只赎轻刑,而《吕刑》死刑也可赎免,蔡沉以为《吕刑》不符合古制,并引萧望之的话说,会造成富者得生,贫者独死。批评者则争辩说,《吕刑》只赎可疑,罪行可疑按本罪处刑,让人不能忍心,按罪行轻重核算,缴纳相应数量的赎金也是一种平允的方式。批评者以为,罪行确凿不得赎免,有罪者不会因贿赂而侥幸获免。蔡沉被认为是没看仔细,把赎与刑合二为一。关于改刑的动机,蔡沉的论点是,周穆王巡游无度,敛财弥补亏空。批评者则驳以《吕刑》言辞诚恳,绝非敛财者所能言说的,尤其是马明衡,强调周穆王"一念之善"与圣人相同。《吕刑》收录的原因,蔡沉坚持说是主要用来警戒,同时也承认《吕刑》有恻隐怜悯之言。批评者却说看不出警戒之意,孔子收录纯粹是因为《吕刑》言辞恻隐怜悯。

"仁爱说"和"敛财说"的争议,各有可取之处。两说歧义的关键在于如何看待周穆王的行为,即马明衡所说的一念之善是否被认可。《吕刑》改刑是否符合古制难以查考,按孔颖达所引《周礼》,周初有赎刑,但其制不详,无以为据。当时的批评者,对周穆王的赎刑不符合古制一事却也是认可的,而将争议放在合理性的问题上。赎与刑的合与分,或许对赎刑的评价有重大的关系。蔡沉以张敞"入谷赎罪之法"为例,确实把两种混淆了。所以陈大猷才说《吕刑》非如张敞之法,明知有罪还给予赎免。马明衡强调不疑触犯五刑的,按本罪处刑,不会因贿赂侥幸免罪。鉴于《吕刑》有防止官员放纵有罪的司法责任制度设计，在这一点上，"仁爱说"的争辩在理论上是可取的。只是，这一制度在司法实践中其有效性如何，值得质疑，因此，"敛财说"关于"富者得生，贫者独死"的担忧仍难以排除。另一方面，是《吕刑》给后世带来的影响。按汉制，有罪亦赎，陈第举"苏建出塞失军当斩，赎为平民，而太史公司马迁被处以宫刑，家贫不足以自赎"为例，却否认是《吕刑》遗留下来的。这就有点牵强，后世往往取其赎，却不分赎与刑。

改刑的动机，"敛财说"着眼于其无德，"仁爱说"着眼于其有善。所谓无德，即其巡游无度。胡士行说其虽违帝王之道却也不是品行卑劣，这点是可取的。而说其耄荒之年血气衰微，却不见得。周穆王三十七（或四十七）年仍大起九师，东至九江伐楚。而作《吕刑》当在此前后。参见本书"吕刑要论一：穆王吕王之争·周穆王巡游与征伐问题"。因此，国库空虚，缺钱花，应是真实存在的。周穆王既非品行卑劣，那么与善心并不冲突。因此，改刑大概出于敛财与慎刑并举，加上其阅历，上引远古，下及民情，明察世态，周穆王的经历正好与《吕刑》相符。《吕刑》收录的原因，"敛财说"警戒之论，纯属牵强，不予赘述。"失刑说"也尽可当一家之说，不予置评。

综观诸说，均有可取之处。西周在成康之治以后，昭王穆王征伐巡游，无心治国，人心风俗日益败坏，奸邪作恶，民众受害，法制由盛转衰。连年巡游征伐，财政匮乏，国家社会亦需整治。周穆王年老心善，阅历丰富，体察世态民情，指令吕侯，或接受吕侯建议，整理诸夏历朝赎刑旧规，增减损益，改重为轻，编纂成章，布告天下，训饬诸侯遵行，尽言古今刑狱之事，显示恻隐怜悯之心，警戒谨慎用刑，以承继先王德政，保障国家稳定。在法制由盛转衰的情况下，改重为轻，既显示一念之善，又满足财政之需。吕侯的作用值得关注，周穆王常年在外，就《吕刑》而言，有可能君臣"尽心刑罚"，亦有可能仅是吕侯所为，即吕侯取得周穆王同意，甚或借用周穆王名义。

《吕刑》留给后世的影响是两方面的。其恻隐审慎，深得崇尚；后世的赎刑与其难脱干系，而深受诟病，"敛财说"之所以出，也在于此。

康熙《御制日讲书经解义》评论说，此篇专门训告赎刑，虽说依据《舜典》"金作赎刑"之意，然而唐虞的赎止于鞭扑，穆王之赎及于五刑。因此论者以为穆王敛财出于之心。但是怜悯百姓之言占据很大篇幅。后世应当以五刑并赎作为警戒，而效法其恻隐怜悯之心。这样就不会违背孔子删书垂训的意义。① 康熙虽有如此评论，清代却依然适用赎刑。

---

① "按此篇，专训赎刑，虽本舜典金作赎刑之意，然虞廷之赎止于鞭扑，穆王之赎及于五刑。论者以为此穆王敛财之计耳，但篇中多恤民之言，后世当惩其五刑并赎之非，而师其哀矜恻怛之意，则不失孔子删书垂训之旨矣。"《日讲书经解义》卷十三《吕刑》，《钦定四库全书》本。

中篇 《吕刑》句解：古训

《吕刑》句解由于篇幅较长，分为两篇。本篇为古训，有书序、古训（上）、古训（下）、天牧四部分。

一
书序

　　由于《十三经注疏》两卷本的流行，导致当今许多学者忽略了其他历代《尚书》经学著作。本书《吕刑》句解选用《钦定四库全书》所收的三十余种《尚书》经学著作。经学家治《书》以汉为盛，然多已散佚。录于《钦定四库全书》的多为唐宋元明及前清之作。汉孔安国传被证为晋人伪作。汉儒之说，偶有存于引注之中。唐宋之作，多为传、疏、说、讲、解。元代之作开始纂集，明清则以纂、选为主，既有选自唐宋《尚书》经学著作，亦有选自子、集之作。凡后书纂、选的，只选未见于此前《尚书》经学著作的解释；凡引述的则加以采用。今人著述则选用刘起釪之作。晚清《尚书》经学著作，刘起釪之作少有遗漏，仅转引，不查核原书。《吕刑》句解的歧见多出于唐宋儒者，而元明清儒者，偶有为之。笔者将其中关于《吕刑》的解释，逐句分解，句中又按字词分解，就其异同分类纂集，并加以叙述与评论，择善而从，一字一词或各有其善之处而取之多家，力求能"合众善之意"。

　　书序解说分为两部分，即编者序和作者序。编者序传为孔子所作，作者序即为当时记录的西周史官所作。书序说明吕侯作刑的背景。由于周穆王是争议人物，《书经》著作的作者在解说书序时，更多的是掺杂对周穆王的评价来解读书序。而这种解读并不一定符合《吕刑》作序者的原意。因此，如何择善而从，相对于其他部分难度更大。

（一）编者序：吕命穆王训夏赎刑，作《吕刑》

此句为《吕刑》编者的书序。书序有真伪之争，尤以刘起釪力主其伪，详见本书《吕刑》要论一中有关"书序问题"的论述。

1. 吕命穆王

此处的关键是"命"字的解法，牵涉吕侯的身份及"训夏赎刑"之意出自周穆王还是吕侯。有四解：

一解"吕命"为穆王任命吕侯职务。有任命为相或为司寇的歧义。仅有汉代郑玄持任命为相之说，《尚书注疏》孔颖达疏说：郑玄引《书说》，周穆王以吕侯为相，为王室三公。①

任命为司寇的持论最多，有汉孔，唐孔，宋人吕祖谦、黄度、蔡沉、黄伦引张九成、胡士行、陈经、钱时，元人朱祖义，清帝康熙。《尚书注疏》汉孔氏传解为，吕侯被任命为周王室的司寇。孔颖达疏说，吕侯获得周王的任命，必定任命为王室官职。引《周礼》说司寇掌刑，所以知道吕侯为司寇。即使如郑玄所言，也是以三公兼领司寇，否则为何专门主刑。②

宋人黄度《尚书说》引汉孔氏传，并说，书与序皆标吕命，是要表明自吕侯被任命为司寇之后，周穆王才"训夏赎刑"，由此，吕侯在其间的作用就显示出来了。所以书名称为《吕刑》。③ 陈经《陈氏尚书详解》引汉孔氏传，并认为《吕刑》由吕侯发布。④ 时澜《增修东

---

① "郑玄云吕侯受王命入为三公，引《书说》云周穆王以吕侯为相。《书说》谓《书纬》'刑将得放'之篇有此言也，以其言相，知为三公。"（汉）孔氏传、（唐）陆德明音义、（唐）孔颖达疏《尚书注疏》卷十八《周书·吕刑》，《钦定四库全书》本。
② "传，吕侯见命为天子司寇。""疏，正义曰，吕侯得穆王之命为天子司寇之卿。""传正义曰吕侯得王命，必命为王官。《周礼》司寇掌刑，知吕侯见命为天子司寇。""即如郑言，当以三公领司寇，不然何以得专主刑也。"（汉）孔氏传、（唐）陆德明音义、（唐）孔颖达疏《尚书注疏》卷十八《周书·吕刑》，《钦定四库全书》本。
③ "孔氏曰，吕命，吕侯见命为天子司寇是也。书与序皆标吕命于其上，言自吕侯命为司寇，穆王乃训夏赎刑，是则吕侯将明于其间也，故名其书曰《吕刑》。"（宋）黄度：《尚书说》卷七《周书·吕刑》，《钦定四库全书》本。
④ "吕侯者，吕侯见命为天子司寇。既命吕侯为司寇，则所告者特吕侯尔。"（宋）陈经：《尚书详解》卷四十七《周书·吕刑》，《钦定四库全书》本。

莱书说》主张，《吕刑》是由于任命吕侯为司寇，"训告诸夏以赎刑之制"而成。① 蔡沉《书经集传》之说简略。② 胡士行《胡氏尚书详解》解释"吕命"为任命吕侯为司寇。③ 元人朱祖义《尚书句解》同此解。④

宋人黄伦《尚书精义》引张九成（自号无垢居士）解释说，吕命二字，指的是命吕侯为司寇；命为司寇而不像君牙为司徒伯、冏为太仆正那样明言，是因为出任司寇已经很久了。吕侯权衡时事，知道西周的刑罚太重，就向周穆王建议采用夏的赎刑，得到周穆王的同意。该篇并非叙述司寇的任命。而篇名定为《吕刑》就知道采用赎刑的意见出自吕侯。⑤ 康熙《御制日讲书经解义》解为周穆王用吕侯为司寇而命其作刑书并发布。⑥

以上诸书，虽有详有略，理由不尽相同，其共同特点是，认定"吕命"为周穆王任命吕侯为司寇。而吕侯为司寇，是从吕侯制刑推论而来，并无实证。

一解"吕命"为吕侯奉穆王之命作刑书。宋人苏轼、林之奇持此说。苏氏《书传》⑦ 未提及吕侯在周王室任何种职务。林之奇《尚书全解》说，吕命，即吕侯受命于周穆王作刑书，吕侯以周穆王的名义向诸侯发布。而周穆王指令吕侯作刑书，布告诸侯，那么，吕侯必定是司寇，因为

---

① "此书之作，盖命吕侯以司寇，因而训告诸夏以赎刑之制也。"（宋）时澜：《增修东莱书说》卷三十四《周书·吕刑第二十九》，《钦定四库全书》本。
② "吕侯为天子司寇，穆王命训刑，以诘四方。"（宋）蔡沉：《书经集传》卷六《吕刑》，《钦定四库全书》本。
③ "吕命（命吕侯为司寇）"。（宋）胡士行：《尚书详解》卷十二《周书·吕刑第二十九》，《钦定四库全书》本。
④ "吕命（穆王命吕侯为司寇）"。（元）朱祖义：《尚书句解》卷十二《吕刑第二十九》，《钦定四库全书》本。
⑤ "无垢曰，吕命者，命吕侯为司寇也。命为司寇而不明言之，如君牙为司徒伯，冏为太仆正之例何也？曰为司寇久矣。""是篇非为命为司寇而作也。此所以谓之《吕刑》也，名言《吕刑》则知赎刑之意出自吕侯建明也。"（宋）黄伦：《尚书精义》卷四十九《吕刑》，《钦定四库全书》本。
⑥ "周穆王用吕侯为司寇，命之作刑书，以训告天下。"《日讲书经解义》卷十三《吕刑》，《钦定四库全书》本。
⑦ "穆王命吕侯作此书。"（宋）苏轼：《书传》卷十九《周书·吕刑第二十九》，《钦定四库全书》本。

是司寇掌管国家法律，辅佐王室以刑治理国家。① 元人陈栎《书集传纂疏》引宋人王炎，说吕刑是周穆王之言，而称《吕刑》的原因，是吕侯为周穆王司寇，周穆王指令其制定刑书，并将刑书之意向四方司政典狱发布。②

一解"吕命"为吕侯奉命发布刑书。宋人钱时、元人吴澄、明人王樵、清人朱鹤龄持此说。宋人钱时《融堂书解》说，先前儒者说是周穆王任命吕侯为司寇，为何未采用任命君牙、伯冏那样的提法，而只首提"吕命"，绝不是当时才任命，而是周穆王才开始有"训夏赎刑之命"，"普告四方"，实际上是命吕侯掌刑，特指司寇之刑，而非周穆王之刑。所以才先提及"吕命"二字，并特别将书称为《吕刑》。③ 元人吴澄《书纂言》说，吕侯作为周王室司寇，修订赎刑，刚修订完毕，制作为刑书，恰好诸侯朝见周穆王，吕侯奉命发布刑书。④ 明人王樵《尚书日记》此条引自吕氏。⑤ 清人朱鹤龄《尚书埤传》则引王樵。⑥

一解"吕命"为吕侯之命，宋人夏僎持此说。《夏氏尚书详解》认为，"吕命"二字论者大多以为周穆王任命吕侯为司寇，由此"训夏赎刑"，如果是这样，就应当说周穆王任命吕侯为周大司寇，与穆王命君牙命伯冏之文相似，不应只说吕命二字。而无明说，显然不通。总之，书序

---

① "吕命者，吕侯见命于穆王作此书，以诰诸侯。盖吕侯之诰诸侯称王命而已。""穆王命吕侯作此书以告诸侯，则吕侯必为司寇。司寇掌邦禁，以佐王刑邦国故也。"（宋）林之奇：《尚书全解》卷三十九《吕刑·周书》，《钦定四库全书》本。
② "王氏炎曰，此书穆王之言，而名《吕刑》者，吕侯为王司寇，王命之参定刑书，乃推作刑之意，以训四方司政典狱。故以《吕刑》名之。"（元）陈栎：《书集传纂疏》卷六，《钦定四库全书》本。
③ "吕命，先儒所谓穆王命吕侯为司寇，然则曷为不用君牙伯冏书法，而止首提曰吕命也，详其辞旨，决非今日始命为司寇。乃穆王始有训夏赎刑之命耳。此虽普告四方，而实命司寇掌之是刑也，司寇之刑也，非穆王之刑也，所以首提吕命二字，而特命名曰《吕刑》欤。"（宋）钱时：《融堂书解》卷二十，《钦定四库全书》本。
④ "吕侯为王司寇，更定赎刑，新制具载刑书，因诸侯来朝，王使吕侯以书之意告命诸侯也。"（元）吴澄：《书纂言》卷四下《吕刑》，《钦定四库全书》本。
⑤ "吕氏曰，吕侯为王更定赎刑，新制具载刑书，因诸侯来朝，王使吕侯以书之意告命之。按告命之者欲通行之于天下也。"（明）王樵：《尚书日记》卷十六《吕刑》，《钦定四库全书》本。
⑥ "王樵曰吕侯为王更定赎刑新制具载刑书因诸侯来朝王使吕侯以书之意告命之。"（清）朱鹤龄：《尚书埤传》卷十五《周书·吕刑》，《钦定四库全书》本。

说吕命穆王训夏赎刑,是作序的人想说明此书出自吕侯之命,为周穆王"训畅夏禹赎刑之法",作刑书并布告天下。①

有论者未直接解释"吕命"之意。清人朱鹤龄《尚书埤传》,引《周礼》表明吕侯身份。朱鹤龄主张,西周的五刑二千五百条,没有"五刑之赎",而将五刑增至三千,增加五罚,均出于吕侯。按照《周礼》,"刑典以诘邦国",是西周太宰的第五项职责。②

概要之,以上仅以对"吕命"的直接含义的解释分类:或任命吕侯为相或司寇;或吕侯奉命制作刑书;或吕侯奉命发布刑书;或吕侯出于己意,为周穆王制刑;或未解释"吕命"之意。吕命的直接含义解释相同的,在其他方面的解释又有所不同。诸如,解释为任命吕侯为司寇的,或同时主张吕侯奉命制刑并发布,或主张吕侯建议周穆王修订刑罚并奉命制刑、发布;解释为吕侯奉命制作刑书的,或未指明吕侯职务,或指吕侯以司寇之职奉命制作刑书;而解释吕侯奉命发布形式的,称吕侯的身份为司寇。未解释"吕命"的,却又证明吕侯的职务为周王室太宰。

2. 训夏赎刑

关于赎刑的争议参见本书"《吕刑》要论三"。此处的关键是对"夏"的理解,关系赎刑适用的空间范围和时间范围。对于"训"的理解也不容忽视。赎刑的来源有四解:

一解赎刑为夏禹之法。汉孔,唐孔,宋人张九成、黄伦,元人朱祖义持此说。《尚书注疏》汉孔氏说吕侯奉周穆王之命,"训畅夏禹赎刑之法"作刑书。孔颖达疏说,周穆王接受吕侯"训畅夏禹赎刑之法"的建议作刑书。篇名为《吕刑》,而其经皆说"王曰",所以知道是吕侯奉命作刑

---

① "吕命二字,说者多谓穆王命吕侯为司寇,因训夏赎刑之事。果如是说,则当云穆王命吕侯为周大司寇,如前穆王命君牙命伯冏之文相似,不应只说吕命二字。而下无明说。吾是以知其说为不通。要之,此序云吕命穆王训夏赎刑者,乃作书者欲辨白此书所作之人,谓此书乃出于吕侯之命;所命何事,乃为穆王训畅夏禹赎刑之法,以诏告天下,故作此吕刑之书也。"(宋)夏僎:《尚书详解》卷二十五《吕刑》,《钦定四库全书》本。

② "盖周制五刑,凡二千五百,未有五刑之赎而此增至三千又为五罚,皆吕侯所参定也。""周礼太宰之职五曰刑典以诘邦国。"(清)朱鹤龄:《尚书埤传》卷十五《周书·吕刑》,《钦定四库全书》本。

书；而经文叙述赎刑之事，未说明是哪一代的赎刑，所以序文特指"训夏"以表明经文是夏法。① 黄伦引张九成说，吕侯权衡时事，知道西周的刑罚太重，就向周穆王建议采用夏的赎刑，得到周穆王的同意。② 元人朱祖义说是训迪夏禹赎刑之法，布告天下。③ 朱祖义同时又采用唐虞之法，见后文。

一解赎刑源于夏禹之法。宋人史浩《尚书讲义》引《舜典》说"金作赎刑"，是因为当时苗国"作五虐之刑"，以荼毒其民，而舜创制赎刑，以矫正其弊，赎刑起于虞。不说虞而说夏赎刑的原因，大概是由于舜时民风质朴，刑罚放置不用。而至夏禹之兴，创制"典"、"则"传予其子孙，所以赎刑实际上起于夏禹。史官以为赎刑为夏法是合适的。史浩还引扬雄之说为证。认为，自禹而下，并非无此刑。总之，是夏禹流传下来的。周穆王汇集夏朝以来历朝赎刑的规定，慎重取舍增减，编纂成刑书。用"训"，是由于解释"旧典"的缘故。④ 此说接近于中国之法。

一解赎刑为唐虞之法。论者有宋人苏轼、夏僎、胡士行、陈经，元人朱祖义。苏轼《书传》说，尧舜之刑，到夏禹明确完备。及成康之治，刑罚弃置不用，而周穆王末期，"奸益衰少"，才改从夏法。⑤ 夏僎《夏氏

---

① "传，吕侯以穆王命作书，训畅夏禹赎刑之法。"疏，"穆王于是用吕侯之言训畅夏禹赎刑之法"。"名篇谓之吕刑，其经皆言王曰，知吕侯以穆王命作书也。经言陈罚赎之事，不言何代之礼，故序言训夏以明经是夏法。"（汉）孔氏传、（唐）陆德明音义、（唐）孔颖达疏《尚书注疏》卷十八《周书·吕刑》，《钦定四库全书》本。
② "吕侯以时度之，知周刑太重，乃建明于穆王，以夏赎刑为法，穆王是之，故因可吕侯赎刑之法而遍及天下也。"（宋）黄伦：《尚书精义》卷四十九《吕刑》，《钦定四库全书》本。
③ "因而训迪夏禹赎刑之法，以布告天下，故作此篇。"（元）朱祖义：《尚书句解》卷十二《吕刑第二十九》，《钦定四库全书》本。
④ "《舜典》曰金作赎刑，当时有苗之国作五虐之刑，以毒斯民。舜立此科以矫其弊，是赎刑起于虞也。今不曰虞而曰夏赎刑者，盖以自舜以前鸿荒之世，民之质美，当舜之时比屋可封，刑措无用。至禹之兴，有典有则，贻厥子孙，赎刑之立实始于禹，史谓夏赎刑宜矣。扬雄曰，唐虞象刑，惟明夏后肉辟三千，此其证也。自禹而下，非无此刑。要之，皆祖夏之遗也。穆王享国之久，有恤民之心取赎刑之科，斟酌损益作为一书。""而曰'训'者，以其因旧典而训释之也。"（宋）史浩：《尚书讲义》卷二十，《钦定四库全书》本。
⑤ "尧舜之刑至禹明备。……及成康刑措，穆王之末奸益衰少，而后乃敢改也。"（宋）苏轼：《书传》卷十九《周书·吕刑第二十九》，《钦定四库全书》本。

尚书详解》赞同苏轼之说。① 胡士行《胡氏尚书详解》解夏为夏禹，而解赎刑为"金作赎刑之法"。② 陈经《陈氏尚书详解》将"训夏"解释为"训诸夏"；赎刑，即唐虞"金作赎刑"之法。③ 元人朱祖义《尚书句解》亦采之。④

元人董鼎《书传辑录纂注》解说最详。《周书》没有舍文武、成康之治而不说的，周穆王时《君牙》、《伯冏》也一样。唯独《吕刑》没有一句话提及。难道说年老恍惚，忘了祖宗？其实是，《吕刑》重于赎刑，并非西周之法，而是远取"金作赎刑"作为依据。孔子未定书以前，《舜典》也称《夏书》。作序者称"训夏赎刑，大概因为这个原因。那么，就可以明确认定，书序不是孔子所作，赎刑也不是禹刑。⑤ 清人朱鹤龄《尚书埤传》略引董鼎。⑥

一解以夏法为中国之法。宋人林之奇、钱时持此说。林之奇《尚书全解》引王氏，而力主其说。先前儒者以为夏为"夏禹赎刑之法"，而查考经文，其中并无"夏禹制刑之事"。林之奇认为，唐孔氏主张，夏禹之法比较轻，商汤之法比较重，西周虽然减轻，仍然重于商殷，吕侯因时制宜，劝周穆王改从夏法，这说法在经文并未见到，只是唐孔氏依据先前儒

---

① "东坡谓尧舜之刑至禹明备。……及成康刑措，穆王之末，奸益衰少，然后乃敢改作。此说甚长。"（宋）夏僎：《尚书详解》卷二十五《吕刑》，《钦定四库全书》本。

② "穆王训（明畅）夏（夏禹）赎刑（金作赎刑之法）。"（宋）胡士行：《尚书详解》卷十二《周书·吕刑第二十九》，《钦定四库全书》本。

③ "而孔子序书特曰穆王训夏赎刑，盖此书虽命吕侯，而其意则实以此而训诸夏。……赎刑者，即唐虞'金作赎刑'之法也。此篇其罚千锾百锾是也，《吕刑》不止于罚，以罚之锾数为刑轻重之率。故夫子序之曰训夏赎刑，作《吕刑》。"（宋）陈经：《尚书详解》卷四十七《周书·吕刑》，《钦定四库全书》本。

④ "穆王训夏赎刑（因而训诸夏以金作赎刑之法）。"（元）朱祖义：《尚书句解》卷十二《吕刑第二十九》，《钦定四库全书》本。

⑤ "愚按《周书》未有舍文武成康而不言者。穆王命君牙伯冏既然矣。独于训刑之作无一语及之，岂耄荒而遂忘其祖欤？窃意其重于赎刑，则非其家法所有，故远取金作赎刑以为据。孔子未定书以前，《舜典》犹曰《夏书》。序者谓训夏赎刑，盖本诸此。则知书序决非孔子作，赎刑亦非禹刑明矣。"（元）董鼎：《书传辑录纂注》卷首下，《钦定四库全书》本。

⑥ "董鼎曰，穆王之意重在赎刑，故取金作赎刑以为据。孔子未定书以前，《舜典》犹作夏。书序者谓训夏赎刑，盖本诸此。"（清）朱鹤龄：《尚书埤传》卷十五《周书·吕刑》，《钦定四库全书》本。

者关于夏禹的说法猜测而已。而王氏将"夏"视为"中国",其说胜于先儒。并且,王氏又说,先王所说的中国以西周为界;说蛮夷,以"戎"为界;说赎刑,不在蛮夷施行,只适用于中国。所以说"训夏赎刑"。林之奇进一步引述王氏,"训夏",就像说"训天下",不必太过苛求。① 夏僎《尚书详解》在赞同苏轼的同时,认为林之奇亦可为一说,"故两存之"。②

宋人钱时《融堂书解》主张,"训夏赎刑",指的是以五赎之刑训饬"诸夏"。经"成康措刑"之后,周穆王难现旧时盛景,刑罚逐渐繁杂加重,周穆王生恐刑罚成为残忍而杀戮无辜之法。于是,周穆王首先叙述蚩尤作乱、苗民滥刑的缘由,继而陈明"皇帝哀矜庶戮",因此采用轻重适当的刑罚,作为惩监。苗民之法不宜在中国适用,孔子特别指出"训夏",在于表明为中国之法。③ 虽然,钱时与林之奇同持中国之说,却有明显区别。林之奇主要指中国之法不在蛮夷施行;钱时主要指苗民之法不宜在中国适用。

"赎刑"有分合两解。《尚书注疏》孔颖达主张并言赎、刑,《吕刑》罪实则刑,罪疑则赎,并非只是赎罚。④ 宋人林之奇《尚书全解》,之所

---

① "先儒以夏为夏禹赎刑之法,考之篇中殊无夏禹制刑之事。唐孔氏因之以为夏刑近轻,商刑稍重,周虽减之犹重于夏,吕侯度时制宜,劝王改从夏法。此皆无所经见,但因先儒夏禹之言以意揣之而已。王氏以夏为中国,其说胜于先儒,而其言又曰,先王于中国则疆以周索;于蛮夷则疆以戎索;赎刑不施于蛮夷,施于中国而已,故曰训夏赎刑。此亦是缘夏以生义支离至此,亦与篇内不相应。其曰,训夏者,犹曰训天下也,不必求之太过也。"(宋)林之奇:《尚书全解》卷三十九《吕刑·周书》,《钦定四库全书》本。

② "少颖乃以训夏为诸夏,而不及夷蛮,谓赎刑之法可施于中国,不可用于蛮夷,是亦一说也。故两存之。"(宋)夏僎:《尚书详解》卷二十五《吕刑》,《钦定四库全书》本。

③ "训夏赎刑者,训饬诸夏以五赎之刑也,成康措刑之盛,无复旧观,而刑辟浸繁矣。穆王惧其流于残忍而杀戮无辜之法用。于是首原蚩尤之始作乱,苗民之始作五虐,而盛陈皇帝哀矜庶戮。于是始制于刑之中者,使之为惩为监焉。呜呼,苗民之法岂中国所宜用乎?駸駸不已,必至于是,此赎刑之所以训也。孔子深有取乎此,而特曰训夏,明此赎刑为中国之法欤。"(宋)钱时:《融堂书解》卷二十,《钦定四库全书》本。

④ "罪实则刑之,罪疑则赎之。故当并言赎刑,非是惟训赎罚也。"(汉)孔氏传、(唐)陆德明音义、(唐)孔颖达疏《尚书注疏》卷十八《周书·吕刑》,《钦定四库全书》本。

以说"穆王训夏赎刑",是说穆王训夏而采用赎刑。唐孔氏及薛博士认为"赎为罚,刑为辟"。篇中经文所说"百锾至于千锾"指的是"赎",墨辟至于大辟,指的是"刑"。这大概是由于序所说的赎刑涵括全篇,所以分赎、刑为二。如果不分,篇中叙述刑与罚,序就不用特别提及"赎"。《舜典》说"金作赎刑",与此赎刑有何不同,何必分呢。林之奇又引苏氏之说,赎者疑赦之,就是"罚";解释刑必须提及"赎",没有赎的锾数,不足以说明五刑轻重的区别。林之奇认为,苏氏虽不分赎、刑为二,却主张序应当包含全篇之意,而不知五十八篇之序有一篇之义包括于数句之间的,也有只取其大概而序的,应当分别对待。① 宋人陈大猷《书集传或问》引林之奇之说。②

"训"有两解。据前文关于"夏"的解说,对于"训",论者大多未加解释。而汉孔、唐孔、宋人夏僎指"训畅",宋人史浩说"训释",胡士行则为"明畅",吕祖谦"训告",钱时"训饬",元人朱祖义"训迪"。"训畅"、"训释"、"训迪"纯属解说之意。"明",为"阐明",也为解说。"训畅"、"明畅"为解说明白流畅。《尚书注疏》孔颖达认为,《吕刑》大多讲述治狱之事,是解释阐明赎刑。③ "训告"、"训饬"则"训"字已非仅为解说之意。钱时的原文为"训饬诸夏以五赎之刑",即"以五赎之刑"来"训饬诸夏"。吕祖谦"训告诸夏以赎刑之制"。两解的不

---

① "故曰穆王训夏赎刑,言此乃王训诸夏以赎刑者也。唐孔氏及薛博士以赎为罚,刑为辟。篇中所言百锾至于千锾者,赎也。墨辟至于大辟者,刑也。此盖欲以序之所言者,而包括一篇之义,故分赎、刑为二。苟不分,则篇中言刑与罚,而序不应特言赎也。《舜典》曰金作赎刑,与此赎刑何以异,而必分之乎?苏氏曰赎者疑赦之,罚耳,然训刑必以赎者,非赎之锾数无以为五刑轻重之率也。此虽不分赎、刑为二,然必求夫所以包括一篇之义之说,殊不知五十八篇之序有一篇之义包括于数句之间者,亦有但取其大概而序之者,不可以一概观也。"(宋)林之奇:《尚书全解》卷三十九《吕刑·周书》,《钦定四库全书》本。
② "林氏曰,唐孔氏薛氏,以赎为罚,刑为辟。篇中所言百锾,赎也。墨辟至于大辟,刑也。此盖欲应序中所言包括一篇之义,故分赎刑为二。《舜典》曰金作赎,刑与此赎刑何以异而必分之乎,殊不知五十八篇序,有包括一篇之义者,亦有但言大略者,不可概观也。"(宋)陈大猷:《书集传或问》卷下《吕刑》,《钦定四库全书》本。
③ "经多说治狱之事,是训释申畅之也。"(汉)孔氏传、(唐)陆德明音义、(唐)孔颖达疏《尚书注疏》卷十八《周书·吕刑》,《钦定四库全书》本。

同在于，"训"作"训释"，"夏"为"赎刑"的定语，解说夏的赎刑；"训"作"训告"、"训饬"，"夏"则是用"赎刑"所"训"的对象，以"赎刑"规范"诸夏"。按宋人林之奇《尚书全解》的行文，"训"应为"告"，"诸夏"，应是指西周分封的诸侯。林之奇认为，穆王训夏赎刑，是以赎刑训"诸夏"；又说，此篇是告诸侯之书。① "诸夏"，参见后文叙评。

综上所述，赎刑在时间和空间上有四说，即夏禹之法、唐虞之法、源于夏禹之法、中国之法。其区别在于空间的跨度上：夏禹之法仅指夏禹之时；唐虞之法则指尧舜至夏禹；中国之法，则时间上指唐虞至西周，空间上以西周为界。"训"则有解说和告诫两解。有论者主张由于是解释"旧典"故用"训"字。还有儒者对"赎"、"刑"分合提出看法。

3. 作吕刑

汉孔氏对此未作解释。唐孔氏疏称，史官记录此事，形成《吕刑》一文。② 元人王天与《尚书纂传》引述唐孔氏。③ 康熙《御制日讲书经解义》采其说。④

4. 述评

此句为编书者所作的序。解说者的歧义，集中于"命"和"夏"二字，而对于"赎刑"，论者则集中于其轻重优劣及制刑动机的评论，参见本书"吕刑要论三"相关部分。其中"命"有四种说法，即：任命吕侯为相或司寇；吕侯奉命制作刑书；吕侯奉命发布刑书；吕侯出于己意，为周穆王制刑。"夏"亦有四种说法，即夏禹之法、源于夏禹之法、唐虞之法、中国之法。有论者主张由于是解释"旧典"故用"训"字。有论者

---

① "穆王训夏赎刑，言此乃王训诸夏以赎刑者也。……今观此篇，所以告诸侯之书。"（宋）林之奇：《尚书全解》卷三十九《吕刑·周书》，《钦定四库全书》本。
② "史录其事作吕刑。"（汉）孔氏传、（唐）陆德明音义、（唐）孔颖达疏《尚书注疏》卷十八《周书·吕刑》，《钦定四库全书》本。
③ "唐孔氏曰史录其事作吕刑。"（元）王天与：《尚书纂传》卷四十三《周书·吕刑第二十九》，《钦定四库全书》本。
④ "史臣录其辞因以吕刑名篇。"《日讲书经解义》卷十三《吕刑》，《钦定四库全书》本。

解为《吕刑》一文是史官记录此事所作。

笔者以为，就"命"的几种解法而言，应当以"吕侯奉命制作刑书"为善。周穆王临时任命官职制刑的可能性也许存在，相对来说，指令原有的职官制刑更合理。张九成说制刑时，吕侯任职已久，该篇并非为吕侯任职而作，显然是合理的，但又说，"命"是任命吕侯官职，就有所矛盾。钱时的说法更为合理，吕侯的官职不是当时才任命的，到周穆王时才有发布刑典的指令，同时钱时并未排除吕侯奉命制作刑书。林之奇主张周穆王指令吕侯作刑书，布告诸侯。"吕侯奉命制作刑书"包含了"发布"。

如果，认定吕侯奉命制刑，也还需要明确此时吕侯的官职。汉代郑玄说是为相，汉孔则说是司寇，唐孔说即如郑玄所说为相，也是兼领司寇。此后，历经唐宋元明清，几无异议。唯有清人朱鹤龄以《周礼》为据，主张吕侯为大宰。查，《大宰之职》见于《周礼注疏·天官》，其职为"建邦之《六典》"，以辅佐周王治理邦国。其五为《刑典》，"以诘邦国"。郑玄注"诘"为"禁"，并引《吕刑》"度作祥刑，以诘四方"。贾公彦疏说，太宰统管群官，《六典》具立。"诘"是禁止之义。引《吕刑》是为了证明"诘"的含义。同时郑玄还在其后注引"《刑典》司寇之职"，"掌邦禁"，以辅佐周王"刑邦国"。① 《周礼注疏·天官冢宰第一》，郑玄注"建"为"立"，冢宰掌"建邦之《六典》"，六官皆总属于冢宰。②

---

① "大宰之职掌建邦之六典，以佐王治邦国，一曰《治典》以经邦国，以治官府，以纪万民；二曰《教典》以安邦国，以教官府，以扰万民；三曰《礼典》以和邦国，以统百官，以谐万民；四曰《政典》以平邦国，以正百官，以均万民；五曰《刑典》以诘邦国，以刑百官，以纠万民。"注，"诘，犹禁也。《书》曰，度作祥刑，以诘四方"，注，"《刑典》司寇之职，故立其官曰使帅其属而掌邦禁，以佐王刑邦国"。疏，"言掌建邦之六典者，谓大宰总御群职，故《六典》俱建也，以佐王治邦国者"。"诘，犹禁也者，穷诘，即禁止之义也。引《尚书》曰'度作祥刑以诘四方'。此《尚书·吕刑》文，是吕侯训夏赎刑，以详审诘禁四方，引证诘为禁之义。"（汉）郑氏注、（唐）陆德明音义、（唐）贾公彦疏《周礼注疏》卷二《天官大宰之职》，《钦定四库全书》本。

② "注，建，立也。""立天官冢宰，使帅其属而掌邦治，以佐王均邦国。注，宰，主也。邦治，王所以治邦国也。佐，犹助也。郑司农云，邦治，谓总六官之职也。故大宰职曰掌建邦之六典，以佐王治邦国，六官皆总属于冢宰。故《论语》曰，君薨，百官总已以听于冢宰，言冢宰于百官无所不主。《尔雅》曰，冢，大也。冢宰，大宰也。"（汉）郑氏注、（唐）陆德明音义、（唐）贾公彦疏《周礼注疏》卷一《天官冢宰第一》，《钦定四库全书》本。

"司寇之职"见于《周礼注疏·秋官司寇第五》。郑玄注说，禁在于防奸，刑在于正人。贾公彦疏说，先设禁告知，以防止奸恶之事，如果不遵守，就以刑处罚，处罚的目的在于使人不犯罪。① 从《周礼》的叙述看，太宰的职责是立《刑典》设禁防奸，司寇的职责是掌《刑典》以刑罚罪。而吕侯所做的正是制刑设禁，而非以刑罚罪。所以吕侯此时的官职应当是大宰。郑玄所说为相，参见下句"惟吕命"句解。

唐孔认为周公制法，吕侯修订改变，并非吕侯才能高于周公，而是两者根据当时的形势确定的。② 他的说法前后相互矛盾。周公居摄太宰，司寇为康叔。③ 周初的法律由周公制定，亦称"周公之刑"。④ 为何在周穆王时吕侯只能是司寇？《左氏传》昭公四年，载有郑国执政子产铸刑书。⑤ 而汉高祖令萧何作九章之律。⑥ 笔者以为，吕侯当时作为太宰应当更接近事实。因此，吕侯的官职，应以汉人郑玄、清人朱鹤龄所说为善。

如果，吕侯的官职是太宰，那么，周穆王常年巡游天下，周王室事务大多由吕侯代行，"训夏赎刑，作吕刑"实际上也是吕侯之意，而借用周穆王之名修订并以发布。尽管有可能是事实，但是，作为书序，"吕命"二字，却不可能如此表达。因此，笔者以为，书序的文字含义以"受周穆王之命"为宜。

---

① "乃立秋官司寇，使帅其属而掌邦禁，以佐王刑邦国。注，禁所以防奸者也，刑正人之法。"疏，"王者恐民以奸入罪，故先设禁示之，防其奸恶。若有不忌为奸，然后以刑罪之。云刑正人之法者，刑期于无刑，以杀止杀。故云刑正人之法也者"。（汉）郑氏注、（唐）陆德明音义、（唐）贾公彦疏《周礼注疏》卷三十四《秋官司寇第五》，《钦定四库全书》本。
② "周公圣人，相时制法。……亦不言吕侯才高于周公，法胜于前代……遭时制宜。"（汉）孔氏传、（唐）陆德明音义、（唐）孔颖达疏《尚书注疏》卷十八《周书·吕刑》，《钦定四库全书》本。
③ "武王之母弟八人，周公为太宰，康叔为司寇，聃季为司空。五叔无官，岂尚年哉。"（晋）杜氏注、（唐）陆德明音义、（唐）孔颖达疏《春秋左传注疏》卷五十四（起定公元年尽四年），《钦定四库全书》本。
④ "周公之刑甚严矣。"（宋）时澜：《增修东莱书说》卷二十《周书·康诰第十一》，《钦定四库全书》本。
⑤ （宋）吕祖谦：《左氏传说》卷十《郑人铸刑书叔向使诒子产书（昭公六年）》，《钦定四库全书》本。
⑥ （南朝宋）范晔：《后汉书》卷八十二《崔寔传》，《钦定四库全书》本。

"训夏赎刑"实际上是两种解释，四种说法。夏禹之说，以夏为夏禹，切断了上下的联系，无视"金作赎刑"的延续性。《吕刑》常用来证明夏代有赎刑。而《吕刑》本身却无所证，大可存疑。源于夏禹之法说，尽管以夏为夏禹，但却接近于中国说。唐虞和中国说，均以夏为"诸夏"，但唐虞说仅说"金作赎刑"，在时间上和内容上均比较模糊。中国说比较明确，林之奇引王昭禹说，中国以西周为界。

吕祖谦"训告"、钱时"训饬"的主张，需要与"诸夏"联系起来理解，钱时并未具体指明。汉人董仲舒《春秋繁露》解"诸夏"为同姓诸侯。① 明人卓尔康《春秋辩义》引董仲舒之说。② 《春秋左传注疏》晋人杜预注为"中国"。③ 按钱时的行文，赎刑为中国法，"诸夏"应是指中国。周穆王"训饬"的西周分封的诸侯，而以同姓诸侯为主。史浩以"训"为"训释"旧典亦可视为合理的解释。"训释"和"训告"、"训饬"，均与《吕刑》正文的内容相符，即向诸侯解说赎刑。"训告"、"训饬"，是上告下，尤其是王对诸侯，有要求遵行之意，更为确切。宋人林之奇说《吕刑》是"告诸侯之书"。因此，笔者以为，"训夏赎刑"应以宋人林之奇、吕祖谦、钱时的说法为善。

综观此句解说：吕侯官职以汉人郑玄、清人朱鹤龄所说为宜，即"太宰"；"命"以宋人林之奇所说为宜，即"受命制作并发布刑书"；"训夏赎刑"似应综合宋人史浩和吕祖谦、钱时的说法，即史浩的"慎重取舍增减诸夏历朝赎刑旧典编纂刑书"，吕祖谦、钱时的"以赎刑训饬诸侯"；"作《吕刑》"则以唐孔所说为宜，即"史官记录此事形成《吕刑》之文"。因而此句的解说为：

三公太宰吕侯，受周穆王之命修订刑典，整理诸夏历朝赎刑旧规，增

---

① "卫俱诸夏也，善稻（按，善稻本《公羊传》，他本从《左传》作善道）之会独先内之，为其与我同姓也。吴，俱夷狄也。柤之会独先内之，为其与我同姓也；灭国十五有余，独先诸夏，曹晋俱诸夏也。"（汉）董仲舒：《春秋繁露》卷九《观德第三十三》，《钦定四库全书》本。
② "董仲舒氏曰，卫俱诸夏也，善道之会独见内之，为其与我同姓也；灭国十五有余，独先诸夏，曹晋俱诸夏也。"（明）卓尔康：《春秋辩义》卷十一"襄王二十五年"，《钦定四库全书》本。
③ "诸夏亲暱不可弃也，注，诸夏，中国也。"（晋）杜氏注、（唐）陆德明音义、（唐）孔颖达疏《春秋左传注疏》卷十"闵公元年"，《钦定四库全书》本。

减取舍，编成单行典章，布告天下，训饬诸侯遵行。史官记录此事，形成《吕刑》之文。

（二）作者自序：惟吕命，王享国百年 耄荒度作刑，以诘四方

康熙《御制日讲书经解义》说，此句是史官叙述作书的原因，① 是作书者的书序。

1. 惟吕命

《尚书注疏》汉孔氏传说，吕侯受命为卿的时候。唐人孔颖达对此未进一步说明。② 四库馆臣齐召南按说，"卿"即前一条书序传所说的为天子司寇。《史记》注引郑康成《书说》以为周穆王以甫侯为相，这又是一说。③ 《书说》云，周穆王以甫侯为相同。余萧客《古经解钩沉》亦提及。④ 原文见宋人裴骃《史记集解》"诸侯有不睦者甫侯言于王作修刑辟"注。⑤

宋人夏僎《尚书详解》指《吕刑》是吕侯的政令，周穆王没有参与。作书者只说这是吕侯之命。⑥

宋人蔡沉《书经集传》说"惟吕命"，与"惟说命"语意相同。先这

---

① "此一节书，是史臣记作书之由也。"《日讲书经解义》卷十三《吕刑》，《钦定四库全书》本。
② 传，"言吕侯见命为卿时"。疏，"正义曰，惟吕侯见命为卿于时"。（汉）孔氏传、（唐）陆德明音义、（唐）孔颖达疏《尚书注疏》卷十八《周书·吕刑》，《钦定四库全书》本。
③ "臣召南按为卿即前书所云为天子司寇也史记注引郑康成曰书说云周穆王以甫侯为相此又一说。"（汉）孔氏传、（唐）陆德明音义、（唐）孔颖达疏《尚书注疏》卷十八《考证》，《钦定四库全书》本。
④ "《书说》云，周穆王以甫侯为相同。（史记注四）"（清）余萧客：《古经解钩沉》卷四《钦定四库全书》本。
⑤ "郑玄曰书说云周穆王以甫侯为相。"（宋）裴骃：《史记集解》卷四《史记四·周本纪第四》，《钦定四库全书》本。
⑥ "惟吕命，王享国百年耄荒度作刑，以诘四方数语，可见是书乃吕侯所命，而穆王无预焉。作者惟谓此吕侯之命。"（宋）夏僎：《尚书详解》卷二十五《吕刑》，《钦定四库全书》本。

样说，以显示训刑是吕侯之言"。① 而"惟说命总百官"，蔡沉解说为受命总百官是冢宰的职掌。②"惟吕命"，也就是吕侯受命。康熙《御制日讲书经解义》采用蔡说，即史官记录当时吕侯为大司寇奉命训刑。③

以上有三种意见：汉孔唐孔的吕侯受命为卿大夫；宋人夏僎的《吕刑》为吕侯政令；宋人蔡沉、清帝康熙的吕侯受命制刑。此句吕命的含义同于上句，"吕命"诸说参见上句句解。

2. 王享国百年耄荒度作刑

由于对于"荒"解说的歧义，有两种断句。

（1）王享国百年耄荒，度作刑

以此断句的有汉孔，唐孔，宋人魏了翁、林之奇、夏僎、蔡沉、陈大猷，元人陈栎，清帝康熙。在认定"王享国百年耄荒"之后，出于对其行为的推测，分成用贤说、留心说和荒迷说。

①用贤说

用贤说的持论者为汉孔和唐孔。《尚书注疏》汉孔氏传说，周穆王以百岁之年"享国"，"耄乱荒忽"，穆王即位时，年过四十了。是说周穆王已经百岁，虽老而能起用贤人，目的是褒扬周穆王的名声。唐人孔颖达疏解释说，周穆王享有周国已"积"百年。周穆王的精神已经"耄乱而荒忽"。周穆王虽已老耄，仍然能够起用贤人，听取吕侯之言。史官记述吕侯受命而记周穆王的岁数，知道吕侯获得任命时，周穆王已"享国百年"。孔颖达引《曲礼》说，八十、九十称"耄"。耄荒是指年老，精神耄乱，荒忽。穆王即位时，已年过四十，到任命吕侯的那一年，未必已有"百年"。说是百年，赞美夸大其事，虽然年老，却能用贤，以褒扬其名声。所以史官记其百年"耄荒"。孔颖达引《史记·周本纪》说，甫侯建议周穆王，修改刑罚，是说，修刑法的皆是吕侯之意，赞扬周穆王能采纳吕侯的建议。穆王

---

① "惟吕命，与惟说命语意同，先此以见训刑为吕侯之言也。"（宋）蔡沉：《书经集传》卷六《吕刑》，《钦定四库全书》本。

② "说受命总百官冢宰之职也。"（宋）蔡沉：《书经集传》卷三《商书·说命中》，《钦定四库全书》本。

③ "史臣曰昔者吕侯为大司寇承王命以训刑。"《日讲书经解义》卷十三《吕刑》，《钦定四库全书》本。

即位过四十的说法，不知根据哪一本书。又引《史记·周本纪》说，穆王即位已经五十岁，在位五十五年逝世。司马迁若在汉孔之后，应当各有所据。《尚书·周书·无逸》提及殷商的三王及文王"享国"多少年，皆说其在位的年数。这里说"享国"多少年治理国家，却是多大岁数，目的在于赞美周穆王年老而能用贤。为说明其长寿，所以采用年岁。以"耄荒"紧接之后，赞美其年老之意，与《尚书·周书·无逸》不同。① 宋人魏了翁《尚书要义》摘录唐孔的解说后，编排了目录提要，强调了"王享国百年"解说的歧义：穆王即位之年司马迁《本纪》与《孔传》不同；此"享国百年"是从生年数与《尚书·周书·无逸》不同。②

此说汉孔先论及周穆王即位的年龄，以及任命吕侯为司寇时的岁数，然后推测对其行为加以评价。汉孔认定周穆王即位时年过四十，而唐孔引司马迁五十之说，而产生即位年龄的差异，唐孔说二者各有其据。但是，司马迁说周穆王在位五十五年，恰好与"王享国百年"相合。汉孔传的行文是"以享国百年"，可以解为"以百年享国"，百年即百岁。而唐孔却改"以"为"已"，说"享有周国已积百年"，"史述吕侯见命而记王年，知其得命之时，王已享国百年"，"此至命吕侯之年，未必已有百年"，而使解释容易产生歧义。"积"和"年"均为多义词。关键是"积"字如何解释。"积累达到"，"年"即是在位年数；"达到"，"年"即为岁数。唐孔又引《尚书·周书·无逸》，说其享国若干年是在位年

---

① "传，穆王以享国百年，耄乱荒忽，穆王即位过四十矣。言百年大期，虽老而能用贤以扬名。""疏，穆王享有周国已积百年，王精神耄乱而荒忽矣。王虽老耄，犹能用贤，取吕侯之言。""传，正义曰，史述吕侯见命而记王年，知其得命之时，王已享国百年也。《曲礼》云，八十、九十曰耄，是耄荒为年老，精神耄乱，荒忽也。穆王即位之时，已年过四十矣。此至命吕侯之年，未必已有百年。言百年者，美大其事。虽则年老而能用贤以扬名，故记其百年之耄荒也。《周本纪》云，甫侯言于王，作修刑辟，是修刑法者皆吕侯之意，美王能用之。穆王即位过四十者，不知出何书也。《周本纪》云，穆王即位春秋已五十矣，立五十五年崩。司马迁若在孔后，或当各有所据。《无逸》篇言殷之三王及文王享国若干年者，皆谓在位之年。此言享国百年，乃从生年而数，意在美王年老能用贤，而言其长寿，故举从生之年；以耄荒接之，美其老之意也。文不害意，不与彼同。"（汉）孔氏传、（唐）陆德明音义、（唐）孔颖达疏《尚书注疏》卷十八《周书·吕刑》，《钦定四库全书》本。

② "（十）穆王即位之年迁纪与孔传异""（十一）此享国百年从生年数与无逸异"。（宋）魏了翁：《尚书要义》卷十九《吕刑》，《钦定四库全书》本。

数,而《吕刑》指从生年数。那么"积"是"达到"之意,"年"即为岁数。那么,上述几句话就可以解释为:已经百岁仍然还在管理周国;史官记述吕侯受命而记载周穆王的岁数;在任命吕侯那一年,未必已有百岁。唐孔要表达的意思是,周穆王未必百岁,说其百岁,只是强调其"耄荒",即指年老,在精神耄乱、荒忽的情况下,能够用贤,任命吕侯,并听取吕侯的建议,修订刑罚。

②留心说

留心说的持论者为宋人林之奇、陈大猷和元人陈栎、清帝康熙。这可以分成两个阶段。林之奇在荒迷说之前,后三人在荒迷说之后。"享国百年",宋人林之奇《尚书全解》先引汉孔氏穆王即位年过四十。林之奇说,由于《史记·周本纪》记载,穆王即位年已五十,在位五十五年逝世。有论说者因此认为周穆王一百零四岁。按照《尚书·周书·无逸》,提及商代三王和周文王"享国"的年数,皆以其在位的长短;说"王享国百年",皆指在位年数。《史记》以为在位五十五年,应"当以《书》为正"。"耄荒",林之奇引《礼记》说,八十、九十称"耄",百岁称"期颐"。这里,既称"百年",又称"耄",这正如大舜之言"耄期倦于勤",既称"耄",又称"期"。林之奇说,汉孔氏以为"耄乱荒怠",这大概是说其老之状。吕侯受命时周穆王"享国已百年",其老之状"耄荒",而指令甫侯作刑,以治四方,大概是说,虽然血气衰微精力疲惫,却能如此留心于国家的治理。①

林之奇"以《书》为正"的解说,表达不明,姑且存疑。而随后,他也如唐孔引《礼记》,取其八十、九十称"耄",百岁称"期颐"的解说,用大舜"耄期"并称来印证《吕刑》"百年耄"并称。在林之奇看

---

① "汉孔氏曰,穆王即位年过四十矣。《史记·周本纪》穆王即位春秋已五十矣,立五十五年崩。说者因以穆王年百四岁。按《无逸》言商三宗及周文王享国之年数,皆以其在位之久,曰王享国百年者,皆其在位之年也。《史记》以为立五十五年,当以《书》为正。《礼记》曰八十、九十曰耄,百年曰期颐。此既曰百年,又曰耄者,此亦如大舜之言,曰耄期倦于勤,既曰耄,又曰期也。耄荒,汉孔氏以为耄乱荒怠。此盖言其老之状。""言惟吕侯见命之时,穆王享国已百年,其老之状,耄荒矣,而能命甫侯度作刑以治四方,盖言其血气虽衰精力虽疲,而留心于治道如此也。"(宋)林之奇:《尚书全解》卷三十九《吕刑·周书》,《钦定四库全书》本。

来，百年并非是一个准确的年数。他认可汉孔的"耄乱荒怠"，说其是表示老状，然而其结论与汉孔却大有区别。留心说的特色是，修订刑法为周穆王的主动行为，其行为方式，从接受建议变为发布指令。

宋人陈大猷《书集传或问》将"穆王享国百年，而作吕刑"与文王逾八十受命作周、武王九十克商并列，视为圣贤之一。说不可以与后世的例子并论而疑其老。① 元人陈栎《书集传纂疏》对蔡沉的荒迷说作了评论，"王享国百年耄荒"，如在位三十三年就到"耄"期了，还能裁度作刑以诘四方，显示确实很老了，却仍然精明仁厚，并非真耄乱荒迷。② 康熙《御制日讲书经解义》解说，人年九十称"耄"，"荒"为"忽"；大概当时穆王"享国"已经百年之久，耄老荒忽，仍然以刑狱作为重要事务。③

南宋以后，直至清末，治《书》大多以蔡沉《书经集传》为据，但对其解说也多有歧义。宋人陈大猷、元人陈栎和清帝康熙均对周穆王耄老荒忽的情况下，重视刑法修订的行为给予褒扬。

③荒迷说

持此说的有宋人夏僎、宋人蔡沉。宋人夏僎《尚书详解》说，大概是称周穆王管理国家，现今高寿，且已经百岁，既老而且荒迷而不止。"耄"是八九十岁人之称呼，大概年至八九十就精神耄昧了。穆王百岁，正好精神耄昧之时，却驰骋荒迷还不知停止。至于《尚书·周书·无逸》的表达方式不同，是作书的人不同，不必计较。④

---

① "文王寿九十七，方其受命作周，已蹈八十；武王寿九十三，克商二年而崩，其时亦九十矣；卫武公九十而戒于国；穆王享国百年，而作吕刑。古之圣贤，年弥高，德弥邵，又适当天下之责，固不得辞。非可与后世例论，而疑其老也。"（宋）陈大猷：《书集传或问》卷上《尧典》，《钦定四库全书》本。
② "愚谓王享国百年耄荒，如朕在位三十三载耄期耳，当百年耄荒之时，能裁度作刑以诘四方，乃见其笃老，而尚精明仁厚，非真耄乱荒迷也。"（元）陈栎：《书集传纂疏》卷六，《钦定四库全书》本。
③ "人年九十谓之耄，荒，忽也。""盖是时穆王享国已百年之久，耄老荒忽，犹以刑狱重事。"《日讲书经解义》卷十三《吕刑》，《钦定四库全书》本。
④ "盖谓穆王享国，今其寿，且百岁，既老而且荒迷而不止。耄乃八九十岁人之称，盖年至八九十则精神耄昧也。穆王百岁乃精神耄昧之时，而驰骋荒迷犹不知止。""按《史记》穆王即位春秋已五十又立五十年崩，则在位实五十年也，《无逸》称三宗与文王享国皆数在位之年，此言享国百年乃从生年数。要之作书者非一人，故言各不同，不必泥也。"（宋）夏僎：《尚书详解》卷二十五《吕刑》，《钦定四库全书》本。

宋人蔡沉《书经集传》说，耄，老而昏乱的称呼；荒，"忽"的意思。引《孟子》说，捕猎不知满足就叫作"荒"。穆王享国百年而车辙马迹遍于天下，所以，史官以"耄荒"二字加以揭露，也用以说明训告赎刑，是周穆王年老混乱的行为。①

以上两人均对周穆王耄荒情况下的行为予以贬斥，但说辞有所不同。宋人夏僎说的是周穆王不理会国家刑罚之事；蔡沉则说周穆王年老混乱，改刑敛财自肥。

度作刑，《尚书注疏》汉孔氏传说，揣度制定与当时社会形势相适应的措施，"训作赎刑"。"训作赎刑"，唐孔疏解为"作夏赎刑"。② 宋人夏僎《尚书详解》解为吕侯作刑法。③ 康熙《御制日讲书经解义》解为必加裁度，定为刑书。④ 在字义上解说相同，行为主体却不同。汉孔、唐孔、夏僎指吕侯作刑；清帝康熙意为周穆王与吕侯共同实施。

（2）王享国百年，耄荒度作刑

持说者为宋人苏轼；赞同者为元人吴澄、明人陈第。持两说者为宋人林之奇、夏僎、朱熹、蔡沉；反对者有元人陈栎。

宋人苏轼《书传》说，刑罚应当由老年人来制定，这是由于年老者经历世事而有仁爱之心。"耄荒度作刑"，即以耄年而大度作刑。就如"禹曰予荒度土功"。度，就是"约"，共同议定要遵守的条文，如汉高祖"约法三章"。⑤ 苏轼将"度"解说为"约"，并说"制刑"要老年，强调了周穆王的作用，即改刑是由周穆王和吕侯共同完成的。

元人吴澄《书纂言》称，穆王嗣位时年已五十，享国百年，大概在

---

① "耄，老而昏乱之称，荒忽也。《孟子》曰，从兽无厌谓之荒。穆王享国百年，车辙马迹遍于天下，故史氏以耄荒二字发之，亦以见赎刑为穆王耄荒所训耳。"（宋）蔡沉：《书经集传》卷六《吕刑》，《钦定四库全书》本。

② "传，度时世所宜，训作赎刑。"疏，"度时世所宜，作夏赎刑"。（汉）孔氏传、（唐）陆德明音义、（唐）孔颖达疏《尚书注疏》卷十八《周书·吕刑》，《钦定四库全书》本。

③ "吕侯乃度作刑法。"（宋）夏僎：《尚书详解》卷二十五《吕刑》，《钦定四库全书》本。

④ "必加裁度，定为刑书。"

⑤ "刑必老者制之，以其更事而仁也。耄荒度作刑者，以耄年而大度作刑，犹禹曰予荒度土功。度约也犹汉高祖约法三章也。"（宋）苏轼：《书传》卷十九《周书·吕刑第二十九》，《钦定四库全书》本。

位五十年之后。耄，老而昏忘。荒，大；度（duó），揆（kuí）。就如"禹曰予荒度土功"大加揆度，制定刑书。① 明人陈第《尚书疏衍》认为应以"耄"断句，引《史记》穆王即位年已五十，在位五十五年逝世，以说明"王享国百年耄"；并引苏轼。②

宋人林之奇《尚书全解》也认可苏轼的断句，称汉孔、苏轼"两说皆通"，并引苏轼"荒度"的解说，指苏轼训"荒"为"大"。③ 宋人夏僎《尚书详解》说苏轼一说虽通，但周穆王实在是耄而荒，就不必另说委婉之词。④ 宋人蔡沉《书经集传》认为，苏轼的解说也通，但是也是贬义词。⑤ 蔡沉来自朱熹。元人王天与《尚书纂传》引朱熹说，苏氏以"王享国百年耄"作一句，"荒度作刑"作一句很有道理。⑥ 以上各人，虽认为两说均通，却说辞各异。

元人陈栎《书集传纂疏》以为，荒度虽然有《益稷》可以为证，但与土功毕竟不同。蔡氏采信苏轼，只是备为一说。⑦

综上所述，有"耄荒"连解和"耄荒度"连解的歧义，而形成两种断句方式。前者以"王享国百年耄荒"为断；后者以"王享国百年"为断。"享国百年"的歧义不大，大多认为是当时周穆王的岁数。汉孔解说周穆王

---

① "穆王嗣位时年已五十，享国百年盖在位五十年之后，耄老而昏忘也。荒，大；度，揆，犹禹言荒度土功；……大加揆度作为刑书。"（元）吴澄：《书纂言》卷四下《吕刑》，《钦定四库全书》本。

② "宜读耄为句，按《周本纪》穆王即位春秋已五十，立五十五年崩，故曰王享国百年耄。苏《传》曰，刑必老者制之以其更事而仁也。耄荒度作刑者，以耄年而大度作刑，犹禹曰予荒度土功。"（明）陈第：《尚书疏衍》卷四《吕刑》，《钦定四库全书》本。

③ "苏氏以为荒属于下句，其字训太，与荒度土功之荒度同。两说皆通。度者，苏氏曰约也，犹汉高祖约法三章也。"（宋）林之奇：《尚书全解》卷三十九《吕刑·周书》，《钦定四库全书》本。

④ "东坡以享国百年耄为一句，荒度作刑为一句，其意以比荒度土功之荒度，荒谓大也，大度时宜以作刑书。此说虽通，然穆王实是耄而荒者，不必更为之婉其辞。"（宋）夏僎：《尚书详解》卷二十五《吕刑》，《钦定四库全书》本。

⑤ "苏氏曰，荒大也，大度作刑，犹禹曰予荒度土功。荒当属下句亦通。然耄亦贬之之辞也。"（宋）蔡沉：《书经集传》卷六《吕刑》，《钦定四库全书》本。

⑥ "朱子曰，苏氏以王享国百年耄作一句，荒度作刑作一句甚有理。"（元）王天与：《尚书纂传》卷四十三《周书·吕刑第二十九》，《钦定四库全书》本。

⑦ "荒度虽有《益稷》可证，然与土功不同，蔡氏采之以备一说得之矣。"（元）陈栎：《书集传纂疏》卷六，《钦定四库全书》本。

时年过四十，而与《史记》所载年五十不同，唐孔认为或许各有其据。有论者说，《尚书·周书·无逸》"享国"若干年，指在位年数，和《吕刑》的说法不同，而夏僎以为作书人不同，不必计较。唐孔认为，当时周穆王未必确切是百岁，只是说明其年老之状。"耄荒"连解论者对"耄荒"本身并无歧义，认为是"耄老荒忽"，即年老精神昏乱或疲惫，只是对其当时行为的推论有重大的歧义，而分为用贤说、留心说和荒迷说。用贤说为汉孔、唐孔，说周穆王在年老精神昏乱的情况下，任用吕侯并接受其改刑的建议是"用贤"。留心说则为宋人林之奇，说周穆王虽年老精力疲惫，却能留心国家治理。荒迷说则宋人夏僎、蔡沉为其说，又有所不同。夏僎说其年老精神耄昧，却仍荒迷不知停止巡游，不理政事。蔡沉也指周穆王不知停止巡游，却说其别有用心，改刑敛财。宋人陈大猷、元人陈栎、清帝康熙解说虽多依蔡沉，而对周穆王行为的推论和评价却不认同蔡沉，而采留心说。"度作刑"，因对"耄荒"的歧义，其主体也就不同。

"耄荒度"连解，论者为宋人苏轼，元人吴澄、明人陈第赞同其论。另多人在"耄荒"连解的同时，认为"耄荒度"连解亦通，或备为一说。此说解"荒"为"大"，解"度"为"约"，指周穆王百岁耄老，依然大力用心与吕侯共同商定刑罚条文。

3. 以诘四方

有几种见解。一是解"诘"为"治"，有汉孔、唐孔、元人吴澄、清帝康熙。《尚书注疏》汉孔氏传说，以治天下四方之民。唐孔对此未作进一步解说。① 汉孔表明"四方"为"四方之民"。康熙《御制日讲书经解义》亦解"诘"为"治"，诘治四方，使当时臣民有所遵守。② "四方"，也指"四方"之民，并强调"有所遵守"，元人吴澄《书纂言》亦解"诘"为"治"。③ "四方"之义此处未言明。但是，在《毛诗注疏》，孔

---

① 传，"以治天下四方之民"。疏，"以治天下四方之民也"。（汉）孔氏传、（唐）陆德明音义、（唐）孔颖达疏《尚书注疏》卷十八《周书·吕刑》，《钦定四库全书》本。
② "诘，治也。""以诘治四方，使当日臣民有所遵守也。"《日讲书经解义》卷十三《吕刑》，《钦定四库全书》本。
③ "诘，治也。……以诘治四方也。"（元）吴澄：《书纂言》卷四下《吕刑》，《钦定四库全书》本。

颖达疏解"四方"为"四方诸侯之国"。①

　　元人陈栎《书集传纂疏》另有其说,诘,如诘奸慝（tè）之诘。②即,追问,问罪。按此说法,"四方",则是"四方奸慝"。

　　宋人夏僎《尚书详解》说,凡下文说"王曰",都是吕侯的政令。诸如周公作《大诰》、《多方》、《多士》皆称王曰。大概周穆王虽然"耄荒",实际上,吕侯仍然是以周穆王的名义训告刑法。所以说"王曰"。③虽然夏僎对"四方"未作解说,而认为"王曰"的听者为诸侯,四方指的应当是诸侯。

　　概而言之。"以诘四方",汉孔、唐孔解为治理四方之民,清帝康熙同解,只是强调使之"有所遵守";元人吴澄仅指治理四方。夏僎则指吕侯以周穆王的名义训告诸侯。在《毛诗注疏》中孔颖达疏解"四方"为"四方诸侯之国"。

4. 叙评

　　此句为作书者所作的序。鉴于此句"吕命"与编书者序的"吕命"含义相同,另行解说的不多,解说者的歧义集中于"荒"字,而有"耄荒"连解和"耄荒度"连解两种断句方式。"耄荒"连解论者又分"用贤说"、"留心说"和"荒迷说"。这些歧义或许与改刑诸说相关,起因于看待周穆王行为的视角不同。采用改刑"适时说"的有"用贤说"持论者汉孔、唐孔,"荒迷说"的宋人夏僎,"耄荒度"连解的宋人苏轼。采用改刑"尽心说"的有"留心说"的宋人林之奇。采用改刑"敛财说"的有"荒迷说"的宋人蔡沉。采用改刑"仁爱说"的有赞同"耄荒度"连解的明人陈第。

　　笔者以为,两种断句,应以"耄荒度"连解为善。字义解说要与书

---

① "受天之祜四方来贺。"疏,"武王既受得天之祜福故四方诸侯之国皆贡献庆之"。（汉）郑氏笺、（唐）陆德明音义、（唐）孔颖达疏《毛诗注疏》卷二十三《大雅·下武》,《钦定四库全书》本。
② "诘,如诘奸慝之诘。"（元）陈栎：《书集传纂疏》卷六,《钦定四库全书》本。
③ "凡下言王曰,皆吕侯之命,犹周公作《大诰》、《多方》、《多士》皆称王曰。盖穆王虽耄荒,而吕侯训刑实以王命告,故云王曰。"（宋）夏僎：《尚书详解》卷二十五《吕刑》,《钦定四库全书》本。

序的情景相符。作书人是周穆王的史官,在记述史实时,应当会颂扬周穆王年老,并指其尽力于国事。就其心态而表达出来的文义,"耄荒度"连解更为合理,即周穆王虽然已年老百岁,仍然尽心于国事。另一方面,也不能完全排除作者企图表达周穆王耄老精神疲惫之意,因此,"耄荒"连解亦可通。在前句编者序中,已作述评,吕侯奉命制刑更为合理,因此,如果采用"耄荒"连解,则应以"留心说"为善,"用贤说"似可排除,当然也绝非完全不可能。而按照《吕刑》的内容,要说服人们相信周穆王的史官指责周穆王行为荒迷,恐怕有难度。

关于"王享国百年",笔者以为,宋人夏僎的提法可取,作书人不同,不必计较与《尚书·周书·无逸》不同,而以年龄为解。同时唐孔的提法亦可取,周穆王未必是百岁,只说明其年老之状。这样解说应当符合史官的行文原意。

关于"以诘四方",笔者以为,宋人夏僎的提法可取,即以周穆王的名义布告四方,而布告的对象是诸侯。在上句编者书序中,林之奇说此篇为告诸侯书。唐孔在别处曾解"四方"为"四方诸侯之国"。按照西周的分封制,西周王室并不直接管理各诸国的臣民。"治理四方之民"也与《吕刑》的文义不符。《周礼注疏·天官》郑玄引《吕刑》,注"诘"为"禁",贾公彦疏说,"诘"是禁止之义。引《吕刑》是为了证明"诘"的含义。参见上句述评。解"诘"为"禁"更合《吕刑》文义。

综观此句解说,"惟吕命"的解说应与上句编者书序相同为宜,即太宰吕侯奉命修订刑书时;断句应采用苏轼之说"王享国百年"为断,即穆王已经百岁了,还在管理国家,尽心刑罚,与吕侯共同商定条文;"以诘四方"应综合郑玄、林之奇、夏僎的说法,即为四方诸侯设定禁约以供遵行。因此,此句的解说为:

太宰吕侯奉命修订刑罚时,穆王已经百岁了,依然在管理国家,尽心刑罚之事,与吕侯共同商定条文,为四方诸侯设定禁约以供遵行。

二
古训（上）

元人许谦《读书丛说》认为，古训"始述"有苗之刑，以为暴虐之戒。①

（一）王曰：若古有训，蚩尤惟始作乱，延及于平民

康熙《御制日讲书经解义》说此句和下句是讲述古人制刑的缘由。②两句实际上是一长句，此处只是为了叙述的方便，分为两句解说。

1. 王曰

"王曰"，《尚书注疏》汉孔未作解说。唐孔则说，吕侯向周穆王建议，使用轻刑，又以穆王的名义，训告天下，陈述重刑害民之义。③ 明人王樵《尚书日记》说吕侯以周穆王的名义训告天下。④ 康熙《御制日讲书经解义》说："吕侯传穆王之命曰。"⑤

宋人夏僎《尚书详解》说，凡说"王曰"，都是吕侯的政令，以周穆

---

① "此篇始述有苗之刑，以为暴虐之戒。"（元）许谦：《读书丛说》卷六《吕刑》，《钦定四库全书》本。
② "此一节书是言古人制刑之由也。"《日讲书经解义》卷十三《吕刑》，《钦定四库全书》本。
③ "正义曰，吕侯进言于王，使用轻刑，又称王之言，以告天下，说重刑害民之义。"《日讲书经解义》卷十三《吕刑》，《钦定四库全书》本。
④ "吕侯称王之言以告天下。"（明）王樵：《尚书日记》卷十六《吕刑》，《钦定四库全书》本。
⑤ "吕侯传穆王之命曰。"《日讲书经解义》卷十三《吕刑》，《钦定四库全书》本。

132

王的名义训告,所以说"王曰"。此处"王曰",即是吕侯"以王命告"。①

仅有四人提到,除了夏僎说是吕侯的政令外,唐孔、明人王樵、清帝康熙的说法虽然近似,也还是有区别的。但有一个共同的特点,四人均认为,是吕侯以周穆王的名义训告。

2. 若古有训

参与此段解说的有汉孔,唐孔,宋人林之奇、吕祖谦、黄度、夏僎、陈经,元人吴澄,明人王樵,清帝康熙。《尚书注疏》汉孔氏传解"若古"为"顺古","训"为"遗训",整体解说为,"顺古"有遗训。"顺古",唐孔疏解说为"顺古道",而有遗余典训,"记法"古人之事。又说,古有遗训,顺而言之,所以称"顺古有遗训"。② 宋人黄度《尚书说》亦解为"顺于古训"。持论说,穆王训夏赎刑。而"原",即推究,"用刑之始",所以逐一叙说蚩尤三苗之乱,与伯夷、皋陶典刑之事,"顺于古训",而鉴观其得失。③

宋人林之奇《尚书全解》以为,"若古",大概是起语之词,而非解说为"顺"。"若古有训"如同《左传》"夏训有之"。④ 元人吴澄《书纂言》解说近似,"若"为"发语辞","训"为"遗书"。称说"古有遗书","所载之事"如下所说。⑤ 明人王樵《尚书日记》说,"若"是发语

---

① "凡言王曰,皆吕侯之命……以王命告,故云王曰。""此王曰,即是吕侯以王命告也。"(宋)夏僎:《尚书详解》卷二十五《吕刑》,《钦定四库全书》本。
② "传,顺古有遗训。"疏,"王曰,顺古道有遗余典训,记法古人之事。""传正义曰,古有遗训,顺而言之,故为顺古有遗训也。"(汉)孔氏传、(唐)陆德明音义、(唐)孔颖达疏《尚书注疏》卷十八《周书·吕刑》,《钦定四库全书》本。
③ "穆王训夏赎刑,而原用刑之始,历言蚩尤三苗之乱,与伯夷、皋陶典刑之事,顺于古训,而鉴观其得失。"(宋)黄度:《尚书说》卷七《周书·吕刑》,《钦定四库全书》本。
④ "若古者,犹言若昔也。盖起语之辞。非训顺也。若古有训,蚩尤惟始作乱,犹《左传》曰夏训有之曰,有穷,后羿也。"(宋)林之奇:《尚书全解》卷三十九《吕刑·周书》,《钦定四库全书》本。
⑤ "若,发语辞。训,遗书也。古有遗书,所载之事如下所云。"(元)吴澄:《书纂言》卷四下《吕刑》,《钦定四库全书》本。

词，与"曰若"相同。"古有训"，就是古有训记载其事。①

宋人夏僎《尚书详解》则解释说"若古有训"就如《周书·周官》"若昔大猷"。大概是说，就像上古留下的典训，其训辞中所载，有此蚩尤苗民等事，特"援以为证"。②

据宋人时澜《增修东莱书说》，宋人吕祖谦认为，序书断自尧典，大概是文献不足，无所考证。而东迁之前，大训河图之类，尚藏王府，因此三皇五帝之事尚见此书。吕祖谦说，对此"不可不详玩"。③ 宋人陈经《陈氏尚书详解》解释说，孔子编纂《尚书》，以唐虞作为上限。三皇时的事"无所考据"，只有《吕刑》编简略记述。在此，穆王概要述说尧舜"以德化民"，先说制刑之缘由，大概是从蚩尤苗民开始。"若古有训"，即古人的"大训"，记载三皇时的事迹。④

康熙《御制日讲书经解义》解读为"我闻古有训言"。⑤

主要是对"若古"的解说，一说认为是"顺古"，即顺古道探究；一说认为"若"是发语词。"训"为"遗训"或"遗书"，或"大训"。虽然宋人吕祖谦、陈经认为是记载三皇五帝之事的书。清帝康熙的解说最为简要。

3. 蚩尤惟始作乱

《尚书注疏》汉孔氏传说，蚩尤是九黎之君的号。唐陆德明音义引马融，蚩尤为少昊之末，九黎君名。唐孔指蚩尤是在炎帝之末，认为，九黎之君号曰蚩尤，应当有旧说如此解说，但不知出于何书。又引诸书，认为

---

① "若，发语辞，与曰若例同。古有训者，古有训记言其事也。"（明）王樵：《尚书日记》卷十六《吕刑》，《钦定四库全书》本。
② "若古有训，如云若昔大猷。盖言如古者所有之训。其训辞中所载，有此蚩尤苗民等事，今援以为证也。"（宋）夏僎：《尚书详解》卷二十五《吕刑》，《钦定四库全书》本。
③ "序书断自尧典，盖文献不足，无所考证。东迁之前大训河图之类尚藏王府，故三皇五帝之事尚见此书，不可不详玩也。"（宋）时澜：《增修东莱书说》卷三十四《周书·吕刑第二十九》，《钦定四库全书》本。
④ "孔子序书，断自唐虞以下。三皇时事无所考据，略见此篇。此穆王略说尧舜以德化民，先说制刑之缘由，盖自蚩尤苗民始。若古有训，即古人之大训，载三皇时事也。"（宋）陈经：《尚书详解》卷四十七《周书·吕刑》，《钦定四库全书》本。
⑤ "我闻古有训言。"《日讲书经解义》卷十三《吕刑》，《钦定四库全书》本。

说法不同，不知为何人。其中《史记》说蚩尤在炎帝之末，为黄帝所杀，《国语》说九黎在少昊之末，不可能是同一人。① 宋人魏了翁《尚书要义》引唐孔，说汉孔"以九黎蚩尤为一与诸说异"。② 宋人陈经《陈氏尚书详解》认为这是尧舜以前三皇时的事。他认可汉孔，蚩尤为九黎之君，同时又说，即与黄帝战于坂泉的人。③ 明人王樵《尚书日记》说，过去，炎帝之末有九黎之君号为蚩尤才开始"作乱"，指为"孔氏说"。④

宋人苏轼《书传》亦持炎帝之末黄帝诛蚩尤之论，并指蚩尤以前未有以兵称强天下的。⑤ 宋人林之奇《尚书全解》亦引诸书长论，认为"蚩尤"非"九黎"，当从《史记》，蚩尤为诸侯，为黄帝所杀。⑥ 宋人黄度

---

① 传，"九黎之君号曰蚩尤"。唐陆德明音义，蚩尤"马云，少昊之末，九黎君名"。疏，"昔炎帝之末，有九黎之国君号蚩尤者"。"九黎之君号曰蚩尤，当有旧说云然，不知出何书也。《史记·五帝本纪》云神农氏世衰，诸侯相侵伐，蚩尤最为暴虐，莫能伐之。黄帝乃征师诸侯，与蚩尤战于涿鹿之野，遂擒杀蚩尤，而诸侯咸尊轩辕为天子。如《本纪》之言，蚩尤是炎帝之末诸侯名也。应劭云，蚩尤，古天子。郑云，蚩尤，霸天下黄帝所伐者。《汉书音义》有臣瓒者，引孔子《三朝记》云，蚩尤庶人之贪者。诸说不同，未知蚩尤是何人也。《楚语》曰，少昊氏之衰也，九黎乱德，颛顼受之，使复旧常，则九黎在少昊之末，非蚩尤也。韦昭云，九黎氏九人，蚩尤之徒也。韦昭虽以九黎为蚩尤，《史记》蚩尤在炎帝之末，《国语》九黎在少昊之末，二者不得同也。九黎之文惟出《楚语》。孔以蚩尤为九黎，下传又云，蚩尤黄帝所灭，言黄帝所灭则与《史记》同矣。孔非不见《楚语》而为此说，盖以蚩尤是九黎之君，黄帝虽灭蚩尤，犹有种类尚在，故下至少昊之末，更复作乱。若其不然，孔意不可知也。郑玄云，学蚩尤为此者，九黎之君，在少昊之代也。其意以蚩尤当炎帝之末，九黎当少昊之末，九黎学蚩尤，九黎非蚩尤也。"（汉）孔氏传、（唐）陆德明音义、（唐）孔颖达疏《尚书注疏》卷十八《周书·吕刑》，《钦定四库全书》本。
② "（十二）孔以九黎蚩尤为一与诸说异。"（宋）魏了翁：《尚书要义》卷一，《钦定四库全书》本。
③ "此乃尧舜以前三皇时事。蚩尤，九黎之君也，即与黄帝战于坂泉者也。"（宋）陈经：《尚书详解》卷四十七《周书·吕刑》，《钦定四库全书》本。
④ "言昔炎帝之末有九黎之君号蚩尤（孔氏说）者，惟始作乱。"（明）王樵：《尚书日记》卷十六《吕刑》，《钦定四库全书》本。
⑤ "炎帝世衰，蚩尤作乱，黄帝诛之。自蚩尤以前未有以兵强天下者。"（宋）苏轼：《书传》卷十九《周书·吕刑第二十九》，《钦定四库全书》本。
⑥ "汉孔氏曰九黎之君号曰蚩尤，盖以《楚语》曰少昊氏之衰也。九黎乱德，其后三苗复九黎之德。此言蚩尤而继以三苗，故以蚩尤为九黎。按《史记》曰，神农氏世衰，诸侯相侵伐，神农氏不能治。于是轩辕乃习用干戈，以征不享。诸侯咸来宾从，而蚩尤最为暴莫能伐。黄帝乃征师诸侯，与蚩尤战，遂杀蚩尤。蚩尤既为黄帝所杀，而九黎在少昊之末，则蚩尤非九黎。先儒既以蚩尤为九黎，而又（转下页注）

《尚书说》说,蚩尤为炎帝之末诸侯,黄帝"征"之。① 元人吴澄《书纂言》解说近似黄度。② 元人许谦《读书丛说》解说在炎帝之末,诸侯有叫蚩尤的,"为始"作乱。③ 称"蚩尤"为"黄帝时诸侯"的还有清帝康熙的《御制日讲书经解义》。④

宋人夏僎《尚书详解》亦引诸书,指"数说不同",认为,只是一无道害民之人。⑤ 元人陈栎《书集传纂疏》则说,蚩尤、苗民前后相隔遥远,中间不必混杂九黎来解释。二孔、郑氏之说,都不敢信。⑥

以上关于蚩尤身份的说法。汉孔称蚩尤为九黎之君,唐孔就引诸书说,诸说不同,并说二人不可能是同一人。宋人陈经、明人王樵认可汉孔。宋人苏轼《书传》认同黄帝诛蚩尤之论,持此说的人为多数。宋人夏僎则说蚩尤为无道害民之人。

《尚书注疏》汉孔氏传解"始"为"造",说蚩尤"造始"作乱。唐孔推论说,蚩尤造始作乱,其事往前未有,蚩尤今始造之,一定是乱民之事,但不知造何事。而下文说三苗之主"习"蚩尤之恶而作五虐之刑,此

(接上页注⑥)曰黄帝所灭,二说异同安得合之哉。《楚语》昭王问于观射父曰,《周书》所谓重黎实使天地不通何也,对曰,九黎乱德,颛顼命南正重司天以属神,北正黎司地以属民,使复旧常,无相侵渎,是谓绝地天通。其后三苗复九黎之德,尧复育重黎之后,不忘旧者,使复典之。此谓绝地天通,盖指三苗之事而言,安得以为在颛顼之世。《楚语》非也。则蚩尤当从《史记》。应劭曰,蚩尤古天子。臣瓒曰,孔子《三朝记》曰蚩尤庶人之贪者。据《史记》之言则蚩尤诸侯。二者皆非也。"(宋)林之奇:《尚书全解》卷三十九《吕刑·周书》,《钦定四库全书》本。

① "蚩尤,炎帝之末诸侯也,黄帝征之。"(宋)黄度:《尚书说》卷七《周书·吕刑》,《钦定四库全书》本。
② "蚩尤,炎帝时诸侯,黄帝兴兵诛之。"(元)吴澄:《书纂言》卷四下《吕刑》,《钦定四库全书》本。
③ "炎帝之末,诸侯有蚩尤者,为始作乱。"(元)许谦:《读书丛说》卷六《吕刑》,《钦定四库全书》本。
④ "蚩尤,黄帝时诸侯。"《日讲书经解义》卷十三《吕刑》,《钦定四库全书》本。
⑤ "蚩尤,据《史记·黄帝纪》乃炎帝之末最行暴虐之诸侯,黄帝兴兵诛之。应劭乃以蚩尤为古天子,孔子《三朝记》又谓蚩尤庶人之贪者。孔颖达又谓,炎帝之末有九黎国君号蚩尤,然《国语》载九黎,乃在少昊之末,炎帝之末不闻有九黎。岂九黎亦蚩尤之后嗣耶,数说不同。要之,只是一无道害民之人耳。"(宋)夏僎:《尚书详解》卷二十五《吕刑》,《钦定四库全书》本。
⑥ "愚谓,蚩尤、苗民前后隔远,不必以九黎溷(hùn)杂言之。二孔、郑氏之说,皆未敢信。"(元)陈栎:《书集传纂疏》卷六,《钦定四库全书》本。

章又主要说虐刑之事，蚩尤所作一定也是造虐刑。① 宋人林之奇《尚书全解》说"惟始作乱"指《史记》所说的"为暴"，即说自开天辟地以来，从蚩尤才开始"为暴虐之政"。②

宋人夏僎《尚书详解》解释说，吕侯拟在当时将"轻刑之说"训告诸侯，于是，先引蚩尤、苗民始为惨酷刑罚之事，视为"乱阶"，即乱政的由来，以为证据。评论说，大概上古风俗淳厚，没有"败常越法"之人，而至蚩尤才开始作"乱民之事"。③

据宋人时澜《增修东莱书说》，吕祖谦说在鸿荒之世，民风浑厚敦庞。而"开暴乱之端"，以蚩尤为先，所以称之为"蚩尤惟始作乱"。④ 宋人蔡沉《书经集传》解同吕祖谦。⑤ 元人吴澄《书纂言》近似。⑥ 宋人陈经《陈氏尚书详解》解释说上古之时，风气未开，因而淳朴未散，民也只是知道"耕食凿饮"，而不知道作乱。由于蚩尤首创"不义之事"，民就跟随而成为风气习俗。于是，为乱之始。⑦ 此论稍详。清帝康熙《御制日讲书经解义》所论更详。"刑"是圣人"不得已而用之"。在鸿荒之世，风俗淳厚，民志敦庞，所以和刑罚没有什么关系。黄帝之时，蚩尤"始开作乱之端"，"积渐薰染"，并由此"延及于"良善之民。有鉴于此，除非用刑予以惩治，

---

① 传，"言蚩尤造始作乱"。疏，"蚩尤造始作乱，其事往前未有，蚩尤今始造之，必是乱民之事，不知造何事也。下说三苗之主习蚩尤之恶，作五虐之刑，此章主说虐刑之事，蚩尤所作必亦造虐刑也。以峻法治民，民不堪命"。（汉）孔氏传、（唐）陆德明音义、（唐）孔颖达疏《尚书注疏》卷十八《周书·吕刑》，《钦定四库全书》本。

② "惟始作乱，即《史记》所谓为暴也，言自开辟以来，蚩尤方始作为暴虐之政。"（宋）林之奇：《尚书全解》卷三十九《吕刑·周书》，《钦定四库全书》本。

③ "吕侯将告当时以轻刑之说，故先引蚩尤、苗民始为乱阶惨酷刑罚之事以为证据。盖上古风俗淳厚，无有败常越法之人。至蚩尤乃始作乱民之事。"（宋）夏僎：《尚书详解》卷二十五《吕刑》，《钦定四库全书》本。

④ "鸿荒之世，浑厚敦庞。开暴乱之端者，蚩尤其先也，故曰蚩尤惟始作乱。"（宋）时澜：《增修东莱书说》卷三十四《周书·吕刑第二十九》，《钦定四库全书》本。

⑤ "言鸿荒之世，浑厚敦庞。蚩尤始开暴乱之端。"（宋）蔡沉：《书经集传》卷六《吕刑》，《钦定四库全书》本。

⑥ "上古风淳俗厚，蚩尤始行凶暴，以开乱原。"（元）吴澄：《书纂言》卷四下《吕刑》，《钦定四库全书》本。

⑦ "上古之时，风气未开，淳朴未散，民知耕食凿饮而已，安知所谓乱。惟蚩尤创为不义之事，民皆从而化之。于是为乱之始。"（宋）陈经：《尚书详解》卷四十七《周书·吕刑》，《钦定四库全书》本。

否则"乱端"就无从"遏绝"。康熙强调说，刑罚的产生实际上是从此开始的。从这个角度看来，五刑本身就是为寇贼奸宄而设，不当滥及于平民。①

以上是关于"作乱"，有唐孔的"造虐刑"，苏轼的"以兵强天下"，林之奇的"暴虐之政"，夏僎的"乱民之事"，吕祖谦的"暴乱之端"，陈经的"不义之事"。除唐孔的"造虐刑"外，其他所指均比较模糊。但大多有或详或略的论述，只是述说的角度不同，没有明显的歧义。

4. 延及于平民

《尚书注疏》汉孔氏传，此段解说为"恶化相易"，延及于平善之人。解"平民"为"平善之人"。"恶化相易"，唐孔疏为"恶化递相染易"。② 宋人夏僎《尚书详解》所解近似唐孔，行文稍异。③ 明人王樵《尚书日记》解说简略，仅说"恶化相染"，"延及于平民"，其意近似于唐孔。④ 宋人苏轼《书传》解说为凡平民犯法作乱的，都是仿效蚩尤。⑤ 据宋人时澜《增修东莱书说》，吕祖谦则说，蚩尤"恶力既盛"，在其"驱扇薰炙"之下而延及平民，无不"化于为恶"。⑥ 元人吴澄《书纂言》近似吕祖谦。⑦ 宋人蔡沉《书经集传》略引吕祖谦"驱扇熏炙，延及平民"

---

① "刑者圣人不得已而用之。""鸿荒之世风俗淳厚，民志敦庞，无所事于刑罚。黄帝之时，蚩尤始开作乱之端，积渐薰染，延及于良善之民。""非用刑以惩之，则乱端何由遏绝。刑辟之兴实始于此。由此观之，五刑之设，原为寇贼奸宄，不当滥及于平民可知矣。"《日讲书经解义》卷十三《吕刑》，《钦定四库全书》本。
② 传，"恶化相易，延及于平善之人"。疏，"恶化递相染易，延及于平善之民"。"故恶化转相染易，延及于平善之民，亦化为恶也。"（汉）孔氏传、（唐）陆德明音义、（唐）孔颖达疏《尚书注疏》卷十八《周书·吕刑》，《钦定四库全书》本。
③ "德化递相渐染，平善之民亦延而及之。"（宋）夏僎：《尚书详解》卷二十五《吕刑》，《钦定四库全书》本。
④ "恶化相染，延及于平民。"（明）王樵：《尚书日记》卷十六《吕刑》，《钦定四库全书》本。
⑤ "凡民为奸者皆祖蚩尤。"（宋）苏轼：《书传》卷十九《周书·吕刑第二十九》，《钦定四库全书》本。
⑥ "恶力既盛，驱扇薰炙，延及平民，无不化于为恶。"（宋）时澜：《增修东莱书说》卷三十四《周书·吕刑第二十九》，《钦定四库全书》本。
⑦ "恶势炽盛，驱扇薰染，延及平民，皆习于恶。"（元）吴澄：《书纂言》卷四下《吕刑》，《钦定四库全书》本。

之论。①

宋人林之奇《尚书全解》解"平民"为"齐民"。其习俗风气逐渐感染，蔓延到齐民，"莫不皆然"。林之奇认为从下文寇贼以下，皆是其民为恶之状。就如"殷罔不小大好草窃奸宄"，是由于被纣的恶行所感染。② 宋人黄度《尚书说》解说近于林之奇，只是行文不一。上古之民朴实忠厚，没有"寇贼鸱义奸宄夺攘矫虔"之事，而蚩尤由于"创乱"，平民遂"化"之。③ 宋人陈经《陈氏尚书详解》说，"延及平民"，即习染蚩尤之恶，也就是后文所指的平民开始做的恶行，出自蚩尤。④

以上的各种说法，没有基本的歧义，而在表述方式和角度方面则有一定的差别。

5. 叙评

此句是《尚书·周书·吕刑》正文的第一句。清帝康熙认为此句和下句是讲述古人制刑的缘由。仅有四人对"王曰"作了解说，均认为，是吕侯以周穆王的名义训告，其中宋人夏僎说是吕侯的政令。"若古"，有"顺古"和"若"作为发语词的歧义。"训"为"遗训"，或"遗书"，或"大训"。蚩尤的身份，有九黎之君、黄帝时诸侯和无道害民之人三种说法。"作乱"则有"造虐刑"、"以兵强天下"、"暴虐之政"、"乱民之事"、"暴乱之端"、"不义之事"等解说。"延及于平民"在表述方式和角度方面有所区别。

笔者以为，此句在解说上，没有根本性的歧义。需要做的是如何选择符合文义、视角最为合理的表述方式。原文的着眼点是最为关键的。按照周穆王的游历征伐生涯，《吕刑》为吕侯政令、吕侯建议周穆王修订刑

---

① "驱扇熏炙，延及平民。"（宋）蔡沉：《书经集传》卷六《吕刑》，《钦定四库全书》本。

② "平民，犹言齐民也。""其风化之所渐染，延及于齐民，莫不皆然。自寇贼以下皆是其民为恶之状也。亦如殷罔不小大好草窃奸宄，以纣化之也。"（宋）林之奇：《尚书全解》卷三十九《吕刑·周书》，《钦定四库全书》本。

③ "寇贼鸱义奸宄夺攘矫虔，古之民淳庞，皆无此，而蚩尤实创乱，平民遂化之。"（宋）黄度：《尚书说》卷七《周书·吕刑》，《钦定四库全书》本。

④ "所以延及平民，无不习于蚩尤之恶，……凡此数者，皆是平民始初为恶，出自蚩尤。"（宋）陈经：《尚书详解》卷四十七《周书·吕刑》，《钦定四库全书》本。

罚，以及周穆王指令吕侯制定《吕刑》具有同样的可能。尤其是，周穆王三十七年兴兵伐楚，夏僎之说《吕刑》作为吕侯政令的可能性极大。只是记载此事的王室史官，是否会如此记录，则可存疑。然而，无论哪种方式，《吕刑》的颁布均以周穆王的名义进行。因此，"王曰"，最好的翻译方式，就是简要的"王说"。

"若"字，在很多的情况下是作为发语词使用的。"若古"解说为"顺古"，也无不可，即沿着上古时代追溯，也许更合文义，探源就需追溯，汉孔之说可用。宋人黄度的评论恰当，即推究"用刑之始"而逐一叙说蚩尤三苗之乱，与伯夷、皋陶典刑之事，"顺于古训"，而鉴观其得失。宋人吕祖谦则说，三皇五帝事迹之书尚藏王府。清帝康熙"我闻古有训言"贴切却过为简略。因此，此段似乎可解说为：古代三皇五帝之时有遗训说。

蚩尤是神话人物，唐孔就引诸书，说是提法不同。今人刘起釪在《尚书校释译论》一书中搜集大量有关蚩尤的神话和文献资料，几乎囊括无遗。① 而宋人苏轼等大多经学家认可《史记》蚩尤为黄帝时诸侯。蚩尤本为神话人物，无须深究。采信苏轼之说为宜。从《吕刑》全篇来看，清帝康熙说此句和下句是讲述古人制刑的缘由，此论颇为恰当。唐孔说"作乱"为"造虐刑"，显然与文义不符。与下文"延及平民"难以衔接。在其他诸种说法中，苏轼"以兵强天下"之说最善。蚩尤"作乱"指其拥兵作乱。即为"始"，即说此前无乱。所以苏轼说蚩尤以前未有以兵称强天下的。既然此前无乱，就应有说明。宋人吕祖谦说在鸿荒之世，民风浑厚敦庞。宋人陈经说，民也只是知道"耕食凿饮"，而不知道作乱。清帝康熙在吕祖谦的基础上说，刑罚没有什么关系。苏轼说，蚩尤作乱，被黄帝诛杀。故而，此段似乎可解说为：古代鸿荒之世，民风浑厚朴实，平民只知耕作饮食，不知作乱，也没有刑罚。黄帝之时，有诸侯蚩尤开始拥兵作乱，被黄帝诛杀。

"延及于平民"，宋人苏轼说为凡平民犯法作乱的，都是仿效蚩尤；宋人陈经说，平民习染蚩尤之恶跟随而成为风气习俗；清帝康熙强调说，有鉴于此，除非用刑予以惩治，否则"乱端"就无从"遏绝"。刑罚的产

---

① 顾颉刚、刘起釪：《尚书校释译论》第4册，中华书局，2005，第1914~1930页。

生实际上是从此开始的。几说均可采用，如果综合起来将更为完善。康熙之说则可接在下句之后。故而，此段似乎可解说为：平民染上蚩尤的恶习，跟随仿效蚩尤犯法作乱，而成为风气习俗。

此句连接起来即为：

王说：古代三皇五帝之时有遗训说，鸿荒之世，民风浑厚朴实，平民只知耕作饮食，不知作乱，也没有刑罚。黄帝之时，有诸侯蚩尤开始拥兵作乱，被黄帝诛杀。平民染上蚩尤的恶习，跟随仿效蚩尤犯法作乱，而成为风气习俗。

（二）罔不寇贼鸱义，奸宄，夺攘矫虔

据宋人时澜《增修东莱书说》，吕祖谦说"寇贼鸱义、奸宄、夺攘矫虔"是"极叙其恶之情状"。① 林之奇也有此论，见上文。

1. 罔不寇贼鸱义

《尚书注疏》汉孔氏传将此段解说为，平民"化之"，无不相寇贼为鸱枭之义。"寇贼"未解，只说"相寇贼"；解"鸱（chī）义"为"鸱枭之义"。②

"平民化之"，唐孔疏为"亦变为恶"；"寇"解为"寇盗"；"贼"解为"贼害"。唐孔又疏解说，蚩尤作乱，应当是作重刑以乱民，采用峻法酷刑，以致民无所措手足。由于困于苛虐所酷，人皆苟且，故而平民化之，无有不相寇贼。"群行攻劫"称为"寇"，"杀人"称为"贼"，就是说为求财而攻杀人。③ 宋人夏僎《尚书详解》引唐孔"寇"、"贼"的解

---

① "寇贼鸱义奸宄夺攘矫虔，极叙其恶之情状也。"（宋）时澜：《增修东莱书说》卷三十四《周书·吕刑第二十九》，《钦定四库全书》本。
② "传，平民化之，无不相寇贼为鸱枭之义。"（汉）孔氏传、（唐）陆德明音义、（唐）孔颖达疏《尚书注疏》卷十八《周书·吕刑》，《钦定四库全书》本。
③ 疏，"平民化之，亦变为恶，无有不相寇盗，相贼害"。"蚩尤作乱，当是作重刑以乱民，以峻法酷刑，民无所措手足，困于苛虐所酷，人皆苟且，故平民化之，无有不相寇贼。群行攻劫曰寇；杀人曰贼。言攻杀人以求财也。"（汉）孔氏传、（唐）陆德明音义、（唐）孔颖达疏《尚书注疏》卷十八《周书·吕刑》，《钦定四库全书》本。

释，其解说与唐孔近似。① 宋人陈经《陈氏尚书详解》②、元人吴澄《书纂言》对"寇"、"贼"的解说亦与唐孔近似。③ "寇贼"，明人王樵《尚书日记》引颜师古说，"寇"为"攻剽（piāo）"，即抢劫，"贼"为"杀人"。④

唐陆德明音义说，"鸱枭"为"恶鸟"。引马融，"鸱"为"轻"；"义"，本亦作"谊"。⑤ 明人梅鷟《尚书考异》亦引马融。⑥ 宋人黄度《尚书说》亦指"鸱"为"恶鸟"；而"鸱义"则解为"害义如鸱之搏啄"。⑦

唐孔认为鸱枭是贪残之鸟，枭是鸱类。引郑玄说，盗贼状如鸱枭，"钞掠良善"，劫夺人物。指汉孔氏的"鸱枭之义"，是采用郑玄说。⑧ 宋人林之奇《尚书全解》说鸱是贪残之鸟，与唐孔同。但评论说以此为义，其好恶竟然如此颠倒。⑨ 宋人夏僎《尚书详解》略引唐孔。⑩ 元人吴澄《书纂言》同唐孔，认为鸱枭是贪残之鸟。⑪

---

① "无不变为寇盗，为贼害。""孔氏谓群行攻劫曰寇，杀人死曰贼。""此皆蚩尤造恶，平民化之，至于如此。想亦是蚩尤暴虐，刑罚惨酷，民不忍其荼毒，遂至此极也。"（宋）夏僎：《尚书详解》卷二十五《吕刑》，《钦定四库全书》本。

② "为寇而劫夺取货，为贼而强矫杀人也。"（元）吴澄：《书纂言》卷四下《吕刑》，《钦定四库全书》本。

③ "为寇以盗民财者；为贼以害人事者。"（宋）陈经：《尚书详解》卷四十七《周书·吕刑》，《钦定四库全书》本。

④ "颜师古曰，寇谓攻剽（piāo），贼谓杀人。"（明）王樵：《尚书日记》卷十六《吕刑》，《钦定四库全书》本。

⑤ 音义，"鸱枭，恶鸟。马云，鸱轻也。义，本亦作谊"。（汉）孔氏传、（唐）陆德明音义、（唐）孔颖达疏《尚书注疏》卷十八《周书·吕刑》，《钦定四库全书》本。

⑥ "马云鸱轻也义本亦作谊。"（明）梅鷟：《尚书考异》卷五《吕刑》，《钦定四库全书》本。

⑦ "鸱，恶鸟，鸱义，言害义如鸱之搏啄也。"（宋）黄度：《尚书说》卷七《周书·吕刑》，《钦定四库全书》本。

⑧ 疏，"为鸱枭之义"，"鸱枭，贪残之鸟。《诗》云，为枭，为鸱。枭是鸱类。郑玄云，盗贼状如鸱枭，钞掠良善，劫夺人物。传言鸱枭之义，如郑说也"。（汉）孔氏传、（唐）陆德明音义、（唐）孔颖达疏《尚书注疏》卷十八《周书·吕刑》，《钦定四库全书》本。

⑨ "鸱者贪残之鸟。《诗》曰为枭为鸱，盖言其以是为义，其好恶颠倒如此。"（宋）林之奇：《尚书全解》卷三十九《吕刑·周书》，《钦定四库全书》本。

⑩ "为鸱枭之义，以抄掠良善。""鸱枭贪残之鸟。言盗贼状如鸱枭，以抄掠于人。"（宋）夏僎：《尚书详解》卷二十五《吕刑》，《钦定四库全书》本。

⑪ "鸱贪残之鸟。"（元）吴澄：《书纂言》卷四下《吕刑》，《钦定四库全书》本。

鸱义，宋人苏轼《书传》则解说，以残暴鸷（zhì）杀为义，如后世所谓侠。① 据宋人时澜《增修东莱书说》，吕祖谦说"鸱义"是以鸱张跋扈为义，指恶为善。② 宋人蔡沉《书经集传》③ 解同吕祖谦。清帝康熙《御制日讲书经解义》说"鸱义"是以鸱张跋扈为义；又说，皆为寇贼，效鸱鸮（xiāo）之跋扈却自以为"义"。④ 宋人陈经《陈氏尚书详解》则说是以"鸱"为"义"，如"鸱枭搏击"。⑤ 元人吴澄《书纂言》解说为"以贪残为义"。⑥ 明人王樵《尚书日记》解"鸱义"，指孔氏说，为"鸱枭之义，以相夺攘"。引吕祖谦"以鸱张为义"。引郑玄"盗贼状如鸱枭"。王樵按语说，鸱枭属于阴类，"昼伏伺物而动"，获得猎物则"张"，情状与他鸟不同，用来比喻盗贼最善于"名状"。⑦

有汉孔、唐孔、宋人夏僎、元人吴澄、明人王樵解说寇贼，几无歧义，寇为抢劫，贼为杀人。寇贼，即杀人而求财。有汉孔，唐人陆德明、唐孔，宋人苏轼、林之奇、吕祖谦、夏僎、蔡沉、陈经、黄度，元人吴澄，明人王樵、梅鷟，清帝康熙解说鸱义。无本质性歧义，解说的角度不同。汉孔说是鸱枭之义；陆德明指鸱枭为恶鸟；唐孔则说鸱枭是贪残之鸟，指汉孔采用郑玄之说，盗贼状如鸱枭，"钞掠良善"，劫夺人物；宋人苏轼说，以残暴鸷杀为义，如后世所谓侠；吕祖谦说"鸱义"是以鸱张跋扈为义，指恶为善。

---

① "鸱义以鸷杀为义，如后世所谓侠也。"（宋）苏轼：《书传》卷十九《周书·吕刑第二十九》，《钦定四库全书》本。
② "鸱义者，以鸱张跋扈为义，指恶为善也。"（宋）时澜：《增修东莱书说》卷三十四《周书·吕刑第二十九》，《钦定四库全书》本。
③ "鸱义者，以鸱张跋扈为义。"（宋）蔡沉：《书经集传》卷六《吕刑》，《钦定四库全书》本。
④ "鸱义，以鸱张跋扈为义也。""皆为寇贼，效鸱鸮（xiāo）之跋扈，而自以为义。"《日讲书经解义》卷十三《吕刑》，《钦定四库全书》本。
⑤ "以鸱为义，如鸱枭搏击者。"（宋）陈经：《尚书详解》卷四十七《周书·吕刑》，《钦定四库全书》本。
⑥ "无不为寇为贼，以贪残为义，肆行不忌。"（元）吴澄：《书纂言》卷四下《吕刑》，《钦定四库全书》本。
⑦ "鸱义，孔氏云为鸱枭之义，以相夺攘。或曰鸱义以鸱张为义也。郑玄云，盗贼状如鸱枭。按，鸱枭，阴类，昼伏伺物而动，得时则张，情状异他鸟，以比盗贼最善名状也。"（明）王樵：《尚书日记》卷十六《吕刑》，《钦定四库全书》本。

2. 奸宄

有唐孔，宋人夏僎、陈经，元人吴澄、明人王樵对此作解说，几无歧义。《尚书注疏》汉孔传未解。唐孔疏解为"外奸内宄"。① 元人吴澄《书纂言》同唐孔。② 宋人夏僎《尚书详解》解为"外着之奸"，"内藏之宄"。③ 宋人陈经《陈氏尚书详解》以"为恶于内，为恶于外"，来区分奸、宄。④ 明人王樵《尚书日记》则称，在外为奸，在内为宄。⑤

3. 夺攘矫虔

有汉孔，唐孔，宋人苏轼、吕祖谦、魏了翁、夏僎、蔡沉、陈经、黄度，元人吴澄、金履祥，明人王樵，清帝康熙、清人余萧客等作解说。《尚书注疏》汉孔氏传将此段解说为，以相夺攘，矫称上命，"若固有之"，其乱严重。"夺攘"未解，只说"相夺攘"；解"矫"为"矫称上命"；"虔"为"固"。"夺"，唐孔疏解为"劫夺人物"；"攘"，"攘窃人财"。引《释诂》"虔"为"固"之解，认为，"若固有之"是说"取得人物如己自有"。⑥ 宋人魏了翁《尚书要义》引唐孔。⑦

宋人苏轼《书传》解"矫"为"诈"，"虔"为"刘"。⑧ 宋人蔡沉

---

① 疏，"外奸内宄"。（汉）孔氏传、（唐）陆德明音义、（唐）孔颖达疏《尚书注疏》卷十八《周书·吕刑》，《钦定四库全书》本。
② "外奸内宄。"（元）吴澄：《书纂言》卷四下《吕刑》，《钦定四库全书》本。
③ "为外着之奸，为内藏之宄。"（宋）夏僎：《尚书详解》卷二十五《吕刑》，《钦定四库全书》本。
④ "为恶于内，为恶于外，而为奸，为宄者。"（宋）陈经：《尚书详解》卷四十七《周书·吕刑》，《钦定四库全书》本。
⑤ "在外为奸，在内为宄。"（明）王樵：《尚书日记》卷十六《吕刑》，《钦定四库全书》本。
⑥ 传，"以相夺攘，矫称上命。若固有之，乱之甚"。"钞掠良善，劫夺人物，攘窃人财，矫称上命，以取人财，若己固自有之。然蚩尤之恶已如此矣。""《释诂》云，虔，固也，若固有之，言取得人物如己自有也。"（汉）孔氏传、（唐）陆德明音义、（唐）孔颖达疏《尚书注疏》卷十八《周书·吕刑》，《钦定四库全书》本。
⑦ "（十三）为鸱枭之义矫称上命若固有之"。（宋）魏了翁：《尚书要义》卷一，《钦定四库全书》本。
⑧ "矫，诈；虔，刘也。"（宋）苏轼：《书传》卷十九《周书·吕刑第二十九》，《钦定四库全书》本。

《书经集传》解同苏轼。① 宋人林之奇《尚书全解》解"夺攘"为"非其有而取之"。"矫虔"则引苏轼。② 宋人夏僎《尚书详解》则解"夺攘"同唐孔,"矫虔"同苏轼。③ 宋人陈经《陈氏尚书详解》解"夺攘"为"劫掠人",近似唐孔;"矫虔"为"诈取而至于虔刘杀戮",近似苏轼。④

"矫虔",据宋人时澜《增修东莱书说》,吕祖谦解为"矫伪虔刘",与苏轼相近。⑤ 宋人黄度《尚书说》解"矫"为"强","虔"为"固"。⑥

元人吴澄《书纂言》解"夺"为"横取非已之有",近似唐孔;"矫"为"强",同黄度;"虔"为"杀"。⑦ 明人刘三吾《书传会选》引元人金履祥解"矫"为"正","虔"为"刘"。此句解说为"奸恶寇攘者",须"制刑"以"矫正虔刘之"。⑧ 明人王樵《尚书日记》说,"矫虔"是"妄托上命"而"坚固为邪恶"。又引韦昭说,"强取"为"虔"。引《方言》,秦晋的北部边界,燕的北郊,称"贼"为"虔"。⑨

康熙《御制日讲书经解义》解说为"夺攘人之所有,矫诈虔刘无所

---

① "矫虔者,矫诈虔刘也。"(宋)蔡沉:《书经集传》卷六《吕刑》,《钦定四库全书》本。
② "夺攘者,谓非其有而取之也。矫虔,苏氏曰,矫诈虔刘也。"(宋)林之奇:《尚书全解》卷三十九《吕刑·周书》,《钦定四库全书》本。
③ "为劫夺,为攘窃,为矫诈之计,以虔刘杀害于人。"(宋)夏僎:《尚书详解》卷二十五《吕刑》,《钦定四库全书》本。
④ "夺攘以劫掠人者;矫虔以诈取而至于虔刘杀戮者。"(宋)陈经:《尚书详解》卷四十七《周书·吕刑》,《钦定四库全书》本。
⑤ "矫虔者,矫伪虔刘之谓也。"(宋)时澜:《增修东莱书说》卷三十四《周书·吕刑第二十九》,《钦定四库全书》本。
⑥ "矫,强;虔,固。"(宋)黄度:《尚书说》卷七《周书·吕刑》,《钦定四库全书》本。
⑦ "横取非已之有,曰夺;矫,强;虔,杀。"(元)吴澄:《书纂言》卷四下《吕刑》,《钦定四库全书》本。
⑧ "仁山金氏曰矫正也虔刘也谓奸恶寇攘者须制刑以矫正虔刘之也。"(明)刘三吾:《书传会选》卷六《吕刑》,《钦定四库全书》本。
⑨ "妄托上命而坚固为邪恶,曰矫虔。(韦昭曰,强取为虔。方言。秦晋之北鄙,燕之北郊,谓贼为虔。)"(明)王樵:《尚书日记》卷十六《吕刑》,《钦定四库全书》本。

不至"。① 与林之奇近似。清人余萧客《古经解钩沉》解"攘"为"有因而盗","拑虔"为"挠扰"。引《春秋传》"虔刘我边陲",说指"劫夺人物以相挠扰"。②

以上为"夺攘矫虔"的解说。"夺攘",无大的歧义。按唐孔所解"夺",即抢夺;"攘",即窃盗。宋人林之奇解"夺攘"为"非其有而取之"显得比较模糊。"矫虔"则有歧义。"矫",汉孔解为"矫称上命";宋人苏轼则为"诈";吕祖谦为"伪";黄度为"强";元人金履祥为"正"。"虔",汉孔为"固";唐孔引《释诂》疏为"取得人物如己自有";宋人苏轼为"刘"。

4. 叙评

此句实际上是与上句连接的长句。吕祖谦、林之奇认为是全面反映平民为恶的情状。寇为抢劫,贼为杀人,几无歧义。鸱义仅为解说的角度不同。汉孔说是鸱枭之义。鸱枭或解为恶鸟,或为贪残之鸟。鸱义或说"以残暴鸷杀为义",或"以鸱张跋扈为义"。奸宄,亦无歧义,均说是内奸外宄。夺,则为抢夺。攘则为窃盗。"矫"有"矫称上命"、"诈"、"伪"、"强"、"正"之说。"虔"有"固"、"刘"之别。

笔者以为,此句相对简单。宋人吕祖谦、林之奇说全面反映平民为恶的情状,可为善解。寇贼为杀人抢劫。"寇贼鸱义"连解,吕祖谦的"以鸱张跋扈为义",与文义稍嫌不符。唐孔的鸱枭是贪残之鸟说法可取。与苏轼"以残暴鸷杀为义"综合则可为善解。内奸外宄,为非作歹,应指后文"夺攘矫虔"。夺为抢夺,攘为窃盗。对"矫"的解说,"矫称上命"、"强"、"正"与文义不符。宋人苏轼的"诈"、吕祖谦的"伪",可为善解,即造伪欺诈。对"虔"的解说,"刘"与文义不符,"刘"为杀人,与"贼"重叠。汉孔解为"固",唐孔疏为"取得人物如己自有",可为善解,

---

① "夺攘人之所有,矫诈虔刘无所不至。"《日讲书经解义》卷十三《吕刑》,《钦定四库全书》本。
② "有因而盗曰攘;拑虔谓挠扰。《春秋传》虔刘我边陲,谓劫夺人物以相挠扰也。(郑注周礼疏二十六)"(清)余萧客:《古经解钩沉》卷四《吕刑》,《钦定四库全书》本。

即仗势侵夺。此句递次述说夺人财物的种种情状。故而，此句可解释为：

无不抢劫杀人，并以残暴鸷杀为义，自为侠客；内奸外宄，为非作歹，抢夺窃盗，造伪欺诈，仗势侵夺。有鉴于此，除非用刑予以惩治，否则罪恶就无从遏绝。刑罚的产生实际上是从此开始的。

（三）苗民弗用灵制以刑，惟作五虐之刑曰法

有汉孔，唐孔，宋人苏轼、林之奇、吕祖谦、魏了翁、夏僎、黄度、蔡沉、陈经，元人吴澄，明人王樵、郑晓，清帝康熙、清人余萧客解说此句。宋人林之奇《尚书全解》评论说，古训叙述苗民因虐刑而"遏绝其世"，不可以不"鉴戒"。而苗民之恶则习于蚩尤，所以"先言蚩尤，而后言苗民"。① 康熙《御制日讲书经解义》说此句与后两句是举苗民的"淫刑以为戒"。②

1. 苗民弗用灵制以刑

《尚书注疏》汉孔氏传将此段解说为，三苗之君"习"蚩尤之恶，不用善来"化民"，而"制"以重刑。解"苗民"为"三苗之君"；"灵"为"善"；"刑"为"重刑"。并说，三苗的君主，"顽凶若民"。蚩尤为黄帝所灭，而三苗为帝尧所诛。《吕刑》是说二者"异世而同恶"。③ 宋人黄度《尚书说》只是说，三苗之君不能以善"率"民，而"不胜"，即难以承受其乱，于是"悉"制以刑。近于汉孔，但对刑未作解说。④ 明人王樵《尚书日记》说三苗之君"习"蚩尤之恶，不用善来"化民"，而

---

① "此言苗民以虐刑而遏绝其世，不可以不鉴戒。而苗民之恶则习于蚩尤，故先言蚩尤，而后言苗民也。"（宋）林之奇：《尚书全解》卷三十九《吕刑·周书》，《钦定四库全书》本。

② "此一节是举苗民之淫刑以为戒也。"《日讲书经解义》卷十三《吕刑》，《钦定四库全书》本。

③ "传，三苗之君习蚩尤之恶，不用善化民，而制以重刑。""三苗之主，顽凶若民。""蚩尤，黄帝所灭；三苗，帝尧所诛，言异世而同恶。"（汉）孔氏传、（唐）陆德明音义、（唐）孔颖达疏《尚书注疏》卷十八《周书·吕刑》，《钦定四库全书》本。

④ "至三苗之君，弗能以善率民，不胜其乱，悉制以刑。"（宋）黄度：《尚书说》卷七《周书·吕刑》，《钦定四库全书》本。

"制"以刑法。近似汉孔，但较为简略。王樵将"苗君"称为"苗民"，却不认同汉孔，而解为"民"，认为，大概是古时候的"上、下"的通称，因此，汉孔所说的"凶顽若民"而称之为"民"是不对的。①

唐孔疏解"灵"为"善"。指"三苗之国君"在"高辛氏之末"。推论说，上说蚩尤之恶，随即以苗民继之，从而得知《吕刑》措辞的含义是三苗之君习蚩尤之恶。引郑玄说苗民即九黎之后，并引证三苗之君历次被诛，认为是穆王厌恶其"三生凶德"，而称之为"民"。又强调汉孔只说"异世同恶"，而不说三苗是蚩尤的子孙。② 宋人魏了翁《尚书要义》引唐孔，说三苗"凡三为恶"，郑玄以"苗为黎后"与汉孔"异"。③ 宋人夏僎《尚书详解》转述唐孔，但指在"尧舜之时"；"吕侯斥之为苗民"；"三苗，九黎之后；九黎，蚩尤之后。元元本本实一种"。④

宋人苏轼《书传》解说为，蚩尤既"倡"民为奸，苗民又不肯用善政。所以指摘此二人作为乱政的开始。⑤ 宋人蔡沉《书经集传》解说简

---

① "又言三苗之君袭蚩尤之恶。灵，善也。不用善化民，而制以刑法。""苗君而谓之苗民，民，盖古者上下之通称。孔氏谓凶顽若民，故谓之民，非也。"（明）王樵：《尚书日记》卷十六《吕刑》，《钦定四库全书》本。
② 疏，"至于高辛氏之末，又有三苗之国君，习蚩尤之恶，不肯用善化民，而更制重法"。"上说蚩尤之恶，即以苗民继之，知《经》意言，三苗之君习蚩尤之恶。灵，善也。不用善化民，而制以重刑。""如《史记》之文，蚩尤，黄帝所灭。下句所说，三苗，帝尧所诛。《楚语》云，三苗复九黎之恶，是异世而同恶也。郑玄以为，苗民即九黎之后，颛顼诛九黎，至其子孙为三国。高辛之衰，又复九黎之恶，尧兴又诛之。尧末又在朝，舜臣尧又窜之；后禹摄位，又在洞庭逆命，禹又诛之。穆王深恶此族三生凶德，故著其恶，而谓之民。孔惟言异世同恶，不言三苗是蚩尤之子孙。""韦昭云，三苗，炎帝之后诸侯共工也。三苗之主，实国君也。顽凶若民，故谓之苗民。"（汉）孔氏传、（唐）陆德明音义、（唐）孔颖达疏《尚书注疏》卷十八《周书·吕刑》，《钦定四库全书》本。
③ "（十五）三苗凡三为恶郑为苗为黎后与孔异"。（宋）魏了翁：《尚书要义》卷一，《钦定四库全书》本。
④ "其后至于尧舜之时，有三苗国君稔恶尤甚，故吕侯斥之为苗民。郑玄谓苗民即九黎之后，颛顼诛九黎，其子孙为三国；高辛之衰，又复九黎之恶，尧兴又诛之；尧末又在朝；舜臣尧又窜之。后禹摄位，又在洞庭逆命，禹又诛之。穆王深恶此族三世凶德。故斥其恶而谓之民。由此言之，则三苗，九黎之后；九黎，蚩尤之后。元元本本实一种也。蚩尤既作，苗民继之，又不用善以化民，惟一切制之以刑。"（宋）夏僎：《尚书详解》卷二十五《吕刑》，《钦定四库全书》本。
⑤ "蚩尤既倡民为奸，苗民又不用善。……故举此二人以为乱始。"（宋）苏轼：《书传》卷十九《周书·吕刑第二十九》，《钦定四库全书》本。

略，苗民"承"蚩尤之"暴"，不用"善"而制以刑。① 元人吴澄《书纂言》同蔡沉。②

元人吴澄《书纂言》虽解"苗民"为"三苗之君"，却另有论说，指其地处"蛮獠"，而"擅自长雄"，"君其国"并非"受天子命而为诸侯"，其实只是一个平民。③《钦定书经传说汇纂》引明人郑晓（1499~1566 年），说，黄帝在北方边境地区"涿鹿之野"灭蚩尤，而九黎、三苗皆为"南蛮"，因此"蚩尤、九黎非一种"。④

清帝康熙《御制日讲书经解义》认为，苗民是帝舜时的三苗。解"灵"作"善"。康熙说，穆王称五刑自古有之，然而是用来"惩乱"，并非用以"虐民"的。自蚩尤为暴，而苗民承其余习，不用善以劝导其民，而只用刑以"威其众"。⑤ 清人余萧客《古经解钩沉》则称苗民"为"九黎之君"，认为，九黎之君在少昊衰弱之时，"弃善道"，"上效"蚩尤重刑。而改"九黎"称"苗民"是由于"有苗"是"九黎"之后，颛顼代少昊诛九黎，分流其子孙居于西裔。余萧客亦如唐孔引证三苗之君历次被诛，认为是穆王厌恶其"三生凶恶"，而称之为"民"。但解"民者"为"冥"，说是"未见仁道"。⑥

宋人林之奇《尚书全解》亦解"苗民"为"三苗之君"。又说，讲"苗民"，就像讲"殷人、周人"，大概是总括一国而言。林之奇解"灵"

---

① "苗民承蚩尤之暴，不用善而制以刑。"（宋）蔡沉：《书经集传》卷六《吕刑》，《钦定四库全书》本。

② "苗民承蚩尤之暴，不用善，而制以刑。"（元）吴澄：《书纂言》卷四下《吕刑》，《钦定四库全书》本。

③ "苗民，三苗之君也。蛮獠之处，擅自长雄，虽君其国，非受天子命而为诸侯也。其实一民而已。"（元）吴澄：《书纂言》卷四下《吕刑》，《钦定四库全书》本。

④ "郑氏晓曰，考黄帝灭蚩尤于涿鹿之野，在北鄙。南蛮多黎种。九黎三苗皆南蛮。蚩尤、九黎非一种也。"《钦定书经传说汇纂》卷二十一，《钦定四库全书》本。

⑤ "苗民，舜时三苗也。灵解作善。""穆王曰五刑自古有之，然以惩乱，非以虐民。自蚩尤为暴而苗民承其余习，不用善以导其民，而惟用刑以威其众。"《日讲书经解义》卷十三《吕刑》，《钦定四库全书》本。

⑥ "苗民，谓九黎之君也。九黎之君于少昊衰而弃善道，上效蚩尤重刑。必变九黎言苗民者，有苗九黎之后，颛顼代少昊诛九黎，分流其子孙为居于西裔。三苗至高辛氏之衰，又复九黎之君恶，尧兴又诛；尧末又在朝，舜又窜之。后王深恶此族三生凶恶，故著其氏而谓之民。民者，冥也，言未见仁道。同（朱校宋本礼记疏六十二）。"（清）余萧客：《古经解钩沉》卷四《吕刑》，《钦定四库全书》本。

为"善"。又说,"灵制"即所谓"祥刑"。苗民因习蚩尤之恶,不能用先王善制来用刑。① 此断句不同。宋人陈经《陈氏尚书详解》亦说"苗民",即"三苗之君"。认为"先儒"将三苗视为蚩尤之后,此说"未可知"。陈经断句同林之奇,解"灵"为"善","灵制"连解为"善制"。并对"善制"作进一步解说。陈经以为,"民"既然"寇贼、鸱义、奸宄、夺攘矫虔",那么对其制裁,不免要用刑。而采用"善制之刑",将使民知"去不善"而"为善",于是就"无恶可用刑"。而今,苗民却不用"灵制之刑"。②

"苗民弗用灵",据宋人时澜《增修东莱书说》,吕祖谦解说为由于蚩尤"恶力之盛","民皆化之",所以虽然被黄帝"剪绝于涿鹿",而余毒遗孽"复"为"苗民",覆出为恶,"弗用灵善"。吕祖谦确认了苗民为蚩尤之后,解"灵"为"善"。"制以刑",吕祖谦解说为,"圣人不得已,制刑法以治之"。③

以上是此段的解说。苗民,汉孔解为三苗之君。此后,大多认同,但解说方式和角度有所差异。汉孔说其"顽凶若民"。唐孔疏说,穆王厌其数次为恶,称之为民。元人吴澄指称其地处"蛮獠",而"擅自长雄"并非诸侯实为平民。王樵指说"民"大概是古时候的"上、下"的通称。清人余萧客解"民者"为"冥",说是"未见仁道"。唐孔引郑玄为三苗九黎之后。宋人夏僎称三苗九黎之后,九黎蚩尤之后,实为一种。宋人陈经称将三苗视为蚩尤之后,此说"未可知"。明人郑晓说,蚩尤灭于北方,而九黎、三苗皆为"南蛮",并非一种。汉孔指三苗为帝尧所诛;宋人夏僎指在"尧舜之时";清帝康熙说是帝舜时。"灵",汉孔解为"善",

---

① "苗民,三苗之君。其曰苗民,亦犹言殷人、周人,盖统一国而言之也。灵,善也。灵制即所谓祥刑也。苗民习蚩尤之恶,不能用先王善制以刑。"(宋)林之奇:《尚书全解》卷三十九《吕刑·周书》,《钦定四库全书》本。

② "苗民即三苗之君。先儒以为蚩尤之后,此未可知。民既寇贼鸱义奸宄夺攘矫虔,则其制之者不免于用刑。灵,善也,以善制之刑而用之,使民知去不善而为善,则亦无恶可用刑也。今也苗民却不用灵制之刑。"陈经:《尚书详解》卷四十七《周书·吕刑》,《钦定四库全书》本。

③ "惟蚩尤恶力之盛,民皆化之。故虽剪绝于涿鹿,而余毒遗孽复为苗民,覆出为恶,弗用灵善。所以圣人不得已,制刑法以治之。"(宋)时澜:《增修东莱书说》卷三十四《周书·吕刑第二十九》,《钦定四库全书》本。

几无歧义。宋人苏轼说是善政。大多解说为以善劝导平民。"刑",汉孔解为"重刑",大多未解。

宋人林之奇、陈经"灵制"连解,即所谓"祥刑"、"善制"。林之奇说,苗民因习蚩尤之恶,不能用先王的善制来用刑。陈经以为,"民"既然为恶,那么对其制裁,不免于要用刑,而采用"善制之刑",将使民知"去不善"而"为善",于是就"无恶可用刑"。苗民却不用"灵制之刑"。

吕祖谦则说,"苗民"是蚩尤的余毒遗孽,复出为恶,而"弗用灵善",圣人不得已,制刑法以治之。

2. 惟作五虐之刑曰法

《尚书注疏》汉孔氏传解"曰法"为"自谓得法"。此段解说为,"惟为五虐之刑",自谓得法。唐孔疏说学蚩尤,无节制地用"五刑"裁决刑案,即"虐为之",而不必皋陶"五刑"之外另有"五刑"。"曰法"是指苗民自称所做得法,企图使平民遵行而畏惧。① 宋人魏了翁《尚书要义》引唐孔。②

宋人苏轼《书传》解"曰法"为"谓之法"。苏轼认为在苗民以前未有人作五虐之刑。③ 宋人黄度《尚书说》解说近于苏轼,解"曰法"为"命之曰法"。又说"五虐"是指"劓刵椓黥","古亦无之"。④ "曰法",宋人蔡沉《书经集传》简略解说为"名之曰法";"五虐"未解。⑤ 康熙《御制日讲书经解义》解说为,选用五刑而"虐用"之,名之为"法"。⑥

---

① 传,"惟为五虐之刑,自谓得法"。疏,"惟作五虐之刑,乃言曰此得法也"。"学蚩尤,制之用五刑而虐为之,故为五虐之刑,不必皋陶五刑之外别有五也。曰法者,述苗民之语,自谓所作得法,欲民行而畏之。"(汉)孔氏传、(唐)陆德明音义、(唐)孔颖达疏《尚书注疏》卷十八《周书·吕刑》,《钦定四库全书》本。
② "(十四)作五虐之刑曰法自谓得法。"(宋)魏了翁:《尚书要义》卷一,《钦定四库全书》本。
③ "五虐之刑,而谓之法……自苗民以前亦未有作五虐之刑者。"(宋)苏轼:《书传》卷十九《周书·吕刑第二十九》,《钦定四库全书》本。
④ "劓刵椓黥是为五虐,古亦无之,而苗民命之曰法。"(宋)黄度:《尚书说》卷七《周书·吕刑》,《钦定四库全书》本。
⑤ "惟作五虐之刑,名之曰法。"(宋)蔡沉:《书经集传》卷六《吕刑》,《钦定四库全书》本。
⑥ "举五刑而虐用之,名之曰法。"《日讲书经解义》卷十三《吕刑》,《钦定四库全书》本。

与蔡沉近似。

宋人林之奇《尚书全解》解"曰法"为"自以为法当如是",即依法处治;认为先王的灵制,也是"五"。但苗民以"虐"作之,又"淫"为之,所以称为"弗用灵制以刑"。林之奇同苏轼,亦说,自苗民之前未有为"虐刑",虐刑始自苗民。①

宋人夏僎《尚书详解》认为,在五刑之中,"更加惨虐",称之为"五虐之刑"。五刑,是"先王之制","意在防民"。过度用刑,"皆残忍之为"。而苗民"越法制刑",竟改称为"法",以此杀戮无罪之人。大概是非法杀人,才另自称"其得制法之意"。只有苗民"作五虐之刑"。同时夏僎认为,林之奇"弗用灵制以刑"一说"亦通"。② 宋人陈经《陈氏尚书详解》解释"五虐之刑"说,即"墨劓剕宫大辟"不是以"善"而是以"虐"用之,因此显得"惨酷残忍",此解近似唐孔。"曰法"解为"自以为法当如此",同林之奇。③

元人吴澄《书纂言》认为,五虐之刑比旧五刑更加酷虐;而"曰法",是指"非法"而"为之法"。吴澄强调说是"改作"五虐之刑"为法",大辟既施于无罪,而又"过为"四者深刻之刑。④ 明人王樵《尚书日记》亦说,称"五虐",指用五刑而"虐"为之,而在不必常刑之外另有五刑。此同唐孔。而"曰法",指"非法而谓之法"。此同吴澄。⑤

---

① "惟作五虐之刑,自以为法当如是。""先王之灵制,亦是五者而已。但苗民以虐作之,又淫为之也,故为弗用灵制以刑也。自苗民之前未有为是虐刑,虐刑自苗民始也。"(宋)林之奇:《尚书全解》卷三十九《吕刑·周书》,《钦定四库全书》本。
② "于是以五刑之中,更加惨虐,谓之五虐之刑。夫五刑,先王之制,意在防民。过之者,皆残忍之为。今苗民越法制刑,乃更曰法,以此杀戮无罪之人。盖非法杀人,乃更自谓其得制法之意也。""惟其作五虐之刑。""一说以苗民弗用灵制以刑。总为一句,谓有善制而苗民弗用以为刑,乃作五虐,自谓之法,此说亦通。"(宋)夏僎:《尚书详解》卷二十五《吕刑》,《钦定四库全书》本。
③ "惟作五虐之刑,即墨劓剕宫大辟,不以善用之,而以虐用之,则其惨酷残忍可知,方且自以为法当如此。"(宋)陈经:《尚书详解》卷四十七《周书·吕刑》,《钦定四库全书》本。
④ "五虐之刑,比旧五刑更加酷虐也。曰法,非法而为之法也。""改作五虐之刑为法,大辟既施于无罪,而又过为四者深刻之刑。"(元)吴澄:《书纂言》卷四下《吕刑》,《钦定四库全书》本。
⑤ "惟作五虐之刑。曰五虐者,用五刑而虐为之,不必常刑之外别有五也。曰法者,非法而谓之法也。"(明)王樵:《尚书日记》卷十六《吕刑》,《钦定四库全书》本。

二　古训（上）

　　以上为此段的解说。"五虐之刑"，唐孔说，不必皋陶"五刑"之外另有"五刑"，而是苗民"虐为之"。认同的有宋人林之奇、魏了翁、陈经，明人王樵，清帝康熙。宋人苏轼认为在苗民以前未有人作五虐之刑，意思比较模糊。黄度指"五虐"即下文"劓刵椓黥"，说"古亦无之"。夏僎称苗民"越法制刑"。元人吴澄说五虐之刑比旧五刑更加酷虐。今人刘起釪在《尚书校释译论》中亦说为苗民所创。①

　　"曰法"，汉孔氏传解为"自谓得法"，唐孔虽疏解，仍意思不明，宋人魏了翁引唐孔。宋人苏轼称"谓之法"，近似的有宋人黄度、蔡沉和清帝康熙。宋人林之奇称"自以为法当如是"，认同的有宋人陈经。宋人夏僎指，自称"其得制法之意"。元人吴澄指"非法而谓之法"，认同的有明人王樵。

3. 叙评

　　宋人林之奇、清帝康熙认为此句以苗民的"虐刑"或"淫刑"为戒。苗民有两解，除宋人吕祖谦说"苗民"是蚩尤的余毒遗孽复出为恶外，大多认同为三苗之君，但解说方式和角度有所差异，或说"顽凶若民"，或说"擅自长雄"的平民，或说古时"上、下"的通称，或解为"冥"，说"未见仁道"。有称三苗为九黎之后，有称三苗九黎之后，九黎蚩尤之后，实为一种。又有说蚩尤灭于北方，而九黎、三苗皆为"南蛮"，并非一种。或指三苗为帝尧所诛，或在尧舜时，或在帝舜时。

　　"灵"解为"善"，几无歧义，但断句不同。大多以"灵"为断，指三苗之君不用善政劝导平民，而制以刑。另有"灵制"连解，即所谓"祥刑"、"善制"，指三苗之君不能用先王的善制来用刑。

　　"五虐之刑"，一说，不必皋陶"五刑"之外另有"五刑"，而是三苗之君"虐为之"；一说指三苗之君制"五虐"之刑，或说"古亦无之"，或说"越法制刑"，或说五虐之刑比旧五刑更加酷虐。"曰法"，有"自谓得法"，"谓之法"，"自以为法当如是"，"自谓其得制法之意"，"非法而

---

①　顾颉刚、刘起釪:《尚书校释译论》第4册，中华书局，2005，第1941页。

谓之法"诸解。

笔者以为，此句应从全文的着眼点来理解。蚩尤和苗民是互相衔接的两个阶段。上文讲述蚩尤作乱，重在引出制刑的缘由。蚩尤之乱，导致平民仿效为恶，唯有以刑遏制。此句以苗民的"虐刑"或"淫刑"为戒，宋人林之奇、清帝康熙的论点得当。所谓借鉴，即后文的"罔差有辞"。叙述苗民"虐刑"，旨在为其赎刑的推行作理论上的铺垫。汉孔关于蚩尤、苗民"异世而同恶"之说与文义不符。汉孔的苗民为三苗之君，得到多数经学家的认同，至于为何称为苗民，难以查考，可不予深究。三苗是否九黎之后，以及九黎是否蚩尤之后，本为神话，自当以神话对待。今人刘起釪在《尚书校释译论》一书中搜集大量有关九黎、三苗的神话和文献资料，可以参阅。①

从全文文义而言，宋人林之奇、陈经"灵制"连解最善，与后文的德刑相呼应。尤其是陈经之说，即用"善制之刑"，将使民知"去不善"而"为善"，而"无恶可用刑"。苗民不用"灵制之刑"，正是《吕刑》一文欲借以为鉴的。由此，唐孔的不必皋陶"五刑"之外另有"五刑"之说可采，苗民仅是"虐用"而已。"曰法"则汉孔"自谓得法"可采，但林之奇"自以为法当如是"更善。故而，此句可解说为：

五帝之时，采用善制之刑，劝导平民去恶为善，以期无可用刑，而三苗之君不用先王之制，滥用五刑，却自称依法处治。

（四）杀戮无辜，爰始淫为劓、刵、椓、黥

此句和后一句，实际上为一长句，讲述苗民滥刑的情状。此句为刑罚的内容。

1. 杀戮无辜

此段有汉孔，唐孔，宋人林之奇、蔡沉、陈经，元人吴澄，明人王樵，清帝康熙解说。《尚书注疏》汉孔氏传将此段解说为，敢于施行"虐

---

① 顾颉刚、刘起釪：《尚书校释译论》第4册，中华书局，2005，第1934~1938页。

刑",以杀戮无罪。解"辜"为"罪"。唐孔未作疏解,仅转述而已。①宋人林之奇《尚书全解》②、蔡沉《书经集传》③同此。宋人陈经《陈氏尚书详解》解说为不仅杀戮有罪,而且无辜之民亦被其杀戮。④元人吴澄《书纂言》指"杀戮"为"大辟"。⑤明人王樵《尚书日记》解说"杀戮"为"大辟",同吴澄。此段解为"杀戮无罪之人",同汉孔。⑥清帝康熙《御制日讲书经解义》解为,杀戮无辜之人。⑦

以上诸说,无大的歧义,所解相同或近似。其中元人吴澄、明人王樵解"杀戮"为"大辟"。此段均解为杀戮无辜之人。

2. 爰始淫为劓、刵、椓、黥

有汉孔,唐孔,宋人苏轼、林之奇、吕祖谦、夏僎、蔡沉、陈经,元人吴澄、陈栎、许谦,明人王樵,清帝康熙解说此段。《尚书注疏》汉孔氏传将此段解说为,于是,开始大肆截人耳鼻、椓阴、黥面,以加无辜,所以称为"五虐"。解"淫"为"大";"劓(yì)"为"截鼻";"刵(èr)"为"截耳";"椓(zhuó)"为"椓阴";"黥(qíng)"为"黥面"。唐孔疏引《释诂》解"淫"为"大"。说椓阴,即宫刑也。黥面即墨刑。引《康诰》周公戒康叔说"无或劓刵人",认为周世有劓刵之刑,非苗民别造此刑。用以加罪于无辜,所以称"五虐"。并引郑玄的解说。刵,断耳。劓,截鼻。椓,椓破阴。黥,羁黥人面。苗民大肆采用这四种刑罚,是指其用刑异常深刻,与皋陶所作不同。唐孔推论,郑玄的意思大概是:

---

① 传,"敢行虐刑,以杀戮无罪"。疏,"杀戮无罪之人"。"不于上经为传者,就此恶行解之,以其顽凶,敢行虐刑,以杀戮无罪。"(汉)孔氏传、(唐)陆德明音义、(唐)孔颖达疏《尚书注疏》卷十八《周书·吕刑》,《钦定四库全书》本。
② "以是而杀戮无罪之人。"(宋)林之奇:《尚书全解》卷三十九《吕刑·周书》,《钦定四库全书》本。
③ "以杀戮无罪。"(宋)蔡沉:《书经集传》卷六《吕刑》,《钦定四库全书》本。
④ "不惟有罪者杀戮之,至于无辜之民亦被其杀戮。"陈经:《尚书详解》卷四十七《周书·吕刑》,《钦定四库全书》本。
⑤ "杀戮,大辟也。"(元)吴澄:《书纂言》卷四下《吕刑》,《钦定四库全书》本。
⑥ "杀戮,大辟也。淫过也。杀戮无罪之人。"(明)王樵:《尚书日记》卷十六《吕刑》,《钦定四库全书》本。
⑦ "以杀戮无辜之人。"《日讲书经解义》卷十三《吕刑》,《钦定四库全书》本。

截耳截鼻，大多截除；而椓阴苦于去势；黥面甚于墨额。汉孔或者也是此意。① 宋人林之奇《尚书全解》解说与汉孔同。②

宋人苏轼《书传》解为，只要有过错，就施予劓鼻、刵耳、椓"窍"、黥面、杀戮之刑。③ 宋人夏僎《尚书详解》解说，本来"劓刵椓黥"，都是先王之制所不免，苗民却过度采用，所以称之为"爰始淫为劓刵椓黥"，大概是不遵循"中制"，而过于惨酷。夏僎亦引郑玄"劓刵则刀截之，椓阴苦于去势，黥面甚于墨额"的提法，认为这是被称为"淫为"的原因。④ 宋人陈经《陈氏尚书详解》解"爰始淫为劓刵椓黥"说：劓，去鼻；刵，截耳；椓，去势；黥，刻额。而此四者以"淫过"而用之，是自苗民开始。⑤

宋人蔡沉《书经集传》解"爰"为"于是"；"淫"为"过为"；"椓"为"椓窍"；"黥"为"黥面"。⑥ 清帝康熙《御制日讲书经解义》所解近似，并称其滥用。⑦

---

① 传，"于是，始大为截人耳鼻、椓阴、黥面，以加无辜，故曰'五虐'"。疏，"于是始大为四种之刑，刵截人耳，劓截人鼻，椓劚（zhuó）人阴，黥割人面"。"《释诂》云，淫，大也。于是大为截人耳鼻，椓阴，黥面。苗民为此刑也。椓阴，即宫刑也。黥面即墨刑也。《康诰》周公戒康叔云，无或劓刵人，即周世有劓刵之刑，非苗民别造此刑也。以加无辜，故曰五虐。郑玄云，刵，断耳。劓，截鼻。椓，谓椓破阴。黥，谓羁黥人面。苗民大为此四刑者，言其特深刻，异于皋陶之为。郑意盖谓，截耳截鼻，多截之；椓阴苦于去势；黥面甚于墨额。孔意或亦然也。"（汉）孔氏传、（唐）陆德明音义、（唐）孔颖达疏《尚书注疏》卷十八《周书·吕刑》，《钦定四库全书》本。

② "于是始大为劓、刵、椓、黥也。劓，截鼻；刵，断耳；椓，椓阴；黥，黥面。不言刺者，可以互见也。盖五虐之刑，即劓刵椓黥。"（宋）林之奇：《尚书全解》卷三十九《吕刑·周书》，《钦定四库全书》本。

③ "但过，作劓鼻、刵耳、椓窍、黥面、杀戮。"（宋）苏轼：《书传》卷十九《周书·吕刑第二十九》，《钦定四库全书》本。

④ "故劓刵椓黥，皆先王之制所不免，而苗民乃过为之，故谓之爰始淫为劓刵椓黥，盖不循中制，而过为惨酷。郑玄谓劓刵则刀截之，椓阴苦于去势，黥面甚于墨额。其刑所以谓之淫为也。"（宋）夏僎：《尚书详解》卷二十五《吕刑》，《钦定四库全书》本。

⑤ "爰始淫为劓刵椓黥，劓，去鼻也；刵，截耳也；椓，去势也；黥，刻额也。此四者以淫过而用之，自苗民始也。"（宋）陈经：《尚书详解》卷四十七《周书·吕刑》，《钦定四库全书》本。

⑥ "于是，始过为劓鼻刵耳椓窍黥面之法。"（宋）蔡沉：《书经集传》卷六《吕刑》，《钦定四库全书》本。

⑦ "爰始过为劓鼻刵耳椓窍黥面之刑，而滥用之。"《日讲书经解义》卷十三《吕刑》，《钦定四库全书》本。

元人吴澄《书纂言》指"劓刵"皆"劓辟";而不言"荆（fēi）辟",是"包于劓宫"。也有人说"刖"字误为"刵";"椓","宫辟";"黥","墨辟"。① 明人王樵《尚书日记》解"淫"为"过"。此段解说为,于是,始过为四种之刑。劓,截人鼻;刵,截人耳;椓,刵人阴;黥,刺人面。此与宋人蔡沉同。而明人王樵又解"椓"即"宫辟","黥"即"墨辟","劓刵"皆"劓辟",而"不言荆辟",有人说"刖"字误为"刵"。此同吴澄。王樵强调,并非苗民创始造出此刑,而只是苗民开始过度"用之",以加于无罪,因此称为"五虐之刑"。②

据宋人时澜《增修东莱书说》,吕祖谦长篇评论,认为,这是穆王"推原"刑罚产生的起因。在开天辟地之初,有善而无恶,有德而无刑。随后,反善而有恶,惩恶而有刑。大概是苗民"先创作""五虐之刑",自号为"法",以杀戮无辜,始"过为"劓刵椓黥之制。因此圣人"不得已",用其所"自为"之刑而"还以治之"。于是,刑辟就产生了。③

宋人陈经《陈氏尚书详解》亦有长篇评论,结论近似吕祖谦,说法却不同。陈经说,穆王指用刑"起初"皆起源于有苗而并非圣人本心如此。从两个"始"字来看,可见蚩尤为"作乱"之始,而苗民为"淫刑"之始。后世用"肉刑"以此为本源,即皋陶的五刑来自于此。虽然根据春秋之义,任用贤人而惩治品行不端,不"以乱易乱"。苗民使用"劓刵椓黥",这是苗民之过。尧舜在上,既治苗民之罪,那么,为何仿效苗民

---

① "劓刵皆劓辟,不言荆辟者,包于劓宫。或曰刖字误为刵。椓,宫辟;黥,墨辟。"（元）吴澄:《书纂言》卷四下《吕刑》,《钦定四库全书》本。

② "淫过也。于是,始过为四种之刑。劓,截人鼻;刵,截人耳;椓,刵人阴;黥,刺人面。椓即宫辟;黥即墨辟;劓刵皆劓辟;不言荆辟者,或曰刖字误为刵也。非苗民始造此刑,苗民始过用之,以加于无罪,所谓五虐之刑也。"（明）王樵:《尚书日记》卷十六《吕刑》,《钦定四库全书》本

③ "此穆王推原其刑之所由起也。元者,善之长。开辟之元,有善而无恶,有德而无刑。反善而有恶,惩恶而有刑。用刑之端,初不始于圣人也。惟作五虐之刑曰法,杀戮无辜,爰始淫为劓刵椓黥,此言非特刑之端不始于圣人。至于刑之事,亦非始于圣人。盖苗民先创作五虐之刑,自号为法,杀戮无辜,始过为劓刵椓黥之制。故圣人不得已,用其所自为者,还以治之。于是刑辟兴焉。使苗民未创为五虐之法,非惟圣人不忍开此端,断割屠剥之惨,泰和生育中亦不容有此端也。"（宋）时澜:《增修东莱书说》卷三十四《周书·吕刑第二十九》,《钦定四库全书》本。

的过失而肉刑？仔细思考，民既然做"寇贼、鸱义、奸宄、夺攘矫虔"之事，那么不可不以刑治惩治。苗民已经创出"劓刵椓黥"之刑，此刑就难以废除。废除刑罚就会助长奸恶，而导致"天下之乱"。只是尧舜之刑，虽与苗民相同，而用刑方式，却与苗民不同。陈经认为不同在三个方面：（1）苗民之刑是"所用"之刑；尧舜之刑是"不用"之刑。（2）苗民之刑是"淫虐"之刑；尧舜之刑是"防为恶，驱民为善"之刑。（3）苗民之刑是"杀戮无辜"之刑；而尧舜之刑是"原情定罪，轻重各有差等"之刑。陈经强调，圣人并非不想去除此刑，只是依照情势"欲去之而不可"。陈经说，在汉文帝除肉刑之后，那些议论的人，不深究圣人之所以不得已用肉刑之意，而一心一意想恢复"肉刑之法"，将此视为复古。陈经慨叹，先王创建的"井田封建"属于"良法美意"，原本指望后人遵守不要更替，至今却"泯没无余"。而对于先王"所不得已"而用的刑罚，一心一意想求取复古之名，岂不是有失古人之意？陈经认为穆王在此，想要叙述"尧舜之事"，就先从初始处说起。①

元人陈栎《书集传纂疏》认为吕氏不对。《舜典》诛及四凶，苗就是其中之一，说明五刑由来已久。岂有苗民始作五刑，舜乃效尤用之之理。引《左传》"郑杀邓析而用其竹刑"受讥之例。舜不可能"窜"三苗而用其法。"作五虐之刑，淫为劓刵椓黥"，既称"虐"与"淫"，可见并非"古五刑"，一定是"暴虐淫过用之"，诸如，纣之炮烙剖心，孙皓之凿人

---

① "穆王言用刑起初皆本有苗，非圣人本心如此。""观此二始字，见蚩尤为作乱之始，而苗民为淫刑之始。后世用肉刑皆本于此，皋陶之五刑是也。虽然春秋之义，用贤治不肖，不以乱易乱。苗民为劓刵椓黥，此苗民之过也。尧舜在上，既治苗民之罪，则曷为用此肉刑以效苗民之尤乎？仔细考之，民既为寇贼鸱义奸宄夺攘矫虔，则治之不可不以刑。苗民既创为劓刵椓黥之刑；则此刑岂可废。废其刑适以长民之奸，而召天下之乱。但尧舜之刑，与苗民同；而所以用刑者，与苗民异。苗民之刑，乃所用之刑；而尧舜之刑乃不用之刑。苗民之刑，乃淫虐之刑；而尧舜之刑乃防为恶，驱民为善之刑。苗民之刑，乃杀戮无辜之刑；而尧舜之刑，乃原情定罪，轻重各有差等之刑。圣人非不欲去此刑也，其势欲去之而不可尔。汉文帝既除肉刑之后，议者不深究圣人所以不得已用肉刑之意，而区区欲复肉刑之法，以此为复古。呜呼，先王井田封建，良法美意，所望于后人遵守不替者，至也泯没无余。乃于先王所不得已而用者，区区欲邀复古之名，岂不失古人之意哉？穆王此章，欲述尧舜之事，先自始初处说出。"（宋）陈经：《尚书详解》卷四十七《周书·吕刑》，《钦定四库全书》本。

目、剥人面之类。陈栎强调，天讨有罪而"五刑五用"，即使用五种轻重不同的刑罚，这是"帝王二千年相承，莫之有改"，怎会说开始于苗民？如果始创于苗民，穆王才"谆谆"以苗民为戒，就"遵用其刑"？一定不是这样。①

元人许谦《读书丛说》论点与陈栎接近，但解说不同。大概自天地开辟以来，风气淳朴，民俗敦厚，因而"皆知尊上"。直至蚩尤才开始"为乱"，于是，黄帝作法，以"矫正虔刘之"。这是说"制刑之始"。而"苗民作五虐之刑曰法"，称其说"曰法"，是说，"专以刑"为治国之法，而"不用"礼教；而又说"始淫为劓刵椓黥"，是指其开始过度使用刑罚，而且并制，罪无差等。都是圣人"所制之刑"，而"过用之"，"专用之"，而并非指三苗才开始制刑。这样来理解，就不会有尧舜因"有苗制刑"，而就将其作为"常法"的使人难以接受的论点。②

以上是此段的解说。有两类三说。一类说苗民创制五刑，致使圣人不得已而用刑，宋人吕祖谦、陈经，持此论。元人陈栎、许谦，提出质疑，而二人又分为两说。另一类说，五帝之时有五刑，又有两说，一说苗民在原有五刑外另作虐刑，有汉人郑玄、宋人夏僎、元人陈栎。一说不必皋陶五刑之外另有五刑，苗民只是过度滥用，有唐孔、元人许谦、明人王樵。其他人多未明言。"淫"，或解为"大"，如汉孔、唐孔、宋人林之

---

① "吕氏又谓，古未有五刑，自苗民制之，然后圣人始不得已而用之，非也。《舜典》云，象以典刑，流宥五刑，下方诛及四凶，苗居一焉。五刑其来久矣。岂有苗民始作五刑，舜乃效尤用之之理。郑杀邓析而用其竹刑，《传》犹讥之。孰谓舜以三苗虐威，而窜其身，乃效其虐威，而用其法乎。曰作五虐之刑，淫为劓刵椓黥，曰虐与淫，可见非古五刑，必暴虐淫过用之，或如纣之炮烙剖心，孙皓之凿人目、剥人面之类耳。天讨有罪，五刑五用，帝王二千年相承，莫之有改，而谓始于苗民乎？使果创始于苗民，穆王方谆谆以苗民为戒，乃遵用其刑乎，不然必矣。"（元）陈栎：《书集传纂疏》卷六，《钦定四库全书》本。

② "盖自天地开辟以来，风气淳朴，民俗敦厚，皆知尊上。蚩尤乃始为乱，故黄帝作法，以矫正虔刘之。此言制刑之始。苗民作五虐之刑曰法，谓之曰法者，言专以刑为治国之法，而不用礼教也。又谓始淫为劓刵椓黥，言初过用其刑，而且并制，罪无差等。皆是圣人所制之刑，而过用之，专用之耳，非谓苗始制刑也。如此看，则自无尧舜因有苗制刑，而遂为常法之碍。"（元）许谦：《读书丛说》卷六《吕刑》，《钦定四库全书》本。

奇，或解为"过为"，如宋人吕祖谦、夏僎、蔡沉、陈经，元人陈栎，明人王樵，清帝康熙。但两者并无明显歧义。杀戮、劓、刵、椓、黥，亦各有表述，列表以说明：

五刑表说

杀戮	大辟	吴澄、王樵
	杀戮无罪	汉孔、唐孔、林之奇、蔡沉、王樵
	杀戮无辜之人	陈经、康熙
劓	截人鼻	郑玄、汉孔、唐孔、苏轼、夏僎、陈经、蔡沉、康熙
	劓辟	吴澄、王樵
刵	截人耳	汉孔、唐孔、林之奇、苏轼、陈经、蔡沉、康熙
	断耳	郑玄、夏僎
	劓辟，或刖之误	吴澄、王樵
椓	椓阴	汉孔、唐孔、林之奇
	椓破阴，苦于去势	郑玄、夏僎
	椓"窍"	苏轼
	去势	陈经
	宫辟	吴澄、王樵
	劅人阴	王樵
黥	黥面	汉孔、唐孔、林之奇、苏轼、蔡沉、王樵、康熙
	黥人面，甚于墨额	郑玄、夏僎
	刻额	陈经
	墨辟	吴澄、王樵

3. 叙评

此句是关于五刑的内容、来源和使用的讨论。五刑的内容各有不同的表述，但无根本性歧义。而五刑的来源则有重大歧义。有两类三说：一说三苗创制五刑，而此前并无刑罚，尧舜以其刑惩治三苗之后，不得已继续使用五刑；一说五帝时原有五刑，三苗另创五刑，比原有五刑惨酷；一说三苗只是滥用五刑而已。

笔者以为，经学家是以汉代前期五刑为基准来解说前代的五刑。而年代久远，五刑的内容已有变化，无可深究。西周有劓刵，说刵为刖之误，是否符合史实当存疑。椓、黥的具体形式，也恐难准确叙述。只能说当时的五刑是劓、刵、椓、黥、杀戮。刘起釪在《尚书校释译论》一书中搜集大量五刑资料，可以参阅。①

从历史的角度，从理论上，五刑来源的三种说法均不能排除。但毕竟是神话，三苗是否真实存在尚且存疑。因此不必深究。眼下的任务是解说词句，重在推究文义。《吕刑》一篇是结构严谨的文学作品，层层推进，衔接紧凑，下一段、下一句几乎是上一段、上一句的表现形式或结果。《吕刑》作者几无可能意在表达三苗创制刑罚而尧舜继而采用的含义。此说可以排除。表达三苗的刑罚比尧舜惨酷倒是有可能，但也不是《吕刑》作者的中心含义。《吕刑》的重点在于祥刑，施行有差别的刑事制度。三苗虐刑的最终表现是"罔差有辞"，作者强调以此为鉴。唐孔不必皋陶五刑之外另有五刑的论点可采。"劓刵椓黥"，是指其开始过度使用刑罚，而且并制，罪无差等。许谦所说更为完备，即"戮劓刵椓黥"都是圣人"所制之刑"，而三苗"过用之"，"专用之"，以刑治国，不用礼教。此句可解说为：

于是开始杀戮无罪之人，无节制地滥用劓鼻、刵耳、椓阴、黥面之刑。

（五）越兹丽刑并制，罔差有辞

有汉孔，宋人苏轼、林之奇、吕祖谦、夏僎、黄度、陈经，元人吴澄，明人王樵，清帝康熙、清人余萧客解说此句。

1. 越兹丽刑并制

《尚书注疏》汉孔氏传将此段解说为，三苗的君主在适用刑罚时，"并制无罪"。解"越"为"于"；"兹"为"此"；"丽"为"施"。唐孔未予疏解。② 清人余萧客《古经解钩沉》解同汉孔。③ 据宋人时澜《增修东莱书说》，吕祖谦解"丽"为"施"，同汉孔。解"并制"为"不分轻

---

① 顾颉刚、刘起釪：《尚书校释译论》第 4 册，中华书局，2005，第 1938～1943 页。
② "传，苗民于此施刑，并制无罪。"疏，"苗民于此施刑之时，并制无罪之人"。（汉）孔氏传、（唐）陆德明音义、（唐）孔颖达疏《尚书注疏》卷十八《周书·吕刑》，《钦定四库全书》本。
③ "越，于也；丽，施也。于此施刑，并制其无罪。同（诗疏十二之一）。"（清）余萧客：《古经解钩沉》卷四《吕刑》，《钦定四库全书》本。

重,并为一制,随意戕杀"。①

宋人黄度《尚书说》解"越"为"于","丽"为"附着","丽刑"为"民之丽刑"。解"并制"为"一以法,施之无差别于其有辞"。旨在"求胜",即,制服其民。②元人吴澄《书纂言》解"丽"为"丽于刑",近似黄度;而指"并制"是"一并制之"而"不分轻重",同吕祖谦。③明人王樵《尚书日记》亦解"丽"为"附","并制"为"一并制之",而"不分轻重"。④

宋人陈经《陈氏尚书详解》解说"丽刑者,民之陷于刑也。三苗既淫为劓刵椓黥,故凡民之丽于刑者,合并而为一法,不分轻重等差也"。⑤康熙《御制日讲书经解义》解说简略,"丽"为"入"。说,凡犯此罚就并坐之刑。⑥

宋人苏轼《书传》解"丽"为"丽于法","刑"为"必刑之"。而"并制"为"并制无罪",同汉孔。⑦宋人蔡沉《书经集传》解同苏轼。⑧宋人林之奇《尚书全解》解"丽"为"丽附于罪","刑并制"为"并以刑制之"。⑨宋人夏僎《尚书详解》认为汉孔氏传"以丽音离"解"丽"

---

① "丽者,施也,言苗民于此施刑,不分轻重,并为一制,随意戕杀。"(宋)时澜:《增修东莱书说》卷三十四《周书·吕刑第二十九》,《钦定四库全书》本。
② "越,于;丽,附着也。""于此,民之丽刑,则并制之。一以法,施之无差别于其有辞者,是为并制。求胜其民而已。"(宋)黄度:《尚书说》卷七《周书·吕刑》,《钦定四库全书》本。
③ "并制,一并制之,不分轻重也。""凡丽于刑,不分轻重而并其制。"(元)吴澄:《书纂言》卷四下《吕刑》,《钦定四库全书》本。
④ "丽,附也。并制,一并制之,不分轻重也。"(明)王樵:《尚书日记》卷十六《吕刑》,《钦定四库全书》本。
⑤ "丽刑者,民之陷于刑也。三苗既淫为劓刵椓黥,故凡民之丽于刑者,合并而为一法,不分轻重等差也。"(宋)陈经:《尚书详解》卷四十七《周书·吕刑》,《钦定四库全书》本。
⑥ "丽入也。""凡犯此罚者,并坐之刑。"《日讲书经解义》卷十三《吕刑》,《钦定四库全书》本。
⑦ "苟丽于法者,必刑之,并制无罪。"(宋)苏轼:《书传》卷十九《周书·吕刑第二十九》,《钦定四库全书》本。
⑧ "于丽法者必刑之,并制无罪。"(宋)蔡沉:《书经集传》卷六《吕刑》,《钦定四库全书》本。
⑨ "于此有丽附于罪者,并以刑制之。"(宋)林之奇:《尚书全解》卷三十九《吕刑·周书》,《钦定四库全书》本。

为"施",不太合适,而不予认同。而其解说同林之奇。①

以上是此段的解说。关键词是"丽"、"刑"和"并制"。"丽刑"连解,汉孔解为"施刑",认同的有宋人吕祖谦、清人余萧客;宋人黄度解"丽"为"附着","丽刑"为"民之丽刑",元人吴澄、明人王樵近似;宋人陈经"民之陷于刑";康熙为"入刑"。"丽"、"刑"分解,宋人苏轼为"丽于法","刑"为"必刑之",认同的有蔡沉。"并制",汉孔"并制无罪",认同的有宋人苏轼、蔡沉、清人余萧客;吕祖谦"不分轻重,并为一制",认同或近似的有宋人陈经、元人吴澄、明人王樵;宋人黄度"一以法,施之无差别于其有辞"。康熙"并坐之刑"。宋人林之奇、夏僎解"丽"为"丽附于罪",但"刑并制"连解,为"并以刑制之"。

2. 罔差有辞

《尚书注疏》汉孔氏传将此段解说为,对于有"直辞者"并无区别对待。解"辞"为"直辞"。《吕刑》是指其用刑"淫滥",即过度。"有辞",唐孔疏解为有罪者"无辞",无罪者"有辞";"罔差"解为断狱"并皆罪之",无"差简"有直辞者,指其滥及无罪。② 宋人陈经《陈氏尚书详解》的解说近似唐孔,"有辞者"指无罪者。有罪者无辞,无罪者有辞,"自有差等"。而有苗对于"有辞者","更无差等"。③ 元人吴澄《书纂言》认为"有辞"指"无罪"。解说与唐孔亦近似,行文略有不同,有罪而无辞,无罪而有辞,不再"简别"其无罪而有辞者。④ 明人王樵

---

① "但孔氏以丽音离,谓施也,谓苗民于施刑之时并制无罪。以丽为离,似乎未安,故不敢以为然。""至于有罪而附丽于刑者,则并以刑制之。"(宋)夏僎:《尚书详解》卷二十五《吕刑》,《钦定四库全书》本。

② 传,"无差有直辞者。言淫滥"。疏,"对狱有罪者无辞,无罪者有辞,苗民断狱并皆罪之,无差简有直辞者,言滥及无罪者也"。(汉)孔氏传、(唐)陆德明音义、(唐)孔颖达疏《尚书注疏》卷十八《周书·吕刑》,《钦定四库全书》本。

③ "有辞者,谓无罪者也。有罪者无辞,无罪者有辞,自有差等。今有苗于有辞者,更无差等。"(宋)陈经:《尚书详解》卷四十七《周书·吕刑》,《钦定四库全书》本。

④ "有辞无罪者也。凡对狱有罪者无辞,无罪者有辞","无复简别其无罪而有辞者"。(元)吴澄:《书纂言》卷四下《吕刑》,《钦定四库全书》本。

《尚书日记》解"差"为"择",行文如唐孔,稍略。①

宋人夏僎《尚书详解》评论说古人用刑,各随罪轻重,上下其罚。而苗民既过度采用"椓黥之制",又不论其轻重,与有罪无罪,所以称"罔差有辞"。这是因三苗之君"渎乱刑罚",而至于如此。夏僎认为唐孔的解说"极当"。②

宋人苏轼《书传》解为不再依据冤诉加以差别,"有辞"、"无辞"均施予刑罚。③宋人林之奇《尚书全解》则解为不再"差择"其辞之有"曲直"。并评论说"此其所以为虐也,此其所以为淫也"。④据宋人时澜《增修东莱书说》,吕祖谦则说,不再差别枉直之辞。⑤宋人蔡沉《书经集传》近似吕祖谦。⑥清帝康熙《御制日讲书经解义》解"差"为"分别",说,"其罪不当而有辞者,亦不加差别"。康熙评论说,苗民淫刑的流毒,后世应当"涤(tū)戒"。⑦

以上是此段解说,关键字、词为"差"和"有辞"。"差",唐孔"差简";宋人苏轼、吕祖谦、蔡沉"差别";宋人林之奇"差择";宋人陈经"差等";元人吴澄"简别";明人王樵"择";清帝康熙"分别"。"有辞",汉孔"直辞";唐孔有罪者"无辞",无罪者"有辞",认同或近似的有宋人夏僎、陈经,元人吴澄,明人王樵;苏轼"冤诉";林之奇"曲直";清帝康熙"其罪不当而有辞者"。

---

① "差,择也。对狱有罪者无辞、无罪者有辞,苗民断狱并皆罪之,无差简有直辞者也。"(明)王樵:《尚书日记》卷十六《吕刑》,《钦定四库全书》本。

② "然古人之用刑,各随罪轻重,而上下其罚。今苗民既过为椓黥之制,……更不论其轻重,与有罪无罪也。故曰罔差有辞。孔氏谓,对狱有罪者无辞,无罪者有辞,苗民断狱并皆罪之,无差简有直辞者,言滥及无辜也。此说极当。惟三苗之君渎乱刑罚,至于如此。"(宋)夏僎:《尚书详解》卷二十五《吕刑》,《钦定四库全书》本。

③ "不复以冤诉为差别,有辞无辞皆刑之也。"(宋)苏轼:《书传》卷十九《周书·吕刑第二十九》,《钦定四库全书》本。

④ "不复差择其辞之有曲直者,此其所以为虐也,此其所以为淫也。"(宋)林之奇:《尚书全解》卷三十九《吕刑·周书》,《钦定四库全书》本。

⑤ "罔复差别枉直之辞。"(宋)时澜:《增修东莱书说》卷三十四《周书·吕刑第二十九》,《钦定四库全书》本。

⑥ "不复以曲直之辞为差别,皆刑之也。"(宋)蔡沉:《书经集传》卷六《吕刑》,《钦定四库全书》本。

⑦ "差,分别也。""其罪不当而有辞者,亦不加差别。苗民之淫刑流毒如此。此后世所当涤戒者也。"《日讲书经解义》卷十三《吕刑》,《钦定四库全书》本。

3. 叙评

此句是《吕刑》述说的三苗虐刑的最终表现形式，引为鉴戒的重点。"丽刑"有连解和分解两说。连解，或为"施刑"，或"附着"，"民之丽刑"，或"民之陷于刑"，或"入刑"。"丽"、"刑"分解，即"丽于法"，"必刑之"。"并制"，或"并制无罪"，或"不分轻重，并为一制"，或"一以法，施之无差别于其有辞"，或"并坐之刑"。有"刑并制"连解，"丽"为"丽附于罪"，"并以刑制之"。"差"，或"差简"，或"差别"，或"差择"，或"差等"，或"简别"，或"择"，或"分别"。"有辞"，或"直辞"，或有罪者"无辞"，无罪者"有辞"，或"冤诉"，或"曲直"，或"其罪不当而有辞者"。

笔者以为，虽解说各异，却无本质性歧义，只是角度和行文的差异，似均可采。于是，应根据文义，从其贴切程度予以选择。此句的主语是苗民，"丽刑"以汉孔"施刑"为善。而文义强调差别，"并制"，以吕祖谦"不分轻重"为善。"差"，以陈经"差等"为善。"有辞"，似可综合苏轼和康熙之说，即"其罪不当而冤诉者"。此句可解为：

在用刑时，不分轻重，对于其罪不当而诉冤的，不分差等，一并处罚。

（六）民兴胥渐，泯泯棼棼，罔中于信，以覆诅盟

汉孔，唐孔，宋人苏轼、林之奇、吕祖谦、夏僎、黄度、陈经，元人吴澄，明人王樵，清帝康熙解说此句。康熙《御制日讲书经解义》说，此句与后一句是指苗民"淫刑"之恶，"上闻"于天。①

1. 民兴胥渐

《尚书注疏》汉孔氏传将此段解说为，"三苗之民"，"渎"于乱政，

---

① "此一节书是言苗民淫刑之恶，上闻于天也。"《日讲书经解义》卷十三《吕刑》，《钦定四库全书》本。

"起相渐化"。解"民"为"三苗之民";"兴"为"起";"胥"为"相";"渐"为"渐化"。唐孔疏"三苗之民"为"三苗国内之民";"渎"为"惯渎",即苗君久行虐刑,民惯见乱政,习以为常;"渐化"为"渐染,皆化为恶"。① 宋人林之奇《尚书全解》引汉孔。② 宋人夏僎《尚书详解》表述近似唐孔。③ 据宋人时澜《增修东莱书说》,吕祖谦解同汉孔。说暴虐愈甚,则奸宄愈"不胜",即难以制服。由此"恶气所动",致使"民皆悍然兴起,更相渐染"。④ 宋人黄度《尚书说》解苗民因畏惧其君的虐政,于是皆兴起相渐,染为乱俗,而不听于有司断制。⑤ 宋人陈经《陈氏尚书详解》解说简略,仅说"民起而相渐染"。⑥ 明人王樵《尚书日记》解说亦简,苗君"久行"虐刑,其民"习"见乱政,胥相渐染。⑦ 康熙《御制日讲书经解义》解"胥"为"相";"渐"为"渐染"。清帝康熙说,穆王曰,有苗之君播恶于上,而其时之民,"咸起"而人心转变为恶。⑧

元人吴澄《书纂言》解"兴"为"生"。民生于此时,相互交往逐渐受到"淫刑"的侵染。⑨

以上是此段的解说。除元人吴澄解"兴"为"生"外,大多认同或

---

① "传,三苗之民,渎于乱政,起相渐化。"疏,"三苗之民惯渎乱政,起相渐染,皆化为恶"。"三苗之民,谓三苗国内之民也。渎,谓惯渎。苗君久行虐刑,民惯见乱政,习以为常,起相渐化。"(汉)孔氏传、(唐)陆德明音义、(唐)孔颖达疏《尚书注疏》卷十八《周书·吕刑》,《钦定四库全书》本。
② "民兴胥渐,汉孔氏曰,三苗之民渎于乱政,起相渐化,则'渐'字当作平声读。"(宋)林之奇:《尚书全解》卷三十九《吕刑·周书》,《钦定四库全书》本。
③ "故一时之民,亦皆递相渐染,化而为恶。"(宋)夏僎:《尚书详解》卷二十五《吕刑》,《钦定四库全书》本。
④ "暴虐愈甚,则奸宄愈不胜。恶气所动,民皆悍然兴起,更相渐染。"(宋)时澜:《增修东莱书说》卷三十四《周书·吕刑第二十九》,《钦定四库全书》本。
⑤ "苗民畏其君之虐,故皆兴起相渐,染为乱俗,不听于有司之断制。"(宋)黄度:《尚书说》卷七《周书·吕刑》,《钦定四库全书》本。
⑥ "民起而相渐染。"(宋)陈经:《尚书详解》卷四十七《周书·吕刑》,《钦定四库全书》本。
⑦ "苗君久行虐刑,其习见乱政,胥相渐染。"(明)王樵:《尚书日记》卷十六《吕刑》,《钦定四库全书》本。
⑧ "胥,相也。渐,渐染也。""穆王曰,有苗之君播恶于上,其时之民,咸起而化于恶。"《日讲书经解义》卷十三《吕刑》,《钦定四库全书》本。
⑨ "兴,犹生也。民生斯时,相与渐浸于淫刑之中。"(元)吴澄:《书纂言》卷四下《吕刑》,《钦定四库全书》本。

近似汉孔、唐孔之说，即"三苗之民"，"渎"于乱政，"起相渐化"，或"渐染"。宋人黄度进一步说染为乱俗，而不听于有司断制；清帝康熙说是，"咸起"而人心转变为恶。

2. 泯泯棼棼

《尚书注疏》汉孔氏传将此段解说为，"泯泯为乱，棼棼同恶"。解"泯（mǐn）泯"为"乱"；"棼棼"为"同恶"。唐孔疏解为"小大为恶"。又说"泯泯"是"相似之意"，"棼棼"是"扰攘之状"。"泯泯为乱"是"习"为乱。① 宋人林之奇《尚书全解》"泯泯"解同汉孔；"棼棼"解同唐孔。② 宋人夏僎《尚书详解》"泯泯"解同唐孔；"棼棼"解为"散乱"。③ 据宋人时澜《增修东莱书说》，吕祖谦解"泯泯棼棼"为"颠倒错乱"。④

宋人黄度《尚书说》解"泯泯"为"冒"；"棼棼"为"乱"。⑤ 宋人蔡沉《书经集传》解"泯泯"为"昏"；"棼棼"同黄度，说，"民相渐染，为昏，为乱"。⑥ 元人吴澄《书纂言》解同近似蔡沉。⑦ 宋人陈经《陈氏尚书详解》则近似蔡沉，说，"泯泯棼棼"，是指其极为昏乱。⑧ 明

---

① 传，"泯泯为乱，棼棼同恶"。疏，"泯泯为乱，棼棼同恶，小大为恶"。"泯泯相似之意，棼棼扰攘之状。泯泯为乱，习为乱也。棼棼同恶，其为恶也。"（汉）孔氏传、（唐）陆德明音义、（唐）孔颖达疏《尚书注疏》卷十八《周书·吕刑》，《钦定四库全书》本。
② "泯泯，为乱也；棼棼，扰攘之状。《左传》所谓治丝而棼之也，与此棼同。"（宋）林之奇：《尚书全解》卷三十九《吕刑·周书》，《钦定四库全书》本。
③ "泯泯然相似，棼棼然散乱。"（宋）夏僎：《尚书详解》卷二十五《吕刑》，《钦定四库全书》本。
④ "泯泯棼棼，颠倒错乱。"（宋）时澜：《增修东莱书说》卷三十四《周书·吕刑第二十九》，《钦定四库全书》本。
⑤ "泯泯，冒也；棼棼，乱也。"（宋）黄度：《尚书说》卷七《周书·吕刑》，《钦定四库全书》本。
⑥ "泯泯，昏也；棼棼，乱也。民相渐染，为昏，为乱。"（宋）蔡沉：《书经集传》卷六《吕刑》，《钦定四库全书》本。
⑦ "泯泯然沉昏，棼棼然殽乱。"（元）吴澄：《书纂言》卷四下《吕刑》，《钦定四库全书》本。
⑧ "泯泯棼棼，言其昏乱之甚。"（宋）陈经：《尚书详解》卷四十七《周书·吕刑》，《钦定四库全书》本。

人王樵《尚书日记》解说简略，仅说，同于昏乱，义同蔡沉。① 康熙《御制日讲书经解义》亦说"泯泯"为"昏"；"棼棼"为"乱"。②

以上是此段解说。"泯泯"，汉孔"乱"，宋人林之奇认同；唐孔"相似之意"，宋人夏僎认同；宋人黄度"冒"；宋人蔡沉"昏"，认同或近似的有宋人陈经、元人吴澄、明人王樵、清帝康熙。"棼棼"，汉孔"同恶"；唐孔"扰攘之状"，宋人林之奇认同；宋人夏僎"散乱"；宋人黄度"乱"，认同或近似的有宋人蔡沉、陈经，元人吴澄，明人王樵，清帝康熙。宋人吕祖谦连解"泯泯棼棼"为"颠倒错乱"。

3. 罔中于信，以覆诅盟

《尚书注疏》汉孔氏传将此段解说为，皆无"中"于信义，以反背诅（zǔ）盟之约。解"信"为"信义"；"覆"为"反背"。唐孔疏解"中"为"当"，说"皆无中于信义"，是指行为与信义不合。乱世之民，大多相互盟诅，而民皆巧诈，既无信义，必定违背。因此无有中于信义，反背诅盟之约，虽有要约，皆予违背。③ 宋人夏僎《尚书详解》同唐孔解"中"为"当"，说没有一人能合于信义，所为皆"渎乱"之事。由于其渎乱无信，所以诅盟之事，虽然是先王用来"济信之所不及"，而当时之人皆自行"覆败"。④

宋人苏轼《书传》解"覆"为"反复"。认为，人无所诉，就诉于鬼神因"德衰政乱"导致"鬼神制世"，平民之间的相互交往，只能反复"诅盟"。⑤

---

① "同于昏乱。"（明）王樵：《尚书日记》卷十六《吕刑》，《钦定四库全书》本。
② "泯泯而昏，棼棼而乱。"《日讲书经解义》卷十三《吕刑》，《钦定四库全书》本。
③ 传，"皆无中于信义，以反背诅盟之约"。疏，"民皆巧诈，无有中于信义，以此无中于信，反背诅盟之约，虽有要约，皆违背之"。"中，犹当也。皆无中于信义，言为行无与信义合者。《诗》云，君子屡盟，乱是用长。乱世之民，多相盟诅。既无信义，必皆违之，以此无中于信，反背诅盟之约也。"（汉）孔氏传、（唐）陆德明音义、（唐）孔颖达疏《尚书注疏》卷十八《周书·吕刑》，《钦定四库全书》本。
④ "无有一人能合于信义者。中犹当也，谓所为皆渎乱之事，不当于信义也。惟其渎乱无信，故诅盟之事，虽先王用以济信之所不及，而当时之人皆自覆败之也。"（宋）夏僎：《尚书详解》卷二十五《吕刑》，《钦定四库全书》本。
⑤ "人无所诉，则诉于鬼神；德衰政乱则鬼神制世，民相与反复诅盟而已。"（宋）苏轼：《书传》卷十九《周书·吕刑第二十九》，《钦定四库全书》本。

宋人林之奇《尚书全解》解"罔中于信"为"信不由中",即诚信不是出自内心;"覆"为"反复背之"。有长篇幅论述,由于三苗如此之虐,于是,其民皆起而相渐染习,巧诈矫伪,肆为不善。"信不由中",虽对鬼神诅盟,而又反复背之。林之奇引《左传》"国之将兴听于民,将亡听于神"。认为,三苗虐政,严刑峻罚,致使平民无所措手足,只有发盟诅,诉于鬼神。按常人之情,大多会敬鬼神。敬鬼神而远之,就不会"渎神"。如果听于神却有不平之心,还"为盟为诅",就是亵渎了,既然亵渎,就是以为神不足以畏惧。于是其情势大多会反复,"口血未干"就已经违背了。没有别的原因,就是其"信之不由中",所以"信不足恃"。而"信不由中",又是"渐染于恶习"而致。①

宋人陈经《陈氏尚书详解》说,民"生来"本自有诚信,与森茫荒忽之说并无相干。只是因有苗以"淫虐"杀戮无辜,平民不知道获罪的原因,善者亦得罪,不善者亦得罪,所以"生民至此",皆无诚信之心。诚信不出自内心,就向鬼神发盟誓,而又自"覆之",可见其极为无信。②

据宋人时澜《增修东莱书说》,吕祖谦解"罔中于信"说,"略无毫发诚信","不与信相当"。"以覆诅盟"解为"无所聊赖,肆为欺诞,幽显两无所畏"。③

宋人黄度《尚书说》解为,发盟誓作为相互之间的凭证,而其中无

---

① "惟三苗之虐如此,故其民皆起而相渐染习,为不善,巧诈矫伪,信不由中,虽诅盟于鬼神,而又反复背之也。《传》曰,国之将兴听于民,将亡听于神。三苗之虐,刑严罚峻,民无所措手足,惟为盟诅,诉于鬼神而已。《诗》曰,君子屡盟,乱是用长。《左传》曰宋国区区,而有诅,有祝,祸之本也。至于盟诅,则其乱甚矣。然常人之情,孰不知敬鬼神。敬鬼神而远之,则非徒神无所出其灵响,而民亦不渎神。苟一听于神有不平之心,则惟为盟为诅,则是亵之也。既已亵之,则将以为不足畏矣。故其势多至于反复。口血未干而背之也。此无他,以其信之不由中,故信不足恃也。信不由中,则以渐染于恶习故也。"(宋)林之奇:《尚书全解》卷三十九《吕刑·周书》,《钦定四库全书》本。

② "民生本来自有信,亦与森茫荒忽之说无相干。惟有苗以淫虐杀戮无辜,斯民不知罪之所因,善者亦得罪,不善者亦得罪,所以生民至此,皆无信心。信不由中,则盟诅于鬼神,而又自覆之,以见其无信之甚。"(宋)陈经:《尚书详解》卷四十七《周书·吕刑》,《钦定四库全书》本。

③ "略无毫发诚信,曰罔中于信者,不与信相当也。以覆诅盟者,无所聊赖,肆为欺诞,幽显两无所畏也。"(宋)时澜:《增修东莱书说》卷三十四《周书·吕刑第二十九》,《钦定四库全书》本。

信又"倾覆之"。① 宋人蔡沉《书经集传》解说为不再有诚信，相互交往，"反复"发盟誓。②

元人吴澄《书纂言》解"信"为"实"。认为，刑罚的轻重"允当"，情理实充，就叫作"中"。而并制之刑，这一事实使民无法得到"中"的感觉，在明亮的地方，"莫可告诉"，就只能在"幽冥之间"告诉，以向鬼神求取公正。解"覆"为"反"。彼此互相再三重复地发盟誓。③

明人王樵《尚书日记》解说称，无"中心"于信。引汉孔传，"信不由中"。只有"反复"为诅盟。王樵又解说"诅"为"背相呪（zhòu）"；"盟"为"面相要"。认为，乱世之人多相"诅盟"，都是由于"刑政不平"，"曲直不明"所导致的。王樵评论说，既无信义，就必然都违背，因此"无中于信"。④ 康熙《御制日讲书经解义》解说为，不再有忠信之心存于"中"，只是反复变诈，而致力于诅呪盟誓，相互之间欺诈作假。⑤

以上是此段的解说。"罔中于信"，汉孔无中于信义，唐孔"中"为"当"，行为与信义不合，宋人夏僎、明人王樵认同；宋人林之奇"信不由中"，宋人陈经、明人王樵认同；宋人吕祖谦"略无毫发诚信"；清帝康熙不再有忠信之心存于"中"。元人吴澄"信"为"实"，刑罚的轻重"允当"，情理实充，就叫作"中"。"以覆诅盟"，汉孔、唐孔、宋人夏僎反背诅盟之约，夏僎近似。宋人苏轼"反复"诅盟，诉于鬼神，元人吴澄近似；宋人林之奇诉于鬼神，"反复背之"；宋人黄度倾覆盟誓；宋人蔡沉"反复"诅盟；清帝康熙"反复"变诈，而致力于诅呪盟誓，相互之间欺诈作假。

---

① "而为诅盟相要质，其中无信又倾覆之。"（宋）黄度：《尚书说》卷七《周书·吕刑》，《钦定四库全书》本。

② "无复诚信。相与反复诅盟而已。"（宋）蔡沉：《书经集传》卷六《吕刑》，《钦定四库全书》本。

③ "信，实也。刑之轻重允当，情理之实，是之谓中，并制之刑，其实民无所取中，显明之地，莫可告诉，则告诉幽冥之间，以求直于鬼神而已。覆，反也。彼此互相诅盟也。"（元）吴澄：《书纂言》卷四下《吕刑》，《钦定四库全书》本。

④ "无中心于信。传曰，信不由中，惟反复为诅盟。诅者，背相呪（zhòu）也；盟者，面相要也。乱世之人多相诅盟，皆刑政不平，曲直不明之故也。既无信义，必皆违之，以此无中于信也。"（明）王樵：《尚书日记》卷十六《吕刑》，《钦定四库全书》本。

⑤ "无复有忠信之心存于中，惟反复变诈，从事于诅呪盟誓以相欺伪而已。"《日讲书经解义》卷十三《吕刑》，《钦定四库全书》本。

4. 叙评

此句讲述三苗之君滥刑而败坏民风。"民兴胥渐"，大多认同"三苗之民"，"渎"于乱政，"起相渐化"，或"渐染"，或进一步说染为乱俗，而不听于有司断制，或"咸起"而人心转变为恶。另有解"兴"为"生"。"泯泯"，或"乱"，或"相似之意"，或"冒"，或"昏"。"棼棼"，或"同恶"或"散乱"或"乱"。有连解"泯泯棼棼"为"颠倒错乱"。"罔中于信"，或无中于信义，即行为与信义不合，或"信不由中"，或"略无毫发诚信"，或不再有忠信之心存于"中"。有解"信"为"实"，刑罚的轻重"允当"，情理实充，称为"中"。"以覆诅盟"，或反背诅盟之约，或"反复"诅盟，诉于鬼神，或诉于鬼神，"反复背之"，或倾覆盟誓，或"反复"诅盟，或"反复"变诈，而致力于诅咒盟誓，相互之间欺诈作假。

笔者以为，此句应从前后文的文义，取舍字词之意。"民兴胥渐"，汉孔、唐孔之说大多认同，理当取之，而综合宋人黄度、清帝康熙可谓善解。"泯泯"，既然民心已形成恶俗，则应取唐孔"相似之意"，良善奸邪无别。"棼棼"，汉孔"同恶"就为善解。"罔中于信"，汉孔无中于信义可采，而宋人林之奇"信不由中"更为贴切。"以覆诅盟"，似均可采，亦以林之奇诉于鬼神，"反复背之"更为贴切。此句似可解为：

三苗国内之民，对于滥刑习以为常，群而起之，相互逐渐感染，人心转变为恶，形成习俗，奸邪良善无所分别，一同作恶。诚信不是出于内心，对着鬼神盟誓，却反复违背。

（七）虐威，庶戮方告无辜于上

有汉孔，唐孔，宋人林之奇、夏僎、蔡沉、陈经，元人吴澄，明人王樵，清帝康熙解说。

1. 虐威

《尚书注疏》汉孔氏传将此段解说为，三苗的君主虐政作威。解

"虐"为"虐政";"威"为"作威"。唐孔未作疏解。① 宋人林之奇《尚书全解》解"虐威"为"三苗暴虐之威"。② 宋人夏僎《尚书详解》与林之奇同。③ 宋人蔡沉《书经集传》解同汉孔。④

2. 庶戮方告无辜于上

《尚书注疏》汉孔氏传将此段解说为，众被戮者方方各告无罪于天。解"庶"为"众";"戮"为"被戮者";"方告"为"方方各告";"上"为"天"。唐孔则将"方方各告"疏为"处处告"。⑤ 宋人蔡沉《书经集传》解近似汉孔。⑥ 明人王樵《尚书日记》解同汉孔。⑦ "庶戮"，康熙《御制日讲书经解义》解说为"众被刑戮之人"。说，于是那些遭受虐威而"陷于"刑戮之人，无所控诉，就都"告无罪"于上天。⑧

宋人林之奇《尚书全解》解"庶戮"为"民之被戮者众"。而这并非"皆民之罪"，于是，皆以其无罪而诉于天。⑨ 此段，宋人夏僎《尚书详解》解为"遂至于多所杀戮";而"被戮者既多"，因此"方各告无罪于天"。⑩ 宋人陈经《陈氏尚书详解》解"庶戮"为"众被罪之人"，即为

---

① "传，三苗虐政作威。"疏，"三苗虐政作威"。（汉）孔氏传、（唐）陆德明音义、（唐）孔颖达疏《尚书注疏》卷十八《周书·吕刑》，《钦定四库全书》本。
② "三苗暴虐之威。"（宋）林之奇：《尚书全解》卷三十九《吕刑·周书》，《钦定四库全书》本。
③ "而三苗暴虐之威。"（宋）夏僎：《尚书详解》卷二十五《周书·吕刑》，《钦定四库全书》本。
④ "虐政作威。"（宋）蔡沉：《书经集传》卷六《吕刑》，《钦定四库全书》本。
⑤ 传，"众被戮者方方各告无罪于天"。疏，"众被戮者方方各告无罪于上天"。"方方各告无罪于上天，言其处处告也。"（汉）孔氏传、（唐）陆德明音义、（唐）孔颖达疏《尚书注疏》卷十八《周书·吕刑》，《钦定四库全书》本。
⑥ "众被戮者，方各告无罪于天。"（宋）蔡沉：《书经集传》卷六《吕刑》，《钦定四库全书》本。
⑦ "庶戮，众被戮者也。"（明）王樵：《尚书日记》卷十六《吕刑》，《钦定四库全书》本。
⑧ "庶戮，众被刑戮之人也。""故其被虐威而陷于刑戮之众，无所控诉，咸告无罪于上天。"《日讲书经解义》卷十三《吕刑》，《钦定四库全书》本。
⑨ "民之被戮者众，岂皆民之罪哉。故皆以其无罪而诉于天也。"（宋）林之奇：《尚书全解》卷三十九《周书·吕刑》，《钦定四库全书》本。
⑩ "遂至于多所杀戮。被戮者既多，故方各告无罪于天也。"（宋）夏僎：《尚书详解》卷二十五《吕刑》，《钦定四库全书》本。

有苗之"所虐威"者，一并向上帝表明无罪。指其"疾痛"，向天喊叫以求助。①

元人吴澄《书纂言》解"庶戮"为"众庶被虐威之戮"，实际上是"虐威庶戮"连读。于是，"各以无罪告诉于天"。②

以上是此句的解说。"虐威"，汉孔、蔡沉"三苗君主虐政作威"；宋人林之奇、夏僎"三苗暴虐之威"。"庶戮"，汉孔"众被戮者"，宋人蔡沉、明人王樵、康熙同或近似；宋人陈经"众被罪之人"；宋人林之奇"民之被戮者众"；宋人夏僎"被戮者既多"；元人吴澄"众庶被虐威之戮"。"方告无辜于上"，汉孔"方方各告无罪于天"，宋人林之奇"皆以其无罪而诉于天"，宋人蔡沉"方各告无罪于天"，宋人陈经"方且并告无罪于上帝"，元人吴澄"各以无罪告诉于天"，康熙"咸告无罪于上天"。只是行文差异，几无根本性歧义。

3. 叙评

此句讲述平民向上天诉说无罪。"虐威"，或"虐政作威"，或"暴虐之威"。"庶戮"，或"众被戮者"，或"众被罪之人"，或"民之被戮者众"或"被戮者既多"，或"众庶被虐威之戮"。"方告无辜于上"，或"方方各告无罪于天"，或"方各告无罪于天"，或"各以无罪告诉于天"，或"皆以其无罪而诉于天"，或"方且并告无罪于上帝"或"咸告无罪于上天"。

笔者以为，此句解说基本趋同，只有行文细微区别，取舍主要应从行文顺畅考虑。"虐威"，可采汉孔"虐政作威"；"庶戮"，以宋人陈经"众被罪之人"为宜；"方告无辜于上"，则可考虑宋人林之奇"皆以其无罪而诉于天"。此句似可解说为：

三苗之君虐政作威，众被罪之人皆以其无罪而诉于天。

---

① "庶戮者，众被罪之人，为有苗之所虐威者，方且并告无罪于上帝，言其疾痛，则呼天。"（宋）陈经：《尚书详解》卷四十七《周书·吕刑》，《钦定四库全书》本。

② "众庶被虐威之戮，各以无罪告诉于天。"（元）吴澄：《书纂言》卷四下《吕刑》，《钦定四库全书》本。

（八）上帝监民，罔有馨香德，刑发闻惟腥

汉孔，唐孔，宋人苏轼、林之奇、吕祖谦、夏僎、魏了翁、蔡沉、陈经，元人吴澄，明人陈第、王樵，清帝康熙解说。

1. 上帝监民

《尚书注疏》汉孔氏解"上帝"为"天"；"监"为"视"；"民"为"苗民"。唐孔疏"天"为"上天"；"视"为"下视"、"俯视"。① 宋人夏僎《尚书详解》解说基本相似，即上天虽高，而"日监"在下，因民之告而下视"苗民"。② 元人吴澄《书纂言》同汉孔。③

宋人林之奇《尚书全解》解说道，天虽高，听到平民的要求，就会予以满足。因"斯民之告诉"而下视于"民"。④ 下视的对象不同。宋人陈经《陈氏尚书详解》解说简略，仅说"上帝监视下民"，近似林之奇。⑤ 康熙《御制日讲书经解义》亦解"监"为"视"。此段解为，上天"鉴视"有苗之民。⑥

2. 罔有馨香，德刑发闻惟腥

《尚书注疏》汉孔氏将此段解说为，天看不到苗民有"馨香之行"。其所以为的"德刑"，"发闻惟乃腥臭"。解"馨香"为"馨香之行"；"德刑"为"其所以为的'德刑'"；"腥"为"腥臭"。唐孔疏，"馨香"，

---

① "天视苗民。"疏，"上天下视苗民。""天矜于下，俯视苗民。"（汉）孔氏传、（唐）陆德明音义、（唐）孔颖达疏《尚书注疏》卷十八《周书·吕刑》，《钦定四库全书》本。
② "上天虽高，日监在下，故因民之告而下视苗民。"（宋）夏僎：《尚书详解》卷二十五《吕刑》，《钦定四库全书》本。
③ "天视苗民。"（元）吴澄：《书纂言》卷四下《吕刑》，《钦定四库全书》本。
④ "天虽高而听甚卑民之所欲，天必从之。故因斯民之告诉而下视于民。"（宋）林之奇：《尚书全解》卷三十九《吕刑·周书》，《钦定四库全书》本。
⑤ "上帝监视下民。"（宋）陈经：《尚书详解》卷四十七《周书·吕刑》，《钦定四库全书》本。
⑥ "监，视也。""上天鉴视有苗之民。"《日讲书经解义》卷十三《吕刑》，《钦定四库全书》本。

"以喻善";"其所以为德刑"为"苗民自谓是德刑者";"腥臭","喻恶"。① 宋人魏了翁《尚书要义》引唐孔。②

3. 罔有馨香德刑，发闻惟腥

宋人苏轼《书传》以"罔有馨香德刑"断句，解说为"无德刑之香"。③ 宋人林之奇《尚书全解》采其说，三苗没有馨香的德刑，因此"发闻而达于上"的，只有"腥秽之德"。林之奇论说，以德行刑，刑一人就会使千万人敬畏而可以至于无刑，所以"其治为馨香"；如果只作虐刑，就会致使"刑者相望于道，囹圄成市"。平民难以忍受虐政，怨恨悲叹，向上天呼吁。由此"腥秽"发闻。④ 宋人陈经《陈氏尚书详解》说，见不到苗民有"馨香"的"德刑"而"所发闻"的，只是"腥臭之刑"。陈经认为，刑罚本来就不是"美事"，而称为"馨香"，在于"以德用之"；如不以"德用"而以"虐用"，就是"腥秽"。⑤

明人陈第《尚书疏衍》认为"罔有馨香德刑"应"作一句读"。陈第就此论说，"刑"为"天下之大命"，因而，圣人"慎"之，上帝"鉴"之。而刑"当罪"，就不会有无罪被刑。那么刑皆是德。"德刑惟馨"，会得到上帝保佑。而苗民"爰始"淫为劓刵椓黥。称"爰始"，可见以前没

---

① "无有馨香之行。"疏，"无有馨香之行。馨香，以喻善也"。"其所以为德刑者，发闻于外，惟乃皆腥臭，无馨香也。""其所以为德刑，苗民自谓是德刑者。发闻于外，惟乃皆是腥臭。腥臭，喻恶也。"（汉）孔氏传、（唐）陆德明音义、（唐）孔颖达疏《尚书注疏》卷十八《周书·吕刑》，《钦定四库全书》本。
② "（十六）苗民自谓德刑者非馨香乃腥臭"。（宋）魏了翁：《尚书要义》卷一《钦定四库全书》本。
③ "罔有馨香德刑，无德刑之香也。"（宋）苏轼：《书传》卷十九《周书·吕刑第二十九》，《钦定四库全书》本。
④ "则夫三苗者罔有馨香之德刑，其所以发闻而达于上者，惟其腥秽之德而已。盖以德行刑，则刑一人而千万人莫不畏，可以至于无刑，故其治为馨香。苟惟作虐刑，则必至于刑者相望于道，囹圄成市，民不胜其虐，怨嗟之声，呼吁于天。此腥秽之所以发闻也。"（宋）林之奇：《尚书全解》卷三十九《吕刑·周书》，《钦定四库全书》本。
⑤ "见苗民无有馨香之德刑；所发闻者，惟腥臭之刑尔。刑本非美事，而谓之馨香者，以德用之则为馨香；不以德用而以虐用，则为腥秽。"（宋）陈经：《尚书详解》卷四十七《周书·吕刑》，《钦定四库全书》本。

有;"罔差有辞",可见曲直不分;所以其民都习惯于"恶","无有忠信",仅作一些反复诅盟之事。这是其腥秽之虐刑所造成的。岂非神人所共怒。①

4. 罔有馨香德，刑发闻惟腥

宋人夏僎《尚书详解》则以"罔有馨香德"断句,解说为,果然无有德之馨,而暴刑发闻于上,"惟有"腥秽。"馨香德"为"德之馨";"刑"为"暴刑"。② 元人吴澄《书纂言》所解近似,没有馨香之德,其刑威"虐发"而上闻,"惟有"腥秽之气。③ 明人王樵《尚书日记》说,天视民没有"馨香之德",只有"刑戮之惨"而"腥闻于上",并说,致使上帝震怒,命帝舜诛之。④ 康熙《御制日讲书经解义》则说,没有馨香之德,其发而上闻的,只有刑罚"腥秽"之气。康熙说,有苗淫刑之恶,上通于天如此,于是天"命圣主"而除其恶。⑤

据宋人时澜《增修东莱书说》,吕祖谦亦以此断句,并以"声"、"气"加以解说,"形于声,嗟穷之反";"动于气,臭恶之熟"。以此说明"民心之反,天意之还"。吕祖谦强调"恶运之极,治原之开"。⑥ 宋人蔡沉《书经集传》引述吕祖谦"声"、"气"之说,并解释,"馨香"为"阳","腥秽"为

---

① "罔有馨香德刑作一句读。夫刑,天下之大命也,圣人慎之,上帝鉴之,故刑而当罪,罔有不辜,则刑皆德也。德刑惟馨,上帝佑之矣。今苗民爰始淫为劓刵椓黥。曰爰始,见前未有也。罔差有辞,见曲直不分也。故其民皆习于恶,无有忠信。惟以反复诅盟为事,是其腥秽之虐刑也。岂非神人所共怒乎。"(明)陈第:《尚书疏衍》卷四《吕刑》,《钦定四库全书》本。
② "而果然无有德之馨,而暴刑发闻于上,惟有腥秽而已。"(宋)夏僎:《尚书详解》卷二十五《吕刑》,《钦定四库全书》本。
③ "无有馨香之德,其刑威之虐发,而上闻,惟有腥秽之气。"(元)吴澄:《书纂言》卷四下《吕刑》,《钦定四库全书》本。
④ "天视民无馨香之德,惟有刑戮之惨,腥闻于上,故上帝震怒,命帝舜诛之。"(明)王樵:《尚书日记》卷十六《吕刑》,《钦定四库全书》本。
⑤ "没有馨香之德,其发而上闻的,只有刑罚'腥秽'之气。有苗淫刑之恶,上通于天如此。故天命圣主而除其恶也。"《日讲书经解义》卷十三《吕刑》,《钦定四库全书》本。
⑥ "罔有馨香德,刑发闻惟腥。形于声,嗟穷之反也。动于气,臭恶之熟也。民心之反,天意之还也。恶运之极,治原之开也。"(宋)时澜:《增修东莱书说》卷三十四《周书·吕刑第二十九》,《钦定四库全书》本。

"阴"。于是德为馨香，刑发腥秽。①

以上是此句的解说。"上帝监民"，有两解：汉孔、唐孔、宋人夏僎解为"下视苗民"；宋人林之奇、陈经，清帝康熙解为"上天监视下民"。"罔有馨香德刑发闻惟腥"有三种断句：汉孔、唐孔、宋人魏了翁断为"罔有馨香，德刑发闻惟腥"，"馨香""以喻善"，"德刑""其所以为的'德刑'"，"腥"，"腥臭""喻恶"；宋人苏轼断为"罔有馨香德刑，发闻惟腥"，宋人林之奇、陈经、明人陈第认同；宋人吕祖谦、夏僎断为"罔有馨香德，刑发闻惟腥"，宋人蔡沉、元人吴澄、明人王樵、清帝康熙认同或近似。字词则几无歧义。

5. 叙评

此句讲述上天查看三苗滥刑。"上帝监民"，有两解，或"上天下视苗民"，或"上天监视下民"。"罔有馨香德刑发闻惟腥"有三种断句，或"罔有馨香，德刑发闻惟腥"，或"罔有馨香德刑，发闻惟腥"，或"罔有馨香德，刑发闻惟腥"。

笔者以为，诸说并无本质上的歧义，仅是观察角度和行文的细微区别，似均可采。因此，应从全文的宗旨来加以考虑，以决定取舍。《吕刑》的中心在于使用祥刑，以三苗为鉴，因而，上天监视的对象应是三苗之君。"上帝监民"，以汉孔"上天下视苗民"为宜。而《吕刑》引以为鉴的是三苗虐刑，指三苗专用刑罚，不分轻重。下文的断句，应以宋人吕祖谦、夏僎"罔有馨香德，刑发闻惟腥"为宜。此句似可解说为：

上天下视苗民，未有德政的馨香，而虐刑的腥秽发散可闻。

（九）皇帝哀矜庶戮之不辜，报虐以威，遏绝苗民，无世在下

康熙《御制日讲书经解义》说此句是说帝舜体会天心，以正有苗

---

① "天视苗民无有馨香德，而刑戮发闻莫非腥秽。吕氏曰，形于声，嗟穷之反也；动于气，臭恶之熟也。馨香，阳也；腥秽阴也。故德为馨香，而刑发腥秽也。"（宋）蔡沉：《书经集传》卷六《吕刑》，《钦定四库全书》本。

之罪。① 有汉孔，唐陆德明、唐孔，宋人苏轼、林之奇、吕祖谦、夏僎、黄度、薛季宣、蔡沉，元人吴澄、许谦、王充耘，明人王樵、陈第，清帝康熙解说。

1. 皇帝哀矜庶戮之不辜

《尚书注疏》汉孔氏将此段解说为，帝尧哀矜众被戮者的不辜。解"皇帝"为"君帝"，称指"帝尧"。唐陆德明音义说，皇帝的"皇"字，应当作"君"字，指"帝尧"。唐孔疏，"不辜"为"不以其罪"。唐孔疏说，以"皇"为"君"出于《释诂》。② 宋人苏轼《书传》亦称"皇帝"为"尧"。③ 宋人夏僎《夏氏尚书详解》④、宋人陈经《陈氏尚书详解》⑤认同"皇帝"为"尧"。帝尧哀伤矜怜"众"无罪而遭"有苗"杀戮。宋人黄度《尚书说》亦认同"皇帝"为"尧"。说是天"矜"于民，尧"承"天心。⑥ 元人吴澄《书纂言》同持"皇帝"为"尧"之论，说，庶戮以无辜告天，而帝尧哀矜之。吴澄视"尧之心"为"天之心"。⑦ 吴澄所解近似于黄度。

宋人林之奇《尚书全解》解"皇帝"为"舜"，认为，先儒及诸家说者皆以为尧，大概是因为以下文曰"乃命重黎绝地天通"。重黎，即羲和，所以以为皇帝是尧。林之奇论说，"窜三苗于三危"在舜摄位之后；"分北三苗"，在舜即位之后。所以皇帝应当为舜。先儒及诸家大概没有"深考"。此段，林

---

① "此一节书是言帝舜体天心，以正有苗之罪也。"《日讲书经解义》卷十三《吕刑》，《钦定四库全书》本。

② "传，君帝，帝尧也。哀矜众被戮者之不辜。"音义，"皇帝，皇，宜作君字，帝尧也"。疏，"君帝，帝尧，哀矜众被杀戮者不以其罪"。"《释诂》云，皇，君也。"（汉）孔氏传、（唐）陆德明音义、（唐）孔颖达疏《尚书注疏》卷十八《周书·吕刑》，《钦定四库全书》本。

③ "皇帝，尧也。"（宋）苏轼：《书传》卷十九《周书·吕刑第二十九》，《钦定四库全书》本。

④ 帝尧"哀伤矜怜众遭有苗杀戮而无罪者"。（宋）夏僎：《尚书详解》卷二十五《吕刑》，《钦定四库全书》本。

⑤ "皇帝，即尧也。视庶戮不辜之人陷有苗之虐，尧独哀矜之。"（宋）陈经：《尚书详解》卷四十七《周书·吕刑》，《钦定四库全书》本。

⑥ "皇帝，尧也。天矜于民，尧承天心。"（宋）黄度：《尚书说》卷七《周书·吕刑》，《钦定四库全书》本。

⑦ "皇帝，尧也。庶戮以无辜告天，而帝尧哀矜之。尧之心，即天之心也。"（元）吴澄：《书纂言》卷四下《吕刑》，《钦定四库全书》本。林

之奇解说为，舜哀悯众被戮者非其罪。① 据《增修东莱书说》，吕祖谦亦解"皇帝"为"舜"，说根据《尚书》考证，治苗民，命伯夷、禹、稷、皋陶，都是帝舜而非帝尧。② 宋人蔡沉《书经集传》引述吕祖谦之说。③ 明人王樵《尚书日记》又引蔡沉。④ 康熙《御制日讲书经解义》解"皇帝"为"虞舜"。康熙解说此段为，穆王说，苗民肆用刑罚，下失民心，上于天怒。而帝舜之心，即上天之心，哀矜那些被刑戮的庶民都是无辜之人。⑤《钦定书经传说汇纂》引南宋薛季宣（1134～1173年），说"哀庶戮之滥"。⑥

元人许谦《读书丛说》持论说，"皇帝"是"总言尧舜"。大概"窜"三苗为"舜居摄"时之事，未可"专指"舜。"征苗分北"，则是帝舜时之事。因此，古注言尧，蔡传言舜，恐怕都有失偏颇，当"兼言"之。⑦

明人陈第《尚书疏衍》引秦始皇"议帝号"之事，说，人们认为皇帝之号，自秦开始。而读《吕刑》，觉得可以说，"皇帝"之号由来久远。⑧

---

① "皇帝，舜也。先儒及诸家说者皆以为尧，盖以下文曰'乃命重黎绝地天通'。重黎，即羲和也，故以为尧，然'窜三苗于三危'，舜摄位之后；'分北三苗'，舜即位之后。故皇帝当为舜。《大禹谟》曰，帝德广运。《皋陶谟》曰，惟帝其难之。先儒及诸家亦皆以为尧，盖不深考之也。舜哀闵夫众庶被戮者之非其罪。"（宋）林之奇：《尚书全解》卷三十九《吕刑·周书》，《钦定四库全书》本。
② "皇帝说者以为尧，以《书》考之，治苗民，命伯夷、禹、稷、皋陶，皆舜也，非尧也。"（宋）时澜：《增修东莱书说》卷三十四《周书·吕刑第二十九》，《钦定四库全书》本。
③ "皇帝，舜也。以《书》考之，治苗民，命伯夷、禹、稷、皋陶，皆舜之事。"（宋）蔡沉：《书经集传》卷六《吕刑》，《钦定四库全书》本。
④ "皇帝旧皆以为尧，蔡传以为舜，盖据经，则窜三苗与命三后、皋陶皆舜事，非尧也。"（明）王樵：《尚书日记》卷十六《吕刑》，《钦定四库全书》本。
⑤ "皇帝谓虞舜也。穆王曰，苗民淫刑以逞，下失民心，上于天怒。帝舜之心，即上天之心也。哀矜此庶民被刑戮者皆无辜之人。"《日讲书经解义》卷十三《吕刑》，《钦定四库全书》本。
⑥ "薛氏季宣曰，哀庶戮之滥。"《钦定书经传说汇纂》卷二十一，《钦定四库全书》本。
⑦ "皇帝者，总言尧舜也。盖窜三苗乃舜居摄时事，未可专指舜。征苗分北，乃舜时事。古注言尧，蔡传言舜，恐皆失偏，当兼言之。"（元）许谦：《读书丛说》卷六《吕刑》，《钦定四库全书》本。
⑧ "秦始皇初并天下，令议帝号。群臣皆曰，昔者五帝，地方千里。其外侯服夷服诸侯或朝或否，天子不能制。今陛下兴义兵，诛残贼，平定天下，海内为郡县，法令由一统。自上古以来未尝有，五帝所不及。臣等谨与博士议曰，古有天皇，有地皇，有泰皇。泰皇最贵。臣等冒死上尊号，王为泰皇；命为制；令为诏；天子自称曰朕。王曰，去泰著皇，采上古帝位号，号曰皇帝。他如议。制曰可。是皇帝之号，自秦始也。余读《吕刑》皇帝哀矜庶戮之不辜，曰所从来远矣。"（明）陈第：《尚书疏衍》卷四《吕刑》，《钦定四库全书》本。

以上是此段的解说。主要集中于皇帝身份的争议，有三说。皇帝为尧，汉孔持此论，认同的有唐陆德明、唐孔，宋人苏轼、夏僎、陈经、黄度，元人吴澄。皇帝为舜，宋人林之奇、吕祖谦持此论，认同的有宋人蔡沉、明人王樵、清帝康熙。皇帝总言尧舜，元人许谦持此论。哀矜，陈经"哀伤矜怜"，宋人林之奇"哀闵"；不辜，唐孔"不以其罪"，林之奇"非其罪"。有论者强调帝心与天心。宋人黄度尧"承"天心；元人吴澄"尧之心"为"天之心"；清帝康熙苗民肆用刑罚，下失民心，上于天怒，而帝舜之心，即上天之心。

2. 报虐以威

《尚书注疏》汉孔氏将此段解说为，就报"为虐者"以威诛，解"威"为"威诛"。唐孔疏未解。①宋人林之奇《尚书全解》解说，大概是奉上天之意，顺从民意，报"为虐者"以威刑。林之奇解"报"为"复"。苗民"淫"为劓、刵、椓、黥，"虐威庶戮"，其"遏绝"众多人的世嗣。故帝舜以"遏绝之威"而报之。帝舜"遏绝苗民"是因天意；上天命帝舜"遏绝苗民"，则是民意。林之奇以商汤伐桀、周武王伐纣为例例证，说，桀纣"与民为仇"，商汤周武王为民复仇。②

宋人夏僎《尚书详解》采汉孔之说，只是行文稍有不同。认为尧诛有苗"实天命之"。苗民"肆"为暴虐，下民"不忍"，方告"无辜"于上。上帝"监"之而知其无辜。帝尧知"天意"之所向。③

---

① 传，"乃报为虐者以威诛"。疏，"乃报为暴虐者以威"。（汉）孔氏传、（唐）陆德明音义、（唐）孔颖达疏《尚书注疏》卷十八《周书·吕刑》，《钦定四库全书》本。

② "盖奉上天之意，以从斯民之欲，故报为虐者以威刑。""汤征葛，四海之内皆曰非富天下也，为匹夫匹妇复仇也。盖汤之伐桀、武王之伐纣，皆以其与民为仇，故为民复之也。此所谓报，即孟子所谓复也。苗民淫为劓、刵、椓、黥，虐威庶戮其遏绝人世多矣。故帝以遏绝之威而报之也。出乎尔者反乎尔，此之谓也。楚灵王闻群公子之死也，自投于车下曰，人之爱其子也，亦如余乎，既而曰余杀人子多矣，能无及此乎，盖天理之当也。舜之遏绝苗民，盖因天意而已。上天之命舜遏绝苗民，盖因民意而已。桀纣之亡，汤武之王皆然也。"（宋）林之奇：《尚书全解》卷三十九《吕刑·周书》，《钦定四库全书》本。

③ "此有苗之诛，虽曰尧诛之，而实天命之也。苗民既肆为暴虐，下民不忍，方告无辜于上。上帝监之，知其无辜。于是帝尧知天意之所向……乃以德威诛伐，而报苗民之暴虐。"（宋）夏僎：《尚书详解》卷二十五《吕刑》，《钦定四库全书》本。

据宋人时澜《增修东莱书说》，吕祖谦解"报虐以威"说，"因黥之虐，报之以墨；因椓之虐，报之以宫"。就像空谷报声一样，都是回声，"自召"而来，即"所谓天讨"。①《钦定书经传说汇纂》引南宋薛季宣说是"奉行天威"以报有苗之"虐"。②

宋人黄度《尚书说》解说简略，"苗虐，报之以威"。③ 宋人蔡沉《书经集传》解说亦简略，说，报苗之虐以"我"之威。④ 宋人陈经《陈氏尚书详解》则说，以"威"而报苗民之"虐"，而"威"指的是下文的内容。⑤ 康熙《御制日讲书经解义》解说，于是就奉天讨伐而"大彰杀伐之威"，以报有苗虐民之罪。并说，"报虐以威"，显示圣人的刑罚也不过分，只是对等惩治而已。⑥

以上是此段的解说，稍显杂乱模糊，大多未作实质解读，只是行文、角度和范围有所区别。报，林之奇为"复"；虐，大同小异，汉孔、林之奇为虐者，夏僎苗民"肆"为暴虐，黄度苗虐，蔡沉、薛季宣苗之虐，陈经苗民之"虐"，康熙苗虐民之罪；威，汉孔威诛，林之奇威刑，蔡沉"我"之威；部分解说者，与天意相连，林之奇奉上天之意，顺从民意，吕祖谦所谓天讨，夏僎实天命之，薛季宣奉行天威伐，康熙奉天讨。

3. 遏绝苗民，无世在下

《尚书注疏》汉孔氏将此段解说为，"遏绝苗民"，使其无"世位"在"下国"。"遏绝苗民"未解，解"世"为"世位"；"下"为"下国"。

---

① "报虐以威者，因黥之虐，报之以墨；因椓之虐，报之以宫。犹空谷之报声，咸其自召，而我无心焉，所谓天讨也。"（宋）时澜《增修东莱书说》卷三十四《周书·吕刑第二十九》，《钦定四库全书》本。
② 薛氏季宣曰："奉行天威以报有苗之虐。"《钦定书经传说汇纂》卷二十一，《钦定四库全书》本。
③ "苗虐，报之以威。"（宋）黄度：《尚书说》卷七《周书·吕刑》，《钦定四库全书》本。
④ "报苗之虐，以我之威。"（宋）蔡沉：《书经集传》卷六《吕刑》，《钦定四库全书》本。
⑤ "遂以威而报苗民之虐。尧之所谓威者，下文所言是也……此即威也，所以报虐也。"（宋）陈经：《尚书详解》卷四十七《周书·吕刑》，《钦定四库全书》本。
⑥ "于是奉天以讨之，大彰杀伐之威，以报有苗虐民之罪。""报虐以威，见圣人之刑罚皆不过，因物付物而已。"《日讲书经解义》卷十三《吕刑》，《钦定四库全书》本。

"遏绝苗民",唐孔疏解"遏"为"止","遏绝苗民"即"止绝苗民"。"使无世位在于下国",唐孔疏解说为"以刑虐,故灭之"。唐孔认为,此句说"遏绝苗民",下句随即说"乃命重黎",重黎是"帝尧之事",因此知道灭苗民的也是帝尧。按照礼制,天子不灭国,而是改立国君,由于三苗的国君,"数生凶德",历代都被诛灭。① 宋人魏了翁《尚书要义》引唐孔,说尧已绝苗,而末年又窜苗。《礼》不灭国。② 宋人陈经《陈氏尚书详解》说,"遏绝之",使不得"长世"在"下国",近似汉孔。③

宋人苏轼《书传》称分北三苗,将其君迁于三危。④ 宋人蔡沉《书经集传》解"绝"为"灭",认为是诸如"窜"与"分比"之类"遏绝"之,从而使无"继世"在"下国"。⑤ 明人王樵《尚书日记》引蔡沉,又强调,按照礼制,天子不灭国,而是改立次贤,但苗民极恶,又无"次贤",于是"灭之"。皇帝如此对待苗民,大概是报"其虐",并非过分。⑥ 康熙《御制日讲书经解义》解同蔡沉,并说,大概"天心之所恶",莫大于虐民;而帝王之行事,莫大于救民。⑦ 《钦定书经传说汇纂》引南

---

① 传,"遏绝苗民,使无世位在下国也"。疏,"止绝苗民,使无世位在于下国,言以刑虐,故灭之也"。"此言遏绝苗民,下句即云乃命重黎,重黎是帝尧之事,知此灭苗民亦帝尧也。此灭苗民在尧之初兴,使无世位在于下国。而尧之末年又有窜三苗者,《礼》天子不灭国,择立其次贤者。此为五虐之君,自无世位在下。其改立者复得在朝,但此族数生凶德,故历代每被诛耳。"(汉)孔氏传、(唐)陆德明音义、(唐)孔颖达疏《尚书注疏》卷十八《周书·吕刑》,《钦定四库全书》本。
② "(十七)尧已绝苗,而末年又窜苗。《礼》不灭国。"(宋)魏了翁:《尚书要义》卷一,《钦定四库全书》本。
③ "遏绝之,使不得长世以在下国。"(宋)陈经:《尚书详解》卷四十七《周书·吕刑》,《钦定四库全书》本。
④ "分北三苗,迁其君于三危。"(宋)苏轼:《书传》卷十九《周书·吕刑第二十九》,《钦定四库全书》本。
⑤ "绝灭也,谓窜与分比之类,遏绝之,使无继世在下国。"(宋)蔡沉:《书经集传》卷六《吕刑》,《钦定四库全书》本。
⑥ "遏绝,谓窜其君,分北其党类。《礼》天子不灭国,择立其次贤者,苗民极恶,又无次贤者,故遂灭之。无复继世在下国者,皇帝所以待苗民如此,盖报其虐,非过也。"(明)王樵:《尚书日记》卷十六《吕刑》,《钦定四库全书》本。
⑦ "窜其君于三危,分比其党,以遏绝有苗之民,而不使其继世在下国,以贻百姓之害焉。盖天心之所恶,莫大于虐民;而帝王之行事,莫大于救民。报虐以威,见圣人之刑罚皆不过,因物付物而已。"《日讲书经解义》卷十三《吕刑》,《钦定四库全书》本。

宋人薛季宣说，"放之于远不得传国于后"。① "遏绝"，元人吴澄《书纂言》亦说"窜之于三危"，同苏轼。"在下"，吴澄则解释为"诸侯"，认为，《吕刑》有五处提到"在下"，均指"诸侯"。并解说道，对天子而言，天子在上，诸侯在下。因此此段为"遏止"其恶，而"绝其世"，使其子孙无复得"传世为君"。②

宋人林之奇《尚书全解》解"遏绝苗民"为"灭绝其世嗣"。"无世在下"只是转述汉孔之说。③ 宋人夏僎《尚书详解》解"遏绝苗民"为"正绝其嗣"，与林之奇相近。"无世在下"解为"俾无有继世而在天下"。并解说，苗民的世嗣被"诛绝"了，而至舜之世仍有存在，大概是苗民种类至多，帝尧"遏绝"的只是当时为"君长"的。而"不为君长"的，或支派或平民，帝尧岂能尽绝，而后其遗种重又繁育。④ 据《增修东莱书说》，吕祖谦则说，"无世在下"为"遏绝之"而使无"世绪"在天下。⑤ 宋人黄度《尚书说》称为绝苗之"势"，先"窜"其君，而后又"选"其民。⑥ 元人王充耘《读书管见》论说，如果止于"窜"其"君"，就不应当称"民"。既然说"无世在下"，就不应该有后来的"征苗"之事。以此可见窜"三苗"，不但窜其"君"，必定"并其民"而"徙之"。所以说"分北三苗"。后来被窜的苗民，"皆改所事"。因此《禹贡》说三苗"丕叙"，即三苗已大有次叙。《禹谟》征苗一段，是后人杜撰出来的，而

---

① 薛氏季宣曰："放之于远不得传国于后。"《钦定书经传说汇纂》卷二十一，《钦定四库全书》本。
② "遏绝，谓窜之于三危。遏止其恶，而绝其世，使其子孙无复得传世为君也。此篇言在下者五，皆谓为诸侯也。对天子而言，天子在上，诸侯在下者也。"（元）吴澄：《书纂言》卷四下《吕刑》，《钦定四库全书》本。
③ "遏绝苗民而殄灭其世嗣，故苗民无世在于下国也。"（宋）林之奇：《尚书全解》卷三十九《吕刑·周书》，《钦定四库全书》本。
④ "正绝其嗣，俾无有继世而在天下者，盖谓诛绝之也。然至舜之世犹有存者何也，盖苗民种类至多，尧之遏绝，乃其一时为君长者。其不为君长者，或支或庶，尧岂能尽绝之。此所以至舜之世，而其遗种或复育也。"（宋）夏僎：《尚书详解》卷二十五《吕刑》，《钦定四库全书》本。
⑤ "无世在下者，遏绝之，使无世绪在天下也。"（宋）时澜：《增修东莱书说》卷三十四《周书·吕刑第二十九》，《钦定四库全书》本。
⑥ "绝苗之势，始窜其君，又选其民。"（宋）黄度：《尚书说》卷七《周书·吕刑》，《钦定四库全书》本。

非实事。①

以上为此段的解说。"遏绝苗民"有三说。一说灭之，唐孔"止绝苗民"，"以刑虐，故灭之"。一说迁或窜，宋人苏轼分北三苗，将其君迁于三危，元人吴澄同；宋人蔡沉"窜"与"分比"之类，明人王樵、清帝康熙同；宋人黄度绝苗之"势"，先"窜"其君，而后又"选"其民；元人王充耘窜其"君"，"并其民"而"徙之"。一说灭嗣，宋人林之奇"灭绝其世嗣"；宋人夏僎"正绝其嗣"。无世在下有两说。一说改立国君，汉孔使其无"世位"在"下国"，林之奇同；唐孔按照礼制，天子不灭国，改立次贤为国君，明人王樵苗民极恶，又无"次贤"，于是"灭之"。一说使无继世，夏僎"俾无有继世而在天下"，宋人蔡沉使无"继世"在"下国"，明人王樵、清帝康熙同；宋人薛季宣"放之于远不得传国于后"；元人吴澄使其子孙无复得"传世为君"。

4. 叙评

清帝康熙说此句是说帝舜体会天心，以正有苗之罪。"皇帝"有三说，或说帝尧，或说帝舜，或说应兼言尧舜。哀矜，宋人陈经或"哀伤矜怜"，或"哀闵"。不辜，或"不以其罪"，或"非其罪"。有论者强调帝心与天心。报，有解为"复"；虐，或为虐者，或苗民暴虐，或苗虐，或苗之虐，或苗民之"虐"，或苗虐民之罪。威，或威诛，或威刑，或"我"之威；有论者与天意相连，或奉上天之意，顺从民意，或天讨，或天命之，或奉行天威伐，或奉天讨。"遏绝苗民"有三说，一说灭之，一说迁或窜，一说灭嗣。无世在下有两说，一说改立国君，一说使无继世。

笔者以为，此句讲述三苗虐刑的结局。《吕刑》的行文是相互衔接的，前两句说三苗虐刑上达于天。此句衔接前文，清帝康熙说其体会天心，正三苗之罪是适宜的。皇帝的身份应联系后文诸事确定。宋人吕祖谦说根据《尚书》考证，治苗民，命伯夷、禹、稷、皋陶，都是帝舜而非

---

① "若止于窜其君，不当称民。既云无世在下，不当后来又有征苗之事。以此见窜三苗者，不但窜其君，必并其民而徙之。故云分北三苗。后来苗民被窜者，皆改所事，故《禹贡》云，三苗丕叙，而《禹谟》征苗一段，此后人杜撰之辞，非实事也。"（元）王充耘：《读书管见》卷下《吕刑》，《钦定四库全书》本。

帝尧。此说适宜。在确认皇帝的身份后，康熙的苗民肆用刑罚，下失民心，上于天怒，而帝舜之心，即上天之心，即为善解。不辜，唐孔的"不以其罪"，宋人林之奇的"非其罪"均可采。虐的解说，行文略有差别，但均指三苗之君的虐刑，唐孔的为虐者比较通顺。威，唐孔的威诛，含义模糊，林之奇的威刑较为合适，即奉上天之意，顺从民意，报为虐者以威刑。"遏绝苗民"三说并无明确的界限。"无世在下"两说亦无明确界限。唐孔的灭之，含义模糊；宋人苏轼和蔡沉的说法比较明确，蔡沉指绝，为灭之，说是"窜"与"分比"之类。"无世"在下可以两说综合，无世，宋人夏僎、蔡沉指使无继世；下，元人吴澄指诸侯；唐孔另立国君。"遏绝苗民，无世在下"连解，形成连续措施。此解与夏商周的天命观相吻合。此句似可解说为：

三苗之君肆用刑罚，下失民心，上触天怒，帝舜体会天心，哀伤怜悯众多被刑戮之人遭受不当刑罚，奉上天之意，顺从民心，报为虐者以威刑，远窜他方，使无继世为诸侯，另立国君。

三
古训（下）

元人许谦《读书丛说》认为，古训"继述"圣人之刑，以为后世之准。①

（一）乃命重黎，绝地天通，罔有降格

以下三句，宋人陈经《陈氏尚书详解》说是"见帝尧所施自有次第"，先是在遏绝苗民"以除其害民"之后，命重黎之官"以辨神人之分"；其次，命群后"以经常之教示民"；其三，方始皇帝"屈己下问于民"。② 以下两句，康熙《御制日讲书经解义》说是帝舜之"以常道正民"。③

笔者引证解说此句的有，汉孔，唐孔，宋人苏轼、林之奇、吕祖谦、夏僎、黄度、蔡沉、陈经，元人王充耘，明人陈第、王樵，清帝康熙。

1. 乃命重黎

《尚书注疏》汉孔传说，重即羲，黎即和。而帝尧任命羲、和，世袭出掌天地四时的官职。唐孔疏引郑玄说，以"皇帝哀矜庶戮之不辜"至"罔

---

① "继述圣人之刑，以为后世之准。"（元）许谦：《读书丛说》卷六《吕刑》，《钦定四库全书》本。
② "此章见帝尧所施自有次第，先遏绝苗民以除其害民者，于是命重黎之官以辨神人之分，其次命群后以经常之教示民，其次方始皇帝屈己下问于民。"（宋）陈经：《尚书详解》卷四十七《周书·吕刑》，《钦定四库全书》本。
③ "此一节书是言帝舜之以常道正民也。"《日讲书经解义》卷十三《吕刑》，《钦定四库全书》本。

有降格",都是说颛顼(zhuān xū)之事,因此"乃命重黎",是指任命重、黎本人,而非羲、和。又引《尧典》,说,以此知道,重即羲,黎即和。是说,羲是重的子孙,和是黎的子孙,能不忘祖先旧业,所以帝尧将重、黎作为官职。如按《楚语》说法,"乃命重黎",是"颛顼"命之。① 宋人林之奇《尚书全解》解同汉孔,又说,尧命羲和,而舜命重黎。② 宋人蔡沉《书经集传》说,重,少昊之后;黎,高阳之后。同汉孔,认为,重即羲,黎即和。又如引《国语》。③ 清帝康熙《御制日讲书经解义》认为,重,少昊之后;黎,高阳之后;重即羲,黎即和。④ 同蔡沉。

宋人苏轼《书传》说,重黎,即羲和。⑤ 宋人黄度《尚书说》解同苏轼,并说,羲和,疑即伯夷礼官,故使正神、人之位。⑥

此段解说的是"重黎"的身份。重黎,即羲和,出掌天地四时的官职,这是一致的意见。分歧在于,重黎是一人还是两人。大多主张是两人,重即羲,黎即和。另有认为是一人,并有疑羲和,为伯夷礼官。有指说,羲是重的子孙,和是黎的子孙,复其祖先旧业。也有说,尧命羲和,而舜命重黎。

2. 绝地天通

《尚书注疏》汉孔传说,"使人神不扰,各得其序",就是所谓的"绝地

---

① "传,重即羲,黎即和。尧命羲和世掌天地四时之官。"疏,"郑玄以皇帝哀矜庶戮之不辜,至罔有降格,皆说颛顼之事。乃命重黎,即是命重黎之身,非羲和也"。"而《尧典》云,乃命羲和钦若昊天,即所谓育重黎之后使典之也。以此知重即羲也,黎即和也。言羲是重之子孙,和是黎之子孙,能不忘祖之旧业,故以重黎官之。""如《楚语》云,乃命重黎,是颛顼命之。"(汉)孔氏传、(唐)陆德明音义、(唐)孔颖达疏《尚书注疏》卷十八《周书·吕刑》,《钦定四库全书》本。
② "重,羲;黎,和也。世掌天地四时之官。故尧命羲和,而舜命重黎也。"(宋)林之奇:《尚书全解》卷三十九《吕刑·周书》,《钦定四库全书》本。
③ "重少昊之后;黎高阳之后;重即羲,黎即和也。""按《国语》曰少皞氏之衰,九黎乱德,民神杂糅,家为巫史,民渎齐盟,祸灾荐臻。颛顼受之,乃命南正重司天以属神,北正黎司地以属民,使无相侵渎。其后三苗复九黎之德,尧复育重黎之后,不忘旧者使复典之。"(宋)蔡沉:《书经集传》卷六《吕刑》,《钦定四库全书》本。
④ "重,少昊之后。黎,高阳之后。重即羲。黎即和也。"《日讲书经解义》卷十三《吕刑》,《钦定四库全书》本。
⑤ "重黎,即羲和也。"(宋)苏轼:《书传》卷十九《周书·吕刑第二十九》,《钦定四库全书》本。
⑥ "重黎,羲和也。""羲和,疑即伯夷礼官,故使正神、人之位。"(宋)黄度:《尚书说》卷七《周书·吕刑》,《钦定四库全书》本。

天通"。唐孔疏说，因三苗乱德，使民神"杂扰"。帝尧在诛苗民之后，就命重、黎二氏，使其断绝天地相通，使得民神不杂，即天神、地民不相杂。唐孔引《楚语》云观射父答昭王"《周书》所谓重黎实使天地不通"问，加以解说，古时民神"不杂"。少昊年衰，九黎"乱德"，家家求神占卜，观察天文星象，民神"同位"，祸灾接连出现。颛顼继位，就命南正重"司天以属神"，命火正黎"司地以属民"，以使恢复旧有习俗，无相"侵渎"。即所谓"绝地天通"。其后，三苗重现九黎之德，尧复育重黎之后不忘旧者，令其重新主管天地。唐孔评论说，尧"命羲和掌天地四时之官"，是《尧典》之文；"民神不扰，是谓绝地天通"，是《楚语》之文也。汉孔只是加了一句"各得其序"而已。① 宋人夏僎《尚书详解》有长篇幅评论，并认可唐孔所引《楚语》。解说为，"绝在地之民，使不得以妖术格于在天之神。绝在天之神，使不得假其名字以降于在地之民，盖将塞其生乱之阶"。② 宋人

---

① 传，"使人神不扰，各得其序，是谓绝地天通"。疏，"正义曰，三苗乱德，民神杂扰。帝尧既诛苗民，乃命重黎二氏，使绝天地相通，令民神不杂"。"言天神、地民不相杂也。"疏，"传正义曰，《楚语》云昭王问于观射父曰，《周书》所谓重黎实使天地不通者，何也？若无然，民将能登天乎？对曰，非此之谓也。古者民神不杂。少昊氏之衰也，九黎乱德，家为巫史，民神同位，祸灾荐臻。颛顼受之，乃命南正重司天以属神，命火正黎司地以属民，使复日常，无相侵渎。是谓绝地天通。其后，三苗复九黎之德，尧复育重黎之后不忘旧者，使复典之，彼言主说此事"。"传言，尧乃命羲和掌天地四时之官，《尧典》文也。民神不扰，是谓绝地天通，《楚语》文也。孔惟加'各得其序'一句耳。"（汉）孔氏传、（唐）陆德明音义、（唐）孔颖达疏《尚书注疏》卷十八《周书·吕刑》，《钦定四库全书》本。

② "尧既绝苗民无世在下，既又念苗民所以阶乱者，皆由罔中于信，以覆败古人诅盟之事，遂至假于鬼神惑乱愚民，以阶祸乱。故尧既遏绝之后，所以必命重黎以正神人之分也。盖在天有神，在地有人。幽明之间，截然不可移易。今苗民既假鬼神以阶乱，则引天神以惑愚民，如汉末张角一日同起者三十六万，此皆假鬼神以阶乱者也。今三苗之俗既如此，故尧命重黎，使绝地天通，罔有降格，谓绝在地之民，使不得以妖术格于在天之神。绝在天之神，使不得假其名字以降于在地之民。盖将塞其生乱之阶也。孔氏引《楚语》云，昭王问于观射父曰，《周书》所谓重黎实使天地不通者何也，若不然民将能登天乎。对曰，非此之谓也。古者民神不杂。少昊氏之衰也，九黎乱德，家为巫史，民神同位，祸灾荐臻。颛顼受之，乃命南正重司天以属神，北正黎司地以属民，使复旧常，无相浸渎，是谓绝地天通。其后三苗复九黎之德。尧复育重黎之后，不忘旧者，使复典之。以此知重即羲也黎即和也。但此以重黎绝地天通为尧时事，而《楚语》乃指为颛顼时事，今且以经为据，尧即命重黎正神人之分，以绝苗民生乱之阶。"（宋）夏僎：《尚书详解》卷二十五《吕刑》，《钦定四库全书》本。

陈经《陈氏尚书详解》同唐孔引《楚语》，说，"由是观之，帝尧与颛帝皆有命重黎之事"。①

宋人林之奇《尚书全解》说是，舜在遏绝苗民之世之后，随之用来"变苗民之恶俗"。《楚语》观射父解说详尽。只是不应当以为绝地天通在颛顼之世。②

宋人苏轼《书传》说，平民滥用诅盟祭祀，家家求神占卜，观察天文星象。尧乃命重黎，"授时劝农"，"禁淫祀"，而人神"不复相乱"，所以称绝地天通。③ 宋人黄度《尚书说》尧又命羲和绝地天通，人神不揉，专修人事，以定民志。④

据宋人时澜《增修东莱书说》，吕祖谦有长篇幅的评论。治世"公道昭明"，为善得福，为恶得祸，民"晓然知其所由"，也就不求之渺茫冥昧之间。在蚩尤、三苗"昏虐"的时候，获罪的平民，"莫知其端"，无所控诉，一道"听于神"，祭非其鬼。因此，天地人神之典，杂糅渎乱。这就是妖诞"兴"，人心"不正"的原因。在帝舜时，当务之急，"莫先于正人心"，就"首命"重黎"修明祀典"，"天子"祭天地，"诸侯"祭山川，使"高卑上下，各有分限"，绝不相通。从而，焄（xūn）蒿妖诞之说全都"屏息"。⑤ 宋人蔡沉《书经集传》引

---

① "《楚语》曰古者民神不杂，少昊氏之衰也，九黎乱德，家为巫史，民神同位，祸灾荐臻。颛帝受之，乃命南正重司天，北正黎司地。重以属神，黎以属民，使服旧常，无相侵渎，是之谓绝地天通。由是观之，帝尧与颛帝皆有命重黎之事。"（宋）陈经：《尚书详解》卷四十七《周书·吕刑》，《钦定四库全书》本。

② "故舜既遏绝苗民之世，则命南正重司天以属神，北正黎司地以属民，使天地不得而相通，亦无有降格，则神人不相杂乱。盖所以变苗民之恶俗也。《楚语》载观射父之言详矣。但不当以书之所言，绝地天通为颛顼之世也。"（宋）林之奇：《尚书全解》卷三十九《吕刑·周书》，《钦定四库全书》本。

③ "民渎于诅盟祭祀，家为巫史。尧乃命重黎，授时劝农，而禁淫祀，人神不复相乱，故曰绝地天通。"（宋）苏轼：《书传》卷十九《周书·吕刑第二十九》，《钦定四库全书》本。

④ "尧又命羲和绝地天通，人神不揉，专修人事，以定民志。"（宋）黄度：《尚书说》卷七《周书·吕刑》，《钦定四库全书》本。

⑤ "治世公道昭明，为善得福，为恶得祸，民晓然知其所由，不求之渺茫冥昧之间。当蚩尤三苗之昏虐，民之得罪者，莫知其端，无所控诉，相与听于神，祭非其鬼，天地人神之典，杂糅渎乱。此妖诞之所以兴，人心之所以不正也。在舜当务之急，莫先于正人心。首命重黎修明祀典，天子然后祭天地，诸侯然后祭山川，高卑上下，各有分限，绝不相通。焄蒿妖诞之说举皆屏息。"（宋）时澜：《增修东莱书说》卷三十四《周书·吕刑第二十九》，《钦定四库全书》本。

吕祖谦。①

宋人陈经《陈氏尚书详解》的评论近似吕祖谦，说是，尧知教化之本，"原"斯民惑于森茫荒诞之说，由于其善恶不明，祸福不测，所以求之于神。假使当时为善者得福，为恶者得罪，民知正理，"自当如此"，何用求之于神。尧在遏绝苗民之后，随即令重黎主天地之官，绝地天通，使神在天不降于地，而人之在地无与于天。那么，人神既不相杂扰，罔有降格，于是，民知有人事，不知有惑之说。② 康熙《御制日讲书经解义》的评论也近似于吕祖谦。③

元人王充耘《读书管见》称说，"在天"为"神"，"在地"为"民"，"无相渎乱"，那么，"妖诞自息"。这本来就是"正人心急务"。④ 明人陈第《尚书疏衍》对"地天通"、"绝地天通"的现象和特征作了长篇幅的叙述。⑤

---

① "吕氏曰，治世公道昭明，为善得福，为恶得祸，民晓然知其所由，则不求之眇茫冥昧之间。当三苗昏虐，民之得罪者，莫知其端，无所控诉，相与听于神，祭非其鬼，天地人神之典，杂糅渎乱。此妖诞之所以兴，人心之所以不正也。在舜当务之急，莫先于正人心。首命重黎修明祀典，天子然后祭天地，诸侯然后祭山川。高卑上下，各有分限。绝地天之通，严幽明之分，慝蒿妊诞之说，举皆屏息。"（宋）蔡沉：《书经集传》卷六《吕刑》，《钦定四库全书》本。

② "尧知教化之本，原斯民惑于森茫荒诞之说者，以其善恶不明，祸福不测，故求之于神。使当时为善者得福，为恶者得罪，民知正理，自当如此何用求之于神。尧既遏绝苗民，乃使重黎主天地之官，绝地天通，使神之在天者不降于地，而人之在地者无与于天。人神既不相杂扰，罔有降格，则民知有人事，不知有惑之说矣。"（宋）陈经：《尚书详解》卷四十七《周书·吕刑》，《钦定四库全书》本。

③ "穆王曰，自有苗肆虐，刑戮无辜，赏善罚恶之权，不行于君上，而祈福禳灾之说，遂托于鬼神。于是人神杂乱。祀典溷淆，矫诬妄诞之说纷然而起。舜于是首命南正重，以司天；北正黎，以司地。修明祀典，辨别幽明。天子始祭天地；诸侯始祭山川。凡一切淫祀求福者，皆禁止之。于是假托鬼神降格祸福之邪说皆息矣。"《日讲书经解义》卷十三《吕刑》，《钦定四库全书》本。

④ "在天而神，在地而民，无相渎乱，则妖诞自息。此固正人心急务。"（元）王充耘：《读书管见》卷下《吕刑》，《钦定四库全书》本。

⑤ "国治听人，国乱听神，此常理也。盖国乱，则法令不明，赏罚不中矣，无所措其手足矣。无所控诉，惟求之神。神道日盛，人道日衰。时则瞽史巫觋又妄言祸福于其间。民志昏惑，不能自决，将谓是非曲直，官不足凭；而利害死生，惟神足恃。由是山川土石之妖，草木禽兽之怪，亦乘衅而入，人鬼溷淆，阴阳杂糅，是之谓地天通也。邪道既盛，衅孽自作。冰雹水旱，山崩川竭之变，无时无之，是之谓上帝降格也。格古读阁，与割同音。故《大诰》'降割'，与《多士》、《多方》'降格'，皆谓灾也。重黎何以治之乎？重黎掌天地四时之官，治历、授时，劝民耕稼，而又正祭祀之典，去淫邪之祠，则民尽力于本务，自不分心于希冀，尊鬼而不媚，敬神而不祈，故和气集，乖气亡。休征臻，咎征远，是之谓绝地天通，而罔有降格也。"（明）陈第：《尚书疏衍》卷四《吕刑》，《钦定四库全书》本。

明人王樵《尚书日记》说，地，民；天，神。不称绝"天"地通，而称绝"地"天通，是因为，神"本无"通于民，"兴"之"常自于下"。①

综上所述，可以发现，此段是此句解说的重心，涉及其原因、目的、方式方法及结果。解说者的侧重点不一，基本上可以说是没有大的歧义。最先解说原因的是唐孔。唐孔是引用《楚语》来说明的，说是三苗重现九黎之德。九黎"乱德"，在少昊末年，导致家家求神占卜，观察天文星象，民神"同位"，祸灾接连出现。宋人苏轼说，平民滥用诅盟祭祀，家家求神占卜，观察天文星象。吕祖谦说是三苗"昏虐"，获罪的平民，无所控诉，一道"听于神"，祭非其鬼，天地人神，杂糅渎乱，妖诞"兴"而人心"不正"。至于其目的，唐孔引《楚语》说是，恢复旧有习俗。宋人林之奇说是，"变苗民之恶俗"。宋人黄度说是"以定民志"。吕祖谦说是"正人心"。其方式，汉孔说是"使人神不扰，各得其序"。其方法，唐孔引《楚语》"司天以属神"，"司地以属民"。其结果，吕祖谦说是，怃蒿妖诞之说全都"屏息"。王充耘说，"妖诞自息"。明人王樵对"地"、"天"的次序作了解说。其他人则各有所从。

3. 罔有降格

《尚书注疏》汉孔解说为，天神没有"降"地，地祇不"至"于天，而"明"不相干，"格"被解为"至"。唐孔疏为，于是天神无有下"至"地，地民无有上"至"天。又引《楚语》说，"司天"属神，"司地"属民。让"神与天"在上，"民与地"在下，"定上下之分"，使民神不杂，那么祀神供祖有常规，灾害祸患就不会产生。唐孔强调，此处经文指民神分别之意，所以说"罔有降格"。称天神没有"降至"于地，是说神不关涉民。唐孔说，汉孔因此"互文"，即换一种说法，地民不有"上至于天"，是说民不关涉神。总之，是说表明"不相干"，即民神不杂。唐孔指说，地民有人称"地祇"，是因为学者"多闻神祇"，又民字

---

① "不曰绝天地通，而曰绝地天通者，地，民也；天，神也。神本无通于民。兴之常自于下，故曰绝地天通。"（明）王樵：《尚书日记》卷十六《吕刑》，《钦定四库全书》本。

"似祇"，因而妄改使谬。①

降格，宋人苏轼《书传》例举说，"有神降于莘"，大概是此类之事。② 宋人林之奇《尚书全解》说，由于"诅盟之屡"，渎于鬼神，故神人杂扰，天地相通。盖有鬼神自上而降格者，以其家为巫史，享祀无度故也。夫神岂能为民之厉哉，惟亵而近之。此妖孽之所以兴也。《左传》庄三十二年有神降于莘。③ 宋人黄度《尚书说》说是因苗民为诅盟，因而有降格之事。④

此段解说的是"降格"，有两说。汉孔、唐孔认为是天神没有"降"地，地民不"至"于天，表明不相干。宋人苏轼、林之奇、黄度认为是神自上而降格。

4. 叙评

此句的解说，重黎被一致认为是羲和，出掌天地四时的官职，但有是一人还是两人的歧义，大多主张是两人，重即羲，黎即和。综上所述，绝地天通是此句解说的重心，涉及其原因、目的、方式方法及结果。解说者的侧重、详略不一，未有大的歧义。"降格"有两说，一是降与格分开解说，称天神没有"降"地，地民不"至"于天；一说认为神自上而降格。

---

① 传，"言天神无有降地，地祇不至于天，明不相干"。疏，"于是天神无有下至地，地民无有上至天。《楚语》又云，司天属神，司地属民。令神与天在上，民与地在下，定上下之分，使民神不杂，则祭享有度，灾厉不生。经言民神分别之意，故言罔有降格，言天神无有降至于地者，谓神不干民。孔因互文云，地民不有上至于天者，言民不干神也。乃总之，云明不相干，即是民神不杂也。地民或作地祇。学者多闻神祇，又民字似祇，因妄改使谬耳"。（汉）孔氏传、（唐）陆德明音义、（唐）孔颖达疏《尚书注疏》卷十八《周书·吕刑》，《钦定四库全书》本。
② "号之亡也，有神降于莘，盖此类也。"（宋）苏轼：《书传》卷十九《周书·吕刑第二十九》，《钦定四库全书》本。
③ "惟诅盟之屡，则渎于鬼神，故神人杂扰，天地相通。盖有鬼神自上而降格者，以其家为巫史，享祀无度故也。夫神岂能为民之厉哉，惟亵而近之。此妖孽之所以兴也。《左传》庄三十二年有神降于莘。"（宋）林之奇：《尚书全解》卷三十九《吕刑·周书》，《钦定四库全书》本。
④ "苗民为诅盟，故有降格之事。"（宋）黄度：《尚书说》卷七《周书·吕刑》，《钦定四库全书》本。

笔者以为，重黎本为神话人物，人们随意而编，一人或二人，无关紧要，不必深究。而"绝地天通"的解说，各有所长，也各有所短，似应综合采用各家说法，使其完整通顺明了而易于理解。明人王樵的解说，有助于是"地天通"，而非"天地通"的理解，即天神本不通地民，常常是出自地民祈求于天神。仅就唐孔之说，显然无法令人理解为何要"绝地天通"，也与上文连接不上。似应先接以吕祖谦之说，三苗"昏虐"，获罪的平民，无所控诉，一道"听于神"。其后接以宋人苏轼之说，平民滥用诅盟祭祀；再接以唐孔之说，家家求神占卜，观察天文星象，民神"同位"，祸灾接连出现。接下来是目的，用宋人林之奇的变"恶俗"，黄度的"定民志"，吕祖谦的"正人心"。方式方法，先接唐孔"司天以属神"，"司地以属民"；后接汉孔"使人神不扰，各得其序"。结果，采用王充耘之说，"妖诞自息"。"降格"有两说，一是降与格分开解说，称是；苏轼等人指神自上而降格虽也通，但不如汉孔、唐孔之说，天神没有"降"地，地民不"至"于天。此句应解说为：

由于三苗之君昏虐，获罪的平民，无所控诉，只能求助于神。平民滥用诅盟祭祀，家家敬神占卜，观察天文星象，向神发誓，祈求降祸他人，天神下降民间，民神混杂，祸灾接连出现。为了变恶俗，定民志，正人心，帝舜任命重黎出掌天地四时的官职，司天属神，司地属民，使人神互不相扰，各得其序，天神不降于地，地民不求于神，荒唐怪异的现象不再出现。

（二）群后之逮在下，明明棐常，鳏寡无盖

笔者引证解说此句的有，汉孔，唐孔，宋人苏轼、林之奇、吕祖谦、夏僎、陈经、黄度、蔡沉、胡士行，元人王充耘，明人陈第，清帝康熙。

1. 群后之逮在下

《尚书注疏》汉孔传解说，"群后诸侯之逮在下国"，"群后"加"诸侯"，解"下"为"下国"。唐孔疏"群后诸侯相与在下国"，将"逮"解

为"相与"。① 宋人黄度《尚书说》解为，群后诸侯，都能"逮"其下。②

宋人苏轼《书传》解为自诸侯"以及其臣下"。③ 宋人林之奇《尚书全解》说，群后，群臣，与"三后"之后同。④ 宋人夏僎《尚书详解》说，群后，诸侯。在下，群吏。⑤

此段涉及三个字词，即"群后"、"逮"和"在下"。群后都解为诸侯，没有分歧。在下有三说，汉孔解为"下国"；苏轼解为"臣下"；林之奇将在下与"下情"相连（参见下文）。由于在下的歧义，逮的解说也就不同。唐孔疏"逮"为"相与"；苏轼则作"及"解。

2. 明明棐常

《尚书注疏》汉孔传解说，"皆以明明大道，辅行常法"。"明明"加"大道"；"棐"（fěi）为"辅行"。唐孔疏"群臣皆以明明大道，辅行常法"，仅加"群臣"字样。⑥

宋人苏轼《书传》解说为皆"修明人事"，而"辅常道"。⑦ 宋人林之奇《尚书全解》说，都用明明之德，辅天下之常道，使不至于废败。⑧ 据宋人时澜《增修东莱书说》，吕祖谦接上句说，然而这并非"专重黎之力"，也有"朝之群后及在下之众臣"，"精白一心，辅助常道"。⑨ 宋人

---

① "传，群后诸侯之逮在下国。"疏，"群后诸侯相与在下国"。（汉）孔氏传、（唐）陆德明音义、（唐）孔颖达疏《尚书注疏》卷十八《周书·吕刑》，《钦定四库全书》本。
② "群后诸侯皆能逮其下。"（宋）黄度：《尚书说》卷七《周书·吕刑》，《钦定四库全书》本。
③ "自诸侯以及其臣下。"（宋）苏轼：《书传》卷十九《周书·吕刑第二十九》，《钦定四库全书》本。
④ "群后即群臣也，与三后之后同，不必以为诸侯逮在下，与樱木后妃下逮之逮同。"（宋）林之奇：《尚书全解》卷三十九《吕刑·周书》，《钦定四库全书》本。
⑤ "群后诸侯也。在下，群吏也。"（宋）夏僎：《尚书详解》卷二十五《吕刑》，《钦定四库全书》本。
⑥ 传，"皆以明明大道，辅行常法"。疏，"群臣皆以明明大道，辅行常法"。（汉）孔氏传、（唐）陆德明音义、（唐）孔颖达疏《尚书注疏》卷十八《周书·吕刑》，《钦定四库全书》本。
⑦ "皆修明人事，而辅常道。"（宋）苏轼：《书传》卷十九《周书·吕刑第二十九》，《钦定四库全书》本。
⑧ "言群后之所以逮其在下者，皆以明明之德，辅天下之常道，使不至于废败。"（宋）林之奇：《尚书全解》卷三十九《吕刑·周书》，《钦定四库全书》本。
⑨ "然此非专重黎之力，亦朝之群后及在下之众臣，精白一心，辅助常道。"（宋）时澜：《增修东莱书说》卷三十四《周书·吕刑第二十九》，《钦定四库全书》本。

蔡沉《书经集传》转述吕祖谦。① 康熙《御制日讲书经解义》说，棐，辅。康熙说，当时，有土之诸侯及在下之百官，都精白其心，以辅助常道。近似吕祖谦。康熙还具体说明，"民之顺是道"就"嘉与之"；"悖是道"就"匡直之"。用"庆赏刑威之典"，作为"辅翼常道之具"。并作长篇幅评论。② 元人王充耘《读书管见》说，要是"常道不明"，"为善者"或"不得免祸"，"为恶者"或"苟免于刑"，于是"凡长民者，明明棐常"。③

宋人黄度《尚书说》说，明"明德"以辅常教。④ 宋人夏僎《尚书详解》说，"群后及在下化之"，于是"明明棐常"，而"不敢为幽隐神怪之事"。⑤

以上两段，宋人陈经《陈氏尚书详解》解说，民虽知神人有定分，而未知有"常经"之教。群后"虚心以逮下"，明"显然之明理"，以棐辅斯民之"常性"，使之入有父子，出有君臣，耕凿有饮食，如此，就"人理明"，而人心自正。⑥

---

① "群后及在下之群臣，皆精白一心，辅助常道。"（宋）蔡沉：《书经集传》卷六《吕刑》，《钦定四库全书》本。
② "棐，辅也。""当其时，有土之诸侯及在下之百官，皆精白其心，以辅助常道。民之顺是道者则嘉与之；悖是道者则匡直之。以庆赏刑威之典，为辅翼常道之具。常道昭人心正鬼神之说自不得而惑之。此大舜止邪遏乱之原，为千古之大智也。盖人神者，幽明之关，实邪正之几，而治乱之本也。孔子曰，务民之义，敬鬼神而远之。孔子之所谓民义，即《书》之所谓常道。举凡惑世诬民之说，正之以民义而自息。明乎此，则为大舜之明物察伦，为千古之大智。昧乎此则为秦皇汉武之求仙梁武之佞佛为千古之大愚智愚之介无多真与妄之间而已矣。"《日讲书经解义》卷十三《吕刑》，《钦定四库全书》本。
③ "然使常道不明，为善者或不得免祸，为恶者或苟免于刑。""故群后之逮在下，凡长民者，明明棐常。"（元）王充耘：《读书管见》卷下《吕刑》，《钦定四库全书》本。
④ "明明德以辅常教。"（宋）黄度：《尚书说》卷七《周书·吕刑》，《钦定四库全书》本。
⑤ "故群后及在下化之，乃明明棐常，而不敢为幽隐神怪之事。"（宋）夏僎：《尚书详解》卷二十五《吕刑》，《钦定四库全书》本。
⑥ "民虽知神人有定分，而未知有常经之教也。群后虚心以逮下，明其显然之明理，以棐辅斯民之常性，使之入有父子，出有君臣，耕凿有饮食，如此，则人理明，而人心自正。"（宋）陈经：《尚书详解》卷四十七《周书·吕刑》，《钦定四库全书》本。

综上所述，此段，"棐常"似无大的歧义，只是行文不同。"常"有汉孔、唐孔"常法"，宋人苏轼"常道"，黄度"常教"，陈经"常经"。他人各有所从。明人陈第说，人道就是常道。"棐"唐孔作"辅行"，吕祖谦作"辅助"。"明明"有汉孔、唐孔的"明明大道"，宋人苏轼的"修明人事"，林之奇的"明明之德"，吕祖谦的"精白一心"，黄度的明"明德"，陈经的明"显然之明理"。

3. 鳏寡无盖

《尚书注疏》汉孔传解说，"故使鳏寡得所无有掩盖"，解"盖"为"掩盖"。唐孔疏"鳏寡皆得其所无有掩盖之"，仅转述。① 宋人陈经《陈氏尚书详解》说，鳏寡之情，怎么有掩盖。过去，鳏寡之情不得以通上，是由于人神杂糅，诅盟共兴，皇惑于邪说，有罪无所告诉。现今，人理既明，斯民都可以"披心腹告诉于上"。②

宋人苏轼《书传》解说为，鳏寡无"蔽塞"之。③ 据宋人时澜《增修东莱书说》，吕祖谦说，民于是"善而得福，恶而得祸"，虽"鳏寡之微"，也"无敢盖蔽"而"不得自伸"。④ 宋人蔡沉《书经集传》转述吕祖谦。⑤ 吕祖谦还认为，因此，民心"坦然无疑"，不再"求之于神"。这就是重黎"得举其职"的缘故。⑥ 宋人夏僎《尚书详解》说："虽鳏寡穷民，亦得通其情于上，而无有盖蔽。而不通者，盖苗民假鬼神以阶乱，其

---

① 传，"故使鳏寡得所无有掩盖"。疏，"鳏寡皆得其所无有掩盖之者"。（汉）孔氏传、（唐）陆德明音义、（唐）孔颖达疏《尚书注疏》卷十八《周书·吕刑》，《钦定四库全书》本。
② "鳏寡之情，安有掩盖者乎。向者，鳏寡之情不得以通乎上，以人神杂糅，诅盟共兴，皇惑于邪说，有罪无所告诉。今也，人理既明，斯民皆得披心腹告诉于上。"（宋）陈经：《尚书详解》卷四十七《周书·吕刑》，《钦定四库全书》本。
③ "故鳏寡无蔽塞之者。"（宋）苏轼：《书传》卷十九《周书·吕刑第二十九》，《钦定四库全书》本。
④ "卒善而得福，恶而得祸。虽鳏寡之微，亦无敢盖蔽而不得自伸者。"（宋）时澜：《增修东莱书说》卷三十四《周书·吕刑第二十九》，《钦定四库全书》本。
⑤ "民卒善而得福，恶而得祸，虽鳏寡之微，亦无有盖蔽而不得自伸者也。"（宋）蔡沉：《书经集传》卷六《吕刑》，《钦定四库全书》本。
⑥ "民心坦然无疑，不复求之于神。此重黎之所以得举其职也。"（宋）时澜：《增修东莱书说》卷三十四《周书·吕刑第二十九》，《钦定四库全书》本。

同恶相济者，共为暴虐以贼害小民，故鳏寡有欲言，而不得上闻。今既绝其乱阶，而人不复假鬼神以生乱。此鳏寡所以无盖也。"① 宋人胡士行《胡氏尚书详解》说，"盖"是"蔽不得自伸"。由于"民不复求之神"，常理明而情实，无不得达。② 康熙《御制日讲书经解义》说，盖，掩蔽之意。在当时，好恶明，赏罚当。虽鳏寡之无告，为善则必蒙福，亦未"有蔽而不得伸"。③

宋人林之奇《尚书全解》接上文说，于是，鳏寡之情无有盖覆之，"在下"的冤抑之情得以"上通"。林之奇认为，朝有奸臣障蔽君之耳目，下情就不上通。例举秦、梁、隋、唐，指说都是在朝之臣无不逮其在下，而使鳏寡之辞有所盖。"特言"鳏寡，是由于暴虐之政，鳏寡"尤罹其害"，"赴愬之心尤切"。④ 宋人黄度《尚书说》，鳏寡之情"得上达"，无所盖藏。⑤

元人王充耘《读书管见》说，鳏寡"屈抑无所告诉"，于是民"不能不说诅"于神。王充耘认为，鳏寡虽势力"单弱之甚"，如"其情""得以上达"，而"无复"屈抑不伸之患，那么，民又"何苦"听于神。⑥

对此句，宋人夏僎《尚书详解》解说，诸侯及群吏，都"不事幽隐

---

① "虽鳏寡穷民，亦得通其情于上，而无有盖蔽。而不通者，盖苗民假鬼神以阶乱，其同恶相济者，共为暴虐以贼害小民，故鳏寡有欲言，而不得上闻。今既绝其乱阶，而人不复假鬼神以生乱。此鳏寡所以无盖也。"（宋）夏僎：《尚书详解》卷二十五《吕刑》，《钦定四库全书》本。
② "鳏寡无盖，盖蔽，不得自伸。""民不复求之神，常理明而情实，无不得达者矣。"（宋）胡士行：《尚书详解》卷十二《周书·吕刑第二十九》，《钦定四库全书》本。
③ "盖，掩蔽之意。""其时，好恶明，赏罚当。虽鳏寡之无告，为善则必蒙福，亦未有蔽而不得伸者。"《日讲书经解义》卷十三《吕刑》，《钦定四库全书》本。
④ "而鳏寡屈抑无所告诉，则民不能不说诅于神。""虽势力单弱之甚，如鳏寡者其情亦得以上达，而无复屈抑不伸之患，则民又何苦而听于神哉。"（元）王充耘：《读书管见》卷下《吕刑》，《钦定四库全书》本。
⑤ "鳏寡之情得上达，无所盖藏。"（宋）黄度：《尚书说》卷七《周书·吕刑》，《钦定四库全书》本。
⑥ "故鳏寡之情无有盖覆之者。惟鳏寡无盖，则在下者冤抑之情得以上通。""夫朝有奸臣障蔽君之耳目，则下情不上通。秦以赵高之故，陈胜唱乱而不得闻；梁以朱异之故，侯景向关而不得闻；隋以虞世基之故，贼遍天下而不得闻；唐以李林甫之故，禄山有反谋而不得闻。是皆其在朝之臣无不逮其在下者。故鳏寡之辞有所盖也。如唐明皇之出狩，有老父郭从谨进曰，草野之臣必知有今日久矣。但九重严邃，区区之心无路上达。其鳏寡有辞盖可知矣。特言鳏寡者，《诗》曰哿（gě，表示称许）矣，富人哀此煢独。暴虐之政，鳏寡尤罹其害。故其赴愬之心尤切也。"（宋）林之奇：《尚书全解》卷三十九《吕刑·周书》，《钦定四库全书》本。"哿矣，富人哀此惸独"，见《诗·小雅·正月》。

鬼神",而"明于明明之人事";"不事诡异妖者之术",而辅于世间之常道。这样就"人习诚实,下无隐情"。于是,鳏寡无告之人,都可以"陈其哀苦之情于上",而"无有蔽盖之"。① 明人陈第《尚书疏衍》评论说,于是"大义之明,如日中天"。群后"及在下",罔不明"其所当明"。人道,就是常道,"为己"就"明其当明","为人"就"辅其当辅",天下"皆得所",就是鳏寡孤独,也没有谁有"掩盖"。这是"拨乱致治之大体",不专指"有苗"。②

概言之,此段解说的重点是"盖",有汉孔的"掩盖"、宋人苏轼的"蔽塞"、林之奇的"盖覆"、吕祖谦的"盖蔽"、夏僎的"蔽盖"、黄度的"盖藏"、清帝康熙的"掩蔽"。这些或为同义,或为近义。而对"鳏寡"的表达大多与"情"相连。

4. 叙评

此句的解说,"群后"都解为诸侯,没有分歧。在下有"下国"、"臣下"、"下情"三说,"逮"有"相与"和"及"两解。"棐常"似无大的歧义。"常"有"常法"、"常道"、"常教"、"常经"之解。有指说"人道"就是"常道"。"棐"有"辅行"、"辅助"两解。"明明"有多解,"明明大道"、"明明之德"、明"明德"、明"显然之明理"、"修明人事"、"精白一心"。"盖",有"掩盖"、"蔽塞"、"盖覆"、"盖蔽"、"蔽盖"、"盖藏"、"掩蔽",或为同义,或为近义。"鳏寡"多与"情"相连。

笔者以为,尧舜时期,"群后"在朝为大臣,在封地为诸侯,解说为诸侯是适宜的。"下"汉孔解为"下国"与文义显然不顺。苏轼解为"臣下",似乎也通,但指向不明。是指帝舜的"臣下",还是诸侯的"臣

---

① "诸侯及群吏,皆不事幽隐鬼神,而明于明明之人事;不事诡异妖者之术,而辅于世间之常道。如是,则人习诚实,下无隐情。故鳏寡无告之人,皆得陈其哀苦之情于上,而无有蔽盖之者。其说美哉。"(宋)夏僎:《尚书详解》卷二十五《吕刑》,《钦定四库全书》本。
② "故大义之明,如日中天。群后及在下,罔不明其所当明。人道也,常道也。为己则明其当明,为人则辅其当辅,而天下皆得所,即鳏寡孤独,孰有掩盖之者乎。此拨乱致治之大体,不独为有苗言也。"(明)陈第:《尚书疏衍》卷四《吕刑》,《钦定四库全书》本。

下"？与下文"棐常"也不甚通顺。林之奇的"下情"似乎更适宜。由此，"逮"就应采用苏轼的"及"解，"明明"诸解，"明明大道"、"明明之德"、明"明德"、明"显然之明理"过于抽象，词义不明。而苏轼的"修明人事"则与后文"棐常"重复。林之奇的"精白一心"应当更为适宜。"棐"则唐孔的"辅行"优于吕祖谦的"辅助"。"常法"、"常道"、"常教"、"常经"诸解，苏轼的"常道"与后文的衔接比较通顺。"盖"诸解为同义或近义，就不必深究。为此此句可以解说为：

诸侯众臣体察下情，以纯洁之心辅助帝舜施行世间常道规则，鳏寡的冤情不被遮掩阻塞而得以上达，平民不再求助神灵。

（三）皇帝清问下民，鳏寡有辞于苗，德威惟畏，德明惟明

康熙《御制日讲书经解义》认为以下数句陈述"帝舜以德化，反有苗之政"。① 笔者引证解说此句的有汉孔、唐孔、唐陆德明，宋人苏轼、吕祖谦、林之奇、金履祥、夏僎、黄度、胡士行、蔡沉、陈经，元人王天与、王充耘，清帝康熙、清人朱鹤龄。

1. 皇帝清问下民

《尚书注疏》汉孔传解说，"帝尧详问民患"，"清问"为"详问"，"民"为"民患"。而唐陆德明音义引马融"清问"为"清讯"。唐孔疏为"清审详问"。② 宋人苏轼《书传》认为，国无政，天子欲闻，民言"岂易得其实"。"清问下民"，是指"政清"，而"后民可问"。③ 据宋人时澜《增修东莱书说》，吕祖谦说，清问是指"明目达聪，无纤毫壅蔽"

---

① "此一节书，是言帝舜以德化，反有苗之政也。"《日讲书经解义》卷十三《吕刑》，《钦定四库全书》本。
② 传，"帝尧详问民患"。音义，"清问，马云，清讯也"。疏，"君帝，帝尧，清审详问下民所患"。（汉）孔氏传、（唐）陆德明音义、（唐）孔颖达疏《尚书注疏》卷十八《周书·吕刑》，《钦定四库全书》本。
③ "国无政，天子欲闻，民言岂易得其实哉。故政清，而后民可问也。"（宋）苏轼：《书传》卷十九《周书·吕刑第二十九》，《钦定四库全书》本。

的意思。① 宋人林之奇《尚书全解》说，清问，问之审而得其实。②

宋人夏僎《尚书详解》接上句说，鳏寡之情，既然无蔽盖，都得上达，那么"民之利病，尧无不知"。于是，帝尧就清问下民。"清"是指"虚心屈己，以延问于下"。如张九成所说，无非就是诚实，"曾不以一毫名位滓于其中"，这就是"清问"。就如父母问其子"饥渴寒暑"，那会有"嫌疑置于其心"。③ 宋人陈经《陈氏尚书详解》说，皇帝因民之情无所蔽，又"屈己"清问于民。"清"的意思，就是尧之心，洞然清明，"无有一毫之私意"，"是诚之下接乎民"。④ 宋人蔡沉《书经集传》说，清问，虚心而问。⑤ 康熙《御制日讲书经解义》解同蔡沉，康熙说是指，有苗昏乱，民久罹其毒，帝舜虚心以问民之疾苦。⑥

唐孔疏认为，皇帝清问以下，是说尧事，颛顼与尧再诛苗民，所以"上言""遏绝苗民"，"下云""有辞于苗"，这是"异代别时"，并非一事。唐孔引《楚语》，指说，九黎、三苗非同种。唐孔认为，颛顼诛九黎，如称其"遏绝苗民"，对于郑玄，文义不恰当。而《楚语》说"颛顼命重黎"，解为"帝尧命羲和"，对于汉孔，又未合情理，不知二者谁得"经意"。⑦

---

① "清问者，明目达聪，无纤毫壅蔽之谓也。"（宋）时澜：《增修东莱书说》卷三十四《周书·吕刑第二十九》，《钦定四库全书》本。
② "清问者言其问之审而得其实也。"（宋）林之奇：《尚书全解》卷三十九《吕刑·周书》，《钦定四库全书》本。
③ "鳏寡之情，既无蔽盖，皆得上达，则民之利病，尧无不知。于是帝尧乃清问下民。所谓清者，乃虚心屈己，以延问于下。如无垢所谓，无非诚实，曾不以一毫名位滓于其中，此所谓清问也。盖其问如父母问其子饥渴暑寒，岂有嫌疑置于其心哉。"（宋）夏僎：《尚书详解》卷二十五《吕刑》，《钦定四库全书》本。
④ "皇帝因民之情无所蔽也，又屈己清问于民。谓之清，则尧之心亦洞然清明，无有一毫之私意，是诚之下接乎民。"（宋）陈经：《尚书详解》卷四十七《周书·吕刑》，《钦定四库全书》本。
⑤ "清问，虚心而问也。"（宋）蔡沉：《书经集传》卷六《吕刑》，《钦定四库全书》本。
⑥ "清问，虚心下问也。""穆王曰，有苗昏乱，民罹其毒久矣。帝舜虚心以问民之疾苦。"《日讲书经解义》卷十三《吕刑》，《钦定四库全书》本。
⑦ 疏，"皇帝清问以下，乃说尧事。颛顼与尧再诛苗民，故上言遏绝苗民，下云有辞于苗，异代别时，非一事也。""按《楚语》云，少昊氏之衰也，九黎乱德；又云，其后三苗复九黎之德，则九黎三苗非一物也。颛顼诛九黎，谓之遏绝苗民，于郑，义为不惬。《楚语》言颛顼命重黎，解为帝命羲和，于孔说又未允，不知二者谁得经意也。"（汉）孔氏传、（唐）陆德明音义、（唐）孔颖达疏《尚书注疏》卷十八《周书·吕刑》，《钦定四库全书》本。

元人王天与《尚书纂传》引程子说，皇帝是帝舜。① 清人朱鹤龄《尚书埤传》说，皇，训大。皇帝指"大帝"。上章皇帝指帝尧，此章指帝舜。②

综上所述，皇帝有三解，帝尧、帝舜是沿袭前文。清人朱鹤龄训"皇"为"大"，称皇帝指"大帝"，上章指帝尧，此章指帝舜，这是新解。"清问"有多解，汉孔"详问"、马融"清讯"、苏轼"政清"而"后民可问"、林之奇"问之审而得其实"、夏僎"虚心屈己以延问"、蔡沉"虚心而问"，等等。"下民"有汉孔"民患"、康熙"民之疾苦"。

2. 鳏寡有辞于苗

《尚书注疏》汉孔传解说，"皆有辞怨于苗民"，加了个"怨"字，"苗"为"苗民"。唐孔疏为"乱怨"，指"诛之合民意"。③ 元人许谦《读书丛说》引宋人金履祥说，清问下民，而"民皆言"有苗"之暴虐"，与其"风声气习之为害"。④ 宋人蔡沉《书经集传》解，有辞，声苗之过。说是，苗"以虐为威，以察为明"。⑤ 康熙《御制日讲书经解义》说，声言有苗之罪，近似蔡沉。说是，当时虽鳏寡之至微，都能言有苗之虐，而"声其罪"。⑥ 宋人陈经《陈氏尚书详解》说，"方始明言"有苗之罪恶。⑦

据宋人时澜《增修东莱书说》，吕祖谦说，在苗民已经遏绝之后，鳏寡还"有辞于苗"，是由于苗在舜世"合散靡常"，前章所说的"遏绝苗民"，是"讨其元恶大憝"。此章所说的"有辞于苗"，是说"其遗孽余

---

① "程子曰，皇帝，舜也。"（元）王天与：《尚书纂传》卷四十三《周书·吕刑第二十九》，《钦定四库全书》本。
② "按，皇训大。皇帝，犹言大帝也。上章皇帝谓尧，此章谓舜。"（清）朱鹤龄：《尚书埤传》卷十五《周书·吕刑》，《钦定四库全书》本。
③ 传，"皆有辞怨于苗民"。疏，"鳏寡皆有乱怨于苗民，言诛之合民意"。（汉）孔氏传、（唐）陆德明音义、（唐）孔颖达疏《尚书注疏》卷十八《周书·吕刑》，《钦定四库全书》本。
④ "金先生曰，清问下民，而民皆言有苗之暴虐，与其风声气习之为害。"（元）许谦：《读书丛说》卷六《吕刑》，《钦定四库全书》本。
⑤ "有辞，声苗之过也。苗以虐为威，以察为明。"（宋）蔡沉：《书经集传》卷六《吕刑》，《钦定四库全书》本。
⑥ "有辞于苗，声言有苗之罪也。""是时虽鳏寡之至微，皆能言有苗之虐，而声其罪。"《日讲书经解义》卷十三《吕刑》，《钦定四库全书》本。
⑦ "鳏寡有辞于苗，方始明言有苗之罪恶。"（宋）陈经：《尚书详解》卷四十七《周书·吕刑》，《钦定四库全书》本。

种"。吕祖谦称,考于《虞书》,或伐之以"大禹"徂(cú)征之师,或治之以"皋陶"象刑之叙,大小非一端,先后非一时。由于苗民尚有遗孽余种为鳏寡之患,因此,舜于此,"益加自治"。① 宋人胡士行《胡氏尚书详解》说是,苗遏绝,"余孽"还为民害。② 宋人黄度《尚书说》说,鳏寡"独"有辞于苗,是由于苗杀戮人之父子夫妇多。③

以上两段,宋人林之奇《尚书全解》解说,因而,帝舜清问于民,由此,鳏寡得以告诉三苗之虐,于是,帝舜问罪于三苗。④

宋人夏僎《尚书详解》接上句解说,尧忘其君位之尊,诚心致问,于是,鳏寡之民,感其诚实,对遏苗之事都有"称诵之辞"。所称颂的,就是,德威惟畏,德明惟明。夏僎评论说,旧说都认为是"有辞于苗民"。然而至于此时,苗民已遏绝,鳏寡已无盖,不应对此还有怨辞,再加上下文"德威惟畏,德明惟明"二段"无所系属"。因此知道"有辞于苗",应当是对帝尧有美辞,就遏苗之事表示谢意。⑤

综上所述,"辞"有两解,汉孔的"怨辞",宋人夏僎的"美辞"。大多对"辞"无解说,但用为"怨辞"的含义,阐述各自的理由。

3. 德威惟畏

《尚书注疏》汉孔传解说,尧"监"苗民之"见怨",就又"增修"

---

① "苗民既遏绝矣,鳏寡犹有辞于苗者,盖苗在舜世合散靡常,前章所谓遏绝苗民者,讨其元恶大憝也。此章所谓有辞于苗者,言其遗孽余种也。考于《虞书》,或伐之以大禹徂征之师,或治之以皋陶象刑之叙,大小非一端,先后非一时也。惟苗民尚有遗孽余种为鳏寡之患,故舜于此,益加自治焉。"(宋)时澜:《增修东莱书说》卷三十四《周书·吕刑第二十九》,《钦定四库全书》本。
② "苗遏绝矣,而余孽犹为民害。"(宋)胡士行:《尚书详解》卷十二《周书·吕刑第二十九》,《钦定四库全书》本。
③ "鳏寡独有辞于苗,是则苗杀戮人之父子夫妇多矣。"(宋)黄度:《尚书说》卷七《周书·吕刑》,《钦定四库全书》本。
④ "故舜清问于民,则鳏寡得以三苗之虐为辞而告诉焉,舜于是问罪于三苗也。"(宋)林之奇:《尚书全解》卷三十九《吕刑·周书》,《钦定四库全书》本。
⑤ "尧忘其君位之尊,而诚心致问,故鳏寡之民,感其诚实,皆有称诵之辞于遏苗之事。所称颂者,即德威惟畏,德明惟明是也。旧说皆以有辞于苗民。然至于时,苗民已遏绝,鳏寡已无盖,不应于此复有怨辞,兼下文德威惟畏,德明惟明二句无所系属。故知此有辞于苗,当为有美辞于尧,感遏苗之事也。"(宋)夏僎:《尚书详解》卷二十五《吕刑》,《钦定四库全书》本。

其德，因而"行威"则"民畏服"。唐孔疏"监"为"视"，说"以德行威，则民畏之不敢为非"。① 宋人苏轼《书传》说，"非德之威，所谓虐"。② 宋人蔡沉《书经集传》说，帝反其道，"以德威"，而后"天下无不畏"。③ 元人许谦《读书丛说》引宋人金履祥，于是"以德为威"，而"人心知所畏"。金履祥认为，"德威惟畏之事"就是指"复命士师以刑法之防"，说"圣人制刑之本如此"。④ 元人王充耘《读书管见》解"威"为"惩其恶"，认为，"刑当其罪"称之为"德威"，于是"人无不畏"。⑤

宋人夏僎《尚书详解》说，苗民之虐，尧以威报之，帝尧之威，并非"赫赫之威"，而是德威。惟其威自德来，于是，此威一震，"人莫不畏"。⑥

以上是"德威惟畏"的解说，德威有多解，汉孔的"增修其德行威"，唐孔的"以德行威"，苏轼的"非德之威所谓虐"，夏僎的"威自德来"，蔡沉的"反其道以德威"，金履祥的"以德为威"，王充耘的"刑当其罪"。"畏"，汉孔的解说为"民畏服"，而大多未解。

4. 德明惟明

《尚书注疏》汉孔传解说，"明贤则德明"，"惟明"解为"明贤"；又说，人所以无"能名"。唐孔疏"以德明人"，人皆"勉力自修"，使

---

① 传，"言尧监苗民之见怨。则又增修其德，行威则民畏服"。疏，"尧视苗民见怨，则又增修其德，以德行威，则民畏之不敢为非"。（汉）孔氏传、（唐）陆德明音义、（唐）孔颖达疏《尚书注疏》卷十八《周书·吕刑》，《钦定四库全书》本。
② "非德之威，所谓虐也。"（宋）苏轼：《书传》卷十九《周书·吕刑第二十九》，《钦定四库全书》本。
③ "帝反其道，以德威，而天下无不畏。"（宋）蔡沉：《书经集传》卷六《吕刑》，《钦定四库全书》本。
④ "金先生曰于是以德为威，而人心知所畏。""而复命士师以刑法之防，此德威惟畏之事也。圣人制刑之本如此。"（元）许谦：《读书丛说》卷六《吕刑》，《钦定四库全书》本。
⑤ "威者，惩其恶。刑当其罪者谓之德威，故人无不畏。"（元）王充耘：《读书管见》卷下《吕刑》，《钦定四库全书》本。
⑥ "盖苗民之虐，尧以威报之，则尧之威，非赫赫之威也，乃德威也。惟其威自德来，此所以威一震，而人莫不畏。"（宋）夏僎：《尚书详解》卷二十五《吕刑》，《钦定四库全书》本。

"德明",是说,尧所行赏罚"得其所"。① 宋人苏轼《书传》说,"非德之明所谓察"。② 宋人蔡沉《书经集传》说,"以德明",而后"天下无不明"。③ 元人许谦《读书丛说》引宋人金履祥说,以德"明民"而"人心知所向"。金履祥认为,"德明惟明之事"指"先命三后以为教养之具",即后文的内容。④ 元人王充耘《读书管见》解"明"为"彰其善",认为,"赏当其善",即称之"德明",于是"人无不明"。⑤

宋人夏僎《尚书详解》,苗民之奸,帝尧以明察之,帝尧之明,并非"察察之明",而是明德,就是"明自德来",于是,此明一照,"人莫能逃"。鳏寡以此颂辞称赞帝尧"伐苗之事",这样难道不是"简而当"。⑥

以上是"德明惟明"的解说,"德明"有唐孔"以德明人",金履祥"以德明民",夏僎"明德",宋人苏轼"非德之明所谓察",蔡沉"以德明"。"惟明"有汉孔"明贤",金履祥"人心知所向",蔡沉"天下无不明",王充耘"人无不明"。

"德威惟畏,德明惟明",《尚书注疏》唐孔评论说,此经二句,是说帝尧德政之事。而其言"不顺",因为文"在苗民之下",所以汉孔传以为,"尧监苗民之见怨,则又增修其德",注重以德政治理,以德"行其威罚",则民畏之而不敢为非。"明贤"就是"德明人"。如果是凡人,虽然希望"以德明贤",却不能明察知晓。而今帝尧"德明贤者",则能以德"明识贤人",所以"皆劝慕为善","明"与上句"相互"则德威。

---

① 传,"明贤则德明,人所以无能名焉"。疏,"以德明人,人皆勉力自修,使德明,言尧所行赏罚得其所也"。(汉)孔氏传、(唐)陆德明音义、(唐)孔颖达疏《尚书注疏》卷十八《周书·吕刑》,《钦定四库全书》本。
② "非德之明所谓察也。"(宋)苏轼:《书传》卷十九《周书·吕刑第二十九》,《钦定四库全书》本。
③ "以德明而天下无不明也。"(宋)蔡沉:《书经集传》卷六《吕刑》,《钦定四库全书》本。
④ 金先生曰:"以德明民而人心知所向。""先命三后以为教养之具,此德明惟明之事。"(元)许谦:《读书丛说》卷六《吕刑》,《钦定四库全书》本。
⑤ "明者,彰其善。""赏当其善者,谓之德明,故人无不明。"(元)王充耘:《读书管见》卷下《吕刑》,《钦定四库全书》本。
⑥ "苗民之奸,尧以明察之,则尧之明,非察察之明也,明德也,惟其明自德来,此所以明一照,而人莫能逃也。鳏寡以是辞而称尧伐苗之事,岂不简而当哉。"(宋)夏僎:《尚书详解》卷二十五《吕刑》,《钦定四库全书》本。

凡人虽然希望"以德行威",却不能"威肃"。而今尧"行威罚",则能"以德威罚"罪人,所以人皆"畏威服德"。①

据宋人时澜《增修东莱书说》,吕祖谦解说,威,明,皆"系以德",是"反本自治"的意思。不求威明于外,而反修其德。盛德之至,不怒而威,无思不服;不察而明,无隐不照。惟畏惟明,是说,此威方可畏,此明方可称之明。"威明并用",而"立"君道。② 宋人黄度《尚书说》接上文说,"苗"杀戮无辜,哪会知道什么是"不怒而威";丽刑并制,哪会知道什么是"不察而明"。③

宋人林之奇《尚书全解》说是,总结上文。"德威"是指,皇帝哀矜庶戮之不辜,报虐以威,遏绝苗民,无世在下,即舜能遏三苗为民除害,而天下莫不震恐。"德明"是指,群后之逮在下,明明棐常,鳏寡无盖,皇帝清问下民,鳏寡有辞于苗,即舜能清问下民,知苗之罪恶贯盈而讨之,而天下无壅遏之患。林之奇评论说,以德为威,才变为可畏;以德为明,才显得甚明。例举说,要是"威而非德"如秦皇汉武,并非不可畏,然而,"威亵而民玩",不能认为是"畏"、"明"。而非德如汉显宗、唐宣宗,并非不明,然而"失之过察",那么,民将益出"其巧诈以欺其上",不能认为是"明"。只有帝舜的威与明,都"本于德",于是,恶如三苗,无不诸悉其罪。一去三苗而天下莫不服。④

---

① 疏,"此经二句,说帝尧之德事也,而其言不顺,文在苗民之下,故传以为尧监苗民之见怨,则又增修其德,敦德以临之,以德行其威罚,则民畏之,而不敢为非。明贤则德明人者,若凡人虽欲以德明贤者,不能照察。今尧德明贤者,则能以德明识贤人,故皆劝慕为善明,与上句相互,则德威者。凡人虽欲以德行威,不能威肃。今尧行威罚,则能以德威罚罪人,故人皆畏威服德也"。(汉)孔氏传、(唐)陆德明音义、(唐)孔颖达疏《尚书注疏》卷十八《周书·吕刑》,《钦定四库全书》本。

② "曰威,曰明,皆系以德,反本自治之谓也。不求威明于外,而反修其德。盛德之至,不怒而威,无思不服;不察而明,无隐不照。惟畏惟明云者,此威方可畏,此明方可谓之明也。威明并用,君道立矣。"(宋)时澜:《增修东莱书说》卷三十四《周书·吕刑第二十九》,《钦定四库全书》本。

③ "夫杀戮无辜,岂知所谓不怒而威;丽刑并制,岂知所谓不察而明。"(宋)黄度:《尚书说》卷七《周书·吕刑》,《钦定四库全书》本。

④ "德威惟畏德明惟明盖总结上文也。皇帝哀矜庶戮之不辜,报虐以威,遏绝苗民,无世在下,所谓德威也。群后之逮在下,明明棐常,鳏寡无盖,皇帝清问下民,鳏寡有辞于苗,所谓德明也。舜能遏三苗为民除害,而天下莫不震恐,此其德威也;舜能清问下民,知苗之罪恶贯盈而讨之,而天下无壅遏之患,此其德(转下页注)

康熙《御制日讲书经解义》说是，帝舜"尽反有苗任刑之政"，"以德化之"，近似蔡沉。施政令，都"以德为威"，而"不以刑为威"，百姓"莫不警然"，"畏"而迁善远恶。彰教化，都"以德为明"，而"不以察为明"。百姓"莫不晓然"，"明"而为善去恶。康熙评论说，有苗"以刑绳民"而愈乱，大舜以德化民而"咸从"。①

宋人陈经《陈氏尚书详解》说是，尧虽知苗之罪恶，也"未尝有忿疾之心"，只是用"吾之德为威"，其威非虐，而"苗民将自畏"。以吾之德为明，其明非察，而"苗民将自开明"。陈经评论说，尧之治不责于苗民，而"先反求诸己"，在己者"既尽"，那么，天下哪会有难化之俗。②

以上是"德威惟畏，德明惟明"的解说，唐孔指为"德政之事"，以德威罚罪人，以德明识贤人。吕祖谦解为"不求威明于外，而反修其德"，"威明并用"。康熙解为"施政令"，以德为威，百姓"莫不警然"；"彰教化"，以德为明，百姓"莫不晓然"。林之奇指为"总结上文"。

5. 叙评

此句的解说，皇帝有两说三解，帝尧、帝舜歧义本是沿袭前文而来，又有论者训"皇"为"大"，称皇帝指"大帝"，上章指帝尧，此章指帝舜。"清问"有"详问"，"清讯"，"政清"而"后民可问"，"问之审而得其实"，"虚心屈己以延问"，"虚心而问"多解。"下民"有"民患"、

（接上页注④）明也。以德为威，故为可畏；以德为明，故为甚明。苟威而非德，如秦皇汉武，非不可畏也，然威褻而民玩，非所以为畏明。而非德如汉显宗、唐宣宗，非不明也，然失之过察，则民将益出其巧诈以欺其上，非所以为明。惟舜之威与明，皆本于德，故罹如三苗，无不诸悉其罪。一去三苗而天下莫不服也。"（宋）林之奇：《尚书全解》卷三十九《吕刑·周书》，《钦定四库全书》本。

① "帝舜于是尽反有苗任刑之政，而以德化之。凡施之政令，凛然而不可犯者，皆以德为威，而不以刑为威，百姓莫不警然于迁善远恶而惟畏矣。凡彰之教化昭然而可共睹者，皆以德为明，而不以察为明。百姓莫不晓然于为善去恶而惟明矣。夫有苗以刑绳民而愈乱，大舜以德化民而咸从。"《日讲书经解义》卷十三《吕刑》，《钦定四库全书》本。

② "尧虽知苗之罪恶，亦未尝有忿疾之心，但以吾之德为威，其威非虐也，而苗民将自畏矣。以吾之德为明，其明非察也。而苗民将自开明矣。尧之治不责于苗民，而先反求诸己，盖在己者既尽，则天下岂有难化之俗哉。"（宋）陈经：《尚书详解》卷四十七《周书·吕刑》，《钦定四库全书》本。

"民之疾苦"两解。"辞"有"怨辞"、"美辞"两解。德威有"增修其德行威"、"以德行威"、"非德之威所谓虐"、"威自德来"、"反其道以德威"、"以德为威"、"刑当其罪"多解。"畏"有论者解为"民畏服",而大多未解。"德明"有"以德明人"、"以德明民"、"明德"、"非德之明所谓察"、"以德明"多解。"惟明"有"明贤"、"人心知所向"、"天下无不明"、"人无不明"多解。"德威惟畏,德明惟明"两段有两说。一说指称"总结上文"。一说认为是指后文之事,指称为"德政之事",以德威罚罪人,以德明识贤人;或"不求威明于外,而反修其德"、"威明并用"或"施政令",以德为威,百姓"莫不警然";"彰教化",以德为明,百姓"莫不晓然"。

笔者以为,"皇帝"前文已阐明,此处仍是帝舜之事。"清讯"、"政清"而"后民可问"、"问之审而得其实"、"虚心屈己以延问"、"虚心而问",从单句而言,都有可取之处。但从前后文来看,则都不顺。衔接上句,帝舜有群后辅佐,体察民情,下情上达,并非要亲自询问,因此以汉孔"详问"为宜。"民患"、"民之疾苦"属于近义,康熙"民之疾苦"的表述较为明了。夏僎的"美辞"与上下文义以及此句本意明显不顺,上句鳏寡之情已能上达,此句在于引出下文。在"遏绝苗民"之后,鳏寡控告苗民之恶,帝舜借以为鉴,因此以汉孔的"怨辞"为宜。"德威惟畏,德明惟明",林之奇"总结上文"之说,单从文义言之,也可说通,但从上下文衔接考虑,却有欠妥当,而唐孔的"德政之事"可取。帝舜的德政本已施行,并非始于"遏绝苗民"之后,汉孔的"增修其德"优于吕祖谦的"反修其德"。而吕祖谦的"威明并用"仍为善解。"德威"几解近义,"刑当其罪"为下文内容,唐孔"以德行威"优于他解,属于"施政令",可采康熙之解。"惟畏",唐孔的"民畏服",康熙"迁善远恶"。"德明"几解近义,金履祥的"以德明民",优于他解,而属于"彰教化",可采康熙之解。"惟明",唐孔的"明贤"似乎也通,但在此不顺,其他几解近义,金履祥的"人心知所向"优于他解,可加康熙的"莫不晓然","为善去恶"。因此,此句可以解说为:

帝舜详问民间疾苦,清楚鳏寡对三苗之君的抱怨,于是,增修德政,威明并用,施政令以德行威,使民畏服远恶,彰教化以德明礼,使民知晓向善。

（四）乃命三后，恤功于民，伯夷降典，折民惟刑；禹平水土，主名山川；稷降播种，农殖嘉谷

康熙《御制日讲书经解义》认为此句是指，帝舜任人图治。① 笔者引证解说此句的有，汉孔、唐孔，宋人苏轼、林之奇、吕祖谦、夏僎、胡士行、黄度、蔡沉、陈经，元人王天与、许谦、王充耘，明人梅鷟，清帝康熙。

1. 乃命三后，恤功于民

《尚书注疏》汉孔传解说，"所谓尧命三君忧功于民"，解"恤"为"忧"。唐孔疏说，尧诛苗民之后，就指派"三君"伯夷、禹、稷"忧施"功于民。唐孔疏在后句的疏中再解"忧功"，说，此三事皆是为民，"乃结上句"，此指尧命三君"忧功于民忧"，"欲与民施功"。② 宋人蔡沉《书经集传》解说，恤功，致忧民之功，③ 近似汉孔。

据宋人时澜《增修东莱书说》，吕祖谦接上句说，然后"分命大臣"，"授以为治之纲"。认为后文所说三项，都是"致力于民之大者"，所以称之为"功"。"恤功于民"是"心诚恤之"而"戮力于此"。④ 宋人胡士行《胡氏尚书详解》接上句说，而后恤民之功可施。⑤ 宋人黄度《尚书说》说是，三后恤功而"尧德降"。于是，民畏威而不敢犯，输情而不敢欺。⑥

---

① "此一节书是言帝舜之任人图治也。"《日讲书经解义》卷十三《吕刑》，《钦定四库全书》本。
② "所谓尧命三君忧功于民。"疏，"尧既诛苗民，乃命三君伯夷、禹、稷忧施功于民"。"此三事者，皆是为民，故传既解三事，乃结上句，此即所谓尧命三君忧功于民忧，欲与民施功也。"（汉）孔氏传、（唐）陆德明音义、（唐）孔颖达疏《尚书注疏》卷十八《周书·吕刑》，《钦定四库全书》本。
③ "恤功，致忧民之功也。"（宋）蔡沉：《书经集传》卷六《吕刑》，《钦定四库全书》本。
④ "然后分命大臣，授以为治之纲焉。""是三者，皆致力于民之大者，故谓之功，恤功于民，心诚恤之而戮力于此也。"（宋）时澜：《增修东莱书说》卷三十四《周书·吕刑第二十九》，《钦定四库全书》本。
⑤ "而后恤民之功可施。"（宋）胡士行：《尚书详解》卷十二《周书·吕刑第二十九》，《钦定四库全书》本。
⑥ "三后恤功而尧德降矣。是故其民畏威而不敢犯，输情而不敢欺。"（宋）黄度：《尚书说》卷七《周书·吕刑》，《钦定四库全书》本。

宋人林之奇《尚书全解》认为是，在叙述"苗民之虐"后，随即叙述帝舜用刑。所说"乃命三后"，并非是遏绝苗民之后，才命三后。三后，即伯夷、禹、稷。后，是尊称，如"君奭"、"君陈"之类，如称"后稷"。恤功于民，是指命三后只以"民之功为忧"。①

宋人夏僎《尚书详解》认为，三后，是指伯夷、禹、稷。夏僎称说，帝尧遏绝苗民，而鳏寡颂之。此后，还"忧其功于民"，就如讲"功不及民，以为己忧"。② 宋人陈经《陈氏尚书详解》说，三后是指下文所称。恤，忧，致忧民之功，如伯夷降典以为忧民之功；禹平水土、稷降播种以为忧民之功。③ 康熙《御制日讲书经解义》认为，三后，是指伯夷、禹、稷。恤功，忧民之功。康熙解说，有苗之虐政革除之后，斯民之"教养"宜先，于是舜就命伯夷、禹、稷三臣相与，一德一心，都以民事为忧，而"各成其功"。④

以上是此段的解说，三后，指伯夷、禹、稷，没有歧义。汉孔解"恤"为"忧"，大多论者或认同或未解。康熙之解较为详细，三臣相与，一德一心，都以民事为忧，而"各成其功"。唐孔认为事在诛苗民之后；康熙也说，有苗之虐政革除之后；宋人林之奇则认为并非是遏绝苗民之后。他人未提及。

2. 伯夷降典，折民惟刑

《尚书注疏》汉孔传解说，"伯夷下典礼教民而断以法"，解"降典"为"下典礼教民"，"刑"为"断以法"。唐陆德明音义引马融，将"折"

---

① "故既言苗民之虐矣，于是言舜之用刑也。其曰乃命三后者，非是遏绝苗民之后，方命三后也。""三后伯夷禹稷也。后者尊之之称。若君奭君陈之类，如曰后稷是也。恤功于民，言命三后惟以民之功为忧也。"（宋）林之奇：《尚书全解》卷三十九《吕刑·周书》，《钦定四库全书》本。

② "尧遏绝苗民，而鳏寡颂之，若此，则谓，忧其功于民，犹言功不及民，以为己忧。三后，即伯夷、禹、稷也。"（宋）夏僎：《尚书详解》卷二十五《吕刑》，《钦定四库全书》本。

③ "三后下文所称是也，恤，忧也。致忧民之功，若伯夷降典以为忧民之功；禹平水土、稷降播种以为忧民之功。"（宋）陈经：《尚书详解》卷四十七《周书·吕刑》，《钦定四库全书》本。

④ "三后，谓伯夷、禹、稷。恤功，忧民之功也。""穆王曰，有苗之虐政既革，斯民之教养宜先，舜于是乃命伯夷、禹、稷三臣相与，一德一心，皆以民事为忧，而各成其功。"《日讲书经解义》卷十三《吕刑》，《钦定四库全书》本。

解为"智"。唐孔疏说，使伯夷下"礼典"教民，而"折断下民惟以典法"。唐孔疏对解"降"作了说明，伯夷与稷说"降"，禹不说"降"，可知"降"是"降下"，即"从上而下"于民。又引《舜典》说，"伯夷主礼典教民而断以法"，即《论语》的"齐之以礼"。① 元人王天与《尚书纂传》引王氏，"自上以敷于下"，所以称"降"。② 明人梅鷟《尚书考异》亦提及马融之解。③

宋人苏轼《书传》解"惟刑"说，"失礼则入刑"，认为"礼刑一物"；"折"，为"折衷"。④ 宋人林之奇《尚书全解》说，伯夷，礼官。降典，礼官以典而"下教于民"，自上而下，于是称"降"。林之奇引贾谊"礼者禁于将然之前，而刑者禁于已然之后。法之所用易见，而礼之所为难知"。林之奇也称"礼与刑一物"。民能"由"，即遵从于礼，那么，何刑之有。失礼则入刑。折，折衷。因此，伯夷降典，大概是以刑"折衷于民"。⑤

据宋人时澜《增修东莱书说》，吕祖谦认为，"伯夷降典，折民惟刑"是"正其心"。伯夷"所降之典"是指"天、地、人"三礼。在当时，"承蚩尤三苗之敝"，妖诞怪神，深溺人心。重黎"绝地天通"，虽说"区别其大分，然而，蛊惑之久，未易遽胜"。于是，伯夷"降天地人之祀典"，用以"折民之邪妄"，"使知"天地之性，鬼神之德。由于"森然各

---

① 传，"伯夷下典礼教民而断以法"。音义，"折，马云智也"。疏，"使伯夷下礼典教民，折断下民惟以典法"。"伯夷与稷言降，禹不言降，降可知降下也。从上而下于民也。疏《舜典》伯夷主礼典教民，而断以法，即《论语》所谓齐之以礼也。"（汉）孔氏传、（唐）陆德明音义、（唐）孔颖达疏《尚书注疏》卷十八《周书·吕刑》，《钦定四库全书》本。
② "王氏曰，自上以敷于下，故曰降。"（元）王天与：《尚书纂传》卷四十三《周书·吕刑第二十九》，《钦定四库全书》本。
③ "马郑王皆音恁马云智也。"（明）梅鷟：《尚书考异·吕刑》卷五《钦定四库全书》本。
④ "惟刑，失礼则入刑，礼刑一物也。折，折衷也。"（宋）苏轼：《书传》卷十九《周书·吕刑第二十九》，《钦定四库全书》本。
⑤ "伯夷礼官也。""降典者，以礼官而下教于民也。""伯夷以典而教民，皆自上而下，故曰降。折折衷也。贾谊曰，礼者禁于将然之前，而刑者禁于已然之后。法之所用易见，而礼之所为难知。则礼与刑一物也。民能由于礼，则何刑之有哉。惟失礼则入刑矣，故伯夷之降典者，盖以刑而折衷于民也。"（宋）林之奇：《尚书全解》卷三十九《吕刑·周书》，《钦定四库全书》本。

有明法"，"向之蛊惑"，随之"摧败销落"，"荡乎其不留"。吕祖谦说，这就是"折民惟刑"。①

宋人胡士行《胡氏尚书详解》说是，"降典正其心"。② 宋人蔡沉《书经集传》解"典"为"礼"，略述吕祖谦说，伯夷降天、地、人之三礼。以折民之邪妄，伯夷降典用以"正民心"。引苏轼"失礼则入刑，礼刑一物"。又引吴氏说，"二典"不载有"两刑官"，大概是"传闻之谬"。蔡沉对此评论说，皋陶未为刑官之时，也许"伯夷实兼之"，下文又说"伯夷播刑之迪"，不应如此谬误。③ 宋人陈经《陈氏尚书详解》说，典，即礼。陈经就"天地人"三礼，"礼与刑一事"，"以正人心"作论述。④ 康熙《御制日讲书经解义》说，典，礼。折，绝。康熙说，民心不可不正，伯夷就降天地人三礼，以"辨名定分"，折绝斯民"非僻之心"，使不入于刑辟，而民"有风动之美"。⑤

据元人许谦《读书丛说》，宋人金履祥说，伯夷降下"典礼""以示天下"，使天神地祇（qí）人鬼，"各有正礼"。然而"出礼则入刑"，金

---

① "伯夷降典折民，惟刑正其心也。""伯夷所降之典，天地人之三礼也。当是时，承蚩尤三苗之敝，妖诞怪神，深溺人心。重黎之绝地天通，固为之区别其大分矣。然蛊惑之久，未易遽胜也。故伯夷于此降天地人之祀典，以折民之邪妄，使知天地之性，鬼神之德，森然各有明法。向之蛊惑，摧败销落，荡乎其不留矣。是所谓折民惟刑也。"（宋）时澜：《增修东莱书说》卷三十四《周书·吕刑第二十九》，《钦定四库全书》本。
② "降典正其心也。"（宋）胡士行：《尚书详解》卷十二《周书·吕刑第二十九》，《钦定四库全书》本。
③ "典，礼。伯夷降天、地、人之三礼，以折民之邪妄。苏氏曰，失礼则入刑，礼刑一物也。伯夷降典以正民心。""吴氏曰，二典不载有两刑官，盖传闻之谬也。愚按，皋陶未为刑官之时，岂伯夷实兼之欤，下文又言伯夷播刑之迪，不应如此谬误。"（宋）蔡沉：《书经集传》卷六《吕刑》，《钦定四库全书》本。
④ "典即礼也。伯夷所掌者，秩宗之职，天地人之三礼。折民惟刑，使知所畏，则自知礼之可爱。掌礼而及于刑，盖礼与刑一事而非二也。出礼则入刑，出刑则入礼。折民以刑者，正使之入于礼耳。当时契敷五教以教民。今也不言契而言伯夷，盖伯夷典三礼，可以起斯民尊敬之心。当时之民惑于诅盟鬼神诞慢之说，不知尊敬天地人之常理，故伯夷首以典礼以正人心。"（宋）陈经：《尚书详解》卷四十七《周书·吕刑》，《钦定四库全书》本。
⑤ "典，礼也。折，绝也。""民心不可不正，伯夷则降天地人之三礼，以辨名定分，折绝斯民非僻之心，使不入于刑辟，而民有风动之美矣。"《日讲书经解义》卷十三《吕刑》，《钦定四库全书》本。

履祥认为，降典是用来折"其民之入刑者"而"回入"于礼。① 元人王充耘《读书管见》解释说，礼教与刑"相表里"，于是司徒"敷教"，就必"有刑以弼之"。伯夷降典，用以"辨上下之分"，"有不从者"就"以刑折之"，使其"陵僭者"不得以"自遂"，那么，其势不得不"折而入于礼"。②

宋人夏僎《尚书详解》说，伯夷掌礼，于是，"降其礼典以示于民"。然而礼有"品节条目"，易以强世，而难于"民之尽从"。于是伯夷在示以礼典后，随之又以刑"折服其邪心"，使之畏刑之威，而尽趋礼。这就是典礼"言刑"的缘故。然而伯夷之刑"非果用"，只是"以此惧之"。③ 宋人黄度《尚书说》引孔子"不教而杀谓之虐"，说，伯夷下典礼，"逆"折民，不使陷于刑。④

以上是此段的解说。伯夷，宋人林之奇指为"礼官"；夏僎为"伯夷掌礼"。"降"，汉孔为"下"；唐孔为"从上而下"。"典"，汉孔为"典礼"；吕祖谦指"天、地、人"三礼。"降典"的目的，汉孔指"教民"，吕祖谦指"正其心"，夏僎指"以示于民"。"折民惟刑"，汉孔指"断以法"，唐孔指"折断下民惟以典法"。宋人苏轼认为"失礼则入刑"，"礼刑一物"。目的，苏轼解为"折衷"。林之奇认为"以刑折衷于民"。吕祖谦认为"折民之邪妄"。夏僎认为"折服其邪心"。金履祥认为"折其民之入刑者"而"回入"于礼。宋人夏僎指说伯夷之刑"非果用"，"以此惧之"。清帝康熙认为"折绝斯民非僻之心"，使不入于刑辟。

---

① 金先生曰，"伯夷降下典礼以示天下，天神地祇人鬼，既各有正礼。然出礼则入刑，降典所以折其民之入刑者而回入于礼也"。（元）许谦：《读书丛说》卷六《吕刑》，《钦定四库全书》本。

② "凡礼教与刑相表里，故司徒敷教，亦必有刑以弼之。伯夷降典以辨上下之分，有不从者则以刑折之，使其陵僭者不得以自遂，则其势不得不折而入于礼也。"（元）王充耘：《读书管见》卷下《吕刑》，《钦定四库全书》本。

③ "伯夷掌礼，故降其礼典以示于民。然礼有品节条目，易以强世，而难于民之尽从。故伯夷既示以礼典，于是又以刑而折服其邪心，使之畏刑之威，而尽趋礼。此典礼所以言刑也。然伯夷之刑非果用也，特以此惧之耳。"（宋）夏僎：《尚书详解》卷二十五《吕刑》，《钦定四库全书》本。

④ "孔子曰：不教而杀谓之虐。伯夷下典礼，逆折民，不使陷于刑。"（宋）黄度：《尚书说》卷七《周书·吕刑》，《钦定四库全书》本。

3. 禹平水土，主名山川

《尚书注疏》汉孔传解"平水土"为"治洪水"，山川加"无名者"。唐孔疏则说伯禹"身平治"水土，天下山川"其无名者皆与作名"。唐孔认为，山川与天地并生，因此民应先与作名。但是禹治水时，万事改新，古老"既死"，其名或已消失，对于当时无名的，禹都"主名之"。言此者"以见"禹治山川，旨在"为民于此耕稼"。① 宋人林之奇《尚书全解》说在"洪水之灾"时，山川不可能"定名"。在禹平水土之后，就使山川可得"辨别"，于是"主名之"。例举青州、豫州，说是，九州疆界，严谨整齐有条理。② 宋人胡士行《胡氏尚书详解》解为，平水定其居。"辨"山川之主名，以定九州之镇。③ 宋人陈经《陈氏尚书详解》接上句说，人心已正，随后禹平水土，主名山川，人始得安居。山川"各有主名"，如扬州是淮海，豫州是荆河。④

据宋人时澜《增修东莱书说》，吕祖谦指"禹平水土主名山川"为"定其居"。说"主名山川"，就是顺应九州"所主"的山镇川浍，"名其州，奠六域"，而使民各有"攸处"。⑤ 宋人蔡沉《书经集传》，略述吕祖

---

① 传，"禹治洪水，山川无名者主名之"。疏，"伯禹身平治水土，主名天下山川，其无名者皆与作名"。"山川与天地并生，民应先与作名。但禹治水，万事改新，古老既死，其名或灭。故当时无名者，禹皆主名之。言此者以见禹治山川，为民于此耕稼故也。"（汉）孔氏传、（唐）陆德明音义、（唐）孔颖达疏《尚书注疏》卷十八《周书·吕刑》，《钦定四库全书》本。
② "方洪水之灾，浩浩滔天，怀山襄陵，则山川不可得而定名。禹既平水土矣，则山川可得而辨别，故主名之者。如东北据海，西南距岱，则为青州；西南至荆山，北距河水，则为豫州之类。九州之疆界，整整乎其有条理。所谓奠高山大川者，主名之谓也。"（宋）林之奇：《尚书全解》卷三十九《吕刑·周书》，《钦定四库全书》本。
③ "平水定其居也。""主名山川，辨山川之主名，以定九州之镇。"（宋）胡士行：《尚书详解》卷十二《周书·吕刑第二十九》，《钦定四库全书》本。
④ "惟是人心既正，故禹平水土，主名山川，而人始得安其居。山川各有主名，如淮海惟扬，荆河惟豫是也。"（宋）陈经：《尚书详解》卷四十七《周书·吕刑》，《钦定四库全书》本。
⑤ "禹平水土主名山川，定其居也。""主名山川者，因九州之所主山镇川浍，以名其州，奠六域，而使民各有攸处也。"（宋）时澜：《增修东莱书说》卷三十四《周书·吕刑第二十九》，《钦定四库全书》本。

谦，禹平水土"以定民居"。① 宋人黄度《尚书说》解为，禹平水土，"定"山川之名，民始得平土而居。②

元人许谦《读书丛说》引宋人金履祥说，禹平水土，目的在于"安民生"。金履祥解释说"主名山川"是为山川"立主祭之典"，目的在于"正民心"，认为在"绝地天通"，又紧接着就"修山川之正祀"，各使有土之君主"不至于渎"。③

宋人夏僎《尚书详解》认为，禹为司空，主土，因此，既平水土，为民除患，又辨山川之主名。夏僎说，九州各有一名山大川"为之主名"。如扬州，山称会稽，川叫三江；荆州，山称衡山，川叫江汉。④ 康熙《御制日讲书经解义》说，主名山川，是以九州"有名山川表识"，作为疆域。康熙认为，民居"不可不奠"，禹于是就平治水土，九州之界"各有封域"，以其地"名山大川"为主名，而民"无昏垫之忧"。⑤

以上是此段的解说。禹，夏僎指"为司空，主土"。"平水土"，汉孔解为"治洪水"，其他论者均未解。目的，吕祖谦解为"定其居"，金履祥解为"安民生"，似无歧义。"主名山川"有多解，汉孔、唐孔解为"天下山川其无名者皆与作名"。夏僎解为九州"各有一名山大川为之主名"。金履祥解为山川"立主祭之典"。胡士行解为"辨"山川之主名，以定九州之镇。康熙解为"以九州有名山川表识"，作为疆域。目的，金履祥解为"正民心"。

4. 稷降播种，农殖嘉谷

《尚书注疏》汉孔传解"稷"为"后稷"，"降"为"下教民"。"农

---

① "禹平水土以定民居。"（宋）蔡沉：《书经集传》卷六《吕刑》，《钦定四库全书》本。
② "禹平水土，定山川之名，民始得平土而居。"（宋）黄度：《尚书说》卷七《周书·吕刑》，《钦定四库全书》本。
③ "禹平水土以安民生，为山川立主祭之典以正民心。盖既绝地天通，于是修山川之正祀，又各使有土之君主之不至于渎。"（元）许谦：《读书丛说》卷六《吕刑》，《钦定四库全书》本。
④ "禹为司空，主土，故既平水土，为民除患，于是又辨山川之主名，谓九州各有一名山大川为之主名。如扬州，山曰会稽，川曰三江；荆州，山曰衡山，川曰江汉是也。"（宋）夏僎：《尚书详解》卷二十五《吕刑》，《钦定四库全书》本。
⑤ "主名山川，以九州有名山川表识，以为疆域也。""民居不可不奠，禹则平治水土，九州之界各有封域，以其地之名山大川为之主名，而民无昏垫之忧矣。"《日讲书经解义》卷十三《吕刑》，《钦定四库全书》本。

殖嘉谷"为"农亩生善谷"。唐孔疏"播"为"布","殖"为"种植"。①

据宋人时澜《增修东莱书说》，吕祖谦指"稷降播种，农殖嘉谷"为"厚其生"，说，"农殖嘉谷"为"班播种之法"，而后为农者"始知耕殖之方"。② 宋人蔡沉《书经集传》，略述吕祖谦说，稷降播种，"以厚民生"。③ 清人朱鹤龄《尚书埤传》说："《蔡传》农训厚，恐不如古注。"④ 宋人胡士行《胡氏尚书详解》说，播种厚其生。⑤ 元人许谦《读书丛说》引宋人金履祥解说为，稷降播种"之法"，"使"农殖嘉谷。认为，大概在此之前，民还"杂食草木之实"，从稷教民稼穑，民"始"皆殖嘉谷。⑥ 宋人黄度《尚书说》解为，稷下播种之法，农生殖嘉谷，民得粒食。⑦ 宋人林之奇《尚书全解》解为，后稷教民稼穑，故播种之法"自上而下"。既然以播种教民，所以三农所殖"莫非嘉谷"。⑧ 宋人夏僎《尚书详解》解为，弃，为后稷，司稼，于是，降其布种之法，使为农者都能"封殖"其善。禾麦布种有法，就稂莠不生，"嘉谷可成"。⑨ 宋人陈经

---

① 传，"后稷下教民播种，农亩生善谷"。疏，"后稷下教民布种，在于农亩种植嘉谷"。（汉）孔氏传、（唐）陆德明音义、（唐）孔颖达疏《尚书注疏》卷十八《周书·吕刑》，《钦定四库全书》本。
② "稷降播种，农殖嘉谷，厚其生也。""农殖嘉谷者，班播种之法，而为农者始知耕殖之方也。"（宋）时澜：《增修东莱书说》卷三十四《周书·吕刑第二十九》，《钦定四库全书》本。
③ "稷降播种以厚民生。"（宋）蔡沉：《书经集传》卷六《吕刑》，《钦定四库全书》本。
④ "《蔡传》农训厚，恐不如古注。"（清）朱鹤龄：《尚书埤传》卷十五《周书·吕刑》，《钦定四库全书》本。
⑤ "播种厚其生也。"（宋）胡士行：《尚书详解》卷十二《周书·吕刑第二十九》，《钦定四库全书》本。
⑥ "稷降播种之法，使农殖嘉谷，盖前此民犹杂食草木之实，自稷教民稼穑，而民始皆殖嘉谷矣。"（元）许谦：《读书丛说》卷六《吕刑》，《钦定四库全书》本。
⑦ "稷下播种之法，农生殖嘉谷，民得粒食。"（宋）黄度：《尚书说》卷七《周书·吕刑》，《钦定四库全书》本。
⑧ "后稷教民稼穑，故播种之法自上而下也。既以播种教民，故三农之所殖也，莫非嘉谷。"（宋）林之奇：《尚书全解》卷三十九《吕刑·周书》，《钦定四库全书》本。
⑨ "弃，为后稷，司稼，故降其布种之法，使为农者皆得封殖其善，禾麦布种有法，则稂莠不生，而嘉谷可成也。"（宋）夏僎：《尚书详解》卷二十五《吕刑》，《钦定四库全书》本。

《陈氏尚书详解》解为，降播种，教之以播种之事，使农之所殖"惟嘉谷"，人始得"备其养"。如《生民》之诗所载。① 康熙《御制日讲书经解义》说，农，解作厚。"民生不可不厚，稷就颁降播种之法，使百姓都种植嘉谷，而民"有粒食之乐"。②

以上是此段的解说。"稷"，汉孔解为"后稷"，夏僎说是弃，为司稼。"降"，汉孔为"下教民"；吕祖谦为"班"。"播种"，唐孔为"布种"，吕祖谦为"播种之法"。目的，吕祖谦为"厚其生"，蔡沉为"以厚民生"。"农植嘉谷"，汉孔、唐孔为农亩种植善谷。结果，宋人黄度为"民得粒食"。

宋人夏僎《尚书详解》评论说，以上三件事都是帝尧命之，"使之忧其功于民"。尧之用人很多，而只说三后，是由于，教之、安之、养之，"尤为忧民之深"。③

5. 叙评

此句的解说，三后，被认为指伯夷、禹、稷，没有歧义。"恤"被解为"忧"，有论者详解，三臣相与，以民事为忧，各成其功。其事有两解，一说在诛苗民之后，一说认为并非就是如此。伯夷，有论者指为"礼官"。"降"，为"下"，或"从上而下"。"典"，为"典礼"；有论者指为"天、地、人"三礼。"降典"的目的，或为"教民"，或"正其心"，或"以示于民"。"折民惟刑"，或"断以法"，或"折断下民惟以典法"，或"失礼则入刑"，"礼刑一物"。其目的有多解，或"以刑折衷于民"，或"折民之邪妄"，或"折服其邪心"，或"折绝斯民非僻之心"使不入于刑辟，或"折其民之入刑者"而"回入"于礼，或"以此惧之"。禹，有论

---

① "稷降播众农殖嘉谷，而人始得备其养。降播种者，教之以播种之事，使农之所殖者惟嘉谷。若《生民》之诗所载是也。"（宋）陈经：《尚书详解》卷四十七《周书·吕刑》，《钦定四库全书》本。

② "农，解作厚。""民生不可不厚，稷则颁降播种之法于百姓，使皆得种植嘉谷，而民有粒食之乐矣。"《日讲书经解义》卷十三《吕刑》，《钦定四库全书》本。

③ "此皆尧命之使之忧其功于民者也。尧之用人多矣，独言此三后者，盖教之、安之、养之，尤为忧民之深者也。"（宋）夏僎：《尚书详解》卷二十五《吕刑》，《钦定四库全书》本。

说"为司空，主土"。"平水土"，被指"治洪水"。目的或解"定其居"，或"安民生"。"主名山川"有多解，或"天下山川其无名者皆与作名"，或九州"各有一名山大川为之主名"，或"立主祭之典"，或"辨"山川主名，以定九州之镇，或"以九州有名山川表识"作为疆域。目的，有论说"正民心"。"稷"，为"后稷"，有论者指弃，为司稼。"降"，有"下教民"和"班"两解。"播种"，有"布种"和"播种之法"两解。目的，解为"厚其生"，或"以厚民生"。"农殖嘉谷"，为农亩种植善谷，无歧义。结果，有论者解为"民得粒食"。

　　笔者以为，三后，后文有所指，自然是伯夷、禹、稷。"恤功"为"忧功"，指向不明。康熙之解清晰明了，可采用，即三臣相与，以民事为忧，各成其功。至于其事在于何时，属于传说无可考据，按本文之意，似乎在其后，不必深究。伯夷是否为礼官也不必过于在意。"典"，汉孔的"典礼"可采，不必限于"天、地、人"三礼。伯夷降典的目的，汉孔的"教民"和吕祖谦的"正其心"、夏僎的"以示于民"三解合说，可为善解。"折民惟刑"，据后文，用刑不是伯夷的职责，汉孔"断以法"、唐孔"折断下民惟以典法"之解不当。依据文义，宋人苏轼"失礼则入刑"、"礼刑一物"之解可采。至于其目的，金履祥的"折其民之入刑者"于此时不当。他解属于近义，夏僎的"折服其邪心"较为适宜。司空为后世官职，禹为司空当为附会，也不必在意。"平水土"，只有汉孔"治洪水"一解。其目的，吕祖谦的"定其居"和金履祥的"安民生"可以并用。"主名山川"有多解，但无冲突，可以并用。"稷"，为"后稷"，司稼之职也是附会。"降"，汉孔的"下教民"和吕祖谦的"班"可以并用。"播种"，采用吕祖谦"播种之法"。其目的，采用蔡沉"以厚民生"。"农殖嘉谷"，仅有汉孔、唐孔之解，即农亩种植善谷。其结果，采用宋人黄度"民得粒食"。此句可以解说为：

　　于是，帝舜命伯夷、大禹、后稷三后，一起以民事为忧，各建功业。伯夷降下典礼教民，以正民心，而礼刑合一，失礼入刑，示民以刑，折服断绝其为恶邪心；大禹治洪水，以定民居，命名山川，设为表识，划分九州疆域，并立主祭之典；后稷颁下播种之法教民，以厚民生，农田种植谷物，民得食粮。

（五）三后成功，惟殷于民；士制百姓于刑之中，以教祗德

笔者引证解说此句的有汉孔，唐孔，宋人苏轼、林之奇、吕祖谦、金履祥、夏僎、叶时、黄度、蔡沉、陈经，元人王充耘、王天与，清帝康熙、清人王夫之。

1. 三后成功，惟殷于民

《尚书注疏》汉孔传解"成功"为"各成其功"，"殷于民"为"殷盛于民"，说是指"礼教备，衣食足"。唐孔疏解"殷盛于民"为"使民衣食充足"。① 据宋人时澜《增修东莱书说》，吕祖谦接上句说，正其心，定其居，厚其生，三者之功既成，而"殷盛"。② 宋人陈经《陈氏尚书详解》解殷为富盛。认同汉孔的"礼教备，衣食足"。认为，三后之职虽不同，而同于殷民之功。③ 元人许谦《读书丛说》引宋人金履祥说，"三后成功，民俗殷盛"，解"惟殷于民"为"民俗殷盛"。④ 宋人黄度《尚书说》解，三后成功，务殷盛于民。⑤

宋人苏轼《书传》解"殷"为"富"。⑥ 宋人胡士行《胡氏尚书详解》说，三后功成，民殷富。⑦ 元人王充耘《读书管见》解为"三后成

---

① "传，各成其功，惟所以殷盛于民，言礼教备，衣食足。"疏，"三君者各成其功，惟以殷盛于民，使民衣食充足。"（汉）孔氏传、（唐）陆德明音义、（唐）孔颖达疏《尚书注疏》卷十八《周书·吕刑》，《钦定四库全书》本。
② "正其心，定其居，厚其生，三者之功既成，而殷盛。"（宋）时澜：《增修东莱书说》卷三十四《周书·吕刑第二十九》，《钦定四库全书》本。
③ "三后成功，惟殷于民，三后之职虽不同，而同于殷民之功而已。殷，富盛也。孔安国曰，礼教备，衣食足是也。"（宋）陈经：《尚书详解》卷四十七《周书·吕刑》，《钦定四库全书》本。
④ "三后成功，民俗殷盛。"（元）许谦：《读书丛说》卷六《吕刑》，《钦定四库全书》本。
⑤ "三后成功，务殷盛于民。"（宋）黄度：《尚书说》卷七《周书·吕刑》，《钦定四库全书》本。
⑥ "殷，富也。"（宋）苏轼：《书传》卷十九《周书·吕刑第二十九》，《钦定四库全书》本。
⑦ "三后功成民殷富矣。"（宋）胡士行：《尚书详解》卷十二《周书·吕刑第二十九》，《钦定四库全书》本。

功，民既殷阜"。①

宋人夏僎《尚书详解》解殷为盛，富盛。夏僎接上句说，帝尧以此命之，因此，三后都得成功。功既成，就都"富厚"。② 宋人蔡沉《书经集传》解，三后成功，因而"致民之殷盛富庶"。③ 康熙《御制日讲书经解义》解，殷，富庶之意。三后各成其功，民生以遂，民俗以淳，"莫不蕃庶得所"，都是帝命三后所致。康熙论说，舜之德化既隆，而得人又如此，此治道"所由盛与"。④

宋人林之奇《尚书全解》解殷为中。认为，禹之功成，民就得所居；稷之功成，民就得所养；伯夷之功成，民就得所教。这就是"中"。⑤

以上是此段的解说。"成功"，汉孔解为"各成其功"，康熙认同，说是指"民生以遂，民俗以淳"。吕祖谦解为"正其心，定其居，厚其生，三者之功既成"。林之奇解为："禹之功成"，民得所居；"稷之功成"，民得所养；"伯夷之功成"，民得所教。"殷"，汉孔解为"殷盛"，宋人苏轼解为"富"，胡士行解为"殷富"，夏僎解为"富盛"，蔡沉解为"殷盛富庶"，康熙解为"富庶"，均为近义。宋人林之奇解为"中"。"殷盛"，汉孔指"礼教备，衣食足"。

2. 士制百姓于刑之中，以教祗德

康熙《御制日讲书经解义》说此段是穆王述舜命皋陶之意。⑥

《尚书注疏》汉孔传认为是指，伯夷"道民典礼断之以法"之后，由

---

① "三后成功，民既殷阜。"（元）王充耘：《读书管见》卷下《吕刑》，《钦定四库全书》本。
② "惟尧以此命之，故三后皆得成功。功既成而皆富厚，故曰惟殷于民。殷，盛也，谓富盛也。"（宋）夏僎：《尚书详解》卷二十五《吕刑》，《钦定四库全书》本。
③ "三后成功而致民之殷盛富庶也。"（宋）蔡沉：《书经集传》卷六《吕刑》，《钦定四库全书》本。
④ "殷，富庶之意也。""三后各成其功，而民生以遂，民俗以淳，莫不蕃庶得所，皆帝命三后之所致也。舜之德化既隆，而得人又如此，此治道所由盛与。"《日讲书经解义》卷十三《吕刑》，《钦定四库全书》本。
⑤ "殷，中也。禹之功成，则民得所居；稷之功成，则民得所养；伯夷之功成，则民得所教。此其所以中也。"（宋）林之奇：《尚书全解》卷三十九《吕刑·周书》，《钦定四库全书》本。
⑥ "此一节书是穆王述舜命皋陶之意也。"《日讲书经解义》卷十三《吕刑》，《钦定四库全书》本。

"皋陶作士"，制百姓于刑之中。仅解"士"为"皋陶作士"，而将"以教祗德"解说为"助成化道"，"以教民为敬德"，"教"为"教民"，"祗"为"敬"。唐孔疏为，才使"士官""制御""百官之姓"于刑之"中正"，解"中"为"中正"。又说，礼法既行，才使皋陶作士；而制百官于刑之"中"，即，令百官用刑皆得"中正"，使不僭不滥、不轻不重。"以教民为敬德"，唐孔认为是说，先以"礼法化民"，民既富"而后"教之，即，从伯夷之法，敬德行礼，而非贪求刑杀。① 宋人苏轼《书传》解士为皋陶。② 宋人陈经《陈氏尚书详解》说，制，有堤防捡押之意。刑之中，是指，防制百姓"不失之重而过"，也"不失之轻而不及"，只是用以教民"祗敬其德"。并论说"刑与教为一"、"刑与德为一"。陈经指说，后世"以刑与德与典为二事"，因此，教民，不知堤防之意；掌刑，专事杀戮。③

宋人叶时《礼经会元》有较长篇幅的解说。司寇以五刑之法"诏刑罚"，而辨罪之轻重，这是"诏刑而审轻重"。司刺以"三法求民情"，"断民中"而施上服、下服之刑，这是"讯刑而度轻重"。掌囚"掌守盗贼"，凡囚，上罪梏拲而桎，中罪桎梏，下罪梏，这是"因刑而量轻重"。以嘉石平"罢民"，"弗"施刑，而且有重罪、次罪、下罪之别。这并"非坐而役之"，也察轻重。以圜土教罢民不亏体。而且有上罪、中罪、下罪之分，这并非收而教之，也测轻重。大概，刑是用来"教中"，"权其轻重"用来"取中"，司刺就说"断中"，士师就说"受中"，小司寇

---

① 传，"言伯夷道民典礼，断之以法，皋陶作士，制百姓于刑之中，助成化道，以教民为敬德"。疏，"乃使士官制御百官之姓于刑之中正，以教民为敬德，言先以礼法化民，民既富而后教之。非苟欲刑杀也"。"礼法既行，乃使皋陶作士，制百官于刑之中，令百官用刑皆得中正，使不僭不滥、不轻不重，助成道化，以教民为敬德，言从伯夷之法，敬德行礼也。"（汉）孔氏传、（唐）陆德明音义、（唐）孔颖达疏《尚书注疏》卷十八《周书·吕刑》，《钦定四库全书》本。
② "士，皋陶也。"（宋）苏轼：《书传》卷十九《周书·吕刑第二十九》，《钦定四库全书》本。
③ "制，有堤防捡押之意。以刑之中者，而防制百姓则不失之重而过，亦不失之轻而不及。凡此教民祗敬其德而已。观此须见古人治民自有次第；又须见古人之刑与德，本非二事。典非刑也，而曰降典折民惟刑，则刑与教为一。刑非德也，而曰制百姓于刑之中以教祗德，则刑与德为一。后世以刑与德与典为二事，故教民者，不知所以堤防之意，而掌刑者始专事杀戮矣。"（宋）陈经：《尚书详解》卷四十七《周书·吕刑》，《钦定四库全书》本。

就说"登中",无非"以中用刑"。① 元人王天与《尚书纂传》概略引叶氏说,古人指"狱已定而不失其实"称"中"。又引王氏说,刑非教,称"以教衹德",圣人或许就是"教",刑之所加,并非轻率"害之",而是"驱而纳之于善"。② 清人王夫之《尚书稗疏》解"中"为"当",引《周礼》"士师受中",指称为"供招罪名",并说后文"观于五刑之中""其义亦同"。③

宋人夏僎《尚书详解》接上句说,在民富盛之后,帝尧又"虑其狃(niǔ)于富厚",或再"思乱","不可不有以防之",于是,又命士师之官,使制百姓于刑之中,夏僎认为是"用中典",以防民。所以如此,都是希望"教民",使"常知敬德","不致复阶乱"。④ 元人许谦《读书丛说》引宋人金履祥说,随后"命皋陶"为士师,制百姓以"刑法"之中。金履祥认为是,"不偏于轻"以惠奸,"不过于重"以虐民,立为"中典",用来"使民衹敬为德"。⑤

---

① "司寇以五刑之法诏刑罚,而辨罪之轻重。此诏刑而审轻重也。司刺以三法求民情,断民中而施上服下服之刑,此讯刑而度轻重也。掌囚掌守盗贼,凡囚者,上罪梏拲(gěng)而桎,中罪桎梏,下罪梏,此因刑而量轻重也。以嘉石平罢民,弗施刑也。而且有重罪、次罪、下罪之别。此非坐而役之,亦察轻重乎。以圜土教罢民不亏体也。而且有上罪、中罪、下罪之分,此非收而教之,亦测轻重乎。盖刑者所以教中也,权其轻重所以取中也,司刺则曰断中,士师则曰受中,小司寇则曰登中,无非以中用刑也。"(宋)叶时:《礼经会元》卷四下《刑罚》,《钦定四库全书》本。
② "叶氏曰,古者谓狱已定而不失其实曰中。故《小司寇》'以三刺断庶民狱讼之中'。说者云,中谓罪正所定。而《司刺》亦以'三法求民情,断民中。狱讼成,士师受之,曰受中;小司寇登之于天子,曰登中。此书亦累累言之。王氏曰,刑非教也,而言以教衹德,盖圣人莫非教也,刑之所加,非苟害之,亦曰驱而纳之于善而已。"(元)王天与:《尚书纂传》卷四十三《周书·吕刑第二十九》,《钦定四库全书》本。
③ "中,当,音丁仲反。《周礼》所谓士师受中,是已刑有要有中要者,犹今之勘语中,则供招罪名也。后云观于五刑之中。其义亦同。"(清)王夫之:《尚书稗疏》卷四下《吕刑》,《钦定四库全书》本。
④ "民既富盛,尧又虑其狃于富厚,或复思乱,不可不有以防之,于是又命士师之官,使制百姓于刑之中,谓用中典,以防民也。所以如此者,凡欲教民,使常知敬德,不致复阶乱也。"(宋)夏僎:《尚书详解》卷二十五《吕刑》,《钦定四库全书》本。
⑤ "而后命皋陶为士师,制百姓以刑法之中,不偏于轻以惠奸,不过于重以虐民,立为中典亦所以使民衹敬为德而已。"(元)许谦:《读书丛说》卷六《吕刑》,《钦定四库全书》本。

据宋人时澜《增修东莱书说》，吕祖谦接上句评论说，由此，出于"防闲"的缘故，"儆惧"不可废。于是，皋陶作士，制百姓于刑之中，以教祗德，"约饬限制"斯民于刑辟之中，此举，非使之"畏刑"，而是用来"检其心"，"教之祗德"。吕祖谦以为，"心之祗敬"，"德之所以存"。①宋人蔡沉《书经集传》，简述吕祖谦，解"士"为"命皋陶为士"，"以教祗德"为"检其心"而后"教以祗德"。②康熙《御制日讲书经解义》说："穆王曰，舜既命三后恤功于民，旋见功成而民殷矣，宜乎，民俗无不厚，民心无不正，而犹恐有不率吾之教者，是虽欲以德化民，而民终弗克祗厥德也。于是命皋陶为士，斟酌于刑之轻重，定为大中至正、无过不及之条，以检制整齐百姓，使之知善之当为，不善之可畏，罔敢不迁善去恶，以敬其固有之德，则民胥协于中。而教以成矣，舜之命士者然也。"③

宋人林之奇《尚书全解》解士为皋陶。说是百姓"不率教者"，就以刑之中而制之。林之奇认为，皋陶用刑，哪会有意"残民之肌肤肢体"。以刑示之，是使有所畏而不敢为非，这就是教民"祗敬其德"。林之奇评论说，先王治天下，使斯民之迁善远罪，人人"有士君子之行"，不会只是"德礼之力"，而"刑罚无力"。例举说，尧舜之民"比屋可封"，而舜以四方风动，是皋陶之功。这是说，德礼固然是"以教之"，刑也是"以教之"。只是刑仅作为治道之辅助，不可"专恃以为治"。要是"专恃"刑以为治，如秦之世，一定会为君子所

---

① "则所以防闲，儆惧之者不可废。于是乎，皋陶作士制百姓于刑之中以教祗德焉，约饬限制斯民于刑辟之中，非使之畏刑也，所以检其心，教之祗德也。心之祗敬，德之所以存也。"（宋）时澜：《增修东莱书说》卷三十四《周书·吕刑第二十九》，《钦定四库全书》本。
② "命皋陶为士，制百姓于刑辟之中，所以检其心而教以祗德也。"（宋）蔡沉：《书经集传》卷六《吕刑》，《钦定四库全书》本。
③ "穆王曰，舜既命三后恤功于民，旋见功成而民殷矣，宜乎，民俗无不厚，民心无不正，而犹恐有不率吾之教者，是虽欲以德化民，而民终弗克祗厥德也。于是命皋陶为士，斟酌于刑之轻重，定为大中至正、无过不及之条，以检制整齐百姓，使之知善之当为，不善之可畏，罔敢不迁善去恶，以敬其固有之德，则民胥协于中。而教以成矣，舜之命士者然也。"《日讲书经解义》卷十三《吕刑》，《钦定四库全书》本。

耻，如果以为治道之辅助，如皋陶之制，百姓怎会"恶于刑"。① 元人王充耘《读书管见》指说是，然后"使"士师以"不轻不重之刑"以制之，以教其"敬德"。王充耘评论说，民未殷富时，救死"不赡"，即不足，哪有闲暇"治礼义"。那么，其陷于刑戮，并非民之罪。今"导之"，使"生养"得到满足，"有不率教"，就"不可无刑"以纠之。这是说"先教养而后刑罚"。②

德刑关系，宋人黄度《尚书说》接上文说，然后"士官"制百姓于刑之中，"教民敬德"，认为可见"德刑之叙"。③ 宋人胡士行《胡氏尚书详解》说，"防民之刑"就用中典，用以收敛其敬心，而教之德。接上句说，这是德刑"先后之序"。④。

以上是此段的解说。"士"，汉孔解为皋陶，同解的有唐孔、苏轼、林之奇、吕祖谦、金履祥、蔡沉、康熙，他人未解。"中"，唐孔解为"中正"，使不僭不滥、不轻不重。宋人夏僎解为"用中典"。金履祥解为"不偏于轻"以惠奸，"不过于重"以虐民，立为"中典"。宋人叶时解为"权其轻重"。陈经解为"不失之重而过"，也"不失之轻而不及"。元人王充耘解为"不轻不重之刑"。清帝康熙解为："斟酌于刑之轻重，定为大中至正、无过不及之条"。元人王天引叶氏"狱已定而不失其实"。清人王夫之解"中"为"当"，"供招罪名"。"以教祗德"，汉孔解为"以教民为敬德"。

---

① "士，皋陶也。百姓之不率教者，则以刑之中而制之。盖皋陶之用刑，岂有意于残民之肌肤肢体而已哉。以刑示之，使有所畏而不敢为非，则是教民之祗敬其德也。夫先王之治天下，使斯民之迁善远罪，人人有士君子之行者，岂独德礼之力哉。刑罚不为无力也。故尧舜之民比屋可封，而舜以四方风动，为皋陶之功焉。是德礼者固以教之也，刑亦以教之也。第刑者治道之辅助而已，不可专恃以为治也。使其专恃刑以为治，如秦之世，固君子之所耻，若以为治道之辅助，如皋陶之制，百姓则何恶于刑乎。"（宋）林之奇：《尚书全解》卷三十九《吕刑·周书》，《钦定四库全书》本。

② "然后使士师以不轻不重之刑以制之，以教其敬德也。盖民未殷富时，所谓救死不赡，何暇治礼义。其陷于刑戮者，非民之罪也。今导之而生养遂矣，有不率教，则不可无刑以纠之矣。此是先教养而后刑罚。"（元）王充耘：《读书管见》卷下《吕刑》，《钦定四库全书》本。

③ "然后士官制百姓于刑之中，教民敬德，德刑之叙可见矣。"（宋）黄度：《尚书说》卷七《周书·吕刑》，《钦定四库全书》本。

④ "防民之刑乃用中典，于以收敛其敬心，而教之德，此德刑先后之序。"（宋）胡士行：《尚书详解》卷十二《周书·吕刑第二十九》，《钦定四库全书》本。

宋人陈经解为以教民"祇敬其德"。夏僎解为"教民",使"常知敬德",金履祥解为"使民祇敬为德"。黄度解为"教民敬德"。胡士行解为"用以收敛其敬心,而教之德"。元人王天与引王氏"驱而纳之于善"。康熙解为使之知善之当为,不善之可畏,罔敢不迁善去恶,以敬其固有之德。

3. 叙评

　　此句的解说,"成功",有论说"各成其功"或"功成",表述略微不同,并无歧义。而其标准,或为"正其心,定其居,厚其生",或为民得所居,民得所养,民得所教,或为"民生以遂,民俗以淳",也只是行文方式和论述的角度的区别。"殷",有"殷盛"、"富"、"殷富"、"富盛"、"殷盛富庶"、"富庶"之解,均为近义。另有论者解为"中"。"殷盛",有论者指"礼教备,衣食足"。"士",提及的都认为是皋陶。"中",有"中正"、"中典"、"大中至正"之解。大多论者用轻重表述,或不僭不滥、不轻不重,或"不偏于轻","不过于重",或"权其轻重",或"不失之重而过"、"不失之轻而不及",或"斟酌于刑之轻重","无过、不及之条"。以上对"中"的论述为同义或近义。另有论者解为"狱已定而不失其实",或解为"当",指为"供招罪名",但与前者并无冲突。"以教祇德",大多以"祇"为"敬",有"以教民为敬德","教民祇敬其德","使常知敬德","使民祇敬为德","教民敬德","用以收敛其敬心而教之德"。以上对"以教祇德"的论述,也似乎为同义或近义,另有论说"驱而纳之于善",也为近义。也有较为详细解说的,即"使之知善之当为,不善之可畏,罔敢不迁善去恶,以敬其固有之德"。

　　笔者以为,此句众说几无歧义,可于行文及视觉角度择优而从。"成功"可采汉孔的"各成其功",康熙的"民生以遂、民俗以淳",林之奇的"民得所居"、"民得所养"、"民得所教"。"殷"可采汉孔的"礼教备、衣食足",蔡沉的"殷盛富庶"。"士",采用汉孔的皋陶。"中"采用唐孔的"中正",康熙的"斟酌于刑之轻重"。"以教祇德"采用黄度的"教民敬德"。因此,此句可解说为:

　　伯夷、大禹、后稷各自完成功业,民得所居、所养,民生以遂;民得所教,民俗纯朴;百姓衣食充足,殷盛富庶。皋陶为士,管束百姓,用刑中正得当,不偏不倚,以此教民敬德。

（六）穆穆在上，明明在下，灼于四方，罔不惟德之勤

宋人陈经《陈氏尚书详解》说此句及下一句是"合而言之"。徒善不足以为政，徒法不能以自行。前面命三后都是政事，这里是"德化"，君臣之间虽有如此的政事，又当"以德化阴驱潜率之"。① 康熙《御制日讲书经解义》说是申言虞廷"先德后刑之意"。《吕刑》一书"每先言德，后言刑"。刑必反复"以中为训"，用刑"必合于中"而后刑，即"所以为德"。②

笔者引证此句解说的有汉孔，唐孔，宋人林之奇、吕祖谦、胡士行、黄度、蔡沉、陈经，清帝康熙。

1. 穆穆在上

《尚书注疏》汉孔传解说为，尧"躬行敬敬"在上。唐孔疏引《释训》，解"穆穆"为"敬"。指说，尧"躬行敬敬之道"在于"上位"。认为"穆穆重敬"，在于上位"当敬天、敬民"。③ 宋人林之奇《尚书全解》说，穆穆，敬，和，天子之容。④ 宋人黄度《尚书说》解穆穆为敬。⑤ 据宋人时澜《增修东莱书说》，吕祖谦解，穆穆，和敬之容。⑥ 宋人蔡沉《书经集传》同吕祖谦。⑦ 康熙《御制日讲书经解义》解穆穆为

---

① "此又合而言之，大抵徒善不足以为政，徒法不能以自行。前面所命三后皆政事也。此一段乃德化也，君臣之间虽有政事如此，又当以德化阴驱潜率之。"（宋）陈经：《尚书详解》卷四十七《周书·吕刑》，《钦定四库全书》本。
② "此一节书是申言虞廷先德后刑之意也。""《吕刑》一书每先言德，后言刑。而刑必反复以中为训，诚以刑罚一有过差，则死者不可复生，断者不可复续。为盛德之累不浅，故用刑必合于中而后刑，即所以为德也。"《日讲书经解义》卷十三《吕刑》，《钦定四库全书》本。
③ "传，尧躬行敬敬在上。"疏，"《释训》云，穆穆，敬也。""言尧躬行敬敬之道在于上位。""则穆穆重敬，当敬天、敬民在于上位也。"（汉）孔氏传、（唐）陆德明音义、（唐）孔颖达疏《尚书注疏》卷十八《周书·吕刑》，《钦定四库全书》本。
④ "穆穆，敬也，和也，天子之容也。"（宋）林之奇：《尚书全解》卷三十九《吕刑·周书》，《钦定四库全书》本。
⑤ "穆穆，敬也。"（宋）黄度：《尚书说》卷七《周书·吕刑》，《钦定四库全书》本。
⑥ "穆穆者和敬之容也。"（宋）时澜：《增修东莱书说》卷三十四《周书·吕刑第二十九》，《钦定四库全书》本。
⑦ "穆穆者，和敬之容也。"（宋）蔡沉：《书经集传》卷六《吕刑》，《钦定四库全书》本。

和敬之容。也同吕祖谦。康熙解为，虞舜以圣人之德，居天子之位。在当时，恭己南面，有穆穆然和敬之容，"以君临在上"。①

以上是此段解说。"穆穆"，汉孔解为"躬行敬敬"；唐孔解为"当敬天、敬民"；林之奇解为，敬，和，天子之容。吕祖谦解为"和敬之容"，蔡沉、康熙认同。无歧义，汉孔、唐孔侧重行为，林之奇、吕祖谦侧重容貌。

2. 明明在下

《尚书注疏》汉孔传解说为三后之徒"秉明德明君道"于下。唐孔疏说，"明明，重明"。"明明在下"，是指"臣事"。② 宋人林之奇《尚书全解》说，明明，就是上文所说的明明。③ 据宋人时澜《增修东莱书说》，吕祖谦解，明明，精白之容。④ 宋人蔡沉《书经集传》同吕祖谦。⑤ 康熙《御制日讲书经解义》说，明明，精白之容。康熙说，伯夷、禹、稷诸臣，同寅协恭，有"明明然精白之容"，以赞助在下。⑥

以上是此段的解说。明明，汉孔解为"秉明德明君道"，唐孔解为"臣事"；宋人林之奇解为"明明之德"；吕祖谦解为"精白之容"，蔡沉、康熙认同。有"穆穆在上，明明在下"合解，元人许谦《读书丛说》引宋人金履祥说是指，君臣之间，"和敬示德"于上，"精明承德"于下"躬行"。⑦ 宋人夏僎《尚书详解》接上句说，吕侯在陈述帝尧于三后成功之后，命士以刑制百姓，又恐当时或不明"其先后本末之序"，而以为帝

---

① "穆穆者，和敬之容。""穆王曰，虞舜以圣人之德，居天子之位。当其时，恭己南面有穆穆然和敬之容，以君临在上。"《日讲书经解义》卷十三《吕刑》，《钦定四库全书》本。
② 传，"三后之徒秉明德明君道于下"。疏，"三后之徒躬秉明德明君道在于下"。"明明，重明。""明明在下，则是臣事，知是三后之徒秉明德明君道于下也。"（汉）孔氏传、（唐）陆德明音义、（唐）孔颖达疏《尚书注疏》卷十八《周书·吕刑》，《钦定四库全书》本。
③ "明明，即上所谓明明是也。"（宋）林之奇：《尚书全解》卷三十九《吕刑·周书》，《钦定四库全书》本。
④ "明明者精白之容也。"（宋）时澜：《增修东莱书说》卷三十四《周书·吕刑第二十九》，《钦定四库全书》本。
⑤ "明明者精白之容也。"（宋）蔡沉：《书经集传》卷六《吕刑》，《钦定四库全书》本。
⑥ "明明者，精白之容。""而伯夷、禹、稷诸臣，同寅协恭，有明明然精白之容，以赞助在下。"《日讲书经解义》卷十三《吕刑》，《钦定四库全书》本。
⑦ "盖其君臣之间，和敬示德于上，而精明承德于下躬行。"（元）许谦：《读书丛说》卷六《吕刑》，《钦定四库全书》本。

尧专以刑制于民，于是又再陈明"前说"，刑，并非只是用刑。其君穆穆"以敬德居上"，其臣明明以"明德居下"。①

3. 灼于四方

《尚书注疏》汉孔传解说为"灼然彰著四方"。唐孔疏说"君臣""敬""明"其德，而"灼然著于"四方，指四方都"法效"。② 元人许谦《读书丛说》引宋人金履祥解说为，心"得其表里"，政令皆"可为民之法"，而"灼于四方"。③ 据宋人时澜《增修东莱书说》，吕祖谦认为是，"穆穆明明之合说，辉光发越而四达"。④ 宋人蔡沉《书经集传》同吕祖谦。⑤ 宋人胡士行《胡氏尚书详解》说，尧君臣同德，光于四方。⑥ 康熙《御制日讲书经解义》说，君臣一德之盛，"积于中而散于外"，光辉照灼于四方。⑦

以上是此段解说。又有三段合解，宋人黄度《尚书说》简略解释为，必本于君德，其上穆穆，其下明明，以照四方。⑧ 元人王充耘《读书管见》说，君臣"以身率之于上"，"朝廷清明"，四方"丕变"。⑨

---

① "吕侯既言尧可为成功之后，命士以刑制百姓，恐当时或不明其先后本末之序，谓尧专以刑制于民，故下又复明前说，谓之刑也，非徒刑也。其君穆穆以敬德居上，其臣明明以明德居下。"（宋）夏僎：《尚书详解》卷二十五《吕刑》，《钦定四库全书》本。

② "灼然彰著四方。"疏，"君臣敬明其德，灼然著于四方"。"彰著于四方，四方皆法效之。"（汉）孔氏传、（唐）陆德明音义、（唐）孔颖达疏《尚书注疏》卷十八《周书·吕刑》，《钦定四库全书》本。

③ "心得其表里，政令皆可为民之法，灼于四方。"（元）许谦：《读书丛说》卷六《吕刑》，《钦定四库全书》本。

④ "灼于四方者，穆穆明明之合，辉光发越而四达也。"（宋）时澜：《增修东莱书说》卷三十四《周书·吕刑第二十九》，《钦定四库全书》本。

⑤ "灼于四方者，穆穆明明，辉光发越而四达也。"（宋）蔡沉：《书经集传》卷六，《吕刑》，《钦定四库全书》本。

⑥ "尧君臣同德，光于四方。"（宋）胡士行：《尚书详解》卷十二《周书·吕刑第二十九》，《钦定四库全书》本。

⑦ "君臣一德之盛，积于中而散于外，光辉照灼于四方。"《日讲书经解义》卷十三《吕刑》，《钦定四库全书》本。

⑧ "必本于君德，其上穆穆，其下明明，以照四方。"（宋）黄度：《尚书说》卷七《周书·吕刑》，《钦定四库全书》本。

⑨ "君臣以身率之于上，朝廷清明，四方丕变矣。"（元）王充耘：《读书管见》卷下《吕刑》，《钦定四库全书》本。

4. 罔不惟德之勤

《尚书注疏》汉孔传在前加"天下之士",并解"惟德之勤"为"天下皆勤立德"。唐孔疏为"悉皆勤行德"。唐孔评论说,刑只是"助教"而不可专用,并非是"身有明德"就不能用刑。而以天下之大,万民之众,"必当"尽能用刑,天下才能安定。此句赞美尧能使天下都"勤立德"。① 元人许谦《读书丛说》引宋人金履祥解说为,"人心观感",罔不"为德之勉"。② 据宋人时澜《增修东莱书说》,吕祖谦说是"观感动荡"而"不能自已"。③ 宋人蔡沉《书经集传》接上句解说,君臣之德"昭明如是",于是民都"观感动荡为善","不能自已",近似吕祖谦。④ 康熙《御制日讲书经解义》说,民在"观感讽谕"之下,无不鼓舞振作,"惟其德之是勤",而不忍"自外于圣人之治"。⑤

以上是此段解说。有整句合解,宋人林之奇《尚书全解》解为,由于帝舜以穆穆之德在上,三后皋陶以明明之德在下,君臣合德,从而,德之灼然,著见于四方,四方之民都勤于德。三后殷于民,皋陶以教祗德,那么有谁会不勤于德。⑥ 宋人夏僎《尚书详解》解说,上下之间,"以德相资",酝酿造化,一旦发越于四方,灼如灼火,"然一灯灼

---

① 传,"故天下之士,无不惟德之勤""天下皆勤立德"。疏,"故天下之士无不惟德之勤,悉皆勤行德矣"。"故天下之士无不惟德之勤。刑者所以助教而不可专用,非是身有明德则不能用刑,以天下之大,万民之众,必当尽能用刑,天下乃治。此美尧能使天下皆勤立德。"(汉)孔氏传、(唐)陆德明音义、(唐)孔颖达疏《尚书注疏》卷十八《周书·吕刑》,《钦定四库全书》本。
② "人心观感,罔不为德之勉。"(元)许谦:《读书丛说》卷六《吕刑》,《钦定四库全书》本。
③ "罔不惟德之勤者,观感动荡而不能自已也。"(宋)时澜:《增修东莱书说》卷三十四《周书·吕刑第二十九》,《钦定四库全书》本。
④ "君臣之德昭明如是,故民皆观感动荡为善,而不能自已也。"(宋)蔡沉:《书经集传》卷六《吕刑》,《钦定四库全书》本。
⑤ "而民之得于观感讽谕之下,罔不鼓舞振作,惟其德之是勤,而不忍自外于圣人之治。"《日讲书经解义》卷十三《吕刑》,《钦定四库全书》本。
⑥ "惟舜以穆穆之德而在上,三后皋陶以明明之德而在下,君臣合德,故其德之灼然,著见于四方,四方之民无有不勤于德者。所谓政,乃义黎民敏德是也。三后惟殷于民,而皋陶以教祗德,则孰不勤于德哉。"(宋)林之奇:《尚书全解》卷三十九《吕刑·周书》,《钦定四库全书》本。

千万灯",无有穷已,必至于极,四方万里,无不克勤于德。① 宋人陈经《陈氏尚书详解》说,穆穆,敬;明明,德之著见。君以穆穆居上,臣以明明居下。君臣都"以德率其民",所以照灼四方。四方之民都"化上之德",又"知惟德之勤"。②

5. 叙评

　　此句解说,"穆穆"和"明明"均有两解。一解侧重行为,"穆穆",有论说"躬行敬敬",即"当敬天、敬民",或"和敬示德",或"以敬德居上"。"明明","秉明德明君道",被指为"臣事",或"精明承德",或"以明德居下"。一解侧重容貌,"穆穆",敬,和,天子之容,或"和敬之容"。"灼于四方",或"灼然彰着四方",被指为四方都"法效",或政令"可为民之法",或"辉光发越而四达",或"光辉照灼于四方",或"四方丕变"。"惟德之勤",或为"天下皆勤立德",被指"悉皆勤行德",或"为德之勉",或"观感动荡为善",或"惟其德之是勤"。有论者强调"君臣合德"。

　　笔者以为,此句尽管基本无歧义,有些行文、表达的角度却仍有不顺之处。此句讲述的是行为而非容貌。以容貌作解,显然有误。吕祖谦的"和敬之容"不足为取,"精白之容"也同样难以为用,但"精白"似乎可采。对于其他近义解说,可择优而从。"穆穆"当采汉孔、唐孔的"躬行敬敬"和"敬天、敬民"之解。"明明"可用金履祥的"精明承德"之解以及吕祖谦的"精白"之义。"灼于四方"可采林之奇的"君臣合德",康熙的"光辉照灼于四方",唐孔的"法效"。"惟德之勤"当用唐孔的"悉皆勤行德"。因此,此句似应解说为:

　　帝舜在上,敬天、敬民,躬行德政;众臣在下,纯洁至诚无私,承德辅佐;君臣合德,光辉照灼四方,百姓效仿,无不勤于行德为善。

---

① "上下之间,以德相资,醞酿造化,一旦发越于四方,灼如灼火,然一灯灼千万灯,无有穷已,必至于极,四方万里,无不克勤于德。"(宋)夏僎:《尚书详解》卷二十五《吕刑》,《钦定四库全书》本。
② "穆穆,敬也;明明,德之著见也。君以穆穆居上,臣以明明居下。君臣皆以德率其民,所以照灼四方。四方之民皆化上之德,又知惟德之勤。"(宋)陈经:《尚书详解》卷四十七《周书·吕刑》,《钦定四库全书》本。

（七）故乃明于刑之中，率乂（yì）于民棐彝

笔者引证解说此句的有，汉孔，唐孔，宋人林之奇、吕祖谦、夏僎、金履祥、黄度、胡士行、蔡沉、陈经，元人王充耘、陈悦，清帝康熙。

1. 故乃明于刑之中

《尚书注疏》汉孔传解"刑之中"为"用刑之中正"。唐孔疏说，是指天下都"能用刑尽得中正"。① 元人许谦《读书丛说》引宋人金履祥说，而后明"刑法"之中，解"刑"为"刑法"。②

据宋人时澜《增修东莱书说》，吕祖谦说，民既然"知德"，于是，士师所明之刑，"无过、无不及"。③ 宋人蔡沉《书经集传》说，在此之后还有"未化者"，于是，"士师"明于刑之中，使无"过、不及"之差，近似吕祖谦。④

宋人陈经《陈氏尚书详解》说，君臣虽以德率民，而"不敢忘夫堤防之具"。天下不能都是君子，还有小人；天下不能都从上，还有违戾，明"其刑之中"。刑称为"中"，即"刑之当理"。中之理"随寓而在"。陈经认为，当重就重，存有"中之理"；当轻就轻，也存有中之理。并不是说在"轻重之间执其一"就是"中"。⑤

---

① 传，"故乃能明于用刑之中正"。疏，"天下之士皆勤立德，故乃能明于用刑之中正，言天下皆能用刑，尽得中正"。（汉）孔氏传、（唐）陆德明音义、（唐）孔颖达疏《尚书注疏》卷十八《周书·吕刑》，《钦定四库全书》本。
② "而后明刑法之中。"（元）许谦：《读书丛说》卷六《吕刑》，《钦定四库全书》本。
③ "故乃明于刑之中，率乂于民棐彝者。民既知德矣，故士师所明之刑，无过无不及。"（宋）时澜：《增修东莱书说》卷三十四《周书·吕刑第二十九》，《钦定四库全书》本。
④ "如是而犹有未化者，故士师明于刑之中，使无过不及之差。"（宋）蔡沉：《书经集传》卷六《吕刑》，《钦定四库全书》本。
⑤ "故乃明于刑之中，率乂于民棐彝者，君臣虽以德率民，而不敢忘夫堤防之具。天下不能皆君子，而有小人焉；天下不能皆从上，而有违戾焉。所以明其刑之中。""刑谓之中者，即刑之当理也。中之理随寓而在，当其重也重，有中之理存焉；当其轻也轻，亦有中之理存焉。非谓于轻重之间执其一以为中也。"（宋）陈经：《尚书详解》卷四十七《周书·吕刑》，《钦定四库全书》本。

康熙《御制日讲书经解义》说，帝舜之以德化民，用刑并非帝舜之心。只是民"习俗气禀不齐"，其中有必"非德之所能化"，于是就命皋陶为士，使"明审"于五刑之典，或由重而之轻，或由轻而之重，务"协于中道"。①

以上是此段的解说。明刑的缘故，有蔡沉的"有未化者"，陈经的"天下不能皆从上而有违戾"，康熙的"民习俗气禀不齐"，"有必非德之所能化"。"中"，有汉孔的"中正"，唐孔的"尽得中正"；吕祖谦的"无过、无不及"，蔡沉近似；陈经的"刑之当理"；康熙的"务协于中道"，"或由重而之轻，或由轻而之重"。

2. 率乂于民棐彝

《尚书注疏》汉孔传解"率乂于民"为"循道以治于民"，"棐彝"为"辅成常教"。唐孔疏说，赞美尧君臣明德，"能用刑得中"，以辅礼教。伯夷所典之礼，是"常行之教"。②宋人陈经《陈氏尚书详解》说，"率治其民，以辅其常教"。陈经认为，刑既然当理，那么，"彝常之教自行"。称"敬祗德"，称"降典"，称"棐彝"，圣人用刑之意，大略可见。③宋人黄度《尚书说》说，无不惟德之勤，故能明于刑之中，率以乂民而辅常教。④

据宋人时澜《增修东莱书说》，"率乂于民"，吕祖谦说是，"率皆治民"，近似汉孔。棐彝，"辅迪其秉彝"，而"保其德"。认为，以上数句就是所说的"刑罚之精华"。⑤宋人蔡沉《书经集传》解"棐彝"为"辅

---

① "舜之以德化民如此，则用刑岂舜之心哉。惟民之习俗气禀不齐，其中有必非德之所能化者，故乃命皋陶为士，使明审于五刑之典，或由重而之轻，或由轻而之重，务协于中道。"《日讲书经解义》卷十三《吕刑》，《钦定四库全书》本。

② 传，"循道以治于民，辅成常教"。疏，"循大道以治于民，辅成常教，美尧君臣明德能用刑得中，以辅礼教"。"循治民之道，以治于民。辅成常教，伯夷所典之礼，是常行之教也。"（汉）孔氏传、（唐）陆德明音义、（唐）孔颖达疏《尚书注疏》卷十八《周书·吕刑》，《钦定四库全书》本。

③ "率治其民，以辅其常教。""刑既当理，则彝常之教自行。曰敬祗德，曰降典，曰棐彝，圣人用刑之意，其大略可见矣。"（宋）陈经：《尚书详解》卷四十七《周书·吕刑》，《钦定四库全书》本。

④ "无不惟德之勤，故能明于刑之中，率以乂民而辅常教。"（宋）黄度：《尚书说》卷七《周书·吕刑》，《钦定四库全书》本。

⑤ "率皆治民，辅迪其秉彝，而保其德。所谓刑罚之精华也。"（宋）时澜：《增修东莱书说》卷三十四《周书·吕刑第二十九》，《钦定四库全书》本。

其常性",近似汉孔。蔡沉采用吕祖谦"刑罚之精华"论。① 宋人胡士行《胡氏尚书详解》说,棐为辅,彝为常性。② 康熙《御制日讲书经解义》解棐彝为辅其常性。康熙解说为,率此以乂于民,激发迁善之心,用以辅助君臣、父子、夫妇、长幼、朋友"秉彝之常性"。或入于刑,仍是"劝民以德"之具,而非"残民以逞"之具。③

元人许谦《读书丛说》引宋人金履祥说,治其"民之非彝",即经"教养如此",或许还有"非彝",然后刑之。将"棐彝"作"非彝"解,"民棐彝"连解,即"民之非彝者"。④

以上是此段的解说。"率乂于民",汉孔解为"循道以治于民",吕祖谦解为"率皆治民",陈经解为"率治其民",近义或同义。"棐彝",汉孔解为"辅成常教",黄度、陈经同解;吕祖谦解为"辅迪其秉彝";蔡沉解为"辅其常性",胡士行、康熙同解。唐孔指伯夷所典之礼,是"常行之教"。宋人金履祥作"非彝"。

此句,宋人林之奇《尚书全解》接上句解说,由于都勤于德,也就都明于刑之中。大概是刑之中,可以治民而辅成常教的缘故。林之奇评论说,王者之法如江河,使民难犯而易避。皋陶制百姓以刑之中,而非苗民淫为劓、刵、椓、黥。因此,四方"莫不明之"。莫不明之,就"莫不避之"。民知避刑,就会迁善远罪,为士君子之行。那么,辅成常教,不是"刑之中"是什么?⑤

---

① "率乂于民辅其常性。所谓刑罚之精华也。"(宋)蔡沉:《书经集传》卷六《吕刑》,《钦定四库全书》本。
② "棐,辅;彝,常性。"(宋)胡士行:《尚书详解》卷十二《周书·吕刑第二十九》,《钦定四库全书》本。
③ "棐彝,辅其常性也。""而率此以乂于民,激发其迁善之心,以辅助其君臣父子夫妇长幼朋友秉彝之常性。则虽有必非德之所能化者。而或入于刑,仍是劝民以德之具,而非残民以逞之具也。舜之制刑如此,则用刑又岂舜之心哉。"《日讲书经解义》卷十三《吕刑》,《钦定四库全书》本。
④ "治其民'之非彝者'而已。盖教养如此,而犹或有非彝者然后刑之也。"(元)许谦:《读书丛说》卷六《吕刑》,《钦定四库全书》本。
⑤ "惟其皆勤于德,故于是皆明于刑之中。盖刑之中者,可以治民而辅成常教故也。王者之法如江河,使民难犯而易避。皋陶制百姓以刑之中,非苗民淫为劓、刵、椓、黥也。故四方莫不明之。莫不明之,则莫不避之矣。民知避刑,则迁善远罪,为士君子之行。则辅成常教者,非刑之中而何。"(宋)林之奇:《尚书全解》卷三十九《吕刑·周书》,《钦定四库全书》本。

宋人夏僎《尚书详解》解说，然后，始明刑之中，以率乂于民。率，率之，使从；乂之，使治。然而帝尧所说的"率乂"，也不是"专于伤民肌体"，不过是希望"辅其常性"。大概是民失常性，"特以刑警之"，使"耸动知畏"，而"复其常性"。这是说，帝尧之刑尽管详尽完备，而"实未尝用"。此又《吕刑》详明尧所以用刑之意。① 元人王充耘《读书管见》说，明于刑之中"以治民"，而"辅其常性"。解"彝"为"彝伦"，并例举，纠之以"不孝不弟"之刑，以"驱而入于孝弟"，说这就是"棐彝"。王充耘说，这是"先德教而后刑戮"之意。王充耘认为，德化"虽已兴行"，而"刑亦不可废"。因为"非此"无以弼教。王充耘还解说"两言"刑之中的缘由，即刑"失之重"，就会"伤于苛暴"，而"民无所措手足"；"失之轻"，就会"流于姑息"，而"恶者无所惩"。只有"酌其中"，才"能使人畏服"而"不敢犯"。②

以上是此句的解说。林之奇解为"治民而辅成常教"，同汉孔；夏僎解为，率之，使从；乂之，使治。"辅其常性"。王充耘解为"以治民而辅其常性"，同夏僎。

连同上句，元人陈悦道《书义断法》有较长篇幅评论，盛赞虞廷君臣。称说，此其"盛德之光辉"，与"刑罚之精华"，并行不悖，而不似后世"淫刑以逞"。③

据宋人时澜《增修东莱书说》，吕祖谦对以上数句作了总结，自伯夷

---

① "然后，始明刑之中，以率乂于民。率，谓率之，使从，乂谓乂之，使治。然尧之所谓率乂者，亦岂专于伤民肌体哉，亦不过欲辅其常性耳。盖民失常性，特以刑警之，使耸动知畏，而复其常性。是尧之刑虽具，而实未尝用也。此又《吕刑》详明尧所以用刑之意。"（宋）夏僎：《尚书详解》卷二十五《吕刑》，《钦定四库全书》本。

② "然后明于刑之中者以治民，而辅其常性。彝即彝伦，如纠之以不孝不弟之刑，以驱而入于孝弟，是即所以棐彝也。此是先德教而后刑戮之意。又以见德化虽已兴行，而刑亦不可废。盖非此无以弼教也。两言刑之中者何，盖刑而失之重，则伤于苛暴，而民无所措手足；失之轻，则流于姑息，而恶者无所惩。惟酌其中，则能使人畏服而不敢犯。"（元）王充耘：《读书管见》卷下《吕刑》，《钦定四库全书》本。

③ "虞廷君臣，其和敬精白之容，已足感发人之善心，而无过不及之差，犹足以辅人之常性。其成德之容，中正之法，皆足以维持人心于无穷，固不以民德之归厚而废吾法也。此其盛德之光辉，与刑罚之精华，并行而不相悖，岂如后世之淫刑以逞哉。"（元）陈悦道：《书义断法》卷六《周书·吕刑》，《钦定四库全书》本。

之典迄皋陶之刑，是"制度文为之具"。自穆穆在上，明明在下，灼于四方，罔不惟德之勤，故乃明于刑之中，率乂于民棐彝，是"精神心术之运"。吕祖谦认为，要是"其无本"，那么，前数条，也就不过是"卜祝、工役、农圃、胥史之事"。① 宋人胡士行《胡氏尚书详解》转述吕祖谦。②

3. 叙评

此句大多见于前文，论者较少，解说也与前文基本相同。明刑的缘故，有论说"有未化者"，或"天下不能皆从上而有违戾"，或"民习俗气禀不齐"，"有必非德之所能化"。"中"，或"中正"，被指为"尽得中正"，或"无过、无不及"，或"刑之当理"，或"务协于中道"，即"由重而之轻"，"由轻而之重"。"率乂于民"，或"循道以治于民"，或"率皆治民"，或"率治其民"，近义或同义。"棐彝"，有"辅成常教"、"辅其常性"及"辅迪其秉彝"，也为近义或同义。另有作"非彝"解。

笔者以为，此句解说，一要考虑前后文衔接，二要考虑前后文相同字词的解说。前句讲德政，此句说刑，要说明缘由，康熙"有必非德之所能化"的解说较为顺畅明了，可以采用。"中"的解说与前文相同，可依从前文。"率乂于民"，陈经的"率治其民"较为通顺。"棐彝"，"棐"通"非"，"彝"通"常"，引出两解。一解为"辅成常教"或"辅其常性"；一解为"非彝"。从上下文而言，此句是用刑的开始，下文仍讲用刑。用刑治民"非彝"上下文都顺接，金履祥的"非彝"优于"辅成常教"或"辅其常性"。如果以"彝"通"常"，前文"棐常"还有其他解说，只是此句在伯夷降典之后，唐孔指伯夷所典之礼，是"常行之教"，汉孔的"辅成常教"还是可取的。只是与下文似有不顺，有收尾之感。两解皆通，可以并存。此句可以解释为：

---

① "自伯夷之典，迄皋陶之刑，制度文为之具也。自穆穆在上，明明在下，灼于四方，罔不惟德之勤，故乃明于刑之中，率乂于民棐彝，精神心术之运也。苟其无本，则前数条，不过卜祝、工役、农圃、胥史之事耳。"（宋）时澜：《增修东莱书说》卷三十四《周书·吕刑第二十九》，《钦定四库全书》本。

② "自伯夷之典，迄皋陶之刑，制度文为具矣。自穆穆明明至乂民棐彝则精神心术之运也。苟无其本，前数条，卜祝、工役、农夫、胥史之事耳。"（宋）胡士行：《尚书详解》卷十二《周书·吕刑第二十九》，《钦定四库全书》本。

于是士师中正用刑，以此整治不遵守常规典章之民。另一说：于是士师中正用刑，以此整治不从德化之民，辅助典礼之教。

（八）典狱非讫于威，惟讫于富

康熙《御制日讲书经解义》说此句及以下两句是指虞廷典狱能"与天合德"。① 此句笔者引证解说的有，汉孔，唐孔，宋人林之奇、吕祖谦、夏僎、黄度、胡士行、蔡沉、陈大猷，元人陈栎、朱祖义，明人孙继有，清帝康熙、清人朱鹤龄。

1. 典狱非讫于威

《尚书注疏》汉孔传解说为尧时"主狱"，"有威、有德、有恕"，非"绝"于威。唐孔疏说，尧时的典狱官，非"能止绝"于威，"有犯必当行威，威刑不可止"。唐孔疏解"讫"为"尽"，说，所以汉孔传"以讫为绝"，由于不可能使民不犯，因此，非"绝"于威。"有威、有德、有恕"，唐孔疏解为"有威严，有德行，有恕心"，并举例说明，有犯罪必罪之，是有威，无罪则赦之，是有德。行之不受货赂是恕心。此指下文"讫于富"。② 宋人夏僎《尚书详解》认为这是吕侯呼当时典狱之官而戒之，凡典狱，有罪当诛，必当行威，并非要"断绝刑威"。③ 近似唐孔。宋人胡士行《胡氏尚书详解》引夏僎。④

---

① "此一节书是言虞廷典狱能与天合德也。"《日讲书经解义》卷十三《吕刑》，《钦定四库全书》本。
② 传，"言尧时主狱有威、有德、有恕，非绝于威"。疏，"尧时典狱之官，非能止绝于威，有犯必当行威，威刑不可止也"。"尧时主狱之官有威严，有德行，有恕心。有犯罪必罪之，是有威也；无罪则赦之，是有德也。有威、有德、有恕心，行之不受货赂，是恕心也。讫，是尽也。故传以讫为绝，不可能使民不犯，非绝于威。"（汉）孔氏传、（唐）陆德明音义、（唐）孔颖达疏《尚书注疏》卷十八《周书·吕刑》，《钦定四库全书》本。
③ "盖此乃吕侯呼当时典狱之官，戒之曰，凡典狱者，有罪当诛，必当行威，非欲其断绝刑威也。"（宋）夏僎：《尚书详解》卷二十五《吕刑》，《钦定四库全书》本。
④ "夏云，有罪当诛，威不可废，非欲断绝之也。"（宋）胡士行：《尚书详解》卷十二《周书·吕刑第二十九》，《钦定四库全书》本。

宋人陈大猷《书集传或问》论证认同汉孔，将典狱"作尧时典狱之臣"。① 宋人夏僎《尚书详解》认为是，吕侯上文既然已经陈述帝尧对于用刑之事"详审仁恕"，于是就呼典狱者而戒之。夏僎不认同二孔将此典狱视为帝尧时的典狱官。② 元人陈栎《书集传纂疏》也不认同，说，孔氏以为是说"尧时典狱"，帝世哪有"鬻狱"？③

以上是此段的解说。"讫"为"绝"，汉孔解为"非绝于威"，唐孔指为"有犯必当行威，威刑不可止"。夏僎解为"非欲其断绝刑威"。

2. 惟讫于富

《尚书注疏》汉孔传解"惟绝于富"为"世治货赂不行"。唐孔疏说，能"止绝"于富。"受货"之后才能"得富"，而"无货富自绝"，指当时"世治"，"货赂不行"。又进一步说，"惟绝于富"，是"能使不受货赂"。以恕心行之，世治而货赂不行，所以狱官"无得富者"。④ 宋人夏僎《尚书详解》解说，只是"断绝受货以求富"。受货求富，就会"以财变狱"，枉直不分，而"无辜者众"。夏僎认同张九成的评论。⑤ 近似唐孔。

---

① "或问，典狱非讫于威，诸家多以为戒当时典狱，何也，曰此一意乃举古训以示训。至后章嗟司政典狱而下，方是戒当时之臣，文义甚明。故从孔氏作尧时典狱之臣，兼克天德而作元命，亦非当时之臣所能及。"（宋）陈大猷：《书集传或问》卷下《吕刑》，《钦定四库全书》本。
② "吕侯上既陈帝尧详审仁恕于用刑之事，故此遂呼凡典狱者而戒之也。二孔乃以此典狱为尧时典狱之官，谓尧时典狱之官，非能止绝于威，惟能止绝于富，遂连属此一段，皆为尧时典狱者之所为，如此，则是吕侯直叙尧事无教化于其间，非所以训饬于人也。不敢以为然。"（宋）夏僎：《尚书详解》卷二十五《吕刑》，《钦定四库全书》本。
③ "按，此一节孔氏以为言尧时典狱者，帝世安有鬻狱。"（元）陈栎：《书集传纂疏》卷六，《钦定四库全书》本。
④ 传，"惟绝于富，世治货赂不行"。疏，"惟能止绝于富，受货然后得富，无货富自绝矣，言于时世治，货赂不行"。"能使不受货赂，惟绝于富，言以恕心行之，世治则货赂不行。故狱官无得富者。"（汉）孔氏传、（唐）陆德明音义、（唐）孔颖达疏《尚书注疏》卷十八《周书·吕刑》，《钦定四库全书》本。
⑤ "惟在断绝受货以求富也。盖受货求富，则以财变狱，枉直不分而无辜者众，此所以惟欲止绝于富也。无垢谓，穆王之时衰弊可知，以贿赂为心者，乃市井之徒也，安可为朝廷之卿士。今穆王命太仆正曰，惟货其吉；戒司政典狱曰，庶威夺货；戒有邦有土曰，惟货、惟来；戒百官族姓曰，狱货非宝。今又戒典狱者曰，惟讫于富。则当时风俗可知。此论甚高。"（宋）夏僎：《尚书详解》卷二十五《吕刑》，《钦定四库全书》本。

宋人胡士行《胡氏尚书详解》引夏僎。①

以上是此段的解说。汉孔解为"世治货赂不行"。唐孔解为"能使不受货赂"。张九成、夏僎解为"断绝受货以求富"。以下是整句连解，有多解：

据宋人时澜《增修东莱书说》，吕祖谦解说，穆王在论"皋陶之刑"，随即用此告诫"当时典狱之官"。典狱"不得行其公"，不过两端，非为威胁，即为利诱。"讫"是"不行"的意思。威不能屈，富不能淫，岂能"无道"。② 宋人胡士行《胡氏尚书详解》认为，刑狱不公，在于威胁利诱两端。帝尧时典狱却能"两绝之"，加以钦恤，参贯积累，而驯致其道。③ 明人刘三吾《书传会选》引宋人金履祥说，惟讫之。惟，与；讫，绝。说是唐虞之世典狱之官，"非但绝于威势之请托，与绝于货贿之赂遗"。④ 宋人蔡沉《书经集传》说：讫，尽；威，权势；富，贿赂。蔡沉认为，当时典狱之官，不仅能够"尽法于权势之家"，也能够"尽法于贿赂之人"，是指"不为威屈，不为利诱"。⑤ 康熙《御制日讲书经解义》解同蔡沉，并评论说，典狱之官，"不得其职"有二。有"惕于权势之威"，为其所胁；更甚的是有"贪于货贿之来"，为其所诱。这都是由于其心全无检束，全无畏惮，不能上体天心，而草菅生人之命。其祸固然已及人，却也将"自及"，不"克享有多福"。⑥

---

① 夏云，"惟欲断绝贿赂以求富耳"。（宋）胡士行：《尚书详解》卷十二《周书·吕刑第二十九》，《钦定四库全书》本。
② "穆王既论皋陶之刑矣，此所以戒当时典狱之官也。典狱不得行其公者，非为威胁，即为利诱，不过两端而已。讫者，不行之谓也。威不能屈，富不能淫，岂无道乎。"（宋）时澜：《增修东莱书说》卷三十四《周书·吕刑第二十九》，《钦定四库全书》本。
③ "狱之不公，威胁利诱两端而已。尧时典狱惟能两绝之，而加以钦恤，参贯积累，驯致其道。"（宋）胡士行：《尚书详解》卷十二《周书·吕刑第二十九》，《钦定四库全书》本。
④ "仁山金氏曰，惟讫之，惟与也，讫绝也。谓唐虞之世典狱之官，非但绝于威势之请托，与绝于货贿之赂遗而已。"（明）刘三吾：《书传会选》卷六《吕刑》，《钦定四库全书》本。
⑤ "讫，尽也。威，权势也。富，贿赂也。当时典狱之官，非惟得尽法于权势之家，亦惟得尽法于贿赂之人，言不为威屈，不为利诱也。"（宋）蔡沉：《书经集传》卷六《吕刑》，《钦定四库全书》本。
⑥ "讫，尽也。威，权势也。富，贿赂也。""穆王曰，典狱之官，所以不得其职者有二，有惕于权势之威，为其所胁者；又其甚则有贪于货贿之来，为其（转下页注）

以上为一解，吕祖谦指典狱"不得行其公"，不过两端，非为威胁，即为利诱。"讫"是"不行"的意思。胡士行解为"刑狱不公，威胁利诱两端"，"两绝之"。金履祥解为"非但绝于威势之请托，亦绝于货贿之赂遗"。蔡沉解为不仅"尽法于权势之家"，也"尽法于贿赂之人"。

　　宋人林之奇《尚书全解》说是指，典狱之吏，不是要"诛杀以立威"，就是要"纳贿以致富"，就如苗民之臣，所说的"庶威"就是"讫于威"，所说的"夺货"就是"讫于货"。在林之奇看来，威，货，都是狱吏的常态。如汉唐之世，所说的酷吏，既"峻于诛杀"，使天下之人侧足而立，又"大纳货贿"，赃污狼藉，以为奸伪。① 宋人陈经《陈氏尚书详解》说，"惟帝尧之君臣，有不忍用刑之意，故当时之为典狱者，皆重其事而不敢以轻视之"。威者，倚法以为虐。富者，依势以取货。此二者皆私心也。当之典狱，要不是"绝止其威"，就是"绝止其富"。二者"不可有一"。② 元人朱祖义《尚书句解》解说，并非只是"讫其倚法为虐之威"，还"绝其依势取货之富"。③ 清人朱鹤龄《尚书埤传》引元人王纲振，认为"讫"字当依《商书》"讫我殷民"解。威富二者"尽断绝"。讫，绝，是说，当绝"威虐之事"与"货赂之门"。④

（接上页注⑥）所诱者。此皆由其心全无检束，全无畏惮，不能上体天心，而草菅生人之命。其祸固已及人，而亦将自及，不克享有多福也。惟虞廷皋陶之典狱，非但得尽法于权势之家，而不为威屈；亦惟得尽法于贿赂之人，而不为利回。"《日讲书经解义》卷十三《吕刑》，《钦定四库全书》本。

① "典狱非讫于威，惟讫于富，言凡典狱之吏，非欲诛杀以立威，则欲纳贿以致富，若苗民之臣，所谓庶威者，讫于威也。所谓夺货者，讫于货也。威者，货者，此皆狱吏之常态。如汉唐之世，所谓酷吏者，既峻于诛杀，使天下之人侧足而立。于是，大纳货贿，赃污狼藉，以为奸伪。"（宋）林之奇：《尚书全解》卷三十九《吕刑·周书》，《钦定四库全书》本。

② "惟帝尧之君臣，有不忍用刑之意，故当时之为典狱者，皆重其事而不敢以轻视之。威者，倚法以为虐也。富者，依势以取货者也。此二者皆私心也。当之典狱，若非绝止其威，则绝止其富。二者皆不可有一。"（宋）陈经：《尚书详解》卷四十七《周书·吕刑》，《钦定四库全书》本。

③ "非特讫其倚法为虐之威。""又惟绝其依势取货之富。"（元）朱祖义：《尚书句解》卷十二《吕刑第二十九》，《钦定四库全书》本。

④ "王纲振曰，讫字当依《商书》'讫我殷民'解。谓威富二者尽断绝也。讫绝也，言当绝威虐之事与货赂之门。"（清）朱鹤龄：《尚书埤传》卷十五《周书·吕刑》，《钦定四库全书》本。

以上为一解，林之奇指"诛杀以立威"，"纳贿以致富"，是狱吏的常态。陈经指，威者倚法以为虐，富者依势以取货，二者"不可有一"。朱祖义指"讫其倚法为虐之威"，"绝其依势取货之富"。朱鹤龄指"当绝威虐之事与货赂之门"。

以下又有三解。宋人苏轼《书传》解说，"讫"为"尽"，"威"指"贵有势者"，认为，"乘富贵之势"以为奸，不可以不"尽法"。因此非"尽于威"，则"尽于富"，其余"贫贱"的，则"容有所不尽"。① 宋人黄度《尚书说》解说，讫为竟，富为厚。黄度认为是，典狱"非竟于威虐，惟竟于忠厚"。② 《钦定书经传说汇纂》引明人孙继有说，讫，法之"内"一毫不"以意轻"；法之"外"一毫不"以意重"。轻重"各如其法"而止，称为"讫"。③

3. 叙评

论者对此句的实词、虚词以及行为的主体和对象均有不同理解，而产生多解，主要有三解，论者较多。一解，"非绝于威"，"世治货赂不行"，被指为"有犯必当行威，威刑不可止"，"能使不受货赂"；或"非欲其断绝刑威"，"断绝受货以求富"。一解，或称典狱"不得行其公"不过两端，非为威胁，即为利诱，"讫"为"不行"之意；或称"刑狱不公，威胁利诱两端"，"两绝之"；或称"非但绝于威势之请托，亦绝于货贿之赂遗"；或称不仅"尽法于权势之家"，也"尽法于贿赂之人"。一解，或称"诛杀以立威"，"纳贿以致富"，是狱吏的常态；或称威者倚法以为虐，富者依势以取货，二者不可有一；或称"讫其倚法为虐之威"，"绝其依势取货之富"；或称"当绝威虐之事与货赂之门"。

另有三解，仅为个论。一解称，"乘富贵之势"为奸，不可以不"尽

---

① "讫，尽也。威，贵有势者，乘富贵之势以为奸，不可以不尽法。非尽于威，则尽于富，其余贫贱者，则容有所不尽也。"（宋）苏轼：《书传》卷十九《周书·吕刑》，《钦定四库全书》本。

② "讫，竟也。富，厚也。尧之典狱，非竟于威虐，惟竟于忠厚。"（宋）黄度：《尚书说》卷七《周书·吕刑》，《钦定四库全书》本。

③ "孙氏继有曰，讫者，法之内一毫不以意轻；法之外一毫不以意重。轻重各如其法而止，所谓讫也。"《钦定书经传说汇纂》卷二十一，《钦定四库全书》本。

法";"贫贱"的"容有所不尽"。一解,"讫"为"竟","富"为"厚",称"典狱非竟于威虐,惟竟于忠厚"。一解称,法内一毫不以意轻,法外一毫不以意重。轻重各如其法为"讫"。

笔者以为,后面三解,或与《吕刑》的宗旨以及文义不符,或是表达不清。前面三解,"惟讫于富"的区别不大,都指货赂,仅有受贿或索贿之分,似乎不必深究,均可采用。"非讫于威",则有较大差异,"有犯必当行威"、"当绝威虐之事"、"绝于威势之请托",对威德理解完全不同。在本句中,三解均可称通顺。而放于全文,则有优劣。《吕刑》并非强调"威刑",因此,此解稍逊。要是考虑前文苗民之鉴,朱鹤龄"当绝威虐之事"之解稍优。而考虑后文"五过之疵",金履祥"绝于威势之请托"之解稍优。两解似可合说。穆王对典狱的训诫在后文,此处显然是讲述唐虞之事,汉孔解为帝尧,而尧舜之争已见前述。因此,此句可以解说为:

帝舜的典狱之官不仅拒绝威势请托,杜绝威虐,而且拒绝行贿,杜绝受贿。

(九) 敬忌,罔有择言在身

此句笔者引证解说的有,汉孔,唐孔,宋人苏轼、夏僎、黄度、蔡沉、黄度,元人朱祖义,清帝康熙。

1. 敬忌

《尚书注疏》汉孔传解"敬"为"典狱皆能敬其职","忌"为"忌其过"。唐孔疏说典狱之官,"皆能敬其职事,忌其过失"。①宋人苏轼《书传》解为"修其敬畏"。②宋人夏僎《尚书详解》解为:典狱不当绝威,就是"汝所当敬而用之者";富不可不绝,就是"汝所当忌而不

---

① 传,"尧时典狱皆能敬其职,忌其过"。疏,"尧时典狱之官,皆能敬其职事,忌其过失"。(汉)孔氏传、(唐)陆德明音义、(唐)孔颖达疏《尚书注疏》卷十八《周书·吕刑》,《钦定四库全书》本。
② "修其敬畏。"(宋)苏轼:《书传》卷十九《周书·吕刑第二十九》,《钦定四库全书》本。

用"。① 宋人黄度《尚书说》解忌为戒。② 宋人蔡沉《书经集传》说是，"敬忌之至"。③ 宋人陈经《陈氏尚书详解》说，在绝其威，绝其富之后，就要用心敬忌。敬就"有所谨重"，而不敢轻忽；忌就"有所畏"而不敢怠慢。④ 元人朱祖义《尚书句解》解说为，无不"致敬于刑之当"，因而"深忌于刑之所不可用"。⑤ 康熙《御制日讲书经解义》说：心常敬谨，而"无一毫之或欺"；常畏忌，而"无一息之敢纵"。⑥

以上是此段解说。"敬"，汉孔解为"敬其职"，苏轼解为"修其敬畏"，陈经解为"有所谨重而不敢轻忽"，康熙解为"心常敬谨而无一毫之或欺"。"忌"，汉孔解为"忌其过"，唐孔解为"忌其过失"，黄度解为"戒"，陈经解为"有所畏而不敢慢"，康熙解为"常畏忌而无一息之敢纵"。

2. 罔有择言在身

《尚书注疏》汉孔传解"择言"为"可择之言"。唐孔疏仅转述而已。⑦ 宋人黄度《尚书说》接上文说，敬戒，无可择之言于其身，同汉孔。⑧ 宋人胡士行《胡氏尚书详解》说，言行粹精，无过可择。⑨ 元人朱

---

① "既言典狱不当绝威，又明告之曰，威不当绝，则是汝所当敬而用之者也。富不可不绝，则是汝所当忌而不用者也。"（宋）夏僎：《尚书详解》卷二十五《吕刑》，《钦定四库全书》本。
② "忌，犹戒也。"（宋）黄度：《尚书说》卷七《周书·吕刑》，《钦定四库全书》本。
③ "敬忌之至。"（宋）蔡沉：《书经集传》卷六《吕刑》，《钦定四库全书》本。
④ "既绝其威，又绝其富，则用心果安在，惟敬惟忌而已。敬则有所谨重，而不敢轻忽；忌则有所畏而不敢慢。"（宋）陈经：《尚书详解》卷四十七《周书·吕刑》，《钦定四库全书》本。
⑤ "莫不致敬于刑之当，用深忌于刑之所不可用。"（元）朱祖义：《尚书句解》卷十二《吕刑第二十九》，《钦定四库全书》本。
⑥ "其心常敬谨，而无一毫之或欺；常畏忌，而无一息之敢纵。"《日讲书经解义》卷十三《吕刑》，《钦定四库全书》本。
⑦ 传，"故无有可择之言在其身"。疏，"无有可择之言在于其身"。（汉）孔氏传、（唐）陆德明音义、（唐）孔颖达疏《尚书注疏》卷十八《周书·吕刑》，《钦定四库全书》本。
⑧ "敬戒无可择之言于其身。"（宋）黄度：《尚书说》卷七《周书·吕刑》，《钦定四库全书》本。
⑨ "言行粹精，无过可择。"（宋）胡士行：《尚书详解》卷十二《周书·吕刑第二十九》，《钦定四库全书》本。

祖义《尚书句解》接上文解说，然后，片言所折，纯是无"非"，纯得无"失"，一身浑然，无"非、失"可"决择"。①

宋人苏轼《书传》解此段为"口无择言、身无择行之人"。评论说，至于口无择言，这是盛德之士。何以"贵之于"典狱？狱，被指为贱事，而圣人却尽心。其德入人之深，能动天地、感鬼神的，没有"大于"狱的。于是"盛德之士"都"屑为之"。皋陶已经久远，"莫得其详"。而如汉张释之、于定国，唐徐有功，民皆"自以为"不冤。其"不信之信"，"几于"圣与仁，岂非口无择言、身无择行之人。② 宋人陈经《陈氏尚书详解》说，凡人言语"有可择"，就一定是"是非之不纯"。言至于无择，那么"其德之纯一可见"。这就是"天德"。③ 宋人蔡沉《书经集传》认为是，大公至正，而纯天德，"无毫发不可举以示人"。④ 康熙《御制日讲书经解义》说，听断之间，至虚至明，"在躬无一不可以告人"，有不必择而后言。"其德之无私"至于如此。⑤

以上是此段的解说。概言之，"择言"，汉孔解为"可择之言"，胡士行解为"言行粹精，无过可择"，朱祖义解为"无非、失可决择"，蔡沉解为"无毫发不可举以示人"，康熙解为"在躬无一不可以告人有不必择而后言"，苏轼解为"口无择言、身无择行之人"。

以下是此句评论。宋人林之奇《尚书全解》说，只有"敬之畏之"，才会有"无可择之言"在于其身。子曰，片言可以折狱者，其由也欤。子路无宿诺者，以其口无择言故也。无择言，就要"必敬必畏"。例举

---

① "然后片言所折，纯是无非，纯得无失，一身浑然，无非失可决择。"（元）朱祖义：《尚书句解》卷十二《吕刑第二十九》，《钦定四库全书》本。

② "至于口无择言，此盛德之士也。何以贵之于典狱，曰狱，贱事也，而圣人尽心焉。其德入人之深，动天地，感鬼神，无大于狱者。故盛德之士皆屑为之。皋陶远矣，莫得其详。如汉张释之、于定国、唐徐有功，民皆自以为不冤。其不信之信，几于圣与仁者，岂非口无择言、身无择行之人哉。"（宋）苏轼：《书传》卷十九《周书·吕刑第二十九》，《钦定四库全书》本。

③ "凡人言语有可择，则必其是非之不纯者也。言至于无择，则其德之纯一可见。此即天德也。"（宋）陈经：《尚书详解》卷四十七《周书·吕刑》，《钦定四库全书》本。

④ "无有择言在身，大公至正，纯乎天德，无毫发不可举以示人者。"（宋）蔡沉：《书经集传》卷六《吕刑》，《钦定四库全书》本。

⑤ "听断之间，至虚至明，在躬无一不可以告人，有不必择而后言者。其德之无私至于如此。"《日讲书经解义》卷十三《吕刑》，《钦定四库全书》本。

《论语》子路片言折狱。① 据宋人时澜《增修东莱书说》，吕祖谦说，"一日敬忌"，哪能就罔有择言在身，只有"敬忌之笃"，参贯积累，驯致其道，达到"言行无择"的程度，然后能"造乎天德"。没有谈及"行"是"举一以包之"。② 宋人夏僎《尚书详解》说，所当敬者能敬之，所当忌者能忌之，"使汝行之于身"，都可以"言之于口"，而不必"择而后言"。③

3. 叙评

此句解说主要是"敬"、"忌"和"择言"三个字词。"敬"，有"敬其职"、"有所谨重而不敢轻忽"、"心常敬谨而无一毫之或欺"等解。"忌"，有"忌其过"、"忌其过失"、"戒"、"有所畏而不敢慢"、"常畏忌而无一息之敢纵"等解。两字连解"修其敬畏"。"择言"，有"可择之言"，"言行粹精，无过可择"，"无非、失可决择"，"无毫发不可举以示人"，"在躬无一不可以告人，有不必择而后言"等解。另有"口无择言、身无择行之人"之解。

笔者以为，"敬"、"忌"并无歧义，只是行文之别，可择优而取。"敬"可采汉孔"敬其职"及陈经"有所谨重而不敢轻忽"之解。"忌"可采陈经"有所畏而不敢慢"之解。此句叙事而非指人，苏轼"口无择言、身无择行之人"似乎与文义不符。他解视觉角度有所不同，有些解说文义不明，其中胡士行"言行粹精，无过可择"之解较为通常明了。因此，此句可以解说为：

敬谨其职，有所畏惧，不敢轻忽怠慢，言行纯洁真诚，没有过失可以挑剔。

---

① "惟敬之畏之者，则无可择之言在于其身。子曰，片言可以折狱者，其由也欤。子路无宿诺者，以其口无择言故也。无择言者，必敬必畏焉。"（宋）林之奇：《尚书全解》卷三十九《吕刑·周书》，《钦定四库全书》本。

② "敬忌，罔有择言在身，示之，以进乎此者之目也。一日敬忌，岂遽能罔有择言在身，惟敬忌之笃，参贯积累，驯致其道，至于言行无择之地，然后能造乎天德矣。不言行者，举一以包之也。"（宋）时澜：《增修东莱书说》卷三十四《周书·吕刑第二十九》，《钦定四库全书》本。

③ "汝于此，所当敬者能敬之，所当忌者，能忌之，使汝行之于身者，皆可言之于口，不必择而后言。"（宋）夏僎：《尚书详解》卷二十五《吕刑》，《钦定四库全书》本。

（十）惟克天德，自作元命，配享在下

此句笔者引证解说的有，汉孔，唐孔，宋人苏轼、林之奇、吕祖谦、夏僎、金履祥、胡士行、陈经，元人朱祖义，清帝康熙、清人朱鹤龄。

1. 惟克天德

《尚书注疏》汉孔传解"克"为"能"，即"惟能天德"。并称是指内容，"明于刑之中"，"无择言在身"。唐孔疏说，"天德平均"，能为天之德，指，尧德化之深，在当时，典狱之官，"皆能贤"。又说，是指"能效天"为德，天德平均，狱官"效天"为平均。唐孔认为，凡能"明于刑之中正"，又能"使无可择之言在身"，此人必能为天平均之德，断狱必平。①

宋人夏僎《尚书详解》解释说，如此，"汝之所为"，浑然粹美，无瑕可指矣，不就是"与天合其德"。大概是说，"天之德仁于万物"。典狱者，能敬能忌，那么，其心仁恕慈祥，可想而知。这就是能与天合德的缘故。② 宋人陈经《陈氏尚书详解》说，天德，无私。"威富之念"绝于其外，"敬忌之诚"存于其中，这就是"无私之天德"。③ 元人朱祖义《尚书句解》说，能体"无私之天德"。④

以上是此段的解说。"克"，孔传解为"能"。"天德"，唐孔解为"能效天为德"；夏僎解为"浑然粹美，无瑕可指"，"与天合其德"；陈经解为"无私"，朱祖义同解。

---

① 传，"凡明于刑之中，无择言在身，必是惟能天德"。疏，"天德平均，惟能为天之德；言尧德化之深，于时，典狱之官，皆能贤也"。疏，"惟克天德，言能效天为德，当谓天德平均，狱官效天为平均。凡能明于刑之中正矣，又能使无可择之言在身者，此人必是惟能为天平均之德，断狱必平矣"。（汉）孔氏传、（唐）陆德明音义、（唐）孔颖达疏《尚书注疏》卷十八《周书·吕刑》，《钦定四库全书》本。

② "如此，则汝之所为，浑然粹美，无瑕可指矣，岂不与天合其德乎。盖天之德仁于万物。今典狱者，能敬能忌，则其心仁恕慈祥，可想而知。此所以能与天合德也。"（宋）夏僎：《尚书详解》卷二十五《吕刑》，《钦定四库全书》本。

③ "天德，无私是也。威富之念绝于其外，而敬忌之诚存于其中，此非无私之天德何。"（宋）陈经：《尚书详解》卷四十七《周书·吕刑》，《钦定四库全书》本。

④ "是能体无私之天德。"（元）朱祖义：《尚书句解》卷十二《吕刑第二十九》，《钦定四库全书》本。

2. 自作元命

《尚书注疏》汉孔传解"作"为"为","元命"为"大命"。唐孔疏说,"志性平均,自为长久大命";引郑玄,大命,指延期长久。认为,若能断狱平均,"必寿"长久大命。自为大命,是指大命由己而来。① 宋人夏僎《尚书详解》说,既然能与天合德,那么,天与之以"善命",并非"私于我",实在是"我自有以招之"。② 元人朱祖义《尚书句解》说,明"死生寿夭"之命,上天"以是而制生人之大命",不在天而"在我之自作"。③ 清人朱鹤龄《尚书埤传》说,元命,注疏皆以称为"寿命"。《蔡传》无明解。引宋人金履祥说:"狱者,民之司命,天之所托,生杀予夺,上与天对。此说最佳,所谓代天讨也。"④

以上是此段的解说。概言之,"元命",汉孔解为"大命",唐孔解为"必寿长久大命",夏僎解为"善命",朱祖义解为"死生寿夭之命"。"自作",汉孔解为"自为",唐孔解为"由己而来",夏僎解为"我自有以招之",朱祖义解为"在我之自作"。金履祥、朱鹤龄解为"民之司命,天之所托,生杀予夺,上与天对","代天讨"。

3. 配享在下

《尚书注疏》汉孔传解为"配享天意在于天下",加"天意"二字,解"下"为"天下"。唐孔疏,训"享"为"当",改汉孔的"天意"为

---

① 传,"自为大命"。疏,"志性平均,自为长久大命"。"郑云,大命谓延期长久也。""皇天无亲,惟德是辅。若能断狱平均者,必寿长久大命,大命由己而来,是自为大命。"(汉)孔氏传、(唐)陆德明音义、(唐)孔颖达疏《尚书注疏》卷十八《周书·吕刑》,《钦定四库全书》本。

② "既能与天合德,则天与之以善命者,岂私于我哉。实我自有以招之也。故谓之自作元命。"(宋)夏僎:《尚书详解》卷二十五《吕刑》,《钦定四库全书》本。

③ "明死生寿夭之命,乃上天以是而制生人之大命者,不在天而在我之自作。"(元)朱祖义:《尚书句解》卷十二《吕刑第二十九》,《钦定四库全书》本。

④ "按,元命,注疏皆以寿命言。《蔡传》无明解。惟金吉甫云,狱者,民之司命,天之所托,生杀予夺,上与天对。此说最佳,所谓代天讨也。"(清)朱鹤龄:《尚书埤传》卷十五《周书·吕刑》,《钦定四库全书》本。

"天命"。① 宋人夏僎《尚书详解》说，如此，则典狱之官，"身虽在下"，而"仰"有以合乎天之德，如同"配天其泽"的意思；"默"有以当其意，如同"克享天心"的意思。②

以上是此段的解说。概言之，"配享"，汉孔解为"配享天意"，唐孔解为"配享天命"，夏僎解为"配天其泽"。"在下"，汉孔解为"在于天下"。

以下是"自作元命，配享在下"的连解。据宋人时澜《增修东莱书说》，吕祖谦指说，元命，"天之休命"。"刑辟之命"而称"元"，是指"用刑之本心"。称"自作"，是"既造天德"，那么，轻重上下，无非天理，而天不在外。"用刑至是"，也就"祈天永命"，功在王室。"祭于大烝"，配于无穷。在下是"对天之辞"。吕祖谦认为，穆王为使典狱"免于威富之两患"，"必极言之"。至于天德，并非容易。③

宋人陈经《陈氏尚书详解》说，"死生寿夭之命"，上天用以"制斯人"。而今，典狱之臣，"德与天为一"，那么"制生人之大命"，"不在天而在我"，不就是"在下"而"与上天为配合"。天能制人之大命，典狱也能制人之大命，这就叫作"自作元命，配享在下"。④

以上是"自作元命，配享在下"的连解。概言之，吕祖谦认为"天之休命"，"祈天永命，功在王室；陈经称"与上天为配合"，天能制人之

---

① 传，"配享天意在于天下"。疏，"配当天意在于天下"。"享，训当也，是此人能配当天命在于天之下。"（汉）孔氏传、（唐）陆德明音义、（唐）孔颖达疏《尚书注疏》卷十八《周书·吕刑》，《钦定四库全书》本。
② "如此，则典狱之官，身虽在下，而仰有以合乎天之德，如所谓配天其泽；默有以当其意，如所谓克享天心，则谓之配享在下。岂不信然。"（宋）夏僎：《尚书详解》卷二十五《吕刑》，《钦定四库全书》本。
③ "元命，天之休命也。刑辟之命，而曰元，指用刑之本心也。曰自作者，既造天德，则轻重上下，无非天理，而天不在外也。用刑至是，则祈天永命，功在王室。祭于大烝，配于无穷。在下者，对天之辞也。穆王将使典狱者免于威富之两患，必极言之。至于天德，则岂易乎哉。"（宋）时澜：《增修东莱书说》卷三十四《周书·吕刑第二十九》，《钦定四库全书》本。
④ "死生寿夭之命，乃上天以是而制斯人者也。今也，典狱之臣，德与天为一，则所以制生人之大命者，不在天而在我矣，岂非在下而与上天为配合乎。天能制人之大命，而典狱者亦能制人之大命，是之谓自作元命，配享在下。"（宋）陈经：《尚书详解》卷四十七《周书·吕刑》，《钦定四库全书》本。

大命，典狱也能制人之大命。

此句，宋人苏轼《书传》解为，"与天合德"，其子孙必有"兴"。汉杨赐在"辞廷尉之命"时说，"三后成功，惟殷于民，皋陶不与"，大概是"吝之"。对此苏轼指为"此俗儒妄论"，而竟有人"然之"，"不可以不辨"，说，《书》指称"惟克天德自作元命"，"何吝之"。①

宋人林之奇《尚书全解》解说，敬畏就是天德。能有天德，就可以自作元命，"在下"而"配享于天"，于是，其子孙之兴，绵绵延延未艾。林之奇说，"自作元命"与"自贻哲命"含义相同，是指命之所以延久不替，没有不是自己求之。并例举说明。②

宋人胡士行《胡氏尚书详解》接上句说，于是就德与天合，"命自我作"，轻重上下，"无非天理"，即使"在下"，却可上"当天心"以配之。并引吕祖谦，刑可祈天命，功在王室，祭于大烝，与享无穷。③ 宋人蔡沉《书经集传》解说，"天德在我"，于是大命"自我作"，而后配享在下。在下，是对天之辞。认为，大概只有典狱"用刑之极功"，而至于"与天为一"才能如此。④ 宋人黄度《尚书说》说，惟克天德，故能"自作元命"，

---

① "若斯人者，将与天合德，子孙其必有兴者，非自作元命，配享在下而何。汉杨赐辞廷尉之命曰，三后成功，惟殷于民，皋陶不与焉，盖吝之也。《书》盖以为惟克天德自作元命者，何吝之。有此俗儒妄论也，或然之。不可不辨。"（宋）苏轼：《书传》卷十九《周书·吕刑第二十九》，《钦定四库全书》本。
② "敬畏者，天之德也。能有天德，则可以自作元命，在下而配享于天。故其子孙之兴，绵绵延延而未艾。自作元命与自贻哲命同，言命之所以延久而不替者，无不自己求之而已矣。魏高允曰，皋陶至德也，其后英蓼先灭，刘项之际英布黥而王。经世虽久，犹有刑之余衅，况凡人能无咎乎。敬畏者，孰若皋陶，而乃以为有余殃延及其后裔，则是典刑者，冤滥之报，虽皋陶犹不免也。夫自作元命，则皋陶之后必有兴者，允之言。非也。汉于公其门闾坏，父老方共治之，于公曰，少高大门闾，令容驷马高盖车，我治狱多阴德，子孙必有兴者。其后，果子为丞相，孙为御史大夫，封侯传世焉。此正所谓自作元命者，于公且然，而况皋陶乎。如张汤杜周，列于酷吏，而其子孙爵位尊显，与汉始终。此又有幸不幸于其间，不可以常理论也。"（宋）林之奇：《尚书全解》卷三十九《吕刑·周书》，《钦定四库全书》本。
③ "则德与天合，命自我作。轻重上下，无非天理。虽在下，而可上当天心，以配之矣。""吕云，刑可祈天命，则功在王室，祭于大烝，与享无穷矣。"（宋）胡士行：《尚书详解》卷十二《周书·吕刑第二十九》，《钦定四库全书》本。
④ "天德在我，则大命自我作，而配享在下矣。在下者，对天之辞。盖惟典狱用刑之极功，而至于与天为一者如此。"（宋）蔡沉：《书经集传》卷六《吕刑》，《钦定四库全书》本。

"配天"而"享其福禄",例举说,禹、稷"有天下",夷、皋"有国"。①

康熙《御制日讲书经解义》说,元命,大命。只有"天德无私",才能制人死生之大命。现今典狱,也是无私就为"能克天德",那么,死生人之大命,就不在天而"在我"。"德自我克,命自我作",即使"在下",不也可以"配享于天"。②

宋人陈经《陈氏尚书详解》例举皋陶之刑、苏公之刑、穆王之刑,对"德与天为一"作长篇评论,说是,"天下之所感化"在刑,"王国之所长久"在刑,"人君之所以享福"在刑,岂止"制生人之命"。后世刑只用为"惨酷杀戮"之具,因此"举而付之"庸常之人,"其视古人有间"。③ 元人王充耘《读书管见》对此句也作综合评论。诸家都从"典狱之人言之",然而"元命",是指"国命",与《尚书·周书·多士》"厥惟废元命"的含义相同。配享在下,是说人君"享国与天相配",与《尚书·商书·太甲》"克配上帝"、《尚书·周书·多士》"配天其泽"之意相同。大概是说所用典狱之人"能敬忌之至","用刑悉无冤滥",那就是"人君德与天合"。而"自作元命",《尚书·周书·召诰》说的是"自贻哲命",可以长治久安,而"配享在下"。这就是《尚书·周书·立政》司寇苏公"式敬尔由狱,以长我王国"一语的意思。④

---

① "惟克天德,故能自作元命,配天而享其福禄,禹稷有天下,夷皋有国。"(宋)黄度:《尚书说》卷七《周书·吕刑》,《钦定四库全书》本。

② "元命,大命也。""夫惟天德无私,能制人死生之大命。今典狱者,亦无私则为能克天德,而死生人之大命,乃不在天而在我矣。德自我克,命自我作,则虽在下,而岂不可配享于天哉。"《日讲书经解义》卷十三《吕刑》,《钦定四库全书》本。

③ "呜呼,敬忌,罔有择言在身,惟克天德,此盛德事也,曾谓一典狱之有司,而足以尽之乎。盖狱重事也,古人以动天地,感鬼神者,莫不在此。自非德与天为一者,不可以居此之任。吾观皋陶之刑,至于四方风动,惟乃之休;苏公之刑,式敬由狱,以长我王国;穆王之刑,至于一人有庆,兆民赖之,则天下之所感化者在刑;王国之所长久者在刑;人君之所以享福者在刑;则岂惟特制生人之命而已哉。自非惟克天德之士,安足以语此哉。后世惟以刑为惨酷杀戮之具,故举而付之庸常之人,其视古人有间矣。"(宋)陈经:《尚书详解》卷四十七《周书·吕刑》,《钦定四库全书》本。

④ "诸家皆自典狱之人言之,然谓之元命,是国命,与厥惟废元命同。谓之配享在下,是又言人君享国与天相配,与克配上帝,配天其泽之意同,盖谓所用典狱之人能敬忌之至,用刑悉无冤滥,则是人君德与天合。而自作元命,犹云自贻哲命,可以长治久安,而配享在下矣。此即司寇苏公'式敬尔由狱,以长我王国'之意耳。"(元)王充耘:《读书管见》卷下《吕刑》,《钦定四库全书》本。

以上是此句的解说，多为评论。摘其要言，"惟克天德"，苏轼解为"与天合德"，王充耘解为"人君德与天合"。"自作元命"，王充耘解为"国命"，康熙解为"死生人之大命"，"不在天而在我"。"配享在下"，苏轼解为"其子孙必有兴"，林之奇解为"配享于天"，"其子孙之兴，绵绵延延未艾"，黄度解为"配天而享其福禄"，王充耘解为"人君享国与天相配"。"在下"，蔡沉解为"对天之辞"。

对此句与上句，康熙《御制日讲书经解义》评论，说这是皋陶"用刑之极"，功能上合天心，民命"永赖之"。皋陶只是"理官"，而关联"亿兆之元命"。况且人君操生杀予夺之大柄，"元命所系属"，又百倍于理官。仰体天德，其要就是敬忌。所以《吕刑》"皋陶之敬忌"，《康诰》"文王之敬忌"，其义相同。①

4. 叙评

此句解说，"惟克天德"有三解。一解"与天合德"，或"人君德与天合"，或"与天合其德"，或"与上天为配合"。一解"能效天为德"。一解"能体无私之天德"。"自作元命"，也有三解。一解，"元命"，或"大命"，或"必寿长久大命"，或"死生寿夭之命"。"自作"，或"自为"，或"由己而来"，或"我自有以招之"，或"在我之自作"。一解，"国命"，或"天之休命"，"祈天永命，功在王室"。一解，或称"民之司命，天之所托，生杀予夺，上与天对"，而"代天讨"，或称天能制人之大命，典狱也能制人之大命，或称"死生人之大命"，"不在天而在我"。"配享在下"，也有三解。一解，或"配享天意"，或"配享天命"，或"配天其泽"，或"配天而享其福禄"。"在下"，或"在于天下"，或"对天之辞"。一解，"其子孙必有兴"，或"配享于天"，"其子孙之兴，绵绵延延未艾"。一解，"人君享国与天

---

① "此皋陶用刑之极，功能上合天心，而民命其永赖之矣。按，皋陶特理官耳，而亿兆之元命系焉。况人君操生杀予夺之大柄，则元命所系属，又百倍于理官。其仰体天德者，正在于此。而其要亦无他，惟敬忌而已。故《吕刑》言皋陶之敬忌，而《康诰》言文王之敬忌。其义一也。"《日讲书经解义》卷十三《吕刑》，《钦定四库全书》本。

相配"。

　　笔者以为，"惟克天德"有三解仅是行文或视觉角度的不同，没有大的差异。关键是"自作元命"三解，分歧较大。而"配享在下"三解也与之相应。大命或寿命之解似乎指向不明。而其余两解均可适用。上句陈述典狱官用刑，似乎尚未完结，此句收尾应为顺接，而用刑得当与否，又事关国运。因此，两解可以合说。"配享在下"三解，按照西周的天命观，要随时施行德政，才能保有天命，这也是穆王改刑，训诫诸侯的用意所在。"其子孙必有兴"之解未必符合文义。其余两解选优采用。

　　"惟克天德"可取陈经"无私"之解及苏轼"与天合德"之解。"自作元命"，可采康熙的"死生人之大命"，金履祥的"天之所托，生杀予夺，上与天对"，朱鹤龄的"代天讨"。"配享在下"，取唐孔的"配享天命"。因此，此句可以解说为：

　　能心存无私，与天合德，人之生死，上天所托，生杀予夺，符合天意，代天讨罚，配享天命。

四
天牧

宋人林之奇《尚书全解》认为，此皆略举上文之意。① 宋人苏轼《书传》认为此节是指"当以伯夷为监，苗民为戒"。② 宋人陈经《陈氏尚书详解》认为，伯夷之刑不可不监，有苗之刑不可不深为惩戒。③ 元人王天与《尚书纂传》认为，此章是承上章苗民尧舜之事，"以明鉴戒"。④

（一）王曰：嗟，四方司政典狱，非尔惟作天牧

宋人陈经《陈氏尚书详解》说，自此以前，陈述帝尧之君臣。自此以后，穆王遍告当时的司政典狱。⑤ 康熙《御制日讲书经解义》说，此节书是告四方诸侯敬刑之辞。⑥ 宋人林之奇《尚书全解》说，从"嗟，四方司政典狱"而下，这是"总上文而言"。上文已经叙述苗民虐刑之

---

① "此皆略举上文之意也。"（宋）林之奇：《尚书全解》卷三十九《吕刑·周书》，《钦定四库全书》本。
② "言当以伯夷为监，苗民为戒也。"（宋）苏轼：《书传》卷十九《周书·吕刑第二十九》，《钦定四库全书》本。
③ "伯夷之刑不可不监，而有苗之刑不可不以是深为惩戒也。"（宋）陈经：《尚书详解》卷四十七《周书·吕刑》，《钦定四库全书》本。
④ "按，此章承上章苗民尧舜之事，以明鉴戒。"（元）王天与：《尚书纂传》卷四十三《周书·吕刑第二十九》，《钦定四库全书》本。
⑤ "自此以前，既言帝尧之君臣矣。自此以后，穆王遍告当时之司政典狱者。"（宋）陈经：《尚书详解》卷四十七《周书·吕刑》，《钦定四库全书》本。
⑥ "此一节书是告四方诸侯敬刑之辞也。"《日讲书经解义》卷十三《吕刑》，《钦定四库全书》本。

恶，于是希望四方以之为惩；已经叙述皋陶、伯夷明刑之善，于是希望四方以之为监。① 据宋人时澜《增修东莱书说》，吕祖谦说，"狱"是"重事"，不知晓的，或许"视以为刀笔吏之事"，于是，穆王"明告"司政典狱，使知其"职分"之大。② 宋人胡士行《胡氏尚书详解》解说相同。③

笔者引证解说此句的有，汉孔，唐孔，宋人苏轼、林之奇、吕祖谦、夏僎、黄度、胡士行、蔡沉、陈经，明人陈第，清帝康熙，今人刘起釪。

1. 王曰：嗟

嗟，被视为叹词。《尚书注疏》唐孔疏说，"王曰"指"王呼诸侯戒之曰"，"嗟"为"咨嗟"。④ 今人刘起釪引杨树达《词诠》"叹词"，认为是语气叹词，如今语"唉"。⑤

2. 四方司政典狱

此段有两种解说。《尚书注疏》汉孔传解为"主政典狱"，说是指"诸侯"。唐孔则疏为"汝四方主政事、典狱讼者、诸侯之君等"。⑥ 宋人蔡沉《书经集传》说，汉孔氏认为诸侯主刑狱，称司政典狱，为"诸侯"。⑦ 宋

---

① "嗟，四方司政典狱而下，此亦总上文而言。上既言苗民虐刑之恶，故欲四方以之为惩；既言皋陶伯夷明刑之善，故欲四方以之为监。"（宋）林之奇：《尚书全解》卷三十九《吕刑·周书》，《钦定四库全书》本。
② "狱重事也，不察者，或视以为刀笔吏之事，故穆王明告司政典狱，使知其职分之大焉。"（宋）时澜：《增修东莱书说》卷三十四《周书·吕刑第二十九》，《钦定四库全书》本。
③ "狱重事也，不察者视为刀笔吏之事，故告以天牧，使知其职分之大。"（宋）胡士行：《尚书详解》卷十二《周书·吕刑第二十九》，《钦定四库全书》本。
④ 疏，"王呼诸侯戒之曰，咨嗟"。（汉）孔氏传、（唐）陆德明音义、（唐）孔颖达疏《尚书注疏》卷十八《周书·吕刑》，《钦定四库全书》本。
⑤ 顾颉刚、刘起釪：《尚书校释译论》第4册，中华书局，2005，第1982页。
⑥ 传，"主政典狱，谓诸侯也"。疏，"汝四方主政事、典狱讼者、诸侯之君等"。（汉）孔氏传、（唐）陆德明音义、（唐）孔颖达疏《尚书注疏》卷十八《周书·吕刑》，《钦定四库全书》本。
⑦ "司政典狱，汉孔氏曰诸侯也，为诸侯主刑狱。"（宋）蔡沉：《书经集传》卷六《吕刑》，《钦定四库全书》本。

人林之奇《尚书全解》说是指四方之诸侯，各主一国之政典，一国之狱。① 康熙《御制日讲书经解义》解司政典狱为诸侯，四方诸侯"有司政典狱之责者"。②

以上认为司政典狱是指诸侯。另有一说持论不同。宋人夏僎《尚书详解》解说为，吕侯呼四方侯国"掌政事典刑狱之官"而"告之"。③ 宋人黄度《尚书说》解为，主政典狱之官。④ 司政典狱是指诸侯主政典狱之官、掌政事典刑狱之官。

3. 非尔惟作天牧

《尚书注疏》汉孔传解为"非汝惟为天牧民"，"尔"为"汝"，"作天牧"为"为天牧民"，说是指"任重是汝"。唐孔则疏为，非汝惟"为天牧养民"，"任重"是说"受任既重，当观古成败"。⑤ 宋人苏轼《书传》解为，为天牧民，"非尔而谁"。⑥ 宋人林之奇《尚书全解》解为"汝非为天牧养斯民"。⑦ 宋人夏僎《尚书详解》接上文解释，吕侯呼四方侯国司政典狱，告之说，尔典狱之吏，不就是"为天牧养斯民"吗。并评论说，既然为天养民，就当"抚摩涵养"，不当"专以刑诛之"。⑧ 宋人

---

① "言四方之诸侯，各主一国之政典，一国之狱者。"（宋）林之奇：《尚书全解》卷三十九《吕刑·周书》，《钦定四库全书》本。
② "司政典狱，诸侯也。丽，附也。穆王曰，嗟，尔四方诸侯，有司政典狱之责者。"《日讲书经解义》卷十三《吕刑》，《钦定四库全书》本。
③ "此吕侯又呼四方侯国掌政事典刑狱之官而告之也。"（宋）夏僎：《尚书详解》卷二十五《吕刑》，《钦定四库全书》本。
④ "主政典狱之官。"（宋）黄度：《尚书说》卷七《周书·吕刑》，《钦定四库全书》本。
⑤ 传，"非汝惟为天牧民乎，言任重是汝"。疏，"非汝惟为天牧养民乎？言汝等皆为天养民，言任重也。受任既重，当观古成败"。（汉）孔氏传、（唐）陆德明音义、（唐）孔颖达疏《尚书注疏》卷十八《周书·吕刑》，《钦定四库全书》本。
⑥ "为天牧民，非尔而谁。"（宋）苏轼：《书传》卷十九《周书·吕刑第二十九》，《钦定四库全书》本。
⑦ "汝非为天牧养斯民乎。"（宋）林之奇：《尚书全解》卷三十九《吕刑·周书》，《钦定四库全书》本。
⑧ "吕侯呼四方侯国司政典狱者，告之曰，尔典狱之吏，非为天牧养斯民者乎。既为天养民，则当抚摩涵养，不当专以刑诛之。"（宋）夏僎：《尚书详解》卷二十五《吕刑》，《钦定四库全书》本。

黄度《尚书说》认为，为天牧民，于是称"天牧"。① 宋人蔡沉《书经集传》说是指"非尔诸侯为天牧养斯民"，近似唐孔。② 宋人陈经《陈氏尚书详解》说，天牧，"代天以牧养民"。司政典狱之任，不就是天牧。天下之事，无非天之事。典，天叙；礼，天秩；刑，天罚。尔"知职为天牧"，那么用刑，"当知所取舍"。③ 康熙《御制日讲书经解义》说，今非尔"实为天养民"而作天牧。④

　　以上是一说，另据宋人时澜《增修东莱书说》，吕祖谦说，"五刑五用"，是指"天讨"，即使是"君"也不得参与。执掌此项权力的人，非君之臣，而是"天之牧"，于是称"非尔惟作天牧"。⑤

　　对此句，宋人林之奇《尚书全解》接下文评论说：既然为天牧养斯民，那么伯夷播刑之道，就当以为监；苗民不察于狱之丽，就当以为惩。天生民而为之立君，使司牧之，而不使失性，如以伯夷为监，以苗民为惩，就无有失性之民，可以无忝（tiǎn）天牧之任。⑥ 宋人胡士行《胡氏尚书详解》说，监其"厚天叙"如伯夷，惩其"拂天意"如有苗，那么就无负于天之牧。⑦

　　关于此句断句，宋人夏僎《尚书详解》提及有"说者"以"四方司

---

① "为天牧民，故曰天牧。"（宋）黄度：《尚书说》卷七《周书·吕刑》，《钦定四库全书》本。
② "而言非尔诸侯为天牧养斯民乎。"（宋）蔡沉：《书经集传》卷六《吕刑》，《钦定四库全书》本。
③ "天牧者，代天以牧养民者也。司政典狱之任，独非天牧乎。天下之事，无非天之事。典，天叙也；礼，天秩也；刑，天罚也。尔惟知职为天牧，则所以用刑者，当知所取舍矣。"（宋）陈经：《尚书详解》卷四十七《周书·吕刑》，《钦定四库全书》本。
④ "今非尔实为天养民而作天牧乎。"《日讲书经解义》卷十三《吕刑》，《钦定四库全书》本。
⑤ "五刑五用，是谓天讨，虽君不得而与焉。司是柄者，非君之臣，乃天之牧也。故曰非尔惟作天牧。"（宋）时澜：《增修东莱书说》卷三十四《周书·吕刑第二十九》，《钦定四库全书》本。
⑥ "既为天牧养斯民，则若伯夷播刑之道，当以为监。苗民不察于狱之丽，当以为惩。盖天生民而立之君，使司牧之，勿使失性，以伯夷为监，以苗民为惩，则无有失性之民，可以无忝乎天牧之任也。"（宋）林之奇：《尚书全解》卷三十九《吕刑·周书》，《钦定四库全书》本。
⑦ "监其厚天叙如伯夷者，惩其拂天意如有苗者，则庶乎无负于天之牧矣。"（宋）胡士行：《尚书详解》卷十二《周书·吕刑第二十九》，《钦定四库全书》本。

政"为一句,"典狱非尔"为一句,"惟作天牧"为一句。称是,吕侯呼四方"主政治之人"告之说,"汝为司政,若典狱则非尔之职"。"惟作天牧",是指"为天牧民"。夏僎认为"此说亦通"。但是"典狱非尔",其语"似不安",所以"不敢从"。① 明人陈第《尚书疏衍》认为此句宜读为"四方司政,典狱非尔,惟作天牧"。②

4. 叙评

此句相对比较简单,作解说的不多。嗟,被解为叹词。司政典狱有两说。一说认为是指诸侯,多数人持此说;一说以为是主政典狱之官,或掌政事典刑狱之官。天牧也有两说。一说,或"为天牧民",或"为天牧养民",或"为天牧养斯民",或"代天以牧养民",或"为天养民",此说为多数;一说指"五刑"为"天讨",执掌者"非君之臣",而是"天之牧"。

笔者以为,"嗟",作为叹词是唯一的选择,今人刘起釪认为如今语"唉",虽然不那么准确,似乎也无更为合适的解说。"司政典狱"就本段而言,两种解说似乎均可说通。但就下文来说,"主政典狱之官"之解,不及诸侯之解。下文以苗民为惩,并有"择吉人"之说。以苗民为惩,似乎与诸侯对称更为合适,况且,择人之权在于诸侯,"主政典狱之官"只是被择的对象。"司政"和"典狱",可以分解,"司政"是行政权,"典狱"是司法权。按西周制度,诸侯拥有行政权和司法权。而后文讲刑,和主政官吏的关系似乎不大。蔡沉就是以诸侯的司法权认可汉孔。"天牧"两说,也均可说通。"为天牧民"或"为天养民",范围大于"天讨",后文有"伯夷播刑之迪",不尽限于"天讨"。"为天牧民"或"为天养民",优于"天讨"。反过来,"为天牧民"或"为天养民"以诸

---

① "说者乃以四方司政为一句,典狱非尔为一句,惟作天牧为一句。盖谓吕侯呼四方主政治之人,谓曰汝为司政,若典狱则非尔之职。惟作天牧,谓为天牧民而已。此说亦通。但典狱非尔,其语似不安耳,故不敢从。"(宋)夏僎:《尚书详解》卷二十五《吕刑》,《钦定四库全书》本。

② "宜读四方司政(句),典狱非尔(句),惟作天牧(句)。非尔者,如《康诰》所谓'非汝封刑人杀人,无或刑人杀人'是也。不与于己,为天牧民,则监惩当矣。"(明)陈第:《尚书疏衍》卷四《吕刑》,《钦定四库全书》本。

侯为主体也较为合适。今人刘起釪认可汉孔"诸侯"之解，同时又认为要忠于原文。① 后世对"牧"的解说收窄，以针对牛马羊为主，"民"则用"养"，随时间的推移，从"为天牧民"而"为天牧养民"至"为天养民"。

"嗟"当采今人刘起釪"唉"；"司政典狱"采汉孔"诸侯"之解，兼顾今人刘起釪忠于原文；"天牧"采康熙"为天养民"之解，兼顾汉孔"任重"之说。因此，此句可以解说为：

王感慨地说："唉，四方司政典狱的诸侯们，不就是你们负有为天养民的重任吗？"

（二）今尔何监？非时伯夷播刑之迪

笔者引证解说此句的有，汉孔，唐孔，宋人林之奇、吕祖谦、夏僎、胡士行、黄度、蔡沉、陈经，元人王天与，清帝康熙。

1. 今尔何监

宋人陈经《陈氏尚书详解》说，称"何监"、"何惩"，是"不直致其辞"，而"发其问端以示之"。② 《尚书注疏》唐孔疏为"今汝何所监视"，"何监"为"何所监视"。③ 宋人夏僎《尚书详解》解为"今尔将何所监视"，近似唐孔。④

以上"监"解为"监视"，以下"监"解为"法"或"监法"。据宋人时澜《增修东莱书说》，吕祖谦说是，就是"呼而警之"，"使知其任之重如此"，应如何承担。必须"前有所法"，"后有所戒"，"遵夷轨"而"避覆辙"，但愿"不为天位之辱"。按其行文的意思，与下文"今尔何

---

① 顾颉刚、刘起釪：《尚书校释译论》第 4 册，中华书局，2005，第 1983 页。
② "曰何监，曰何惩，不直致其辞。而发其问端以示之。"（宋）陈经：《尚书详解》卷四十七《周书·吕刑》，《钦定四库全书》本。
③ 疏，"今汝何所监视乎"。（汉）孔氏传、（唐）陆德明音义、（唐）孔颖达疏《尚书注疏》卷十八《周书·吕刑》，《钦定四库全书》本。
④ "故戒之曰，今尔将何所监视。"（宋）夏僎：《尚书详解》卷二十五《吕刑》，《钦定四库全书》本。

惩"连解。监，解为"法"；"惩"解为"戒"。伯夷之监，是"告之以所当法"；苗民之惩，是"告之以所当戒"。① 宋人蔡沉《书经集传》接上句说，为天牧民，那么，今"尔"用什么来"监惩"，接下文说，只能以伯夷为监，以有苗为惩。近似吕祖谦。② 康熙《御制日讲书经解义》说，尔既然作天牧，那么，今尔当何所"监法"。③

2. 非时伯夷播刑之迪

《尚书注疏》汉孔传说是"当视是伯夷布刑之道而法之"，解"迪"为"道"，并当视"是"而"法之"。唐孔疏"非时"，说是指"岂非是事"。解释说，伯夷典礼，皋陶主刑，刑礼相成以为治，"不使视"皋陶，而"令视"伯夷，是"欲"其先礼而后刑，道之以礼，"礼不从乃刑之"，而且，刑也是伯夷所布，所以令视伯夷布刑之道而法之。引王肃"伯夷道之以礼，齐之以刑"。唐孔疏认为此段指，当效伯夷善布刑法，"受令名"。④ 宋人夏僎《尚书详解》解为"岂非此伯夷布刑之道"，近似汉孔。并评论，伯夷典礼，"非专于用刑"，而是教民以礼，其中"有怠惰不恭者"，就"以刑待之"。这是伯夷之教民以礼，就是"布刑之道"，而"非真刑之"。⑤ 元人王天与《尚书纂传》引张氏并认同。张氏阐述礼刑关系，

---

① "盖呼而警之，使知其任之重如此，将何以居之哉。要必前有所法，后有所戒，遵夷轨而避覆辙，庶几不为天位之辱也。伯夷之监，告之以所当法也；苗民之惩，告之以所当戒也。"（宋）时澜：《增修东莱书说》卷三十四《周书·吕刑第二十九》，《钦定四库全书》本。
② "为天牧民，则今尔何所监惩，所当监者，非伯夷乎；所当惩者，非有苗乎。"（宋）蔡沉：《书经集传》卷六《吕刑》，《钦定四库全书》本。
③ "尔既作天牧，则今尔当何所监法。"《日讲书经解义》卷十三《吕刑》，《钦定四库全书》本。
④ "传，言当视是伯夷布刑之道而法之。"疏，"其所视者非是伯夷布刑之道乎？言当效伯夷善布刑法、受令名也。""伯夷典礼，皋陶主刑，刑礼相成以为治。不使视皋陶，而令视伯夷者，欲其先礼而后刑，道之以礼，礼不从乃刑之。则刑亦伯夷之所布，故令视伯夷布刑之道而法之。王肃云，伯夷道之以礼，齐之以刑。""非时者，言岂非是事也。"（汉）孔氏传、（唐）陆德明音义、（唐）孔颖达疏《尚书注疏》卷十八《周书·吕刑》，《钦定四库全书》本。
⑤ "岂非此伯夷布刑之道乎。盖伯夷典礼，非专于用刑，乃教民以礼，其有怠惰不恭者，则以刑待之。是伯夷之教民以礼，乃布刑之道，非真刑之也。"（宋）夏僎：《尚书详解》卷二十五《吕刑》，《钦定四库全书》本。

伯夷典礼不掌刑，而称布刑之道，是说礼典就是"刑之道"。爱惜保护，唯恐其入刑。于是就"以礼典教之"；其有"怠惰不前"，就以刑待之。民"出礼入刑"，"出刑入礼"。礼，只是"刑之道"，非真刑之。民入于礼，就会显得"雍容"，君臣父子夫妇"宴享之间"，"变易其邪心"。①宋人陈经《陈氏尚书详解》解说为"得非在伯夷播刑之道"，而教民以典礼，就如前文所陈述的。伯夷播刑，民"知有愧耻之心"，而自趋于典礼之善。②

　　以上解"迪"为"道"，以下解"迪"为"理"。据宋人时澜《增修东莱书说》，吕祖谦解为，伯夷播刑"以启迪斯民"，特地说明"刑之理"。从典狱来说，没有像"皋陶明刑"那样急切，那么，近舍皋陶而使之监伯夷，目的在于"探其原"。③宋人蔡沉《书经集传》略述吕祖谦。④宋人胡士行《胡氏尚书详解》解"播刑之迪"，说是指"理"。舍皋陶而称伯夷，是由于礼用来"折民于未犯"，是"刑之先理"，以此"致其原"。刑用来"折民于已犯"，是"刑之后法"，以此"治其流"。⑤

　　此句，宋人林之奇《尚书全解》解说，非时播刑之迪，是说"汝所法"，无非就是"伯夷播刑之道"。上文称伯夷、禹、稷、皋陶，此处"特言"伯夷，是举其大略。伯夷"折民惟刑"，因此虽说是典礼，而称

---

① "张氏曰，伯夷典礼不掌刑，而云布刑之道，礼典乃刑之道也。爱惜保护，惟恐其入刑也。乃以礼典教之，其有怠惰不前，则以刑待之。民出礼入刑，出刑入礼。是礼者乃刑之道，非真刑之也。夫民入于礼，则雍容乎，君臣父子夫妇宴享之间，变易其邪心，而涵泳乎和气其养之也。孰甚。"（元）王天与：《尚书纂传》卷四十三《周书·吕刑第二十九》，《钦定四库全书》本。
② "今亦何所监，得非在伯夷播刑之道乎，而教民以典礼，如前所云是也。知伯夷之播刑，则民知有愧耻之心，而自趋于典礼之善矣。"（宋）陈经：《尚书详解》卷四十七《周书·吕刑》，《钦定四库全书》本。
③ "伯夷播刑以启迪斯民，特刑之理耳。自典狱者言之，未若皋陶明刑之切，近舍皋陶而使之监伯夷者，盖'三居五服'，彼固朝夕之所从事，监于伯夷则所以探其原也。"（宋）时澜：《增修东莱书说》卷三十四《周书·吕刑第二十九》，《钦定四库全书》本。
④ "伯夷布刑以启迪斯民。舍皋陶而言伯夷者，探本之论也。"（宋）蔡沉：《书经集传》卷六《吕刑》，《钦定四库全书》本。
⑤ "播刑之迪，理而已，舍皋陶而言伯夷，礼所以折民于未犯，刑之先理也，所以致其原也。刑所以折民于已犯，刑之后法也，所以治其流。"（宋）胡士行：《尚书详解》卷十二《周书·吕刑第二十九》，《钦定四库全书》本。

"播刑",这是"礼与刑一物"的缘故。① 宋人黄度《尚书说》说,伯夷布刑,使民迪德,"是所当监"。② 康熙《御制日讲书经解义》说,所监法的,无非伯夷。当时,伯夷制为典礼,折民之入于刑,而开导"无不至",这就是"播刑之迪"的意思,此"克作"天牧,"尔之所当监"。③

3. 叙评

此句也相对简单。"监"解为"监视",或"法",或"监法"。"迪"解为"道",或"理"。而"监视"也落实在"法"上。"道"或"理"都用来解释"礼"与"刑"的关系。解说的差异只是用词和行文方式、详略和视角的不同,在含义方面几无差异。

笔者以为,可作综合解说,择优而从。"监"可采康熙的"监法";"播刑之迪"可采汉孔的"布刑之道",唐孔的"先礼而后刑",林之奇的"礼与刑一物",夏僎的"教民以礼","怠惰不恭者","以刑待之",陈经的"自趋于典礼之善",张氏的"出刑入礼"。因此,此句可解说为:

现在,你们要借鉴仿效什么呢?不就是伯夷的布刑之道。礼与刑是一样的规则,先礼而后刑,教民以礼,使其自趋典礼之善;如有怠惰不恭,以刑待之,使其出刑入礼。

(三)其今尔何惩?惟时苗民匪察于狱之丽

笔者引证解说此句的有,汉孔,唐孔,宋人苏轼、林之奇、吕祖谦、夏僎、黄度、蔡沉、陈经,元人吴澄,清帝康熙。

---

① "非时播刑之迪,言汝所法者,非是伯夷播刑之道乎,惟此道则法之也。上言伯夷禹稷皋陶,此特言伯夷,举其大略也。伯夷折民惟刑,故虽典礼,而曰播刑,礼与刑一物故也。"(宋)林之奇:《尚书全解》卷三十九《吕刑·周书》,《钦定四库全书》本。
② "伯夷布刑,使民迪德,是所当监。"(宋)黄度:《尚书说》卷七《周书·吕刑》,《钦定四库全书》本。
③ "所监法者,非伯夷乎。惟时,伯夷制为典礼,折民之入于刑,而开导之者,无不至是。所谓播刑之迪者,此克作天牧,尔之所当监也。"《日讲书经解义》卷十三《吕刑》,《钦定四库全书》本。

1. 其今尔何惩

有惩戒、惩创、惩艾之解，属同义或近义。《尚书注疏》汉孔传解"惩"为"惩戒"。唐孔疏为"惩创"。① 宋人夏僎《尚书详解》、② 宋人陈经《陈氏尚书详解》③ 同汉孔。康熙《御制日讲书经解义》说，今尔何所当惩艾的，不就是有苗，解为"惩艾"。④

2. 惟时苗民匪察于狱之丽

《尚书注疏》汉孔传解说，所惩戒的，"惟是"苗民"非"察于狱之"施刑"，"以取灭亡"。在此解中，"时"为"是"，"匪"为"非"，"丽"为"施刑"。唐孔疏认为，上言"非时"，此言"惟时"，是"文异"，即行文不同。而"惟时"，指"惟当是事"。"虽文异而意同"。对汉孔的解说，唐孔疏为"所惩创苗民施刑不当取灭亡"。又疏说，"言其正谓察于狱之施刑不当于罪，以取灭亡"。⑤ 据宋人时澜《增修东莱书说》，吕祖谦解为，狱情之轻重"所当施者"，"漫不加省"。⑥

以上解"丽"为"施刑"，以下解为"丽于狱"。宋人苏轼《书传》说，丽于狱"辄刑之"，"不复察"。⑦ 宋人林之奇《尚书全解》说是指，

---

① "传，其今汝何惩戒乎？"疏，"其今汝何所惩创乎？"（汉）孔氏传、（唐）陆德明音义、（唐）孔颖达疏《尚书注疏》卷十八《周书·吕刑》，《钦定四库全书》本。
② "又将何所惩戒乎。"（宋）夏僎：《尚书详解》卷二十五《吕刑》，《钦定四库全书》本。
③ "今尔何所惩戒。"（宋）陈经：《尚书详解》卷四十七《周书·吕刑》，《钦定四库全书》本。
④ "其今尔何所惩艾，所当惩艾者，非有苗乎。"《日讲书经解义》卷十三《吕刑》，《钦定四库全书》本。
⑤ 传，"所惩戒，惟是苗民非察于狱之施刑，以取灭亡"。疏，"其所创者，惟是苗民非察于狱之施刑乎？言当创苗民施刑不当取灭亡也"。"上言'非时'，此言'惟时'，文异者。""惟时者，言惟当是事也。虽文异而意同。""惟是苗民非察于狱之施刑以取灭亡也，言其正谓察于狱之施刑不当于罪以取灭亡。"（汉）孔氏传、（唐）陆德明音义、（唐）孔颖达疏《尚书注疏》卷十八《周书·吕刑》，《钦定四库全书》本。
⑥ "苗民匪察于狱之丽，狱情之轻重所当施者，既漫不加省矣。"（宋）时澜：《增修东莱书说》卷三十四《周书·吕刑第二十九》，《钦定四库全书》本。
⑦ "丽于狱辄刑之，不复察也。"（宋）苏轼：《书传》卷十九《周书·吕刑第二十九》，《钦定四库全书》本。

有"丽于狱",苗民不察之,而妄加以刑,即上文所说的"越兹丽刑并制,罔差有辞"。① 宋人黄度《尚书说》说,丽于狱,"必有当察",而苗民却不察。② 宋人陈经《陈氏尚书详解》说是指,有苗用刑。苗之刑上文已经详言,此再述之。"惟时"苗民所用之刑,不察于狱之所丽。人丽于狱,有当重者,有当轻者,有"有罪而犯",有"无罪而受诬"。匪察于狱之丽,就是轻重不分,有罪无罪,无所分别。③ 以下解"丽"为"附"。宋人夏僎《尚书详解》说是指,苗民不察"狱之所丽",有犯刑,不论曲直,要是"附丽于刑",一切诛之。④ 宋人蔡沉《书经集传》解丽为附。苗民不察于"狱辞"之所丽。⑤ 元人吴澄《书纂言》说"苗民不察狱辞之所丽",近似蔡沉。⑥ 康熙《钦定书经传说汇纂》引明人顾锡畴说,凡人犯一罪,必有一种情词附于其间。⑦《御制日讲书经解义》解丽为附。说是,当时,苗民凡有狱讼,弗能察于"附丽之辞"以得其情。⑧ 近似蔡沉。

3. 叙评

此句的关键词是"惩"和"丽"。惩戒、惩创、惩艾,属同义或近义。"丽"有"施刑"和"附丽于刑",沿袭了"丽刑并制"解说,可参

---

① "匪察于狱之丽,言有丽于狱者,苗民不察之,而妄加以刑也,即上文曰越兹丽刑并制罔差有辞是也。"(宋)林之奇:《尚书全解》卷三十九《吕刑·周书》,《钦定四库全书》本。
② "其丽于狱,必有当察者,而苗民不察。"(宋)黄度:《尚书说》卷七《周书·吕刑》,《钦定四库全书》本。
③ "得非在有苗所以用刑者乎。苗之刑上文既详言之矣,此又再述之。惟时苗民所用之刑,不察于狱之所丽。人之丽于狱者,有当重者,有当轻者,有有罪而犯者,有无罪而受诬者。匪察于狱之丽,则是轻重不分,有罪无罪,无所分别也。"(宋)陈经:《尚书详解》卷四十七《周书·吕刑》,《钦定四库全书》本。
④ "惟此苗民不察乎狱之所丽,有犯刑者,不论曲直,苟附丽于刑,一切诛之。"(宋)夏僎:《尚书详解》卷二十五《吕刑》,《钦定四库全书》本。
⑤ "丽,附也。苗民不察于狱辞之所丽。"(宋)蔡沉:《书经集传》卷六《吕刑》,《钦定四库全书》本。
⑥ "苗民不察狱辞之所丽。"(元)吴澄:《书纂言》卷四下《吕刑》,《钦定四库全书》本。
⑦ "顾氏锡畴曰凡人犯一罪,必有一种情词附于其间。"《钦定书经传说汇纂》卷二十一,《钦定四库全书》本。
⑧ "丽,附也。""惟时,苗民凡有狱讼,弗能察于其附丽之辞以得其情。"《日讲书经解义》卷十三《吕刑》,《钦定四库全书》本。

阅前文叙评。笔者以为，"惩"当采汉孔的"惩戒"；"丽"采汉孔的"施刑"，唐孔的"不当于罪"，汉孔的"以取灭亡"。因此，此句可解说为：

现在，你们需要惩戒的是什么呢？就是三苗之君对断狱不予明察，刑与罪不相称，导致灭亡。

（四）罔择吉人，观于五刑之中；惟时庶威夺货，断制五刑，以乱无辜

笔者引证解说此句的有，汉孔，唐孔，宋人苏轼、林之奇、吕祖谦、夏僎、黄度、蔡沉、陈经，元人吴澄，清帝康熙。

1. 罔择吉人

"吉人"，有"善人"，"良善之人"，"有德之吉人"的解说。《尚书注疏》汉孔传解为，苗民"无肯选择善人"。唐孔疏"苗民"为"彼苗民之为政"，其余则转述。① 宋人陈经《陈氏尚书详解》说，吉人，良善之人，"为能知五刑之有中理"。苗民"不惟吉人是择"。② 元人吴澄《书纂言》说，"盖以不择用吉人"。③ 康熙《御制日讲书经解义》说，罔择"有德之吉人"。④

2. 观于五刑之中

"观"有"使观视"和"使斟酌"两解。"中"有论者作"中正"解，同前文，其余论者大多在前文"士制百姓于刑之中"已作解，此处未解。《尚书注疏》汉孔解，"观于"为"使观视"，"中"为"中正"。

---

① "传，言苗民无肯选择善人。"疏，"彼苗民之为政也，无肯选择善人"。（汉）孔氏传、（唐）陆德明音义、（唐）孔颖达疏《尚书注疏》卷十八《周书·吕刑》，《钦定四库全书》本。

② "惟吉人，乃良善之人，为能知五刑之有中理。""今也，苗民不惟吉人之是择。"（宋）陈经：《尚书详解》卷四十七《周书·吕刑》，《钦定四库全书》本。

③ "盖以不择用吉人。"（元）吴澄：《书纂言》卷四下《吕刑》，《钦定四库全书》本。

④ "又罔择有德之吉人。"《日讲书经解义》卷十三《吕刑》，《钦定四库全书》本。

唐孔疏转述。① 元人吴澄《书纂言》说,"于五刑之中"。② 康熙《御制日讲书经解义》说,"使斟酌"于五刑之轻重,以协于中。③

以下是前两段的连述,宋人夏僎《尚书详解》解说为"曾不择吉善之人,以观乎五刑之中"。引张九成称,中,重者以重,轻者以轻,有罪者刑,无罪者免,这就是"中"。评论说,只有"吉人之心"唯恐伤人,所以能识刑之中;要是凶人,就"志在残忍以快意",又怎会知道"中"的意思。④

其余论者近乎未解。宋人林之奇《尚书全解》接上句说,由于其不察之,就不能择"能观于五刑之中"的吉人而用之。⑤ 据宋人时澜《增修东莱书说》,吕祖谦说,至于"断狱",也"未尝"择吉人,"俾"观五刑之中。吕祖谦认为,狱既不得其情,断狱又不得其人,是"人与法俱弊"。⑥ 宋人蔡沉《书经集传》说是,又不择吉人,俾观于五刑之中,解同吕祖谦。⑦ 宋人黄度《尚书说》说,观,如"易观我生"之观。不择吉人,观之以五刑之中。⑧

3. 惟时庶威夺货

《尚书注疏》汉孔传将此段解为"惟是众为威虐者,任之以夺取人

---

① 传,"使观视于五刑之中正"。疏,"使观视于五刑之中正"。(汉)孔氏传、(唐)陆德明音义、(唐)孔颖达疏《尚书注疏》卷十八《周书·吕刑》,《钦定四库全书》本。
② "审观于五刑之中。"(元)吴澄:《书纂言》卷四下《吕刑》,《钦定四库全书》本。
③ "使斟酌于五刑之轻重,以协于中。"《日讲书经解义》卷十三《吕刑》,《钦定四库全书》本。
④ "曾不择吉善之人,以观乎五刑之中。无垢谓,中者,重者以重,轻者以轻,有罪者刑,无罪者免,所谓中也。惟吉人之心,惟恐伤人,故能识刑之中。若凶人,则志在残忍以快意,又乌知所谓中乎。"(宋)夏僎:《尚书详解》卷二十五《吕刑》,《钦定四库全书》本。
⑤ "其不察之者,则以不能择吉人能观于五刑之中者而用之。"(宋)林之奇:《尚书全解》卷三十九《吕刑·周书》,《钦定四库全书》本。
⑥ "至于断狱,亦未尝择吉人,俾观五刑之中,狱既不得其情,断狱又不得其人,是人与法俱弊也。"(宋)时澜:《增修东莱书说》卷三十四《周书·吕刑第二十九》,《钦定四库全书》本。
⑦ "又不择吉人,俾观于五刑之中。"(宋)蔡沉:《书经集传》卷六《吕刑》,《钦定四库全书》本。
⑧ "观,如'易观我生'之观。不择吉人,观之以五刑之中。"(宋)黄度:《尚书说》卷七《周书·吕刑》,《钦定四库全书》本。

货",而"所以为乱"。唐孔整段近乎转述,只是将"人货"疏为"人之货赂"。① 宋人夏僎《尚书详解》接上文说,所用之人,只是"众逞威,以夺民货贿"。大概"所用"的,都是贪暴之人。② 宋人陈经《陈氏尚书详解》说,苗民"惟庶威夺货者是用"。其心在于货贿,就以威迫胁其民而夺之,哪能知道有五刑之中。称"庶威",表示威夺者"非止一人"。陈经认为,风俗之敝,古今同一。正道盛行之时,不会有"好贿之人",风俗败坏,自有此等人。所以在苗民,就有夺货之人。并例举盘庚、穆王、春秋末,都是"世道之衰"。陈经评论说,刑狱,人之大命,事关死生,岂可以贿赂为轻重。这就是"尧之典狱"讫于威富,异于"苗民之典狱"庶威夺货的缘故。③ 元人吴澄《书纂言》说,"惟是一众虐者贪者"。④

以上是"庶威夺货"连解,"货"被解为"货赂",而"庶威"在视觉角度上有所差异。以下是"庶威"和"夺货"分解。宋人苏轼《书传》说,"贵者"以威乱政,"富者"以货夺法。⑤ 宋人蔡沉《书经集传》解同苏轼。⑥ 元人陈栎《书集传纂疏》说,此段因前文陈述苗民及虞廷之

---

① 传,"惟是众为威虐者,任之以夺取人货,所以为乱"。疏,"惟是众为威虐者,任之以夺取人之货赂"。(汉)孔氏传、(唐)陆德明音义、(唐)孔颖达疏《尚书注疏》卷十八《周书·吕刑》,《钦定四库全书》本。
② "苗民惟不择吉人,以观刑之中,故所用之人,惟是众逞威以夺民货贿者。盖所用者,皆贪暴之人也。"(宋)夏僎:《尚书详解》卷二十五《吕刑》,《钦定四库全书》本。
③ "至于庶威夺货者,其心在于货贿,则以威迫胁其民而夺之,安知有五刑之中哉。""苗民不惟吉人之是择,而惟庶威夺货者是用。谓之庶威,则见其威夺者非止一人也。风俗之敝,古今一也。正道盛行之时,安有好贿之人,惟风俗败坏,则自有此等人。故在苗民,则有夺货者;在盘庚,商道始衰,则有总于货宝者。在穆王,周道始衰,方有惟货其吉,若《囧命》所戒。惟货、惟来,若《吕刑》之所言者。下至春秋之末,世诸侯卿大夫,惟贿是求,至刑狱之事,如羊舌鲋之鬻狱,如梗阳人以女乐赂魏献子,皆世道之衰。故如此,狱者,人之大命,死生存焉,岂可以贿赂为轻重乎。此尧之典狱讫于威富,所以异于苗民之典狱庶威夺货者也。"(宋)陈经:《尚书详解》卷四十七《周书·吕刑》,《钦定四库全书》本。
④ "惟是一众虐者贪者断制五刑。"(元)吴澄:《书纂言》卷四下《吕刑》,《钦定四库全书》本。
⑤ "贵者以威乱政,富者以货夺法。"(宋)苏轼:《书传》卷十九《周书·吕刑第二十九》,《钦定四库全书》本。
⑥ "惟是贵者以威乱政,富者以货夺法。"(宋)蔡沉:《书经集传》卷六《吕刑》,《钦定四库全书》本。

刑，而希望典狱者"监虞而惩苗"，认为，庶威夺货分说，"以与上文讫威讫富相照应较优"。① 康熙《御制日讲书经解义》说，贵者以威乱法，而法不讫于威。富者以货乱法，而法不讫于货。② 近似苏轼。

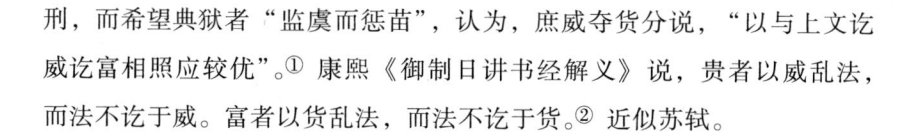

4. 断制五刑

《尚书注疏》汉孔传此处未解。唐孔疏为"任用此人，使断制五刑"。③ 宋人陈经《陈氏尚书详解》解为，虐用其刑，以断制其民。④ 康熙《御制日讲书经解义》解为，"任私意"以断制五刑。⑤ "断制"未解，而《说文解字》解制为裁。⑥ 制与断同义，为裁决。

5. 以乱无辜

《尚书注疏》汉孔传此处未解。唐孔疏为"以乱加无罪之人"，"正谓"以罪加无罪，"是乱也"。⑦ 元人吴澄《书纂言》解为"妄乱加罪于无罪之人"，近似唐孔。⑧ 宋人蔡沉《书经集传》解说，乱虐无罪。⑨ 康熙《御制日讲书经解义》同蔡沉。⑩ 宋人陈经《陈氏尚书详解》解为，无罪无所分别于有罪。⑪

---

① "愚谓，此因上章言苗民及虞廷之刑，而欲典狱者监虞而惩苗也。庶威夺货分说，以与上文讫威讫富相照应较优。"（元）陈栎：《书集传纂疏》卷六，《钦定四库全书》本。

② "惟是贵者以威乱法，而法不讫于威。富者以货乱法，而法不讫于货。"《日讲书经解义》卷十三《吕刑》，《钦定四库全书》本。

③ 传，"断制五刑"。疏，"任用此人，使断制五刑"。（汉）孔氏传、（唐）陆德明音义、（唐）孔颖达疏《尚书注疏》卷十八《周书·吕刑》，《钦定四库全书》本。

④ "断制五刑者，是虐用其刑，以断制其民也。"（宋）陈经：《尚书详解》卷四十七《周书·吕刑》，《钦定四库全书》本。

⑤ "任私意以断制五刑。"《日讲书经解义》卷十三《吕刑》，《钦定四库全书》本。

⑥ "裁也。"（汉）许慎：《说文解字》卷四下，《钦定四库全书》本。

⑦ 传，"以乱无辜"。疏，"以乱加无罪之人"。"以乱加无罪者，正谓以罪加无罪，是乱也。"（汉）孔氏传、（唐）陆德明音义、（唐）孔颖达疏《尚书注疏》卷十八《周书·吕刑》，《钦定四库全书》本。

⑧ "妄乱加罪于无罪之人。"（元）吴澄：《书纂言》卷四下《吕刑》，《钦定四库全书》本。

⑨ "乱虐无罪。"（宋）蔡沉：《书经集传》卷六《吕刑》，《钦定四库全书》本。

⑩ "乱虐无罪。"《日讲书经解义》卷十三《吕刑》，《钦定四库全书》本。

⑪ "以乱无辜，是无罪者无所分别于有罪者也。"（宋）陈经：《尚书详解》卷四十七《周书·吕刑》，《钦定四库全书》本。

前两段连解，宋人夏僎《尚书详解》接上文说，用此贪暴之人，以断制五刑，由此所加"未必皆有罪"，即使无辜者，"悉以苛法扰乱之"。"惟其无馨香德，而发闻者皆腥秽之虐刑。"①

前三段连解，宋人林之奇《尚书全解》解为，"其所用者"，只是"众为威虐"以快己之怒，"夺人货贿"以塞己之欲。故淫为劓、刵、椓、黥，以制断五刑，不由于中道，以乱加无罪之人。②据宋人时澜《增修东莱书说》，吕祖谦认为"庶威"的意思是说，初无定法，夺于货利，相与为市；断制五刑，无非就是"私意以乱虐无辜"，"逆天悖理"。③宋人黄度《尚书说》，解"庶威夺货"为"庶威夺货之人"，而"使"断制五刑，以乱无罪，"是为当惩"。黄度说，苗贪冒聚敛，不分孤寡，不恤穷匮，都是豪夺。并认为，由秦汉而来，行政很少有不"夺民"的。④

6. 叙评

此句，"吉人"，有"善人"、"良善之人"、"有德之吉人"、"吉善之人"等解；"观"有"使观视"和"使斟酌"两解。"中"有论者解为"中正"，同前文。大多论者已于前文作解，此处未解。"庶威夺货"有连解和分解。连解均以"货"为"货赂"，整段的含义，仍有差异，或"众为威虐者，任之以夺人之货赂"，或"众逞威，以夺民货贿"，或"惟庶威夺货者是用"。分解，"威"为"贵者以威乱政"，"夺货"为"富者以货夺法"。"断制五刑"，有"虐用其刑，以断制其民"和"任私意以断制五刑"两解。"断制"未解，而《说文解字》解制为裁，与断同义，为

---

① "惟用此贪暴之人，以断制五刑，故所加者未必皆有罪，虽无辜者，悉以苛法扰乱之也。惟其无馨香德，而发闻者皆腥秽之虐刑。"（宋）夏僎：《尚书详解》卷二十五《吕刑》，《钦定四库全书》本。

② "其所用者，惟是众为威虐以快己之怒，夺人货贿以塞己之欲。故淫为劓、刵、椓、黥，以制断五刑，不由于中道，以乱加无罪之人。"（宋）林之奇：《尚书全解》卷三十九《吕刑·周书》，《钦定四库全书》本。

③ "则所谓庶威者，初无定法，夺于货利，相与为市而已，断制五刑，无非私意以乱虐无辜，逆天悖理，"（宋）时澜：《增修东莱书说》卷三十四《周书·吕刑第二十九》，《钦定四库全书》本。

④ "惟是庶威夺货之人，使断制五刑，以乱无罪。是为当惩。苗贪冒聚敛，不分孤寡，不恤穷匮，皆豪夺也。由秦汉而来，行政鲜不夺民者也。"（宋）黄度：《尚书说》卷七《周书·吕刑》，《钦定四库全书》本。

裁决。"以乱无辜"，或为"以乱加无罪之人"，或为"乱虐无罪"。

笔者以为，"吉人"，几解均通，属于近义或同义，行文以陈经的"良善之人"优于他解。"观"，康熙的"使斟酌"较为适当。"中"前文已有叙评，以汉孔的"中正"为宜。"庶威夺货"，此句叙述用人，苏轼的"贵者以威乱政，富者以货夺法"显然与文义不符。唐孔的"众为威虐者，任之以夺人之货赂"与文义似乎更为贴切，三苗之君对于许多"为威虐"的典狱官，放任之"以夺人之货赂"。另外两说也通，可以并存。陈经的"惟庶威夺货者是用"似乎有较强的排他性，三苗之君，不择吉人，只用"庶威夺货者"。夏僎的"众逞威，以夺民货贿"，三苗之君，不择吉人，而致"众逞威"。"断制五刑"，从此句的上下文看，康熙的"任私意以断制五刑"较优。按《说文解字》，断与制同为"裁决"之义。"以乱无辜"两解都通，从行文看唐孔的"以乱加无罪之人"更为妥切。因此，此句可以解说为：

不选择良善之人，斟酌五刑轻重，使之中正得当，不偏不倚，却放任许多典狱官逞威、索贿，以私意裁断五刑，乱加无罪之人。

（五）上帝不蠲，降咎于苗，苗民无辞于罚，乃绝厥世

笔者引证解说此句的有，汉孔，唐孔，宋人林之奇、吕祖谦、夏僎、黄度、蔡沉、陈经，元人吴澄，清帝康熙。

1. 上帝不蠲（juān）

"蠲"，有"洁"和"贷"两解。《尚书注疏》汉孔传说，由于苗民"任夺货奸人"断制五刑，以乱加无罪，因此"天不洁其所为"。唐孔疏说，"蠲"，训"洁"。唐孔疏"天不洁其所为"，引郑玄说，天以苗民所行腥臊不洁，"故下祸诛之"。① 宋人林之奇《尚书全解》说，上帝不洁其德。②

---

① "传，苗民任夺货奸人断制五刑以乱加无罪，天不洁其所为"。疏，"上天不洁其所为"。"蠲训洁也。天不洁其所为者，郑玄云，天以苗民所行腥臊不洁，故下祸诛之。"（汉）孔氏传、（唐）陆德明音义、（唐）孔颖达疏《尚书注疏》卷十八《周书·吕刑》，《钦定四库全书》本。

② "上帝不洁其德。"（宋）林之奇：《尚书全解》卷三十九《吕刑·周书》，《钦定四库全书》本。

宋人夏僎《尚书详解》说，"故上帝皆不洁其所为"，近似汉孔。① 宋人黄度《尚书说》解"蠲"为"洁"。② 宋人陈经《陈氏尚书详解》说，"上帝不蠲洁其所为"。③ 元人陈栎《书集传纂疏》说，不蠲，不洁其所为。④ 康熙《御制日讲书经解义》说，于是腥秽发闻，"上帝不蠲洁其所为"，也近似汉孔。⑤ 宋人蔡沉《书经集传》说，上帝不"蠲贷"。⑥ 元人吴澄《书纂言》解"蠲"为"贷"。上帝不贷其恶，近似蔡沉。⑦

2. 降咎于苗

"降咎"有"下咎罪"、"下咎恶"、"降之罪咎"、"降灾咎以罚之"、"降罚"、"降之殃咎"等解。《尚书注疏》汉孔传说，"故下咎罪"，"谓诛之"，"降"为"下"，"咎"为"咎罪"。唐孔疏改"罪"为"恶"，近似转述。⑧ 宋人林之奇《尚书全解》说，故"降之罪咎"。⑨ 宋人夏僎《尚书详解》说，降灾咎以罚之。⑩ 宋人蔡沉《书经集传》说，"降罚"于苗。⑪ 康熙《御制日讲书经解义》说，"降罚"于苗。帝舜奉行天讨，而窜比之，⑫ 近似蔡沉。元人吴澄《书纂言》说，降之殃咎。⑬

---

① "故上帝皆不洁其所为。"（宋）夏僎：《尚书详解》卷二十五《吕刑》，《钦定四库全书》本。
② "蠲，洁。"（宋）黄度：《尚书说》卷七《周书·吕刑》，《钦定四库全书》本。
③ "上帝不蠲洁其所为。"（宋）陈经：《尚书详解》卷四十七《周书·吕刑》，《钦定四库全书》本。
④ "不蠲，不洁其所为也。"（元）陈栎：《书集传纂疏》卷六，《钦定四库全书》本。
⑤ "于是腥秽发闻，上帝不蠲洁其所为。"《日讲书经解义》卷十三《吕刑》，《钦定四库全书》本。
⑥ "上帝不蠲贷。"（宋）蔡沉：《书经集传》卷六《吕刑》，《钦定四库全书》本。
⑦ "蠲，贷也。""上帝不贷其恶。"（元）吴澄：《书纂言》卷四下《吕刑》，《钦定四库全书》本。
⑧ 传，"故下咎罪，谓诛之"。疏，"故下咎恶于苗民"。（汉）孔氏传、（唐）陆德明音义、（唐）孔颖达疏《尚书注疏》卷十八《周书·吕刑》，《钦定四库全书》本。
⑨ "故降之罪咎。"（宋）林之奇：《尚书全解》卷三十九《吕刑·周书》，《钦定四库全书》本。
⑩ "降灾咎以罚之。"（宋）夏僎：《尚书详解》卷二十五《吕刑》，《钦定四库全书》本。
⑪ "而降罚于苗。"（宋）蔡沉：《书经集传》卷六《吕刑》，《钦定四库全书》本。
⑫ "而降罚于苗。舜乃奉行天讨，而窜比之。"《日讲书经解义》卷十三《吕刑》，《钦定四库全书》本。
⑬ "而降之殃咎。"（元）吴澄：《书纂言》卷四下《吕刑》，《钦定四库全书》本。

两段连解，据宋人时澜《增修东莱书说》，吕祖谦接上句说，这是"上帝"不蠲，"降咎"的缘故。①

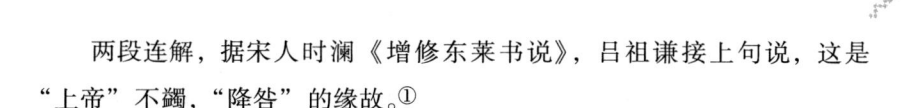

3. 苗民无辞于罚

"无辞"，有"无以辞"、"无所辞"、"无怨辞"、"不得以辞"等解；"罚"，作"天罚"、"帝之罚"或"罪"解。《尚书注疏》汉孔传说，"罪重无以辞于天罚"。唐孔疏近似转述。② 元人吴澄《书纂言》说，苗民无所辞于帝之罚。③ 宋人夏僎《尚书详解》说是，苗民"自知"其恶不可揜（yǎn），罪不可解，所以受天之罚，也"无怨辞"。④ 宋人陈经《陈氏尚书详解》解说，"虽有苗亦不得以辞其罪"。⑤

4. 乃绝厥（jué）世

无歧义，行文有详略而已。《尚书注疏》汉孔传说，于是"尧绝其世"，"厥"为"其"，认为是"申言之为至戒"。唐孔疏"尧乃绝灭其世。汝等安得不惩创乎？"⑥ 宋人夏僎《尚书详解》说，其世遂"绝灭"，而不复育，近似唐孔。又引张九成称，有人以为，三苗，帝尧已经绝其世，为何帝舜时尚有三苗。大概以往所绝，去绝其本根，"旁求三苗子孙以立之"。这是圣人仁厚之至。⑦ 宋人陈经《陈氏尚书详解》解说，卒至

---

① "此上帝之所不蠲，而咎之所以降也。"（宋）时澜：《增修东莱书说》卷三十四《周书·吕刑第二十九》，《钦定四库全书》本。
② 传，"言罪重无以辞于天罚"。疏，"苗民无以辞于天罚"。（汉）孔氏传、（唐）陆德明音义、（唐）孔颖达疏《尚书注疏》卷十八《周书·吕刑》，《钦定四库全书》本。
③ "苗民无所辞于帝之罚。"（元）吴澄：《书纂言》卷四下《吕刑》，《钦定四库全书》本。
④ "苗民亦自知其恶之不可揜，罪之不可解，故受天之罚，亦无怨辞。"（宋）夏僎：《尚书详解》卷二十五《吕刑》，《钦定四库全书》本。
⑤ "虽有苗亦不得以辞其罪。"（宋）陈经：《尚书详解》卷四十七《周书·吕刑》，《钦定四库全书》本
⑥ 传，"故尧绝其世，申言之为至戒"。疏，"尧乃绝灭其世。汝等安得不惩创乎？"（汉）孔氏传、（唐）陆德明音义、（唐）孔颖达疏《尚书注疏》卷十八《周书·吕刑》，《钦定四库全书》本。
⑦ "而其世遂绝灭，而不复育也。张无垢谓，或者以为三苗，尧既绝其世，何为舜时尚有三苗乎。盖向所绝，去绝其本根也，旁求三苗子孙以立之。此圣人仁厚之至也哉。"（宋）夏僎：《尚书详解》卷二十五《吕刑》，《钦定四库全书》本。

于绝其世，而"不得有国"。遏绝苗民是帝尧，为何说上帝弗蠲，陈经认为，天讨有罪，帝尧即天。①元人吴澄《书纂言》说，于是就导致灭亡，绝其子孙之传世，"不复得为君"。②

以下是前两段连解。宋人林之奇《尚书全解》说，苗民之为天所罚，盖已有以自取之，无有辞可以自解释，故遏绝其世，此不可以不惩。③据宋人时澜《增修东莱书说》，吕祖谦认为，苗民无辞于罚，乃绝厥世，是说，罪大而不可解。职掌刑罚是"天牧"，苗民"擅为己有"而断制，应当"殄灭"。④宋人蔡沉《书经集传》说，苗民"无所辞"其罚，于是就"殄灭之"。⑤宋人黄度《尚书说》认为，罚之无所辞，故绝世。黄度说，并非不是"天胤"，只是倚法恃势，被夺其衣食之资而杀戮之，怎能"有后"。⑥康熙《御制日讲书经解义》说，苗民无所辞其罚，而遂绝其"世祀"。⑦

以下是前三句评论。康熙《御制日讲书经解义》说，这就是"不克作天牧，尔之所当惩"。康熙认为，刑之不中，而至于殄绝厥世，凡为天牧"莫不皆然"。例举汉唐酷吏诛灭及秦二世而亡。⑧

---

① "卒至于绝其世，而不得以有国。岂非汝常戒乎。夫遏绝苗民者，尧也。而皆上帝弗蠲何哉，天讨有罪，五刑五用，尧即天也。此与《洪范》舜之殛鲧，不曰舜，而曰帝乃震怒是也。"（宋）陈经：《尚书详解》卷四十七《周书·吕刑》，《钦定四库全书》本。

② "乃至灭亡绝其子孙之传世，不复得为君也。"（元）吴澄：《书纂言》卷四下《吕刑》，《钦定四库全书》本。

③ "苗民之为天所罚，盖已有以自取之，无有辞可以自解释，故遏绝其世，此不可以不惩也。"（宋）林之奇：《尚书全解》卷三十九《吕刑·周书》，《钦定四库全书》本。

④ "苗民无辞于罚，乃绝厥世，罪大而不可解也。职刑者，天牧也，苗民擅为己有而断制之，其殄灭也宜哉。"（宋）时澜：《增修东莱书说》卷三十四《周书·吕刑第二十九》，《钦定四库全书》本。

⑤ "苗民无所辞其罚，而遂殄灭之也。"（宋）蔡沉：《书经集传》卷六《吕刑》，《钦定四库全书》本。

⑥ "罚之无所辞，故绝世。罔非天胤，倚法恃势，夺其衣食之资而杀戮之，岂得有后。"（宋）黄度：《尚书说》卷七《周书·吕刑》，《钦定四库全书》本。

⑦ "苗民无所辞其罚，而遂绝其世祀矣。"《日讲书经解义》卷十三《吕刑》，《钦定四库全书》本。

⑧ "此惟不克作天牧，尔之所当惩也。夫刑之不中，至于殄绝厥世，凡为天牧者莫不皆然。故前世酷吏，如郅都、王温舒、周兴、来俊臣之属，皆就诛灭。而秦任法律，二世而亡，吁可畏哉。"《日讲书经解义》卷十三《吕刑》，《钦定四库全书》本。

5. 叙评

此句,"蠲",有"洁"和"贷"两解。"不洁",或"天不洁其所为",或"不洁其德";"不贷",有论者指"不贷其恶"。"降咎",或"下咎罪","下咎恶",或"降之罪咎",或"降灾咎以罚之",或"降罚",或"降之殃咎"。"无辞",或"无以辞",或"无所辞",或"不得以辞",或"无怨辞";"罚",作"天罚"、"帝之罚"或"罪"解。"绝厥世"作"绝其世",行文略有差异,有论者后加"不得有国",或"不复得为君"。

笔者以为,"蠲"字"洁"、"贷"两解并不冲突,但以"贷"为优。"降咎",各解属于近义。"无辞",夏僎作"无怨辞"似乎与文义不符,其余则属于近义或同义。"绝厥世"仅有一解,与文义相符。因此,"蠲",可采吴澄的"不贷其恶"。"降咎"采林之奇的"降之罪咎"。"无辞"采汉孔的"无以辞"。"罚"采汉孔的"天罚"。"绝厥世"采汉孔的"绝其世",吴澄的"不复得为君"。整句解说为:

上帝不宽恕其恶,降罪于三苗之君,三苗之君无以躲避天罚,绝其传世,子孙不得再为国君。

(六) 王曰:呜呼,念之哉,伯父伯兄、仲叔季弟、幼子童孙,皆听朕言,庶有格命

此节,宋人夏僎《尚书详解》说,此"呼同姓诸侯而戒之"。[1] 宋人黄度《尚书说》说是,训刑,严宗族之戒,切戒王族,使作德勿犯。[2] 元人王天与《尚书纂传》说,言敬刑之效。[3] 康熙《御制日讲书经解义》说,"告同姓诸侯敬刑之辞"。[4]

---

[1] "此又呼同姓诸侯而戒之。"(宋)夏僎:《尚书详解》卷二十五《吕刑》,《钦定四库全书》本。
[2] "训刑,严宗族之戒。""切戒王族,使作德勿犯。"(宋)黄度:《尚书说》卷七《周书·吕刑》,《钦定四库全书》本。
[3] "按此章言敬刑之效。"(元)王天与:《尚书纂传》卷四十三《周书·吕刑第二十九》,《钦定四库全书》本。
[4] "此一节书是告同姓诸侯敬刑之辞也。"《日讲书经解义》卷十三《吕刑》,《钦定四库全书》本。

笔者引证解说此句的有，汉孔，唐孔，宋人苏轼、林之奇、吕祖谦、夏僎、黄度、蔡沉、陈经，元人王天与、陈栎，清帝康熙。

1. 王曰：呜呼，念之哉

《尚书注疏》唐孔疏说，"王曰，呜呼"为"王言而叹曰，呜呼"；"念之哉"为"汝等诸侯，其当念之"，即"念以伯夷为法，苗民为戒"。① 宋人陈经《陈氏尚书详解》说，念，即上文伯夷之当监，有苗之当惩，近似唐孔。② 康熙《御制日讲书经解义》解为，穆王叹息言曰，"凡吾诸侯，其尚克念之哉"。③ 元人陈栎《书集传纂疏》作较长篇幅的评论。④ 对"念之"，论者并未作解。按汉人许慎《说文解字》，"念，常思"。⑤

2. 伯父伯兄、仲叔季弟、幼子童孙

《尚书注疏》汉孔传说，王的同姓，以父兄弟子孙序次，并以伯仲叔季，"顺少长"。认为，是举同姓包异姓，"言不殊"。唐孔疏说，令念此法戒之后，随即又呼同姓诸侯曰，伯父伯兄、仲叔季弟、幼子童孙等。唐孔疏"举同姓，包异姓"说，此总告诸侯，不独告同姓，因此知道，是举同姓包异姓。⑥

---

① 疏，"王言而叹曰，呜呼，汝等诸侯，其当念之哉，念以伯夷为法，苗民为戒"。（汉）孔氏传、（唐）陆德明音义、（唐）孔颖达疏《尚书注疏》卷十八《周书·吕刑》，《钦定四库全书》本。
② "念者，即上文伯夷之当监，有苗之当惩也。"（宋）陈经：《尚书详解》卷四十七《周书·吕刑》，《钦定四库全书》本。
③ "穆王叹息言曰，凡吾诸侯，其尚克念之哉。"《日讲书经解义》卷十三《吕刑》，《钦定四库全书》本。
④ "愚谓，下文有敬逆天命，则首当云庶几有以感格天命，刑出于天，天俾之我，故望尔迎天命以奉我，所以承天者，勤也，敬也。能勤、能敬，则刑非刑也，德也。刑非刑也福也，可不念之哉。"（元）陈栎：《书集传纂疏》卷六，《钦定四库全书》本。
⑤ "念，常思也。"（汉）许慎：《说文解字》卷十下，《钦定四库全书》本。
⑥ 传，"皆王同姓，有父兄弟子孙列者，伯仲叔季，顺少长也。举同姓，包异姓。言不殊也"。疏，"既令念此法戒，又呼同姓诸侯曰，伯父、伯兄、仲叔、季弟、幼子、童孙等"。"此总告诸侯，不独告同姓，知举同姓包异姓也"。（汉）孔氏传、（唐）陆德明音义、（唐）孔颖达疏《尚书注疏》卷十八《周书·吕刑》，《钦定四库全书》本。

宋人林之奇《尚书全解》认同"举同姓包异姓"。解说为"此即四方之司政典狱"。王之同姓，有其父行，有其兄弟行，有其子孙行。伯仲叔季，其长；少的称子孙，于是以"幼"、"童"称之。穆王享国百年，所以，诸侯或许是其子孙。①

宋人苏轼《书传》解说为，诸侯群臣，自其父行至于兄弟子孙。② 据宋人时澜《增修东莱书说》，吕祖谦解说，穆王享国百年，视其臣民，"长者犹兄弟，少者犹子孙"。③

以上指说是同姓与异姓诸侯，以下则认为是同姓诸侯。宋人夏僎《尚书详解》说解说，伯父伯兄，同姓属之尊；仲叔季弟，同姓在弟之列；幼子童孙，同姓在子孙之列。④ 宋人蔡沉《书经集传》说，这是告同姓诸侯。⑤ 宋人陈经《陈氏尚书详解》说，伯父伯兄、仲叔季弟，皆同姓诸侯之在父兄叔弟之列；幼子童孙，诸侯之子孙。⑥ 宋人黄度《尚书说》说，穆王已"耄"，还"有居其上"的亲属。父固如有年卑而行尊的，兄就是年长。大概古人多寿。敬老慈幼，人主不敢废此恩。黄度认为，父兄率德，以训迪其子弟，那么确实"有望"。⑦ 康熙《御制日讲书经解义》解为，"凡朕"之伯父伯兄、仲叔季弟、幼子童孙。⑧

---

① "伯父伯兄仲叔季弟幼子童孙，此即四方之司政典狱者，王之同姓，有其父行者，有其兄弟行者，有其子孙行者。伯仲叔季，其长；少之称子孙，故以幼童称之。特言同姓，先儒谓举同姓包异姓是也。""穆王享国百年，故诸侯，或其子孙也。"（宋）林之奇：《尚书全解》卷三十九《吕刑·周书》，《钦定四库全书》本。

② "诸侯群臣，自其父行至于兄弟子孙。"（宋）苏轼：《书传》卷十九《周书·吕刑第二十九》，《钦定四库全书》本。

③ "穆王享国百年矣，视其臣民长者犹兄弟，少者犹子孙。"（宋）时澜：《增修东莱书说》卷三十四《周书·吕刑第二十九》，《钦定四库全书》本。

④ "伯父伯兄，同姓属之尊者；仲叔季弟，同姓在弟之列者；幼子童孙同姓在子孙之列者。"（宋）夏僎：《尚书详解》卷二十五《吕刑》，《钦定四库全书》本。

⑤ "此告同姓诸侯也。"（宋）蔡沉：《书经集传》卷六《吕刑》，《钦定四库全书》本。

⑥ "伯父、伯兄、仲叔、季弟，皆同姓诸侯之在父兄叔弟之列者；幼子、童孙，诸侯之子孙者。"（宋）陈经：《尚书详解》卷四十七《周书·吕刑》，《钦定四库全书》本。

⑦ "穆王耄矣，亲属犹有居其上者。父固有年卑而行尊者，兄则年皆长矣。大抵古人多寿，敬老慈幼，人主不敢废此恩也。父兄率德，以训迪其子弟，则诚有望焉。"（宋）黄度：《尚书说》卷七《周书·吕刑》，《钦定四库全书》本。

⑧ "凡朕之伯父、伯兄、仲叔、季弟、幼子童孙。"《日讲书经解义》卷十三《吕刑》，《钦定四库全书》本。

3. 皆听朕言

《尚书注疏》汉孔传说是,"听从我言"。唐孔疏为,汝皆听从我言,"依行用之"。① 康熙《御制日讲书经解义》解为,"皆当敬听朕言"。②

4. 庶有格命

《尚书注疏》汉孔传说是"庶几有至命"。唐孔疏说"格"训"至",认为,"庶几有至命","至命"应当指"至善之命",不知是何命。引郑玄说,"格"为"登","登命"指"寿考"。唐孔说,汉孔传的"至命"也指"寿考"。庶几有至善之命,命必长寿。③ 宋人林之奇《尚书全解》④、宋人夏僎《尚书详解》⑤、宋人蔡沉《书经集传》⑥、康熙《御制日讲书经解义》说,格,至,解同汉孔。⑦

宋人苏轼《书传》解说为"庶以格天命","命"为"天命"。⑧ 元人朱祖义《尚书句解》说,"庶几所受诸侯之命,至于有终而不中绝"。⑨ 康熙《御制日讲书经解义》解说为,"朕庶有至当之言以命尔"。⑩

前两段连解,宋人林之奇《尚书全解》说是指,诸侯"能听朕之

---

① 传,"听从我言"。疏,"汝皆听从我言,依行用之"。(汉)孔氏传、(唐)陆德明音义、(唐)孔颖达疏《尚书注疏》卷十八《周书·吕刑》,《钦定四库全书》本。
② "皆当敬听朕言。"《日讲书经解义》卷十三《吕刑》,《钦定四库全书》本。
③ 传,"庶几有至命"。疏,"庶几有至善之命,命必长寿也"。"格训至也。言庶几有至命,至命当谓至善之命,不知是何命也。郑玄云,格,登也。登命,谓寿考者。传云,至命亦谓寿考。"(汉)孔氏传、(唐)陆德明音义、(唐)孔颖达疏《尚书注疏》卷十八《周书·吕刑》,《钦定四库全书》本。
④ "格,至也。"(宋)林之奇:《尚书全解》卷三十九《吕刑·周书》,《钦定四库全书》本。
⑤ "格,至也。"(宋)夏僎:《尚书详解》卷二十五《吕刑》,《钦定四库全书》本。
⑥ "格,至也。"(宋)蔡沉:《书经集传》卷六《吕刑》,《钦定四库全书》本。
⑦ "格,至也。"《日讲书经解义》卷十三《吕刑》,《钦定四库全书》本。
⑧ "庶以格天命。"(宋)苏轼:《书传》卷十九《周书·吕刑第二十九》,《钦定四库全书》本。
⑨ "庶几所受诸侯之命,至于有终而不中绝。"(元)朱祖义:《尚书句解》卷十二《吕刑第二十九》,《钦定四库全书》本。
⑩ "朕庶有至当之言以命尔也。"《日讲书经解义》卷十三《吕刑》,《钦定四库全书》本。

言",敬忌于狱讼之事,那么,"庶乎天命之至"。① 宋人夏僎《尚书详解》解说,汝同姓诸侯,若"皆听我言","庶几有格命"。说是指,受诸侯之命,至于有终,而不中绝。所听之言,即下文是。② 宋人陈经《陈氏尚书详解》说,遍告之。"能听我言,庶几至于天命",就是前文"自作元命"的意思。③ 宋人黄度《尚书说》解说,要是都"能听吾言",那么,"庶乎其命可以格天下",还成康之旧俗。④

5. 叙评

此句相对简单,解者不多。"王曰"或解为"王言而叹曰",或"穆王叹息言曰"。"念之",论者并未作解。按《说文解字》,念,常思。有论者以为,"念之"的客体是"以伯夷为法,苗民为戒"。"伯父、伯兄、仲叔、季弟、幼子、童孙"均视为"父、兄弟、子孙的少长序次",有两说。一说认为"举同姓,包异姓",总告诸侯;一说认为是同姓诸侯。"皆听朕言",或"听从我言",或"敬听朕言"。"格命","格"均解为"至";"命"有几解,"至善之命"、"天命"、"诸侯之命"、"至当之言以命尔"。

笔者以为,"王曰",康熙的"叹息言曰"更为顺畅。"念",用《说文解字》的"常思"。"伯父伯兄、仲叔季弟、幼子童孙"是总告诸侯,还是同姓诸侯,难以确认,勿用深究,只用原文即可。"朕",专用于帝王始于秦,汉孔的"听从我言"更为贴切。"格"为"至"无歧义,当采用。"命",唐孔说"至善之命"不知为何命。"天命"似乎可通,但于上下文,并不顺畅。康熙的"至当之言以命尔"可为善解。汉人蔡邕《独断》"出君下臣名曰命。"⑤ 整句可解为:

---

① "言诸侯能听朕之言,敬忌于狱讼之事,则庶乎天命之至也。"(宋)林之奇:《尚书全解》卷三十九《吕刑·周书》,《钦定四库全书》本。
② "皆听我言,庶有格命者,谓汝同姓诸侯,若皆听我言,则庶几有格命。""谓受诸侯之命,至于有终,而不中绝也。所听之言,即下文是也。"(宋)夏僎:《尚书详解》卷二十五《吕刑》,《钦定四库全书》本。
③ "皆听朕言,庶有格命,遍告之也。能听我言,庶几至于天命,即前所谓自作元命也。"(宋)陈经:《尚书详解》卷四十七《周书·吕刑》,《钦定四库全书》本。
④ "若皆能听吾言,则庶乎其命可以格天下,还成康之旧俗。"(宋)黄度:《尚书说》卷七《周书·吕刑》,《钦定四库全书》本。
⑤ "出君下臣名曰命。"(汉)蔡邕:《独断》卷上,《钦定四库全书》本。

王慨叹地说：呜呼！伯父伯兄、仲叔季弟、幼子童孙们，都听我说，有许多非常有用适当的话要告诉你们，要记住啊。

（七）今尔罔不由慰曰勤，尔罔或戒不勤

笔者引证解说此句的有，汉孔，唐孔，宋人苏轼、林之奇、吕祖谦、夏僎、黄度、蔡沉、陈经，明人王樵，清帝康熙、清人王夫之。

1. 今尔罔不由慰曰勤

此段的主要分歧是"曰勤"的解说。《尚书注疏》汉孔传说"今汝无不用安自居，曰当勤之"。唐孔疏解"由"为"用"，"慰"为"安"。唐孔疏解汉孔传为"今汝等诸侯，无不用安道以自居，曰我当勤之"。唐孔认为，人之行事，多有始无终，从而不改。穆王在殷勤教诲之后，随即恐"其知而不行"，或"当曰欲勤行"，而"中道倦怠"，于是以此言戒之。①宋人夏僎《尚书详解》引汉孔、唐孔，解释说，大概是吕侯呼同姓诸侯，称"汝等今日惟用相安慰而言曰'各勤乃职'"。②

以上解为"曰勤"，以下解为"日勤"。宋人苏轼《书传》认为，狱"非尽心力，不得其实"。所以"无狱不以勤为主"。"由"解为"用"。此段为，"尔"当用"慰安之而日愈勤"的狱吏。"曰勤"作"日勤"。③宋人林之奇《尚书全解》解"曰勤"说，先儒"以曰为子曰之曰"，《释文》一音"人实反"，只当作"日"字读。④宋人夏僎《尚书详解》引张

---

① "传，今汝无不用安自居，曰当勤之。"疏，"今汝等诸侯，无不用安道以自居，曰我当勤之哉"。"由用也。慰安也。人之行事，多有始无终，从而不改。王既殷勤教诲，恐其知而不行。或当曰欲勤行，而中道倦怠，故以此言戒之。""今汝等诸侯，无不用安道以自居，言曰我当勤之安道者。"（汉）孔氏传、（唐）陆德明音义、（唐）孔颖达疏《尚书注疏》卷十八《周书·吕刑》，《钦定四库全书》本。

② "今尔罔不由慰曰勤，"二孔谓，"今汝等诸侯无不用安道以自尽，曰我当勤之哉。""盖吕侯呼同姓诸侯，谓汝等今日惟用相安慰而言，曰各勤乃职"。（宋）夏僎：《尚书详解》卷二十五《吕刑》，《钦定四库全书》本。

③ "狱非尽心力，不得其实。故无狱不以勤为主。由，用也。尔当用狱吏慰安之而日愈勤者。"（宋）苏轼：《书传》卷十九《周书·吕刑第二十九》，《钦定四库全书》本。

④ "曰勤，先儒以曰为子曰之曰，《释文》一音人实反，只当作日字读。"（宋）林之奇：《尚书全解》卷三十九《吕刑·周书》，《钦定四库全书》本。

九成、林之奇，称二者"大率相似"。夏僎不予认同，说，经文本是"曰"字，不当作"日"字解。① 清人王夫之《尚书稗疏》解说为，"尔"无不"自慰"而"克作天牧"的，不就是"日勤"吗？②

据宋人时澜《增修东莱书说》，吕祖谦说，"切意之参错"，"讯鞫之变迁"，"极"天下之劳，"莫若狱"。要是有"须臾厌怠之心"，那么，"民或不得其死"。于是"必告之以勤"。"今尔罔不由慰日勤"，是指能够"安行而自慰"，只在于"无日不勤"。慰，并非"得其情而喜"，而是由于"不弛其职自慰"。③ 宋人蔡沉《书经集传》说，"参错讯鞫"，极天下之劳，莫若狱。要是有"毫发怠心"，就有民"不得其死"。"尔""用以自慰"的缘由，只能是由于"日勤"，就是说，"职举而刑当"。④ 康熙《御制日讲书经解义》说，"参错讯鞫"，不容有毫发怠心，是极天下之勤，莫若狱。要是"尔"能日勤，那么"尔心"也能"用以自慰"。⑤ 近似蔡沉。

以下对"曰"未解。宋人黄度《尚书说》解：由，用；慰，悦，安之，使相歆为善。⑥ 明人王樵《尚书日记》解：勤，事事尽其心；慰，无所憾于己。⑦

---

① "无垢则谓，今尔诸侯当无不用我慰安之言，而日勤其职事，无或相训戒以盘乐，而不勤其职事。少颖则谓，典狱之官，固当日勤其事，而无相戒以不勤。此二说，少颖与无垢之意大率相似。但经文本是曰字，不当作日字解。"（宋）夏僎：《尚书详解》卷二十五《吕刑》，《钦定四库全书》本。

② "上言，尔所罔不自慰而克作天牧者，非日勤乎。"（清）王夫之：《尚书稗疏》卷四下《吕刑》，《钦定四库全书》本。

③ "切意之参错，讯鞫之变迁，极天下之劳，莫若狱。苟有须臾厌怠之心，则民或不得其死矣。故必告之以勤。今尔罔不由慰日勤，所以安行而自慰，止在乎无日不勤也。慰者，非得其情而喜，盖以不弛其职自慰也。"（宋）时澜：《增修东莱书说》卷三十四《周书·吕刑第二十九》，《钦定四库全书》本。

④ "参错讯鞫，极天下之劳者，莫若狱。苟有毫发怠心，则民有不得其死者矣。罔不由慰日勤者，尔所用以自慰者，无不以日勤，故职举而刑当也。"（宋）蔡沉：《书经集传》卷六《吕刑》，《钦定四库全书》本。

⑤ "盖参错讯鞫，不容有毫发怠心，是极天下之勤者，莫若狱也。今尔罔不由慰日勤，尔苟能日勤，即尔心亦用以自慰也。"《日讲书经解义》卷十三《吕刑》，《钦定四库全书》本。

⑥ "由，用；慰，悦，安之，使相歆为善也。"（宋）黄度：《尚书说》卷七《周书·吕刑》，《钦定四库全书》本。

⑦ "勤者，事事尽其心之谓。慰者无所憾于己之谓。"（明）王樵：《尚书日记》卷十六《吕刑》，《钦定四库全书》本。

2. 尔罔或戒不勤

此段的歧义在于"戒"字。《尚书注疏》汉孔传解此段为"汝无有徒念戒而不勤"。唐孔疏"汝无有徒念戒"为"汝无有徒念我戒，许欲自勤"，"而不勤"为"而身竟不勤戒"。唐孔认为此段是指"汝已许自勤，即当必勤"，即，"使必自勤"。是说"勤其职是安之道，若不勤其职是危之道"。① 宋人夏僎《尚书详解》引汉孔、唐孔，解释说，"无有待我再三戒之，而犹不勤"。夏僎评论说，狱者人之性命所系，当不惮烦细，以悉察之，"讵可不勤"。要是不勤，为事卤莽，那么，无辜就会受戮。这就是"尤贵于勤"的缘故。②

以上是"徒念我戒"，以下是"惰然后戒"。据宋人时澜《增修东莱书说》，吕祖谦说，"必尝惰，然后戒"。即使说"知悔"，而正当"其惰时"，怎能知道"无失其平"。③ 宋人蔡沉《书经集传》说，刑罚之用，"一成"就"不可变"。要是"顷刻"不勤，就会"刑罚失中"。只是"深戒之"，已施行的，也来不及了。戒，固然是"善心"，而用刑岂可以"或戒"。④ 康熙《御制日讲书经解义》说，要是一有不勤，即使"悔而思戒"，也已"无及"。⑤ 近似蔡沉。明人王樵《尚书日记》说："戒者有所惩于前之辞，有失然后有戒。故言刑不可以不勤而或戒，欲其

---

① 传，"汝无有徒念戒而不勤"。疏，"汝已许自勤，即当必勤。汝无有徒念我戒，许欲自勤，而身竟不勤，戒使必自勤也"。"谓勤其职是安之道，若不勤其职是危之道也。"（汉）孔氏传、（唐）陆德明音义、（唐）孔颖达疏《尚书注疏》卷十八《周书·吕刑》，《钦定四库全书》本。

② "尔罔或戒不勤者，二孔谓"，"无有徒念我戒，许以自勤，而身竟不勤者。""无有待我再三戒之，而犹不勤者。盖狱者人之性命所系，当不惮烦细，以悉察之，讵可不勤。倘或不勤，为事卤莽，而无辜者受戮矣。此所以尤贵于勤也。"（宋）夏僎：《尚书详解》卷二十五《吕刑》，《钦定四库全书》本。

③ "尔罔或戒不勤者，必尝惰，然后戒，虽曰知悔，方其惰时，安知无失其平者乎。"（宋）时澜：《增修东莱书说》卷三十四《周书·吕刑第二十九》，《钦定四库全书》本。

④ "尔罔或戒不勤者，刑罚之用，一成而不可变者也。苟顷刻之不勤，则刑罚失中。虽深戒之而已，施者亦无及矣。戒固善心也，而用刑岂可以或戒也哉。"（宋）蔡沉：《书经集传》卷六《吕刑》，《钦定四库全书》本。

⑤ "尔罔或戒不勤，尔苟一有不勤，即尔悔而思戒，亦已无及也。"《日讲书经解义》卷十三《吕刑》，《钦定四库全书》本。

常勤而无所失耳。"①

以下作他解。宋人苏轼《书传》解为，不当用"戒敕之而终不勤者"，"不勤"为"终不勤"。② 清人王夫之《尚书稗疏》解释说，"尔无能戒"而为"上帝所不蠲"，不就是"不勤"吗？③

以下为整句解说。宋人林之奇《尚书全解》说，"令尔当无不由朕之言相慰勉，而日愈勤，不可相戒以不勤"。林之奇认为，典狱之职，人命所系。死者不可复生，刑者不可复续，君子"所当尽心"，于是"戒之以勤"。④ 宋人黄度《尚书说》说，尔今罔不"用其相慰劳之情"，各务修饰，偕之大道，"日致其勤"，而无或戒不勤。⑤ 宋人陈经《陈氏尚书详解》解说为，"尔当以勤为安，以不勤为戒"。"意岂不善，才至于戒不勤"，只是"心有作辍"，勤之时少，不勤时多，只是由于"其出于勉强，非安行于勤"。所以告之，"尔当自安日勤"，就是"此心不以勤为劳"，而"以勤为当然"。陈经认为，刑，人命所系，勤要是不出于自然，而至于戒，就是不勤之，为害已多。⑥

3. 叙评

此句较为复杂，两段均有重大分歧。"由"，部分论者解为"用"，其余未解。"慰"，或为"安"，或"安道以自居"，或"自慰"，或"安行

---

① "戒者有所惩于前之辞，有失然后有戒。故言刑不可以不勤而或戒，欲其常勤而无所失耳。"（明）王樵：《尚书日记》卷十六《吕刑》，《钦定四库全书》本。
② "不当用'戒敕之而终不勤者'。"（宋）苏轼：《书传》卷十九《周书·吕刑第二十九》，《钦定四库全书》本。
③ "尔所无能戒而为上帝所不蠲者，非不勤乎。"（清）王夫之：《尚书稗疏》卷四下《吕刑》，《钦定四库全书》本。
④ "言令尔当无不由朕之言相慰勉，而日愈勤，不可相戒以不勤也。盖典狱之职，人命所系。死者不可复生，刑者不可复续，君子所当尽心，故戒之以勤也。"（宋）林之奇：《尚书全解》卷三十九《吕刑·周书》，《钦定四库全书》本。
⑤ "尔今罔不用其相慰劳之情，各务修饰，偕之大道，日致其勤，而无或戒不勤。"（宋）黄度：《尚书说》卷七《周书·吕刑》，《钦定四库全书》本。
⑥ "今尔罔不由慰曰勤，尔罔或戒不勤，尔当以勤为安，以不勤为戒，意岂不善。才至于戒不勤，则心有作辍，勤之时少，不勤时多，以其出于勉强，非安行于勤者也。故告之曰，尔当自安日勤，则此心不以勤为劳，而以勤为当然。刑者，人命所系，勤苟不出于自然，而至于戒，则是不勤之，为害也已多矣。"（宋）陈经：《尚书详解》卷四十七《周书·吕刑》，《钦定四库全书》本。

而自慰",或"无所憾于己"。"曰勤",有"曰勤"和"日勤"两解。"曰勤"说是指"曰我当勤之",或"曰欲勤行",或"曰各勤乃职"。"日勤"说是指"日愈勤",或"无日不勤",或"日致其勤"。"勤",大多未解,有论者指"事事尽其心"。"戒",有"徒念我戒"、"惰然后戒"两解。"徒念我戒"说是指"许以自勤,而身竟不勤"。"惰然后戒",有说"悔而思戒"的。

笔者以为,"由"字解为"用",无歧义,可采用。此句似乎不是陈述用人,苏轼用人之解,文义不符。"慰"各解为近义,可择优,合采蔡沉"用以自慰"和王樵"无所憾于己"。"曰勤"两解似乎都通,但是,句首有"今"字,"日勤"的解说在此不顺,"曰勤"为善解,可采汉孔"曰我当勤之"。"勤"采"事事尽其心"。"徒念我戒"于文义不顺。吕祖谦的"惰然后戒"、康熙的"悔而思戒"可以合说。整句可以解说为:

现在,你们无不答应说会勤勉,事事尽心,以此自我安慰;你们可不得间或懒惰怠慢,事不尽心,而后再知悔而思戒。

(八) 天齐于民,俾我,一日非终,惟终在人

宋人夏僎《尚书详解》说,下文是陈述"当勤之意"。① 此句有不同的断句。笔者引证解说此句的有,汉孔,唐孔,宋人苏轼、林之奇、夏僎、黄度、胡士行、蔡沉、陈经,元人朱祖义、王天与,清帝康熙、清人王夫之。

1. 天齐于民

此段"民"字有歧义。《尚书注疏》唐陆德明音义说,"天齐于民,绝句"。② 元人王天与《尚书纂传》引陆德明。③ 汉孔传解说"天整齐于下民","齐"为"整齐","民"为"下民"。唐陆德明音义引马融解

---

① "此下遂言所以当勤之意。"(宋)夏僎:《尚书详解》卷二十五《吕刑》,《钦定四库全书》本。
② 音义,"天齐于民,绝句。"(汉)孔氏传、(唐)陆德明音义、(唐)孔颖达疏《尚书注疏》卷十八《周书·吕刑》,《钦定四库全书》本。
③ "唐陆氏曰,天齐于民绝句。"(元)王天与:《尚书纂传》卷四十三《周书·吕刑第二十九》,《钦定四库全书》本。

"齐"为"中"。唐孔疏汉孔传说,"欲使之顺道依理,以性命自终"。①宋人林之奇《尚书全解》说,天以刑而整齐下民。②宋人陈经《陈氏尚书详解》说,刑,是天以此"整齐其民",使民趋于善,而不趋于恶。③

以上"民"解为"下民",以下解为"乱民"。宋人苏轼《书传》认为,刑狱"非所恃以为治"。天只是以此"整齐乱民","齐"为"整齐","民"为"乱民"。④宋人夏僎《尚书详解》说,"盖刑戮之用,乃天以是整齐乱民"。⑤宋人蔡沉《书经集传》说,况且,刑狱"非所恃以为治""天以是整齐乱民"。⑥康熙《御制日讲书经解义》说,"且刑狱固非恃以为治,特上天欲整齐乱民"。⑦

以下另有他解。宋人黄度《尚书说》说,天之于民,均平齐,怎有贤愚之异。⑧

2. 俾我

《尚书注疏》唐陆德明音义说,"俾我,绝句"。⑨元人王天与《尚书纂传》引陆德明。⑩汉孔传解说"使我为之"。唐陆德明音义,俾,马融本

---

① "传,天整齐于下民。"音义,"马云,齐中也"。疏,"上天欲整齐于下民"。"天整齐于下民者,欲使之顺道依理,以性命自终也。"(汉)孔氏传、(唐)陆德明音义、(唐)孔颖达疏《尚书注疏》卷十八《周书·吕刑》,《钦定四库全书》本。
② "天以刑而整齐下民。"(宋)林之奇:《尚书全解》卷三十九《吕刑·周书》,《钦定四库全书》本。
③ "刑者,是天以此整齐其民,使民趋于善,而不趋于恶。"(宋)陈经:《尚书详解》卷四十七《周书·吕刑》,《钦定四库全书》本。
④ "刑狱非所恃以为治也。天以是整齐乱民而已。"(宋)苏轼:《书传》卷十九《周书·吕刑第二十九》,《钦定四库全书》本。
⑤ "盖刑戮之用,乃天以是整齐乱民。"(宋)夏僎:《尚书详解》卷二十五《吕刑》,《钦定四库全书》本。
⑥ "且刑狱非所恃以为治也,天以是整齐乱民。"(宋)蔡沉:《书经集传》卷六《吕刑》,《钦定四库全书》本。
⑦ "且刑狱固非恃以为治,特上天欲整齐乱民。"《日讲书经解义》卷十三《吕刑》,《钦定四库全书》本。
⑧ "天之于民,均平齐矣,岂有贤愚之异哉。"(宋)黄度:《尚书说》卷七《周书·吕刑》,《钦定四库全书》本。
⑨ 音义,"俾我,绝句。"(汉)孔氏传、(唐)陆德明音义、(唐)孔颖达疏《尚书注疏》卷十八《周书·吕刑》,《钦定四库全书》本。
⑩ 唐陆氏曰,"俾我绝句"。(元)王天与:《尚书纂传》卷四十三《周书·吕刑第二十九》,《钦定四库全书》本。

"作矜",指矜哀。唐孔疏汉孔传说,"令我为天子整齐下民"。唐孔认为由于民不能自治,所以"使我为之,使我为天子"。① 宋人林之奇《尚书全解》说,使我推而行之。② 宋人夏僎《尚书详解》说,俾我"人君"主之。③

3. 一日非终,惟终在人

此段主要歧义是"终"字。《尚书注疏》汉孔传解说此段为"一日所行非为天所终,惟为天所终,在人所行"。唐孔疏"一日非终惟终"为"我一日所行失其道,非为天所终,一日所行得其理,惟为天所终",又"我一日所行,善之与恶,非为天所终,惟为天所终";而"坠失天命"是不为天所终;"保全禄位"是为天所终。疏"在人"为"此事皆在人",或"皆在人所行"。"所行",是指"已当慎行以顺天,我已冀欲顺天"。唐孔认为,"王"是说"已冀欲使"为行"称天意",即,我既受天"委付","务欲"称天之心。④ 宋人林之奇《尚书全解》解说,一日所行,或"非为天所终",或"为天所终",为何"在人"。引《孟子》"祸福无不自己求之"。林之奇认为,"敬忌",就为天所终而"子孙代兴";"虐刑"则非为天所终,而"遏绝其世"。"我未尝不致其慎"。文中称说一日,是指善恶感于天,不必积久,一日之间都可。⑤

---

① 传,"使我为之"。音义,"俾,马本作矜,矜哀也"。疏,"使我为之,令我为天子整齐下民也"。"以民不能自治,故使我为之,使我为天子。"(汉)孔氏传、(唐)陆德明音义、(唐)孔颖达疏《尚书注疏》卷十八《周书·吕刑》,《钦定四库全书》本。

② "使我推而行之。"(宋)林之奇:《尚书全解》卷三十九《吕刑·周书》,《钦定四库全书》本。

③ "俾我人君主之。"(宋)夏僎:《尚书详解》卷二十五《吕刑》,《钦定四库全书》本。

④ 传,"一日所行非为天所终,惟为天所终,在人所行"。疏,"我一日所行失其道,非为天所终,一日所行得其理,惟为天所终,此事皆在人"。"我既受天委付,务欲称天之心。坠失天命是不为天所终;保全禄位是为天所终。""我一日所行,善之与恶,非为天所终,惟为天所终皆在人所行。王言已冀欲使为行称天意也。""所行,言已当慎行以顺天,我已冀欲顺天。"(汉)孔氏传、(唐)陆德明音义、(唐)孔颖达疏《尚书注疏》卷十八《周书·吕刑》,《钦定四库全书》本。

⑤ "一日所行,或非为天所终,或为天所终,在人如何耳。孟子曰,祸福无不自己求之者。敬忌,则为天所终而子孙代兴;虐刑则非为天所终,而遏绝其世。我未尝不致其慎也。言一日者,善恶之感于天,不必积久也,一日之间皆可矣。"(宋)林之奇:《尚书全解》卷三十九《吕刑·周书》,《钦定四库全书》本。

以上解为"为天所终",以下解为"善终其事"。宋人夏僎《尚书详解》解说,典狱之人于"一日之间"能勤与不能勤,对于断狱之事,有能善其终,有不能善其终。此事,全在人之能勤与不能勤。这就是"不可不勤"的缘故。夏僎例举说,假如"始蔽此狱",尽心悉力推究,裁决无所不至;"及怠心乘之",于是,其终末"卤莽灭裂而漫不加察",这就是"非终"的意思。要是"克勤之人",就会"始乎如是,终乎如是",始终如一,未尝怠慢。这就是"惟终"的意思。这么说来,非终与惟终,其事"岂不在人"。① 宋人胡士行《胡氏尚书详解》解说为:非终,不能终天之事;惟终,能终天之事;在人,在典狱之人勤与不勤。② 宋人陈经《陈氏尚书详解》解说为,天爱民,其心无穷,"使我兢兢业业,不可以一日遂终其事",而"相与以无穷",有望于人,那么,敬刑之心,始有所托。这是说,此心无穷之处即天意。③ 元人朱祖义《尚书句解》解说为,"一日之间不可终其事。必详审孰究,如要囚服念五六日至于旬时,而后可。""苟欲善终其事,在于得人"。④

4. 俾我一日非终,惟终在人

此断句,"一日非终"有两解。宋人苏轼《书传》解说"俾我一日"为"使我为一日之用","非终"为"非究竟要道"。解说"惟终在人"为"可恃以终"的,"其惟得人"。⑤ 宋人夏僎《尚书详解》引苏轼,说

---

① "苟典狱之人于一日之间能勤与不能勤,则于断狱之事,有能善其终者,有不能善其终者。此事,全在人之能勤与不能勤耳。此所以不可不勤也。断狱之事,所谓善其终,与不善其终者,谓如始蔽此狱,尽心悉力推究,裁决无所不至,及怠心乘之,则其终末,卤莽灭裂而漫不加察矣,此之谓非终。若克勤之人,则始乎如是,终乎如是,始终如一,未尝怠慢。此之谓惟终。然则非终与惟终其事岂不在人乎。"(宋)夏僎:《尚书详解》卷二十五《吕刑》,《钦定四库全书》本。
② "非终(不能终天之事)惟终(能终天之事)在人(在典狱之人勤与不勤)。"(宋)胡士行:《尚书详解》卷十二《周书·吕刑第二十九》,《钦定四库全书》本。
③ "然天之爱民,其心无穷,使我兢兢业业,不可以一日遂终其事,而相与以无穷者,犹有望于人,则敬刑之心,始有所托。是此心无穷之处即天意也。"(宋)陈经:《尚书详解》卷四十七《周书·吕刑》,《钦定四库全书》本。
④ "一日之间不可终其事。必详审孰究,如要囚服念五六日至于旬时,而后可。""苟欲善终其事,在于得人。"(元)朱祖义:《尚书句解》卷十二《吕刑第二十九》,《钦定四库全书》本。
⑤ "盖使我为一日之用,非究竟要道也。可恃以终者,其惟得人乎。"(宋)苏轼:《书传》卷十九《周书·吕刑第二十九》,《钦定四库全书》本。

"其说亦通，故并存之"。① 宋人胡士行《胡氏尚书详解》指称有一说，"俾我属之君"，"君岂能一日之间终之"，因此终之的，不过在于"典狱得人"。②

以上说是指君主不能一日终之，以下说是指"一日旷职，不能终天之事"。据宋人时澜《增修东莱书说》，吕祖谦说，此句是申告之"不可不日勤"。刑，天用来"整齐斯民"，而典狱"特承天意"，以终其事。假，那么，"是柄"就会改在"它人"。从"君"来说，纣之炮烙，不能终天之事，而后终之武王。从"臣"来说，苗之庶戮，不能终天之事，而后终之皋陶。"其可不惧"；"其可不日勤"。③

5. 俾我一日，非终惟终在人

此断句，"终"有两解。宋人蔡沉《书经集传》说，只不过"使我为一日之用"。非终，即《康诰》"大罪非终"的意思，是说"过之当宥"。惟终，即《康诰》"小罪惟终"的意思，是说"故之当辟"。非终惟终，都不是"我得轻重"，只在于"人所犯"。④ 康熙《御制日讲书经解义》近似蔡沉。⑤

以上作"大罪非终"、"小罪惟终"解，以下作"勤"。宋人黄度

---

① "东坡则谓刑狱非所恃以为治也。天以是整齐乱民而已，盖使我为一日之用，非究竟要道也。可恃以终者，惟得人乎。此其意，则以天齐于民为一句，俾我一日非终为一句，惟终在人为一句。其说亦通，故并存之。"（宋）夏僎：《尚书详解》卷二十五《吕刑》，《钦定四库全书》本。

② "一云俾我属之君也，君岂能一日之间终之哉，所以惟终之者，在典狱得人而已。"（宋）胡士行：《尚书详解》卷十二《周书·吕刑第二十九》，《钦定四库全书》本。

③ "天齐于民，俾我一日非终，惟终在人者，申告之以不可不日勤也。刑者，天之所以整齐斯民，而典狱者特承天意以终其事者也。使我一日旷职，不能终天之事，则是柄将改而在它人矣。自君言之，纣之炮烙，不能终天之事，而终之者武王也。自臣言之，苗之庶戮不能终天之事，而终之者皋陶也。其可不惧乎。其可不日勤乎。"（宋）时澜：《增修东莱书说》卷三十四《周书·吕刑第二十九》，《钦定四库全书》本。

④ "使我为一日之用而已。非终，即《康诰》'大罪非终'之谓。言过之当宥者。惟终，即《康诰》'小罪惟终'之谓。言故之当辟者，非终惟终，皆非我得轻重，惟在夫人所犯耳尔。"（宋）蔡沉：《书经集传》卷六《吕刑》，《钦定四库全书》本。

⑤ "俾我为一日之用耳。""非终，过之当宥者。惟终，故之当辟者。""其中有过之当宥，即大罪而非终者；有故之当辟，即小罪而惟终者。惟在夫人所犯。"《日讲书经解义》卷十三《吕刑》，《钦定四库全书》本。

《尚书说》解为,"使我一日之力",非终,为不勤,就"流而堕于小人"。惟终,为勤,就"企而趋于君子"。那么,非终惟终,就都在人。非终,或作或辍,不纯一,诸如说"不克终日",这就叫作"不勤"。只有"终念念相续","自朝至暮"无间断,诸如说"穷日之力",这就叫作"勤"。宋人黄度《尚书说》评论说,"往日惟终,来日犹未可保","往日非终,来日岂可期"。因此,勤之当勉,不勤之当戒。① 清人王夫之《尚书稗疏》说,勤则敬,敬则"足迓"天命。而"日勤",指"一日之积",一日不勤,就"不得为勤"。于是,天"与人以一日",其"为勤"、"不勤","胥",即看,"此一日"。能"与人以日"而"不能使人勤",那么,"终此一日之力以勤"的,并非是天,"其惟终者在人"。王夫之认为,听讼之失,"自非鸶狱","恒因于惰",惰就会"不详为阅审",而人之情"无以自达"。所以穆王"深以"勤戒之。王夫之强调,传、注"迂折不顺","特为正之如此"。②

6. 叙评

此句解说各自表述,歧义较多,而显得复杂。"天齐于民",主要是"民"的歧义,有"下民"和"乱民"两解。"齐",大多作"整齐"解,另有论者作"天之于民,均平齐"解。其后之文断句不同,又各有歧义。有以"俾我"为断,解为"使我为之",或"使我为天子","俾我人君主之"。"一日非终,惟终在人"为断,主要歧义是"终"字,有"为天所终"和"善终其事"两解。"俾我一日非终,惟终在人"为断,有指君主"不能一日终之",有指君臣"一日旷职,不能终天之事"。"俾我一

---

① "使我一日之力,非终为不勤,则流而堕于小人矣。惟终为勤,则企而趋于君子矣。非终惟终则皆在夫人耳。非终,或作或辍,不纯一,犹曰不克终日也,是谓不勤。惟终念念相续,自朝至暮无间断,犹曰穷日之力也,是之谓勤。夫往日惟终,来日犹未可保,往日非终,来日岂可期乎。是故勤之当勉,不勤之当戒。"(宋)黄度:《尚书说》卷七《周书·吕刑》,《钦定四库全书》本。

② "勤则敬,敬则足迓天命,而日勤者,一日之积也;一日不勤,则不得为勤矣。乃天与人以一日,其为勤不勤者,胥此一日也。能与人以日而不能使人勤,则终此一日之力以勤者非天也,其惟终者在人也。……听讼之失,自非鸶狱者,恒因于惰,惰则不详为阅审,而人之情无以自达矣。故穆王深以勤戒之,传注迂折不顺,特为正之如此。"(清)王夫之:《尚书稗疏》卷四下《吕刑》,《钦定四库全书》本。

日，非终惟终在人"为断，"俾我一日"，"使我为一日之用"，"使我一日之力"；"终"有作"大罪非终"、"小罪惟终"解，有作"勤"解。"在人"，有"在人所行"，或"在人之能勤与不能勤"，或"在于得人"，或"有望于人"，或"在夫人所犯"。

笔者以为，此节似乎在讲述天人君臣关系，此句就应从这一角度来求解。"天齐于民"，"齐"大多认可为汉孔"整齐"之解，此说可采。"民"，"整齐"有"治理"之义，汉孔的"下民"之解为善解。断句的歧义在于"俾我一日非终"六字的断在何处，是"俾我"为断，还是"俾我一日"为断，还是"俾我一日非终"为断。"俾我一日非终"为断的两种解说，都似乎牵强，与文义不符。"俾我一日"为断，而"终"作"大罪非终"、"小罪惟终"解，似乎显得过于突兀，与文义不符；"终"作"勤"解，也可通，但似乎不顺。"俾我"为断，可与"天齐于民"衔接，由于"民不能自治"，"使我为天子"，唐孔之解为善解。而后就是以"一日非终，惟终在人"为断，"终"字，"为天所终"，不顺，与文义不符；"善终其事"，其事应指"天齐于民"，陈经的"不可以一日遂终其事"应为善解。"在人"，"在夫人所犯"与文义不符；汉孔的"在人所行"与陈经的"有望于人"都为善解，夏僎的"在人之能勤与不能勤"，朱祖义的"在于得人"也无冲突，可以合解。整句可以解说为：

上天要治理下民，而民不能自治，把我作为天子，此事不可能一日之间完成，而望于得人辅佐，行事能时时勤勉不息。

（九）尔尚敬逆天命，以奉我一人，虽畏勿畏，虽休勿休

笔者引证解说此句的有，汉孔，唐孔，宋人苏轼、林之奇、吕祖谦、夏僎、黄度、蔡沉、陈经，明人王樵，清帝康熙。

1. 尔尚敬逆天命

此段无歧义。《尚书注疏》汉孔传解说为"汝当庶几敬逆天命"，"尚"为"当庶几"。唐孔疏"逆"为"迎"。认为"上天授人为主"，

"是下天命"。诸侯"上辅天子","是逆天命",是指"与天意相迎逆"。①据宋人时澜《增修东莱书说》,吕祖谦解说,怎么可不"祗敬迎"天命,"以承之"。②宋人夏僎《尚书详解》说,上文已经叙述天设刑辟,"其意全在得人",所以在此处"责同姓诸侯",称"尔庶几能敬迎天命"。是说天意在此,敬以迎合其意,所以称为"敬逆"。夏僎认为,大概是说,"尔诸侯,惟当敬顺天命,而勤于蔽狱之事"。③康熙《御制日讲书经解义》解为,"尔尚勿以一毫私意与乎其间,以敬迎上天之命"。④

2. 以奉我一人

《尚书注疏》汉孔传解说此段为,"以奉我一人之戒"。对此,唐孔疏说,"欲使之顺天意而用己命。"⑤据宋人时澜《增修东莱书说》,吕祖谦说,穆王"以奉天为心"。司政典狱"能奉天命",就"能奉穆王"。⑥宋人夏僎《尚书详解》解为,可以"奉承我人君"。⑦康熙《御制日讲书经解义》解为,"以奉事我一人"。⑧

以下为前两段连解。宋人林之奇《尚书全解》解为,"尔当敬逆天

---

① "传,汝当庶几敬逆天命。"疏,"汝等当庶几敬逆天命"。"逆迎也。上天授人为主是下,天命也。诸侯上辅天子,是逆天命也,言与天意相迎逆。汝当庶几敬迎天命。"(汉)孔氏传、(唐)陆德明音义、(唐)孔颖达疏《尚书注疏》卷十八《周书·吕刑》,《钦定四库全书》本。
② "其可不祗敬迎天命,以承之乎。"(宋)时澜:《增修东莱书说》卷三十四《周书·吕刑第二十九》,《钦定四库全书》本。
③ "吕侯上既言天之所以设为刑辟者,其意全在得人,故于是责同姓诸侯,谓尔庶几能敬迎天命,谓天意在此,而汝则敬以迎合其意,故谓之敬逆。盖谓尔诸侯,惟当敬顺天命,而勤于蔽狱之事。"(宋)夏僎:《尚书详解》卷二十五《吕刑》,《钦定四库全书》本。
④ "尔尚勿以一毫私意与乎其间,以敬迎上天之命。"《日讲书经解义》卷十三《吕刑》,《钦定四库全书》本。
⑤ 传,"以奉我一人之戒"。疏,"以奉用我一人之戒"。"以奉我一人之戒,欲使之顺天意而用己命。"(汉)孔氏传、(唐)陆德明音义、(唐)孔颖达疏《尚书注疏》卷十八《周书·吕刑》,《钦定四库全书》本。
⑥ "穆王以奉天为心者也。司政典狱能奉天命,则为能奉穆王矣。"(宋)时澜:《增修东莱书说》卷三十四《周书·吕刑第二十九》,《钦定四库全书》本。
⑦ "以奉承我人君可也。"(宋)夏僎:《尚书详解》卷二十五《吕刑》,《钦定四库全书》本。
⑧ "以奉事我一人。"《日讲书经解义》卷十三《吕刑》,《钦定四库全书》本。

命",以奉我一人"之言",不可失坠逆天命。林之奇说是,勤于听狱,那么,天命之来,"吾有以当之",所以称"逆之"。① 宋人蔡沉《书经集传》解为,"当敬逆天命,以承我一人"。②

3. 虽畏勿畏

有两解。《尚书注疏》汉孔传解"虽畏"说,"行事虽见畏";唐孔疏说,"汝所行事,虽见畏"。汉孔传解"勿畏"为"勿自谓可敬畏";唐孔疏转述,认为,"凡人被人畏",必当自称"已有可畏敬"。③ 据宋人时澜《增修东莱书说》吕祖谦解说,即使是人之所畏,你也"勿畏"。④

以上作"见畏"、"敬畏"解,以下作"威"解。宋人蔡沉《书经集传》说,畏、威古通用。威,辟之。即使我"以为辟",你也"勿辟"。⑤ 康熙《御制日讲书经解义》说,"我虽欲辟,尔惟勿辟",近似蔡沉。⑥

4. 虽休勿休

有三解。《尚书注疏》汉孔传解"虽见美,勿自谓有德美","虽休"为"虽见美","勿休"为"勿自谓有德美"。唐孔疏转述,认为,被人"誉","必自谓"已实有美德,"故戒之","欲令其谦"而勿自恃。⑦ 宋

---

① "尔当敬逆天命,以奉我一人之言,不可失坠逆天命者。""勤于听狱,则天命之来,吾有以当之,故曰逆之也。"(宋)林之奇:《尚书全解》卷三十九《吕刑·周书》,《钦定四库全书》本。
② "当敬逆天命,以承我一人。"(宋)蔡沉:《书经集传》卷六《吕刑》,《钦定四库全书》本。
③ 传,"行事,虽见畏,勿自谓可敬畏"。疏,"汝所行事,虽见畏,勿自谓可敬畏"。"凡人被人畏,必当自谓已有可畏敬。"(汉)孔氏传、(唐)陆德明音义、(唐)孔颖达疏《尚书注疏》卷十八《周书·吕刑》,《钦定四库全书》本。
④ "虽人之所畏者勿畏也。"(宋)时澜:《增修东莱书说》卷三十四《周书·吕刑第二十九》,《钦定四库全书》本。
⑤ "畏、威古通用。威,辟之也。""我虽以为辟,尔惟勿辟。"(宋)蔡沉:《书经集传》卷六《吕刑》,《钦定四库全书》本。
⑥ "我虽欲辟,尔惟勿辟。"《日讲书经解义》卷十三《吕刑》,《钦定四库全书》本。
⑦ 传,"虽见美,勿自谓有德美"。疏,"虽见美,勿自谓有德美,欲令其谦而勿自恃也"。"被人誉,必自谓已实有美德。故戒之。汝等所行事,虽见畏,勿自谓可敬畏;虽见美,勿自谓有德美,教之,令谦而不自恃也。"(汉)孔氏传、(唐)陆德明音义、(唐)孔颖达疏《尚书注疏》卷十八《周书·吕刑》,《钦定四库全书》本。宋

人黄度《尚书说》解说，可畏刑，可美德。刑即使可畏，"畏而弗为"就"废"。德即使可美，"美而自足"就"堕"。①

以上解"休"为"美"，以下解"休"为"宥"。宋人蔡沉《书经集传》说，休，宥之。即使我"以为宥"，你也"勿宥"。② 明人王樵《尚书日记》说，古以刑为咎，以开释为休，是"宥之"的意思。③ 康熙《御制日讲书经解义》说，"我虽欲宥，尔惟勿宥"，近似蔡沉。④

以下解"休"为"喜"。宋人苏轼《书传》解"休"为"喜"。典狱不可以"有所畏喜"。⑤ 宋人时澜《增修东莱书说》，吕祖谦解说，即使是人之所休，你也"勿休"。⑥

以下是两段或证据连解带评，所论均未超出上述诸解。宋人夏僎《尚书详解》称下文是陈述"敬逆天命，奉一人之意"。⑦ 宋人林之奇《尚书全解》引王氏曰，即使有可畏之祸，勿以为畏。即使有可美之福，勿以为美。这是因为，祸福之变无常，而人心不可知。"惟当"修德以逆天命。⑧

据宋人夏僎《尚书详解》，张九成连同上段引"二孔之训"并解释，其心歉歉，"常若不足"，对于刑狱就"知详审深思"。要是，人见畏，就自认为"我可敬畏"，人美誉，就自认为"我有美德"，这样就有"轻天下之心"，对于刑狱"必忽略卤莽"，而民受其弊。张九成认为，此说亦

---

① "可畏刑也，可美德也。刑虽可畏，畏而弗为则废矣。德虽可美，美而自足则堕矣。"（宋）黄度：《尚书说》卷七《周书·吕刑》，《钦定四库全书》本。
② "休，宥之也。""我虽以为宥，尔惟勿宥。"（宋）蔡沉：《书经集传》卷六《吕刑》，《钦定四库全书》本。
③ "古以刑为咎，则以开释为休，谓宥之也。"（明）王樵：《尚书日记》卷十六《吕刑》，《钦定四库全书》本。
④ "我虽欲宥，尔惟勿宥。"《日讲书经解义》卷十三《吕刑》，《钦定四库全书》本。
⑤ "休喜也，典狱者不可以有所畏喜。"（宋）苏轼：《书传》卷十九《周书·吕刑第二十九》，《钦定四库全书》本。
⑥ "虽人之所休者勿休也。"（宋）时澜：《增修东莱书说》卷三十四《周书·吕刑第二十九》，《钦定四库全书》本。
⑦ "此下遂言所以敬逆天命，奉一人之意。"（宋）夏僎：《尚书详解》卷二十五《吕刑》，《钦定四库全书》本。
⑧ "虽畏勿畏，虽休勿休，王氏曰，虽有可畏之祸，勿以为畏。虽有可美之福，勿以为美。所以然者，以祸福之变无常，而人心不可知。惟当修德以逆天命耳是也。"（宋）林之奇：《尚书全解》卷三十九《吕刑·周书》，《钦定四库全书》本。

通，但上文"不甚贯穿"，"故不敢从"。①

据宋人夏僎《尚书详解》，张九成引林之奇并解释，五刑之用不可以不敬，其意就是，以今日敬逆天命，"不当以祸福介其心"，"惟当尽吾一心之敬，以不忽于五刑之用，使刑用而德成"。张九成认为，此说亦可通，故并存之。②

宋人胡士行《胡氏尚书详解》说，刑，天讨。畏之休之，而上下其手，则"非天"。③ 宋人夏僎《尚书详解》解说，断狱，"有不当人心"，是由于"其有喜怒之私介乎其心"。于是"有喜"就"钻皮出羽"，"有怒"就"洗垢索瘢"，此"岂足以敬逆天命"。那么，今日同姓诸侯，应当如何，即使"平时所畏者"，"今不可以畏之"，因此"重吾之法"；即使"平时所与甚休者"，"今亦不可以休之"，因此"轻吾之法"。④

此句连解，宋人陈经《陈氏尚书详解》说，"尔当敬逆上天之命"，以奉我一人，用刑之际，人虽我畏，而我"犹以为未足畏人"，虽"称美于我"，而我"犹以为未足美"。陈经评论说，要是这样，那么，"此心常无已"，方能顺人君爱民无穷之心，方能合得上天爱民无穷之心，方能尽在己爱民无穷之心。这不就是"安于勤者之所能为"的吗？⑤

----

① "无垢则谓二孔之训谓，行事虽见畏，勿自谓可敬畏，虽见美勿自谓有美德，盖其心欿欿，常若不足者，然后于刑知详审深思。若人见畏，遽自谓我可敬畏，若人美誉，遽自谓我有美德，如此则有轻天下之心，于刑狱必忽略卤莽，而民受其弊矣。此说亦通，但上文不甚贯穿耳，故不敢从。"（宋）夏僎：《尚书详解》卷二十五《吕刑》，《钦定四库全书》本。
② "少颖则又谓，此畏与休为祸与福，所谓虽畏勿畏者，言虽有可畏之祸，勿以为畏。所谓虽休勿休者，言虽有可美之福，勿以为美，惟当修德以应，则五刑之用不可以不敬，此其意，则以今日敬逆天命，不当以祸福介其心，惟当尽吾一心之敬，以不忽于五刑之用，使刑用而德成耳。此说亦可通，故并存之。"（宋）夏僎：《尚书详解》卷二十五《吕刑》，《钦定四库全书》本。
③ "刑，天讨也。畏之休之，而上下其手，则非天矣。"（宋）胡士行：《尚书详解》卷十二《周书·吕刑第二十九》，《钦定四库全书》本。
④ "盖人之断狱，所以有不当人心者，以其有喜怒之私介乎其心。故有喜则钻皮出羽，有怒则洗垢索瘢者，此岂足以敬逆天命哉。然则今日同姓之诸侯，要当如何，虽其平时所畏者，今不可以畏之，故而重吾之法；虽其平时所与甚休者，今亦不可以休之，故而轻吾之法。"（宋）夏僎：《尚书详解》卷二十五《吕刑》，《钦定四库全书》本。
⑤ "尔当敬逆上天之命，以奉我一人，用刑之际，人虽我畏，而我犹以为未足畏人，虽称美于我，而我犹以为未足美。若然，则此心常无已，方能顺人君爱民无穷之心，方能合得上天爱民无穷之心，方能尽在己爱民无穷之心。此岂非安于勤者之所能为哉。"（宋）陈经：《尚书详解》卷四十七《周书·吕刑》，《钦定四库全书》本。

5. 叙评

此句歧义不多。"尚"为"当庶几","逆"为"迎"。"奉"为"奉承"、"奉事"。"我一人","我人君"或"穆王"。"畏",一解"见畏"、"敬畏";一解"威"。"休",一解"美";一解"宥";一解"喜"。笔者以为,"尚"、"逆"无歧义,汉孔之解当采。"奉承"、"奉事"为近义,康熙的"奉事"为优,可采。"我一人"指穆王自己。此句讲述天人君臣关系,"见畏"、"敬畏"之解显得牵强突兀。蔡沉解为"威",而"威"为"辟","我虽以为辟,尔惟勿辟"似乎是正解。以"美"、"喜"解"休"也不顺文义。蔡沉解为"休"为"宥","我虽以为宥,尔惟勿宥"是善解。句首陈述"敬逆天命",后两段强调服从天意,而非君主个人,全句顺畅,并与下句衔接。整句可以解说为:

希望你们会恭敬顺从天命,对我尽心奉事,即使我认为要处死的,你们也不要就处死,即使我认为要宽宥的,你们也不要就宽宥,而应按天意裁断。

（十）惟敬五刑,以成三德,一人有庆,兆民赖之,其宁惟永

笔者引证解说此句的有,汉孔,唐孔,宋人苏轼、林之奇、吕祖谦、夏僎、黄度、胡士行、张九成、蔡沉、陈经、叶时、王炎,元人王充耘,清帝康熙。

1. 惟敬五刑

《尚书注疏》汉孔传认为是,"先戒"以"劳谦"之德,"次教"以惟敬五刑。唐孔转述说,上句虽畏勿畏,虽休勿休,是先戒以"劳谦之德",并疏解"劳谦"说,《易》谦卦,"九三爻辞","谦则心劳",所以称"劳谦"。唐孔疏"惟敬五刑"为,"汝等惟当敬慎用此五刑"。[1] 宋人

---

[1] 传,"先戒以劳谦之德,次教以惟敬五刑"。疏,"上句虽畏勿畏,虽休勿休,是先戒以劳谦之德也。劳谦,易谦卦,九三爻辞,谦则心劳,故云劳谦"。"汝等惟当敬慎用此五刑。"（汉）孔氏传、（唐）陆德明音义、（唐）孔颖达疏《尚书注疏》卷十八《周书·吕刑》,《钦定四库全书》本。

夏僎《尚书详解》解说，就是"尽吾心之所敬"，不敢"忽于五刑之法"。① 蔡沉《书经集传》说，"惟敬""五刑之用"。② 宋人陈经《陈氏尚书详解》说，敬，即"此之不已"，即勤。③ 康熙《御制日讲书经解义》说，"敬谨"五刑，使或由重而轻，或由轻而重，"斟酌于轻重之中"。④

元人王充耘《书义矜式》有长篇幅论说，似乎就是在解释唐孔"敬慎"之说。如果世无刑罚，虽唐虞也不能"以化天下"，以其"为治道之所关"。然而"刑一"，唐虞"用之"则足以"致隆平"；后世"因之"，或足以"基乱"，"无他"，在于"敬与不敬"。因此，古人"慎之重之"。知道"死者不可复生，断者不可复续"，一失其当，则"民无所措手足"。而"为民上者"使民无所措其手足，那么民必并"告无辜于上"，"下神祇灾异之来"。到那时，"虽有善者"，也将"无如之何"。王充耘指说，刑者民命之所关，亦国命之所系，因此"用之可不慎"？认为，"法必谨"，所施有以"全治道之不及"，那么，君民受其福，可"必其效"于无穷。⑤ 王充耘讲述"敬"的作用，而用"慎"来说明。实际上，敬是一种态度，而慎则是敬的表现。

2. 以成三德

宋人苏轼《书传》解此段为"以刑成德"。⑥ 元人王充耘《书义矜式》讲述"敬刑"与"成德"的关系。王充耘说，德是"出治之基"，

---

① "惟尽吾心之所敬，而不敢忽于五刑之法。"（宋）夏僎：《尚书详解》卷二十五《吕刑》，《钦定四库全书》本。
② "惟敬乎五刑之用。"（宋）蔡沉：《书经集传》卷六《吕刑》，《钦定四库全书》本。
③ "惟敬五刑，敬即此之不已也，即勤也。"（宋）陈经：《尚书详解》卷四十七《周书·吕刑》，《钦定四库全书》本。
④ "惟敬谨于五刑，使或由重而轻，或由轻而重，斟酌于轻重之中。"《日讲书经解义》卷十三《吕刑》，《钦定四库全书》本。
⑤ "法必谨，所施有以全治道之不及，则君民受其福，可必其效于无穷。""世无刑罚，虽唐虞不能以化天下，以其为治道之所关也。然刑一也，唐虞用之则足以致隆平。后世因之，或足以基乱，无他，敬与不敬而已矣。""是以古人慎之重之。盖知夫死者不可复生，断者不可复续，一失其当，则民无所措手足矣。'为民上者'使民无所措其手足，则必并告无辜于上，下神祇灾异之来。虽有善者，亦将无如之何矣。呜呼，刑者民命之所关，亦国命之所系。用之可不慎乎。"（元）王充耘：《书义矜式》卷六《周书·吕刑》，《钦定四库全书》本。
⑥ "以刑成德。"（宋）苏轼：《书传》卷十九《周书·吕刑第二十九》，《钦定四库全书》本。

刑是"辅世之具","道之以道"而不足,然后用以"防之",而非"恃之以求逞"。也就是,王者之治,以德为化民之本,而必"假刑以辅之"。因此"有关于"君民"为甚重"。王充耘认为,由于"敬","用刑"而"成德之本"。只有能"审操纵之宜","权轻重之等",而使辟以止辟,刑期无刑,那么"刑之所加",皆"德之所寓"。①

"三德"有两解。宋人黄度《尚书说》解"三德"为,降典、治水、播种,即"三事"。黄度认为,降典正德,水土平而致用,播种厚生。②

除黄度外,其余论者,都将"三德"解为"刚、柔、正直"。《尚书注疏》汉孔传解为,所以成"刚、柔、正直"三德。唐孔疏转述后加"以辅我天子"。③ 宋人苏轼《书传》认为"三德",是指《洪范》三德。④ 宋人蔡沉《书经集传》解为,以成"刚、柔、正直之德"。⑤ 康熙《御制日讲书经解义》解为,"以辅成吾正直、刚、柔之三德"。⑥

以上解说较为简略,以下解说较详,有论者列举并评论。宋人夏僎《尚书详解》解为,使当重者重,无愧于三德之刚,而刚不至于太苛;当轻者轻,无愧于三德之柔,而柔不至于太纵;不轻不重,而介乎轻重之间者,无愧于三德之正直,而正直不至于首鼠而持两端。夏

---

① "盖敬者,用刑成德之本也,德者出治之基,刑者辅世之具,道之以道不足,然后用以防之,而非恃之以求逞也。""夫王者之治,以德为化民之本,而必假刑以辅之。其有关于君民者为甚重也。""惟能审操纵之宜,权轻重之等,使辟以止辟,刑期无刑,则刑之所加,皆德之所寓矣。"(元)王充耘:《书义矜式》卷六《周书·吕刑》,《钦定四库全书》本。

② "三德,降典、治水、播种,即三事也。降典正德,水土平而致用,播种厚生。"(宋)黄度:《尚书说》卷七《周书·吕刑》,《钦定四库全书》本。

③ 传,"所以成刚、柔、正直之三德也"。疏,"以成刚、柔、正直之三德,以辅我天子"。(汉)孔氏传、(唐)陆德明音义、(唐)孔颖达疏《尚书注疏》卷十八《周书·吕刑》,《钦定四库全书》本。

④ "三德,洪范三德也。"(宋)苏轼:《书传》卷十九《周书·吕刑第二十九》,《钦定四库全书》本。

⑤ "以成刚、柔、正直之德。"(宋)蔡沉:《书经集传》卷六《吕刑》,《钦定四库全书》本。

⑥ "以辅成吾正直、刚、柔之三德。"《日讲书经解义》卷十三《吕刑》,《钦定四库全书》本。

僎认为，这样一来，就"足以敬逆天命"。① 宋人陈经《陈氏尚书详解》解为，"敬五刑"，那么，刚、柔、正直之德"自成"。"时乎用中典，正直之德成；时乎用重典，刚之德成；时乎用轻典，柔之德成。"②《钦定书经传说汇纂》引宋人王炎说，"刑当轻而轻，以成柔德，而柔不至于纵弛；当重而重以成刚德，而刚不至于苛暴；介轻重之间以成正直，而正直不至于偏倚"。③

康熙《御制日讲书经解义》认为，三德本于《洪范》。"正直之用一"，而"刚柔之用四"。康熙认为，听狱固然只是其一端，却"所系甚巨"。大概在平康之世，刑罚不用之时，也一以正直治之。否则，或以刚克刚，以柔克柔；或以柔克刚；或以刚克柔，在敬用而时宜之。"过于刚"，就会苛刻惨急，而"必滋欺遁之奸"；"过于柔"就会"颓惰委靡"而"卒开淫刑之渐"。所以用刑，必三德全，才能称为"中"。④

宋人叶时《礼经会元》解释说，刑，意指俐，俐，即成，"一成而不可易"。于是，"君子尽心"，浅深必测，轻重必论；必原其情，必权其义。"岂徒法之是任。"因此，"旧染方新"必以"柔"克义之，称为，刑新国用轻典；"暴乱不驯"必以"刚"克义之，称为，刑乱国用重典；"教化已明，习俗已成"，必以"正直"义之，称为，刑平国用中典。叶

---

① "使当重者重，无愧于三德之刚，而刚不至于太苛；当轻者轻，无愧于三德之柔，而柔不至于太纵；不轻不重，而介乎轻重之间者，无愧于三德之正直，而正直，不至于首鼠而持两端。如此，则是足以敬逆天命矣。"（宋）夏僎：《尚书详解》卷二十五《吕刑》，《钦定四库全书》本。

② "敬五刑，则刚、柔、正直之德自成。时乎用中典，则正直之德成；时乎用重典，则刚之德成；时乎用轻典，则柔之德成。"（宋）陈经：《尚书详解》卷四十七《周书·吕刑》，《钦定四库全书》本。

③ "王氏炎曰，刑当轻而轻，以成柔德，而柔不至于纵弛；当重而重以成刚德，而刚不至于苛暴；介轻重之间以成正直，而正直不至于偏倚。"《钦定书经传说汇纂》卷二十一，《钦定四库全书》本。

④ "按，三德本于《洪范》。正直之用一，而刚柔之用四。听狱固其一端，而所系甚巨。盖平康之世，刑罚不用之时，也一以正直治之而已，否则或以刚克刚，以柔克柔；或以柔克刚；或以刚克柔，在敬用而时宜之。过于刚，则苛刻惨急，而必滋欺遁之奸；过于柔则颓惰委靡而卒开淫刑之渐。故用刑，必三德全，而始谓之中也。"《日讲书经解义》卷十三《吕刑》，《钦定四库全书》本。

时指说，这就是，"刑典随时而为轻重"。①

以下是前两段连解并评论。宋人林之奇《尚书全解》说，"三德，刚、柔、正直"。用以逆天命，"无他"，只有明于五刑，就可以成三德。林之奇认为，这三德，尽管"不假于刑"，然而明五刑，三德就自然而成。② 据宋人时澜《增修东莱书说》载，吕祖谦说，"心不外用，惟敬五刑"。轻重出入，都用以成"刚、柔、正直"三德，这就是敬逆天命的"纲条"。③

元人王充耘《书义矜式》评论说，刑有五，即墨、劓、剕、宫、辟；德有三，即刚、柔、正直。两者的关系，王充耘认为，非三德不足以制天下，非五刑不足以成三德。王充耘举例说，刑乱国用"重典"，成三德之"刚"，然而"一有不敬"，或许"伤于苛暴"，而不足以为刚。刑新国用"轻典"，成三德之"柔"，一有不敬，或许"失于姑息"，而不足以为柔。刑平国用中典，成三德之"正直"，一有不敬，则或"失于枉滥"，而不足以为正直。王充耘强调，为臣的"能敬谨"以为五刑之施，"以成"刚、明、正直之三德，那么"法之所加"，大概就"无不当"。用刑的"如之何而不敬"。④

3. 一人有庆

《尚书注疏》汉孔传解为，"天子有善"。唐孔疏转述后说，"以善事

---

① "然刑者侀也，侀者成也，一成而不可易。故君子尽心焉，浅深之必测，轻重之必论；必原其情，必权其宜。初岂徒法之是任邪。是故旧染方新必以柔克义之，故曰刑新国用轻典；暴乱不驯必以刚克义之，故曰刑乱国用重典；教化已明，习俗已成，必以正直义之，故曰刑平国用中典。此刑典随时而为轻重也。"（宋）叶时：《礼经会元》卷四下《刑罚》，《钦定四库全书》本。

② "三德，刚、柔、正直，所以逆天命者，无他，惟明于五刑，则可以成三德矣。""此三德者，虽不假于刑，然明五刑者，三德自然而成矣。"（宋）林之奇：《尚书全解》卷三十九《吕刑·周书》，《钦定四库全书》本。

③ "心不外用，惟敬五刑，轻重出入，皆所以成刚柔正直之三德，是乃敬逆天命之纲条也。"（宋）时澜：《增修东莱书说》卷三十四《周书·吕刑第二十九》，《钦定四库全书》本。

④ "故为臣者能敬谨以为五刑之施，以成刚、明、正直之三德，则法之所加，盖无不当者矣。""夫刑有五，墨劓剕宫辟是也。德有三，刚、柔、正直是也。非三德不足以制天下，非五刑不足以成三德。用刑者如之何而不敬也。刑乱国用重典，所以成三德之刚也，然一有不敬，则或伤于苛暴，而不足以为刚。刑新国用轻典，所以成三德之柔也，一有不敬则或失于姑息，而不足以为柔。刑平国用中典，所以成三德之正直也，一有不敬，则或失于枉滥，而不足以为正直。"（元）王充耘：《书义矜式》卷六《周书·吕刑》，《钦定四库全书》本。

教天下"。又疏"我天子一人有善事"。① 宋人苏轼《书传》解"一人"为"王"。"有庆"未解。② 据宋人时澜《增修东莱书说》，吕祖谦解说，天子"以天下为体"，天下典狱要是都这样，就是"一人有庆"。③ 宋人夏僎《尚书详解》认同张九成，敬用五刑，不为苛酷，以成洪范三德，就是天下乐事，没有"过于此者"，这就是"一人有庆"。④ 宋人蔡沉《书经集传》说，君庆于上。⑤ 元人王充耘《书义矜式》解说为，这样一来，就"君庆于上"，同蔡沉。⑥ 康熙《御制日讲书经解义》解为，"则朕与有庆"。⑦ 魏人张揖《广雅·释言》解庆为贺。⑧

4. 兆民赖之

《尚书注疏》汉孔传未解。唐孔疏"兆民"为"亿兆之民"；"赖"为"蒙赖之"。⑨ 宋人苏轼《书传》解为"民有利"。⑩ 据宋人时澜《增修东莱书说》，吕祖谦解说，兆民之命托付于此，那么确实是"赖之"。⑪ 宋人夏僎《尚书详解》认同张九成，然而刑罚之清，岂能"独人君之乐"，天下之民，为恶者无所容，为善者有所恃，那么，民也与共乐，这就是"兆民

---

① 传，"天子有善"。疏，"天子有善，以善事教天下"。"我天子一人有善事。"（汉）孔氏传、（唐）陆德明音义、（唐）孔颖达疏《尚书注疏》卷十八《周书·吕刑》，《钦定四库全书》本。
② "王有庆。"（宋）苏轼：《书传》卷十九《周书·吕刑第二十九》，《钦定四库全书》本。
③ "天子以天下为体者也，天下典狱者皆若是，则一人有庆矣。"（宋）时澜：《增修东莱书说》卷三十四《周书·吕刑第二十九》，《钦定四库全书》本。
④ "夫敬用五刑，不为苛酷，以成洪范三德，则天下乐事，其有过于此者乎，此所以一人有庆也。"（宋）夏僎：《尚书详解》卷二十五《吕刑》，《钦定四库全书》本。
⑤ "则君庆于上。"（宋）蔡沉：《书经集传》卷六《吕刑》，《钦定四库全书》本。
⑥ "如是，则君庆于上。"（元）王充耘：《书义矜式》卷六《周书·吕刑》，《钦定四库全书》本。
⑦ "则朕与有庆。"《日讲书经解义》卷十三《吕刑》，《钦定四库全书》本。
⑧ "庆，贺也。"（魏）张揖：《广雅》卷五《释言》，《钦定四库全书》本。
⑨ 传，"则兆民赖之"。疏，"则兆民蒙赖之"。"则亿兆之民蒙赖之。"（汉）孔氏传、（唐）陆德明音义、（唐）孔颖达疏《尚书注疏》卷十八《周书·吕刑》，《钦定四库全书》本。
⑩ "民有利。"（宋）苏轼：《书传》卷十九《周书·吕刑第二十九》，《钦定四库全书》本。
⑪ "兆民之命寄焉，则固赖之者也。"（宋）时澜：《增修东莱书说》卷三十四《周书·吕刑第二十九》，《钦定四库全书》本。

赖之"。① 宋人蔡沉《书经集传》解为"民赖于下"。② 元人王充耘《书义矜式》解同蔡沉。③ 康熙《御制日讲书经解义》解为,兆民"实利赖之"。④

5. 其宁惟永

《尚书注疏》汉孔传解说,其乃"安宁""长久"之道。唐孔疏为,"若能如此",其乃安宁"惟久长"之道。⑤ 宋人苏轼《书传》解为"则其安长久"。⑥ 宋人蔡沉《书经集传》解为,而"安宁之福","其永久而不替"。⑦ 康熙《御制日讲书经解义》同蔡沉。⑧ 元人王充耘《书义矜式》说,"安宁之休"可以"永久而不替",近似蔡沉。⑨

据宋人时澜《增修东莱书说》,吕祖谦评论说,"导迎善气,培养根本","国寿"哪会"不延"的?"狱之所系"大概如此。⑩

对后三段,宋人林之奇《尚书全解》接上文说,以刑成德,而无向隅之泣,于是一人之庆莫大,这是"兆民之所赖",其安宁之效,岂能"不永"。⑪ 元人王充耘《书义矜式》又解释说,如此,好生之德,符合民

---

① "然刑罚之清,亦岂独人君之乐哉,天下之民,为恶者无所容,为善者有所恃,则民亦与共乐矣,此所以兆民赖之也。"(宋)夏僎:《尚书详解》卷二十五《吕刑》,《钦定四库全书》本。
② "民赖于下。"(宋)蔡沉:《书经集传》卷六《吕刑》,《钦定四库全书》本。
③ "民赖于下。"(元)王充耘:《书义矜式》卷六《周书·吕刑》,《钦定四库全书》本。
④ "而兆民实利赖之。"《日讲书经解义》卷十三《吕刑》,《钦定四库全书》本。
⑤ 传,"其乃安宁长久之道"。疏,"若能如此,其乃安宁惟久长之道也"。(汉)孔氏传、(唐)陆德明音义、(唐)孔颖达疏《尚书注疏》卷十八《周书·吕刑》,《钦定四库全书》本。
⑥ "则其安长久也。"(宋)苏轼:《书传》卷十九《周书·吕刑第二十九》,《钦定四库全书》本。
⑦ "而安宁之福,其永久而不替矣。"(宋)蔡沉:《书经集传》卷六《吕刑》,《钦定四库全书》本。
⑧ "安宁之福永久而不替矣。"《日讲书经解义》卷十三《吕刑》,《钦定四库全书》本。
⑨ "而安宁之休可以永久而不替。其为国家之福,又岂有终穷也哉。"(元)王充耘:《书义矜式》卷六《周书·吕刑》,《钦定四库全书》本。
⑩ "导迎善气,培养根本,国寿其有不延者乎。狱之所系盖如此。"(宋)时澜:《增修东莱书说》卷三十四《周书·吕刑第二十九》,《钦定四库全书》本。
⑪ "以刑成德,而无向隅之泣,则一人之庆莫大,于是此兆民之所赖也,其安宁之效,岂不永哉。"(宋)林之奇:《尚书全解》卷三十九《吕刑·周书》,《钦定四库全书》本。

心,"至和之气"充塞天地,上则阴阳调而风雨时,下则"群生和"而万物理。一人"垂拱于九重",而天下"同跻于寿域"。建"丕基于不敝",有"不訾泰山之安";保"休命于无疆",有"不訾四维之固"。于是,安宁之福,就不是"一朝一夕"。①

宋人夏僎《尚书详解》认同张九成,天子乐于上,万民乐于下。四海九州"皆在和气中",此其安宁,"岂一朝一夕之故"。② 宋人陈经《陈氏尚书详解》接上文说,如此"其利甚大"。"人君因之",以享其福;"斯民因之",以得其赖;"后世因之",以得其宁。陈经评论说,"刑之为利如此",怎可以轻心用之,而"不知所以勤"。③

宋人胡士行《胡氏尚书详解》说,三德,刚、柔、正直,用以"权"刑之轻重与轻重之间。一人有庆,君之福;兆民赖之,民之幸。此句解为,主敬以天德用之,德成而使君民都蒙其福,"王国之长可必"。④

6. 叙评

此句几无重大歧义。"敬"解为"敬慎"。"三德",有论者解为"降典、治水、播种",大多解为"刚、柔、正直",被指为当重者重、当轻者轻、不轻不重。"一人"解为天子,或王,或君;"庆"解为"善",或

---

① "夫如是,吾见其好生之德,洽于民心,至和之气充塞天地,上则阴阳调而风雨时,下则群生和而万物理。一人垂拱于九重,而天下同跻于寿域矣。建丕基于不敝,有不訾泰山之安;保休命于无疆,有不訾四维之固。安宁之福,夫岂一朝一夕而已哉。吾今而后,知明刑弼教非圣人之所可废,亦非圣人之所可恃。所可恃者,恃其有德而已矣。盖道之德教,德教洽而民气乐,驱以法令,法令极而民风哀。哀乐之感,祸福之应也。"(元)王充耘:《书义矜式》卷六《周书·吕刑》,《钦定四库全书》本。
② "天子乐于上,万民乐于下。四海九州皆在和气中,此其安宁,岂一朝一夕之故而已。其宁惟永,信乎其永矣。此一节无垢说当哉。"(宋)夏僎:《尚书详解》卷二十五《吕刑》,《钦定四库全书》本。
③ "如此则其利甚大。人君因之,以享其福;斯民因之,以得其赖;后世因之,以得其宁。刑之为利如此,岂可以轻心用之,而不知所以勤哉。"(宋)陈经:《尚书详解》卷四十七《周书·吕刑》,《钦定四库全书》本。
④ "惟敬五刑,以成三德(刚、柔、正直所以权是刑之轻重与轻重之间者),一人有庆(君之福也),兆民赖之(民之幸也)。"惟主敬以天德用之,则德成,而君民皆蒙其福,王国之长可必矣。"(宋)胡士行:《尚书详解》卷十二《周书·吕刑第二十九》,《钦定四库全书》本。

"以善事教天下"。"一人有庆"有论者解为"君庆于上"。《广雅·释言》解"庆"为"贺"。"兆民",或"亿兆之民",或"万民",或"天下之民"。"赖"为"蒙赖之",或"民有利"。"兆民赖之",有论者称"民赖于下"。"宁","安宁",或"安宁之福"。"永","长久",或"永久而不替"。

笔者以为,"敬","敬慎"无歧义,当采。"三德","降典、治水、播种"与文义不符;"刚、柔、正直"与前段衔接通畅,可采。此句讲述诸侯用刑,而非周王本身,蔡沉的"君庆于上"优于汉孔的"天子有善";"庆"采《广雅·释言》之解。蔡沉的"民赖于下"、唐孔的"蒙赖之"、苏轼的"民有利"可以合说。"其宁惟永"采汉孔的"安宁长久之道"。整句可以解为:

应当敬慎五刑,当重则重,当轻则轻,或不轻不重,以成刚、柔、正直之德,如此,在上君主庆贺,在下万民蒙利,这才是安宁长久之道。

下篇 《吕刑》句解下：祥刑

本篇有祥刑（上）、祥刑（中）、祥刑（下）、敬刑四部分。

一

祥刑（上）

宋人夏僎《尚书详解》说是，此节"并同姓异姓之诸侯而悉告之"。① 康熙《御制日讲书经解义》也认为是"并同姓异姓诸侯而戒之"。② 据宋人时澜《增修东莱书说》，吕祖谦说，前数章反复告诫，至此始颁赎刑之令，出言缓慢谨慎而不轻易。③ 宋人钱时《融堂书解》说，祥刑一节"凡言其审克之者四"，然而"当作两截看"，上截概举"刑罚节奏"与"典狱之病"，终之以"简孚有众"而下四语。下截历陈"刑罚节目"与"折狱之理"，而终之以"狱成而孚"而下四语。钱时认为，其大纲，全在"何择非人、何敬非刑、何度非及"三句上。④ 元人王天与《尚书纂传》说，前三章只说刑，此章方兼言刑罚。⑤

（一）王曰：吁，来，有邦有土，告尔祥刑

笔者引证解说此句的有，汉孔，唐孔，宋人林之奇、吕祖谦、夏僎、

---

① "此又呼凡有国者有土者而告之。谓并同姓异姓之诸侯而悉告之也。"（宋）夏僎：《尚书详解》卷二十五《吕刑》，《钦定四库全书》本。
② "此一节书是并同姓异姓诸侯而戒之也。"《日讲书经解义》卷十三《吕刑》，《钦定四库全书》本。
③ "前数章反复告戒，至此始颁赎刑之令，言之忉（rèn）而不敢易也。"（宋）时澜：《增修东莱书说》卷三十四《周书·吕刑第二十九》，《钦定四库全书》本。
④ "此节凡言其审克之者四，然当作两截看，上截概举刑罚节奏与夫典狱之病，而终之以简孚有众而下四语。下截历陈刑罚节目与夫折狱之理，而终之以狱成而孚而下四语。若其大纲，则全在何择非人、何敬非刑、何度非及三句上也。"（宋）钱时：《融堂书解》卷二十《吕刑》，《钦定四库全书》本。
⑤ "按前三章止说刑，此章方兼言刑罚。"（元）王天与：《尚书纂传》卷四十三《周书·吕刑第二十九》，《钦定四库全书》本。

史浩、黄度、蔡沉、陈大猷，元人吴澄，王充耘，清帝康熙、清人余萧客。

1. 王曰：吁，来

此段解说无歧义。《尚书注疏》汉孔传解"吁"为"叹"。唐孔疏说，吁，叹声。认为，凡与人"言"必呼使来前。此段为"王叹而呼诸侯曰，吁，来"。① 宋人林之奇《尚书全解》说，凡是称"王曰"，都是"语更端之辞"。如《大诰》、《康诰》、《酒诰》及此篇之类。虽然其终篇都是一人之言，而"屡有王曰"之文，均由于其语更端。"吁，来"是，叹而呼之，"使前"。② 明人刘三吾《书传会选》引宋人陈大猷，"吁，来"，叹而呼之来前。③ 康熙《御制日讲书经解义》解，穆王又叹息说"来"。④

2. 有邦有土

有两解。《尚书注疏》汉孔传解为"有国土诸侯"。唐孔疏为"有邦国、有土地诸侯国君等"。⑤ 宋人史浩《尚书讲义》说，穆王在"告牧伯"之后，又告"同姓"诸侯。这里所告的是"有邦有土"，是由于"其小大之臣均当奉行此法"的缘故。⑥ 康熙《御制日讲书经解义》说，凡是有邦有土，作天牧的，皆"敬听朕言"。⑦

---

① "传，吁，叹也。"疏，"凡与人言必呼使来前。吁，叹声也。王叹而呼诸侯曰，吁，来"。（汉）孔氏传、（唐）陆德明音义、（唐）孔颖达疏《尚书注疏》卷十八《周书·吕刑》，《钦定四库全书》本。
② "凡言王曰者，皆语更端之辞。如《大诰》、《康诰》、《酒诰》及此篇之类。虽其终篇皆于一人之言，而屡有王曰之文，皆以其语更端也。吁来者，叹而呼之，使前也。"（宋）林之奇：《尚书全解》卷三十九《吕刑·周书》，《钦定四库全书》本。
③ "陈氏大猷曰，吁来者，叹而呼之来前。"（明）刘三吾：《书传会选》卷六《吕刑》，《钦定四库全书》本。
④ "穆王又叹息言曰，来。"《日讲书经解义》卷十三《吕刑》，《钦定四库全书》本。
⑤ 传，"有国土诸侯"。疏，"有邦国、有土地诸侯国君等"。（汉）孔氏传、（唐）陆德明音义、（唐）孔颖达疏《尚书注疏》卷十八《周书·吕刑》，《钦定四库全书》本。
⑥ "穆王既告牧伯，又告同姓之诸侯。今此所告，凡有邦有土者，以其小大之臣均当奉行此法故也。"（宋）史浩：《尚书讲义》卷二十《吕刑》，《钦定四库全书》本。
⑦ "凡尔有邦有土，作天牧者，皆敬听朕言。"《日讲书经解义》卷十三《吕刑》，《钦定四库全书》本。

宋人黄度《尚书说》解，有邦，诸侯；有土，都邑大夫。将颁行赎法。于是遍告有国有土。① 宋人蔡沉《书经集传》说，"有民社"，都在"所告"。② 明人刘三吾《书传会选》引宋人陈大猷，有邦，诸侯。有土，有采地的卿大夫。③ 元人吴澄《书纂言》说，邦言其国，土言其境内之地。④

3. 告尔祥刑

"祥"有两解。清人余萧客《古经解钩沉》引郑玄注说，"审察之"，⑤ 其余论者解为"善"。《尚书注疏》汉孔传解，"告汝以善用刑之道"，"尔"为"汝"，"祥刑"为"善用刑之道"。唐孔疏转述。⑥ 宋人史浩《尚书讲义》解，"祥刑"，"善用其刑"，近似汉孔。⑦ 宋人苏轼《书传》解"祥"为"善"。⑧ 宋人林之奇《尚书全解》说，祥，引《尔雅》"善"。祥刑，善用刑之道，即上文所说的"灵制以刑"。自"两造具备"以下都是。王呼有邦有土的诸侯，使来前，而告之以善用刑之道。⑨ 宋人陈经《陈氏尚书详解》说，刑是"残民之具"，为何称之"祥刑"，大概是"刑本以率民为善"，用刑者"当以善用之"。以善用刑，那么，慈祥恺悌之意"胜"，而惨毒

---

① "有邦，诸侯。有土，都邑大夫。将颁行赎法。故遍告有国有土。"（宋）黄度：《尚书说》卷七《周书·吕刑》，《钦定四库全书》本。
② "有民社者，皆在所告也。"（宋）蔡沉：《书经集传》卷六《吕刑》，《钦定四库全书》本。
③ 陈氏大猷曰："有邦，诸侯也。有土，卿大夫有采地者也。"（明）刘三吾：《书传会选》卷六《吕刑》，《钦定四库全书》本。
④ "邦言其国，土言其境内之地。"（元）吴澄：《书纂言》卷四下《吕刑》，《钦定四库全书》本。
⑤ "审察之也。郑注（后汉书注三十九）。"余萧客：《古经解钩沉》卷四《吕刑》，《钦定四库全书》本。
⑥ 传，"告汝以善用刑之道"。疏，"告汝以善用刑之道"。（汉）孔氏传、（唐）陆德明音义、（唐）孔颖达疏《尚书注疏》卷十八《周书·吕刑》，《钦定四库全书》本。
⑦ "祥刑者，善用其刑也。"（宋）史浩：《尚书讲义》卷二十《吕刑》，《钦定四库全书》本。
⑧ "祥，善也。"（宋）苏轼：《书传》卷十九《周书·吕刑第二十九》，《钦定四库全书》本。
⑨ "祥，《尔雅》曰善也。祥刑者，善用刑之道，即上所谓灵制以刑。自两造具备以下，皆是也。王呼有邦有土之诸侯，使来前，而告之以善用刑之道。"（宋）林之奇：《尚书全解》卷三十九《吕刑·周书》，《钦定四库全书》本。

酷烈之心"衰"。陈经认为，有邦有土之诸侯，"不可不知"此意。①

以下为评论。据宋人时澜《增修东莱书说》，吕祖谦说，刑而谓之祥，"好生之德"就已见于发语之端。②宋人黄度《尚书说》说，刑期无刑，善祥莫大。③宋人夏僎《尚书详解》解说，刑以戮民，怎能为祥，而吕侯称之"祥刑"的缘故，大概是先王之刑，非"志于杀人"，而是诛无道，惠有道；诛凶民，保良民。制法之意，未有善于此。下文都是"祥刑之事"。④宋人蔡沉《书经集传》说，刑是凶器，却称之"祥"，《尚书·虞书·皋陶谟》所说的"刑期无刑，民协于中"，"其祥莫大"。⑤

明人刘三吾《书传会选》引宋人陈大猷，刑，凶器，称之祥刑，推究制刑之本。陈大猷评论说，"棐民彝，成三德，系人心，固天命"，何等吉祥。典狱以祥用之，那么就"无往而非祥"。祥刑"非他"，在于安百姓而已，是说使善者有所恃，恶者有所惩。⑥

元人王充耘《读书管见》以后一句为"祥刑"的内容，解释说，有邦有土，本来就应时时"以安百姓为职"，如果能"择人""敬刑"而"审度其所逮及者"，这就是所说的"祥刑"。⑦元人陈栎《书集传纂疏》说："愚谓，刑而曰祥，以好生之德寓焉。择人、敬刑而谨所及，则民安

---

① "刑者残民之具也，而谓之祥刑何哉。盖刑本以率民为善，而用刑者当以善用之。以善用刑，则慈祥恺悌之意胜，而惨毒酷烈之心衰矣。有邦有土之诸侯，不可不知此意。"（宋）陈经：《尚书详解》卷四十七《周书·吕刑》，《钦定四库全书》本。

② "刑而谓之祥，好生之德既见于发语之端矣。"（宋）时澜：《增修东莱书说》卷三十四《周书·吕刑第二十九》，《钦定四库全书》本。

③ "刑期无刑，善祥莫大焉。"（宋）黄度：《尚书说》卷七《周书·吕刑》，《钦定四库全书》本。

④ "刑以戮民，安得为祥，而吕侯谓告尔祥刑者，盖先王之刑，非志于杀人也，诛无道所以惠有道，诛凶民所以保良民。制法之意，未有善于此者。此其所以谓之祥刑也。其下皆祥刑之事。"（宋）夏僎：《尚书详解》卷二十五《吕刑》，《钦定四库全书》本。

⑤ "夫刑，凶器也，而谓之祥者，刑期无刑，民协于中，其祥莫大焉。"（宋）蔡沉：《书经集传》卷六《吕刑》，《钦定四库全书》本。

⑥ 陈氏大猷曰："刑，凶器也，而谓之祥刑，原制刑之本也。棐民彝，成三德，系人心，固天命，何吉祥。如之典狱者以祥用之，则无往而非祥矣。祥刑非他，在于安百姓而已。谓使善者有所恃，恶者有所惩也。"（明）刘三吾：《书传会选》卷六《吕刑》，《钦定四库全书》本。

⑦ "有邦有土，固常以安百姓为职，果能择人敬刑而审度其所逮及者，是即所以为祥刑矣。"（元）王充耘：《读书管见》卷下《吕刑》，《钦定四库全书》本。

矣。民安，则刑可言祥矣。"①

康熙《御制日讲书经解义》解说，刑尽管是凶器，然而先王制刑，本来就有"恻怛忠厚之心"，要是"用之皆得其当"，那么，就可以期于无刑，因而成"从欲风动之治"，"非祥刑而何"。康熙解此段为"今告尔以祥刑"。②

4. 叙评

此句较为简单，解说几无大的歧义。"吁，来"，叹而呼之来前。"有邦有土"有两解。一解为诸侯。一解，有邦，诸侯；有土，都邑大夫。"祥刑"，"祥"一解"审察之"，"善"，指说是"善用刑之道"。笔者以为，汉孔的"叹而呼之来前"，无歧义，当采。"有邦有土"，"有土"指说都邑大夫，符合西周制度，黄度之解为正解。"祥刑"，"详"两解都通。汉孔的"善用刑之道"更符合文义，当采。整句可以解为：

王叹而呼之说：吁，来，有邦的诸侯，有土的大夫们，告诉你们善用刑之道。

（二）在今尔安百姓，何择非人，何敬非刑，何度非及

笔者引证解说此句的有，汉孔，唐孔，宋人苏轼、林之奇、吕祖谦、夏僎、史浩、胡士行、钱时、蔡沉、陈经，元人朱祖义、陈师凯、王天与，明人王樵、陈雅言，清帝康熙、清人余萧客。

1. 在今尔安百姓

此段解说无歧义。《尚书注疏》汉孔传解"安百姓"为"安百姓兆民

---

① "愚谓，刑而曰祥，以好生之德寓焉。择人、敬刑而谨所及，则民安矣。民安，则刑可言祥矣。"（元）陈栎：《书集传纂疏》卷六，《钦定四库全书》本。
② "夫刑虽凶器，然先王制刑，固有恻怛忠厚之心，而用之皆得其当，则可以期于无刑，而成从欲风动之治，非祥刑而何。今告尔以祥刑。"《日讲书经解义》卷十三《吕刑》，《钦定四库全书》本。

之道"。此段，唐孔疏近似转述。① 宋人林之奇《尚书全解》说，在于今，"尔"用来"安百姓"的。② 宋人夏僎《尚书详解》说，汝诸侯"欲安百姓"。③ 宋人史浩《尚书讲义》仅在后加"兆民赖之"。④ 清人余萧客《古经解钩沉》引王注，"安百姓之道"。⑤ 康熙《御制日讲书经解义》说，在今尔等，有"安百姓之责"。⑥ 据宋人时澜《增修东莱书说》，吕祖谦以下文说，"三者之审民，之所以安"。⑦

2. 何择非人

此段几无歧义，但行文有差异。《尚书注疏》汉孔传解此段为"当何所择，非惟吉人乎"，"人"为"吉人"。唐孔疏为"善人"。⑧ 宋人林之奇《尚书全解》解说为，应当如何选择，"所择非吉人"，是说指"吉人在所择"。⑨ 宋人夏僎《尚书详解》说，何所当择，不就是"善用刑之人"吗？⑩ 宋人史浩《尚书讲义》说，"用刑在于得人"。⑪ 宋人陈经《陈氏尚书详解》解说，

---

① "传，在今尔安百姓兆民之道。"疏，"在于今日，汝安百姓兆民之道"。（汉）孔氏传、（唐）陆德明音义、（唐）孔颖达疏《尚书注疏》卷十八《周书·吕刑》，《钦定四库全书》本。

② "其在于今，尔之所以安百姓者。"（宋）林之奇：《尚书全解》卷三十九《吕刑·周书》，《钦定四库全书》本。

③ "吕侯谓汝诸侯，欲安百姓。"（宋）夏僎：《尚书详解》卷二十五《吕刑》，《钦定四库全书》本。

④ "在今尔安百姓者，兆民赖之也。"（宋）史浩：《尚书讲义》卷二十《吕刑》，《钦定四库全书》本。

⑤ "安百姓之道……王注。"余萧客：《古经解钩沉》卷四《吕刑》，《钦定四库全书》本。

⑥ "在今尔等，有安百姓之责者。"《日讲书经解义》卷十三《吕刑》，《钦定四库全书》本。

⑦ "三者之审民，之所以安也。"（宋）时澜：《增修东莱书说》卷三十四《周书·吕刑第二十九》，《钦定四库全书》本。

⑧ 传，"当何所择，非惟吉人乎？"疏，"何所选择，非惟选择善人乎？"（汉）孔氏传、（唐）陆德明音义、（唐）孔颖达疏《尚书注疏》卷十八《周书·吕刑》，《钦定四库全书》本。

⑨ "当何所选择乎，所择非吉人乎，言惟吉人在所择也。"（宋）林之奇：《尚书全解》卷三十九《吕刑·周书》，《钦定四库全书》本。

⑩ "果何所择耶，则所当择者岂非善用刑之人乎？"（宋）夏僎：《尚书详解》卷二十五《吕刑》，《钦定四库全书》本。

⑪ "何择非人，用刑在于得人也。"（宋）史浩：《尚书讲义》卷二十《吕刑》，《钦定四库全书》本。

一　祥刑（上）

"何所择，得非在于人"。"能择吉人以用刑，而勿用"庶威夺货者"。① 清人余萧客《古经解钩沉》引王注，"当何所选择"，"非当选择贤人"。②

据宋人时澜《增修东莱书说》，吕祖谦说，何所当择，不就是典狱之人吗？③ 康熙《御制日讲书经解义》说，何所当选择，不就是"理刑之人"吗？刑官关系"人之元命"，不得其人，就会夺于威货，所以不可以不择。④

3. 何敬非刑

此段解说只是行文差异，无歧义。《尚书注疏》汉孔传解此段为"当何所敬，非惟五刑乎"，"刑"为"五刑"。唐孔疏"敬"为"敬慎"。⑤ 宋人史浩《尚书讲义》说，"行吾敬，惟在用刑"。⑥ 宋人林之奇《尚书全解》说，"当何所敬慎"，所敬不就是五刑吗？⑦ 据宋人时澜《增修东莱书说》，吕祖谦说，何所当敬，不就是"用刑之际"。⑧ 宋人夏僎《尚书详解》说，所当敬不就是"五刑之用"吗？⑨ 宋人陈经《陈氏尚书详解》说，"何所敬，得非在于刑"。敬刑，就能合天德，而不以刑"为己之私"。⑩ 康熙《御制日讲书经解义》说，何所当敬畏，不就是"用刑之

---

① "在今尔安百姓，何所择，得非在于人者乎。能择吉人以用刑，而庶威夺货者勿用可也。"（宋）陈经：《尚书详解》卷四十七《周书·吕刑》，《钦定四库全书》本。
② "当何所选择乎，非当选择贤人乎。王注。"余萧客：《古经解钩沉》卷四《吕刑》，《钦定四库全书》本。
③ "何所当择，岂非典狱之人乎。"（宋）时澜：《增修东莱书说》卷三十四《周书·吕刑第二十九》，《钦定四库全书》本。
④ "何所当选择，非理刑之人乎。盖刑官乃人之元命系焉，不得其人，则夺于威货，故不可以不择也。"《日讲书经解义》卷十三《吕刑》，《钦定四库全书》本。
⑤ 传，"当何所敬，非惟五刑乎？"疏，"何所敬慎，非惟敬慎五刑乎？"（汉）孔氏传、（唐）陆德明音义、（唐）孔颖达疏《尚书注疏》卷十八《周书·吕刑》，《钦定四库全书》本。
⑥ "何敬非刑，行吾敬，惟在用刑也。"（宋）史浩：《尚书讲义》卷二十《吕刑》，《钦定四库全书》本。
⑦ "当何所敬慎乎，所敬非五刑乎，言惟刑在所敬也。"（宋）林之奇：《尚书全解》卷三十九《吕刑·周书》，《钦定四库全书》本。
⑧ "何所当敬，岂非用刑之际乎。"（宋）时澜：《增修东莱书说》卷三十四《周书·吕刑第二十九》，《钦定四库全书》本。
⑨ "果何所敬耶，则所当敬者岂非欲敬五刑之用乎？"（宋）夏僎：《尚书详解》卷二十五《吕刑》，《钦定四库全书》本。
⑩ "何所敬，得非在于刑者乎。敬在刑，则能合乎天德，而不以刑为己之私。"（宋）陈经：《尚书详解》卷四十七《周书·吕刑》，《钦定四库全书》本。

事"吗？"刑狱一成"就不可变，"率意恣睢"，就会悔戒无及，所以不可以不敬。①"敬慎""刑"为"五刑"。

4. 何度非及

此段的歧义主要是"及"字，有四解。一解，尽心。宋人黄度《尚书说》，度，量度其情。量度之所不及，就有隐情，这也是"不尽其心"。②

一解，及其轻重。《尚书注疏》汉孔传解此段为"当何所度，非惟及世轻重所宜"，在"惟及"后加"世轻重所宜"。唐孔疏认为，何度非及，其言"不明"。而以论刑事而言，"度所及"，知道"度及"世之用刑轻重所宜。引王肃"度"为"谋"之解，称"当与主狱者谋虑刑事，度世轻重所宜"，疏"度"为"谋度"，"度及"连用。并称此句为"教诸侯以断狱之法"。③宋人林之奇《尚书全解》说，应当"谋度"什么，所度不就是"及"世轻世重所宜吗？林之奇认为下文"上刑适轻下服，下刑适重上服，轻重诸罚有权"，"刑罚世轻世重"，就是这里的"及"。④

一解，罪相连及。宋人苏轼《书传》说，"及"指"罪非己造，为人所累"。秦汉之间称之"逮"。认为，"此"最为政者"所当慎"，故"特立"此法。称之"及"，因有大狱，狱吏以"多杀"为功，以"不遗支

---

① "何所当敬畏，非用刑之事乎。盖刑者一成而不可变，率意恣睢，则悔戒无及，故不可以不敬也。"《日讲书经解义》卷十三《吕刑》，《钦定四库全书》本。
② "度，量度其情。量度之所不及，则有隐情，是亦不尽其心而已矣。何不及之有。《孟子》曰，物皆然，心为甚，王请度之。"（宋）黄度：《尚书说》卷七《周书·吕刑》，《钦定四库全书》本。
③ 传，"当何所度，非惟及世轻重所宜乎？"疏，"何所谋度，非惟度及世之用刑轻重所宜乎？即教诸侯以断狱之法。""何度非及，其言不明。以论刑事而言，度所及，知所度者度及世之用刑轻重所宜。王肃云，度谋也。非当与主狱者谋虑刑事，度世轻重所宜也。"（汉）孔氏传、（唐）陆德明音义、（唐）孔颖达疏《尚书注疏》卷十八《周书·吕刑》，《钦定四库全书》本。
④ "当何所谋度乎，所度非及世轻世重所宜乎。言惟及，世轻重所宜，而用刑在所度也。下曰，上刑适轻下服，下刑适重上服，轻重诸罚有权，刑罚世轻世重，即此义是也。"（宋）林之奇：《尚书全解》卷三十九《吕刑·周书》，《钦定四库全书》本。

党"为忠。胥史皂隶以"多逮广系"为利。所以古时的大狱，有万人的。国之安危、运祚长短"或寄于此"。解说"何度非及"为，"度"其"非同恶"，则可勿逮。① 宋人夏僎《尚书详解》引苏轼，认为"其说亦通"。② 元人朱祖义《尚书句解》也引苏轼，称为"罪相连及"之说。③ 据宋人时澜《增修东莱书说》，吕祖谦说，何所当度，不就是"狱辞之所逮及"吗？④ 宋人史浩《尚书讲义》说是指，"忖度""刑之所及"。及，是"思其罪之所及"。⑤ 宋人胡士行《胡氏尚书详解》说，"非及"，狱所连及株根枝葛。⑥ 宋人蔡沉《书经集传》解及为逮。例举说，汉世诏狱所逮有时至数万人。认为是指，审度"其所当逮"，而后可逮之。称何、称非，是以问答"发其意"，用来说明"三者之决，不可不尽心"。⑦ 元人陈师凯《书蔡氏传旁通》解逮为连捕。⑧ 宋人陈经《陈氏尚书详解》说，"何所度，得非在于罪相连及"。能详审而揣度之，那么有罪者"囚系"，而不得"并及于无罪"。⑨ 康熙《御制日讲书经解义》解度为审度，及为

---

① "罪非己造，为人所累，曰及。秦汉之间谓之逮，此最为政者所当慎，故特立此法。谓之及，因有大狱，狱吏以多杀为功，以不遗支党为忠。胥史皂隶以多逮广系为利。故古者大狱，有万人者。国之安危运祚长短或寄于此。故曰何度非及，度其非同恶者，则勿逮可也。"（宋）苏轼：《书传》卷十九《周书·吕刑第二十九》，《钦定四库全书》本。
② "东坡乃以及如秦汉间所谓逮，谓罪非己造为人所累者，曰及此最当谨，故特立其法，而谓之及，其说亦通。"（宋）夏僎：《尚书详解》卷二十五《吕刑》，《钦定四库全书》本。
③ "东坡乃以及如秦汉间所谓逮，谓罪非己造，为人所累者曰及。此最当谨，即罪相连及之说。"（元）朱祖义：《尚书句解》卷十二《吕刑第二十九》，《钦定四库全书》本。
④ "何所当度，岂非狱辞之所逮及者乎。"（宋）时澜：《增修东莱书说》卷三十四《周书·吕刑第二十九》，《钦定四库全书》本。
⑤ "何度非及，凡所忖度惟在刑之所及。及者，如曰惧将及之及，思其罪之所及也。"（宋）史浩：《尚书讲义》卷二十《吕刑》，《钦定四库全书》本。
⑥ "非及（狱所连及株根枝葛者乎）。"（宋）胡士行：《尚书详解》卷十二《周书·吕刑第二十九》，《钦定四库全书》本。
⑦ "及，逮也。汉世诏狱所逮有至数万人者。审度其所当逮者，而后可逮之也。曰何，曰非，问答以发其意，以明三者之决，不可不尽心也。"（宋）蔡沉：《书经集传》卷六《吕刑》，《钦定四库全书》本。
⑧ "逮连捕也。"（元）陈师凯：《书蔡氏传旁通》卷六下《吕刑》，《钦定四库全书》本。
⑨ "何所度，得非在于罪相连及者乎。能详审而揣度之，则有罪者囚系，而不得并及于无罪矣。"（宋）陈经：《尚书详解》卷四十七《周书·吕刑》，《钦定四库全书》本。

逮。康熙解说，何所当筹度，不就是"狱词之所逮及"吗？尽管狱词不能无所连及，然而"株累者众"，那么，枉滥必多，所以"不可以不度"。①

一解，情罪相及、罪与法相及。宋人夏僎《尚书详解》解说，所裁度的，不就是欲"情与罪相及"，"罪与法相及"吗？夏僎认为，"情或不然，而罪之状乃然"，"罪或不然"，而"法之加乃然"，都不能称为"及"。②元人朱祖义《尚书句解》采用夏僎。③元人王天与《尚书纂传》引应氏，"凡丽于刑"都称"及"，《虞书》"罚弗及嗣"，《商书》"罚及尔身"。何必以"干连相坐"为"及"。④明人王樵《尚书日记》说，辞所"连引"称"及"。度，度之"以己之心"，"勿惟人言之所指"，即逮之；度之"以彼之情"，"勿惟己心之所疑"，即逮之。⑤

以下为评论。宋人林之奇《尚书全解》引曾博士，上文说的"苗民匪察于狱之丽"，就是"非能敬刑"；"罔择吉人观于五刑之中"，就是"非能择人"；"断制五刑以乱无辜"，就是"非能度刑"。林之奇认为，"此言尽之"。⑥

据宋人时澜《增修东莱书说》，吕祖谦评论，不择典狱之人，那么，有邦有土的，即使有哀敬之心，也"无所施"。已经择其人，然后"居敬行简"以临之，先后固有序。狱辞"连逮"是古今之通病。"酷吏"以多

---

① "度，审度也。及，逮也。""又何所当筹度，非狱词之所逮及乎。盖狱词固不能无所连及，然株累者众，则枉滥必多，故不可以不度也。"《日讲书经解义》卷十三《吕刑》，《钦定四库全书》本。
② "果何所裁度耶，则所裁度者岂非欲情与罪相及，罪与法相及乎。盖情或不然，而罪之状乃然；罪或不然，而法之加乃然，皆非所谓及也。"（宋）夏僎：《尚书详解》卷二十五《吕刑》，《钦定四库全书》本。
③ "何所裁度，岂非欲情与罪相及，罪与法相及乎。盖情或不然，而罪之状乃然；罪或不然，而法之加乃然，皆非所谓及也。"（元）朱祖义：《尚书句解》卷十二《吕刑第二十九》，《钦定四库全书》本。
④ "应氏曰，凡丽于刑者皆曰及，《虞书》罚弗及嗣，《商书》罚及尔身是也。岂必以干连相坐者为及哉。"（元）王天与：《尚书纂传》卷四十三《周书·吕刑第二十九》，《钦定四库全书》本。
⑤ "辞所连引曰及。度者度之以己之心，勿惟人言之所指者，即逮之也，度之以彼之情，勿惟己心之所疑者，即逮之也。"（明）王樵：《尚书日记》卷十六《吕刑》，《钦定四库全书》本。
⑥ "曾博士曰，上既言苗民匪察于狱之丽，则非能敬刑也。罔择吉人观于五刑之中，则非能择人也，断制五刑以乱无辜，则非能度刑也。""此言尽之。"（宋）林之奇：《尚书全解》卷三十九《吕刑·周书》，《钦定四库全书》本。

杀为功,"贪吏"以鬻狱为利,"惟恐"株连枝蔓"不广"。例举说,汉世诏狱之所逮,甚至有至于十余万的。如果在"追逮之时",审度"其必当逮",然后"逮之刑之",就可以达到"简"。①

宋人夏僎《尚书详解》评论说,吕侯欲"诸侯敬听其言",因此以三"何"字为疑,以激其心;以三"非"字为反辞,而勉其心。大概此三段是"总以告之"。下文是"详言之"。② 宋人钱时《融堂书解》评论说,"在今尔安百姓",是"祥刑之旨",正要就安百姓上看。而说安百姓,"莫重于"择人、敬刑、度所及。"择人",是指"择典狱之人"。重视择人,"正是欲敬刑",重视敬刑,正是"欲度其所及"。好像是"三事"而"实相承",这就是后文"每每曰其审克之"的缘故。"审",即度。③ 宋人陈经《陈氏尚书详解》评论说,当以择人为先,得人就能敬、能度。"此以其次序言"。④

《钦定书经传说汇纂》引明人陈雅言,刑并非"残民",而是用以"安民",称之"祥刑"。安民之道,能择人,而后能敬刑,能敬刑而后能度及。三言"何",设为问辞,以致其疑;三言"非",设为答辞,以致其决。当时有邦的诸侯,有土的卿大夫,如果确实"致其择、致其敬、致其度",那么,民无不安,而刑就为"祥"。⑤

---

① "不择典狱之人,则有邦有土者,虽有哀敬之心,亦无所施矣。既择其人,然后居敬行简,以临之,先后固有序也。狱辞之连逮,古今之通病。酷吏以多杀为功,贪吏以鬻狱为利,惟恐株连枝蔓之不广。汉世诏狱之所逮,盖有至于十余万者矣。苟于追逮之时,审度其必当逮者,然后逮之刑之,所以简也。"(宋)时澜:《增修东莱书说》卷三十四《周书·吕刑第二十九》,《钦定四库全书》本。
② "吕侯欲诸侯敬听其言,故以三何字为疑,以激其心;以三非字为反辞,而勉其心。大抵此三句是总以告之也。其下乃详言之。"(宋)夏僎:《尚书详解》卷二十五《吕刑》,《钦定四库全书》本。
③ "在今尔安百姓,祥刑之旨,正要就安百姓上看。言安百姓,莫重于择人、敬刑、度所及也。择人者,择典狱之人,所贵于择人者,正是欲敬刑,所贵于敬刑者,正是欲度其所及。若三事而实相承,故每每曰其审克之。审即度也。"(宋)钱时:《融堂书解》卷二十《吕刑》,《钦定四库全书》本。
④ "此三句,又当以择人为先,惟得人则能敬、能度。此以其次序言也。"(宋)陈经:《尚书详解》卷四十七《周书·吕刑》,《钦定四库全书》本。
⑤ "陈氏雅言曰,刑非所以残民,而以安民,谓之祥刑。安民之道,能择人,而后能敬刑,能敬刑而后能度及。三言何者设为问辞,以致其疑。三言非者设为答辞,以致其决。当时有邦之诸侯,有土之卿大夫,果能于此三者,而致其择、致其敬、致其度,则民无不安,而刑斯为祥矣。"《钦定书经传说汇纂》卷二十一,《钦定四库全书》本。

康熙《御制日讲书经解义》说，必得其人，就异于"罔择吉人者"；必敬其事，就异于"匪察于狱"；必度其及，就异于"乱虐无辜"。三者，必以择人为先，果真得其人，就必能敬刑。然而刑之酷滥，"莫甚于所及"。俗吏以苛为能，以刻疾为忠，往往穷极根株，攀缘党类，必至滥及平人，即使"一朝纵释"，然而"瘐死已众"。匹夫匹妇也足以"上干天和"，不必如汉世诏狱至逮及数万人，才称"冤"。用刑者对此怎可"不致慎"？①

5. 叙评

此句前三段无歧义，后一段"及"字有四解。"安百姓"，有"欲安百姓"、"安百姓之责"、"安百姓之道"之解。"人"，有"吉人"、"善人"、"善用刑之人"、"贤人"、"典狱之人"、"理刑之人"之解。"敬"，"敬慎"；"刑"，"五刑"。"度"，有"量度其情"，"谋度"，"忖度"之解。"及"字，或"尽心"，或"及其轻重"，或"罪相连及"，或"情罪相及、罪法相及"。尽心，"非及"连解，指说是"不尽其心"。"及其轻重"，说是指"世轻重所宜"。"罪相连及"，"及"为"逮"，例举"罪非已造，为人所累"，或"狱辞之所逮及"，或"狱所连及株根枝葛"，或"狱词之所逮及"，或"连捕"，或"并及于无罪"。

笔者以为，"欲安百姓"、"安百姓之责"、"安百姓之道"三解都通，但从衔接的下文而言，夏僎的"欲安百姓"较为通畅，可采。"人"，"吉人"、"善人"、"善用刑之人"、"贤人"前后文均有叙述，此处，吕祖谦的"典狱之人"、康熙的"理刑之人"较为合适。唐孔的"敬慎"、汉孔的"五刑"无歧义，当采。"量度其情"、"谋度"、"忖度"为同义或近义，史浩的"忖度"较为通顺，可采。"非及"解为"不尽其心"，与"何"衔接不顺。汉孔的"及其轻重"、苏轼的"罪相连及"、夏僎的"情罪相及、罪法相及"，

---

① "夫必得其人，则异于罔择吉人者矣；必敬其事，则异于匪察于狱者矣；必度其及，则异于乱虐无辜者矣。朕之告尔祥刑者如此，抑斯三者，固以择人为先，诚得其人，则必能敬刑，然而刑之酷滥，莫甚于所及。盖俗吏以苛为能，以刻疾为忠，往往穷极根株，攀缘党类，必至滥及平人，即一朝纵释，而瘐死已众。匹夫匹妇亦足上干天和，又不必如汉世诏狱至逮及数万人，而后谓之冤也。用刑者可不致慎于此乎。"《日讲书经解义》卷十三《吕刑》，《钦定四库全书》本。

都通，无冲突，也都顺畅，可以合说。整句可以解说为：

在当今，你们要安抚百姓，应当选择的是什么，不就是典狱理刑的人吗？应当敬慎的是什么，不就是五刑吗？应当忖度的是什么，不就是轻重适宜，情罪相及，罪法相及，不株连无辜吗？

（三）两造具备，师听五辞

康熙《御制日讲书经解义》认为，此句及以下三句是告诸侯以"听狱之法"。① 笔者引证解说此句的有，汉孔、唐孔、宋人苏轼、林之奇、吕祖谦、夏僎、史浩、黄度、蔡沉、陈经，元人王充耘，明人王樵，清帝康熙。

1. 两造具备

宋人陈经《陈氏尚书详解》说，两造具备，"此教之以听刑之法"。② 有三解。一解"两"为"囚、证"。《尚书注疏》汉孔传解"两"为"囚、证"，"造"为"至"。称"两至具备"。唐孔疏说，"两"为"两人"，指"囚与证"。唐孔指说，凡"竞狱"必有两人为"敌"，各言有辞理。有时"两皆须证"，那么，"囚之与证"，就非只"两人"。两人谓囚与证。不为，即不以为，"两敌至"，是说，将断其罪必须"得证"，而"两敌"同时在官，"不须待至"。况且，两人"竞理"，或并"皆为囚"，各自须证，于是以"两"为囚与证也。唐孔疏"两至具备"为"囚证具足，各得其辞"。凡断狱者，"必令"囚之与证"两皆"来至，囚证具备，而"取其言语"。③ 宋人林之奇《尚书全解》，"两造"认同唐孔。"具备"

---

① "此一节书是告诸侯以听狱之法也。"《日讲书经解义》卷十三《吕刑》，《钦定四库全书》本。

② "两造具备，此教之以听刑之法。"（宋）陈经：《尚书详解》卷四十七《周书·吕刑》，《钦定四库全书》本。

③ "传，两谓囚、证。造，至也。两至具备。"疏，"凡断狱者，必令囚之与证两皆来至。囚证具备，取其言语。""两谓两人，谓囚与证也。凡竞狱必有两人为敌，各言有辞理，或时两皆须证，则囚之与证，非徒两人而已。两人谓囚与证，不为两敌至者，将断其罪必须得证，两敌同时在官，不须待至。且两人竞理，或并皆为囚，各自须证，故以两为囚与证也。两至具备，谓囚证具足，各得其辞。"（汉）孔氏传、（唐）陆德明音义、（唐）孔颖达疏《尚书注疏》卷十八《周书·吕刑》，《钦定四库全书》本。

解为"囚证俱至，具在于此"。①

一为分解，"两造"解为"两争"，"具备"为"词证"。宋人蔡沉《书经集传》说，两造，"两争"皆至。引《周官》"以两造听民讼"。具备，词证皆在。② 康熙《御制日讲书经解义》解同蔡沉。康熙解释说，争讼，必有两人。两者俱至，又必有"供词、证佐"，使之一一具备。③ 元人王充耘《读书管见》指说，"原告、被论、干证悉完"。④ 明人王樵《尚书日记》说，辞如文卷，证是证佐。有辞在而证不在，有证在而辞不在，都不可以问理。证佐两争者俱有，或两都须证，于是不可缺。⑤

一解仅指两争。宋人苏轼《书传》解为"讼者两至"。⑥ 据宋人时澜《增修东莱书说》，吕祖谦解说，"两争"都"造于庭"，非偏听。⑦ 宋人夏僎《尚书详解》说是指，听狱之道，对于"两争皆至之辞"，悉已具备，"无有"甲是、乙非，就是两人皆已在庭，两辞皆已在目，"非偏至之辞"。这样就"是非可判"，轻重可决。⑧ 宋人陈经《陈氏尚书详解》解说，造，至。两辞皆至。具备，无一辞不备。⑨

---

① "造，至也，两造，谓囚与证俱至也。唐孔氏曰，凡竞狱必有两人为敌，将断其罪必须得证，故两，为囚与证也。囚证俱至，具在于此。"（宋）林之奇：《尚书全解》卷三十九《吕刑·周书》，《钦定四库全书》本。

② "两造者，两争者皆至也。《周官》以两造听民讼。具备者，词证皆在也。"（宋）蔡沉：《书经集传》卷六《吕刑》，《钦定四库全书》本。

③ "两造，两争者皆至也。具备，词证皆在也。""穆王曰，凡民争讼，必有两人。两者俱至，又必有供词、证佐，使之一一具备。"《日讲书经解义》卷十三《吕刑》，《钦定四库全书》本。

④ "两造具备，犹云原告、被论、干证悉完也。"（元）王充耘：《读书管见》卷下《吕刑》，《钦定四库全书》本。

⑤ "辞如文卷，证是证佐。有辞在而证不在，有证在而辞不在，皆不可以问理。证佐两争者俱有，或两皆须证，则不可缺。"（明）王樵：《尚书日记》卷十六《吕刑》，《钦定四库全书》本。

⑥ "讼者两至。"（宋）苏轼：《书传》卷十九《周书·吕刑第二十九》，《钦定四库全书》本。

⑦ "两造具备，两争者皆造于庭，非偏听也。"（宋）时澜：《增修东莱书说》卷三十四《周书·吕刑第二十九》，《钦定四库全书》本。

⑧ "谓凡听狱之道，于两争皆至之辞，悉已具备，无有甲是、乙非者，则是两人皆已在庭，两辞皆已在目，非偏至之辞也。如是则是非可判，而轻重可决矣。"（宋）夏僎：《尚书详解》卷二十五《吕刑》，《钦定四库全书》本。

⑨ "造，至也，两辞皆至。具备，则无一辞不备。"（宋）陈经：《尚书详解》卷四十七《周书·吕刑》，《钦定四库全书》本。

2. 师听五辞

此段"师"有两解。一解为"士",宋人苏轼《书传》解为"士听其辞"。①

一解为"众"。《尚书注疏》汉孔传解为"众狱官共听其入五刑之辞","师"为"众狱官","听"为"共听","五辞"为"五刑之辞"。唐孔疏"听其入五刑之辞"为"乃据辞定罪","观其犯状,斟酌入罪,或入墨劓,或入宫刖"。②

宋人林之奇《尚书全解》接上文说,于是"众狱官听其辞之曲直"。五辞,五刑之辞。听其辞而审其罪状,"当以何刑加之",所以称"五辞"。③据宋人时澜《增修东莱书说》,吕祖谦说,"群有司同听其辞",而非偏见。并连接上文说,狱辞所及,既要"审度",而两造又要"具备",那么,不当逮的"不可扰一人",应当逮的"不可阙一人"。④宋人夏僎《尚书详解》说,师,众。以一人独听,恐聪明有所不及,思虑有所不至,所以"必以师听五辞"。五辞,两造之辞,或可以入墨,或可以入劓,或可以入剕、宫、大辟,所以其辞有五等。⑤宋人黄度《尚书说》说,造,至。讼者两至具备而众听之。引《周礼》"以两造听民狱"说,群士司刑都在,"各丽其法",以议狱讼,依照其辞以定刑,所以称"五辞"。⑥宋

---

① "则士听其辞。"(宋)苏轼:《书传》卷十九《周书·吕刑第二十九》,《钦定四库全书》本。
② "传,则狱官共听其入五刑之辞。"疏,"乃与众狱官共听其入五刑之辞"。"乃据辞定罪,与狱官共听其辞,观其犯状,斟酌入罪,或入墨劓,或入宫刖。故云听其入五刑之辞也。"(汉)孔氏传、(唐)陆德明音义、(唐)孔颖达疏《尚书注疏》卷十八《周书·吕刑》,《钦定四库全书》本。
③ "则众狱官听其辞之曲直。曰五辞者,五刑之辞,听其辞而审其罪状,当以何刑加之,故谓之五辞也。"(宋)林之奇:《尚书全解》卷三十九《吕刑·周书》,《钦定四库全书》本。
④ "师听五辞,群有司同听其辞,非偏见也。狱辞所及,既欲审度,而两造复欲其具备,盖所不当逮者不可扰一人,所当逮者不可阙一人也。"(宋)时澜:《增修东莱书说》卷三十四《周书·吕刑第二十九》,《钦定四库全书》本。
⑤ "然以一人独听,则又恐聪明有所不及,思虑有所不至。故必以师听五辞可也。师,众也。五辞,谓此两造之辞,或可以入墨,或可以入劓,或可以入剕、宫、大辟,故其辞有五等也。"(宋)夏僎:《尚书详解》卷二十五《吕刑》,《钦定四库全书》本。
⑥ "造,至也。讼者两至具备而众听之。《周礼》以两造听民狱。群士司刑皆在,各丽其法,以议狱讼是也。因其辞以定刑,故曰五辞。"(宋)黄度:《尚书说》卷七《周书·吕刑》,《钦定四库全书》本。

人史浩《尚书讲义》解"师"为"众",说是"与众共听之",近似汉孔。而解"五辞"为"讼牒",又指说,"五辞,五方之辞"。① 宋人蔡沉《书经集传》说,师,众。五辞,丽于五刑之辞。② 康熙《御制日讲书经解义》解同蔡沉。康熙解释说,就与众狱官共听之。恐一人之见,或许"有偏"。"听之之法"如何,两造必有附丽于五刑之辞,就称为"五辞"。③ 宋人陈经《陈氏尚书详解》说,然后"合众人而听其入五刑之辞"。其辞丽于五刑,所以称"五辞"。"一人之智"不足以尽之,必参于"众人之智"。并引《礼记·王制》"疑狱与众共之,众疑赦之"。④ 元人王充耘《读书管见》例举说,"犹今团坐公同推问"。⑤

3. 叙评

此句,"两造具备"有三解。一解"两"为"囚、证","造"为"至",称"囚证具足"。一解"两"为"两争",两造,"两争皆至",具备,词证皆在。一解仅指"两争",具备,"无一辞不备"。"师"有两解。一解为"士"。一解为"众"或"群",指说是"众狱官"或"群士"。"五辞"解为"五刑之辞",或"入五刑之辞","丽于五刑之辞",或"五方之辞"。

笔者以为"两造具备"的三解都通,相较而言,解"两"为"囚、证",以及仅指"两争"都稍失狭窄。蔡沉的"两争皆至"、"词证皆在",可以包含案件的各种变化,为正解。"师"的两解也都通,但"士师"是西周"典狱官"的称谓,苏轼解为"士"为善解。"五辞","五方之辞"词义不明,其余都通,汉孔的"入五刑之辞"相较为优,可采。

---

① "师,众也,与众共听之也。五辞,讼牒也。其曰五辞者,五方之辞也。"(宋)史浩:《尚书讲义》卷二十《吕刑》,《钦定四库全书》本。

② "师,众也。五辞,丽于五刑之辞也。"(宋)蔡沉:《书经集传》卷六《吕刑》,《钦定四库全书》本。

③ "师,众也。五辞,丽于五刑之辞也。""然后乃与众狱官共听之。恐一人之见,或有偏也。听之之法如何,两造必有附丽于五刑之辞,是谓五辞。"《日讲书经解义》卷十三《吕刑》,《钦定四库全书》本。

④ "然后合众人而听其入五刑之辞。其辞丽于五刑者也,故曰五辞。一人之智不足以尽之,必参于众人之智。若《王制》所谓疑狱与众共之,众疑赦之是也。"(宋)陈经:《尚书详解》卷四十七《周书·吕刑》,《钦定四库全书》本。

⑤ "师听五辞,犹今团坐公同推问也。"(元)王充耘:《读书管见》卷下《吕刑》,《钦定四库全书》本。

整句可解说为：

原告、被告都到，辞证俱在，士师据此审理，以入五刑。

（四）五辞简孚，正于五刑

明人王樵《尚书日记》说，五辞简孚六句，只是相推下去，欲其原情定罪。① 笔者引证解说此句的有，汉孔，唐孔，宋人苏轼、林之奇、吕祖谦、夏僎、史浩、黄度、蔡沉、陈经、陈大猷，明人王樵、潘士遴，清帝康熙、清人朱鹤龄。

1. 五辞简孚

此段行文各异，但无大的歧义。《尚书注疏》汉孔传解为"五辞简核，信有罪验"，"简"为"简核"，"孚"为"信有罪验"。唐孔疏为"既得"囚证将入五刑之辞，"更复简练核实"，"知其信有罪状"，与刑书正同。又疏"信实有罪"。② 宋人苏轼《书传》解"简"为"核"，"孚"为"审虑"，"五辞简孚"为"简孚而无辞"。③ 宋人林之奇《尚书全解》说，所听之辞"简核其实"，"信为有罪"。④ 宋人史浩《尚书讲义》解"简孚"为"核实"。⑤ 据宋人时澜《增修东莱书说》，吕祖谦说，狱辞虽众，丽于刑"不过五"，于是就称为"五辞"。群有司同听其辞。简，核；孚，信。⑥ 宋人

---

① "按五辞简孚六句，只是相推下去，欲其原情定罪而已。"（明）王樵：《尚书日记》卷十六《吕刑》，《钦定四库全书》本。
② "传，五辞简核，信有罪验。"疏，"其五刑之辞简核信实有罪"。"既得囚证将入五刑之辞，更复简练核实，知其信有罪状，与刑书正同。"（汉）孔氏传、（唐）陆德明音义、（唐）孔颖达疏《尚书注疏》卷十八《周书·吕刑》，《钦定四库全书》本。
③ "简，核也。孚，审虑也。简孚而无辞。"（宋）苏轼：《书传》卷十九《周书·吕刑第二十九》，《钦定四库全书》本。
④ "所听之辞简核其实，信为有罪。"（宋）林之奇：《尚书全解》卷三十九《吕刑·周书》，《钦定四库全书》本。
⑤ "简孚者，核实也，乃正于五刑。"（宋）史浩：《尚书讲义》卷二十《吕刑》，《钦定四库全书》本。
⑥ "五辞简孚，正于五刑，狱辞虽众，丽于刑者不过五，故谓之五辞。群有司同听其辞。简，核；孚，信。"（宋）时澜：《增修东莱书说》卷三十四《周书·吕刑第二十九》，《钦定四库全书》本。

蔡沉《书经集传》解，简，核其实；孚，无可疑。五辞简核而可信。① 康熙《御制日讲书经解义》解，简，核其实；孚，无可疑。康熙说，听之者，在简核其实，必无有"毫发之可疑"。近似蔡沉。②

宋人夏僎《尚书详解》引张九成，简，得其要辞；孚，信而无可疑。是说众以五刑之法听此罪辞，确实得其要辞，"无丝毫可疑"，这是说确实"有罪当刑者"。③ 宋人陈经《陈氏尚书详解》解，简，"狱之要辞"。五辞"既得其要，而可信"，方可正之以五刑。其辞与其法适相当。④

宋人黄度《尚书说》解，简，不烦。辞直不烦而又信。⑤ 宋人陈大猷《书集传或问》指称说是，"情罪灼然当刑"，而"不可出脱"。⑥ 明人王樵《尚书日记》解，辞，即今之"供"。简孚，不能隐讳，所招是实。⑦

2. 正于五刑

"正"有三解。一解"罪"。《尚书注疏》汉孔传解为"则正之于五刑"，近似未解。唐孔疏为"以五刑之罪罪其身"，即，"依刑书断之，应墨者墨之，应杀者杀之"。⑧ 宋人林之奇《尚书全解》说，就正之于五刑。

---

① "简，核其实也；孚，无可疑也。""五辞简核而可信。"（宋）蔡沉：《书经集传》卷六《吕刑》，《钦定四库全书》本。
② "简，核其实也。孚，无可疑也。""听之者，在简核其实，必无有毫发之可疑。"《日讲书经解义》卷十三《吕刑》，《钦定四库全书》本。
③ "张无垢谓，简者，得其要辞也，孚者，信而无可疑也，谓众以五刑之法听此罪辞，果得其要辞，无丝毫可疑者，此谓果有罪当刑者也。"（宋）夏僎：《尚书详解》卷二十五《吕刑》，《钦定四库全书》本。
④ "简者，狱之要辞也。五辞既得其要，而可信矣，方可正之以五刑。其辞与其法适相当也。"（宋）陈经：《尚书详解》卷四十七《周书·吕刑》，《钦定四库全书》本。
⑤ "则正于五刑。以施墨、劓、剕、宫、大辟。"（宋）黄度：《尚书说》卷七《周书·吕刑》，《钦定四库全书》本。
⑥ "五辞简孚，正于五刑，盖情罪灼然当刑，而不可出脱者也。"（宋）陈大猷：《书集传或问》卷下《吕刑》，《钦定四库全书》本。
⑦ "辞，即今之所谓供也。简孚者不能隐讳，所招是实也。"（明）王樵：《尚书日记》卷十六《吕刑》，《钦定四库全书》本。
⑧ 传，"则正之于五刑"。疏，"则正之于五刑，以五刑之罪罪其身也"。"则依刑书断之，应墨者墨之，应杀者杀之。"（汉）孔氏传、（唐）陆德明音义、（唐）孔颖达疏《尚书注疏》卷十八《周书·吕刑》，《钦定四库全书》本。

当墨,墨之;当劓,劓之。① 宋人黄度《尚书说》说,就正于五刑,以施墨、劓、剕、宫、大辟。② 宋人夏僎《尚书详解》说,按其罪状而以墨、劓、剕、宫、大辟之刑正之。③

一解"当"。据宋人时澜《增修东莱书说》,吕祖谦说,"随其轻重"而正其刑,这就会"情法相当"。④ 明人王樵《尚书日记》说,正于五刑,议其罪。"正"字,汉人称之"当",指"情法相当"。今大理官评允狱案,必曰审拟合律,亦此意也。古者因情而求法,故有不可入之刑,后世移情而合法,故无不可加之罪。⑤ 清人朱鹤龄《尚书埤传》说,《吕刑》的"正",汉人称之"当",说是"情法相当"。⑥

一解"质"。宋人蔡沉《书经集传》解正为质。⑦《钦定书经传说汇纂》引明人潘士遴,"非便用五刑,只以此情辞质正于刑书,当于何等刑加之也"。⑧ 康熙《御制日讲书经解义》解正为质。康熙解释说,质正于墨、劓、剕、宫、大辟五等之刑,而"各以其罪罪之"。⑨

3. 叙评

此句无重大歧义。"简",为"核",或"简核",或"简练核实",

---

① "则正之于五刑,当墨者墨之,当劓者劓之也。"(宋)林之奇:《尚书全解》卷三十九《吕刑·周书》,《钦定四库全书》本。
② "则正于五刑。以施墨、劓、剕、宫、大辟。"(宋)黄度:《尚书说》卷七《周书·吕刑》,《钦定四库全书》本。
③ "则按其罪状而以墨、劓、剕、宫、大辟之刑正之,谓罪在是,则正以是刑加之也。"(宋)夏僎:《尚书详解》卷二十五《吕刑》,《钦定四库全书》本。
④ "随其轻重而正其刑,此情法相当者也。"(宋)时澜:《增修东莱书说》卷三十四《周书·吕刑第二十九》,《钦定四库全书》本。
⑤ "正于五刑,议其罪也。""两正字最可玩,汉人谓之当,谓情法相当也。今大理官评允狱案,必曰审拟合律,亦此意也。古者因情而求法,故有不可入之刑,后世移情而合法,故无不可加之罪。"(明)王樵:《尚书日记》卷十六《吕刑》,《钦定四库全书》本。
⑥ "按吕刑所谓正,汉人谓之当。言情法相当也。"朱鹤龄:《尚书埤传》卷十五《周书·吕刑》,《钦定四库全书》本。
⑦ "正,质也。""乃质于五刑也。"(宋)蔡沉:《书经集传》卷六《吕刑》,《钦定四库全书》本。
⑧ "潘氏士遴曰,非便用五刑,只以此情辞质正于刑书,当于何等刑加之也。"《钦定书经传说汇纂》卷二十一,《钦定四库全书》本。
⑨ "正,质也。""然后质正于墨、劓、剕、宫、大辟五等之刑。而各以其罪罪之。"《日讲书经解义》卷十三《吕刑》,《钦定四库全书》本。

或"简核其实",或"得其要辞",或"不烦"。"孚"为"信",或"信有罪验",或"信有罪状",或"信实有罪",或"信为有罪",或"无可疑",或"信而无可疑",或"审虑"。"简孚"连解,为"核实",或"不能隐讳,所招是实"。"正",一解"罪",指"罪其身"。一解"当",指"议其罪","情法相当"。一解"质",指"非便用五刑",只以"情辞质正于刑书"。

笔者以为,"简孚"各解,均属同义或近义,只是行文和角度有所差异,可择优而采,史浩的"核实"、夏僎的"信而无可疑"可以合说。"正"三解都通,无冲突,也可择优互补,取吕祖谦的"情法相当"、王樵的"议其罪"。整句可解说为:

狱辞经核实,可信无疑,确认情法相当,以五刑定罪。

(五) 五刑不简,正于五罚

笔者引证解说此句的有,汉孔,唐孔,宋人苏轼、林之奇、吕祖谦、夏僎、黄度、史浩、蔡沉、陈大猷、陈经,明人王樵,清帝康熙。

1. 五刑不简

此段大略有三解。一解罪疑。《尚书注疏》汉孔传称"不简"为"不简核",指"不应五刑"。唐孔疏说,五刑之辞"不如众"所简核,"不合入"五刑。"不简核",唐孔疏为"覆审囚、证之辞","不如"简核之状。既然囚与证辞不相符合,那么就是"犯状不定"。"不应五刑"疏为"不与五刑书同,狱官疑不能决"。① 宋人林之奇《尚书全解》解说,如果"将正之于五刑",而其辞却不可以简核,"其罪为可疑"。②

---

① "传,不简核,谓不应五刑。"疏,"五刑之辞不如众所简核,不合入五刑"。疏,"不简核者,谓覆审囚证之辞,不如简核之状,既囚与证辞不相符合,则是犯状不定,谓不应五刑,不与五刑书同。狱官疑不能决"。(汉)孔氏传、(唐)陆德明音义、(唐)孔颖达疏《尚书注疏》卷十八《周书·吕刑》,《钦定四库全书》本。

② "苟将正之于五刑,而其辞不可以简核,则其罪为可疑。"(宋)林之奇:《尚书全解》卷三十九《吕刑·周书》,《钦定四库全书》本。

据宋人时澜《增修东莱书说》，吕祖谦解说，以辞求刑，"参差"不可简核，就是罪疑。① 宋人史浩《尚书讲义》说是指，"有疑而不实"。② 宋人蔡沉《书经集传》说，不简，辞与刑参差，不应刑之疑。③ 康熙《御制日讲书经解义》说，质之于五刑，而"辞与刑，参差不应"，无简核之实迹，"刑之疑"，近似蔡沉。④

一解情罪不合。宋人夏僎《尚书详解》解说，听以五辞，"已得其要无可疑"，在欲加以刑时，而罪与刑却又有参差不合，龃龉不当，就是好像可刑，又好像不可刑。⑤ 宋人陈经《陈氏尚书详解》说是指，正之以五刑而不应"狱之要辞"，其辞与法不相当。⑥ 明人王樵《尚书日记》说，情罪不合。说是指，求之五刑之中而无合其罪之条。⑦

一解委曲可议。宋人黄度《尚书说》说，正于五刑，"辞不简，有委曲可议之情"。⑧ 宋人陈大猷《书集传或问》例举说，如有墨罪"于此"而不简，欲竟加以墨又似"失之重"，舍之"不可纵"。陈大猷认为，是指有罪而"情理可悯"，所说的意思是"不当于刑"，故因此"恕之而从罚"。陈大猷又举宋例说，"徒罪条目多"，"折肢损眼"当徒，"刃伤"也当徒。刃伤比之折肢损目，其犯之"轻重不等"。比如"折肢损目"就使之受"徒刑"，而"刃伤"就"恕而受徒罚"，"刃多

---

① "五刑不简，正于五罚，以是辞而求是刑，参差而不可简核，则罪之疑者。"（宋）时澜：《增修东莱书说》卷三十四《周书·吕刑第二十九》，《钦定四库全书》本。
② "五刑不简，有疑而不实也。"（宋）史浩：《尚书讲义》卷二十《吕刑》，《钦定四库全书》本。
③ "不简者，辞与刑参差，不应刑之疑者也。"（宋）蔡沉：《书经集传》卷六《吕刑》，《钦定四库全书》本。
④ "罚，赎也。""其或质之于五刑，而辞与刑，参差不应，无简核之实迹，刑之疑者也。"《日讲书经解义》卷十三《吕刑》，《钦定四库全书》本。
⑤ "若听以五辞，已得其要无可疑者，至欲加以刑，而罪与刑又有参差不合，龃龉不当，则是若可刑，若不可刑者也。"（宋）夏僎：《尚书详解》卷二十五《吕刑》，《钦定四库全书》本。
⑥ "苟五刑不简，谓正之以五刑而不应夫狱之要辞，是其辞与法不相当也。"（宋）陈经：《尚书详解》卷四十七《周书·吕刑》，《钦定四库全书》本。
⑦ "五刑不简，则情罪不合矣。谓求之五刑之中而无合其罪之条。"（明）王樵：《尚书日记》卷十六《吕刑》，《钦定四库全书》本。
⑧ "正于五刑而辞不简，有委曲可议之情。"（宋）黄度：《尚书说》卷七《周书·吕刑》，《钦定四库全书》本。

而伤深"受徒刑,"刃少而伤浅"受徒罚,这就是"五刑不简而正于五罚"。①

2. 正于五罚

此段无歧义,均解"罚"为"赎"。《尚书注疏》汉孔传称为"当正五罚,出金赎罪"。唐孔疏"罚"为"其取赎",即,令其出金赎刑,依准五刑,疑则从罚,故为五罚。② 宋人苏轼《书传》解"罚"为"赎"。③ 宋人林之奇《尚书全解》解说,因而只正之于五罚。罚,以金赎罪。是指将"正以此刑",其罪未审,而使出"此刑罚金之数"。有五刑,因此有五罚。④ 据宋人时澜《增修东莱书说》,吕祖谦解说,于是"正五赎之罚以待之",这是情法不相当。⑤ 宋人夏僎《尚书详解》说,降刑从罚,正以五罚,加之如"墨罚百锾","劓罚惟倍"之类。⑥ 宋人史浩《尚书讲义》说是,就用"五罚",于是"赎刑之议兴"。⑦ 宋人黄度《尚书说》解说,就正于五罚,"使出金赎罪"。⑧ 宋人陈经《陈氏尚书详解》解说,正之以五罚,出金以

---

① "五刑不简正于五罚,如有墨罪于此而不简,欲竟加以墨又似失之重,欲舍之则又不可纵。盖有罪而情理可悯,所谓不当于刑者也,故恕之而从罚。如今世之徒罪条目多矣,折肢损眼者当徒,而刃伤者亦当徒,刃伤比之折肢损目,其犯之轻重不等矣。喻如折肢损目则使之受徒刑,而刃伤者则恕而受徒罚;刃多而伤深者受徒刑,刃少而伤浅者受徒罚,是所谓五刑不简而正于五罚也。"(宋)陈大猷:《书集传或问》卷下《吕刑》,《钦定四库全书》本。

② 传,"当正五罚,出金赎罪"。疏,"则正之于五罚,罚谓其取赎也"。"则当正之于五罚,令其出金赎刑,依准五刑,疑则从罚,故为五罚。"(汉)孔氏传、(唐)陆德明音义、(唐)孔颖达疏《尚书注疏》卷十八《周书·吕刑》,《钦定四库全书》本。

③ "罚,赎也。"(宋)苏轼:《书传》卷十九《周书·吕刑第二十九》,《钦定四库全书》本。

④ "故但正之于五罚。罚谓以金赎罪也。言将正以此刑,而其罪未审,则但使出此刑罚金之数而已。有五刑故有五罚也。"(宋)林之奇:《尚书全解》卷三十九《吕刑·周书》,《钦定四库全书》本。

⑤ "于是正五赎之罚以待之,此情法不相当者也。"(宋)时澜:《增修东莱书说》卷三十四《周书·吕刑第二十九》,《钦定四库全书》本。

⑥ "故于是降刑从罚,而正以五罚,加之若墨罚百锾,劓罚惟倍之类是也。"(宋)夏僎:《尚书详解》卷二十五《吕刑》,《钦定四库全书》本。

⑦ "乃用五罚,赎刑之议兴矣。"(宋)史浩:《尚书讲义》卷二十《吕刑》,《钦定四库全书》本。

⑧ "则正于五罚,使出金赎罪。"(宋)黄度:《尚书说》卷七《周书·吕刑》,《钦定四库全书》本。

赎罪。① 宋人蔡沉《书经集传》解罚为赎。疑于刑，就"质于罚"。② 康熙《御制日讲书经解义》解罚为赎。质正于五等之罚，使之出金以赎罪。③

以下是评论。宋人林之奇《尚书全解》说，此说"尽盖五刑之疑"，各有入罚，不降相因，是"古之制"。引唐孔"次刑非其所犯，故不得降相因"。林之奇指说，后世有减罪之律，就非古者不降相因之制。④

3. 叙评

此句主要是"不简"的歧义，有"罪疑"、"情罪不合"、"委曲可议"三解。"罪疑"，或"犯状不定"，或"无简核之实迹"，或"有疑而不实"。"情罪不合"，指说是"得其要无可疑"而"是若可刑，若不可刑"，或"无合其罪之条"。"委曲可议"，或称"情理可悯"，指说加之"失之重"，舍之"不可纵"。"罚"均解为"赎"，或"出金赎罪"，或"以金赎罪"。

笔者以为，"不简"三解，只是视觉角度的不同，在司法中属于常见的，并无冲突，可以合说。"罚"的解说无歧义。可取唐孔的"犯状不定"，史浩的"有疑而不实"，王樵的"情罪不合"、"无合其罪之条"，黄度的"委曲可议"，陈大猷的"情理可悯"，汉孔的"出金赎罪"。整句可解说为：

如果案情不清，疑而不实，或者情罪不合，无恰当条文，或情理可悯，委曲可议，不入五刑，令出赎金。

（六）五罚不服，正于五过

笔者引证解说此句的有，汉孔，唐孔，宋人林之奇、吕祖谦、夏

---

① "正之以五罚，出金以赎罪可也。"（宋）陈经：《尚书详解》卷四十七《周书·吕刑》，《钦定四库全书》本。
② "罚，赎也。疑于刑，则质于罚也。"（宋）蔡沉：《书经集传》卷六《吕刑》，《钦定四库全书》本。
③ "则质正于五等之罚，而使之出金以赎罪。"《日讲书经解义》卷十三《吕刑》，《钦定四库全书》本。
④ "五刑不简，正于五罚。此说为尽盖五刑之疑，各有入罚，不降相因，古之制也。唐孔氏曰，以其所犯疑不能决，故使赎之。次刑非其所犯，故不得降相因。如后世有减罪之律，则非古者不降相因之制矣。"（宋）林之奇：《尚书全解》卷三十九《吕刑·周书》，《钦定四库全书》本。

僎、史浩、黄度、蔡沉、陈大猷、陈经，元人朱祖义，明人王樵，清帝康熙。

1. 五罚不服

此段"不服"有四解。一解不应罚。《尚书注疏》汉孔传称，"不服不应罚"。唐孔则疏说，于五罚"论"，又"有辞"不服。① 宋人林之奇《尚书全解》说，"正之以五罚而不服"，就是其罪不应罚。② 宋人史浩《尚书讲义》说，"五罚不服不应赎"，③ 同汉孔。宋人黄度《尚书说》解服为当。④ 宋人蔡沉《书经集传》说，不服，"辞与罚"又不应。⑤ 康熙《御制日讲书经解义》说，质之于五罚，辞与罚，参差不应，"终不能使之诎服"，"罚之疑"。⑥

一解"若可罚"、"若不可罚"。宋人夏僎《尚书详解》说，以罚加之，"于法虽可"，而"揆之情"，又像是"出于枉从而非其情"，好像可罚，又好像不可罚。⑦

一解确实无辜。据宋人时澜《增修东莱书说》，吕祖谦说，至于罚之还不服，经察，确实无辜。⑧

一解情轻。宋人陈大猷《书集传或问》例举说，刃少而伤浅者"固当罚"，然而"刃而伤之"的情由，或"出于彼迫我"，而"我不得已应之"，

---

① "传，不服不应罚也。"疏，"于五罚论之，又有辞不服"。（汉）孔氏传、（唐）陆德明音义、（唐）孔颖达疏《尚书注疏》卷十八《周书·吕刑》，《钦定四库全书》本。
② "苟正之以五罚，而不服，则其罪不应罚。"（宋）林之奇：《尚书全解》卷三十九《吕刑·周书》，《钦定四库全书》本。
③ "五罚不服不应赎。"（宋）史浩：《尚书讲义》卷二十《吕刑》，《钦定四库全书》本。
④ "服，犹当也。"（宋）黄度：《尚书说》卷七《周书·吕刑》，《钦定四库全书》本。
⑤ "不服者，辞与罚又不应也。"（宋）蔡沉：《书经集传》卷六《吕刑》，《钦定四库全书》本。
⑥ "其或质之于五罚，而辞与罚，又参差不应，终不能使之诎服，又罚之疑者也。"《日讲书经解义》卷十三《吕刑》，《钦定四库全书》本。
⑦ "虽然是又刑不简而降从罚者也，若以罚加之，于法虽可，而揆之情，则又若出于枉从而非其情，罚之有不服者，则又是若可罚，若不可罚者也。"（宋）夏僎：《尚书详解》卷二十五《吕刑》，《钦定四库全书》本。
⑧ "至于罚之犹不服，察其果无辜。"（宋）时澜：《增修东莱书说》卷三十四《周书·吕刑第二十九》，《钦定四库全书》本。

或"本无意而偶加之",其情理就又轻。陈大猷认为,罚之不服,而又正于五过,都是"明知"其情罪之"所止"。① 宋人陈经《陈氏尚书详解》说是指,其情之轻,出于过误,即使罚金,也有不相当。② 元人朱祖义《尚书句解》说,"苟情之轻,出于过惧,虽罚之金,彼亦不肯服从。"③

2. 正于五过

此段无歧义。《尚书注疏》汉孔传称"正于五过,从赦免"。唐孔疏"从赦免"说,"过失可宥,则赦宥之"。唐孔指其用刑程序为"从刑入罚,从罚入过"。④ 宋人苏轼《书传》解为"过失则当宥"。⑤ 宋人史浩《尚书讲义》说,"过则听其改,是从赦原",⑥ 近似汉孔。宋人林之奇《尚书全解》说,正之于五过,作为"过误"而赦之。有五罚,因此有五过。引苏洵,刑"必痛之而使人畏"。罚,不能痛之,"必困之而使人惩"。罚,尽管不能痛之,假使其罪不可以罚,那么,也不可以困之,于是赦其过。五过,就是"眚灾肆赦"的意思。⑦ 据宋人时澜《增修东莱书说》,吕祖谦说,就正于五过,而"宥过无大",于是就"直贷之"。古者"因情以求法",因此"有不可入之刑",后世"移情而合法",因此"无

---

① "刃少而伤浅者固当罚,然所以刃而伤之者,或出于彼迫我,而我不得已应之,或本无意而偶加之,则其情理又轻矣,故罚之不服,而又正于五过,皆是明知其情罪之所止者也。"(宋)陈大猷:《书集传或问》卷下《吕刑》,《钦定四库全书》本。
② "五罚不服,谓其情之轻,出于过误,虽罚之金,亦有不相当者。"(宋)陈经:《尚书详解》卷四十七《周书·吕刑》,《钦定四库全书》本。
③ "苟情之轻,出于过惧,虽罚之金,彼亦不肯服从。"(元)朱祖义:《尚书句解》卷十二《吕刑第二十九》,《钦定四库全书》本。
④ 传,"正于五过,从赦免"。疏,"则正之于五过。过失可宥,则赦宥之。从刑入罚,从罚入过"。(汉)孔氏传、(唐)陆德明音义、(唐)孔颖达疏《尚书注疏》卷十八《周书·吕刑》,《钦定四库全书》本。
⑤ "过失则当宥也。"(宋)苏轼:《书传》卷十九《周书·吕刑第二十九》,《钦定四库全书》本。
⑥ "乃正于五过,过则听其改,是从赦原也。"(宋)史浩:《尚书讲义》卷二十《吕刑》,《钦定四库全书》本。
⑦ "故但正之于五过。以为其过误而赦之也。有五罚故有五过也。老苏曰,刑者必痛之,而使人畏焉。罚者不能痛之,必困之,而使人惩焉。则罚者虽不能痛之,傥其罪不可以罚,则亦不可以困之也,故赦其过而已。五罚,所谓金作赎刑也。五过所谓眚灾肆赦也。"(宋)林之奇:《尚书全解》卷三十九《吕刑·周书》,《钦定四库全书》本。

不可加之罪"。这就是"古今之异"。① 宋人夏僎《尚书详解》说，因此，降罚从过。先王之法，宥过无大，要是过误，就"直赦之"，不复罚金。降刑而罚，降罚而过，至此就"不敢刑"。② 宋人黄度《尚书说》，"五过"，是指以五刑定罪，其过当宥。过对故。引皋陶"宥过刑故"。宥，宽。自刑而罚，自罚而宥，是"递降宽之"。③ 宋人蔡沉《书经集传》解，"罚之疑"为"过误"。疑于罚，就"质于过"，而后宥免。④ 宋人陈经《陈氏尚书详解》说，正之以五过，从释之。⑤ 康熙《御制日讲书经解义》解过为误。就质正于"五等之过误"，而"直赦之"。⑥

以下是对前数句的评论。宋人史浩《尚书讲义》说是表达帝舜为"明五刑以弼五教"而戒其臣"在宽"之意。认为穆王"深知此道"。⑦ 宋人陈经《陈氏尚书详解》评论说，先王"委曲之意至此"。只怕"不当人之罪"，所以如此之详。有此三等，五刑、五罚、五过。⑧ 明人王樵《尚书日记》说，上言不简，下言不服，大概是互言之。正于五罚，即"流宥五刑"；正于五过，即"眚灾肆赦"。但穆王新定赎法，罚以赎言，非复古者降等之用。⑨

---

① "则正于五过，宥过无大，盖直贷之而已。古者因情以求法，故有不可人之刑，后世移情而合法，故无不可加之罪。此古今之异也。"（宋）时澜：《增修东莱书说》卷三十四《周书·吕刑第二十九》，《钦定四库全书》本。
② "故于是又降罚从过。盖先王之法，宥过无大，苟是过误，则直赦之，不复罚金也。夫降刑而罚，降罚而过，至此则不敢刑矣。"（宋）夏僎：《尚书详解》卷二十五《吕刑》，《钦定四库全书》本。
③ "此言五过，谓以五刑定罪，而其过者为当宥也。过对故。皋陶曰，宥过刑故。宥，宽也。自刑而罚，自罚而宥，递降宽之。"（宋）黄度：《尚书说》卷七《周书·吕刑》，《钦定四库全书》本。
④ "罚之疑者也，过误也。疑于罚，则质于过，而宥免之也。"（宋）蔡沉：《书经集传》卷六《吕刑》，《钦定四库全书》本。
⑤ "则正之以五过，从释之。"（宋）陈经：《尚书详解》卷四十七《周书·吕刑》，《钦定四库全书》本。
⑥ "过，误也。""则质正于五等之过误，而直赦之。"《日讲书经解义》卷十三《吕刑》，《钦定四库全书》本。
⑦ "此舜所以明五刑以弼五教而戒其臣曰在宽之意也。穆王可谓知此道矣。"（宋）史浩：《尚书讲义》卷二十《吕刑》，《钦定四库全书》本。
⑧ "先王委曲之意至此。惟恐不当人之罪，故如此之详。有此三等，曰五刑，曰五罚，曰五过。"（宋）陈经：《尚书详解》卷四十七《周书·吕刑》，《钦定四库全书》本。
⑨ "上言不简，下言不服，盖互言之。正于五罚，即流宥五刑，正于五过即眚灾肆赦。但穆王新定赎法，罚以赎言，非复古者降等之用矣。"（明）王樵：《尚书日记》卷十六《吕刑》，《钦定四库全书》本。

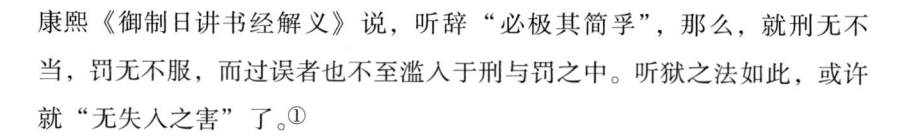

康熙《御制日讲书经解义》说，听辞"必极其简孚"，那么，就刑无不当，罚无不服，而过误者也不至滥入于刑与罚之中。听狱之法如此，或许就"无失入之害"了。①

3. 叙评

此句"不服"有四解，或不应罚，或确实无辜，或"若可罚"、"若不可罚"，或情轻。"若可罚"、"若不可罚"是指"于法虽可"，"揆之情"，"出于枉从而非其情"。情轻，或"出于过误"，或"不得已"，或"本无意"。"正于五过"，无歧义，或"从赦免"，或"从赦原"，或"直贷之"，"直赦之"。

笔者以为，"不服"四解，吕祖谦的"确实无辜"不通，无辜就不涉及"罪名"和"刑名"，不必"正于五过"。其余三解都通，只是角度不同。不应罚，仅作原则性解说；情轻，"若可罚"、"若不可罚"是作具体性解说，侧重点不同，可以互补。"正于五过"仅行文不同，可择优而从。可取陈大猷的"本无意"、"不得已"，陈经的"出于过误"，夏僎的"若可罚"、"若不可罚"，黄度的"当"，汉孔的"不应罚"、"从赦免"。整句解说为：

如果本无意，由于不得已，或出于过误，情节轻微，似乎可罚，又似乎不可罚，处以五罚不当，就不应罚，从五过赦免。

（七）五过之疵：惟官，惟反，惟内，惟货，惟来

康熙《御制日讲书经解义》认为，此句与下句是"举听狱之弊而戒之"。② 笔者引证解说此句的有，汉孔，唐孔，宋人苏轼、林之奇、吕祖谦、夏僎、史浩、黄度、蔡沉、陈经，清帝康熙、清人王夫之。

---

① "盖听辞必极其简孚，则刑无不当，罚无不服，而过误者亦不至滥入于刑与罚之中矣。听狱之法如此，庶几无失入之害与。"《日讲书经解义》卷十三《吕刑》，《钦定四库全书》本。
② "此一节书是举听狱之弊而戒之也。"《日讲书经解义》卷十三《吕刑》，《钦定四库全书》本。

1. 五过之疵

此段无歧义，解"疵"为"病"或"弊"。陈经《尚书注疏》汉孔传称"疵"为"所病"。唐孔疏转述。① 宋人林之奇《尚书全解》说，疵，病。惟官、惟反、惟内、惟货、惟来，都是"刑罚之所病"。② 据宋人时澜《增修东莱书说》，吕祖谦说，以"故纵"宥五过，其"疵病"大概"有五"。③ 宋人黄度《尚书说》说，宥之中有疵，病，是指"有司故纵"。④ 宋人蔡沉《书经集传》解疵为病。⑤ 康熙《御制日讲书经解义》解疵为病。⑥

宋人苏轼《书传》认为，刑之而"不服"则赎，"赎之"而不服则宥，无不可，但"恐其有疵弊"。⑦ 宋人史浩《尚书讲义》说，至于五过，就是"赦罪之科"，弊自此生。因而称五过之疵。⑧

以下是解说带评论。宋人夏僎《尚书详解》说，五过之施，有五种之疵病。夏僎评论说，刑既不可"苛而妄用"，由不可"弛而不用"。苛而妄用，就会滥及善良；弛而不用，就会纵失奸宄。两者都有所不可，因此，吕侯在降罚从过之后，又极防其五弊。用刑，"非不欲从恕"，要是"容私情而恕正罪"，却又不可。⑨ 宋人陈经《陈氏尚书详解》说，五过之

---

① "传，五过之所病。"疏，"此五过之所病者"。（汉）孔氏传、（唐）陆德明音义、（唐）孔颖达疏《尚书注疏》卷十八《周书·吕刑》，《钦定四库全书》本。
② "疵，病也。惟官、惟反、惟内、惟货、惟来，皆刑罚之所病。"（宋）林之奇：《尚书全解》卷三十九《吕刑·周书》，《钦定四库全书》本。
③ "故纵而宥以五过，其疵病大率有五。"（宋）时澜：《增修东莱书说》卷三十四《周书·吕刑第二十九》，《钦定四库全书》本。
④ "宥之中有疵焉，病也，谓有司故纵也。"（宋）黄度：《尚书说》卷七《周书·吕刑》，《钦定四库全书》本。
⑤ "疵，病也。"（宋）蔡沉：《书经集传》卷六《吕刑》，《钦定四库全书》本。
⑥ "疵，病也。"《日讲书经解义》卷十三《吕刑》，《钦定四库全书》本。
⑦ "刑之而不服则赎，赎之而不服则宥，无不可者，但恐其有疵弊耳。"（宋）苏轼：《书传》卷十九《周书·吕刑第二十九》，《钦定四库全书》本。
⑧ "至于五过，则是赦罪之科，弊自此生。故曰五过之疵，不可不审克之也。"（宋）史浩：《尚书讲义》卷二十《吕刑》，《钦定四库全书》本。
⑨ "吕侯之意，非不欲其如此，然刑虽不可苛而妄用，亦不可弛而不用。苛而妄用，则滥及善良；弛而不用则纵失奸宄。两者皆有所不可。故吕侯于降罚从过之后，又极防其五弊。盖以用刑，非不欲从恕，苟容私情而恕正罪，则又不可也。所谓五过之施，有五种之疵病者。"（宋）夏僎：《尚书详解》卷二十五《吕刑》，《钦定四库全书》本。

疵病。陈经评论说，听狱，"原情以为轻重"，尽管先王确实以此"赎刑之法"用以"轻刑"，却未尝"失之姑息"，以纵释有罪。要是"有罪而纵释之"，也与无罪而受戮一样，"均为不中"。穆王在此，防听狱者"易至于过入过出"。① 清人王夫之《尚书稗疏》说，过失在于应赦之列，而有不在"赦例"的，于刑"非不简"，于罚"非不服"，就"曲引"过误之条而赦之，就叫作"五过之疵"。无心而误出的，听于平反。王夫之认为，疵，指"故而纵之"。王夫之认为，由于五种原因，非过而称"过"入于赦宥，"皆为法病"、"病法"。②

2. 惟官，惟反，惟内，惟货，惟来

此段歧义较多。《尚书注疏》汉孔传指称，或尝同官位，或诈反囚辞，或内亲用事，或行货枉法，或旧相往来，认为，"皆病所在"。唐孔疏转述。③ 唐陆德明音义说，"来"，马本作"求"，解为"有求"，即"请赇"。明人梅鹜《尚书考异》也提及马融的解说。④

宋人苏轼《书传》说，官，"更为请求"；"反"为"报"，"报德怨"；"内"为"女谒"；"货"指"鬻狱"；来，"亲友往来"。⑤ 宋人林之奇《尚书全解》解说，官，引王氏，贵势；惟反，认同苏轼，报旧；

---

① "在听狱者，原情以为轻重，虽然先王固为是赎刑之法以轻刑，然亦未尝失之姑息，以纵释有罪。苟有罪而纵释之，亦与无罪而受戮者，均为不中也。穆王至此，又防听狱者易至于过入过出。五过之疵病者。"（宋）陈经：《尚书详解》卷四十七《周书·吕刑》，《钦定四库全书》本。
② "过失则在所赦，而有不在赦例者，于刑非不简，于罚非不服，乃曲引过误之条以赦之，是为五过之疵。无心而误出者，听于平反。疵，则有故而纵之者。缘此五者，因非过，谓过入于赦宥，皆为法病，病法。"（清）王夫之：《尚书稗疏》卷四下《吕刑》，《钦定四库全书》本。
③ 传，"或尝同官位，或诈反囚辞，或内亲用事，或行货枉法，或旧相往来，皆病所在"。疏，"惟尝同官位，惟诈反囚辞，惟内亲用事，惟行货枉法，惟旧相往来"。音义，"来，马本作求，云有求请赇也"。（汉）孔氏传、（唐）陆德明音义、（唐）孔颖达疏《尚书注疏》卷十八《周书·吕刑》，《钦定四库全书》本。
④ "马云有求请赇也晋人作来。"（明）梅鹜：《尚书考异》卷五《吕刑》，《钦定四库全书》本。
⑤ "官者更为请求也；反者，报也，报德怨也；内，女谒也；货，鬻狱也；来，亲友往来者。"（宋）苏轼：《书传》卷十九《周书·吕刑第二十九》，《钦定四库全书》本。

惟内，认同汉孔"内亲用事"，又认同苏轼"女谒"，皆通；惟货，行货以鬻狱；惟来，旧相往来。① 据宋人时澜《增修东莱书说》，吕祖谦解说，官，权势；反，报德；内，女谒；货，贿赂，来，干请。② 宋人蔡沉《书经集传》解说，官，威势；反，报德怨。内，女谒；货，贿赂；来，干请。③ 近似吕祖谦。其中，"反"的解说同苏轼。康熙《御制日讲书经解义》解同蔡沉。④

宋人夏僎《尚书详解》说，官，称昔曾同官，而今徇私而出其罪者，又称官吏为请托为官；反，指犯人旧有恩于断狱之人，今出其罪以报前恩，又称诈反囚辞而强出之者为反；内，称女谒行于内，遂夤缘以出其罪者；货，谓以货鬻之，遂出其罪；来，谓旧相往来。⑤

宋人史浩《尚书讲义》解说，"惟官"，在"官之势可挟"；"惟反"，反复变诈；"惟内"，内亲"用事"；"惟货"，官吏受贿；"惟来"，素所往来之私。这五种，就如俗称"情弊"，因此"总谓之疵"。⑥ 宋人黄度《尚书说》解说，官，畏其势要；反，善恶反复；内，内亲结连；货，行货讲求；来，观望将来。⑦ 宋

---

① "惟官，王氏曰贵势也；惟反，苏氏曰，报旧也；惟内，先儒曰内亲用事，苏氏曰女谒，皆通；惟货，行货以鬻狱也；惟来，旧相往来也。"（宋）林之奇：《尚书全解》卷三十九《吕刑·周书》，《钦定四库全书》本。

② "官者，权势也；反者，报德也；内者，女谒也；货者，贿赂也，来者干请也。"（宋）时澜：《增修东莱书说》卷三十四《周书·吕刑第二十九》，《钦定四库全书》本。

③ "官，威势也；反，报德怨也。内，女谒也；货，贿赂也；来，干请也。"（宋）蔡沉：《书经集传》卷六《吕刑》，《钦定四库全书》本。

④ "官，威势也。反，报德怨也。内，女谒也。货，贿赂也。来，干请也。"《日讲书经解义》卷十三《吕刑》，《钦定四库全书》本。

⑤ "官也，反也，内也，货也，来也。官，谓昔曾同官，而今徇私而出其罪者，又谓官吏为请托为官；反，为犯人旧有恩于断狱之人，今出其罪以报前恩者，又谓诈反囚辞而强出之者为反；内，谓女谒行于内，遂夤缘以出其罪者；货，谓以货鬻之，遂出其罪者；来，谓旧相往来。"（宋）夏僎：《尚书详解》卷二十五《吕刑》，《钦定四库全书》本。

⑥ "曰惟官者，在官之势可挟也；惟反者，反复变诈也；惟内者，内亲用事也；惟货者官吏受贿也；惟来者素所往来之私也。此五者，若俗所谓情弊也。故总谓之疵。"（宋）史浩：《尚书讲义》卷二十《吕刑》，《钦定四库全书》本。

⑦ "官，谓畏其势要；反，谓善恶反复；内，谓内亲结连；货，谓行货讲求；来，谓观望将来。"（宋）黄度：《尚书说》卷七《周书·吕刑》，《钦定四库全书》本。

人陈经《陈氏尚书详解》解说,"惟官",官吏请托;"惟反",报复恩怨;"惟内",妻妾请求;"惟货",贿赂鬻狱;"惟来",私相往来。①

清人王夫之《尚书稗疏》解释说,故纵有五种:一为官位相联,"惧相干涉"而"故出之"以自便;二为"前之听狱者""与己不协",立意"欲与相反",就不论曲直,而只管翻驳其成案,"以出非所出";三为托于"女谒"以求请;四为受货而疑之;五为"旧与往来"或嘱托"所与往来"。王夫之认为,"惟反"之释,孔蔡皆未审。"惟来"之释,"孔蔡各得其偏",当以事理"求之自见"。②

各解交错沿袭,较为复杂,特列表显示。

原文	解说	解说者
惟官	尝同官位,昔曾同官 更为请求 官吏请托 贵势 权势 威势 畏其势要 官位相联	汉孔、唐孔、夏僎 苏轼、夏僎 陈经 林之奇 吕祖谦、史浩 蔡沉、康熙 黄度 王夫之
惟反	诈反囚辞 报德怨 报德 反复变诈 善恶反复 欲与相反	汉孔、唐孔、夏僎 苏轼、林之奇、夏僎、蔡沉、陈经、康熙 吕祖谦 史浩 黄度 王夫之

---

① "惟官,谓以官吏请托也。惟反,谓报复恩怨也。惟内,谓妻妾请求也。惟货,谓贿赂鬻狱也。惟来,谓私相往来也。此五者,皆五过之病。先王之设为过也,正以待其无辜而陷于刑戮者。尔若有罪,而以官吏请托之故,报复恩怨之故,与夫妻妾请求、贿赂鬻狱、私相往来之故,而遂赦之,则岂不为五过之病。"(宋)陈经:《尚书详解》卷四十七《周书·吕刑》,《钦定四库全书》本。
② "其故凡五:一、官位相联,惧相干涉而故出之以自便;二、前之听狱者与己不协,立意欲与相反,则不论曲直,而但翻驳其成案,以出非所出;三托于女谒以求请;四受货而疑之;五旧与往来或嘱托所与往来者。""惟反之释,孔蔡皆未审。惟来之释孔蔡各得其偏,当以事理求之自见。"(清)王夫之:《尚书稗疏》卷四下《吕刑》,《钦定四库全书》本。

续表

原文	解说	解说者
惟内	内亲用事 内亲结连 妻妾请求 女谒	汉孔、唐孔、林之奇、史浩 黄度 陈经 苏轼、林之奇、吕祖谦、夏僎、蔡沉、康熙、王夫之
惟货	行货枉法 行货讲求 行货以鬻狱 鬻狱 贿赂 贿赂鬻狱 官吏受贿 受货而疑之	汉孔、唐孔 黄度 林之奇、夏僎 苏轼 吕祖谦、蔡沉、康熙 陈经 史浩 王夫之
惟来	旧相往来 素所往来 旧与往来 有求 亲友往来 干请 观望将来 私相往来 所与往来	汉孔、唐孔、林之奇、夏僎 史浩 王夫之 马融 苏轼 吕祖谦、蔡沉、康熙 黄度 陈经 王夫之

以下为评论。宋人夏僎《尚书详解》指称，今夤缘出其罪，五过之数，尽管是断狱者"慈祥之意"，然而以此五者而"强出人罪"，就是"过之病"。① 宋人陈经《陈氏尚书详解》说，此五者，都是五过之病。先王"设为过"，只用以待"无辜而陷于刑戮者"。要是有罪，却以官吏请托、报复恩怨、夫妻妾请求、贿赂鬻狱、私相往来的缘故，竟然"赦之"，这不就是"五过之病"吗？② 康熙《御制日讲书经解义》说，五刑

---

① "今夤缘出其罪者。故五过之数，虽断狱者慈祥之意，然以此五者而强出人罪，则又过之病也。"（宋）夏僎：《尚书详解》卷二十五《吕刑》，《钦定四库全书》本。
② "惟官，谓以官吏请托也。惟反，谓报复恩怨也。惟内，谓妻妾请求也。惟货，谓贿赂鬻狱也。惟来，谓私相往来也。此五者，皆五过之病。先王之设为过也，正以待其无辜而陷于刑戮者。尔若有罪，而以官吏请托之故，报复恩怨之故，与夫妻妾请求、贿赂鬻狱、私相往来之故，而遂赦之，则岂不为五过之病。"（宋）陈经：《尚书详解》卷四十七《周书·吕刑》，《钦定四库全书》本。

五罚之疑,"递正"之于五过,"本欲开释无辜",以协于祥刑。然而典狱之官,"多有借此营私徇情",舞文玩法。其疵病有五:或是畏他人之权势,而不敢争执,一疵;或是报复己之恩怨,而"不本公平",二疵;或听受女谒之言,三疵;或是广开货贿之门,四疵;或是有干求请嘱不能谢绝,五疵。例举说,有此五疵,以出入人罪,或是"止于过",而故入之于刑罚之条;或是"罪不止于过",而故出之于赦免之律。①

3. 叙评

此句"疵"解说为"弊"、"病",无歧义。官,有尝同官位、昔曾同官、官位相联、更为请求、官吏请托、贵势、权势、威势、畏其势要之解。反,有诈反囚辞、报德、报德怨、反复变诈、善恶反复、欲与相反之解。内,有内亲用事、内亲结连、妻妾请求、女谒之解。货,有行货枉法、行货讲求、行货以鬻狱、鬻狱、贿赂、贿赂鬻狱、官吏受贿、受货而疑之之解。来,有旧相往来、素所往来、旧与往来、有求、亲友往来、干请、观望将来、私相往来、所与往来之解。

笔者以为,"弊"、"病"为同义,可合说。官,可分为三类:"尝同官位"、"昔曾同官"、"官位相联"为一类,出于主动照顾;"更为请求"、"官吏请托"为一类,属于接受请求;"畏其势要"、"贵势"、"权势"、"威势"为一类,属于屈服权势。三者都通,角度不同,在司法中常见,可以合说。反,"诈反囚辞"、"反复变诈"、"善恶反复"语义不明。"报德"可通,但范围较窄,不如"报德怨";"欲与相反",也属常见。"内"诸解都通,范围和方式不同,"内亲用事"属于干预;"内亲结连"属于照顾;"女谒"和"妻妾请求"的范围不同。"货",诸解属于同义或近义,受贿和索贿。"来","有求"、"干请"范围太大,与"官"、"内","货"的部分内容有重叠;"亲友往来",与"内"的部分

---

① "穆王曰,五刑五罚之疑,而递正之于五过,本欲开释无辜,以协于祥刑。然典狱之官,多有借此营私徇情,舞文玩法者。其疵病有五,或畏他人之权势,而不敢争执,一疵也;或报复己之恩怨,而不本公平,二疵也;或听受女谒之言,三疵也;或广开货贿之门,四疵也;或凡有干求请嘱不能谢绝,五疵也。有此五疵,以出入人罪,或止于过,而故入之于刑罚之条;或罪不止于过,而故出之于赦免之律。"《日讲书经解义》卷十三《吕刑》,《钦定四库全书》本。

内容有重叠；"观望将来"似乎有些牵强。而"旧相往来"、"素所往来"、"旧与往来"同义，为一类，"私相往来"、"所与往来"，近义，为一类，都通，可以合说。整句可以解为：

但是五过从赦也会由于以下五种因素出现弊端。一是官，涉及过去或现在在同一衙门的官员，或者其他官员请托，或者屈服于权势。一是反，报德或者报怨。一是内，内亲干预，或关连内亲，或者妻妾以及其他亲近女性的请托。一是货，典狱官受贿索贿。一是来，涉及过去或一直交往的友人或受其请托，或者与诉讼当事人私下交往，受其请托。

（八）其罪惟均，其审克之

笔者引证解说此句的有，汉孔，唐孔，宋人苏轼、林之奇、吕祖谦、夏僎、史浩、胡士行、蔡沉、陈经，元人朱祖义，明人王樵，清帝康熙，清人王夫之、余萧客、朱鹤龄。

1. 其罪惟均

此段"罪"字有两解。一解"出入人罪"。《尚书注疏》汉孔传指称，以病所在，"出入人罪"，使在"五过罪"与犯法者同。唐孔疏为，以此"五病"出入人罪，其罪"与犯法者均"。① 宋人林之奇《尚书全解》认同汉孔。② 宋人蔡沉《书经集传》说，五者之病以"出入人罪"，就以"人之所犯坐之"。蔡沉认为，"疵于刑罚"也一样，指说五过，是"举轻以见重"。③ 明人王樵《尚书日记》说，舍五刑、五罚而专言五过，当以为过，而不以为过，乃入之于刑；不当以为过，而以为过，乃出之于刑罚，都是"疵"。因此，说五过之疵，五刑五罚之疵包含在其中。"今律

---

① "传，以病所在，出入人罪，使在五过罪与犯法者同。"疏，"以此五病出入人罪，其罪与犯法者均"。（汉）孔氏传、（唐）陆德明音义、（唐）孔颖达疏《尚书注疏》卷十八《周书·吕刑》，《钦定四库全书》本。
② "先儒谓出入人罪，得之矣。"（宋）林之奇：《尚书全解》卷三十九《吕刑·周书》，《钦定四库全书》本。
③ "惟此五者之病以出入人罪，则以人之所犯坐之也。""疵于刑罚亦然，但言于五过者，举轻以见重也。"（宋）蔡沉：《书经集传》卷六《吕刑》，《钦定四库全书》本。

有故出入、失出入人罪。此经不言，意多主'故'而言。"①清人余萧客《古经解钩沉》引马传，以此五过出入人罪，"与犯法者等"。②

一解"故出人罪"。据宋人时澜《增修东莱书说》，吕祖谦说，刑降为罚，罚降为过，每降愈轻。刑固然要"轻"，而以私"故纵"，就不是"天讨"，这就是"严责典狱"五过之疵，而"待以惟均之刑"的缘故。③宋人夏僎《尚书详解》接上文解说，吕侯"力防之"，称五者之中"缘一事"出人罪，罪与犯人同科，就是说，罪在墨而妄出之，断狱者，也服墨刑，罪在剕而妄出之，断狱者，也服剕刑。④宋人史浩《尚书讲义》说，"以情弊"而"故"出人之罪，"以其罪罪之"。⑤宋人黄度《尚书说》说，吏有疵"挟私故纵"，宽之事虽不同，而其罪"惟均"。⑥清人王夫之《尚书稗疏》解说称，"病法"就是"纵有罪、虐无辜"，必审实其罪，而"故出"亦均坐。王夫之说，"此皆言故出人罪"，蔡氏兼言故入人罪，"失之"。⑦清人朱鹤龄《尚书埤传》说："此病在惟出人罪。孔蔡二传以为出入人罪。盖有罪而妄出，则必无罪而妄入也。"⑧

---

① "舍五刑、五罚而专言五过者，当以为过，而不以为过，乃入之于刑；是不当以为过，而以为过，乃出之于刑罚，皆疵也。故言五过之疵，则五刑五罚之疵在其中矣。今律有故出入、失出入人罪。此经不言，意多主'故'而言也。"（明）王樵：《尚书日记》卷十六《吕刑》，《钦定四库全书》本。
② "以此五过出入人罪，与犯法者等。马传（并史记注四）"余萧客：《古经解钩沉》卷四《吕刑》，《钦定四库全书》本。
③ "刑降而为罚，罚降而为过，每降愈轻矣。刑固欲轻，以私而故纵，则非天讨，此所以严责典狱者五过之疵，而待以惟均之刑也。"（宋）时澜：《增修东莱书说》卷三十四《周书·吕刑第二十九》，《钦定四库全书》本。
④ "故吕侯于是力防之，谓若于五者之中缘一事出人罪，则罪与犯人同科，谓罪在墨而妄出之，断狱者，亦服墨刑，罪在剕而妄出之，则断狱者亦服剕刑。"（宋）夏僎：《尚书详解》卷二十五《吕刑》，《钦定四库全书》本。
⑤ "其罪惟均者，以情弊而故出人之罪，则以其罪罪之也。"（宋）史浩：《尚书讲义》卷二十《吕刑》，《钦定四库全书》本。
⑥ "吏有疵挟私故纵，宽之事虽不同，而其罪惟均。"（宋）黄度：《尚书说》卷七《周书·吕刑》，《钦定四库全书》本。
⑦ "则纵有罪、虐无辜，必审实其罪，而故出者亦均坐焉。此皆言故出人罪者，蔡氏兼言故入人罪，失之。"（清）王夫之：《尚书稗疏》卷四下《吕刑》，《钦定四库全书》本。
⑧ "此病在惟出人罪。孔蔡二传以为出入人罪。盖有罪而妄出，则必无罪而妄入也。"朱鹤龄：《尚书埤传》卷十五《周书·吕刑》，《钦定四库全书》本。

有论者仅就"均"字作解。宋人苏轼《书传》指说"为言","法当同坐"。① 宋人陈经《陈氏尚书详解》说，于此五者有一，就与犯者"同坐"其罪。② 康熙《御制日讲书经解义》解说，如此颠倒，任意坏法乱纪，其罪与犯人同，当即"以其人之所犯罪之不尔赦"。③

以下是评论。宋人林之奇《尚书全解》说，刑之不简，就降从罚，罚之不服，就降从过，这大概是"与其杀不辜，宁失不经"。这固然是先王仁政，却不可以"此五者"的缘故，而就"为之降"。要是以此五者而为之降，那么，其罪与犯罪者，均当"以其罪罪之"。林之奇例举说，唐太宗问刘德威，近来"刑网浸密，咎安在？"答说，律失入减三，失出减五。由于"坐入"无辜，"坐出"有罪，因此，吏务深入"为自安计"。林之奇说，五过之疵，其罪"惟均"，这是失出。只说"出而不及于失入"。观一篇之中，"其叮咛谆复之意如此"，这不就是坐入无辜，而坐出有罪吗？林之奇认为，可以"以意逆志"。④

2. 其审克之

此段"克"有四解。一解为"能"。《尚书注疏》汉孔传将此段解为"其当清察，能使之不行"。唐孔疏"其当清察"为"其当清证审察"；"能使之不行"为"能使五者不行，乃为能"。⑤ 宋人林之奇《尚书全解》

---

① "为言也，法当同坐，故曰其罪惟均。"（宋）苏轼：《书传》卷十九《周书·吕刑第二十九》，《钦定四库全书》本。
② "于此五者，而有一焉，则其罪与犯者同坐。"（宋）陈经：《尚书详解》卷四十七《周书·吕刑》，《钦定四库全书》本。
③ "若此颠倒，任意坏法乱纪，其罪与犯人同，当即以其人之所犯罪之不尔赦也。"《日讲书经解义》卷十三《吕刑》，《钦定四库全书》本。
④ "夫刑之不简，则降从罚，罚之不服则降从过。盖与其杀不辜，宁失不经。此固先王之仁政，然不可以此五者之故，而遂为之降耳。苟以此五者而为之降，则其罪与犯罪者，均当以其罪罪之也。""昔唐太宗问于刘德威曰，比刑网浸密，咎安在？对曰，律失入者减三，失出者减五。今坐入者无辜，坐出者有罪，所以吏务深入为自安计。五过之疵，其罪惟均，此失出者也。特言出而不及于失入者。观一篇之中，其丁宁谆复之意如此，是岂坐入者无辜，而坐出者有罪乎。以意逆志可也。"（宋）林之奇：《尚书全解》卷三十九《吕刑·周书》，《钦定四库全书》本。
⑤ 传，"其当清察，能使之不行"。疏，"其当清证审察，能使五者不行，乃为能耳"。（汉）孔氏传、（唐）陆德明音义、（唐）孔颖达疏《尚书注疏》卷十八《周书·吕刑》，《钦定四库全书》本。

解克为能。"汝于此当审察之，而后能其事，故曰审克。"① 宋人夏僎《尚书详解》接上文解说，"然欲处此"，皆得其当，"惟详审者能之"，终告以"其审克之"。② 宋人黄度《尚书说》说，必审慎则能之。③ 宋人胡士行《胡氏尚书详解》解说，审，察之精；克，能。④ 宋人蔡沉《书经集传》解说，审克，"察之详"而"尽其能"。蔡沉认为，下文屡言，以见其叮咛嘱咐"忠厚之至"。⑤ 康熙《御制日讲书经解义》说，"尔等可不详审精察，务尽其听断之能"。⑥

一解"竭其力"。据宋人时澜《增修东莱书说》，吕祖谦说，在使之与所纵者同罪之后，又再勉以其审克之。审，"察之"的意思，就是尽其心。克，"治之"的意思，就是竭其力。尽其心，竭其力，那么就"私不能夺"，"防微别嫌"，无所不至，由此之后，才可免于五过之疵。自此，每条多系之以审克，都叮咛嘱咐，使尽心力而为。⑦

一解"克己私"。宋人陈经《陈氏尚书详解》说，当审之以致其详，"克之以去其私"，那么，罪不出于故出。⑧ 宋人胡士行《胡氏尚书详解》，一说克己私。⑨ 元人朱祖义《尚书句解》说，审之致其详，那么就能不至故出人罪。审，

---

① "汝于此当审察之，而后能其事，故曰审克。克，能也。"（宋）林之奇：《尚书全解》卷三十九《吕刑·周书》，《钦定四库全书》本。
② "然欲处此，而皆得其当者，惟详审者能之，故终告以其审克之。"（宋）夏僎：《尚书详解》卷二十五《吕刑》，《钦定四库全书》本。
③ "必审慎则能之。"（宋）黄度：《尚书说》卷七《周书·吕刑》，《钦定四库全书》本。
④ "其审（察之精）克（能）之。"（宋）胡士行：《尚书详解》卷十二《周书·吕刑第二十九》，《钦定四库全书》本。
⑤ "审克者，察之详而尽其能也。下文屡言，以见其丁宁忠厚之至。"（宋）蔡沉：《书经集传》卷六《吕刑》，《钦定四库全书》本。
⑥ "然则，尔等可不详审精察，务尽其听断之能哉。"《日讲书经解义》卷十三《吕刑》，《钦定四库全书》本。
⑦ "既使之与所纵者同罪，复勉以其审克之，审者，察之谓，尽其心也。克者治之之谓，竭其力也。尽其心，竭其力，则私不能夺，而防微别嫌者，亦无所不至矣。夫然后可免于五过之疵也。自此每条多系之以审克，皆丁宁之，使尽心力而为之也。"（宋）时澜：《增修东莱书说》卷三十四《周书·吕刑第二十九》，《钦定四库全书》本。
⑧ "惟当审之以致其详，克之以去其私，则罪不出于故出矣。"（宋）陈经：《尚书详解》卷四十七《周书·吕刑》，《钦定四库全书》本。
⑨ "一云克己私。"（宋）胡士行：《尚书详解》卷十二《周书·吕刑第二十九》，《钦定四库全书》本。

究人之罪。克，胜己之私。刑罚之事，"惟能"究人情，胜己意，可以无失。①

一解"胜其非"。宋人苏轼《书传》解说，克，胜。克之，胜其非。②

以下是评论。康熙《御制日讲书经解义》康熙评论说，五过，"狱之最轻"，其疵病就如此，那么，五罚、五刑，是大狱，于是，"人之营求必愈甚"。典狱"听断之权亦愈重"，其疵更当何如，此尤宜深戒。③

3. 叙评

此句，"罪"有"出入人罪"、"故出人罪"两解。"均"无歧义，或"与犯法者同"，或"以人之所犯坐之"，"与犯法者等"，或"待以惟均之刑"，或"罪与犯人同科"，或"以其罪罪之"，或"法当同坐"。"克"有"能"、"竭其力"、"克己私"、"胜其非"四解。"审"，或"其当清察"，或"其当清证审察"，或"详审精察"，或"精察"，或"审察"，或"察之之精"，或"察之详"，或"究人之罪"。

笔者以为，《吕刑》全文的宗旨在于慎刑，仅处罚"故出人罪"显然不符合文义，汉孔的"出入人罪"为正解。"克"四解，"胜其非"文义不明，"能"，"竭其力"也都通，但与前文"五过之疵"不衔接，胡士行的"克己私"为善解。"均"和"审"诸解为近义或同义，可择优而采。"均"取苏轼的"法当同坐"、史浩的"以其罪罪之"。"审"取康熙的"详审精察"。整句解说为：

出入人罪，依法应当同坐，以其罪处罚，典狱官要详审精察，克己私意。

（九）五刑之疑有赦，五罚之疑有赦，其审克之

康熙《御制日讲书经解义》说此句及下一句是陈述"听断疑狱之法"。④

---

① "惟审之致其详，斯能不至故出人罪。审则究人之罪，克则胜己之私。刑罚之事，惟能究人情，胜己意者，可以无失，故曰审克。"（元）朱祖义：《尚书句解》卷十二《吕刑第二十九》，《钦定四库全书》本。

② "克，胜也。胜其非也。"（宋）苏轼：《书传》卷十九《周书·吕刑第二十九》，《钦定四库全书》本。

③ "夫五过狱之最轻者，其疵病犹如此，又况五罚、五刑狱之大者，则人之营求必愈甚。典狱者听断之权亦愈重，其疵更当何如，此尤宜深致戒者也。"《日讲书经解义》卷十三《吕刑》，《钦定四库全书》本。

④ "此一节书是言听断疑狱之法也。"《日讲书经解义》卷十三《吕刑》，《钦定四库全书》本。

笔者引证解说此句的有，汉孔，唐孔，宋人林之奇、吕祖谦、夏僎、史浩、黄度、蔡沉、陈大猷，元人吴澄，清帝康熙。

1. 五刑之疑有赦

此段有两解。一解"赦从罚"。《尚书注疏》汉孔传解，"赦从罚"。唐孔疏转述。① 宋人林之奇《尚书全解》说是指上文"五刑不简，正于五罚"，解"赦而从罚"，同汉孔。② 宋人史浩《尚书讲义》解，五刑五罚都"以疑而赦原"，就是说"罪疑惟轻"。③ 宋人蔡沉《书经集传》解，刑疑有赦，正于五罚。④ 康熙《御制日讲书经解义》解，五刑不简，是刑之疑。疑，就"当赦其所丽之刑"，而正于五罚。⑤

一解"直赦之"。宋人陈大猷《书集传或问》解，疑就不能"知其人之为罪"，所以"直赦之"。⑥ 宋人黄度《尚书说》解，赦，直免之。刑罚之疑，都直免之，所以"别出"。不认同汉孔。上文"不简"，"不服"，都是指"有不尽之情"，并非"疑"。疑就直免。⑦ 元人吴澄《书纂言》解，五刑有疑就"直赦之"，而不复入于罚。⑧

2. 五罚之疑有赦

此段"赦"有两解。一解"赦从过"。《尚书注疏》汉孔传解"赦"为

---

① "传，刑疑赦从罚。"疏，"五刑之疑有赦，赦从罚也"。（汉）孔氏传、（唐）陆德明音义、（唐）孔颖达疏《尚书注疏》卷十八《周书·吕刑》，《钦定四库全书》本。

② "五刑之疑有赦，此即上文五刑不简，正于五罚，赦而从罚也。"（宋）林之奇：《尚书全解》卷三十九《吕刑·周书》，《钦定四库全书》本。

③ "五刑五罚皆以疑而赦原，所谓罪疑惟轻也。""五刑五罚皆以疑而赦原，所谓罪疑惟轻也。"（宋）史浩：《尚书讲义》卷二十《吕刑》，《钦定四库全书》本。

④ "刑疑有赦，正于五罚也。"（宋）蔡沉：《书经集传》卷六《吕刑》，《钦定四库全书》本。

⑤ "穆王曰，五刑之不简者，是刑之疑者也。疑则当赦其所丽之刑，而正于五罚矣。"《日讲书经解义》卷十三《吕刑》，《钦定四库全书》本。

⑥ "疑则不能知其人之为罪也，故直赦之。"（宋）陈大猷：《书集传或问》卷下《吕刑》，《钦定四库全书》本。

⑦ "赦，直免之。刑罚之疑，皆直免之，故别出。孔氏曰，刑疑赦从罚，罚疑赦从免，非也。上不简不服，皆谓有不尽之情，非疑也。疑则直免耳。"（宋）黄度：《尚书说》卷七《周书·吕刑》，《钦定四库全书》本。

⑧ "五刑有疑则直赦之，而不复入于罚矣。"（元）吴澄：《书纂言》卷四下《吕刑》，《钦定四库全书》本。

"赦从免"。唐孔疏为"赦从过","过则赦之"。① 宋人林之奇《尚书全解》说是指,上文"五罚不服,正于五过",解为"赦而免之",同汉孔。② 宋人蔡沉《书经集传》解,罚疑有赦,正于五过。③ 康熙《御制日讲书经解义》解,五罚不服,是罚之疑,疑就"当赦其所丽之罚",正于五过。④

一解"直赦之"。元人吴澄《书纂言》解,若五罚有疑则直赦之,而不复治其过。⑤

以下是评论。宋人林之奇《尚书全解》评论说,五罚之疑,可以称之"赦"。五刑之疑"尚不免于罚",而称之"赦",大概是说,尽管是以金自赎,却幸而"不至于残溃其肌体",这也是"赦"。下文墨辟疑赦之类,都是这样。⑥ 据宋人时澜《增修东莱书说》,吕祖谦以下文来解说以上两段。五刑之疑有赦,就是正于五罚的意思;五罚之疑有赦,就是正于五过的意思。观下文,五辟疑赦为罚,而五罚疑赦为过,从而可知。⑦

宋人夏僎《尚书详解》说,此节"本论刑疑从罚,罚疑从过,务出人罪",又恐缘五疵为奸,于是就断以"其罪惟均"之言,欲其知畏,不敢轻出人罪。然而又虑无知之人,或规于避祸,不肯轻出人罪,至有刑疑而不降以从罚,罚疑不复降以从过,因此,"翻明前意"告之:五刑之疑有赦,五罚之疑有赦。是说,如前文,正以五刑,而五刑确实不简孚,就是五刑之疑,自应赦而从罚,不可因轻出人罪而"其罪惟均",就"不为

---

① 传,"罚疑赦从免"。疏,"五罚之疑有赦,赦从过也,过则赦之矣。"(汉)孔氏传、(唐)陆德明音义、(唐)孔颖达疏《尚书注疏》卷十八《周书·吕刑》,《钦定四库全书》本。
② "五罚之疑有赦,此即上文五罚不服,正于五过,赦而免之也。"(宋)林之奇:《尚书全解》卷三十九《吕刑·周书》,《钦定四库全书》本。
③ "罚疑有赦正于五过也。"(宋)蔡沉:《书经集传》卷六《吕刑》,《钦定四库全书》本。
④ "五罚之不服者,是罚之疑者也,疑则当赦其所丽之罚,而正于五过矣。"《日讲书经解义》卷十三《吕刑》,《钦定四库全书》本。
⑤ "若五罚有疑则直赦之,而不复治其过矣。"(元)吴澄:《书纂言》卷四下《吕刑》,《钦定四库全书》本。
⑥ "五罚之疑谓之赦可也。五刑之疑尚不免于罚,而谓之赦者,盖虽以金自赎,而幸其不至于残溃其肌体,是亦赦也。下文墨辟疑赦之类皆然也。"(宋)林之奇:《尚书全解》卷三十九《吕刑·周书》,《钦定四库全书》本。
⑦ "五刑之疑有赦,即所谓正于五罚,五罚之疑有赦,即所谓正于五过。观下文,五辟疑赦而为罚,则五罚疑赦而为过,从可知也。"(宋)时澜:《增修东莱书说》卷三十四《周书·吕刑第二十九》,《钦定四库全书》本。

之赦"。如前文，正以五罚，五罚确实不服，就是五罚之疑，自应赦而从过，不可因轻出人罪而"其罪惟均"，就不赦。①

3. 其审克之

此段"克"有两解。一解"能"。《尚书注疏》汉孔传解"审"同前文，即"当清察"，而"克之"则为"能得其理"，与前文不同。唐孔疏"克之"为"使能之，勿使妄入人罪，妄得赦"，亦与前文不同。② 据宋人时澜《增修东莱书说》，吕祖谦说，都希望其审克，当赦不赦，不当赦而赦，危害都不轻。③ 康熙《御制日讲书经解义》说，"尔等当察之详而尽其能"，既不滥及无辜，又不宽纵有罪。④ 宋人夏僎《尚书详解》说，罪疑"本法"自应赦，罚疑"本法"也自应赦，而只有详审者能之。所以翻明前意，于是又称审克。⑤ 元人朱祖义《尚书句解》说，审之致其详，那么就"能不至故入人罪"。⑥

一解"克以去其私"。宋人陈经《陈氏尚书详解》说，当参以致其详，"克以去其私"，这样就"不至于故入"。⑦

---

① "吕侯此一节本论刑疑从罚，罚疑从过，务出人罪，恐又缘五疵而为奸，遂断以其罪惟均之言，盖欲其知畏，而不敢轻出人罪也。然又虑无知之人，或规于避祸，不肯轻出人罪，至有刑疑而不降以从罚，罚疑不复降以从过者，故又翻明前意而告之，五刑之疑有赦，五罚之疑有赦。盖谓如前正以五刑，而五刑果不简孚者，是谓五刑之疑，如此者，自应赦而从罚，汝不可谓轻出人罪而其罪惟均，而不为之赦也。如前正以五罚，而五罚果不服者，是谓五罚之疑，如此者，自应赦而从过，汝亦不可谓轻出人罪，而其罪惟均而不赦也。"（宋）夏僎：《尚书详解》卷二十五《吕刑》，《钦定四库全书》本。

② 传，"其当清察，能得其理"。疏，"其当清证审察，使能之，勿使妄入人罪，妄得赦免"。（汉）孔氏传、（唐）陆德明音义、（唐）孔颖达疏《尚书注疏》卷十八《周书·吕刑》，《钦定四库全书》本。

③ "皆欲其审克者，当赦而不赦，不当赦而赦，所害皆不轻也。"（宋）时澜：《增修东莱书说》卷三十四《周书·吕刑第二十九》，《钦定四库全书》本。

④ "尔等当察之详而尽其能，既不滥及无辜，亦不宽纵有罪而后可也。"《日讲书经解义》卷十三《吕刑》，《钦定四库全书》本。

⑤ "罪疑而本法自应赦，罚疑而本法亦自应赦，惟详审者能之。盖所以翻明前意，故又言审克也。"（宋）夏僎：《尚书详解》卷二十五《吕刑》，《钦定四库全书》本。

⑥ "惟审之致其详，斯能不至故入人罪。"（元）朱祖义：《尚书句解》卷十二《吕刑第二十九》，《钦定四库全书》本。

⑦ "当参以致其详，克以去其私，则斯不至于故入矣。"（宋）陈经：《尚书详解》卷四十七《周书·吕刑》，《钦定四库全书》本。

以下是评论。宋人夏僎《尚书详解》认为，不说五过之疑，大概罚疑至于赦，就便是过，过即已赦之，事无可疑，所以不言。① 宋人陈经《陈氏尚书详解》接上文说，既不可故出人罪，也不可故入人罪。五刑之疑，从赦而为罚；五罚之疑，从赦而为免。既然称疑，就是"轻重"都不得其实。圣贤"宁过于厚"，"无过于薄"。"罪疑惟轻"的意思，就是不可以入人之罪。详味穆王之言，只希望"当乎人情，合乎中理"，"不可容一毫私意于其间"。②

4. 叙评

此句的解说较少。"赦"，"赦从罚"，"赦从过"，或"直赦之"，是指"不复入于罚"，"不复治其过"。"克"的歧义沿自前文，有论者未解。"能"，或"克以去其私"。"审"，有"详审"、"清察"、"察之详"、"审之致其详"，"当参以致其详"之解。

笔者以为，"直赦之"从此句而言，也可通。但从下文来看，似乎与文义不符。下文有五刑"赦从罚"的具体规定，联系上下文，此句应是原则性说明，后文属于实施方式。汉孔的"赦从罚"、唐孔的"赦从过"，无论从前文还是后文，都是正解。"其审克之"，可与前文同解。整句可解说为：

如果入五刑有疑，就赦刑从罚；入五罚有疑，就赦罚从过，过而从免；典狱官要详审精察，克己私意。

（十）简孚有众，惟貌有稽，无简不听，具严天威

宋人夏僎《尚书详解》说，此句是教有邦诸侯，"以求疑刑疑罚之说"。③

---

① "不言五过之疑者，盖罚疑至于赦，则便是过，过即已赦之，事无可疑者，故不言也。"（宋）夏僎：《尚书详解》卷二十五《吕刑》，《钦定四库全书》本。

② "虽然故出人罪不可，故入人罪亦不可，五刑之疑者从赦而为罚，五罚之疑者从赦而为免。既曰疑则是轻重皆不得其实。圣贤宁过于厚，无过于薄，所谓罪疑惟轻，不可以入人之罪。""详味穆王之言，惟欲当乎人情，合乎中理，不可容一毫私意于其间也。"（宋）陈经：《尚书详解》卷四十七《周书·吕刑》，《钦定四库全书》本。

③ "此下言简孚有众，惟貌有稽，无简不听之句，即是教有邦诸侯，以求疑刑疑罚之说也。"（宋）夏僎：《尚书详解》卷二十五《吕刑》，《钦定四库全书》本。

笔者引证解说此句的有，汉孔，唐孔，宋人苏轼、林之奇、吕祖谦、夏僎、史浩、蔡沉、陈经，元人朱祖义，清帝康熙。

1. 简孚有众

此段"众"有三解。一解"有合众心"。《尚书注疏》汉孔传解"简孚"为"简核诚信"，"有众"为"有合众心"。唐孔疏在"简核诚信"前加"既得囚辞"，而疏"有合众心"说，"或皆可刑，或皆可放"。① 宋人史浩《尚书讲义》，"核实"而"合于众心"。② 康熙《御制日讲书经解义》解，狱无可疑，"情与法相应"，就是说在已经"简核实迹可信"之后，众就可以"加刑罚"。③

一解"与众共听"。宋人苏轼《书传》解说为，既简且孚，"众证之"。④ 宋人陈经《陈氏尚书详解》解，狱辞与众共听之，"众人以为信"。⑤ 元人朱祖义《尚书句解》解，虽然"得狱辞之要"而可信，还"当与众共听之"。⑥

一解"可信者众"。宋人夏僎《尚书详解》说是指，人之有罪，典狱者决之，已得其囚之要辞，"孚信无可疑者甚众"。⑦ 宋人蔡沉《书经集传》解，简，核，情实，可信者众。⑧

---

① "传，简核诚信，有合众心。"疏，"既得囚辞简核诚信，有合众心，或皆可刑，或皆可放。""简核诚信，有合众心，或皆以为可刑，或以为可赦。"（汉）孔氏传、（唐）陆德明音义、（唐）孔颖达疏《尚书注疏》卷十八《周书·吕刑》，《钦定四库全书》本。
② "简孚有众者，核实而合于众心也。"（宋）史浩：《尚书讲义》卷二十《吕刑》，《钦定四库全书》本。
③ "然而，狱之无可疑者，则如何，夫其情与法相应，亦既简核实迹可信者，众则可以加刑罚矣。"《日讲书经解义》卷十三《吕刑》，《钦定四库全书》本。
④ "既简且孚，众证之矣。"（宋）苏轼：《书传》卷十九《周书·吕刑第二十九》，《钦定四库全书》本。
⑤ "狱辞既与众共听之，众人以为信矣。"（宋）陈经：《尚书详解》卷四十七《周书·吕刑》，《钦定四库全书》本。
⑥ "虽得狱辞之要而可信，尤当与众共听之。"（元）朱祖义：《尚书句解》卷十二《吕刑第二十九》，《钦定四库全书》本。
⑦ "谓人之有罪，而典狱者决之，虽已得其囚之要辞，而孚信无可疑者甚众。"（宋）夏僎：《尚书详解》卷二十五《吕刑》，《钦定四库全书》本。
⑧ "简，核，情实，可信者众。"（宋）蔡沉：《书经集传》卷六《吕刑》，《钦定四库全书》本。

另有论者说是指前文。据宋人时澜《增修东莱书说》，吕祖谦说，就是"师听五辞，五辞简孚"的意思。①

2. 惟貌有稽

此段无歧义。《尚书注疏》汉孔传解"惟貌"为"惟察其貌"，"有稽"为"有所考合重刑之至"。唐孔疏解为，虽说合罪，还"更审察其貌，有所考合"，而貌又当罪，才作决断之，即，考合复同，"乃从众议断"之重刑之至。唐孔认为，察其貌，指《周礼》的五听。②宋人苏轼《书传》认为是，口服而貌不服，"此必有故"，因此不可以"不稽"。③宋人林之奇《尚书全解》认为，即使简孚有众，然而还"不能无冤"，这就是"必稽考其貌"的缘故。"惟貌有稽"，即《周官》五听的"色听"。大概是稽其貌，"其冤枉之状"就"可得而见"。④据宋人时澜《增修东莱书说》，吕祖谦解说，"惟貌有稽"，是"教之以简孚之法"。辞或可伪，而貌不可揜（yǎn）。并略引《周礼》"不正则眊，有愧则泚"，说是"推此"稽之，就难以隐匿。⑤宋人夏僎《尚书详解》接上文说，"未可便加以刑，又当以其貌而考之，此所谓貌稽"，即《周官·大司寇》色听。此段解为，已得其情实，又当稽

---

① "简孚有众，即所谓师听五辞，五辞简孚。"（宋）时澜：《增修东莱书说》卷三十四《周书·吕刑第二十九》，《钦定四库全书》本。
② 传，"惟察其貌，有所考合重刑之至"。疏，"虽云合罪，惟更审察其貌有所考合，谓貌又当罪，乃决断之。""未得即断之，惟当察其囚貌，更有所考合，考合复同，乃从众议断之重刑之至也。察其貌者，即《周礼》五听：辞听、色听、气听、耳听、目听也。传以为，辞听观其出言，不直则烦；色听观其颜色，不直则赧然；气听观其气息，不直则喘；耳听观其听聆，不直则惑；目听观其眸子视，不直则眊然，是察其貌有所考合也。"（汉）孔氏传、（唐）陆德明音义、（唐）孔颖达疏《尚书注疏》卷十八《周书·吕刑》，《钦定四库全书》本。
③ "口服而貌不服，此必有故，不可以不稽也。"（宋）苏轼：《书传》卷十九《周书·吕刑第二十九》，《钦定四库全书》本。
④ "故虽简孚有众，而犹不能无冤。此所以必稽考其貌焉。惟貌有稽，《周官》五听之色听是也。盖稽其貌，则其冤枉之状有可得而见者矣。"（宋）林之奇：《尚书全解》卷三十九《吕刑·周书》，《钦定四库全书》本。
⑤ "惟貌有稽，教之以简孚之法也。辞或可伪，而貌不可揜。不正则眊，有愧则泚，推此而稽之，盖有所不得遁者矣。"（宋）时澜：《增修东莱书说》卷三十四《周书·吕刑第二十九》，《钦定四库全书》本。

之貌，而"为此色听之举"。① 宋人史浩《尚书讲义》认同唐孔解为《周礼》五听。② 宋人黄度《尚书说》解稽为验。虽简孚当正刑，而又有听法，引《小司寇》五听。出辞、吐气，耳听、目观，其貌都是可验的。五听最难，于是"合众智"，即使"简而听之"，或许有"可生之理"。③ 宋人蔡沉《书经集传》认为，还要"考察其容貌"。也引《周礼》色听。④ 宋人陈经《陈氏尚书详解》说是指，以狱之要辞，"书之于简"，当以人之貌"参之"。理直，其颜色自如，而有愧于中，必有赧然于色。引《周官》辞听、色听、气听。⑤ 康熙《御制日讲书经解义》解稽为稽考。康熙说，还"必稽其貌"。人之真情，或许有"不能自达"，而"发见于形色之间者"。要是察之还有可疑，就当议赦以宽之。⑥

3. 无简不听

此段"不听"有四解。一解不听理。《尚书注疏》汉孔传解"无简"为"无简核诚信"，唐孔疏说，指简核之于罪，"无诚信效验"可简核。又，虽"似罪状"，无可简核诚信合罪。汉孔传解"不听理其狱"，唐孔

---

① "又未可便加以刑，又当以其貌而考之，此所谓貌稽，即《周官·大司寇》所谓色听也。此盖已得其情实，又当稽之貌，而为此色听之举。"（宋）夏僎：《尚书详解》卷二十五《吕刑》，《钦定四库全书》本。
② "惟貌有稽者，《周官·大司寇》以五声听狱讼求民情，色听、气听之类是也。"（宋）史浩：《尚书讲义》卷二十《吕刑》，《钦定四库全书》本。
③ "虽简孚当正刑，而又有听法，《小司寇》五听是也。一曰辞听；二曰色听；三曰气听；四曰耳听；五曰目听。惟貌有稽，出辞、吐气，耳听、目观，皆其貌之可验者也。稽，验也。五听最难，故合众智，虽简听之，容有可生之理也。故戒之无有简而不听者，殆若今狱录问欤。"（宋）黄度：《尚书说》卷七《周书·吕刑》，《钦定四库全书》本。
④ "亦惟考察其容貌。《周礼》所谓色听是也。"（宋）蔡沉：《书经集传》卷六《吕刑》，《钦定四库全书》本。
⑤ "此言以狱之要辞，书之于简者，当以人之貌而参之也。""又当稽之于貌，盖理直者，其颜色自如，而有愧于中者，必有赧然于色。《周官》所谓辞听、色听、气听是也。"（宋）陈经：《尚书详解》卷四十七《周书·吕刑》，《钦定四库全书》本。
⑥ "稽，稽考也。""然犹必稽其貌焉。盖人之真情，或有不能自达，而发见于形色之间者。苟察之而犹有可疑，犹当议赦以宽之也。"《日讲书经解义》卷十三《吕刑》，《钦定四库全书》本。

疏说，即是"无罪之人"当赦之。① 宋人林之奇《尚书全解》说，即使简孚有众，尚且要稽其貌，要是无简孚之辞，就"不当听其狱"。② 宋人蔡沉《书经集传》以为，听狱"以简核为本"，要是"无情实"，"在所不听"。③

一解不复再听。宋人夏僎《尚书详解》解说，无要辞可得，显然是可疑之狱，就称之"无简"。无简，就不须色听，其情伪已显然可见，可即赦之。④ 明人刘三吾《书传会选》引宋人陈大猷，狱辞无核，就明显是"疑狱"，更不须以貌听，而竟赦之。⑤ 元人朱祖义《尚书句解》说，要是不得其"简要之辞"，不可又"徒以貌而听"。⑥ 元人吴澄《书纂言》说，无可推究，疑而当赦。疑狱难明，不复再听。⑦ 明人胡广等《书经大全》引吴澄。⑧ 康熙《御制日讲书经解义》说，如果"本无情实可以推究"，就是疑狱，显然当直赦之，不必"复听"。康熙评论说，狱无可疑，就"不惮反复而周详"，狱有可疑，就"不必深文而苛刻"。⑨

一解不当听。宋人苏轼《书传》说"初无"核实之状，此狱就"不

---

① 传，"无简核诚信，不听理其狱"。疏，"无简不听者，谓虽似罪状，无可简核诚信合罪者，则不听理其狱，当放赦之"。"无简核诚信者，谓简核之于罪，无诚信效验可简核，即是无罪之人当赦之。"（汉）孔氏传、（唐）陆德明音义、（唐）孔颖达疏《尚书注疏》卷十八《周书·吕刑》，《钦定四库全书》本。
② "夫简孚有众者，尚必稽其貌，苟无简孚之辞，则不当听其狱矣。"（宋）林之奇：《尚书全解》卷三十九《吕刑·周书》，《钦定四库全书》本。
③ "然听狱以简核为本，苟无情实，在所不听。"（宋）蔡沉：《书经集传》卷六《吕刑》，《钦定四库全书》本。
④ "若无要辞可得者，即是显然可疑之狱。是之谓无简。无简者即不须如此以色听之，而其情伪已自显然可见，虽即赦之可也。"（宋）夏僎：《尚书详解》卷二十五《吕刑》，《钦定四库全书》本。
⑤ "陈氏大猷曰，无简不听，谓狱辞之无核者，则为疑狱明矣，更不须以貌听，而竟赦之也。"（明）刘三吾：《书传会选》卷六《吕刑》，《钦定四库全书》本。
⑥ "苟不得其简要之辞，又不可徒以貌而听。"（元）朱祖义：《尚书句解》卷十二《吕刑第二十九》，《钦定四库全书》本。
⑦ "无可推究者，疑而当赦者也。疑狱难明不复再听。"（元）吴澄：《书纂言》卷四下《吕刑》，《钦定四库全书》本。
⑧ 临川吴氏曰："推究得实者，罪之当刑者也，惟当更于容貌有所考察，慎之至也。"（明）胡广等：《书经大全》卷十《吕刑》，《钦定四库全书》本。
⑨ "若本无情实可以推究，则疑狱，显然当直赦之，不必复听之矣。夫狱之无可疑者，则不惮反复而周详；狱之有可疑者，则不必深文而苛刻。"《日讲书经解义》卷十三《吕刑》，《钦定四库全书》本。

当听"。① 宋人陈经《陈氏尚书详解》解说为，"貌既有稽，又当参之于简"。或许，"巧者"能饰其容，"怯者"适然而合，那么，"貌又不可专恃"。无简"不当听之"。②

一解上有所不听。据宋人时澜《增修东莱书说》，吕祖谦说，不经众人之简核，那么，即使"狱成"，"上有所不听"。③

4. 具严天威

此段行文不同，几无歧义。《尚书注疏》汉孔传解此段为"皆当严敬天威，无轻用刑"。唐孔疏近似转述。④ 宋人史浩《尚书讲义》解，"敬天之威，不敢轻用刑"，⑤ 近似汉孔。宋人苏轼《书传》说，"所以如此"，在于"畏天威"。⑥ 宋人林之奇《尚书全解》说，听狱，"如是之审"，是由于"天威可畏，不可不严敬之"。并举严延年"多所诛杀"为证。⑦ 据宋人时澜《增修东莱书说》，吕祖谦解说，如此"求详"致严，是由于"刑乃天之威"，而"非君之私权"。引《尚书·虞书·皋陶谟》"天明畏，自我民明威"，说是，众之所简孚，就是天威之所在。⑧ 宋人夏僎《尚书详解》解具为皆。接上文说，"所以如此"，都是

---

① "初无核实之状，则此狱不当听也。"（宋）苏轼：《书传》卷十九《周书·吕刑第二十九》，《钦定四库全书》本。

② "惟貌既有稽，又当参之于简。盖巧者能饰其容，怯者或适然而合，则貌又不可专恃。无简者又不当听之。"（宋）陈经：《尚书详解》卷四十七《周书·吕刑》，《钦定四库全书》本。

③ "不经众人之简核，则狱虽成而上有所不听。"（宋）时澜：《增修东莱书说》卷三十四《周书·吕刑第二十九》，《钦定四库全书》本。

④ 传，"皆当严敬天威，无轻用刑"。疏，"皆当严敬天威，勿轻听用刑也"。（汉）孔氏传、（唐）陆德明音义、（唐）孔颖达疏《尚书注疏》卷十八《周书·吕刑》，《钦定四库全书》本。

⑤ "无简不听，具严天威者，敬天之威，不敢轻用刑杀也。"（宋）史浩：《尚书讲义》卷二十《吕刑》，《钦定四库全书》本。

⑥ "所以如此者，畏天威也。"（宋）苏轼：《书传》卷十九《周书·吕刑第二十九》，《钦定四库全书》本。

⑦ "其听狱，所以如是之审者，以其天威可畏，不可不严敬之也。如严延年在河南多所诛杀。其母谓之曰，天道神明，人不可多杀。已而延年果诛死，则天威可不畏哉。"（宋）林之奇：《尚书全解》卷三十九《吕刑·周书》，《钦定四库全书》本。

⑧ "所以如是求详而致严者，盖刑乃天之威，非君之私权也。'天明畏，自我民明威'，众之所简孚，即天威之所在也。"（宋）时澜：《增修东莱书说》卷三十四《周书·吕刑第二十九》，《钦定四库全书》本。

"畏天之威"的缘故。① 宋人蔡沉《书经集传》说,上帝"临汝","不敢有毫发之不尽"。② 宋人陈经《陈氏尚书详解》解具为皆。"无所不致其严"。③ 康熙《御制日讲书经解义》解严为敬畏。由于天真心爱民,如果"虐及非辜","必上干天威"。"尔等"怎可不"战战兢兢",常若上帝监临在上。④

以下是评论。宋人夏僎《尚书详解》说,狱讼之事性命所系,尤天命"所甚介介"。用之而当,就"自作元命,配享在下";用之不当,就如"降咎于苗","乃绝厥世"。祸福报应,如在"立谈之间"。典狱者"安得而不畏"。然而必称"具严",大概是上文五刑、五罚、五过之事,不论轻重之罪,都希望"其畏天威",而不敢"妄议轻决",于是"以其严为说"。⑤

宋人陈经《陈氏尚书详解》认为,"所以然者",正是要"具严天威"。刑,是天讨有罪,至公而无私,所以"在我"有一毫之未至,"在狱"有一毫之不得其情,就是有愧于天,怎能够"严天威"。⑥ 明人刘三吾《书传会选》引宋人陈大猷,当轻而重,当重而轻,就是"亵慢天威",怎么可以"不致其严哉"。⑦ 元人吴澄《书纂言》说,过于寻求或

---

① "所以如此者,皆以畏天之威故也。"(宋)夏僎:《尚书详解》卷二十五《吕刑》,《钦定四库全书》本。
② "上帝临汝,不敢有毫发之不尽也。"(宋)蔡沉:《书经集传》卷六《吕刑》,《钦定四库全书》本。
③ "具者,皆也。无所不致其严。"(宋)陈经:《尚书详解》卷四十七《周书·吕刑》,《钦定四库全书》本。
④ "严,敬畏也。""诚以天之爱民,倘虐及非辜,必上干天威。尔等可不战战兢兢,常若上帝之监临在上哉。"《日讲书经解义》卷十三《吕刑》,《钦定四库全书》本。
⑤ "盖狱讼之事性命所系,尤天命所甚介介者。故用之而当,则自作元命配享在下,用之不当,则降咎于苗,而乃绝厥世。祸福报应,如在立谈之间。典狱者安得而不畏哉。然必言具严者,具者皆也。盖上言五刑、五罚、五过之事不论轻重之罪,皆欲其畏天威,而不敢妄议轻决,故以其严为说也。"(宋)夏僎:《尚书详解》卷二十五《吕刑》,《钦定四库全书》本。
⑥ "所以然者,正欲具严天威而已。刑者,天讨有罪,至公而无私。""故也在我有一毫之未至,在狱有一毫之不得其情,则为有愧于天,岂所以严天威哉。"(宋)陈经:《尚书详解》卷四十七《周书·吕刑》,《钦定四库全书》本。
⑦ "陈氏大猷曰,当轻而重,当重而轻,则亵慢天威矣,其可不致其严哉。"(明)刘三吾:《书传会选》卷六《吕刑》,《钦定四库全书》本。

至误入，必受天谴。天威当畏，所以疑者不问而赦之。① 明人胡广等《书经大全》引吴澄。②

5. 叙评

此句，"众"有三解，或"有合众心"，或"与众共听"，或"可信者众"。"与众共听"，或称"众证之"。"简孚"有"简核诚信"、"核实"、"狱无可疑"、"情实"之解，解同前文，有论者未解。"稽"，或"审"，或"审察"，或"察验"。论者大多引《周官》五听，尤其是"色听"。"不听"，有"不听理"、"不复再听"、"不当听"、"上有所不听"四解。"无简"，或"无简核诚信"，或"无诚信效验"，或"无情实"，或"无核实之状"。"具"，有论者解为"皆"。"严"，或"严敬"，或"畏"，或"敬畏"。

笔者以为，"简孚"诸解属于同义或近义。可采史浩的"核实"，康熙的"狱无可疑"。"众"三解，指称的对象和程序不同。"有合众心"，或"与众共听"，"众"是指"典狱官"。"有合众心"，先前就是众狱官共听；"与众共听"，先前是单一典狱官审理。"可信者众"是指狱辞。三解都通，但难以确认西周有会审制度，而且与下文衔接，蔡沉的"可信者众"显然更为通顺，应为善解，后接林之奇的"不能无冤"。"稽"诸解为同义或近义，取唐孔的"审察"。"无简"诸解为同义或近义，取苏轼的"无核实之状"。"不听"四解，吕祖谦的"上有所不听"似乎与文义不符。其余三解都通，视觉角度不同。孔传的"不听理"、吴澄的"不复再听"，为近义。"不听理"是指不作有罪判决，而是作为无罪，应当赦免。"不复再听"是指不再用"色听"审察其貌。"不当听"是指不应凭借"色听"的结果作出判断。三解并不冲突，也是司法中常见的情形，可以合说。取汉孔传的"不听理其狱"，唐孔的"无罪之人当赦之"，夏僎的"不须色听"，吴澄的"不复再听"，陈经的"貌又不可专恃"，苏轼

---

① "盖过于寻求或至误入，必受天谴。天威俱所当畏。故疑者不问而赦之也。"（元）吴澄：《书纂言》卷四下《吕刑》，《钦定四库全书》本。
② 临川吴氏曰："盖过于寻求，或至误入，必受天谴，天威俱所当畏。故疑者不问而赦之也。"（明）胡广等：《书经大全》卷十《吕刑》，《钦定四库全书》本。

的"不当听"。"具",取夏僎的"皆"。"严",取康熙的"敬畏"。整句可以解为:

  如果经过核实,有许多觉得可信无疑的狱辞证据,还不能无冤,仍然需要色听审察其貌;如果狱辞证据不能核实证明有罪,就不用再色听审察其貌,不作处罚,无罪赦免;尤其是,不能仅凭借其貌作出有罪判决。之所以如此,全在于敬畏天威。

二
祥刑(中)

此节，据《增修东莱书说》①《胡氏尚书详解》，② 宋人吕祖谦、胡士行均指说是"赎刑之令"。③ 宋人夏僎《尚书详解》指称，这是书序说的"训夏赎刑"。赎刑之法，"独言于"有邦有土，并非"止告有邦有土而不及其他"。在当时，"内而百揆，外而诸侯"，尊而群臣，微而群吏，"莫不咸在"。吕侯或呼"彼人"告之，或呼"此人"告之，尽管"所呼异人而所告异辞"，其实皆同听之。上文已称"刑疑当从罚"，在此就陈述"疑罪之轻重与其罚金之多少"。④ 康熙《御制日讲书经解义》说是，"详言赎刑之法"，就是穆王本意，即所谓"度作刑，以诘四方"。宋人陈经《陈氏尚书详解》说，此即刑之疑，赦而从罚。⑤

---

① "此赎刑之令也。"（宋）时澜：《增修东莱书说》卷三十四《周书·吕刑第二十九》，《钦定四库全书》本。
② "此赎刑之令也。"（宋）胡士行：《尚书详解》卷十二《周书·吕刑第二十九》，《钦定四库全书》本。
③ "此一节书是详言赎刑之法，乃穆王本意，即所谓度作刑，以诘四方也。"《日讲书经解义》卷十三《吕刑》，《钦定四库全书》本。
④ "此序谓之训夏赎刑，而赎刑之法，独言于有邦有土，而他不闻者，非止告有邦有土而不及其他也。盖是时，内而百揆，外而诸侯，尊而群臣，微而群吏，莫不咸在。吕侯或呼彼人告之，或呼此人告之，虽所呼异人而所告异辞，其实皆同听之也。""吕侯上既言刑疑当从罚，故此遂陈疑罪之轻重与其罚金之多少也。"（宋）夏僎：《尚书详解》卷二十五《吕刑》，《钦定四库全书》本。
⑤ "此即刑之疑者赦而从罚也。"（宋）陈经：《尚书详解》卷四十七《周书·吕刑》，《钦定四库全书》本。

（一）墨辟疑赦，其罚百锾，阅实其罪

笔者引证解说此句的有，汉孔，唐孔，宋人苏轼、林之奇、吕祖谦、夏僎、史浩、黄度、蔡沉、陈经，元人吴澄，明人陈第，清帝康熙。

1. 墨辟疑赦

《尚书注疏》汉孔传说，"刻其颡（sǎng）而涅（niè）之"。称为墨刑。唐孔疏指称，五刑之名见于经传，唐虞已来皆有之，未知上古"起在何时"。汉文帝始除肉刑，其刻颡、截鼻、刖足、割势，皆"法"，传于先代。唐孔认为，"孔君亲见之"。唐孔引《说文》解"颡"为"额"；墨，一名黥。又引郑玄《周礼》注，"墨"为"黥"，先刻其面以墨"窒"之，说即，刻额为疮，以墨塞疮孔，令变色。① 宋人苏轼《书传》，② 宋人蔡沉《书经集传》解同汉孔。③ 宋人林之奇《尚书全解》解同郑玄。④ 宋人夏僎《尚书详解》解，墨罪，刺其颡而涅之以墨，如今黥配。⑤ 宋人史浩《尚书讲义》解，墨辟，黥。五罪"有疑"赦之。⑥

以上解说墨刑的实施方式，以下解说"辟"的字义。宋人夏僎《尚

---

① "传，刻其颡（sǎng）而涅（niè）之，曰墨刑。"疏，"五刑之名见于经传，唐虞已来皆有之矣，未知上古起在何时也。汉文帝始除肉刑，其刻颡、截鼻、刖足、割势皆法，传于先代，孔君亲见之。《说文》云，颡额也，墨一名黥。郑玄《周礼》注云墨黥也，先刻其面以墨窒之，言刻额为疮，以墨塞疮孔，令变色也。"（汉）孔氏传、（唐）陆德明音义、（唐）孔颖达疏《尚书注疏》卷十八《周书·吕刑》，《钦定四库全书》本。
② "刻其颡而涅之曰墨。"（宋）苏轼：《书传》卷十九《周书·吕刑第二十九》，《钦定四库全书》本。
③ "墨，刻颡而涅之也。"（宋）蔡沉：《书经集传》卷六《吕刑》，《钦定四库全书》本。
④ "墨者，先刻其额为创，以墨实创孔，令变色也，即所谓黥也。"（宋）林之奇：《尚书全解》卷三十九《吕刑·周书》，《钦定四库全书》本。
⑤ "墨罪者，谓刺其颡而涅之以墨，如今黥配也。"（宋）夏僎：《尚书详解》卷二十五《吕刑》，《钦定四库全书》本。
⑥ "墨辟，黥也。""凡此五罪有疑则赦之。"（宋）史浩：《尚书讲义》卷二十《吕刑》，《钦定四库全书》本。

书详解》解辟为罪。① 据宋人时澜《增修东莱书说》，吕祖谦说，"载于法"叫作"刑"，"加于人"叫作"辟"。② 宋人黄度《尚书说》解辟为正刑。引《礼记》说，君曰宥，有司曰辟，当罪则辟，疑则赦。③ 元人吴澄《书纂言》说，"刑施于人曰辟，五辟之疑皆赦"。④

以下解"疑"的字义。宋人夏僎《尚书详解》说，人要是犯墨罪而疑，好像可墨，也好像不可墨，就称之"墨辟之疑"。⑤

2. 其罚百锾

《尚书注疏》汉孔传说"疑则赦从罚"，锾，是黄铁。重六两。唐陆德明音义说"锾，六两"。又引郑玄、《尔雅》、《说文》、马融、贾逵、《周官》诸说。唐孔疏说，六两称锾，大概是古语，"存于当时，未必有明文"。引《考工记》、郑玄、唐人东莱、《周礼》诸说。引《舜典》"金作赎刑"，说传"以金为黄金"，而此言"黄铁"，《舜典》传称"黄金"，皆是"今之铜"。唐孔强调，古人赎罪都用铜，而传所称黄金或黄铁，是指铜为金、为铁。⑥ 宋人夏僎《尚书详解》说，墨辟若疑，"赦以从罚"。

---

① "辟，罪也。"（宋）夏僎：《尚书详解》卷二十五《吕刑》，《钦定四库全书》本。
② "载于法谓之刑，加于人谓之辟。"（宋）时澜：《增修东莱书说》卷三十四《周书·吕刑第二十九》，《钦定四库全书》本。
③ "辟，正刑也。《礼记》君曰宥，有司曰辟，当罪则辟，疑则赦。"（宋）黄度：《尚书说》卷七《周书·吕刑》，《钦定四库全书》本。
④ "刑施于人曰辟，五辟之疑皆赦。"（元）吴澄：《书纂言》卷四下《吕刑》，《钦定四库全书》本。
⑤ "谓人若犯墨罪而疑者，谓若可墨若不可墨者，是之谓墨辟之疑。"（宋）夏僎：《尚书详解》卷二十五《吕刑》，《钦定四库全书》本。
⑥ 传，"疑则赦从罚。六两曰锾，锾黄铁也"。音义，"锾，六两也。郑及《尔雅》同。《说文》云六锊也。锊，十一铢二十五分铢之十三也。马同。又云贾逵说，俗儒以锊重六两。《周官》剑重九锊，俗儒近是"。疏"六两曰锾，盖古语，存于当时，未必有明文也。《考工记》云，戈矛重三锊。马融云，锊量名，当与《吕刑》锾同。俗儒云锊六两为一川，不知所出耳。郑玄云，锾称轻重之名。今代东莱称，或以大半两为钧，十钧为锾，锾重六两大半两，锾锊似同也。或有存行者，十钧为锾，二锾四钧，而当一斤。然则锾重六两三分之二。《周礼》谓锾为锊，如郑玄之言，一锾之重六两，多于孔王所说。惟校十六铢尔。《舜典》云，金作赎刑，传以金为黄金，此言黄铁者，古者金银铜铁总号为金，今别之以为四名。此传言黄铁，《舜典》传言黄金，皆是今之铜也。古人赎罪悉皆用铜。而传或称黄金，或言黄铁，谓铜为金为铁尔。"（汉）孔氏传、（唐）陆德明音义、（唐）孔颖达疏《尚书注疏》卷十八《周书·吕刑》，《钦定四库全书》本。

夏僎认同汉孔、唐孔，称"此说极然"。① 宋人林之奇《尚书全解》引汉孔，锾，六两。② 宋人苏轼《书传》、③ 蔡沉《书经集传》④ 亦解"锾"为"六两"，同汉孔。据宋人时澜《增修东莱书说》，吕祖谦也同汉孔，解"锾"为"六两"，说是，自百至千，"为金之多寡"，衡量其辟之轻重。五辟之疑，赦以后从赎。⑤ 宋人黄度《尚书说》解，罚，使出罚。锾，六两，墨百。⑥ 宋人史浩《尚书讲义》说，而"以赎论罚之，各有等差"。⑦ 宋人陈经《陈氏尚书详解》解锾为六两。百锾六百两。锾，黄铁。五刑之中，"惟墨为轻"，罚则百锾。⑧ 元人吴澄《书纂言》说，"其罚，谓或有不赦而罚赎者也"。⑨ 明人陈第《尚书疏衍》认同唐孔黄铁为铜的说法。并评论说，千锾，三百七十五斤，"其价亦廉"，"以疑故"。疑而即赦之"恐过轻"，故"令其赎"。经文又称"阅实其罪"，也就是"非纵"。陈第说，汉以前"赎皆用铜"，汉"始改"用"黄金"，但"少其斤两"，"令与铜相敌"。⑩ 康熙

---

① "墨辟若疑而欲赦以从罚。则其罚也，出金百锾。安国谓六两为锾，百锾则六百两也。安国解此金以为是黄铁。至《舜典》之金则以为黄金，颖达谓皆是今之铜，古者金银铜铁总号为金。此说极然。"（宋）夏僎：《尚书详解》卷二十五《吕刑》，《钦定四库全书》本。

② "锾，汉孔氏曰六两。"（宋）林之奇：《尚书全解》卷三十九《吕刑·周书》，《钦定四库全书》本。

③ "六两曰锾。"（宋）苏轼：《书传》卷十九《周书·吕刑第二十九》，《钦定四库全书》本。

④ "六两曰锾。"（宋）蔡沉：《书经集传》卷六《吕刑》，《钦定四库全书》本。

⑤ "六两曰锾。自百至千称其辟之轻重，而为金之多寡也。五辟之疑既赦而从赎矣。"（宋）时澜：《增修东莱书说》卷三十四《周书·吕刑第二十九》，《钦定四库全书》本。

⑥ "罚则使出罚。六两曰锾。墨百。"（宋）黄度：《尚书说》卷七《周书·吕刑》，《钦定四库全书》本。

⑦ "因以赎论罚之，各有等差。"（宋）史浩：《尚书讲义》卷二十《吕刑》，《钦定四库全书》本。

⑧ "六两曰锾。百锾六百两也。锾黄铁也。五刑之中，惟墨为轻，故罚则百锾。"（宋）陈经：《尚书详解》卷四十七《周书·吕刑》，《钦定四库全书》本。

⑨ "其罚，谓或有不赦而罚赎者也。"（元）吴澄：《书纂言》卷四下《吕刑》，《钦定四库全书》本。

⑩ "古者，金银铜铁皆谓之金。传曰，此所罚黄铁，黄铁，铜也。锾，六两。千锾，三百七十五斤，其价亦廉，以疑故也。疑而即赦之恐过轻，故令其赎。又曰阅实其罪，则亦非纵矣。古之赎皆用铜，汉始改用黄金，但少其斤两，令与铜相敌。"（明）陈第：《尚书疏衍》卷四《吕刑》，《钦定四库全书》本。

《御制日讲书经解义》解锾为六两。墨刑疑而当赦罚之，使出铜百锾。① 清人王夫之《尚书稗疏》有长篇幅评论，先引许慎之说，又认为汉孔"六两之说为得其中"，然而"不知其所本"，同时，以黄铁为铜，同唐孔。②

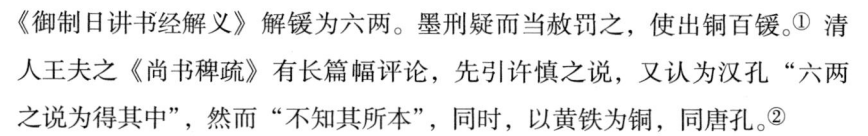

综上所述，"罚"有两解。一解"赦从罚"、"赦以后从赎"；一解"有不赦而罚赎"；大多论者未解。"锾"，汉孔解为黄铁，重六两；唐孔认为黄铁，是黄铜。"锾"的重量还有其他说法，大多论者认同是黄铜，六两。

3. 阅实其罪

《尚书注疏》汉孔传说"使与罚各相当"。唐孔疏为，"检阅核实"其所犯之罪，使与"罚名"相当，然后收取其赎。认为，既然因罪疑而取赎，疑罪不定，而"恐受赎参差"，所以，五罚之下"皆言"阅实其罪，"虑其不相当"。③ 宋人林之奇《尚书全解》认为，大概是希望"罪罚相当"。阅实，就不至于五罚不服。④ 据宋人时澜《增修东莱书说》，吕祖谦说，每条"必继之"以阅实其罪，言辞一再重复。"出死入生"，轻重确实大不等，"毁支体之与捐财货"，轻重也大不等。死生刑赎，"定于俄顷"，怎能不都"阅其实"？⑤ 宋人夏僎《尚书详解》接上文说，墨辟之

---

① "六两曰锾，墨刑疑而当赦罚之，使出铜百锾。"《日讲书经解义》卷十三《吕刑》，《钦定四库全书》本。

② "许慎曰，锾，锊也。锊者十铢二十五分铢之十三。慎又曰，此方以二十两为锊。以十铢有奇则太少，以二十两则又多。孔氏六两之说为得其中。然又不知其所本，且此所罚者不知何经。孔氏谓为黄铁，乃黄铁之名，他不经见，则亦铜而已矣。铜有赤有黄。古以铸兵，亦以铸钟鼎。乃此所罚者，或不应须铜如此之多，则当以铸泉货耳。则虽名为罚金，而六百两之铜，当五铢钱五千有奇，盖所罚者，泉布而计其重，以为多少也。旧注未悉。"（清）王夫之：《尚书稗疏》卷四下《吕刑》，《钦定四库全书》本。

③ 传，"阅实其罪，使与罚各相当。"疏，"阅实其罪，检阅核实其所犯之罪，使与罚名相当，然后收取其赎。此既罪疑而取赎，疑罪不定，恐受赎参差，故五罚之下皆言阅实其罪，虑其不相当故也。"（汉）孔氏传、（唐）陆德明音义、（唐）孔颖达疏《尚书注疏》卷十八《周书·吕刑》，《钦定四库全书》本。

④ "阅实其罪，盖欲罪罚相当也。阅实则不至于五罚不服矣。"（宋）林之奇：《尚书全解》卷三十九《吕刑·周书》，《钦定四库全书》本。

⑤ "每条必继之以阅实其罪，言之屡，辞之复者，出死入生，轻重固大不等，毁支体之与捐财货，轻重亦大不等也。死生刑赎，定于俄顷，安得不皆阅其实乎。"（宋）时澜：《增修东莱书说》卷三十四《周书·吕刑第二十九》，《钦定四库全书》本。

疑，既然要罚金六百两，又不可轻易，当检阅核实，其罪当罚，才可罚之。所以继之以"阅实其罪"。① 宋人黄度《尚书说》说，"刑、赦、罚，皆当阅实"。② 宋人史浩《尚书讲义》解，又当"视其初犯如何"。③ 宋人蔡沉《书经集传》解阅为视。④ 康熙《御制日讲书经解义》解阅为视。康熙解说，五刑之疑，固然有五罚以赦之，但罪有轻重，罚有多寡，不可不审。必详视核实其罪，使其罚必当。⑤ 清人朱鹤龄《尚书埤传》引马端临，作长篇幅评论。⑥

综上所述，"阅"，解"检"或"视"。"阅实"，有"检阅核实"、"详视核实"之解。"其罪"，有"使与罚各相当"、"罪罚相当"、"其罚必当"、"其罪当罚"之解。

4. 叙评

此句，基本上无大的歧义。"墨"，有论者解为"黥"，说是"刻额为疮，以墨塞疮孔，令变色"。"辟"，解"正刑"，或"刑施于人"。"疑"，有论者解为"若可墨若不可墨"。"罚"，"赦从罚"、"赦以后从赎"及"有不赦而罚赎"两解。"锾"，大多论者认同是黄铜，六两。"阅"，

---

① "然墨辟之疑，既欲罚金六百两，又不可轻易，当检阅核实，其罪当罚，则罚之可也。故继之以阅实其罪。"（宋）夏僎：《尚书详解》卷二十五《吕刑》，《钦定四库全书》本。

② "刑、赦、罚，皆当阅实。"（宋）黄度：《尚书说》卷七《周书·吕刑》，《钦定四库全书》本。

③ "又当视其初犯如何，故曰阅实其罪也。"（宋）史浩：《尚书讲义》卷二十《吕刑》，《钦定四库全书》本。

④ "阅，视也。"（宋）蔡沉：《书经集传》卷六《吕刑》，《钦定四库全书》本。

⑤ "阅，视也。""穆王曰，五刑之疑者，固有五罚以赦之，但罪有轻重，则罚有多寡，不可不审也。""然必详视核实其罪，使其罚必当也。"《日讲书经解义》卷十三《吕刑》，《钦定四库全书》本。

⑥ "马端临曰，阅实其罪，盖言罪之无刑则疑，可疑则赎，皆当阅其实也。所谓疑者何也，唐虞之时，刑清法简，是以赎金之法，止及鞭扑。至周而文繁俗敝，五刑之属至于三千。若一按之法，而刑之则举足人阱矣。是以穆王哀之。而五刑之疑各以赎论，即以大辟言之，其属二百，岂无疑赦而在可议之列者，如汉世出师失期之类，于法当死而赎为庶人，亦其遗意也。或曰，罪疑则降等施刑可矣，何必赎也。曰古之议疑罪者，降等一法也。罚赎亦一法也。《虞书》'罪疑惟轻'。此书上刑适轻下服，降等法也。《虞书》'金作赎刑'，此书五刑有赎。罚、赎法也。固并行而不悖也。"朱鹤龄：《尚书埤传》卷十五《周书·吕刑》，《钦定四库全书》本。

"检"或"视"。"阅实","检阅核实"、"详视核实"。"其罪",或"使与罚各相当"、"罪罚相当",或"其罚必当",或"其罪当罚"。

笔者以为,"墨"为刑名,应保留,按其原文。"辟",两解都通,吴澄的"刑施于人"为善解,可采。"疑",夏僎的"若可墨若不可墨",可通。"锾",重量和金属品种,虽有所歧义,但似乎可考,也不必深究,大多认同唐孔的黄铜,六两,可采。"阅","检"或"视"都通,"检"似乎更顺文义。"阅实",唐孔的"检阅核实"可以采用。"其罪"诸解只是行文不同,取林之奇的"罪罚相当"。整句可以解说:

按法律,属于墨罪,按情节,加刑似乎有疑惑,就应赦免,收取罚金黄铜六十斤赎罪;应当详检核实,罪罚相当。

(二)劓辟疑赦,其罪惟倍,阅实其罪

笔者引证解说此句的有,汉孔,唐孔,宋人苏轼、林之奇、夏僎、蔡沉、陈经,清帝康熙。

1. 劓辟疑赦

《尚书注疏》汉孔传说"截鼻"称"劓刑"。[1] 宋人苏轼《书传》、[2] 宋人林之奇《尚书全解》[3] 同汉孔。宋人夏僎《尚书详解》解,劓罪,截鼻之刑。[4] 宋人史浩《尚书讲义》解,劓辟,刃鼻。[5] 宋人蔡沉《书经集传》解,劓,割鼻。[6]

---

[1] "传,截鼻曰劓刑。"(汉)孔氏传、(唐)陆德明音义、(唐)孔颖达疏《尚书注疏》卷十八《周书·吕刑》,《钦定四库全书》本。

[2] "截鼻为劓。"(宋)苏轼:《书传》卷十九《周书·吕刑第二十九》,《钦定四库全书》本。

[3] "劓,截其鼻也。"(宋)林之奇:《尚书全解》卷三十九《吕刑·周书》,《钦定四库全书》本。

[4] "劓罪,谓截鼻之刑也。"(宋)夏僎:《尚书详解》卷二十五《吕刑》,《钦定四库全书》本。

[5] "劓辟,刃鼻也。"(宋)史浩:《尚书讲义》卷二十《吕刑》,《钦定四库全书》本。

[6] "劓,割鼻也。"(宋)蔡沉:《书经集传》卷六《吕刑》,《钦定四库全书》本。

2. 其罪惟倍

《尚书注疏》汉孔传说"倍百为二百锾"。① 宋人苏轼《书传》②、宋人黄度《尚书说》③、宋人蔡沉《书经集传》④、清帝康熙《御制日讲书经解义》⑤ 解同汉孔。宋人林之奇《尚书全解》解，倍，倍于墨；墨百锾，那么，劓罪二百，⑥ 同汉孔。宋人陈经《陈氏尚书详解》说，劓重于墨，所以"其罚惟倍"，二百锾。⑦

以下是评论。宋人夏僎《尚书详解》解说，劓罪疑，赦以从罚，当出金二百锾，重一千二百两。倍，倍于百锾。也须检阅核实其罪而后罚，不可轻易罚之，所以继以"阅实其罪"。⑧ 康熙《御制日讲书经解义》说，劓刑重于墨，有疑而当赦，其罚加倍至二百锾，也必详视核实其罪，使其罚必当。⑨

3. 叙评

此句，句式与上句相同，解说较少。"劓辟"解为"截鼻"、"刃鼻"、"割鼻"，为同义。"惟倍"，解说者都认同"倍百，为二百锾"。笔者以

---

① 传，"倍百为二百锾"。(汉) 孔氏传、(唐) 陆德明音义、(唐) 孔颖达疏《尚书注疏》卷十八《周书·吕刑》，《钦定四库全书》本。
② "倍之为二百锾。"(宋) 苏轼：《书传》卷十九《周书·吕刑第二十九》，《钦定四库全书》本。
③ "倍为二百。"(宋) 黄度：《尚书说》卷七《周书·吕刑》，《钦定四库全书》本。
④ "倍，二百锾也。"(宋) 蔡沉：《书经集传》卷六《吕刑》，《钦定四库全书》本。
⑤ "倍，二百锾也。"《日讲书经解义》卷十三《吕刑》，《钦定四库全书》本。
⑥ "惟倍者倍于墨，墨百锾，则劓罪二百也。"(宋) 林之奇：《尚书全解》卷三十九《吕刑·周书》，《钦定四库全书》本。
⑦ "劓重于墨也，故其罚惟倍，二百锾也。"(宋) 陈经：《尚书详解》卷四十七《周书·吕刑》，《钦定四库全书》本。
⑧ "劓罪若疑而欲赦以从罚。则其罚当出金二百锾，谓重一千二百两，故经言惟倍，谓倍于百锾也。然亦须检阅核实其罪而后罚，不可轻易罚之，故亦继以阅实其罪。"(宋) 夏僎：《尚书详解》卷二十五《吕刑》，《钦定四库全书》本。
⑨ "劓刑重于墨，有疑而当赦，其罚加倍至二百锾，亦必详视核实其罪，使其罚必当也。"《日讲书经解义》卷十三《吕刑》，《钦定四库全书》本。

为,"劓"为刑名,应保留,按其原文。"倍百",采汉孔"二百锾"之解。其余都解同上文。整句可以解说为:

按法律,属于劓罪,按情节,加刑似乎有疑惑,就应赦免,收取罚金黄铜一百二十斤赎罪;应当详检核实,罪罚相当。

(三) 剕辟疑赦,其罚倍差,阅实其罪

笔者引证解说此句的有,汉孔,唐孔,陆德明,宋人苏轼、夏僎、史浩、黄度、蔡沉、陈经,清帝康熙,清人余萧客。

1. 剕辟疑赦

《尚书注疏》汉孔传说"刖足"称"剕"。唐孔疏引《释诂》,"剕"为"刖"。引李巡,"断足"为"刖"。引《说文》,"刖"为"绝",并说,"刖者断绝之名",所以"刖足曰剕"。① 宋人苏轼《书传》②、宋人史浩《尚书讲义》③、宋人黄度《尚书说》④、宋人蔡沉《书经集传》解同汉孔。⑤ 宋人林之奇《尚书全解》解剕为断足,即"刖"。⑥ 宋人夏僎《尚书详解》说,剕罪,刖足之刑。刖,绝,绝其足。⑦

2. 其罚倍差

《尚书注疏》汉孔传说"倍差",指"倍之又半",为五百锾。唐孔则

---

① "传,刖足曰剕。"疏,"《释诂》云剕刖也。李巡云,断足曰刖。《说文》云,刖绝也。是刖者断绝之名,故刖足曰剕"。(汉)孔氏传、(唐)陆德明音义、(唐)孔颖达疏《尚书注疏》卷十八《周书·吕刑》,《钦定四库全书》本。

② "刖足曰剕。"(宋)苏轼:《书传》卷十九《周书·吕刑第二十九》,《钦定四库全书》本。

③ "剕辟,刖足也。"(宋)史浩:《尚书讲义》卷二十《吕刑》,《钦定四库全书》本。

④ "剕,刖足。"(宋)黄度:《尚书说》卷七《周书·吕刑》,《钦定四库全书》本。

⑤ "剕,刖足也。"(宋)蔡沉:《书经集传》卷六《吕刑》,《钦定四库全书》本。

⑥ "剕,断其足,即所谓刖也。"(宋)林之奇:《尚书全解》卷三十九《吕刑·周书》,《钦定四库全书》本。

⑦ "剕罪,谓刖足之刑,刖者绝也。谓绝其足也。"(宋)夏僎:《尚书详解》卷二十五《吕刑》,《钦定四库全书》本。

解说为何"倍差"。本来"赎剕倍墨，剕应倍剕"，而说"倍差"，"倍"之"又有差"，那么就"不啻一倍"。下句赎宫六百锾，因而知道"倍之又半之为五百锾"。这是由于，截鼻重于黥额，"相校犹少"；剕足重于截鼻，"所校则多"。而剕足之罪"近于"宫刑，所以"使赎剕"，"不啻"倍剕，而"多少近于"赎宫。① 宋人苏轼《书传》②、宋人黄度《尚书说》③、宋人蔡沉《书经集传》④、清帝康熙《御制日讲书经解义》⑤ 解同汉孔。宋人夏僎《尚书详解》说，倍差，倍二百锾，为四百锾，又差倍二百锾，即一百。四百加一百，即是五百，是出金三千两。⑥ 宋人陈经《陈氏尚书详解》说，剕重于剕，所以其罚倍差，倍二百就是四百，又差以一百，共为五百锾。⑦

唐陆德明音义说，"倍差"，传指为五百锾。引马融说，倍二百为四百，差者又加四百之三分之一，凡五百三十二锾三分锾之一。⑧ 清人余萧客《古经解钩沉》亦引马融。⑨

以下是评论。宋人夏僎《尚书详解》解说，剕罪疑而欲从罚，当出罚金

---

① 传，"倍差，谓倍之又半，为五百锾"。疏，"赎剕倍墨，剕应倍剕，而云倍差，倍之又有差，则不啻一倍也。下句赎宫六百锾，知倍之又半之为五百锾也。截鼻重于黥额，相校犹少；剕足重于截鼻，所校则多。剕足之罪近于宫刑，故使赎剕，不啻倍剕，而多少近于赎宫也"。（汉）孔氏传、（唐）陆德明音义、（唐）孔颖达疏《尚书注疏》卷十八《周书·吕刑》，《钦定四库全书》本。

② "倍之又半之为五百锾。"（宋）苏轼：《书传》卷十九《周书·吕刑第二十九》，《钦定四库全书》本。

③ "倍而差之，为五百。"（宋）黄度：《尚书说》卷七《周书·吕刑》，《钦定四库全书》本。

④ "倍差，倍而又差，五百锾也。"（宋）蔡沉：《书经集传》卷六《吕刑》，《钦定四库全书》本。

⑤ "倍差五百锾也。"《日讲书经解义》卷十三《吕刑》，《钦定四库全书》本。

⑥ "故经言倍差，谓倍二百锾而为四百锾，又差倍二百锾，即一百也。四百加一百即是五百也，是出金三千两。"（宋）夏僎：《尚书详解》卷二十五《吕刑》，《钦定四库全书》本。

⑦ "剕重于剕者也，故其罚倍差，既倍二百则为四百矣，又差以一百，共为五百锾。"（宋）陈经：《尚书详解》卷四十七《周书·吕刑》，《钦定四库全书》本。

⑧ 音义，"倍差，传云，五百锾也。马云，倍二百为四百，差者又加四百之三分之一，凡五百三十二锾三分锾之一也"。（汉）孔氏传、（唐）陆德明音义、（唐）孔颖达疏《尚书注疏》卷十八《周书·吕刑》，《钦定四库全书》本。

⑨ "倍二百为四百锾也，差者又加四百之三分之一，凡五百三十二锾三分一也。同（并史记注四）。"余萧客：《古经解钩沉》卷四《吕刑》，《钦定四库全书》本。

五百锾,谓三千两也。然亦须检阅核实其罪而后可,所以继以核实其罪。① 康熙《御制日讲书经解义》说,剕刑又重于劓,其疑而赦,其罚倍二百而又有差,使出五百锾,也必审实其罪,而后罚之。②

3. 叙评

此句,"剕辟",解"刖足"、"断足",为同义。"倍差"有"五百锾"、"五百三十二锾三分锾之一"两解。笔者以为,"剕"为刑名,应保留,按其原文。"倍差",有歧义,不必深究,论者大多认同汉孔"五百锾",可采。其余字义解同上文。整句可以解说为:

按法律,属于剕罪,按情节,加刑似乎有疑惑,就应赦免,收取罚金黄铜三百斤赎罪;应当详检核实,罪罚相当。

(四) 宫辟疑赦,其罚六百锾,阅实其罪

笔者引证解说此句的有,汉孔,唐孔,宋人苏轼、林之奇、夏僎、史浩、蔡沉,清帝康熙,清人朱鹤龄。

1. 宫辟疑赦

《尚书注疏》汉孔传说"宫"是"淫刑"。男子"割势",妇人"幽闭",认为是"次死"的"刑序"。唐孔疏引汉人伏生书传说,"男女不以义交者其刑宫",因此"宫刑为淫刑"。男子之阴名为"势",割去其势,与椓去其阴,"事亦同"。妇人幽闭,是指"闭于宫,使不得出"。本来制定宫刑,主要是处罚"为淫者"。而后人"被此罪"的,未必"尽皆"为淫,并以昭五年《左传》羊舌肸(xī)为例。唐孔说,汉除肉刑,只除墨劓剕,而宫刑"犹在";近代"反逆缘坐",男子十五以下"不应死的"

---

① "剕罪若疑而欲从罚,当出罚金五百锾,谓三千两也。""然亦须检阅核实其罪而后可,故亦继以核实其罪。"(宋)夏僎:《尚书详解》卷二十五《吕刑》,《钦定四库全书》本。

② "剕刑又重于劓,其疑而赦者,其罚倍二百而又有差,使出五百锾,亦必审实其罪,而后罚之。"《日讲书经解义》卷十三《吕刑》,《钦定四库全书》本。

皆宫之。大隋开皇之初,"始除"男子宫刑,妇人"犹闭于宫"。唐孔称,宫为次死之刑,是说宫在四刑中最重。① 宋人夏僎《尚书详解》②、宋人蔡沉《书经集传》解,宫,淫刑,男子割势,妇人幽闭,③ 同汉孔。

宋人苏轼《书传》解"宫"为"淫刑"。男子为"腐",妇人为"闭"。④ 宋人林之奇《尚书全解》说,宫,即"椓",男子去其势,妇人"幽闭于宫",汉称"腐刑"。⑤ 宋人史浩《尚书讲义》解"宫辟"为"奄"。⑥ 清人朱鹤龄《尚书埤传》说,孔疏,宫刑,本制为淫者。后人蒙此罪未必皆为淫,如小雅巷伯以被谗,太史公以救李陵,非坐淫。⑦

2. 其罚六百锾

此段仅作评论。《尚书注疏》汉孔传解说"五刑先轻转至重者,事之宜"。对此,唐孔疏说,人犯轻刑的多,犯重刑的少,又以锾数"以倍"相加,而"序"五刑先轻后重,是"取事之宜"。⑧ 宋人陈经《陈氏尚书

---

① "传,宫淫刑也。男子割势,妇人幽闭,次死之刑序。"疏,"伏生书传云,男女不以义交者其刑宫,是宫刑为淫刑也。男子之阴名为势,割去其势,与椓去其阴,事亦同也。妇人幽闭,闭于宫,使不得出也。本制宫刑,主为淫者。后人被此罪者,未必尽皆为淫。昭五年《左传》楚子以羊舌肸为司宫,非坐淫也。汉除肉刑,除墨劓剕耳,宫刑犹在,近代反逆缘坐,男子十五以下不应死者皆宫之。大隋开皇之初,始除男子宫刑,妇人犹闭于宫。宫是次死之刑。宫于四刑为最重也"。(汉) 孔氏传、(唐) 陆德明音义、(唐) 孔颖达疏《尚书注疏》卷十八《周书·吕刑》,《钦定四库全书》本。
② "宫罪,谓淫刑,男子则割势,妇人则幽闭者是也。"(宋) 夏僎:《尚书详解》卷二十五《吕刑》,《钦定四库全书》本。
③ "宫,淫刑也,男子割势,妇人幽闭。"(宋) 蔡沉:《书经集传》卷六《吕刑》,《钦定四库全书》本。
④ "宫淫刑也。男子腐,妇人闭。"(宋) 苏轼:《书传》卷十九《周书·吕刑第二十九》,《钦定四库全书》本。
⑤ "宫,即所谓椓也,男子则去其势,妇人则幽闭于宫,汉亦谓之腐刑。"(宋) 林之奇:《尚书全解》卷三十九《吕刑·周书》,《钦定四库全书》本。
⑥ "宫辟,奄也。"(宋) 史浩:《尚书讲义》卷二十《吕刑》,《钦定四库全书》本。
⑦ "孔疏,宫刑本制为淫者。后人蒙此罪未必皆为淫,如小雅巷伯以被谗,太史公以救李陵,非坐淫也。"(清) 朱鹤龄:《尚书埤传》卷十五《周书·吕刑》,《钦定四库全书》本。
⑧ 传,"五刑先轻转至重者,事之宜"。疏,"人犯轻刑者多,犯重刑者少,又以锾数以倍相加,序五刑先轻后重,取事之宜"。(汉) 孔氏传、(唐) 陆德明音义、(唐) 孔颖达疏《尚书注疏》卷十八《周书·吕刑》,《钦定四库全书》本。

详解》说，宫重于剕，于是罚六百锾。①

以下是此句的评论。宋人夏僎《尚书详解》说，宫罪疑而欲从罚，其罚金当出六百锾，三千六百两。也须检阅核实其罪而后可，所以也继以"阅实其罪"。②康熙《御制日讲书经解义》说，宫刑又重于剕，其疑而赦，其罚使出六百锾，也必审实其罪而后罚之。③

以下是前数句的评论。宋人夏僎《尚书详解》说，吕侯每一条都称"阅实其罪"，不敢"并言于后"，大概是担忧听者或许"不详其意"，"止阅实其一"，而忽其他，所以不嫌其费辞，而"为是特言"。④

3. 叙评

此句，"宫辟"解，男子，割势，去势、腐、奄，为同义；妇人幽闭。有论者说是，本为"淫刑"，后人蒙此罪未必皆为淫。其余字义前文已解，仅为评论。笔者以为，"宫辟"，"宫"为刑名，应保留，按其原文。其余解同前文。整段可以解为：

按法律，属于宫罪，按情节，加刑似乎有疑惑，就应赦免，收取罚金黄铜三百六十斤赎罪；应当详检核实，罪罚相当。

（五）大辟疑赦，其罚千锾，阅实其罪

笔者引证解说此句的有，汉孔，唐孔，宋人苏轼、林之奇、夏僎、史浩、蔡沉、陈大猷、陈经，元人陈栎，清帝康熙，清人余萧客。

---

① "宫重于剕者也，故其罚六百锾。"（宋）陈经：《尚书详解》卷四十七《周书·吕刑》，《钦定四库全书》本。

② "宫罪若疑而欲从罚，则其罚金当出六百锾，谓三千六百两也。然亦须检阅核实其罪而后可，故亦继以阅实其罪。"（宋）夏僎：《尚书详解》卷二十五《吕刑》，《钦定四库全书》本。

③ "宫刑又重于剕，其疑而赦者，其罚使出六百锾，亦必审实其罪而后罚之。"《日讲书经解义》卷十三《吕刑》，《钦定四库全书》本。

④ "吕侯每一条即言阅实其罪，不敢并言于后者，盖恐听者或不详其意，止阅实其一，而忽其他，故不嫌其费辞，而为是特言也。呜呼仁矣哉。"（宋）夏僎：《尚书详解》卷二十五《吕刑》，《钦定四库全书》本。

1. 大辟疑赦

《尚书注疏》汉孔传解"大辟"为"死刑"。唐孔疏引《释诂》解"辟"为"罪",说,死是罪之"大者",所以称"死罪为大辟"。① 宋人苏轼《书传》②、宋人蔡沉《书经集传》③、宋人陈经《陈氏尚书详解》④ 同汉孔。宋人林之奇《尚书全解》说,大辟,死刑,以其于刑辟为最大,⑤ 同唐孔。宋人夏僎《尚书详解》解,大辟,大罪,死刑。罪莫大于死,所以死刑称"大辟"。⑥ 宋人史浩《尚书讲义》解大辟为杀。⑦

2. 其罚千锾

《尚书注疏》汉孔传说,五刑"疑各入罚",而"不降相因",为"古之制"。唐孔疏解说,《吕刑》经文"历陈"罚之锾数,五刑之疑各自入罚。不降相因,是指,不令死疑入宫,宫疑入剕者,这是"古之制"。所以如此,由于其所犯"疑不能决","才使赎之"。"次刑"非其所犯,所以"不得降相因"。⑧ 宋人苏轼《书传》亦解说为,五刑"疑"则入罚,不降相因,为"古之制",此同汉孔。而解"疑"则说,所谓"疑",

---

① 传,"死刑也"。疏,"《释诂》云,辟罪也死,是罪之大者,故谓死罪为大辟"。(汉)孔氏传、(唐)陆德明音义、(唐)孔颖达疏《尚书注疏》卷十八《周书·吕刑》,《钦定四库全书》本。
② "大辟,死刑也。"(宋)苏轼:《书传》卷十九《周书·吕刑第二十九》,《钦定四库全书》本。
③ "大辟,死刑也。"(宋)蔡沉:《书经集传》卷六《吕刑》,《钦定四库全书》本。
④ "大辟,死刑。"(宋)陈经:《尚书详解》卷四十七《周书·吕刑》,《钦定四库全书》本。
⑤ "大辟,死刑也,以其于刑辟为最大也。"(宋)林之奇:《尚书全解》卷三十九《吕刑·周书》,《钦定四库全书》本。
⑥ "大辟,谓大罪,盖死刑也。罪莫大于死,故死刑谓之大辟也。"(宋)夏僎:《尚书详解》卷二十五《吕刑》,《钦定四库全书》本。
⑦ "大辟,杀也。"(宋)史浩:《尚书讲义》卷二十《吕刑》,《钦定四库全书》本。
⑧ 传,"五刑疑各入罚,不降相因古之制也"。疏,"经历陈罚之锾数,五刑之疑各自入罚。不降相因,不令死疑入宫,宫疑入剕者,是古之制也。所以然者,以其所犯疑不能决,故使赎之。次刑非其所犯,故不得降相因"。(汉)孔氏传、(唐)陆德明音义、(唐)孔颖达疏《尚书注疏》卷十八《周书·吕刑》,《钦定四库全书》本。

其罪既已"阅实",而于"用法"疑。① 宋人陈大猷《书集传或问》指称有人说,罪不当于大辟,为何不减为宫罪;不当于宫,为何不减为剕,而却"从罚"。陈大猷认为,这正是先王"制为赎刑"的缘由,以"代"其"伤残支体"之惨而"寓"其仁以全民生。陈大猷引汉孔、唐孔氏"不降相因",说"斯言得之"。②

宋人蔡沉《书经集传》不认同苏轼"五刑疑各入罚不降,当因古制"的说法。认为,皋陶所说的"罪疑惟轻",降罪一等。而今五刑疑赦,"直罚之以金",于是大辟、宫、剕、劓、墨都不再"降等用"。蔡沉说,帝舜的赎刑,为官府学校鞭扑之刑。刑没有轻于鞭扑的,入于鞭扑之刑,而又"情法犹有可议",就是"无法"以治之,于是"使之赎","特不欲"立即释放。然而穆王所说的"赎","虽大辟亦赎"。帝舜"岂有是制"。蔡沉在"篇题"对此有详论。③ 可参见本书"《吕刑》要论三"。

宋人陈经《陈氏尚书详解》说,五刑之至重,其罚千锾。④ 清人余萧客《古经解钩沉》引郑注说,所出"金"为"铁"。死罪出三百七十五斤,用财少了。⑤

----

① "五刑疑则入罚,不降相因,古之制也。所谓疑者,其罪既阅实矣,而于用法疑耳。"(宋)苏轼:《书传》卷十九《周书·吕刑第二十九》,《钦定四库全书》本。
② "或曰,罪不当于大辟,何不减为宫罪;不当于宫,何不减为剕,乃从罚何邪。曰此先王所以制为赎刑,以代其伤残支体之惨而寓其仁以全民生者,正在是也。汉孔氏亦谓,不降相因乃古之制。唐孔氏亦谓,次刑非所犯,故不得降相因,如后世减降之律,斯言得之矣。"(宋)陈大猷:《书集传或问》卷下《吕刑》,《钦定四库全书》本。
③ "今按,皋陶所谓罪疑惟轻者,降一等而罪之耳。今五刑疑赦,而直罚之以金,是大辟、宫、剕、劓、墨皆不复降等用矣。苏氏谓五刑疑各入罚不降,当因古制,非也。舜之赎刑,官府学校鞭扑之刑耳。夫刑莫轻于鞭扑,入于鞭扑之刑,而又情法犹有可议者,则是无法以治之,故使之赎,特不欲遽释之也。而穆王之所谓赎,虽大辟亦赎也。舜岂有是制哉。详见篇题。"(宋)蔡沉:《书经集传》卷六《吕刑》,《钦定四库全书》本。
④ "五刑之至重者也,其罚千锾。"(宋)陈经:《尚书详解》卷四十七《周书·吕刑》,《钦定四库全书》本。
⑤ "所出金,铁也。死罪出三百七十五斤,用财少尔。郑注(路史后纪注十二)。"余萧客:《古经解钩沉》卷四《吕刑》,《钦定四库全书》本。

以上是此段的评论，以下是此句的评论。宋人夏僎《尚书详解》解说，大辟疑从罚，罚金当出千锾，六千两。也须检阅核实其罪而后可，所以又继之以"阅实其罪"。① 康熙《御制日讲书经解义》解说，大辟之刑，五刑之极重，或疑而应赦，其罚至一千锾，尤不可不审实其罪，而使罚与罪或有不相当。②

以下是前数句的评论。宋人林之奇《尚书全解》说，墨、劓、剕、宫、大辟，这是轻重之序。以罚金之多少而观之，劓重于墨，剕重于劓，宫重于剕，其降杀之数，相较则同，大辟为尤重，其数重于宫，比之三者之相校为尤多。犯此五刑，疑就赦之，而"赦"就是"罚"。③

宋人陈经《陈氏尚书详解》说，五刑之中虽有轻重不等，重者至于大辟，轻者至于墨。都当阅视审实，使其罪与其罚相当。陈经认为，圣人爱民之心无有穷已。五刑之罪，既不断其肢体，伤其肌肤，赦而从罚，可以说是"仁至"。而罚人之金，圣人也恐伤民财。要是罚与罪不相当，也就不是仁民之意。④

元人陈栎《书集传纂疏》说，皋陶所说的"罪疑惟轻"，就是降罪一等。现在五刑疑赦却"直罚之以金"，是大辟、宫、剕、劓、墨都"不复降等用"。陈栎引苏轼，五刑疑各入罚不降，当因古制，但不予认同，认为，舜之赎刑，官府、学校鞭扑之刑。刑莫轻于鞭扑，入于鞭扑之刑，情

---

① "大辟若疑而欲从罚，其罚金当出千锾，谓六千两也。然亦须检阅核实其罪而后可，故又继之以阅实其罪。"（宋）夏僎：《尚书详解》卷二十五《吕刑》，《钦定四库全书》本。

② "至大辟之刑，五刑之极重者，或疑而应赦，其罚至一千锾，尤不可不审实其罪，而使罚与罪或有不相当也。"《日讲书经解义》卷十三《吕刑》，《钦定四库全书》本。

③ "曰墨，曰劓，曰剕，曰宫，曰大辟，此其轻重之序。然以罚金之多少而观之，则劓重于墨，剕重于劓，宫重于剕，其降杀之数，相较则同，惟大辟为尤重，故其数之重于宫，比之三者之相校为尤多也。言犯此五刑者，疑则赦之；而其赦之也，罚之而已。"（宋）林之奇：《尚书全解》卷三十九《吕刑·周书》，《钦定四库全书》本。

④ "五刑之中虽有轻重不等，重者至于大辟，轻者至于墨。然皆当阅视审实，使其罪与其罚相当。圣人爱民之心无有穷已也。五刑之罪，既不断其肢体，伤其肌肤，赦而从罚，则其仁至矣。而罚人之金，圣人亦恐伤民财。苟罚与罪不相当，亦非所以仁民之意。"（宋）陈经：《尚书详解》卷四十七《周书·吕刑》，《钦定四库全书》本。

法还有可议，就是无法以治之，所以使之赎，"特不欲遽释之"。而穆王的"赎"，即使大辟也赎，帝舜并没有这种制度。①

3. 叙评

此句，"大辟"解为"死刑"或"杀"，同义。其余字义，前文已解，仅为评论。笔者以为，"大辟"为刑名，应保留，按其原文。其余解同前文。整段可以解为：

按法律，属于大辟，按情节，加刑似乎有疑惑，就应赦免，收取罚金黄铜六百斤赎罪；应当详检核实，罪罚相当。

（六）墨罚之属千，劓罚之属千，剕罚之属五百，宫罚之属三百，大辟之罚其属二百，五刑之属三千

笔者引证解说此句的有，汉孔，唐孔，宋人苏轼、林之奇、吕祖谦、夏僎、史浩、钱时、蔡沉，清帝康熙。

1. 解说

宋人夏僎《尚书详解》说，上文已经列举"五刑之疑与五罚之金"，下文是说明"其法条目之数"。② 宋人苏轼《书传》解"属"为"类"，说，凡五刑、五罚之罪都"分门类别"。③ 宋人蔡沉《书经集传》④、康熙《御制日讲书经解义》⑤ 解属为类，同苏轼。宋人陈经《陈氏尚书详解》

---

① "今按，皋陶所谓罪疑惟轻者，降一等而罪之耳。今五刑疑赦而直罚之以金，是大辟宫剕劓墨皆不复降等用矣。苏氏谓，五刑疑各入罚不降，当因古制。非也。舜之赎刑，官府学校鞭扑之刑耳。夫刑莫轻于鞭扑，入于鞭扑之刑，而又情法犹有可议者，则是无法以治之，故使之赎。特不欲遽释之也。而穆王之所谓赎，虽大辟亦赎也，舜岂有是制哉。详见篇题。"（元）陈栎：《书集传纂疏》卷六，《钦定四库全书》本。
② "吕侯上既列五刑之疑与五罚之金，此下遂言其法条目之数。"（宋）夏僎：《尚书详解》卷二十五《吕刑》，《钦定四库全书》本。
③ "属，类也。凡五刑、五罚之罪皆分门而类别之也。"（宋）苏轼：《书传》卷十九《周书·吕刑第二十九》，《钦定四库全书》本。
④ "属，类也。"（宋）蔡沉：《书经集传》卷六《吕刑》，《钦定四库全书》本。
⑤ "属，类也。"《日讲书经解义》卷十三《吕刑》，《钦定四库全书》本。

解属为类。凡五刑、五罚，都"有其属类"。近似苏轼。① 宋人林之奇《尚书全解》解属为条目。墨罚只是百锾，而其条目却有"千"。"其下皆然"。② 宋人夏僎《尚书详解》解属为类。类，即法之条目。夏僎并作具体说明。③

以上是"属"的解说，以下是对"罚属"、"刑属"的解说，《尚书注疏》汉孔传认为是，"别言罚属，合言刑属"，而"明刑罚同属"，"互见其义"以"相备"。唐孔疏解说，《吕刑》经文"历言"二百、三百、五百，是指各自"刑之条"。而每于其条"有犯者"，实则刑之，疑则罚之，刑属、罚属"其数同"。唐孔疏"别言罚属"为"五者各言其数"；"合言刑属"为"总云三千"；"明刑罚同属"为"明刑罚同其属数"。"互见其义以相备"则转述。唐孔认为，"大辟之罚其属二百"，行文"异于上四罚"，是由于"大辟"二字，不可以说"大辟罚之属"，所以分为二句，以其二字，"足使成文"。④

宋人苏轼《书传》认为，墨、劓、剕、宫、辟都是"真刑"。"罚"，指"罚应赎"。⑤ 宋人夏僎《尚书详解》说，上言罚，下言刑，大概是"罪实而加以法"，称之"刑"；"罪疑而赎以金"，称之"罚"。刑书于每条之

---

① "属者，类也。凡五刑五罚，皆有其属类。"（宋）陈经：《尚书详解》卷四十七《周书·吕刑》，《钦定四库全书》本。
② "属者条目也。言墨之罚，虽百锾，而其条目则千也。其下皆然。"（宋）林之奇：《尚书全解》卷三十九《吕刑·周书》，《钦定四库全书》本。
③ "所谓墨罚之属、劓罚之属，属谓类，类即法之条目也。墨之罪虽一，而其为墨之法则有一千条；劓之罪虽一，而其为劓之法亦有一千条；剕之罪虽一，而其为剕之法则有五百条；宫之罪虽一，而其为宫之法则有三百条；大辟之罪虽一，而其为大辟之法则有二百条。故吕侯所以言，墨之属千，劓罚之属千，剕罚之属五百，宫罚之属三百，大辟之罚其属二百。五刑之属三千，盖总计五刑之条，凡有三千也。"（宋）夏僎：《尚书详解》卷二十五《吕刑》，《钦定四库全书》本。
④ "传，别言罚属，合言刑属，明刑罚同属，互见其义以相备。"疏，"此经历言二百、三百、五百者，各自刑之条也。每于其条有犯者，实则刑之，疑则罚之，刑属罚属其数同也。别言罚属，五者各言其数，合言刑属，但总云三千，明刑罚同其属数，互见其义以相备也。经云，大辟之罚其属二百，文异于上四罚者，以大辟二字，不可云大辟罚之属，故分为二句，以其二字，足使成文。"（汉）孔氏传、（唐）陆德明音义、（唐）孔颖达疏《尚书注疏》卷十八《周书·吕刑》，《钦定四库全书》本。
⑤ "墨劓剕宫辟皆真刑也。罚者，罚应赎者也。"（宋）苏轼：《书传》卷十九《周书·吕刑第二十九》，《钦定四库全书》本。

下，有刑、有罚，刑属、罚属"各有三千"。上文别言五属，各言其数称罚属。下文合言其属，总云三千者，称刑属也，大概是互见其义，以明刑罚之条，"其数则同"。近似汉孔、唐孔。① 宋人陈经《陈氏尚书详解》引汉孔说，"别言罚属，合言刑属，明刑罚同属，互见其义以相备"。②

以下是评论。《周礼》五刑"其属各五百"，共二千五百条，而《吕刑》三千条，反而增多。宋人苏轼《书传》说，《孝经》"据而用之"，孔子是"以夏刑为正"。③ 宋人钱时《融堂书解》认为，墨劓各千，宫三百，大辟二百，是"轻者增"，"重者减"，这就是"其条之多乃所以为宽"的缘故。④ 宋人黄度《尚书说》说，墨劓增于旧，宫大辟减其半。⑤ 蔡沉《书经集传》说，刑虽增旧，然而"轻罪比旧为多"，而"重罪比旧为减"。⑥ 宋人陈经《陈氏尚书详解》说，于《周官》之重刑则减之，于《周官》之轻刑则增之，共为三千。圣贤"观时会通之宜"以立法，不拘一定。⑦

据宋人时澜《增修东莱书说》，吕祖谦说，虽增于旧，然而"枚数"

---

① "上言罚，而下言刑者，盖罪实而加以法，谓之刑；罪疑而赎以金者，谓之罚。其刑书于每条之下，有刑、有罚，故以刑属、罚属各有三千。上别言五属，而各言其数者谓罚属也。下合言其属，而总云三千者，谓刑属也，盖互见其义，以明刑罚之条。其数则同也。"（宋）夏僎：《尚书详解》卷二十五《吕刑》，《钦定四库全书》本。

② "属者，类也。凡五刑五罚，皆有其属类。""孔安国曰，别言罚属，合言刑属，明刑罚同属，互见其义以相备。"（宋）陈经：《尚书详解》卷四十七《周书·吕刑》，《钦定四库全书》本。

③ "《周礼》五刑之属二千五百，而此三千。《孝经》据而用之，是孔子以夏刑为正也。"（宋）苏轼：《书传》卷十九《周书·吕刑第二十九》，《钦定四库全书》本。

④ "《周礼》司刑掌五刑之法，其属各五百，共二千五百条。而此三千条，反多，何也。盖墨劓虽各千，而宫止三百，大辟止二百，是轻者增，而重者减。其条之多乃所以为宽也。"（宋）钱时：《融堂书解》卷二十《吕刑》，《钦定四库全书》本。

⑤ "司刑五刑之属各五百，总二千五百。《吕刑》五刑之属三千，墨劓增于旧，宫大辟减其半。"（宋）黄度：《尚书说》卷七《周书·吕刑》，《钦定四库全书》本。

⑥ "三千总计之也。《周礼》司刑所掌五刑之属二千五百，刑虽增旧，然轻罪比旧为多，而重罪比旧为减也。"（宋）蔡沉：《书经集传》卷六《吕刑》，《钦定四库全书》本。

⑦ "《周礼》司刑掌五刑之书，即此是也。《周官》二千五百，至穆王时，于《周官》之重刑则减之，于《周官》之轻刑则增之，共为三千。圣贤观时会通之宜以立法，不拘一定也。"（宋）陈经：《尚书详解》卷四十七《周书·吕刑》，《钦定四库全书》本。

之，倒是墨劓所增各五百，都是轻刑；宫所损二百，大辟所损三百，都是重刑。剕不增不损，居轻重之间。"轻罪"多于前，"重罪"损于旧。观其"目"，"哀矜之意"固然可见；观其"凡"，"文胜俗弊"也是"可推"。①

康熙《御制日讲书经解义》说，五刑条目，墨刑旧五百，劓刑旧五百，今各增其罚之属为一千，墨劓罚轻，不嫌增。剕刑旧五百，今罚之属仍五百，剕在轻重之间，不必更。宫刑旧五百，大辟旧五百，今减其罚之属为三百，为二百。宫与大辟罚重，不嫌减。凡此五刑之正条，共有三千。②

宋人史浩《尚书讲义》也有评论，将要"省刑"为何反而"复增之"？大概由于"赎刑重"，"正刑轻"。并非"穆王增之"，而是夏法"当然"。史浩称有人说，"周有常刑，穆王当不乱旧章"，为何要取于夏。史浩认为，大概是"以时不同"的缘故。文武"承商纣之虐"，"比屋可诛"，因此，制刑不得不重。而禹"承尧舜之后"，穆王"承成康之后"，"民好善"，"不轻犯法"，因此，刑不得不轻。穆王可以说是"知时变"。正因为如此，《周官》杀罪五百，《吕刑》大辟止二百。大概在穆王时，民"无犯非礼"，更说不上"犯法"。大辟之罪只是"姑存此条"。这就是所说"刑平国用中典"的意思。③

---

① "司刑所掌五刑之属二千五百，穆王之三千，虽增于旧，然枚数之，则墨劓所增者各五百，皆轻刑也；宫所损者二百，大辟所损者三百，皆重刑也。剕不增不损，居轻重之间者也。轻罪则多于前，重罪则损于旧，观其目，则哀矜之意固可见；观其凡，则文胜俗弊亦可推矣。"（宋）时澜：《增修东莱书说》卷三十四《周书·吕刑第二十九》，《钦定四库全书》本。

② "罚之多寡如此，而五刑之条目则如何？墨刑旧五百，劓刑旧五百，今各增其罚之属为一千，墨劓罚轻，不嫌增也。剕刑旧五百，今罚之属仍五百，剕在轻重之间，不必更也。宫刑旧五百，大辟旧五百，今减其罚之属为三百，为二百。宫与大辟罚重，不嫌减也。凡此五刑之正条，共有三千。"《日讲书经解义》卷十三《吕刑》，《钦定四库全书》本。

③ "然夏之五刑三千，《周官》司刑所掌墨、劓、刖、宫、杀，则总二千五百。是周之刑简，穆王增之三千矣。将以省刑而复增之何哉？盖赎刑重，则正刑轻矣。非穆王增之也，夏之法当然也。或曰，周有常刑，穆王当不乱旧章，何取乎夏乎。盖以时不同故也。文武承商纣之虐，比屋可诛。制刑不得不重。禹承尧舜之后，穆王承成康之后，其民好善而不轻犯法，其刑不得不轻。穆王可谓知时变矣。是以《周官》司刑杀罪五百，《吕刑》大辟止二百也。盖当穆王时，民无犯非礼，况犯法乎。大辟之罪姑存此条尔。所谓刑平国用中典，其以此欤。"（宋）史浩：《尚书讲义》卷二十《吕刑》，《钦定四库全书》本。

2. 叙评

此句，关键字是"属"字，有"类"、"条目"之解。有论者说，"类"，"即法之条目"。"罚属"、"刑属"被认为是"别言罚属，合言刑属"，"刑罚同其属数"；或说，罪实而加以法称刑，罪疑而赎以金称罚，刑书每条有刑、有罚，刑属、罚属"各有三千"。

笔者以为，"属"字的解说为同义或近义，林之奇的"条目"比较确切，可采。有论者说，"类"，"即法之条目"。"罚属"、"刑属"的解说为同义。前文陈述"五罚"，所以先说明"五罚"的条目，然后归总，说明"五刑"的条目，符合文义。夏僎的解说，即，刑书每条有刑、有罚，比较顺畅，可采。整句可以解说为：

墨罚的条目一千，劓罚的条目一千，剕罚的条目五百，宫罚的条目三百，大辟罚赎的条目二百，刑书每条都有刑、有罚，五刑、五罚的条目各有三千。

三
祥刑(下)

(一) 上下比罪，无僭乱辞，勿用不行

笔者引证解说此句的有，汉孔，唐孔，宋人苏轼、林之奇、吕祖谦、夏僎、黄度、钱时、史浩、胡士行、蔡沉、陈经，元人吴澄，明人孙继有，清帝康熙。

1. 上下比罪

此段"比"有三解。一解"比方"。《尚书注疏》汉孔解为"上下比方其罪"。唐孔疏说，这是叙述"断狱之法"。将断狱讼，必当上下比方"罪之轻重"，而与狱官"众议"断之。认为，"罪条"虽有多数，而犯者未必"当条"，当取"故事"并之，上比重罪，下比轻罪，观其所犯"当与谁"同。狱官不能"尽贤"，其间或有阿曲，"宜预防之"。① 宋人林之奇《尚书全解》说是指"听狱之法"，必当上下"比方其罪之轻重"，而参验之。②

---

① "传，上下比方其罪。"疏，"此又述断狱之法。将断狱讼，当上下比方其罪之轻重，乃与狱官众议断之"。"罪条虽有多数，犯者未必当条，当取故事并之，上下比方其罪之轻重。上比重罪，下比轻罪，观其所犯当与谁同。狱官不能尽贤，其间或有阿曲，宜预防之。"(汉) 孔氏传、(唐) 陆德明音义、(唐) 孔颖达疏《尚书注疏》卷十八《周书·吕刑》，《钦定四库全书》本。

② "上下比罪者，言听狱之法，必当上下比方其罪之轻重，而参验之也。"(宋) 林之奇：《尚书全解》卷三十九《吕刑·周书》，《钦定四库全书》本。

一解"例"。宋人苏轼《书传》解"比"为"例"。指为，以上下罪"参验"，而"立例"。① 据宋人时澜《增修东莱书说》，吕祖谦说，"刑"为"律"，"比"为"例"。罪无正律，就"举轻以明重，举重以明轻"，就是"上下比罪"的意思。三千之刑可称"众"，还不能"尽天下之罪"，不免于"上下"以求其比。因此知道，天下之情无穷，"法不可独任"。② 宋人胡士行《胡氏尚书详解》解刑为律，比为例。人情无穷，法所未尽，则比例其轻重，而上下之。③

一解"附"。宋人蔡沉《书经集传》解比为附。"罪无正律"，就以上下刑"比附其罪"。④ 宋人陈经《陈氏尚书详解》解比为附。以其罪附之上刑，见其为重；以其罪附之下刑，见其为轻，就于轻重之间裁酌之。⑤ 元人吴澄《书纂言》说，"比，附也"。"若罪无正条，则取上下条比附其罪。"⑥ 康熙《御制日讲书经解义》解比为附。法之所定有限，人之所犯无穷，其有犯无正律，就"用上下刑比附"其罪。罪疑于重，就以上刑比之；罪疑于轻，就以下刑比之。⑦

以下是评论。宋人夏僎《尚书详解》说，上文已经列出五刑条目项数，然而又虑，罪条虽有多数，犯者却未必尽能"当条数"，因此或许

---

① "比，例也。以上下罪参验，而立例也。"（宋）苏轼：《书传》卷十九《周书·吕刑第二十九》，《钦定四库全书》本。
② "刑者，律也。比者，例也。罪无正律，举轻以明重，举重以明轻，所谓上下比罪也。三千之刑可谓众矣。犹不能尽天下之罪，不免于上下以求其比。以是知天下之情无穷，而法不可独任也。"（宋）时澜：《增修东莱书说》卷三十四《周书·吕刑第二十九》，《钦定四库全书》本。
③ "刑，律也。比，例也。人情无穷，法所未尽，则比例其轻重而上下之。"（宋）胡士行：《尚书详解》卷十二《周书·吕刑第二十九》，《钦定四库全书》本。
④ "比，附也。罪无正律，则以上下刑而比附其罪也。"（宋）蔡沉：《书经集传》卷六《吕刑》，《钦定四库全书》本。
⑤ "比，附也。以其罪而附之上刑，而见其为重；以其罪而附之下刑而见其为轻，则于轻重之间而裁酌之。"（宋）陈经：《尚书详解》卷四十七《周书·吕刑》，《钦定四库全书》本。
⑥ "比，附也。""若罪无正条，则取上下条比附其罪。"（元）吴澄：《书纂言》卷四下《吕刑》，《钦定四库全书》本。
⑦ "比，附也。""然法之所定有限，而人之所犯无穷，其有犯无正律者，则以上下刑而比附其罪。如罪疑于重，则以上刑比之；罪疑于轻，则以下刑比之。"《日讲书经解义》卷十三，《吕刑》，《钦定四库全书》本。

"有罪在是","于条偶无"。于是就"上下比罪",就是说,"于法偶无此条",就上比重罪,下比轻罪,上下相比,观其所犯,"当与谁同",然后"定其轻重"。就如当今"律无明文",就"许用例"。① 宋人钱时《融堂书解》则评论说,大抵刑"贵于中",没有"上下相比",难以"酌其中"。于是在三千条的下文,"使之"上下比罪,"固欲酌中"。② 宋人黄度《尚书说》,"刑措之风衰,民始犯有司"。详其小而宽其大,就是"度作刑"的意思。上下相比,不使轻重"相悬绝"。③ 宋人陈经《陈氏尚书详解》有评论说,上文陈述五刑之属三千,是已定之法,载之刑书。然而天下之情"无穷",刑书之所载"有限","不可以有限之法",而"求尽无穷之情"。那么就在用法者"斟酌损益之"。上古"任人而不任法",如唐虞之时,条目未多,随宜而处之。周穆王之时,"时变"已异于古,其条目至有三千,其法渐烦。然而还"人与法并行",法之所载,就以其罪而断之,法之所不载,就以其罪参之以人,就如上下比罪。④

2. 无僭乱辞

此段,"僭"有两解。一解"愆"。宋人黄度《尚书说》解僭为愆。无愆于伪乱之辞。⑤ 一解"差"、"差误"。宋人苏轼《书传》解"僭"为

---

① "上既列五刑条目项数,然又虑罪条虽有多数,然犯者又未必尽能当条数,故或有罪在是,而于条偶无,如后世造刑者。故吕侯则又欲其上下比罪,谓于法偶无此条,则上比重罪,下比轻罪,上下相比,观其所犯,当与谁同,然后定其轻重之法。如今律无明文,则许用例也。"(宋)夏僎:《尚书详解》卷二十五《吕刑》,《钦定四库全书》本。

② "大抵刑贵于中而已,非上下相比,何以酌其中。故于三千条下,使之上下比罪,固欲酌中。"(宋)钱时:《融堂书解》卷二十《吕刑》,《钦定四库全书》本。

③ "刑措之风衰,民始犯有司。详其小而宽其大,所谓度作刑也。上下相比,不使轻重相悬绝也。"(宋)黄度:《尚书说》卷七《周书·吕刑》,《钦定四库全书》本。

④ "上下比罪无僭乱辞勿用不行。上文言五刑之属三千者,已定之法,载之刑书者也。然天下之情无穷,而刑书之所载者有限,不可以有限之法,而求尽无穷之情。则又在夫用法者斟酌损益之。盖古者任人而不任法,如唐虞之时,条目未多,惟有五刑有服,五服三就,五流有宅,五宅三居,皆在明刑者,随宜而处之也。至周穆王之时,时变已异于古,其条目至有三千,其法渐烦矣。然犹人与法并行,法之所载者,则以其罪而断之,法之所不载者,则以其罪参之以人,若上下比罪是也。"(宋)陈经:《尚书详解》卷四十七《周书·吕刑》,《钦定四库全书》本。

⑤ "僭,愆也。无愆于伪乱之辞。"(宋)黄度:《尚书说》卷七《周书·吕刑》,《钦定四库全书》本。

"差","乱辞"为"辞与情违者"。① 宋人林之奇《尚书全解》引陈少南,"无以狱辞之乱,而至有僭差"。讼于心者,"孰不以为彼曲而我直"。其辞要是"乱",那么,用刑就会有"僭差","汝当审之"。② 据宋人时澜《增修东莱书说》载,吕祖谦说,既无"正律"可以依赖作为依据,只有狱辞,要是又僭差"乱其辞",既无定法,又无定辞,那就无所依据。③ 宋人夏僎《尚书详解》接上文说,在上下比罪时,由于是律无正条,典狱者"以意"权其轻重,因此"奸吏"多因缘为奸,僭差纷乱,实由此生。无僭乱辞,是指,"用意定罪",不可"用私意而僭差"其辞,"用私意而纷乱"其辞。僭,差,就是说,辞"在此",却差"之彼"。乱,是说,辞本直,却"乱而为曲"。夏僎认为,"凡此皆断狱之大弊"。典狱者"岂宜如此"。④ 宋人胡士行《胡氏尚书详解》解僭为差。胡士行说,辞在此而"差"之彼,辞本直而"乱"为曲,都是"断狱之大弊"。⑤ 元人吴澄《书纂言》说:"但比附之例有不可误者,有不可用者。僭,差误也,谓当比此一例乃比彼一例,所比不当,则与辞不相应,是乱其辞也。"⑥

以下为评论。《尚书注疏》汉孔传解此句为"无听僭乱之辞以自疑"。唐孔疏说,其因有僭乱之"虚"辞,"无得听之"。解"僭"为,不信认为,狱

---

① "僭,差也,乱辞,辞与情违者也。"(宋)苏轼:《书传》卷十九《周书·吕刑第二十九》,《钦定四库全书》本。
② "陈少南曰,无以狱辞之乱,而至有僭差是也。夫讼于心者,孰不以为彼曲而我直。其乱苟乱,则用刑有僭差矣,汝当审之也。"(宋)林立奇:《尚书全解》卷三十九《周书·吕刑》,《钦定四库全书》本。
③ "无僭乱辞者,既无正律所恃以为依据者,独其狱辞耳,苟又僭差而乱其辞,既无定法,复无定辞,将何所依据乎。"(宋)时澜:《增修东莱书说》卷三十四《周书·吕刑第二十九》,《钦定四库全书》本。
④ "然当此上下比罪之时,乃是律无正条,而典狱者以意权其轻重,故奸吏多因缘为奸,僭差纷乱,实由此生。故又告以无僭乱辞,谓用意定罪,不可用私意而僭差其辞,用私意而纷乱其辞。僭者差也,谓辞在此,乃差而之彼。乱谓辞本直,乃乱而为曲也。凡此皆断狱之大弊也。典狱者岂宜如此。"(宋)夏僎:《尚书详解》卷二十五《吕刑》,《钦定四库全书》本。
⑤ "僭,差。乱辞,辞在此而差之彼,辞本直而乱为曲,皆断狱之大弊。"(宋)胡士行:《尚书详解》卷十二《周书·吕刑第二十九》,《钦定四库全书》本。
⑥ "但比附之例有不可误者,有不可用者。僭,差误也,谓当比此一例乃比彼一例,所比不当,则与辞不相应,是乱其辞也。"(元)吴澄:《书纂言》卷四下《吕刑》,《钦定四库全书》本。

官与囚等，也许会"作不信之辞"以惑乱，因此，在上人君"无得听"此僭乱之辞以自疑惑。① 康熙《御制日讲书经解义》接上文说，比罪之时，律无一定，奸弊滋生，或有"僭乱不可听之辞"，必裁度可否，勿致误听。②

"上下比罪，无僭乱辞"，宋人史浩《尚书讲义》说，是指"情犯无疑"，"当必行之"。③

3. 勿用不行

此段"不行"有六解。一解"僭乱之辞言不可行"。《尚书注疏》汉孔传解此句为"勿用折狱不可行"。唐孔疏指"僭乱之辞言不可行"，说，"勿用此辞断狱"。④

一解"不可行之理"。宋人黄度《尚书说》解说，不行，理之不可行。勿用不可行之理。⑤

一解"法不可行者"。宋人林之奇《尚书全解》引王氏，说是指"责人以恕，所不可行者勿用"。例举《庄子》、冯唐、汲黯之语。林之奇说，诸如此类都是"不可行而用之"。就会导致"民无所措手足矣"。⑥ 元人吴

---

① 传，"无听僭乱之辞以自疑"。疏，"其囚有僭乱之虚辞者，无得听之"。"僭不信也。狱官与囚等，或作不信之辞以惑乱，在上人君无得听此僭乱之辞以自疑惑。"（汉）孔氏传、（唐）陆德明音义、（唐）孔颖达疏《尚书注疏》卷十八《周书·吕刑》，《钦定四库全书》本。
② "惟此比罪之时，律无一定，奸弊滋生，或有僭乱不可听之辞，必裁度可否，勿致误听。"《日讲书经解义》卷十三《吕刑》，《钦定四库全书》本。
③ "上下比罪，无僭乱辞，是其情犯无疑也。当必行之。"（宋）史浩：《尚书讲义》卷二十《吕刑》，《钦定四库全书》本。
④ 传，"勿用折狱不可行"。疏，"勿用此辞断狱。此僭乱之辞言不可行也"。"勿即用此僭乱之辞以之断狱，此僭乱之言不可行用也。"（汉）孔氏传、（唐）陆德明音义、（唐）孔颖达疏《尚书注疏》卷十八《周书·吕刑》，《钦定四库全书》本。
⑤ "不行，理之不可行者也。勿用不可行之理。"（宋）黄度：《尚书说》卷七《周书·吕刑》，《钦定四库全书》本。
⑥ "勿用不行，王氏曰，谓责人以恕，所不可行者勿用也。庄子曰，重其任而罚不胜，远其途而诛不至，此皆不可行，而先王之所不用也，是也。汉魏尚为云中守，坐法免。冯唐曰，士卒尽家人子，起田中从军，安知尺籍伍符上功幕府，一言不应，文吏以法绳之。长安贾人与浑邪王市者坐，当死五百余人，汲黯曰，愚民安所知市买长安中，而文吏以为阑出财物如边关乎。若此之类皆是所不可行而用之也。所不可行者而用之，则民无所措手足矣。"（宋）林之奇：《尚书全解》卷三十九《吕刑·周书》，《钦定四库全书》本。

澄《书纂言》说:"虽有比附之例,其法不可行者勿用之。汉长安贾人坐与浑邪王市者五百余人当死。汲黯曰愚民安知所市贾长安中,而文吏以为出财物如边关乎。若此之类是以不可行者。"①清人《尚书埤传》说,这就是"以不可行者比附"。②

一解"往昔不可行之法"。据宋人时澜《增修东莱书说》,吕祖谦说,确实有例,即"昔尝"有之,而"今"不行。于是,戒之以"勿用不行"。③康熙《御制日讲书经解义》说,或有往昔不可行之法,必斟酌时宜,"勿致误用"。④

一解"以不可行者为法"。宋人苏轼《书传》认为,立法必用众人"所能",然后"法行"。如果"责人以所不能",那么就是"以不可行者为法"。⑤

一解"条例偶无,裁决不行"。宋人夏僎《尚书详解》说,要是"于条偶无",裁决不行,即使"勿用"也是可以的,怎可"强生分别",而至于"僭乱"。⑥宋人胡士行《胡氏尚书详解》解,勿用,妄用。不行,条例偶无,裁决不行。⑦

以下是前两段连解。"无僭乱辞,勿用不行",宋人蔡沉《书经集传》指说"未详"。称有人说,乱辞,是"辞之不可听";不行,是"旧有是法而今不行",戒其"无差误于"僭乱之辞,勿用"今所不行之法"。⑧

---

① "虽有比附之例,其法不可行者勿用之。汉长安贾人坐与浑邪王市者五百余人当死。汲黯曰愚民安知所市贾长安中,而文吏以为出财物如边关乎。若此之类是以不可行者。"(元)吴澄:《书纂言》卷四下《吕刑》,《钦定四库全书》本。
② "此乃以不可行者比附也。"(清)朱鹤龄:《尚书埤传》卷十五《周书·吕刑》,《钦定四库全书》本。
③ "此例固有,昔尝有之,而今不行者矣。故戒之以勿用不行也。"(宋)时澜:《增修东莱书说》卷三十四《周书·吕刑第二十九》,《钦定四库全书》本。
④ "或有往昔不可行之法,必斟酌时宜,勿致误用。"《日讲书经解义》卷十三《吕刑》,《钦定四库全书》本。
⑤ "立法必用众人所能者,然后法行。若责人以所不能,则是以不可行者为法也。"(宋)苏轼:《书传》卷十九《周书·吕刑第二十九》,《钦定四库全书》本。
⑥ "苟于条偶无,裁决不行,虽勿用之可也,岂可强生分别,而至于僭乱哉。"(宋)夏僎:《尚书详解》卷二十五《吕刑》,《钦定四库全书》本。
⑦ "勿用,妄用。不行,条例偶无,裁决不行。"(宋)胡士行:《尚书详解》卷十二《周书·吕刑第二十九》,《钦定四库全书》本。
⑧ "无僭乱辞,勿用不行,未详。或曰,乱辞,辞之不可听者;不行,旧有是法而今不行者,戒其无差误于僭乱之辞,勿用今所不行之法。"(宋)蔡沉:《书经集传》卷六《吕刑》,《钦定四库全书》本。

宋人陈经《陈氏尚书详解》接上文说，然而亦"以其辞为主"。罪人之情，都见于辞。僭，差，乱纷。要是"辞至于差而乱"，其辞其情与其罪"皆不相合"，不可行刑，听狱者"当无用其不可行之法"。①

4. 叙评

此句歧义较多，甚有论者称后两段"未详"。"上下比罪"，其前提解为，"罪条虽有多数，而犯者未必当条"，或"罪无正律"，或"人情无穷，法所未尽"，或"犯无正律"。"比"有"比方"、"例"、"附"三解。而"例"有"立例"及"比例"两解。"附"，又作"比附"。"无僭乱辞"，"僭"有"愆"及"差"，或"差误"两解。"乱辞"，或"辞与情违者"，或"狱辞之乱"，或"辞本直却乱而为曲"，或"与辞不相应"。"不行"，或"僭乱之辞言不可行"，或"不可行之理"，或"法不可行者"，或"往昔不可行之法"，或"以不可行者为法"，或"条例偶无，裁决不行"。

笔者以为，"上下比罪"是有前提条件的，而几种解法只是行文的差异，为同义或近义，可择优而从，吕祖谦的"罪无正律"可采。汉孔的"比方"、胡士行的"比例"、蔡沉的"比附"同义，与文义相符，苏轼的"立例"也通，可以合说。"无僭乱辞"，"僭"，"愆"，"差"，或"差误"为近义或同义，胡士行的"差误"较为贴切，当采。"乱辞"，陈少南的"狱辞之乱"、苏轼的"辞与情违者"文义不明，夏僎的"辞本直却乱而为曲"、吴澄的"与辞不相应"都通，可以合说。"不行"，夏僎的"条例偶无裁决不行"与"上下比罪"的文义不符。此处并非陈述立法，苏轼的"以不可行者为法"也与文义不符。唐孔的"僭乱之辞言不可行"与前文重复。黄度的"不可行之理"、林之奇的"法不可行者"、吕祖谦的"往昔不可行之法"都通，可以合说。整句可解说为：

如果罪无正律规定，可以比较对照上下轻重条文，审慎量刑；不能用刑与狱辞不相应，或者以私意曲解狱辞而导致差误；也不得使用以前

---

① "然亦以其辞为主。盖罪人之情，皆见乎辞。僭，差也，乱纷也。若辞至于差而乱，其辞其情与其罪皆不相合，是不可行刑者也，听狱者当无用其不可行之法。"（宋）陈经：《尚书详解》卷四十七《周书·吕刑》，《钦定四库全书》本。

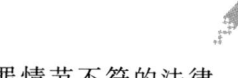

的而现在已经废止的法律条文，以及现有的而与犯罪情节不符的法律条文。

（二）惟察惟法，其审克之

笔者引证解说此句的有，汉孔，唐孔，宋人苏轼、林之奇、吕祖谦、史浩、夏僎、黄度、胡士行、蔡沉、陈经，明人孙继有，清帝康熙。

1. 惟察惟法

此段"察"有三解。一解为察辞。《尚书注疏》汉孔传解"察"为"当清察罪人之辞"，"法"为"附以法理"。唐孔疏转述。① 宋人史浩《尚书讲义》接上句说，仍然还"惟察惟法，审听其辞"，而后"概之以法"。②

一解为察情。宋人林之奇《尚书全解》解"惟察"为"察其情"，"惟法"为"正其法"。察其情，正其法，那么，"法与吏交相为用"，而不偏废。并例举说"用刑如用药"。③ 宋人夏僎《尚书详解》，接上文说，这是断狱之大弊。断狱不幸而至此，确实不可轻易，而要"内察之以情，外合之以法"，内外两尽，情法两推。④ 宋人胡士行《胡氏尚书详解》解"惟察"为"察情"，"惟法"为"守法"。⑤ 宋人陈经《陈氏尚书详解》说，当以察其情，又当求之以法，"二者合"而后允，"当乎人情法意"，

---

① "传，惟当清察罪人之辞，附以法理。"疏，"惟当清察罪人之辞，惟当附以法理"。（汉）孔氏传、（唐）陆德明音义、（唐）孔颖达疏《尚书注疏》卷十八《周书·吕刑》，《钦定四库全书》本。
② "然犹惟察惟法，审听其辞，而概之以法也。"（宋）史浩：《尚书讲义》卷二十《吕刑》，《钦定四库全书》本。
③ "惟察者，察其情也。惟法者，正其法也。察其情，正其法，则法与吏交相为用，而不偏废。盖用刑如用药焉。夫药之君臣佐使，甘苦寒热，某可以治某疾，某可以已某病。此固在于方书。至于视脉观色听其声音而审其病之所由起，必以己意参之而后可。惟察者，审其病之所由起也。惟法者，按方书而视之也。"（宋）林之奇：《尚书全解》卷三十九《吕刑·周书》，《钦定四库全书》本。
④ "吕侯知此是断狱之大弊，故又教之曰，断狱不幸而至此，诚不可轻易，惟内察之以情，外合之以法，内外两尽，情法两推。"（宋）夏僎：《尚书详解》卷二十五《吕刑》，《钦定四库全书》本。
⑤ "惟察，察情。惟法，守法。"（宋）胡士行：《尚书详解》卷十二《周书·吕刑第二十九》，《钦定四库全书》本。

这才可行。①

一解为察心。宋人苏轼《书传》解"察"为"我心","法"为"国法"。此段为"内合我心,外合国法"。② 康熙《御制日讲书经解义》说,内察于心,不惑于僭乱之辞。外合于法,不泥于不行之法。③

有论者"察"、"法"连解。宋人蔡沉《书经集传》解说为,详明法意。④

以下为评论。宋人黄度《尚书说》说,"惟察之详,惟法之从"。⑤ 康熙《御制日讲书经解义》说,五刑之属三千,就是"律"。上下比罪,就是当今的"例"。古人,律之外不预为例,"人得以无例为奸"。所以穆王有"惟察惟法"之训。后世,律之外多为之例,至例之外,又有比例,人益缘例为奸,出入上下之间,弊不可胜言。于是知晓古人只有比而无例,"其虑审矣"。⑥

2. 其审克之

此段"克"有两解。一解"能"。《尚书注疏》汉孔传说"其当详审能之",解"审"为"详审","克"为"能"。唐孔则疏"能"为"使能",说,"勿使僭失为不能"。⑦ 宋人林之奇《尚书全解》解为"汝诸侯其审于此,而后能其事"。⑧ 宋人夏僎《尚书详解》说,详审才能之,于

---

① "惟当有以察其情,又当求之以法,二者合而后允,当乎人情法意,是乃可行者也。"(宋)陈经:《尚书详解》卷四十七《周书·吕刑》,《钦定四库全书》本。
② "察,我心也。法,国法也。内合我心,外合国法。"(宋)苏轼:《书传》卷十九《周书·吕刑第二十九》,《钦定四库全书》本。
③ "惟内察于心,则不惑于僭乱之辞矣。惟外合于法,则自不泥于不行之法矣。"《日讲书经解义》卷十三《吕刑》,《钦定四库全书》本。
④ "惟详明法意,而审克之也。"(宋)蔡沉:《书经集传》卷六《吕刑》,《钦定四库全书》本。
⑤ "惟察之详,惟法之从。"(宋)黄度:《尚书说》卷七《周书·吕刑》,《钦定四库全书》本。
⑥ "夫五刑之属三千,所谓律也。上下比罪,即今所谓例也。古者律之外不预为例,人得以无例为奸。故穆王有惟察惟法之训。后世,律之外多为之例,至例之外,又有比例,人益缘例为奸,而出入上下之间,弊盖有不可胜言者,然后知古者祗有比而无例,其虑审矣。"《日讲书经解义》卷十三《吕刑》,《钦定四库全书》本。
⑦ 传,"其当详审能之"。疏,"其当详审,使能之,勿使僭失为不能也"。(汉)孔氏传、(唐)陆德明音义、(唐)孔颖达疏《尚书注疏》卷十八《周书·吕刑》,《钦定四库全书》本。
⑧ "汝诸侯其审于此,而后能其事也。"(宋)林之奇:《尚书全解》卷三十九《吕刑·周书》,《钦定四库全书》本。

是又继之以"其审克之"。① 宋人黄度《尚书说》解为,"必审乃能之为上下比罪",不容"出入",于是"戒之"。② 康熙《御制日讲书经解义》说,尔于比罪之时,尤不可不审之详,而尽其能。③

一解"得"。宋人苏轼《书传》解"乃为得之"。④ 陈经《陈氏尚书详解》解,其在详审,"克去其私意",就"有以得之"。⑤

以下为评论。据宋人时澜《增修东莱书说》,吕祖谦说,既然无正律,那么,察其法更加不可不致详。⑥ 宋人史浩《尚书讲义》评论说,穆王"告群臣以用刑","其审克之"说了四次,可见"其明谨而不敢忽"。⑦ 元人吴澄《书纂言》说:"法无正条,尤当详谨,内致其察,外比以法,所宜审克也。"⑧《钦定书经传说汇纂》引明人孙继有,"罪而曰比,则廷评无一成之议,或有惑于人言而妄为比附者,爰书无一定之条,或有泥于古法而强为比例者,皆非用法之公。故戒其勿借,勿用,而以惟察审克者勉之"。⑨

3. 叙评

此句,"察"、"法"、"克"均有多解。"察",或察辞,或察情,或

---

① "惟详审者乃能之,故又继之以其审克之也。"(宋)夏僎:《尚书详解》卷二十五《吕刑》,《钦定四库全书》本。

② "必审乃能之为上下比罪,容可出入。故戒之。"(宋)黄度:《尚书说》卷七《周书·吕刑》,《钦定四库全书》本。

③ "然则,尔于比罪之时,盖尤不可不审之详,而尽其能哉。"《日讲书经解义》卷十三《吕刑》,《钦定四库全书》本。

④ "乃为得之。"(宋)苏轼:《书传》卷十九《周书·吕刑第二十九》,《钦定四库全书》本。

⑤ "其在详审,而克去其私意,则有以得之。"(宋)陈经:《尚书详解》卷四十七《周书·吕刑》,《钦定四库全书》本。

⑥ "惟察惟法,其审克之,盖以既无正律,察其法尤不可不致详也。"(宋)时澜:《增修东莱书说》卷三十四《周书·吕刑第二十九》,《钦定四库全书》本。

⑦ "穆王告群臣以用刑,凡四曰其审克之,可见其明谨而不敢忽矣。"(宋)史浩:《尚书讲义》卷二十《吕刑》,《钦定四库全书》本。

⑧ "法无正条,尤当详谨,内致其察,外比以法,所宜审克也。"(元)吴澄:《书纂言》卷四下《吕刑》,《钦定四库全书》本。

⑨ "孙氏继有曰,罪而曰比,则廷评无一成之议,或有惑于人言而妄为比附者,爰书无一定之条,或有泥于古法而强为比例者,皆非用法之公。故戒其勿借,勿用,而以惟察审克者勉之。"《钦定书经传说汇纂》卷二十一,《钦定四库全书》本。

察辞。察辞，有"当清察罪人之辞"、"审听其辞"。察情，有"内察之以情"之解。察心，有"内合我心"、"内察于心"之解。"法"，或"附以法理"，或"概之以法"，或"正其法"，或"求之以法"，或"外合之以法"，或"外合国法"，"外合于法"。"审"，有解为"详审"，无歧义。"克"有"能"、"得"两解。"得"有论者称"克去其私意"。

笔者以为，察辞与上文重复，察情、察心，都通，可以合说。采夏僎的"内察之以情"、苏轼的"内合我心"。"法"诸解为近义，只是行文有所差异，康熙的"外合于法"较为顺畅，可采。"审"，汉孔的"详审"无歧义，当采。"克"，"能"、"得"两解都通，陈经的"克去其私意"为善解。整句可以解说为：

务必明察情理，内合于心，而外合于法，听审要详尽，应当克己私意。

（三）上刑适轻下服，下刑适重上服，轻重诸罚有权

康熙《御制日讲书经解义》说，此句及下一句是指"刑罚当用权"，"而不失乎经"。① 笔者引证解说此句的有，汉孔，唐孔，宋人苏轼、夏僎、张九成、黄度、史浩、钱时、蔡沉、陈经，元人吴澄，清帝康熙。

1. 上刑适轻下服

此段"适轻"有两解。一解"可以亏减"。《尚书注疏》汉孔传说"重刑有可以亏减，则之轻服下罪"，解"上刑"为"重刑"，"适轻"为"有可以亏减，则之轻"，"下服"为"服下罪"。唐孔疏"上刑适轻"，指一人虽犯一罪，而"状当"轻重两条，据重条"之"上有可以亏减的，则"之"轻条。"服下罪"，则转述汉孔。②

---

① "此一节书是言刑罚当用权，而不失乎经也。"《日讲书经解义》卷十三《吕刑》，《钦定四库全书》本。
② "传，重刑有可以亏减，则之轻服下罪。"疏，"上刑适轻者，谓一人虽犯一罪，状当轻重两条，据重条之上有可以亏减者，则之轻条，服下罪也"。（汉）孔氏传、（唐）陆德明音义、（唐）孔颖达疏《尚书注疏》卷十八《周书·吕刑》，《钦定四库全书》本。

一解"罪重情轻"。宋人夏僎《尚书详解》说，其意是指人"有罪状甚重"，合服上刑者，于刑确实当重，然而"原其情"，却"适然而轻"，诸如，杀人已死，而非"本谋"，这就是罪重情轻。那么，"罪虽在大辟"，可"推"而使服下刑。① 宋人黄伦《尚书精义》引张九成列举说，上刑适轻"如同是杀人"，杀人者死，这是"上刑"。然而其间"有误杀"的，这在杀人中"适轻"，适轻则"服下刑"。② 宋人黄度《尚书说》说，本上刑，"适有当轻"就下服。③ 宋人史浩《尚书讲义》解，上刑，重刑。而适轻下服，是"宥过无大"。④ 宋人钱时《融堂书解》说，然而"刑之变"，就"不可以一律定"。解"适"为"之"。适轻、适重，是说其情"之所之"有轻重。⑤ 宋人蔡沉《书经集传》说，事在上刑，而"情适轻"，就"服下刑"。《舜典》"宥过无大"，《康诰》"大罪非终"。⑥ 宋人陈经《陈氏尚书详解》说，所犯者上刑而情适轻，则当下服，宥过无大。⑦

元人吴澄《书纂言》说："刑在上而情适轻，则减一等而下服。"⑧ 康熙《御制日讲书经解义》解服为受刑。刑罚固然有一定之律，但是先王立法"必缘乎人情，通乎世变"，那么，上下轻重之间，"尤有权"。人确

---

① "其意盖谓人有罪状甚重，合服上刑者，于刑诚当重矣，然原其情，则适然而轻，谓如杀人已死，而非其本谋者，此罪重而情则轻也。如此者，则罪虽在大辟，推而使服下刑可也。"（宋）夏僎：《尚书详解》卷二十五《吕刑》，《钦定四库全书》本。
② "无垢曰，上刑适轻者如同是杀人也，杀人者死，此上刑也。然其间有误杀者，此在杀人中适轻也，适轻则服下刑矣。"（宋）黄伦：《尚书精义》卷四十九《吕刑》，《钦定四库全书》本。
③ "本上刑，适有当轻则下服。"（宋）黄度：《尚书说》卷七《周书·吕刑》，《钦定四库全书》本。
④ "上刑重刑也，而适轻下服，宥过无大也。"（宋）史浩：《尚书讲义》卷二十《吕刑》，《钦定四库全书》本。
⑤ "然刑之变，则又不可以一律定也。适者，之也。适轻、适重，言其情之所之有轻重也。"（宋）钱时：《融堂书解》卷二十《吕刑》，《钦定四库全书》本。
⑥ "事在上刑，而情适轻，则服下刑。舜之宥过无大，康诰所谓大罪非终者是也。"（宋）蔡沉：《书经集传》卷六《吕刑》，《钦定四库全书》本。
⑦ "上刑适轻下服，谓所犯者上刑而情适轻，则当下服，宥过无大是也。"（宋）陈经：《尚书详解》卷四十七《周书·吕刑》，《钦定四库全书》本。
⑧ "刑在上而情适轻，则减一等而下服。"（元）吴澄：《书纂言》卷四下《吕刑》，《钦定四库全书》本。

实有罪，在上刑，而情适轻，如出于过误，为"眚灾"之类，其罪虽大，就止使之服下刑。①

2. 下刑适重上服

此段"适重"有两解。一解"以重罪"。《尚书注疏》汉孔传解说，一人有二罪，则"之重"而"轻并数"。唐孔疏称，汉孔传是说，一人有二罪，应两罪俱治。唐孔说，唐时，"惟断狱以重条"，而轻者不更别数，与重并数为一。又说"下刑适重"，指一人之身，轻重二罪"俱发"，则"以重罪"而"从上服"，"令之服上罪"。唐孔又引刘君"上刑适轻，下刑适重"皆"一人有二罪"之论，指其"妄为其说"。②

一解"罪轻情重"。宋人黄伦《尚书精义》引张九成列举说，下刑适重，如"斗殴不死"，这是下刑。然而其间有"谋杀而适不死"，这就是"适重"。适重则"服上刑而死"。③ 宋人夏僎《尚书详解》说，或"有罪状甚轻"合服下刑者，于刑确实当轻，然而"原其情"适然而重，就如杀人不死，却是"本谋"。这就是罪轻情重者。那么，罪虽在小辟，可"引"而使服上刑。④

---

① "服，受刑也。""穆王曰，刑罚固有一定之律，然先王立法必缘乎人情，通乎世变，则上下轻重之间，尤有权焉。盖人固有罪，在上刑而情适轻，如出于过误，而为眚灾之类，则其罪虽大，而止使之服下刑。"《日讲书经解义》卷十三《吕刑》，《钦定四库全书》本。

② 传，"一人有二罪，则之重而轻并数"。疏，"下刑适重者，谓一人之身，轻重二罪俱发，则以重罪而从上服，令之服上罪"。"一人有二罪，则之重而轻并数者，谓若一人有二罪，则应两罪俱治。今惟断狱以重条，而轻者不更别数，与重并数为一。刘君以为，上刑适轻，下刑适重，皆以为一人有二罪。上刑适轻者，若今律重罪应赎，轻罪应居作。官当者以居作，官当为重，是为上刑适轻。下刑适重者，谓若二者俱是赃罪，罪从重科，轻赃亦备，是为而轻并数也。知不然者，按轻，既言下刑适重上服，则是重上服而已，何得为轻赃亦备。又今律云，重罪应赎，轻罪应居作，官当者以居作。官当为重者，此即是下刑适重之条，而以为上刑适轻之例，实为未允。且孔传下经始云一人有二罪，则上经所云非一人有二罪者也。刘君妄为其说。故今不从。"（汉）孔氏传、（唐）陆德明音义、（唐）孔颖达疏《尚书注疏》卷十八《周书·吕刑》，《钦定四库全书》本。

③ 无垢曰："下刑适重者，如斗殴不死，此下刑也。然其间有谋杀而适不死焉，此适重也。适重则服上刑而死矣。"（宋）黄伦：《尚书精义》卷四十九《吕刑》，《钦定四库全书》本。

④ "或有罪状甚轻合服下刑者，于刑诚当轻矣，然原其情则适然而重，谓如杀人不死而乃其本谋者，此罪轻而情则重者也。如此者，则罪虽在小辟，引而使服上刑可也。"（宋）夏僎：《尚书详解》卷二十五《吕刑》，《钦定四库全书》本。

宋人史浩《尚书讲义》解，下刑，小罪，而"适重上服"，是指"刑故无小"。① 宋人黄度《尚书说》解，本下刑，"适有当重"就上服。② 宋人蔡沉《书经集传》解，事在下刑，而"情适重"，就"服上刑"，引《舜典》"刑故无小"、《康诰》"小罪非眚"。③ 宋人陈经《陈氏尚书详解》解，所犯者下刑而情适重，则当上服，刑故无小是。④ 元人吴澄《书纂言》解，刑在下而情适重，就加一等而上服。这是"用刑之权"。⑤ 康熙《御制日讲书经解义》解，人也有罪在下刑而情适重，如出于故犯，而为"怙终"之类，那么，其罪虽小，就必使之服上刑。⑥

以下是评论。宋人苏轼《书传》指称"世或谓"，即，时人有持论说，大罪"法重而情轻"则服下刑，"此犹可"，不失为仁。若小罪"法轻情重"而服上刑，"则不可"。苏轼说，古人用刑，有"出于法内"，无"入于法外"，与其杀不辜，宁失不经。所以知道"此说之非"。并举例说明，"请设为甲乙，以解此二言"。有甲"初欲"为强盗，至其所之后却"不强而窃"，当以窃法坐之。这就是"上刑适轻下服"。乙"初欲窃尔"，既至其所则强，当以强法坐之，这就是"下刑适重上服"。苏轼认为，刑"贵"称罪，报其所犯之"功"，不报其所犯之"意"。⑦ 宋人林之奇《尚

---

① "下刑小罪也，而适重上服，刑故无小也。"（宋）史浩：《尚书讲义》卷二十《吕刑》，《钦定四库全书》本。
② "本下刑，适有当重则上服。"（宋）黄度：《尚书说》卷七《周书·吕刑》，《钦定四库全书》本。
③ "事在下刑，而情适重，则服上刑，舜之刑故无小，康诰所谓小罪非眚者是也。"（宋）蔡沉：《书经集传》卷六《吕刑》，《钦定四库全书》本。
④ "下刑适重上服，谓所犯者下刑而情适重，则当上服，刑故无小是也。"（宋）陈经：《尚书详解》卷四十七《周书·吕刑》，《钦定四库全书》本。
⑤ "刑在下而情适重，则加一等而上服。用刑之权也。"（元）吴澄：《书纂言》卷四下《吕刑》，《钦定四库全书》本。
⑥ "人亦有罪在下刑而情适重，如出于故犯，而为怙终之类，则其罪虽小，而必使之服上刑。"《日讲书经解义》卷十三《吕刑》，《钦定四库全书》本。
⑦ "世或谓，大罪法重而情轻则服下刑，此犹可也，不失为仁。若小罪法轻情重而服上刑，则不可。古之用刑者，有出于法内，无入于法外。与其杀不辜，宁失不经。故知此说之非也。请设为甲乙，以解此二言。甲初欲为强盗，既至其所则不强而窃，当以窃法坐之。此之谓上刑适轻下服。乙初欲窃尔，既至其所则强，当以强法坐之，此之谓下刑适重上服。刑贵称罪，报其所犯之功，不报其所犯之意也。"（宋）苏轼：《书传》卷十九《周书·吕刑第二十九》，《钦定四库全书》本。

书全解》认为苏轼"固善",却不如陈少南"明白",罪重"莫如杀人",罪轻"莫如诟骂",陈少南例举杀奴婢、诟骂父兄。下服,并非即服最下刑,只是"比之上刑为减"。林之奇说,"此言尽之"。①

3. 轻重诸罚有权

此段"诸罚"有两解。一解刑罚。《尚书注疏》汉孔传解"有权"为"各有权宜"。唐孔疏为"或轻或重,诸所罪罚皆有权宜",指说,当"临时斟酌"其状,不得"雷同"加罪。②宋人苏轼《书传》举例解说,一人同时而犯二罪,一罪应刖,一罪应劓。劓刖"不并论",当"以一重刖之"。然而此人所犯"劓罪应刑,刖罪应赎",那么,是刑,还是赎?大概"当其劓罪"而"赎其余"。苏轼认为,"余"是指,劓罚是二百锾,既然已经"刑之",就则"又赎"三百锾,"以足"刖罚五百锾"之数"。苏轼说,以此为"率",即规则,如"权石"之推移,以"求轻重之详"。所以称"轻重诸罚有权"。③

宋人黄伦《尚书精义》引张九成强调说,用刑怎可以杀人、斗殴"不问情之轻重"而行刑。"情轻"罚也轻;"情重"罚也重。张九成认为,"以情为权",而"论疑罪"的轻重,那么,"其刑罚为当"。张九成指说,先王"用刑罚",其"大指"简要,即刑权轻重,以为上下,罚权

---

① "上刑适轻下服,下刑适重上服,苏氏破世俗之说,而设为窃盗二人,以发其意说,固善矣。而不如陈少南之为明白,曰世之言,罪重者莫如杀人,罪轻者莫如诟骂。杀人固重矣。然今所杀者奴婢也。奴婢而杀之,非适轻乎,故且服下刑也。诟骂固轻矣,然今所以诟骂者,父兄也。父兄而诟骂之,非适重乎,故宜服上刑也。事不止于杀人及诟骂人者。姑设二事以准之。所谓轻重诸罚有权也,所谓下服者,非即服最下刑也,比之上刑为减尔。此言尽之。"(宋)林之奇:《尚书全解》卷三十九《吕刑·周书》,《钦定四库全书》本。

② 传,"轻重诸刑罚,各有权宜"。疏,"或轻或重,诸所罪罚皆有权宜,当临时斟酌其状,不得雷同加罪"。(汉)孔氏传、(唐)陆德明音义、(唐)孔颖达疏《尚书注疏》卷十八《周书·吕刑》,《钦定四库全书》本。

③ "一人同时而犯二罪,一罪应刖,一罪应劓。劓刖不并论,当以一重刖之而已。然是人所犯劓罪应刑,刖罪应赎,则刑之欤?抑赎之欤?盖当其劓罪而赎其余。何谓余,曰劓之罚二百锾,既刑之矣,则又赎三百锾,以足刖罚五百锾之数。以此为率,如权石之推移,以求轻重之详。故曰轻重诸罚有权。"(宋)苏轼:《书传》卷十九《周书·吕刑第二十九》,《钦定四库全书》本。

轻重，以为多少。① 宋人史浩《尚书讲义》说，刑罚"不可执一而不变"，于是称"有权"。② 宋人黄度《尚书说》说，刑"随事不同"，所以轻重诸罚也就有"权"。大概，罚与刑相表里。③

一解"罚"。宋人夏僎《尚书详解》说，至于墨、劓、剕、宫、大辟"诸等之罚"，其或轻或重，也"各有其权"，就是说，"罚当重"情却轻，"罚当轻"情却重，这也应当"因权制变"。不可以说，墨疑从罚，凡在墨者，都百锾，宫疑从罚，凡在宫者，都六百锾，又当有"轻重之权"。夏僎连上文说，这都是"以制刑、罚之变"。④ 宋人蔡沉《书经集传》指说，诸罚之轻重，"亦皆有权"。"权"解为"进退推移以求其轻重之宜"。⑤ 宋人陈经《陈氏尚书详解》说："不特刑之用也，原情以为轻重。而罚之用也亦必有轻重之权。此法之原人情者也。"⑥ 元人吴澄《书纂言》说，诸罚也一样，"或减轻一等，或加重一等"。轻之、重之，"如衡之有权"。吴澄说这只是"随一事而轻重"。⑦ 康熙《御制日讲书经解义》说，"非独用刑为然"，"即罚亦然"。或罪应重罚，而情适轻，就罚从轻；或罪应轻罚，而情适重，则罚从重。⑧

---

① 无垢曰："用刑者岂可以杀人、斗殴不问情之轻重而行刑哉。情轻则罚亦轻；情重则罚亦重。以情为权，而论疑罪之轻重，则其刑罚为当矣。刑权轻重，以为上下，罚权轻重以为多少。则先王之用刑罚，其大指亦简要矣。"（宋）黄伦：《尚书精义》卷四十九《吕刑》，《钦定四库全书》本。
② "刑罚不可执一而不变，故曰有权。"（宋）史浩：《尚书讲义》卷二十《吕刑》，《钦定四库全书》本。
③ "刑随事不同，故轻重诸罚亦有权。大抵，罚与刑相表里也。"（宋）黄度：《尚书说》卷七《周书·吕刑》，《钦定四库全书》本。
④ "至于墨、劓、剕、宫、大辟诸等之罚，其或轻或重，则亦各有其权，亦谓罚当重而情乃轻，罚当轻而情乃重。此亦当因权制变，不可谓墨疑从罚，凡在墨者，皆百锾；宫疑从罚，凡在宫者皆六百锾，又当有轻重之权可也。凡此皆是教有邦有土以制刑罚之变也。"（宋）夏僎：《尚书详解》卷二十五《吕刑》，《钦定四库全书》本。
⑤ "若诸罚之轻重，亦皆有权焉。权者，进退推移以求其轻重之宜也。"（宋）蔡沉：《书经集传》卷六《吕刑》，《钦定四库全书》本。
⑥ "不特刑之用也，原情以为轻重。而罚之用也亦必有轻重之权。此法之原人情者也。"（宋）陈经：《尚书详解》卷四十七《周书·吕刑》，《钦定四库全书》本。
⑦ "诸罚亦然，或减轻一等，或加重一等。轻之、重之，如衡之有权。然此特随一事而轻重耳。"（元）吴澄：《书纂言》卷四下《吕刑》，《钦定四库全书》本。
⑧ "非独用刑为然也，即罚亦然。或罪应重罚，而情适轻，则罚从轻；或罪应轻罚，而情适重，则罚从重。"《日讲书经解义》卷十三《吕刑》，《钦定四库全书》本。

以下是评论。据宋人时澜《增修东莱书说》载,吕祖谦说,法重情轻,法轻情重,斟酌升降,总归有可以"权之"。① 宋人夏僎《尚书详解》评论说,吕侯上文所言刑罚轻重之序,都是"重轻之正理",未能通"轻重之变"。狱有"情轻罪重","情重罪轻",要是断狱者"徒知"简孚就正以刑,不服就正以罚,如此就只是"知刑",不知"刑之中"有轻重之变,"知罚",不知"罚之中"有轻重之变。于是吕侯告以"上刑适轻下服,下刑适重上服",与"轻重诸罚有权"之说。② 宋人黄伦《尚书精义》引史氏说,以"法"而用法,不如以"权"而用法。法是"一定之制",而权为"一时之宜"。"任法",罪"有时而不合";"任权",罪"无往而不当"。法无轻重,由于"罪"而"为之轻重"。史氏认为,"当服上刑",而情适于轻,使之下服,那么"必无滥狱";"当服下刑",而情适于重,使之上服,那么"必无隐情",轻重"以权""不以法"。③ 康熙《御制日讲书经解义》说是,刑罚"缘乎人情",权一人之轻重。④

4. 叙评

此句,"上刑"有论者解为"重刑",无歧义。"适轻",有"可以亏减"、"罪重情轻"两解。"可以亏减"说是指"状当"轻重两条。"罪重情轻"或称"情适轻"。有论者称"服"为"受刑"。"下服","服下

---

① "上刑适轻下服,下刑适重上服,轻重诸罚有权者,法重情轻,法轻情重,斟酌升降,要必有以权之也,是权也。"(宋)时澜:《增修东莱书说》卷三十四《周书·吕刑第二十九》,《钦定四库全书》本。
② "吕侯上所言刑罚轻重之序,皆是重轻之正理,又未能通轻重之变。盖狱有情轻罪重,情重罪轻者,倘断狱者徒知简孚者则正以刑,不服者则正以罚,如此则知刑而已,不知刑之中又有轻重之变也;知罚而已,不知罚之中亦有轻重之变也。故吕侯又告以上刑适轻下服,下刑适重上服,与轻重诸罚有权之说。"(宋)夏僎:《尚书详解》卷二十五《吕刑》,《钦定四库全书》本。
③ "史氏曰,以法而用法,不若以权而用法。法者一定之制,权者一时之宜。任法,则罪有时而不合;任权,则罪无往而不当,法无轻重,因罪而为之轻重,非圣人善用其权,则法有时而不恕矣。当服上刑矣而情适于轻,使之下服,则必无滥狱。当服下刑矣,而情适于重,使之上服,则必无隐情,轻重以权不以法也。"(宋)黄伦:《尚书精义》卷四十九《吕刑》,《钦定四库全书》本。
④ "此刑罚之缘乎人情,而权一人之轻重者也。"《日讲书经解义》卷十三《吕刑》,《钦定四库全书》本。

罪",或"服下刑",有论者称"减一等"。有论者称是"宥过无大"。"适重",有"以重罪"、"罪轻情重"两解。"以重罪"指说是"一人轻重二罪俱发"。"罪轻情重"或称"情适重"。有论者称是"刑故无小"。"上服","服上罪",或"服上刑",或"加一等"。"诸罚",有指"刑罚"和指"罚"两解。"刑罚",有论者称"罚与刑相表里"。"罚"有论者说是"诸等之罚",有论者称是"或减轻一等,或加重一等"。"有权","各有权宜",或"各有其权"。

笔者以为,"上刑",汉孔的"重刑"无歧义,但此处还是原文顺畅。"适轻","可以亏减","罪重情轻"两解都通,夏僎的"罪重情轻"更符合文义,较为通畅,当采。"下服"、"服上罪"、"服上刑"同义,夏僎的"服下刑"较为顺畅,可采,吴澄的"减一等"为善解,可以合说。"适重",汉孔的"一人轻重二罪俱发"与上下文文义不符,夏僎的"罪轻情重"为正解,当采。"上服",采夏僎的"服上刑"、吴澄的"加一等"。"诸罚","刑罚"的解说,"罚与刑相表里"虽也通,但不如夏僎的"诸等之罚",吴澄的"或减轻一等,或加重一等"可以合说。"有权",可采汉孔的"各有权宜"。整句可解说为:

上刑,如果罪重情轻,应当减一等服下刑;下刑,如果罪轻情重,应当加一等服上刑;各等罚金也一样,应当按轻重情形,权衡妥当,减一等,或加一等收取。

(四)刑罚世轻世重,惟齐非齐,有伦有要

笔者引证解说此句的有,汉孔,唐孔,宋人苏轼、林之奇、吕祖谦、夏僎、黄伦、黄度、叶时、袁燮、史浩、胡士行、钱时、蔡沉、陈经,元人王充耘,明人王樵、陈雅言,清帝康熙。

1. 刑罚世轻世重

此段无歧义。《尚书注疏》汉孔传解"刑罚世轻世重"为"刑罚随世轻重",唐孔疏称"观世而制刑"。汉孔并举"刑新国用轻典,刑乱国用重典,刑平国用中典"为例,唐孔指其文出自《周礼·大司寇》,并引郑

玄注。唐孔又疏说，刑罚"有"世轻世重，当"视世所宜"，"权而行之"。① 宋人蔡沉《书经集传》，解同汉孔。②

引《周礼》的还有宋人林之奇、夏僎、黄度、陈经。宋人林之奇《尚书全解》认为"一轻一重，各因其世之宜"。并引《孟子》。③ 宋人夏僎《尚书详解》接上说，以上只是"缘情定罪"。然而"时世"又有不同，或轻或重，或轻重之中；又有"情"当如此，而"时"或不可如此，那么，又当"相时用法"。刑罚世轻世重，是"因时以为轻重"。④ 宋人黄度《尚书说》指说《周礼》所载就是世轻世重。⑤ 宋人陈经《陈氏尚书详解》说，此法"因乎时者"。⑥

以下是评论。宋人苏轼《书传》评论说，穆王复古，而不"是古"；变今，而不"非今"，此举为"厚之至"。解"世轻世重"为"各随世轻重"。⑦ 宋人黄伦《尚书精义》引张氏例举说，商人"群饮而赦之"，不

---

① "传，言刑罚随世轻重也。刑新国用轻典，刑乱国用重典，刑平国用中典。"疏，"刑罚有世轻世重，当视世所宜，权而行之"。"刑罚随世轻重，言观世而制刑也。刑新国用轻典，刑乱国用重典，刑平国用中典，《周礼·大司寇》文也。郑玄云，新国者，新辟地立君之国，用轻法者，为其民未习于教也。平国，承平守成之国，用中典者，常行之法也。乱国，篡弑叛逆之国，用重典者，以其化恶伐之也。"（汉）孔氏传、（唐）陆德明音义、（唐）孔颖达疏《尚书注疏》卷十八《周书·吕刑》，《钦定四库全书》本。
② "刑罚世轻世重者，《周官》刑新国用轻典，刑乱国用重典，刑平国用中典，随而为轻重者也。"（宋）蔡沉：《书经集传》卷六《吕刑》，《钦定四库全书》本。
③ "刑罚世轻世重，盖承上文而言。凡此诸刑罚皆当权其轻重也。孟子曰，权然后知轻重，君子之心若权衡，然不可以铢两欺之，故轻重无不得其平也。刑罚世轻世重者，《周礼》刑新国用轻典，刑平国用中典，刑乱国用重典。一轻一重，各因其世之宜而已。"（宋）林之奇：《尚书全解》卷三十九《吕刑·周书》，《钦定四库全书》本。
④ "然此特缘情定罪者也。然时世又有不同，刑平国用中典，刑新国用轻典，刑乱国用重典，或轻或重，或轻重之中；又有情当如此，而时或不可如此者，则又当相时用法也，故又继以刑罚世轻世重，是又欲其因时以为轻重也。"（宋）夏僎：《尚书详解》卷二十五《吕刑》，《钦定四库全书》本。
⑤ "此其事耳，而又有焉。大司寇掌建邦之三典，刑新国用轻典，刑平国用中典，刑乱国用重典。世轻世重，亦若斯乎。"（宋）黄度：《尚书说》卷七《周书·吕刑》，《钦定四库全书》本。
⑥ "刑罚世轻世重，如刑平国用中典，乱国用重典，新国用轻典。此法之因乎时者也。"（宋）陈经：《尚书详解》卷四十七《周书·吕刑》，《钦定四库全书》本。
⑦ "穆王复古，而不是古；变今，而不非今，厚之至也。曰各随世轻重而已。"（宋）苏轼：《书传》卷十九《周书·吕刑第二十九》，《钦定四库全书》本。

"害其为轻";周人"群饮而杀之",不"害其为重"。"因世"或轻或重。① 宋人林之奇《尚书全解》说,刑罚世轻世重,大概是"承上文","凡此诸刑罚皆当权其轻重"。引王氏,上文说刑罚轻重有权,权"一人而为轻重"。此处说世轻世重,"权一世而为轻重"。林之奇以为"是",并认为,世轻世重,称刑罚是适合的,而至于上服下服,就"特言刑",而于下文承之,就"言诸罚",就如五刑"分数"称罚,"总数"称刑,互见其义。② 宋人蔡沉《书经集传》也说,轻重诸罚有权,"权一人"之轻重;刑罚世轻世重,"权一世"之轻重。③

宋人夏僎《尚书详解》感叹吕侯"慈祥忠厚"。前文告以"如是者则刑","如是者则罚",是告以"刑罚之正条"。随后又担心,"徒知刑之当刑",而不知"刑之中","有时"不可刑;"徒知其当罚",不知罚之中,"有时"而不止于罚。于是又有"原情定罪"之说。原情定罪,曲折已极,又担心于情可刑,而或遭时为新国,不可用重典;于情可罚,而或遭时为乱国,不可用轻典。于是又有"相时用法"之说。"进退筹度","抑扬审虑",吕侯之心,诚忠厚慈祥之至。④

宋人叶时《礼经会元》解说,曾经猜度,周公制刑,五刑之法各五百,总共"二千五百属";穆王训夏赎刑,五刑之属"三千"。穆王为周子孙,要是周公之刑确实轻,"其欲"祥刑,"守周公之法"就可以。然

---

① "张氏曰,商人群饮而赦之,不害其为轻;周人群饮而杀之,不害其为重。或轻或重因世而已。"(宋)黄伦:《尚书精义》卷四十九《吕刑》,《钦定四库全书》本。

② "王氏曰,上言刑罚轻重有权者,权一人而为轻重也。此言世轻世重者,权一世而为轻重也。是也。世轻世重,言刑罚,可也。至于上服下服,则特言刑,而于下文承之,则言诸罚,亦犹五刑分数则曰罚,总数则曰刑,互见其义也。"(宋)林之奇:《尚书全解》卷三十九《吕刑·周书》,《钦定四库全书》本。

③ "轻重诸罚有权者,权一人之轻重也。刑罚世轻世重者权一世之轻重也。"(宋)蔡沉:《书经集传》卷六《吕刑》,《钦定四库全书》本。

④ "呜呼,吕侯慈祥忠厚至此,极矣。前告以如是者则刑,如是者则罚,是告以刑罚之正条也。既又虑其徒知刑之当刑,而不知刑之中,有时而不可刑;徒知其当罚而罚,不知罚之中,有时而不止于罚。于是又有原情定罪之说。然原情定罪,曲折已极矣,又虑其于情可刑,而或遭时为新国,有时而不可用重典;于情可罚,而或遭时为乱国,有时而不可用轻典。于是又有相时用法之说。进退筹度,抑扬审虑,吕侯之心,诚忠厚慈祥之至哉。"(宋)夏僎:《尚书详解》卷二十五《吕刑》,《钦定四库全书》本。

而，夏刑三千而"死罪二百"，周刑二千五百而"杀罪五百"，"周之刑为重"。周公"制刑之仁"，"反不若"穆王"训刑之仁"。班固竟以周刑二千五百为中典，《吕刑》三千为重典。以周刑为中典还可以，夏之死刑只有"二百"，怎么可以视为重典呢？孔子曰五刑之属三千，大概是见穆王之刑才说的。而周公才有二千五百，叶时认为，这就是"刑罚世轻世重"。①

明人王樵《尚书日记》说，"道有升降，俗有污隆"。这就是"世变"的不同。世轻世重，"惟其变之所适而权"，这是"尽权之道"。② 康熙《御制日讲书经解义》说，刑罚用以"维世"，尤当"随时"而不可执一。"平治"之时，刑罚不可过轻、过重。世当"更新"之会，法度初立，人心未附，刑罚"悉从轻"。世当"衰乱"之余，纪纲废弛，人心不肃，刑罚"悉从重"。这就是刑罚"通乎世变"，"权一世之轻重"。③

2. 惟齐非齐

此段解说纷杂，大略可以分为两解。《尚书注疏》汉孔传未解，唐孔疏仅转述。④ 宋人夏僎《尚书详解》解说，上文已经反复陈述"刑罚之说"，下文是总结"枢要之处"。前一节说的"刑罚之正条"，就是"惟齐"，大概是指"罪在是，情在是"，刑罚也当在是，"适然均齐"。后一

---

① "尝疑周公制刑，五刑之法各五百，凡二千五百属；穆王训夏赎刑，五刑之属三千。穆王为周子孙，公之刑果轻，其欲祥刑则守周公之法可也。然夏刑三千而死罪二百，周刑二千五百而杀罪五百，周之刑为重矣。周公制刑之仁，反不若穆王训刑之仁哉。班固乃以周刑二千五百为中典，《吕刑》三千为重典。以周刑为中典犹可，岂有夏之死刑仅二百尔，而可为重典乎。孔子曰五刑之属三千，盖见穆王之刑为言也。而周公乃有二千五百者，岂非刑罚世轻世重乎。"（宋）叶时：《礼经会元》卷四下《刑罚》，《钦定四库全书》本。
② "道有升降，俗有污隆。此世变之不同也。世轻世重，惟其变之所适而权焉，斯尽权之道者也。"（明）王樵：《尚书日记》卷十六《吕刑》，《钦定四库全书》本。
③ "至于刑罚所以维世，尤当随时而不可执一。惟平治之时，刑罚不可过轻、过重。若世当更新之会，法度初立，人心未附，则刑罚悉从轻。世当衰乱之余，纪纲废弛，人心不肃，刑罚悉从重。此刑罚之通乎世变，而权一世之轻重者也。"《日讲书经解义》卷十三《吕刑》，《钦定四库全书》本。
④ 传，"凡刑所以齐非齐"。疏，"刑罚者，所以齐非齐者"。（汉）孔氏传、（唐）陆德明音义、（唐）孔颖达疏《尚书注疏》卷十八《周书·吕刑》，《钦定四库全书》本。

节说的"刑罚之变例,就是"非齐"。大概是指"罪在是",或"情不在是",或"情虽在是","于时世"不可以如是,"纷然不齐"。①

以上是"惟齐"、"非齐"分解,以下是"惟齐非齐"连解。宋人苏轼《书传》解释说,民有犯罪于"改法之前",而"论法于今日",不可再"齐于一","旧法轻"则从旧,"今法轻"则从今。苏轼认为,"任其不齐,所以为齐"。②

宋人林之奇《尚书全解》说,因世之宜,轻重不同,"固不齐",而这就是"齐之"。例举《周官》五刑二千五百,穆王五刑三千,或少而重,或多而轻,"其不齐如此"。然而禁奸止慝,以期于无刑"则一"。要是像"胶柱调瑟"那样拘泥死板,就不能因世而为轻重,"徒执一法以齐之,适所以为不齐"。③ 宋人黄伦《尚书精义》引张氏说,如不能"随世为之轻重",而企图"为一法以齐之",就不能被视为"齐",只有"齐以非齐",那么"其齐也齐"。④

宋人胡士行《胡氏尚书详解》解,"惟齐",均齐。"非齐",适轻适重,世轻世重。"若非齐,乃所以均齐"。⑤ 宋人钱时《融堂书解》说,如果只以"一律齐之",就"非所以为齐"。⑥ 宋人黄度《尚书说》说,画

---

① "吕侯上既反复陈刑罚之说,此下又总其枢要之处,而晓之曰,如前一节言刑罚之正条者,是惟齐者也,盖罪在是,情在是,而刑罚亦当在是,适然均齐,是之谓惟齐。如后一节言刑罚之变例者,是非齐者也。盖罪在是,或情不在是,或情虽在是,而于时世不可以如是,纷然不齐,是之谓非齐。"(宋)夏僎:《尚书详解》卷二十五《吕刑》,《钦定四库全书》本。
② "民有犯罪于改法之前,而论法于今日者,可复齐于一乎,旧法轻则从旧,今法轻则从今。任其不齐,所以为齐也。"(宋)苏轼:《书传》卷十九《周书·吕刑第二十九》,《钦定四库全书》本。
③ "因世之宜而轻重不同,固不齐矣,是乃所以齐之也。如《周官》五刑二千五百,穆王五刑三千,或少而重,或多而轻,其不齐如此。而其禁奸止慝,以期于无刑则一也。若乃胶柱调瑟者,则不能因世而为轻重,徒执一法以齐之,适所以为不齐也。"(宋)林之奇:《尚书全解》卷三十九《吕刑·周书》,《钦定四库全书》本。
④ 张氏曰:"若夫不能随世之轻重,欲以一法以齐之,则非所以为齐也,惟齐以非齐,则其齐也齐矣。"(宋)黄伦:《尚书精义》卷四十九《吕刑》,《钦定四库全书》本。
⑤ "惟齐,均齐。非齐,适轻适重,世轻世重,若非齐,乃所以均齐。"(宋)胡士行:《尚书详解》卷十二《周书·吕刑第二十九》,《钦定四库全书》本。
⑥ "若但以一律齐之,则非所以为齐矣。"(宋)钱时:《融堂书解》卷二十《吕刑》,《钦定四库全书》本。

一之法，何有不齐，而其情不同，怎么可以"执一"？① 宋人陈经《陈氏尚书详解》说，"吾欲其齐者，乃非所以为齐"，诸如上罪服上刑，下罪服下刑，前世刑轻，吾亦从轻，前世刑重，吾亦从重，这就是"惟齐"。却不知，情有轻重，时有治乱，"安得而一之"。"吾欲齐之"，"乃所以为不齐"。② 元人王充耘《读书管见》认为是说，刑罚或轻或重，以"不齐"齐之。③ 明人王樵《尚书日记》说，权，就有如"不齐而无常"，却不知这就是"致齐而有常"。人情世变不同，而"权乎其间"，"理"而已。理之所在，虽不为一，法以齐之，而"要为合乎人情"。世变其不齐，"乃所以为齐"，"齐之以非齐则中"。④ 康熙《御制日讲书经解义》说，刑罚，本是用来作为"整齐万民"之具，而轻重之不齐至于如此，就是齐之以不齐。不齐，是"人情世变"之固然，轻非故出，重非故入。⑤

3. 有伦有要

此段"伦"有四解。一解"伦理"。《尚书注疏》汉孔传说，"有伦"为"各有伦理"，"有要"为"有要善"。唐孔疏转述后说"戒令审量之"。⑥ 宋人夏僎《尚书详解》指有"一说"称，上刑适轻下服，下刑适重上服，轻重诸罚有权，刑罚世轻世重，"参差不齐"，"惟齐以不齐"，或刑或罚，

---

① "画一之法，何有不齐，其情不同，岂可执一。"（宋）黄度：《尚书说》卷七《周书·吕刑》，《钦定四库全书》本。

② "惟齐非齐，吾欲其齐者，乃非所以为齐，谓如上罪服上刑，下罪服下刑；前世刑轻，吾亦从轻，前世刑重，吾亦从重，此惟齐也。殊不知情有轻重，时有治乱，安得而一之。吾欲齐之，乃所以为不齐。"（宋）陈经：《尚书详解》卷四十七《周书·吕刑》，《钦定四库全书》本。

③ "言刑罚或轻或重，以不齐齐之。"（元）王充耘：《读书管见》卷下《吕刑》，《钦定四库全书》本。

④ "然谓之权，则有若不齐而无常，而不知是乃所以致齐而有常也。人情世变之不同，而君子之所以权乎其间者，理而已矣。理之所在，虽不为一，法以齐之，而要为合乎人情宜乎。世变其不齐，乃所以为齐也。惟齐之以非齐则中乎。"（明）王樵：《尚书日记》卷十六《吕刑》，《钦定四库全书》本。

⑤ "夫刑罚，本以为整齐万民之具，而轻重之不齐至于如此，则是齐之以不齐也。而其不齐者，仍是人情世变之固然。轻非故出，重非故入。"《日讲书经解义》卷十三《吕刑》，《钦定四库全书》本。

⑥ 传："各有伦理，有要善"。疏："有伦理，有要善，戒令审量之"。（汉）孔氏传、（唐）陆德明音义、（唐）孔颖达疏《尚书注疏》卷十八《周书·吕刑》，《钦定四库全书》本。

必有伦理而不乱，必有枢要而不烦。夏僎认为，"其说亦通，故两存之"。① 宋人黄度《尚书说》说，必有伦理，必有节要。不当其理，不中其节。就不可以"权"。② 宋人陈经《陈氏尚书详解》接上文说，就不如"归于伦要"。伦，理。要，"理之要会"。天下之情，与天下之时，"皆无一定"，只有此理"无有不定"。那么，知伦要，就知理；知理，就知权变。③ 元人王充耘《读书管见》解说为其间"自有伦理"，"自有机要"，未尝"杂然而无统"，"任意"而为之进退。权所指的意思，实不离"经"。④

一解"例"。宋人苏轼《书传》解"伦"为"例"，解"要"为"辞"。苏轼认为，辞例相参考，"必有以处之"。⑤

一解"惟法"。宋人林之奇《尚书全解》说苏轼称伦其例，要其辞，就是读与《康诰》"要囚"之"要"同。林之奇认为，"有伦"应作"惟法"，"有要"应作"惟察"。⑥

一解"伦序"。"此叙"、"次叙"、"叙"、"序"混用。宋人夏僎《尚书详解》解说，或"惟齐"，或"非齐"，"未易审处"。然而善断狱，处此也"未尝无其伦"，"未尝无其要"。或在正条，或合变例，虽各不同，然或当"因罪"，或当"原情"，或当"相时"，固自有伦序。或"泛观"

---

① "一说谓，上刑适轻下服，下刑适重上服，轻重诸罚有权，刑罚世轻世重，参差不齐如此，惟齐以不齐，则或刑或罚，必有伦理而不乱，必有枢要而不烦，其说亦通，故两存之。"（宋）夏僎：《尚书详解》卷二十五《吕刑》，《钦定四库全书》本。

② "必有伦理，必有节要。不当其理，不中其节。是乌可与权哉。"（宋）黄度：《尚书说》卷七《周书·吕刑》，《钦定四库全书》本。

③ "则不若归之于伦要而已。伦，理也。要者，理之要会也。天下之情，与天下之时，皆无一定，惟是理则无有不定者。知所谓伦要，则知所谓理，知所谓理，则知所谓权变矣。"（宋）陈经：《尚书详解》卷四十七《周书·吕刑》，《钦定四库全书》本。

④ "然其间自有伦理，自有机要，未尝杂然而无统，任意而为之进退也，所谓权也，而实不离乎经焉。"（元）王充耘：《读书管见》卷下《吕刑》，《钦定四库全书》本。

⑤ "伦者，其例也。要者，其辞也。辞例相参考，必有以处之矣。"（宋）苏轼：《书传》卷十九《周书·吕刑第二十九》，《钦定四库全书》本。

⑥ "有伦有要，苏氏谓伦其例也，要其辞也。则读与《康诰》要囚之要同。惟有伦则当惟法，惟有要则当惟察。"（宋）林之奇：《尚书全解》卷三十九《吕刑·周书》，《钦定四库全书》本。

其罪状，或"反观"其心迹，或"远观"其时宜，也"自有当处"。①宋人袁燮《絜斋家塾书钞》说，"伦"，即"此叙"。引《虞书·益稷》"皋陶方祗厥叙，方施象刑惟明"，说，皋陶用刑亦只是一个"次叙"。罪大的加之大刑，罪小的加之小刑，就是"此叙"。而"罪大而眚灾者赦之，罪小而怙终者杀之"，也是"叙"。袁燮认为，用刑有"序"，则"能大明"。②宋人黄伦《尚书精义》引张氏解释说，"有伦"是指，或先或后，"不失其序"；"有要"是指，或因或革，"不失其统"。③宋人钱时《融堂书解》说是指"有伦而不紊，有要而不烦"。④宋人史浩《尚书讲义》解，世轻世重，"不可齐一"，"以伦要皆有典则"。⑤宋人胡士行《胡氏尚书详解》解"伦"为伦数，"要"为会要。⑥元人吴澄《书纂言》说，刑罚之权，或同，或不同。有其伦叙则不可紊，有其要归则不可易。⑦康熙《御制日讲书经解义》解"伦"为伦序，"要"为体要。秩然有伦序，而不可乱；确乎有体要，而不可易。何尝"用权而有戾乎经"。⑧

以下是评论。据宋人时澜《增修东莱书说》，吕祖谦说，有"一人"之轻

---

① "或惟齐，或非齐，其未易审处如此。然善断狱者，处此亦未尝无其伦也，亦未尝无其要也。盖或在正条，或合变例，虽各不同，然或当因罪，或当原情，或当相时，固自有伦序也。或泛观其罪状，或反观其心迹，或远观其时宜，亦自有当处也。故曰惟齐非齐有伦有要。"（宋）夏僎：《尚书详解》卷二十五《吕刑》，《钦定四库全书》本。

② "所谓伦，即此叙也。皋陶方祗厥叙，方施《象刑》惟明。皋陶用刑亦只是一个次叙。何谓叙，罪大者加之大刑，罪小者加之小刑，此叙也。罪大而眚灾者赦之，罪小而怙终者杀之，亦叙也。用刑有序，则能大明。"（宋）袁燮：《絜斋家塾书钞》卷十，《钦定四库全书》本。

③ 张氏曰："有伦者，言或先或后，不失其序也。有要者，言或因或革，不失其统也。"（宋）黄伦：《尚书精义》卷四十九《吕刑》，《钦定四库全书》本。

④ "是盖有伦而不紊，有要而不烦也。"（宋）钱时：《融堂书解》卷二十《吕刑》，《钦定四库全书》本。

⑤ "而世轻世重，不可齐一，以伦要皆有典则也。"（宋）史浩：《尚书讲义》卷二十《吕刑》，《钦定四库全书》本。

⑥ "伦，伦数。""要，会要。"（宋）胡士行：《尚书详解》卷十二《周书·吕刑第二十九》，《钦定四库全书》本。

⑦ "刑罚之权，或同，或不同。然有其伦叙则不可紊，有其要归则不可易。"（元）吴澄：《书纂言》卷四下《吕刑》，《钦定四库全书》本。

⑧ "伦，伦序也。要，体要也。盖秩然有伦序，而不可乱；确乎有体要，而不可易，何尝用权而有戾乎经哉。"《日讲书经解义》卷十三《吕刑》，《钦定四库全书》本。

重，就是前文的"轻重诸罚有权"；有"一代"之轻重，这就是"刑罚世轻世重"。吕祖谦例举说，刑"乱国"，欲齐以"新国"之轻，就是非齐。刑"新国"，欲齐以"平国"之中，就是非齐。只有"通其伦类"，"识其要会"，然后才能"知"不齐之齐。① 宋人胡士行《胡氏尚书详解》说，适轻适重，一人（情）之轻重；世轻世重，一代（世）之轻重。斟酌升降，不拘于一。若不齐而乃所以为齐，此中也。"权"、"时"，一定要有"伦要"。②

宋人蔡沉《书经集传》指说，"惟齐非齐"，"法之权"；"有伦有要"，"法之经"。刑罚虽然"权变是适"，而"齐之以不齐"，涉及"其伦要所在"，就"截然而不可紊"。蔡沉认为，这两段是"总结上意"。③《钦定书经传说汇纂》引明人陈雅言，法之或轻或重，虽原于人情世变而为之不同，而"其所以轻之重之"却都"出于理之当然"，而非以己之私意。变法以求"当于人情世变"，就是"权"。法虽变，而能"当于理"，这就是"经"。理通，那么人情世变无不通。人情世变无不通，那么法无不通。④ 明人王樵《尚书日记》说，先后轻重之序而不错施，不就是有伦。归于至当，不就是有要。"伦要"，只在定理上说，理既有定，那么虽或轻重以情，轻重以世，而非"错施"，所以称"有伦"。权衡素定，以轻重各得其分，归于至一，所以称"有要"。⑤

---

① "刑罚世轻世重，惟齐非齐，有伦有要者，有一人之轻重，前所谓轻重诸罚有权是也，有一代之轻重，此所谓刑罚世轻世重是也。刑乱国者，欲齐乎新国之轻，则非齐也。刑新国者，欲齐乎平国之中，则非齐也。惟通其伦类，识其要会，然后知不齐之齐也。"（宋）时澜：《增修东莱书说》卷三十四《周书·吕刑第二十九》，《钦定四库全书》本。

② "适轻适重一人（情）之轻重也，世轻世重一代（世）之轻重也。斟酌升降，不拘于一。若不齐而乃所以为齐，此中也。权也，时也，非有伦要者能之乎。"（宋）胡士行：《尚书详解》卷十二《周书·吕刑第二十九》，《钦定四库全书》本。

③ "惟齐非齐者，法之权也。有伦有要者，法之经也。言刑罚虽惟权变是适，而齐之以不齐焉。至其伦要所在，盖有截然而不可紊者矣。此两句总结上意。"（宋）蔡沉：《书经集传》卷六《吕刑》，《钦定四库全书》本。

④ "陈氏雅言曰，法之或轻或重，虽原于人情世变而为之不同，而其所以轻之重之则皆出于理之当然，而非以己之私意为之也。盖变法以求当于人情世变者，权也。法虽变，而能当于理者是即经也。理通，则人情世变无不通，人情世变无不通，则法无不通矣。"《钦定书经传说汇纂》卷二十一，《钦定四库全书》本。

⑤ "先后轻重之序而不错施，岂不有伦乎。归于至当，岂不有要乎。兹权也乃所以为经也与。""伦要"，只在定理上说，理既有定，则虽或轻重以情，轻重以世，而非错施，故曰有伦。此心之权衡素定，而物不能欺，以轻重各得其分，归于至一，故曰有要。"（明）王樵：《尚书日记》卷十六《吕刑》，《钦定四库全书》本。

4. 叙评

此句,"世轻世重"之解,或"随世轻重",或"观世而制刑",或"各因其世之宜",或"相时用法",或"因乎时者",属于近义或同义。"惟齐非齐",有"惟齐"、"非齐"分解,称"刑罚之正条",就是"惟齐","刑罚之变例",就是"非齐"。有连解,或称"任其不齐,所以为齐",或称"齐以非齐","其齐也齐",或称"若非齐,乃所以均齐"。"有伦有要","伦",有"例"、"法"、"伦理"、"伦序"四解。"要",有"辞"、"察"、"要善"、"枢要"、"节要"、"会要"、"理之要会"、"不失其统"多解。

笔者以为,"世轻世重"诸解都通,汉孔的"随世轻重"较为顺畅,可采。"惟齐非齐"的歧义在于前提的分歧,分解顾及全文文义,刑罚正条及其变通,连解只是关注刑罚的变通。分解优于连解,当采夏僎的分解,"惟齐"为"刑罚之正条","非齐"为"刑罚之变例"。"有伦有要","伦"的解说,"例"、"法"与文义不符,"伦理"、"伦序"都通,汉孔的"伦理"稍优,可采,兼采夏僎的"原情",即为善解。"要"的解说,"辞"与文义不符;"要善"、"枢要"、"节要"、"会要"、"理之要会"文义不明;"察"、"不失其统"都通,林之奇的"察"稍优,可采,兼采陈经的"时有治乱",即为善解。整句可以解说为:

刑罚随世轻重,是遵行正条,还是适度变通,应推究人伦情理,明察治乱要领。

(五) 罚惩非死,人极于病

康熙《御制日讲书经解义》说此句及以下五句是"详示以谨刑罚之道也"。① 笔者引证解说此句的有,汉孔,唐孔,宋人苏轼、林之奇、吕祖谦、黄度、蔡沉、陈经,清帝康熙。

---

① "此一节书是详示以谨刑罚之道也。"《日讲书经解义》卷十三《吕刑》,《钦定四库全书》本。

1. 罚惩非死

此段"非死"有两解。一解"非杀人"。《尚书注疏》汉孔传解"罚惩"为"刑罚所以惩过","非死"为"非杀人"。唐孔疏"罚"为"圣人之制刑罚","惩"为"所以惩创罪过","非死"为"非要使人死"。① 宋人苏轼《书传》解释说,当时有议新法之轻"多罚而少刑",而"恐不足以"惩奸,于是王说,罚之所惩"非杀之"。②

一解"不至于死"。宋人林之奇《尚书全解》说,罚之所惩,虽不至于死。③ 据宋人时澜《增修东莱书说》,吕祖谦说,赎罚所惩,虽非死伤。④ 宋人夏僎《尚书详解》说,罚就不刑,只是使之出金赎罪,"未尝置之死地"。⑤ 宋人蔡沉《书经集传》说,罚以惩过,虽"非致人于死"。⑥ 宋人陈经《陈氏尚书详解》说,罚人之金,只是用以"惩戒",而未至于死,⑦ 解同蔡沉。康熙《御制日讲书经解义》说,狱之有罚非轻,罚以"示惩,虽非致人于死"。⑧

2. 人极于病

此段无歧义。《尚书注疏》汉孔传解"人"为"恶人","病"为

---

① "传,刑罚所以惩过,非杀人。"疏,"言圣人之制刑罚,所以惩创罪过,非要使人死也。"(汉)孔氏传、(唐)陆德明音义、(唐)孔颖达疏《尚书注疏》卷十八《周书·吕刑》,《钦定四库全书》本。

② "时有议新法之轻多罚而少刑,恐不足以惩奸者。故王言罚之所惩虽非杀之也。"(宋)苏轼:《书传》卷十九《周书·吕刑第二十九》,《钦定四库全书》本。

③ "盖言罚之所惩,虽不至于死。"(宋)林之奇:《尚书全解》卷三十九《吕刑·周书》,《钦定四库全书》本。

④ "赎罚之所惩,虽非死伤。"(宋)时澜:《增修东莱书说》卷三十四《周书·吕刑第二十九》,《钦定四库全书》本。

⑤ "且罚则不刑,特使之出金赎罪,未尝置之死地也。"(宋)夏僎:《尚书详解》卷二十五《吕刑》,《钦定四库全书》本。

⑥ "罚以惩过,虽非致人于死。"(宋)蔡沉:《书经集传》卷六《吕刑》,《钦定四库全书》本。

⑦ "且罚人之金,特所以惩戒之,而未至于死。"(宋)陈经:《尚书详解》卷四十七《周书·吕刑》,《钦定四库全书》本。

⑧ "穆王曰,狱之有罚非轻也。罚以示惩,虽非致人于死。"《日讲书经解义》卷十三《吕刑》,《钦定四库全书》本。

"病苦"。此段解为"欲使恶人极于病苦，莫敢犯者"。唐孔疏转述。① 宋人苏轼《书传》说，民出重赎"已极于病"。② 宋人林之奇《尚书全解》说，由于困于重赎，已极于病。③ 据宋人时澜《增修东莱书说》，吕祖谦说，然而"殚其资财"，人确实"已极于病"。④ 宋人陈经《陈氏尚书详解》说，然而人出财，就已"极于困病"。⑤ 近似苏轼。宋人夏僎《尚书详解》说，或百，或倍，或倍差，或六百，或千，"因罪出金"，人"已极病苦"。⑥ 宋人蔡沉《书经集传》说，然而民重出赎"亦甚病"。⑦ 康熙《御制日讲书经解义》同蔡沉。⑧

以下是评论。宋人林之奇《尚书全解》指称就是苏洵所说的，"刑者必痛之而使人畏"，"罚者不能痛之必困之而后惩"。也可以使之迁善远罪。⑨ 宋人黄度《尚书说》说是，罚惩之，非死，"使人蒙其耻"而"极病之"，"有甚于死"，于是"不待刀锯鞭扑"，也就都"知耻"。这就是采用"赎刑"的缘故。如果不是这样，就是"惠奸"。黄度评论说，要不是"先王之泽犹在"，怎能"至此"。帝舜流宥大略不死，于是即使"四凶亦流"。穆王罚赎"亦然"，所以才如此"告之以用权之理"。舜流宥，

---

① 传，"欲使恶人极于病苦，莫敢犯者"。疏，"欲使恶人极于病苦，莫敢犯之而已"。（汉）孔氏传、（唐）陆德明音义、（唐）孔颖达疏《尚书注疏》卷十八《周书·吕刑》，《钦定四库全书》本。
② "而民出重赎已极于病，言如是亦足矣。"（宋）苏轼：《书传》卷十九《周书·吕刑第二十九》，《钦定四库全书》本。
③ "而其困于重赎，已极于病。"（宋）林之奇：《尚书全解》卷三十九《吕刑·周书》，《钦定四库全书》本。
④ "然殚其资财，人固已极于病矣。"（宋）时澜：《增修东莱书说》卷三十四《周书·吕刑第二十九》，《钦定四库全书》本。
⑤ "然人之出财也，已极于困病。"（宋）陈经：《尚书详解》卷四十七《周书·吕刑》，《钦定四库全书》本。
⑥ "今也，或百，或倍，或倍差，或六百，或千，因罪出金，人已极病苦。"（宋）夏僎：《尚书详解》卷二十五《吕刑》，《钦定四库全书》本。
⑦ "然民重出赎亦甚病矣。"（宋）蔡沉：《书经集传》卷六《吕刑》，《钦定四库全书》本。
⑧ "然使之出赎，亦甚病矣。"《日讲书经解义》卷十三《吕刑》，《钦定四库全书》本。
⑨ "罚惩非死，人极于病，此即老苏曰刑者必痛之而使人畏焉，罚者不能痛之必困之而后惩焉。""亦可以使之迁善远罪也。"（宋）林之奇：《尚书全解》卷三十九《吕刑·周书》，《钦定四库全书》本。

刑期无刑；穆王罚赎是在刑措之后，"始用刑"，"其事不同"。① 宋人史浩《尚书讲义》解，"罚"用来"惩恶"，"非恶"而"以罚惩"，"适以病民"。②

据宋人时澜《增修东莱书说》，吕祖谦说，这显示穆王无限的"哀矜"。心不宽厚的，一定会说，"免汝之死，才取汝之财，为惠已多"。这样的人，"方为德色"，那还会"忧其病民"？穆王对人"输财"尚且如此"悯之"，何况"真用五刑"。此心可知。③ 宋人夏僎《尚书详解》说，上文已经极力陈述刑罚"不可不审"，此句又说明刑罚"关民休戚如此之甚"。夏僎认为，重敛有所不堪，况且刑加其体，或黥，或割，或刖，或椓，或置之死地，其为病怎可胜言。对此，断狱者"所宜矜"。④ 宋人陈经《陈氏尚书详解》说，罚尚且如此，何况刑。指说是，欲用刑者"哀矜恻怛"，以求其情。引《论语·子张》曾子"上失其道，民散久矣。如得其情则哀矜而勿喜"。引《礼记·王制》"一成而不可变，故君子尽心"。典狱之君子，当以此存之心。恻怛之念动于中，伤民之财尚且不可，何况伤民之体。⑤

---

① "罚惩之耳，非死也，使人蒙其耻而极病之，有甚于死者，则不待刀锯鞭扑，而皆知耻矣。此赎刑之所为用也。不然，惠奸多矣。苟非先王之泽犹在，奚能至此。舜流宥大略不死矣。故虽四凶亦流。穆王罚赎亦然，故告之以用权之理如此。舜流宥，刑期无刑；穆王罚赎自刑措，于是始用刑，其事不同。"（宋）黄度：《尚书说》卷七《周书·吕刑》，《钦定四库全书》本。

② "罚所以惩恶，非恶而以罚惩，适以病民。"（宋）史浩：《尚书讲义》卷二十《吕刑》，《钦定四库全书》本。

③ "此穆王哀矜之无穷也。此心不厚者，必谓免汝之死，始取汝之财，为惠已多，方为德色，宁有犹忧其病民者邪。穆王于人之输财悯之犹若此，况于真用五刑。此心又可知矣。"（宋）时澜：《增修东莱书说》卷三十四《周书·吕刑第二十九》，《钦定四库全书》本。

④ "吕侯上既极言刑罚之不可不审也如此，此下遂又言刑罚之关民休戚如此之甚。""此重敛有所不堪，况刑加其体，或黥、或割、或刖、或椓、或置之死地，其为病也可胜言哉。此尤断狱者所宜矜也。"（宋）夏僎：《尚书详解》卷二十五《吕刑》，《钦定四库全书》本。

⑤ "此欲用刑者哀矜恻怛，以求其情。曾子曰，上失其道，民散久矣。如得其情则哀矜而勿喜，《记》曰一成而不可变，故君子尽心焉。""罚且如此，而况刑乎。典狱之君子，当以此存之心。恻怛之念动于中，谓伤民之财且不可，而况于伤民之体。"（宋）陈经：《尚书详解》卷四十七《周书·吕刑》，《钦定四库全书》本。

3. 叙评

此句,"非死",一解为"非杀人",或"非要使人死",或"非杀之";一解为"虽不至于死"、"虽非死伤"、"未尝置之死地"、"未至于死"、"非致人于死"。"极于病",或"极于病苦",或"已极病苦",或"已极于病",或"极于困病",或"亦甚病",近义或同义。但对说话的动机却有"惩恶"、"哀矜"的歧义。

笔者以为,"非死","非杀人"等说在此句虽通,但与前后文显示"哀矜"的文义似有不合。就"非死","虽不至于死"应为正解,但就五刑而言,苏轼的"虽非死伤"应为善解。"极于病"诸解,"极于病苦"、"已极病苦"较为贴切,但汉孔的"极于病苦",解"人"为"恶人",在于"惩恶",与文义不符。夏僎的"已极病苦"属善解,另采吕祖谦的"殚其资财"。整句可以解说为:

罚惩虽非死伤,却殚尽资财,已使人极度痛苦。

(六) 非佞折狱,惟良折狱,罔非在中

笔者引证解说此句的有,汉孔,唐孔,宋人苏轼、林之奇、史浩、黄度、蔡沉、陈经,清帝康熙。

1. 非佞折狱

此段无歧义。《尚书注疏》汉孔传解"佞"为"口才","折狱"为"可以断狱"。唐孔疏"佞"为"口才辩佞之人",整段近似转述。① 宋人苏轼《书传》解"佞"为"口给",认为,善辩"服其口不服其心"。② 宋人林之奇《尚书全解》说,佞者"御人以口给",于是"人不得以尽其情",例举汉代周亚夫案。皋陶"喑而为大理",天下无冤民;子路"无

---

① "传,非口才可以断狱。"疏,"非口才辩佞之人可以断狱"。(汉)孔氏传、(唐)陆德明音义、(唐)孔颖达疏《尚书注疏》卷十八《周书·吕刑》,《钦定四库全书》本。
② "佞,口给也。""辩者服其口不服其心也。"(宋)苏轼:《书传》卷十九《周书·吕刑第二十九》,《钦定四库全书》本。

宿诺",片言可以折狱,为什么要"佞"呢?① 宋人蔡沉《书经集传》解"佞"为"口才"。并非"口才辩给之人可以折狱"。② 康熙《御制日讲书经解义》解"佞"为"口才"。听狱必在得人。口才辩给之人,似乎可以折狱,然而此等人绝不可任。③

2. 惟良折狱

此段几无歧义。《尚书注疏》汉孔传解"良"为"平良"。唐孔疏"良"为"良善之人"。④ 宋人苏轼《书传》解"良"为"精"。⑤ 宋人史浩《尚书讲义》解,是以"哀矜勿喜之心","惟循良者"有之。"下此","得其情而必喜"。⑥ 宋人蔡沉《书经集传》说,只有"温良长者""视民如伤者"能折狱。⑦ 康熙《御制日讲书经解义》解"良"为"良善"。温良和易之人,有恻怛慈爱之意,方能折狱。⑧

以下是评论。宋人林之奇《尚书全解》解"良",引王氏"有仁心"。引孔子"今之听狱者,求所以杀之;古之听狱者,求所以生之"。林之奇说,良者求所以生之。良可以折狱的缘故,大概是其所用"无不在于刑之中"。而如秦由于"任刀笔之吏",就"争以亟疾苛察"。丞相赵高就是佞

---

① "非佞折狱,口给也。佞者御人以口给,则人不得以尽其情也。如周亚夫诣廷尉,责问曰,君侯欲何。亚夫曰,臣所谓买器乃葬器也,何谓反乎? 吏曰,君纵不欲反地上,即反地下矣。如此者是御人以口给也。皋陶喑而为大理,天下无冤民;子路无宿诺,片言可以折狱,则何以佞为哉。"(宋)林之奇:《尚书全解》卷三十九《吕刑·周书》,《钦定四库全书》本。
② "佞,口才也。非口才辩给之人可以折狱。"(宋)蔡沉:《书经集传》卷六《吕刑》,《钦定四库全书》本。
③ "佞,口才也。""故听狱必在得人。彼口才辩给之人,似乎可以折狱,然此等人决不可任。"《日讲书经解义》卷十三《吕刑》,《钦定四库全书》本。
④ 传,"惟平良可以断狱"。疏,"惟良善之人乃可以断狱"。(汉)孔氏传、(唐)陆德明音义、(唐)孔颖达疏《尚书注疏》卷十八《周书·吕刑》,《钦定四库全书》本。
⑤ "良,精也。"(宋)苏轼:《书传》卷十九《周书·吕刑第二十九》,《钦定四库全书》本。
⑥ "是以哀矜勿喜之心,惟循良者有之。下此,则得其情而必喜矣。"(宋)史浩:《尚书讲义》卷二十《吕刑》,《钦定四库全书》本。
⑦ "惟温良长者视民如伤者能折狱。"(宋)蔡沉:《书经集传》卷六《吕刑》,《钦定四库全书》本。
⑧ "良,良善也。""惟得温良和易之人,有恻怛慈爱之意,方能折狱。"《日讲书经解义》卷十三《吕刑》,《钦定四库全书》本。

者，怎能"明于刑之中"。① 宋人黄度《尚书说》评论说，佞良有区别的缘由是，佞恃辩，良推情；佞可以屈人之口，良足以服人之心；佞者常薄，良者必厚。佞"多迁就"，因此"不中"；良"务平实"，因此"无不中"。② 宋人陈经《陈氏尚书详解》说，良可折狱，佞不可折狱。佞，口才。良者慈祥恺悌之心也。自常情观之，必以口才之人，其词锋捷出，足以折人之罪，而慈祥恺悌，以迟钝不快人意。殊不知，折狱要"尽人情实"，口辨使犯罪者"无所容其辞"，是"有求胜之心"。何以得其实，只有良善人，有哀矜恻怛之意，只致力于诚实，所以得人之情。③

3. 罔非在中

此段解说视觉角度不同，也无歧义。《尚书注疏》汉孔传解"中"为"中正"。唐孔疏说，指断狱无非在其中正，而"佞人"却"不能然"。④ 宋人史浩《尚书讲义》解，凡是刑法，没有不是"率人以中"。⑤ 宋人蔡沉《书经集传》说，而"无不在中"。蔡沉认为此句是指"听狱者当择其人"。⑥ 宋人胡士行《胡氏尚书详解》说，中，则轻重不差。⑦ 康熙《御

---

① "故惟良可以折狱。良者，王氏谓有仁心是也。孔子曰，今之听狱者，求所以杀之。古之听狱者，求所以生之。良者求所以生之也。良之可以折狱者，盖其所用无不在于刑之中也。如秦以任刀笔之吏，争以亟疾苛察。相高则佞者，安能明于刑之中哉。"（宋）林之奇：《尚书全解》卷三十九《吕刑·周书》，《钦定四库全书》本。

② "佞良之所以异，佞恃辩，良推情；佞可以屈人之口，良足以服人之心。佞者常薄，良者必厚也。佞多迁就，故不中；良务平实，故无不中。"（宋）黄度：《尚书说》卷七《周书·吕刑》，《钦定四库全书》本。

③ "则以惟良折狱可也，佞折狱不可也。佞，口才也。良者慈祥恺悌之心也。自常情观之，必以口才之人，其词锋捷出，足以折人之罪，而慈祥恺悌者，以迟钝不快人意。殊不知，狱者惟要尽人之情实，以口辨而折人，使犯罪者无所容其辞。是吾有求胜之心矣。何以得其实，惟良善人，有哀矜恻怛之意，惟务诚实，所以得人之情。"（宋）陈经：《尚书详解》卷四十七《周书·吕刑》，《钦定四库全书》本。

④ 传，"无不在中正"。疏，"言断狱无非在其中正，佞人即不能然也"。（汉）孔氏传、（唐）陆德明音义、（唐）孔颖达疏《尚书注疏》卷十八《周书·吕刑》，《钦定四库全书》本。

⑤ "故凡刑法，莫非率人以中。"（宋）史浩：《尚书讲义》卷二十《吕刑》，《钦定四库全书》本。

⑥ "而无不在中也。此言听狱者当择其人也。"（宋）蔡沉：《书经集传》卷六《吕刑》，《钦定四库全书》本。

⑦ "中，则轻重不差。"（宋）胡士行：《尚书详解》卷十二《周书·吕刑第二十九》，《钦定四库全书》本。

制曰讲书经解义》说，轻重出入"不失乎中"。①

以下为评论。据宋人时澜《增修东莱书说》，吕祖谦说，穆王悯斯民之笃，故于治狱者，独识其真。佞，口才，世俗所说的能"折狱"的。穆王却舍之而属意于"温良长者"，大概是深知区区辩慧之不足任，只有温良长者"视民如伤心"。吕祖谦略引《礼记·大学》"诚求之不中不远"后说，于是，其所"折之狱"，"无不在中"。② 宋人夏僎《尚书详解》解说，断折狱讼，非取其口才能"声色服人"，"使其不敢辨"。只有良善之人，其心忠厚哀矜惨怛，不敢妄加人以刑，那么，其刑，必无不合"五刑之中"。③ 宋人陈经《陈氏尚书详解》说，折狱既不以佞而以良，那么就如《礼记·大学》所说"心诚求之，虽不中不远矣"，自然合于中理，不至于过。④

4. 叙评

此句相对简单，无大的歧义。"非佞折狱"，"佞"，"口才"，或"口给"，指为"口才辩佞之人"，或"口才辩给之人"。"折狱"，"断狱"。"惟良折狱"，"良"，"良善"，或"精"。指为"良善之人"，或"温良长者"，或"循良者"，或"温良和易之人"。"罔非在中"，有"无非在其中正"，"率人以中"，"无不在中"，"不失乎中"之解。

笔者以为，"佞"，唐孔的"口才辩佞之人"比较贴切，可采，并采康熙的"决不可任"。"折狱"，采汉孔的"断狱"。"惟良折狱"，"良"，"良善"，"精"都通，可以合说。采唐孔的"良善之人"、苏轼的"精"、

---

① "而轻重出入不失乎中也。"《日讲书经解义》卷十三《吕刑》，《钦定四库全书》本。
② "非佞折狱，惟良折狱，罔非在中者，穆王悯斯民之笃，故于治狱者，独识其真。佞，口才者，世俗所谓能折狱者也。穆王乃舍之而属意于温良长者，盖深知区区辩慧之不足任，惟温良长者视民如伤心，诚求之不中不远，故其所折之狱，无不在中也。"（宋）时澜：《增修东莱书说》卷三十四《周书·吕刑第二十九》，《钦定四库全书》本。
③ "故吕侯遂勉之曰，所贵于断折狱讼，非取其口才能声色服人，使其不敢辨也。惟良善之人，其心忠厚哀矜惨怛，不敢妄加人以刑，则其刑也，必无不合乎五刑之中矣。故曰非佞折狱惟良折狱，则罔非在中。"（宋）夏僎：《尚书详解》卷二十五《吕刑》，《钦定四库全书》本。
④ "罔非在中，折狱既不以佞而以良，则心诚求之，虽不中不远矣，自然合于中理，不至于过。"（宋）陈经：《尚书详解》卷四十七《周书·吕刑》，《钦定四库全书》本。

蔡沉的"温良长者"。"罔非在中",与后文"咸庶中正",唐孔的"无非在其中正"为善解。整句可以解说为:

绝不可任花言巧语的人断狱,而应让善良纯洁温和的人断狱,无非就是要寻求中正。

(七)察辞于差,非从惟从

笔者引证解说此句的有,汉孔,唐孔,宋人苏轼、林之奇、吕祖谦、夏僎、史浩、胡士行、黄度、蔡沉、陈经,元人王天与、吴澄,明人刘三吾,清帝康熙。

1. 察辞于差

此段"差"有两解。一解"差错"。《尚书注疏》汉孔传将此段解为"察囚辞其难在于差错"。唐孔疏近似转述。① 宋人史浩《尚书讲义》解"差"为"错",接上句评论说,"苟怀是心","安得过差"。② 宋人黄度《尚书说》说,辞之差毫厘间,"从违绝异",因此必察。③ 宋人蔡沉《书经集传》指说"辞非情实,终必有差"。认为,听狱之要"必于其差而察之"。④ 康熙《御制日讲书经解义》接上文说,折狱当择人如此,至于听断之时,凡人之辞,如果非情实,纵极其巧饰,"自有差错",须就此"掩护不及之处"察之。⑤

一解"差别"。宋人苏轼《书传》认为,"事真"不谋而同,从其"差者"而"诘之","多得其情"。⑥ 宋人林之奇《尚书全解》认

---

① "传,察囚辞其难在于差错。"疏,"察囚之辞,其难在于言辞差错"。(汉)孔氏传、(唐)陆德明音义、(唐)孔颖达疏《尚书注疏》卷十八《周书·吕刑》,《钦定四库全书》本。
② "苟怀是心,安得过差。察辞于差者。差,错也。"(宋)史浩:《尚书讲义》卷二十《吕刑》,《钦定四库全书》本。
③ "辞之差毫厘间耳,而从违绝异,是故必察焉。"(宋)黄度:《尚书说》卷七《周书·吕刑》,《钦定四库全书》本。
④ "察辞于差者,辞非情实,终必有差。听狱之要必于其差而察之。"(宋)蔡沉:《书经集传》卷六《吕刑》,《钦定四库全书》本。
⑤ "折狱之当择人如此,至于听断之时,凡人之辞,苟非情实,纵极其巧饰,自有差错,须就此掩护不及之处察之。"《日讲书经解义》卷十三《吕刑》,《钦定四库全书》本。
⑥ "事之真者,不谋而同,从其差者而诘之,多得其情。"(宋)苏轼:《书传》卷十九《周书·吕刑第二十九》,《钦定四库全书》本。

同苏轼。① 据宋人时澜《增修东莱书说》，吕祖谦说，即使有长者折狱，"治狱之法"也不可偏废。处理事务应当并举，并非如后世，以"颓然土木"为长者。辞实，屡讯屡鞫，前后如一。而欺罔文饰，即使巧于对狱，其辞总归"有差"，"因其差而察之"，不从其伪辞，而是从其真情。② 宋人夏僎《尚书详解》解说，民囚辞"有不幸而至于参错纷乱"，尤不可不察。夏僎指称，囚辞，自初鞫至于狱成，其辞"始终如一"，就是"不差"。要是，"初鞫时"云然，至"录问"又变，而为他录问时，虽则云然，至"狱案既成"又变，而为他狱成，虽则云然，至将"以法加之"，又"并与前说而背之"，或呼冤，或翻悔，如今"翻案"，这就是"差"。夏僎评论说，察民囚辞至于参错纷乱更如此，"岂不可畏"。③ 宋人胡士行《胡氏尚书详解》解说为，辞有情伪，前后异同处真情可见。④ 宋人陈经《陈氏尚书详解》说，欲得人之情实，于"辞之差互处"察之，就"不能逃"。事之真，不谋而同。不实，就今日之辞如此，明日之辞却不如此，明日之辞如此，后日之辞又不如此。断，"于其差而诘之"，就无不得其情。⑤ 元人王天与《尚书纂传》引李氏，察其辞之差别。⑥

---

① "察辞于差，苏氏曰：事之真者不谋而同，从其差者，诘之多得其情，是也。"（宋）林之奇：《尚书全解》卷三十九《吕刑·周书》，《钦定四库全书》本。
② "察辞于差，非从惟从者，虽得长者以折狱，而治狱之法不可偏废。理事要当并举，非如后世以颓然土木为长者也。辞之实者，屡讯屡鞫前后如一。欺罔文饰者，虽巧于对狱，其辞要必有差，因其差而察之，不从其伪辞，乃所以从其真情也。"（宋）时澜：《增修东莱书说》卷三十四《周书·吕刑第二十九》，《钦定四库全书》本。
③ "此下又言察，民囚辞有不幸而至于参错纷乱者，尤不可不察。盖囚辞，自初鞫至于狱成，其辞始终如一，是之谓不差。若初鞫时其云然，至录问则又变；而为他录问时，虽则云然，至狱案既成，则又变；而为他狱成，虽则云然，至将以法加之，则又并与前说而背之，或呼冤或翻悔。如今囚所谓翻案者。是之谓差。察民囚辞至于参错纷乱更如此，岂不可畏也哉。"（宋）夏僎：《尚书详解》卷二十五《吕刑》，《钦定四库全书》本。
④ "察辞（辞有情伪）于差（前后异同处真情可见）。"（宋）胡士行：《尚书详解》卷十二《周书·吕刑第二十九》，《钦定四库全书》本。
⑤ "察辞于差，盖欲得人之情实者，惟于辞之差互处察之，则有不能逃者矣。事之真者不谋而同而其不实者，则今日之辞如此，而明日之辞乃不如此；明日之辞如此，而后日之辞又不如此。在断狱者，于其差而诘之，则无不得其情。"（宋）陈经：《尚书详解》卷四十七《周书·吕刑》，《钦定四库全书》本。
⑥ 李氏曰："察辞于差者，察其辞之差别也。"（元）王天与：《尚书纂传》卷四十三《周书·吕刑第二十九》，《钦定四库全书》本。

2. 非从惟从

此段"非从"主要有三解。一解"不从伪辞"。《尚书注疏》汉孔传说，"非从其伪辞"，"惟从其本情"。唐孔疏仅在前加"断狱者"。① 宋人史浩《尚书讲义》说，辩诉纷纠，只从"本情"，不用"伪乱"。如此一来就使"妄诉不行"。② 宋人陈经《陈氏尚书详解》说，不从其伪辞，而从其本心。人之辞，或有诈伪，能文饰其辞；或有苦于囹圄之困，"刻木之吏"姑为之辞。要是"便以其辞"从之，就"失其本心之实"。"非从惟从"，就是，"不从其口而从其心"。③

一解"不从自诬之词"。宋人苏轼《书传》认为，囹圄之中，何求而不得。本来就有"畏吏"的，而"甚者"宁死而不辩，所以，因之言"惟吏是从"的，都是"非其实"而不可用。④ 宋人林之奇《尚书全解》说，棰楚之下，何求而不得，"人不胜痛则诬服者多"。因此"因惟吏之从而自诬"的，均"非所当从，当有以辨明之"。⑤

一解"不从'初非冤枉'而反悔之词"。宋人夏僎《尚书详解》接上文解说，因辞"至于如此"，其间必有"果负冤枉"，"妄承罪名"，至狱成，"知其不可复生"，于是就"呼冤反悔"。那么，其所差之辞，"惟当从"。也有"初非冤枉"，却"玩弄文法"，"不肯轻招"罪名，至

---

① 传，"非从其伪辞，惟从其本情"。疏，"断狱者非从其伪辞，惟从其本情"。（汉）孔氏传、（唐）陆德明音义、（唐）孔颖达疏《尚书注疏》卷十八《周书·吕刑》，《钦定四库全书》本。
② "辩诉纷纠，惟从本情，不以伪乱也。如此则妄诉不行矣。"（宋）史浩：《尚书讲义》卷二十《吕刑》，《钦定四库全书》本。
③ "非从惟从，谓不从其伪辞者，乃所以从其本心也。人之辞或有诈伪者，能文饰其辞，或有苦于囹圄之困，刻木之吏而姑为之辞，若便以其辞而从之，则失其本心之实矣。非从惟从者，是不从其口而从其心也。"（宋）陈经：《尚书详解》卷四十七《周书·吕刑》，《钦定四库全书》本。
④ "囹圄之中，何求而不得。固有畏吏，甚者宁死而不辩，故因之言惟吏是从者，皆非其实不可用也。"（宋）苏轼：《书传》卷十九《周书·吕刑第二十九》，《钦定四库全书》本。
⑤ "非从惟从者，棰楚之下，何求而不得，人不胜痛则诬服者多矣。故因惟吏之从而自诬者，皆非所当从，当有以辨明之也。"（宋）林之奇：《尚书全解》卷三十九《吕刑·周书》，《钦定四库全书》本。

狱成，不复自顾"不可以苟生"，于是也呼冤反悔，那么，所差之辞，"惟不当从"。在囚辞参差纷乱之时，其间，必有"不可从"其言，"轻恕者"是之，称"非从"。也有"不可不从"其言，"轻恕者"是之，称"惟从"。①

另有其他解说。宋人蔡沉《书经集传》说是指"察辞不可偏主"，就像说"不然而然"，由此"审轻重而取中"。② 明人刘三吾《书传会选》引宋人陈大猷，从，服。"吾因其差"，差之，"其情悉见"，即使巧辩不服从者，也会服从。③ 元人吴澄《书纂言》说，治狱之法，虽不可过，也不可不及，无非在于得其中。察狱之辞，参差不齐，有不从顺，有从顺，从，是指"得其情理"。④ 康熙《御制日讲书经解义》说，不可先执己见，或许"始"以为不可从，"终"又有可从。⑤

3. 叙评

此句，"察辞于差"，"差"有"差错"、"差别"之解。"差错"有论者指说是"极其巧饰，自有差错"。"差别"指"前后异同"，或"辞之差互"。"非从惟从"，"非从"或"不从伪辞"，或"不从自诬之词"，或"不从'初非冤枉'而反悔之词"。"惟从"或"从其本情"，或"从其本心"，或当从"妄承罪名"而"呼冤反悔"之词。

---

① "故凡囚辞至于如此，则其间必有果负冤枉，而妄承罪名者。至狱成，则知其不可复生，遂有呼冤反悔。而至于参差者如此，则其所差之辞，惟当从。亦有初非冤枉，乃玩弄文法，而不肯轻招罪名者，至狱成则不复自顾其不可以苟生，遂亦呼冤反悔，而至于参差者如此，则所差之辞，惟不当从。是囚辞至于参差纷乱之时，则其间，必有不可从其言，而轻恕者是之，谓非从。亦有不可不从其言，而轻恕者是之，谓惟从。"（宋）夏僎：《尚书详解》卷二十五《吕刑》，《钦定四库全书》本。
② "非从惟从者，察辞不可偏主，犹曰不然而然，所以审轻重而取中也。"（宋）蔡沉：《书经集传》卷六《吕刑》，《钦定四库全书》本。
③ "非从惟从者，陈氏大猷曰，从犹服也，吾因其差，而差之则其情悉见，虽巧辩不服从者，亦服从矣。"（明）刘三吾：《书传会选》卷六《吕刑》，《钦定四库全书》本。
④ "治狱之法虽不可过，亦不可不及，无非在于得其中而已。察狱之辞，参差不齐，有不从顺者，有从顺者，从，谓得其情理也。"（元）吴澄：《书纂言》卷四下《吕刑》，《钦定四库全书》本。
⑤ "然又不可先执己见，或始以为不可从，或终又有可从。"《日讲书经解义》卷十三《吕刑》，《钦定四库全书》本。

笔者以为，此句诸解虽有歧义，却无冲突，可以互补。"差"，康熙的"极其巧饰，自有差错"，胡士行的"前后异同"，陈经的"辞之差互"皆可采。"非从"，采陈经的"不从伪辞"，林之奇的"不从自诬之词"，夏僎的"不从'初非冤枉'而反悔之词"。"惟从"，采史浩的"从其本情"，夏僎的"当从'妄承罪名'而'呼冤反悔'之词"。整句可以解说为：

狱囚供词前后不一，或者掩饰真情出现差错，以及双方供词佐证不同，应当明察分辨；不应听信狱囚隐瞒造伪，或自诬的供词，以及并无冤枉却翻供之词，只听从实情；如狱囚妄承罪名，确有冤枉，临刑反悔翻供也应听取辨明。

（八）哀敬折狱，明启刑书胥占，咸庶中正

笔者引证解说此句的有，汉孔，唐孔，宋人苏轼、林之奇、吕祖谦、夏僎、史浩、蔡沉、陈经，清帝康熙。

1. 哀敬折狱

此段仅行文差异，无歧义。《尚书注疏》汉孔传将此段解为，当怜"下人之犯法"，敬"断狱之害人"。唐孔疏说"勿得轻耳断之"。并引《论语》曾子戒阳肤为例。① 宋人林之奇《尚书全解》亦引曾子答阳肤"得其情则哀矜而勿喜"，说，哀矜，即此哀敬。② 宋人夏僎《尚书详解》接上文说，察辞至于如此，断狱者"将何处之"，就是，"在我"先以哀敬处之。哀，就"不忍"；敬，就"不忽"。不忍就不至"苟用其法"。不

---

① "传，当怜下人之犯法，敬断狱之害人。"疏，"断狱之时，当哀怜之下民之犯法，敬慎断狱之害人，勿得轻耳断之。"疏，"《论语》云，阳肤为士师，曾子戒之云，如得其情则哀矜而勿喜，是断狱者于断之时，当怜下民之犯法也。死者不可复生，断者不可复续，当须敬慎断狱之害人，勿得轻耳即决之"。（汉）孔氏传、（唐）陆德明音义、（唐）孔颖达疏《尚书注疏》卷十八《周书·吕刑》，《钦定四库全书》本。

② "孟氏使阳肤为士师，问于曾子。曾子曰，如得其情则哀矜而勿喜。哀矜即此哀敬也。"（宋）林之奇：《尚书全解》卷三十九《吕刑·周书》，《钦定四库全书》本。

忽就不至"轻用其法"。① 宋人蔡沉《书经集传》说，"恻怛敬畏以求其情"。② 宋人陈经《陈氏尚书详解》说，以哀敬之心折之。哀敬就是"得其情而勿喜也"。③ 康熙《御制日讲书经解义》说，常存哀悯之心，勿有一毫之惨刻；常存敬畏之心，勿有一毫之怠玩，狱情自无不得。④

2. 明启刑书胥占

此段"胥"有两解。一解"断狱诸官"。《尚书注疏》汉孔传解"启"为"开"，此段为"明开刑书相与占之，使刑当其罪"。唐孔疏说，五刑之属三千，皆"着"在刑书，使断狱者依按用之，"宜令"断狱诸官明开刑书，相与占之，使刑书"当"其罪。假令人之所犯"不必当条"，须"探测"刑书之意，"比附以断"其罪，若卜筮之占"然"，故称占。认为，"此言"明启刑书，而《左传》称"不预明刑辟"，彼此各据其一义，不相违。⑤

宋人夏僎《尚书详解》接上文解说，然而，"在我"，虽以哀敬而折其狱，而"一人之见"，怎能如"众见之明"，"一人之断"，怎能如"众断之公"。于是，必"昭然开发刑书"，如今律文，以此书"与众决之"。⑥ 宋人黄度《尚书

---

① "然则察辞而至于如此者，断狱者将何处之，惟在我者先以哀敬处之。盖哀则不忍，敬则不忽。不忍则不至苛用其法。不忽则不至轻用其法。故曰哀敬折狱。"（宋）夏僎：《尚书详解》卷二十五《吕刑》，《钦定四库全书》本。
② "哀敬折狱者，恻怛敬畏以求其情也。"（宋）蔡沉：《书经集传》卷六《吕刑》，《钦定四库全书》本。
③ "此在典狱者，以哀敬之心折之，哀敬则得其情而勿喜也。"（宋）陈经：《尚书详解》卷四十七《周书·吕刑》，《钦定四库全书》本。
④ "惟在常存哀悯之心，勿有一毫之惨刻；常存敬畏之心，勿有一毫之怠玩，而狱情自无不得矣。"《日讲书经解义》卷十三《吕刑》，《钦定四库全书》本。
⑤ 传，"明开刑书相与占之"。疏，"必令典狱诸官明开刑书，相与占之，使刑当其罪"。"五刑之属三千，皆着在刑书，使断狱者依按用之，宜令断狱诸官明开刑书，相与占之，使刑当其罪，令人之所犯不必当条，须探测刑书之意，比附以断其罪，若卜筮之占然，故称占也。疏此言明启刑书，而《左传》云，昔先王议事以制，不为刑辟者，彼铸刑书以宣示百姓，故云临事时宜，不预明刑辟。人有犯罪，原其情之善恶，断定其轻重，乃于刑书比附而罪之。故彼此各据其一义，不相违也。"（汉）孔氏传、（唐）陆德明音义、（唐）孔颖达疏《尚书注疏》卷十八《周书·吕刑》，《钦定四库全书》本。
⑥ "然在我者，虽以哀敬而折其狱，而一人之见，岂能若众见之明；一人之断，岂能若众断之公。故必昭然开发刑书，如今律文是也。以此之书与众决之。"（宋）夏僎：《尚书详解》卷二十五《吕刑》，《钦定四库全书》本。

说》解"胥"为"相"。人与书相为用。解"占"为"验"。① 宋人蔡沉《书经集传》说是指"详明法律而与众占度"。② 宋人陈经《陈氏尚书详解》说，在己，"尽其哀敬恻怛"之后，又明启刑书，"与众人同共占度之"。③ 康熙《御制日讲书经解义》说，胥占，与众商度。不可独任己见，须明启"五刑之成书"，与众共占度之。④

一解"狱囚及僚吏"。宋人苏轼《书传》指说，律令当令"狱囚及僚吏"明见，相与"占考"之。⑤

3. 咸庶中正

此段无歧义。《尚书注疏》汉孔传解此段为"皆庶几必得中正之道"，"中正"为"中正之道"。唐孔疏称，是指"令狱官同心思使中"。⑥ 宋人苏轼《书传》则解，"庶几共得其中正"。⑦ 宋人蔡沉《书经集传》说，皆"庶几其无过忒"。⑧ 宋人陈经《陈氏尚书详解》解"咸"为"皆"。那么，五刑、五罚，"皆庶几乎中正"。⑨ 康熙《御制日讲书经解义》说，"使皆庶协于中正之"，那么就"无一冤滥"。⑩

---

① "哀敬折狱，而又明启刑书胥占之。胥，相。人与书相为用也。占，犹验也。"（宋）黄度：《尚书说》卷七《周书·吕刑》，《钦定四库全书》本。
② "明启刑书胥占者，言详明法律而与众占度也。"（宋）蔡沉：《书经集传》卷六《吕刑》，《钦定四库全书》本。
③ "在己者，既尽其哀敬恻怛，又明启刑书，与众人同共占度之如此。"（宋）陈经：《尚书详解》卷四十七《周书·吕刑》，《钦定四库全书》本。
④ "胥占，与众商度也。然又不可独任己见，须明启五刑之成书，与众共占度之。"《日讲书经解义》卷十三《吕刑》，《钦定四库全书》本。
⑤ "律令当令狱囚及僚吏明见，相与占考之。"（宋）苏轼：《书传》卷十九《周书·吕刑第二十九》，《钦定四库全书》本。
⑥ 传，"皆庶几必得中正之道"。疏，"皆庶几得中正之道"。"皆庶几得中正之道，令狱官同心思使中也。"（汉）孔氏传、（唐）陆德明音义、（唐）孔颖达疏《尚书注疏》卷十八《周书·吕刑》，《钦定四库全书》本。
⑦ "庶几共得其中正也。"（宋）苏轼：《书传》卷十九《周书·吕刑第二十九》，《钦定四库全书》本。
⑧ "咸庶中正者，皆庶几其无过忒也。"（宋）蔡沉：《书经集传》卷六《吕刑》，《钦定四库全书》本。
⑨ "咸，皆也。则五刑、五罚，皆庶几乎中正矣。"（宋）陈经：《尚书详解》卷四十七《周书·吕刑》，《钦定四库全书》本。
⑩ "使皆庶协于中正之，则而无一冤滥。"《日讲书经解义》卷十三《吕刑》，《钦定四库全书》本。

以下是评论。宋人林之奇《尚书全解》说，用以显示"哀敬"的，就是"以刑书而明启之，相与占考"。刑书"所以然"，众狱官以为然，狱因亦以为然。即使"丽于刑杀而无怨言"。如此，"庶几得其中正"，而"无冤滥"。例举秦、汉、唐奸相酷吏，"止刑书未尝明启，亦未尝胥占"。"惟意之所杀，则舞文巧诋"。如此怎会有"中正"？① 据宋人时澜《增修东莱书说》，吕祖谦说，"以哀敬之心"折狱，就有其"本"。至于议法之时，一定要澄定精神，澡雪耳目，然后，启法律与众占度，裁其轻重，那么，"咸庶几协乎中正"。② 宋人夏僎《尚书详解》解说，"如此"之后，前文所说的"非可从"，与"惟可从"，此二事就可以都庶几"合刑之中"，"得罪之正"。③ 宋人史浩《尚书讲义》说，相当于俗称"照条"。"条"则"无不中正"。④

宋人陈经《陈氏尚书详解》说，刑罚之要，在于中正。而中正之理，苟在己者，皆哀敬之心与乎刑书，而不知所以胥占，则中正奚自而见。不称"咸中正"，而称"咸庶中正"，就"见中正之为难"。典狱者不当自足以为"己得其中正"。"虽畏勿畏，虽休勿休"，也是此意。⑤

4. 叙评

此句相对简单，歧义不多。"哀敬折狱"仅行文差异，无歧义。

---

① "其所以哀敬者，惟以刑书而明启之，相与占考。其所以然，众狱官以为然，狱因亦以为然。虽丽于刑杀而无怨言。如此则庶几得其中正，而无冤滥矣。如秦之任赵高，汉之任张汤、赵禹、藏宣、义纵，唐之任来俊臣、侯思，止刑书未尝明启，亦未尝胥占。惟意之所杀，则舞文巧诋。如此则何中正之有。"（宋）林之奇：《尚书全解》卷三十九《吕刑·周书》，《钦定四库全书》本。
② "哀敬折狱，明启刑书胥占，咸庶中正，其刑其罚，其审克之者，以哀敬之心折狱，既有其本，至于议法之时，必澄定其精神，澡雪其耳目，然后启法律与众占度，裁其轻重，则咸庶几协乎中正。"（宋）时澜：《增修东莱书说》卷三十四《周书·吕刑第二十九》，《钦定四库全书》本。
③ "如此，则前所谓非可从者，与惟可从者，此二事可以皆庶几合刑之中，得罪之正矣，故曰咸庶中正。"（宋）夏僎：《尚书详解》卷二十五《吕刑》，《钦定四库全书》本。
④ "哀敬以折狱，则明启刑书而占之，咸庶中正。若俗所谓照条也。条则无不中正也。"（宋）史浩：《尚书讲义》卷二十《吕刑》，《钦定四库全书》本。
⑤ "刑罚之要，惟其中正，而中正之理，苟在己者，皆哀敬之心与乎刑书，而不知所以胥占，则中正奚自而见。不曰咸中正，而曰咸庶中正，则见中正之为难。典狱者不当自足以为己得其中正。虽畏勿畏，虽休勿休，亦此意也。"（宋）陈经：《尚书详解》卷四十七《周书·吕刑》，《钦定四库全书》本。

"哀","当怜下人之犯法",或"恻怛",或"常存哀悯之心"。"敬","敬断狱之害人",或"敬畏",或"常存敬畏之心"。"明启刑书胥占","胥占"有"断狱诸官",及"狱囚及僚吏"两解。"启"为"开"。"胥","相与",或"同共"。"占","占验",或"占度",或"商度",或"占考"。"咸庶中正"无歧义,"咸","皆","共"。"庶","庶几"。"中正","中正之道",或"无过忒"。

笔者以为,"哀敬"诸解都通,康熙的"常存哀悯之心"、"常存敬畏之心"为善解,当采。"明启刑书胥占","断狱诸官"、"狱囚及僚吏"都通,苏轼的"狱囚及僚吏"较优,可采。"启",汉孔的"开"无歧义,可采。"胥"可采陈经的"同共占度"。"咸庶中正",林之奇的"庶几得其中正"、蔡沉的"皆庶几其无过忒"都通,可合说。整句可以解说为:

断狱应常存哀悯敬畏之心,明开刑书,与众狱官和狱囚共同占度,希望都能得到中正,无过失差错。

(九)其刑其罚,其审克之

笔者引证解说此句的有,汉孔,唐孔,宋人林之奇、吕祖谦、夏僎、黄度、蔡沉、陈经,清帝康熙。

1. 其刑其罚

《尚书注疏》汉孔传解此段为"其所刑其所罚"。唐孔疏称,"其所刑罚"。[①] 康熙《御制日讲书经解义》说,当刑者刑,当罚者罚。[②]

2. 其审克之

《尚书注疏》汉孔传解此段为"其当详审能之,无失中正"。唐孔疏近似转述。[③] 康熙《御制日讲书经解义》说,及加刑罚之时,又须再加审

---

① "传,其所刑其所罚。"疏,"其所刑罚"。(汉)孔氏传、(唐)陆德明音义、(唐)孔颖达疏《尚书注疏》卷十八《周书·吕刑》,《钦定四库全书》本。
② "当刑者刑,当罚者罚。"《日讲书经解义》卷十三《吕刑》,《钦定四库全书》本。
③ 传,"其当详审能之,无失中正"。疏,"其当详审能之,勿使失中"。(汉)孔氏传、(唐)陆德明音义、(唐)孔颖达疏《尚书注疏》卷十八《周书·吕刑》,《钦定四库全书》本。

三 祥刑（下）

察，而竭尽其能。折狱当尽心如此。①

宋人夏僎《尚书详解》说，有人将审克"作二意解"，审就是"究人之罪"，克就是"胜己之私"。刑罚之事，只有"能究人情，胜己意"，可以无失，所以称"审克"。夏僎认为，"此说亦通"。②

以下是评论。宋人林之奇《尚书全解》接上句说，虽然如此，其刑其罚，仍然不可以不审克。③ 据宋人时澜《增修东莱书说》，吕祖谦说，在启刑书之际，民命所系，怎么能容有"少昏惰"，又怎么能容不博尽众议？由于"过此"就刑之，过此就辟之。于此时，确实不可不审克。④ 宋人夏僎《尚书详解》解说，从前文至此，都是反复陈述"用刑、用罚"二事。其难如此，又总结说，其刑，其罚，虽难处，然而只要详审就"能之"。夏僎说，此经称"审克者四"，都是指详审"能之"。⑤ 宋人黄度《尚书说》说，其当刑，其当罚，"无所差忒"，其审乃克之。黄度总结说，审克凡四，一宥、二赦、三罚、四"用刑有权与折狱恶佞"。⑥ 宋人蔡沉《书经集传》说，于是，刑之、罚之，又当审克之。认为以上数句是指"听狱者当尽其心"。⑦ 宋人陈经《陈氏尚书详解》说是，"再丁宁而言"，其刑其罚，皆当审克之。陈经评论，由于刑"伤民之肌肤"，罚

---

① "及加刑罚之时，又须再加审察，而竭尽其能。折狱之当尽心如此。"《日讲书经解义》卷十三《吕刑》，《钦定四库全书》本。
② "又，审克作二意解，谓审则究人之罪，克则胜己之私。刑罚之事，惟能究人情，胜己意者，可以无失，故言审克。此说亦通。"（宋）夏僎：《尚书详解》卷二十五《吕刑》，《钦定四库全书》本。
③ "然则，其刑其罚，不可以不审克也。"（宋）林之奇：《尚书全解》卷三十九《吕刑·周书》，《钦定四库全书》本。
④ "当启刑书之际，民命所系岂容有少昏惰，亦岂容不博尽众议乎。盖过此则其刑之矣，过此则其辟之矣。于此时，固不可不审克也。"（宋）时澜：《增修东莱书说》卷三十四《周书·吕刑第二十九》，《钦定四库全书》本。
⑤ "吕侯自前至此，皆是反复言用刑、用罚二事。其难如此，故又结之曰如前所陈，其刑也，其罚也，虽难处也，然亦惟详审者能之，故又曰其审克之。此经言审克者四，余皆以谓为详审者能之说。"（宋）夏僎：《尚书详解》卷二十五《吕刑》，《钦定四库全书》本。
⑥ "其当刑，其当罚，无所差忒。其审乃克之。审克凡四，一宥、二赦、三罚、四用刑有权与折狱恶佞。"（宋）黄度：《尚书说》卷七《周书·吕刑》，《钦定四库全书》本。
⑦ "于是，刑之、罚之，又当审克之也。此言听狱者当尽其心也。"（宋）蔡沉：《书经集传》卷六《吕刑》，《钦定四库全书》本。

417

"伤民之财",断狱者,不可以不加哀矜恻怛之意而审克。称"阅实至于五",称"审克至于四"。此都是"丁宁谆复之意",重其事,于是"详其戒"。①

以下是对"祥刑"一节的评论。宋人夏僎《尚书详解》说,吕侯训刑,只对"有邦有土"言之特详,反复绸缪,其意尤切,如审克,如哀敬之类,都在"有邦有土"一节陈述,并非"私于"有土之君,当时"百官列侯大小臣",庶无不在庭,"悉同听之",只是有邦诸侯,"得专诛杀威柄"。此"尤所当戒",特呼其人"告之"。②

3. 叙评

此句简略,论者较少,并大多只是评论,未作解说。"其刑其罚",有"其所刑其所罚",及"当刑者刑,当罚者罚"两解。"其审克之"如同前文依然是两解。笔者以为,康熙的"当刑者刑,当罚者罚"符合文义,可采。"其审克之"采用前文解说。整句可以解说为:

当刑者刑,当罚者罚;听审要详尽,应当克己私意。

(十) 狱成而孚,输而孚,其刑上备,有并两刑

据宋人时澜《增修东莱书说》,吕祖谦认为是,"论刑"已终,随之,申之以"奏狱"之戒。③ 宋人夏僎《尚书详解》说,上文反复陈述"刑罚之事"已尽,然而因辞"尚在有司",都是"折狱所当尽心",其事"未关达于君"。古人狱案既成,大司寇还要"以其成告于天子",天子听

---

① "再丁宁而言曰,其刑其罚,皆当审克之,以刑则伤民之肌肤,罚则伤民之财。断狱者,不可以不加哀矜恻怛之意而审克也。言阅实至于五,言审克至于四。此皆丁宁谆复之意重其事,故详其戒也。"(宋)陈经:《尚书详解》卷四十七《周书·吕刑》,《钦定四库全书》本。

② "吕侯训刑,惟有邦有土言之特详,反复绸缪,其意尤切,如审克,如哀敬之类,皆有邦有土一节言之,非私于有土之君,当时百官列侯大小臣,庶无不在庭,悉同听之,特有邦诸侯,得专诛杀威柄。此尤所当戒,故特呼其人而告之。"(宋)夏僎:《尚书详解》卷二十五《吕刑》,《钦定四库全书》本。

③ "论刑既终,申之以奏狱之戒也。"(宋)时澜:《增修东莱书说》卷三十四《周书·吕刑第二十九》,《钦定四库全书》本。

之，还要"三宥"，始行诛戮。因此，又告诸侯以"狱成上闻于天子"之法。① 宋人胡士行《胡氏尚书详解》说，这是"狱成而闻于上"。②

笔者引证解说此句的有，汉孔，唐孔，宋人苏轼、林之奇、吕祖谦、夏僎、钱时、史浩、黄度、胡士行、蔡沉、陈经，明人王樵，清帝康熙。

1. 狱成而孚

此段"狱成"无歧义，仅为行文差异。《尚书注疏》汉孔传解此段为"断狱成辞而信"，"狱成"为"断狱成辞"，"孚"为"信"。唐孔疏"孚"为"信"，称"得其信实"。③ 宋人林之奇《尚书全解》说是指，狱辞之成，而得其情实，信为有罪。④ 据宋人时澜《增修东莱书说》，吕祖谦说，狱辞已成，获得孚信。⑤ 宋人夏僎《尚书详解》说，狱成，讯鞫囚辞，其案已成。狱成而孚，所成之狱，都是因者"诚确之辞"，而不是"苛法鞫就之语"。这是用其言"书之简牍"，所以称"狱成"。⑥ 宋人钱时《融堂书解》解为"狱成而信"。⑦ 宋人史浩《尚书讲义》解"孚"为"信"。史浩接上句说，"如是"就狱成而"可信不疑"。⑧ 宋人黄度《尚

---

① "吕侯上既反复言刑罚之事已尽，然囚辞尚在有司，皆折狱所当尽心，其事未关达于君。古者狱案既成，则大司寇以其成告于天子，天子听之，然尤三宥，始行诛戮。故吕侯于此，又告诸侯以狱成上闻于天子之法。"（宋）夏僎：《尚书详解》卷二十五《吕刑》，《钦定四库全书》本。
② "此狱成而闻于上也。"（宋）胡士行：《尚书详解》卷十二《周书·吕刑第二十九》，《钦定四库全书》本。
③ "传，断狱成辞而信。"疏，"孚信也。""其断狱成辞得其信实。""断狱成辞而得信实。"（汉）孔氏传、（唐）陆德明音义、（唐）孔颖达疏《尚书注疏》卷十八《周书·吕刑》，《钦定四库全书》本。
④ "狱成而孚者，言狱辞之成，而得其情实，信为有罪。"（宋）林之奇：《尚书全解》卷三十九《吕刑·周书》，《钦定四库全书》本。
⑤ "狱辞之成，既得其孚信。"（宋）时澜：《增修东莱书说》卷三十四《周书·吕刑第二十九》，《钦定四库全书》本。
⑥ "狱成，谓讯鞫囚辞，其案已成者也。狱成而孚，谓所成之狱，皆是因者诚确之辞，非是苛法鞫就之语。此是以其言书之简牍者也，故谓之狱成。"（宋）夏僎：《尚书详解》卷二十五《吕刑》，《钦定四库全书》本。
⑦ "狱成而信矣。"（宋）钱时：《融堂书解》卷二十《吕刑》，《钦定四库全书》本。
⑧ "孚者，信也。如是则狱成而可信不疑矣。"（宋）史浩：《尚书讲义》卷二十《吕刑》，《钦定四库全书》本。

书说》解"而"为"汝"。狱始成于汝之信。① 宋人胡士行《胡氏尚书详解》说，狱成，狱词成；孚，得其情实。② 宋人蔡沉《书经集传》接上句说，要是这样就"狱成于下，而民信之"。③ 康熙《御制日讲书经解义》说，由是，狱成于下而"孚于人"。近似蔡沉。④ 宋人陈经《陈氏尚书详解》解说为，"是在我"，既得其实，就有所信。⑤ 明人王樵《尚书日记》说，狱成，是结案时孚，两争皆心服，而众人皆以为是。⑥

2. 输而孚

此段"而"有两解。《尚书注疏》汉孔传解此段为"当输汝信于王"。唐孔疏"输"为"写"。"下而为汝"，说，当输写"汝"之"信实"以告于王，勿藏隐其情不告王。认为，曲必隐情，直则无隐，令其不隐情，欲使之无阿曲。汉孔传以"上其鞫劾文辞"为例，唐孔疏说，汉世问罪称为"鞫"，断狱称为"劾"。⑦ 宋人黄度《尚书说》说，终又当输汝之信。⑧ 宋人钱时《融堂书解》解"输"为"使自输其情款"。⑨

---

① "而，汝也。狱始成于汝之信。"（宋）黄度：《尚书说》卷七《周书·吕刑》，《钦定四库全书》本。
② "狱成（狱词成）而孚（得其情实）。"（宋）胡士行：《尚书详解》卷十二《周书·吕刑第二十九》，《钦定四库全书》本。
③ "若是，则狱成于下，而民信之。"（宋）蔡沉：《书经集传》卷六《吕刑》，《钦定四库全书》本。
④ "由是，狱成于下而孚于人。"《日讲书经解义》卷十三《吕刑》，《钦定四库全书》本。
⑤ "狱成而孚者，是在我者，既得其实，而有所信矣。"（宋）陈经：《尚书详解》卷四十七《周书·吕刑》，《钦定四库全书》本。
⑥ "狱成，是结案时孚者，两争者皆心服，而众人皆以为是也。"（明）王樵：《尚书日记》卷十六《吕刑》，《钦定四库全书》本。
⑦ 传，"当输汝信于王，谓上其鞫劾文辞"。疏，"输写也"。"下而为汝也。""又当输汝信实之状而告于王。""当输写汝之信实以告于王，勿藏隐其情不告王也。曲必隐情，直则无隐，令其不隐情者，欲使之无阿曲也。汉世问罪谓之鞫，断狱谓之劾，谓上其鞫劾文辞也。"（汉）孔氏传、（唐）陆德明音义、（唐）孔颖达疏《尚书注疏》卷十八《周书·吕刑》，《钦定四库全书》本。
⑧ "终又当输汝之信。"（宋）黄度：《尚书说》卷七《周书·吕刑》，《钦定四库全书》本。
⑨ "使自输其情款亦信矣。"（宋）钱时：《融堂书解》卷二十《吕刑》，《钦定四库全书》本。

宋人夏僎《尚书详解》说，然而"寻常鞫囚"，案牍既成，"临欲结解"，又须"引囚再问"，使"自书写情实"。如至此时，语无反悔，才可以称之"圆毕"。因辞"载之案牍"，既已"孚见于口"，"自输写"又孚，那么就是"有定罪，无冤情"，可以上告于天子。①

以上解"而"为"汝"，以下作虚词。宋人林之奇《尚书全解》解为"其输之于上，亦当得其情实，信为有罪，然后断之"。② 据宋人时澜《增修东莱书说》，吕祖谦说，随即输之于上，不可变易情实，必如其本辞，然后才能称之"孚"。③ 宋人史浩《尚书讲义》解，输，上之。"上之"，君怎么会"不信"。④ 宋人蔡沉《书经集传》说，狱输于上而君信之。⑤ 宋人胡士行《胡氏尚书详解》解，输，奏之上；孚，如其本情。⑥ 宋人陈经《陈氏尚书详解》引《礼记》"正以狱之成告于大司寇，大司寇以狱之成告于王"。认为，狱已成"未有不以告于君"。于是必以"其信于己"，而输之于君，使其君也有所信。⑦ 明人王樵《尚书日记》说，狱输于上而君孚。输是奏案时孚，情法允合，君上无所违异。⑧ 康熙《御制日讲书经解义》说，狱输于上而"孚于君"。⑨

---

① "然寻常鞫囚，案牍既成，临欲结解，又须引囚再问，使自书写情实，若至此时，而语无反悔，则始可谓之圆毕。今囚辞载之案牍者，既孚见于口，自输写者又孚，则是有定罪无冤情，可以上告于天子矣。"（宋）夏僎：《尚书详解》卷二十五《吕刑》，《钦定四库全书》本。

② "输之于上，不可变易情实，必如其本辞，然后谓之孚也。"（宋）时澜：《增修东莱书说》卷三十四《周书·吕刑第二十九》，《钦定四库全书》本。

③ "而其输之于上，亦当得其情实，信为有罪，然后断之。"（宋）林之奇：《尚书全解》卷三十九《吕刑·周书》，《钦定四库全书》本。

④ "输者，上之也。上之，则君安得而不信乎？"（宋）史浩：《尚书讲义》卷二十《吕刑》，《钦定四库全书》本。

⑤ "狱输于上而君信之。"（宋）蔡沉：《书经集传》卷六《吕刑》，《钦定四库全书》本。

⑥ "输（奏之上）而孚（如其本情）。"（宋）胡士行：《尚书详解》卷十二《周书·吕刑第二十九》，《钦定四库全书》本。

⑦ "《记》曰，正以狱之成告于大司寇，大司寇以狱之成告于王。是狱之已成者未有不以告于君。""则必以其信于己者而输之于君，使其君亦有所信。"（宋）陈经：《尚书详解》卷四十七《周书·吕刑》，《钦定四库全书》本。

⑧ "狱输于上而孚于君。"《日讲书经解义》卷十三《吕刑》，《钦定四库全书》本。

⑨ "狱输于上而君孚焉，输是奏案时孚者，情法允合，君上无所违异也。"（明）王樵：《尚书日记》卷十六《吕刑》，《钦定四库全书》本。

3. 狱成而孚，输而孚

有论者两段连解。宋人苏轼《书传》解"输"为"不成"，因无罪"如倾泻出之"，"孚"为"审虑"。苏轼连解为，"成与不成"，都应当"与众"审虑。①

4. 其刑上备

此段"上"有两解。一解"上王府"。《尚书注疏》汉孔传解此段为"其断刑文书上王府，皆当备具"，"刑"为"断刑文书"，"上"为"上王府"，"备"为"备具"。唐孔转述，称"勿有疏漏"，又举例"若今曹司写按申尚书省"。② 宋人林之奇《尚书全解》解为"其刑之输于上，皆当具备不可隐漏"，近似唐孔。③ 宋人夏僎《尚书详解》说，其刑所上之备，是指，"备录"前后辞语情款，悉奏于天子。④ 宋人陈经《陈氏尚书详解》说，然而，告于王之时，又当"无一不致其详"，就是说，上之于君而"其辞备具"。⑤ 明人王樵《尚书日记》说，输当备其情辞。⑥ 康熙《御制日讲书经解义》说，狱辞不可遗漏，当其上奏，须备载其情辞。⑦

一解"各指其上"。宋人林之奇《尚书全解》引《礼记·王制》司法程序，指说就是"狱成而孚输而孚"。"王之有司"，输之于王如此；而

---

① "输不成也，因无罪如倾泻出之也。孚，审虑也，成与不成，皆当与众审虑也。"（宋）苏轼：《书传》卷十九《周书·吕刑第二十九》，《钦定四库全书》本。
② 传，"其断刑文书上王府，皆当备具"。疏，"其断刑文书上于王府，皆使备具，勿有疏漏"。"其断刑文书上王府，皆当备具，若今曹司写按申尚书省也。"（汉）孔氏传、（唐）陆德明音义、（唐）孔颖达疏《尚书注疏》卷十八《周书·吕刑》，《钦定四库全书》本。
③ "其刑之输于上，皆当具备不可隐漏。"（宋）林之奇：《尚书全解》卷三十九《吕刑·周书》，《钦定四库全书》本。
④ "故其刑所上之备，谓备录前后辞语情款，悉奏于天子也。"（宋）夏僎：《尚书详解》卷二十五《吕刑》，《钦定四库全书》本。
⑤ "然而告于王之时，又当无一不致其详。其刑上备者，上之于君而其辞备具。"（宋）陈经：《尚书详解》卷四十七《周书·吕刑》，《钦定四库全书》本。
⑥ "然输当备其情辞。"（明）王樵：《尚书日记》卷十六《吕刑》，《钦定四库全书》本。
⑦ "然狱辞又不可遗漏，当其上奏，须备载其情辞。"《日讲书经解义》卷十三《吕刑》，《钦定四库全书》本。

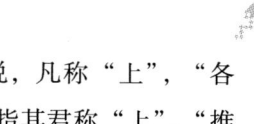

"有邦有土之臣",输之于其君"亦然"。引薛博士说,凡称"上","各指其上"。此处是告有邦有土,那么,"国之士师",指其君称"上","推而及王朝",那么,"王之士师"指天子称"上"。孔氏"止名为上王府",那么,与"告有邦有土之文"不符。林之奇对此称"是"。①

5. 有并两刑

此段"两刑"有三解。一解"人犯两事"。《尚书注疏》汉孔传解此段为"有并两刑亦具上之"。唐孔疏说,有并两刑,指人犯"两事",刑有上下,虽然从重断罪,有两刑亦"并具"上之,使"王知其事",而王"或时以下刑为重",改下"之"上。唐孔认为,恐狱官"有所隐没","故戒之"。② 宋人林之奇《尚书全解》说,一人之身,"轻重二罪俱发",当并以两刑而上之。恐其有司"得以欺卖出入"以为奸,故以此戒之,③ 近似唐孔。宋人钱时《融堂书解》说是,一人而"并坐两刑"皆奏之,"以听天子裁决",④ 近似唐孔。宋人苏轼《书传》解说为,其上刑"已有余罪",就"并两刑","从一重论"。⑤ 宋人史浩《尚书讲义》解,俗称"二罪俱发","并上之",听从"上所断",就是说,臣下"用刑不

---

① "《王制》曰成狱辞,史以狱成告于正,正听之。正以狱成告于大司寇。大司寇听之棘木之下。大司寇以狱之成告于王。王命三公参听之,三公以狱之成告于王。王三宥然后制刑。此正所谓狱成而孚输而孚也。王之有司,输之于王如此,则有邦有土之臣,输之于其君亦然。薛博士曰,凡称上者,各指其上也。此告有邦有土,则国之士师,指其君曰上,推而及王朝,则王之士师指天子曰上。孔氏止名为上王府,则于告有邦有土之文戾矣。是也。"(宋)林之奇:《尚书全解》卷三十九《吕刑·周书》,《钦定四库全书》本。
② 传,"有并两刑亦具上之"。疏,"其囚若犯二事,罪虽从重,有并两刑,上之者言有两刑,亦具上之。恐狱官有所隐没,故戒之"。"有并两刑,谓人犯两事,刑有上下,虽罪从重断,有两刑者,亦并具上之,使王知其事,王或时以下刑为重,改下之上,故并亦上之。"(汉)孔氏传、(唐)陆德明音义、(唐)孔颖达疏《尚书注疏》卷十八《周书·吕刑》,《钦定四库全书》本。
③ "其有一人之身,轻重二罪俱发,亦当并以两刑而上之也。盖恐其有司得以欺卖出入以为奸,故以此戒之也。"(宋)林之奇:《尚书全解》卷三十九《吕刑·周书》,《钦定四库全书》本。
④ "一人而并坐两刑者皆奏之,以听天子裁决焉。"(宋)钱时:《融堂书解》卷二十《吕刑》,《钦定四库全书》本。
⑤ "其上刑已有余罪矣,则并两刑从一重论。"(宋)苏轼:《书传》卷十九《周书·吕刑第二十九》,《钦定四库全书》本。

得自专"。① 宋人黄度《尚书说》说，其刑之上备，其辞理有并两刑，皆上之，以俟裁决。② 宋人蔡沉《书经集传》解说，上"断狱之书"，"当备情节"。一人而犯两事罪，虽从重，也"并两刑而上之"。蔡沉说是指，谳狱者当备其辞。③ 也与唐孔近似。宋人陈经《陈氏尚书详解》说，有并两刑，也具上之，如此则人君"知其犯之因"。有并两刑，就如今律二罪俱发，从重者论。④ 康熙《御制日讲书经解义》说，一人而犯两刑，虽从重问拟，也必将轻罪开列，取自上裁，方见精详谨慎之意。"谳狱者之当备其辞又如此"。⑤

一解"一人数罪，一罪数法"。据宋人时澜《增修东莱书说》，吕祖谦说，一人有"数罪"，一罪而有"数法"，奏其刑于上，必都备载，而"上之人"断狱，将并两刑，从其一重者以断之。"陈其数"的是有司，"制其义"的是人主。⑥ 宋人胡士行《胡氏尚书详解》解同吕祖谦。⑦ 明人王樵《尚书日记》说："一人而犯两事，一罪而有二法并上之，以听于君可也。"⑧

一解"轻重两刑"。宋人夏僎《尚书详解》说，在此时，断狱者不敢

---

① "有并两刑，俗所谓二罪俱发也，亦并上之，惟上所断，则臣下之用刑不得自专矣。"（宋）史浩：《尚书讲义》卷二十《吕刑》，《钦定四库全书》本。
② "其刑之上备，其辞理有并两刑，皆上之，以俟裁决。"（宋）黄度：《尚书说》卷七《周书·吕刑》，《钦定四库全书》本。
③ "其刑上备，有并两刑者，言上其断狱之书，当备情节。一人而犯两事罪，虽从重，亦并两刑而上之也。此言谳狱者当备其辞也。"（宋）蔡沉：《书经集传》卷六《吕刑》，《钦定四库全书》本。
④ "有并两刑者，亦具上之如此，则人君知其犯之因。所谓有并两刑者，如今律云二罪俱发，从重者论是也。"（宋）陈经：《尚书详解》卷四十七《周书·吕刑》，《钦定四库全书》本。
⑤ "或一人而犯两刑，虽从重问拟，亦必将轻罪开列，取自上裁，方见精详谨慎之意。谳狱者之当备其辞又如此。"《日讲书经解义》卷十三《吕刑》，《钦定四库全书》本。
⑥ "一人而有数罪，一罪而有数法，奏其刑于上必皆备载，而上之人断狱，则并两刑，而从其一重者以断之焉。陈其数者有司也，制其义者人主也。"（宋）时澜：《增修东莱书说》卷三十四《周书·吕刑第二十九》，《钦定四库全书》本。
⑦ "一人数罪，一罪数法，奏于上必备载之。并两刑，则从一重者断，备其载者有司，制其义者人主也。"（宋）胡士行：《尚书详解》卷十二《周书·吕刑第二十九》，《钦定四库全书》本。
⑧ "一人而犯两事，一罪而有二法并上之，以听于君可也。"（明）王樵：《尚书日记》卷十六《吕刑》，《钦定四库全书》本。

专断,而主张其罪"止可如此加刑",又须并载"轻重两节",使天子"更加详审",或欲"降重从轻"。轻重两刑,是指,某罪今"法当如此",然而"从恕言之",有时就"未可以如此",或轻或重,更取圣断。①

以下是对六句的评论。康熙《御制日讲书经解义》说,此节"意分三截",要点是"以择人为主"。"非佞折狱,惟良折狱",确实是"万世择刑官之龟鉴"。后世酷吏,如张汤者,"乃佞之尤","酷易见而佞难知"。张释之、于定国,都号称长者,一则"无冤民",一则"民自不冤"。这也是"惟良折狱"之效,所以"慎刑先在用人"。②

6. 叙评

此句,"狱成而孚,输而孚",有分解和连解。分解,"狱成而孚","狱成",仅为行文差异,或"断狱成辞","狱辞之成",或"狱辞已成",或"讯鞫囚辞其案已成",或"狱词成"。"孚",有"信","得其信实","得其情实","得其情实、信为有罪","获得孚信","诚确之辞",以及"两争皆心服而众人皆以为是"多解。有论者以"而"为"汝",称"狱始成于汝之信"。"输而孚",有论者以"而"为"汝","输"为"写",称"当输汝信于王",或"输汝之信",或"自输其情款",或"自书写情实",或"引囚再问使自书写情实"。另有论者,"而"作虚词,"输",或"输之于上",或"上之","奏之上","输之于君",为近义。"孚",或"如其本辞",或"如其本情","情法允合",或"君信之"。连解,"输"为"不成","孚"为"审虑"。"其刑上备"有"上王府"、"各指其上"两解。"刑",有论者称"断刑文书",无歧义。"备",或"备具勿有疏漏",或"具备不可隐漏",或"备载其情

---

① "然当此之时,断狱者,又不敢专断,谓其罪止可如此加刑,又须并载轻重两节,使天子更加详审,或欲降重从轻。故吕侯又告之曰,其刑上备有并两刑。所谓轻重两刑,谓如某罪,今法当如此,然从恕言之,则有时又未可以如此,或轻或重,更取圣断。"(宋)夏僎:《尚书详解》卷二十五《吕刑》,《钦定四库全书》本。

② "按,此节意分三截,要以择人为主,非佞折狱,惟良折狱,实万世择刑官之龟鉴也。后世酷吏,如张汤者,乃佞之尤酷易见而佞难知也。张释之、于定国,皆号称长者,一则无冤民,一则民自不冤。此亦惟良折狱之效,故慎刑先在用人。"《日讲书经解义》卷十三《吕刑》,《钦定四库全书》本。

辞"。"有并两刑","两刑",或"人犯两事",或"一人数罪,一罪数法",或"轻重两刑"。

笔者以为,"狱成而孚","狱成"诸解汉孔的"断狱成辞"较为通畅,可采。"孚",苏轼的"审虑"与前文重复,林之奇的"得其情实、信为有罪"优于他解,可采。"输而孚","输"作"输之于上"及相近解说,与后文"其刑上备"冲突。"输"为"写"诸解都通,钱时的"自书写情实"、夏僎的"引囚再问使自书写情实"优于他解,可以兼采。"其刑上备","上王府"和"各指其上"两解都通,而西周诸侯拥有司法权,林之奇的"各指其上"为善解,当采。"备"诸解为近义,林之奇的"具备不可隐漏"较为贴切,可采。"有并两刑",与前文的"上刑"、"下刑"对应,夏僎的"轻重两刑"应为善解,唐孔的"人犯两事"、吕祖谦的"一人数罪,一罪数法"也通,可以合说。整句可以解说为:

断狱成辞,得其情实,信为有罪,典狱官应自书情实,并让囚犯也自书情实表示服罪;断刑文书,呈送王府或国君,应具备不可隐漏;如果有轻重两刑,以及一人犯两刑,一罪数法,应一并列出,听王或国君裁决。

四 敬刑

元人王天与《尚书纂传》说，此部分申言敬刑畏罚。①

（一）王曰：呜呼，敬之哉，官伯族姓，朕言多惧

康熙《御制日讲书经解义》认为此书是合"同姓、异姓"诸侯，告以"敬刑"。② 笔者引证解说此句的有，汉孔，唐孔，宋人苏轼、林之奇、吕祖谦、夏僎、史浩、黄度、钱时、胡士行、蔡沉、陈经，元人朱祖义、陈栎、吴澄，清帝康熙。

1. 王曰：呜呼，敬之哉，官伯族姓

此段"官伯族姓"有三解。一解"同姓异姓诸侯百官"。《尚书注疏》唐孔疏说"王曰：呜呼"是"王叹而呼诸侯，曰呜呼"。汉孔传解"敬之哉"为"告使敬刑"。唐孔疏说，是指"刑罚事重"，因此"汝当敬之"。《尚书注疏》汉孔传指称"官伯族姓"为"官长诸侯"，族为同族，姓为异姓。唐孔疏说，此篇主多戒诸侯百官之长，因此知道，官长即诸侯。引

---

① "按此章以敬刑畏罚申言。"王天与：《尚书纂传》卷四十三《周书·吕刑第二十九》，《钦定四库全书》本。
② "此一节书是合同姓异姓诸侯，而告以敬刑也。"《日讲书经解义》卷十三《吕刑》，《钦定四库全书》本。

襄十二年《左传》哭诸侯之例，以证明族为同姓，姓为异姓。① 宋人蔡沉《书经集传》说这是"总告之"。官，典狱之官。伯，诸侯。族，同族；姓，异姓。② 康熙《御制日讲书经解义》解官为典狱之官，伯为诸侯，族为同族，姓为异姓。康熙解说为，"穆王叹息说，敬慎之，典狱之官，牧伯之长，或同族或异姓，都当知刑狱为天下之大命"。③

一解"诸侯之同姓"。宋人钱时《融堂书解》说，官伯，先儒认为是诸侯。族姓是诸侯的同姓。穆王在"以赎刑训有邦有土"之后，就"特戒""诸侯之同姓"，大概是担心"分国于外"，"各居南面之尊"，作为其宗族的，或许会"依凭以乱法"，这与"告伯父、伯兄、仲叔、季弟、幼子、童孙"之意正同。王之同姓"先告之"，而"专警之以天命"；诸侯之同姓"后告之"而"专惧之以天罚"。在钱时看来，这是"万世之通患"，出于"穆王之深虑"。④

一解"大官大族"。宋人苏轼《书传》说是，呼其大官大族而"戒之"。⑤ 宋人林之奇《尚书全解》引苏轼之说，认为汉孔是穿凿附会之说，也不认同王氏"以姓为诸侯，族为群臣"。林之奇认为既然已经"戒其君"以敬刑，今又"戒其臣"。⑥ 宋人史浩《尚书讲义》解，官伯，官之

---

① "传，敬之哉，告使敬刑。官长诸侯，族同族，姓异姓也。"疏，"王叹而呼诸侯曰，呜呼，刑罚事重，汝当敬之哉"。"谓诸侯官之长，此同族异姓等。""此篇主多戒诸侯百官之长，故知官长即诸侯也。襄十二年，《左传》哭诸侯之例云，异姓临于外，同族于祢庙，是相对，则族为同姓，姓为异姓也。"（汉）孔氏传、（唐）陆德明音义、（唐）孔颖达疏《尚书注疏》卷十八《周书·吕刑》，《钦定四库全书》本。
② "此总告之也。官，典狱之官也。伯，诸侯也。族，同族；姓，异姓也。"（宋）蔡沉：《书经集传》卷六《吕刑》，《钦定四库全书》本。
③ "官，典狱之官。伯，诸侯。族，同族。姓，异姓。""穆王又叹息言曰，尔等其敬慎之哉。凡我典狱之官，牧伯之长，或同族或异姓，皆当知刑狱为天下之大命。"《日讲书经解义》卷十三《吕刑》，《钦定四库全书》本。
④ "官伯，先儒谓诸侯也。族姓者，诸侯之同姓也。穆王既以赎刑训有邦有土矣，此后遂特戒诸侯之同姓，盖恐分国于外，各居南面之尊，为其宗族者，或依凭以乱法，此与告伯父伯兄仲叔季弟幼子童孙之意正同。王之同姓先告之而专警之以天命；诸侯之同姓，则后告之而专惧之以天罚。此万世之通患，穆王之深虑也。"（宋）钱时：《融堂书解》卷二十《吕刑》，《钦定四库全书》本。
⑤ "呼其大官大族而戒之。"（宋）苏轼：《书传》卷十九《周书·吕刑第二十九》，《钦定四库全书》本。
⑥ "官伯族姓，苏氏曰呼其大官大族而戒之。先儒即以官伯为诸侯；族同族，姓异姓。其说凿矣。王氏以姓为诸侯，族为群臣，亦无以异于先儒。盖既戒其君以敬刑，今又戒其臣也。"（宋）林之奇：《尚书全解》卷三十九《吕刑·周书》，《钦定四库全书》本。

长;族姓,族之尊。史浩认为,这是"告同姓异姓"的大臣。① 宋人黄度《尚书说》解,官伯,师长。族姓,大家。黄度说,其气力皆足以挠狱讼,故特戒之。《吕刑》首戒典狱,次戒王之宗属,次戒邦国都邑,次戒官伯族姓,皆有次序。② 宋人陈经《陈氏尚书详解》说,以"敬而戒其臣"。官伯,庶官之长。族,王之同姓。姓,王之异姓。③ 宋人夏僎《尚书详解》说,这是呼百官之长,及与"王同族姓"而告之。④ 元人陈栎《书集传纂疏》引张氏说,官伯,官之长。⑤ 元人吴澄《书纂言》说,卿大夫从诸侯来朝,于是又呼其大官大姓而戒之。⑥

2. 朕言多惧

据宋人时澜《增修东莱书说》,吕祖谦引韩愈《与李翔书》"履之而后难,及之而后知"之后说,穆王临御之久,饱于世故,这是其言多惧的缘由。⑦ 宋人胡士行《胡氏尚书详解》说,非谙于世故不及此。⑧

此段"言多惧"的缘由有三解。一解"民无善政则天罚人主"。《尚书注疏》汉孔传指称"多惧"为"多可戒惧","以儆之"。唐孔疏解"儆"为"儆戒之",并说,下文有"民无善政则天罚人主"之言,是"儆戒诸侯"。⑨

---

① "穆王又告官伯族姓。官伯,官之长;族姓,族之尊。此告同姓异姓之大臣也。"(宋)史浩:《尚书讲义》卷二十《吕刑》,《钦定四库全书》本。
② "官伯,师长。族姓,大家。其气力皆足以挠狱讼,故特戒之。《吕刑》首戒典狱;次戒王之宗属;次戒邦国都邑;次戒官伯族姓,皆有次序。"(宋)黄度:《尚书说》卷七《周书·吕刑》,《钦定四库全书》本。
③ "穆王以敬而戒其臣。曰官伯,即庶官之长。族者,王之同姓。姓者,王之异姓也。"(宋)陈经:《尚书详解》卷四十七《周书·吕刑》,《钦定四库全书》本。
④ "此吕侯又呼百官之长,及与王同族姓者而告之也。"(宋)夏僎:《尚书详解》卷二十五《吕刑》,《钦定四库全书》本。
⑤ "张氏曰,官伯,官之长也。"(元)陈栎:《书集传纂疏》卷六,《钦定四库全书》本。
⑥ "卿大夫从诸侯而来朝,故又呼其大官大姓而戒之。"(元)吴澄:《书纂言》卷四下《吕刑》,《钦定四库全书》本。
⑦ "履之而后难,及之而后知。穆王临御之久饱于世故。此其言所以多惧也。"(宋)时澜:《增修东莱书说》卷三十四《周书·吕刑第二十九》,《钦定四库全书》本。
⑧ "非谙于世故不及此。"(宋)胡士行:《尚书详解》卷十二《周书·吕刑第二十九》,《钦定四库全书》本。
⑨ 传,"我言多可戒惧,以儆之"。疏,"我言多可戒惧"。"告之以我言多可戒惧者,以儆戒之也。下言民无善政则天罚人主,是儆戒诸侯也。"(汉)孔氏传、(唐)陆德明音义、(唐)孔颖达疏《尚书注疏》卷十八《周书·吕刑》,《钦定四库全书》本。

一解"刑者人命所系"。宋人苏轼《书传》说是，关系"民命"之存亡，"天意"之喜怒，"国本"之安危，而"不得不惧"。① 宋人林之奇《尚书全解》说，"刑者人命所系"，引"死者不可复生，断者不可复续"，认为这是"朕之言""多惧"的缘由。又引孔子"为之难，言之得无切乎"，指说，言之多惧，"以其难"。② 宋人夏僎《尚书详解》连下文说，以刑狱为性命所系，用之不当，上则天怒，下则人怨，"我实敬之"，不敢轻易。所以"其言多有畏惧"。③ 宋人史浩《尚书讲义》说是指"刑不可以易"，"战战兢兢"，以此表示"敬刑"。④ 宋人陈经《陈氏尚书详解》指说，刑，人命所系，死者不复生，断者不复续，怎得不惧？这是穆王仁爱恤刑之本心，即虞舜钦恤之意，典狱宜有以体此心。此段解为"吾之所以告汝者"，都说"出于忧惧"。⑤ 元人朱祖义《尚书句解》说，"刑者姓命所系"，"虽言之亦多忧惧"，不敢轻言。⑥

一解"用刑"。宋人蔡沉《书经集传》解说为，"朕"之于刑，"言且多惧"，何况"用之"。⑦ 康熙《御制日讲书经解义》说，"朕今言之"，尚且多惧，何况"用之"，⑧ 近似蔡沉。

---

① "民命之存亡，天意之喜怒，国本之安危在焉，不得不惧。"（宋）苏轼：《书传》卷十九《周书·吕刑第二十九》，《钦定四库全书》本。
② "刑者人命所系。死者不可复生，断者不可复续。此朕之言所以多惧。孔子曰，为之难言之得无切（rèn）语言迟钝乎。言之多惧，以其难也。"（宋）林之奇：《尚书全解》卷三十九《吕刑·周书》，《钦定四库全书》本。
③ "朕言多惧，朕敬于刑者，盖谓前所言所以委曲绸缪如是者，以刑狱为性命所系，用之不当，上则天怒，下则人怨，我实敬之，不敢轻易。故其言多有畏惧也。"（宋）夏僎：《尚书详解》卷二十五《吕刑》，《钦定四库全书》本。
④ "朕言多惧，言刑不可以易，言战战兢兢。以言之敬刑。"（宋）史浩：《尚书讲义》卷二十《吕刑》，《钦定四库全书》本。
⑤ "朕言多惧，此穆王仁爱恤刑之本心也。吾之所以告汝者，皆出于忧惧。盖刑乃人命所系，死者不复生，断者不复续，安得不惧。穆王之所谓多惧，即虞舜钦恤之意也。典狱宜有以体此心。"（宋）陈经：《尚书详解》卷四十七《周书·吕刑》，《钦定四库全书》本。
⑥ "刑者姓命所系，朕虽言之亦多忧惧，不敢轻言。"（元）朱祖义：《尚书句解》卷十二《吕刑第二十九》，《钦定四库全书》本。
⑦ "朕之于刑，言且多惧，况用之乎。"（宋）蔡沉：《书经集传》卷六《吕刑》，《钦定四库全书》本。
⑧ "朕今言之，犹且多惧，况用之乎。"《日讲书经解义》卷十三《吕刑》，《钦定四库全书》本。

3. 叙评

此句，"敬"，有论者解为"敬慎之"。"官伯族姓"，或指称"同姓异姓诸侯百官"，或"诸侯之同姓"，或"大官大族"。"言多惧"的缘由，或说"民无善政则天罚人主"，或"刑者人命所系"，或"用刑"。

笔者以为，"敬"采康熙的"敬慎之"。"官伯族姓"难以深究，可概括而言。"言多惧"的缘由，诸解都通，"民无善政则天罚人主"与后文重复。"刑者人命所系"，"用刑"属于因果关系。可采林之奇的"刑者人命所系"，兼采蔡沉的"言且多惧，况用之"，与后文衔接通顺。整句可以解说为：

王叹息说：敬慎啊，诸侯百官们，刑罚攸关生死，说起来尚且畏惧，何况使用。

（二）朕敬于刑，有德惟刑

笔者引证解说此句的有，汉孔，唐孔，宋人林之奇、吕祖谦、夏僎、黄度、史浩、蔡沉、陈经，清帝康熙。

1. 朕敬于刑

此段无歧义，有论者解"敬"为"敬慎"。《尚书注疏》汉孔传只是说"我敬于刑"，并未解。唐孔疏为"当敬命"。[①] 宋人蔡沉《书经集传》指说"朕敬于刑"是"畏之至"。[②] 宋人林之奇《尚书全解》解说为"朕之所敬惟在于刑"。[③] 据宋人时澜《增修东莱书说》，吕祖谦解为，由于"真知"

[①] 传，"我敬于刑"。疏，"我敬于刑，当敬命"。（汉）孔氏、（唐）陆德明音义、（唐）孔颖达疏《尚书注疏》卷十八《周书·吕刑》，《钦定四库全书》本。

[②] "朕敬于刑者，畏之至也。"（宋）蔡沉：《书经集传》卷六《吕刑》，《钦定四库全书》本。

[③] "朕之所敬惟在于刑。"（宋）林之奇：《尚书全解》卷三十九《吕刑·周书》，《钦定四库全书》本。

刑当敬。① 宋人陈经《陈氏尚书详解》解为，"朕之所敬者在刑"。②康熙《御制日讲书经解义》解为，"朕""敬慎于刑"，而"不敢怠忽"。③

2. 有德惟刑

此段有两解。一解"有德者典刑"。《尚书注疏》汉孔传解为"当使有德者惟典刑"。唐孔疏说，是指将选有德之人，让其作为刑官。刑官不用无德之人。④ 据宋人时澜《增修东莱书说》，吕祖谦解为，非有德，确实不可以负此责。⑤ 宋人夏僎《尚书详解》说，刑狱之事，不可付之"贪吏"，付之贪吏就因缘为奸；也不可付之"暴吏"，付之暴吏则穷极惨毒。只有"有德者"，其心慈祥，故其刑忠恕。⑥ 宋人陈经《陈氏尚书详解》说，因此不敢"轻以付人"，只有"有德者"方可使之为"明刑之官"。⑦

一解"以德用刑"。宋人林之奇《尚书全解》解说，"有德者惟哀敬于刑。我安得而不谨"。⑧ 宋人黄度《尚书说》说，有德则为天讨；无德则为民贼。怎敢不惧且敬。⑨ 宋人史浩《尚书讲义》解说，于是"有德以

---

① "朕敬于刑，有德惟刑，盖真知刑之所当敬。"（宋）时澜：《增修东莱书说》卷三十四《周书·吕刑第二十九》，《钦定四库全书》本。

② "朕敬于刑，有德惟刑，朕之所敬者在刑。"（宋）陈经：《尚书详解》卷四十七《周书·吕刑》，《钦定四库全书》本。

③ "朕今惟敬慎于刑，而不敢怠忽。"《日讲书经解义》卷十三《吕刑》，《钦定四库全书》本。

④ 传，"当使有德者惟典刑"。疏，"有德者惟典刑事"。"当使有德者惟典刑，言将选有德之人，使为刑官，刑官不用无德之人也。"（汉）孔氏传、（唐）陆德明音义、（唐）孔颖达疏《尚书注疏》卷十八《周书·吕刑》，《钦定四库全书》本。

⑤ "非有德者诚不可以负此责也。"（宋）时澜：《增修东莱书说》卷三十四《周书·吕刑第二十九》，《钦定四库全书》本。

⑥ "有德惟刑，盖以刑狱之事不可付之贪吏。付之贪吏则因缘为奸，亦不可付之暴吏，付之暴吏则穷极惨毒。惟有德者，其心慈祥，故其刑忠恕。此吕侯所以必有取于有德惟刑也。"（宋）夏僎：《尚书详解》卷二十五《吕刑》，《钦定四库全书》本。

⑦ "故不敢轻以付人，惟有德者方可使之为明刑之官。"（宋）陈经：《尚书详解》卷四十七《周书·吕刑》，《钦定四库全书》本。

⑧ "则以有德者惟哀敬于刑。我安得而不谨哉。"（宋）林之奇：《尚书全解》卷三十九《吕刑·周书》，《钦定四库全书》本。

⑨ "有德则为天讨；无德则为民贼。安敢不惧且敬乎。"（宋）黄度：《尚书说》卷七《周书·吕刑》，《钦定四库全书》本。

将之"就称为"刑"。如果"无其德",那是"酷虐"。"德"指的就是"中"。① 宋人蔡沉《书经集传》指说"有德惟刑"是"厚之至"。② 康熙《御制日讲书经解义》解说,刑确实是"不得已而用",先王用以"教民祗德",就是"有德惟刑",不当"以刑视刑"。③

3. 叙评

此句,"朕敬于刑","敬"有解为"敬慎"的。"有德惟刑",或"有德者典刑",或"以德用刑",有不同的表述方式。笔者以为,康熙的"敬慎"可采。此处似乎不是陈述用人,"有德者典刑",与文义不符。"以德用刑"应是正解,可采史浩的"有德以将之则为刑"。整句可以解说为:

我敬慎刑罚,要知道有德才能称为刑罚。

(三) 今天相民,作配在下,明清于单辞

笔者引证解说此句的有,汉孔,唐孔,宋人林之奇、吕祖谦、夏僎、史浩、黄度、胡士行、蔡沉、陈经,元人王充耘、陈栎,明人顾锡畴,清帝康熙。

1. 今天相民

此段"相"有两解。一解为"治"。《尚书注疏》汉孔传解为,今"天治"民。唐孔疏说今"上天"治民。进一步解释说,汉孔传以"相"为"治",今天治民,是指,天有意治民。④ 宋人蔡沉《书经集传》说,

---

① "故有德以将之则为刑。若无其德是酷虐也。德者何,中也。"(宋)史浩:《尚书讲义》卷二十《吕刑》,《钦定四库全书》本。
② "有德惟刑,厚之至也。"(宋)蔡沉:《书经集传》卷六《吕刑》,《钦定四库全书》本。
③ "诚以刑为不得已而用,先王所以教民祗德者,是有德惟刑,而不当以刑视刑也。"《日讲书经解义》卷十三《吕刑》,《钦定四库全书》本。
④ 传,"今天治民"。疏,"今上天治民"。疏,"传以相为治,今天治民者,天有意治民"。(汉)孔氏传、(唐)陆德明音义、(唐)孔颖达疏《尚书注疏》卷十八《周书·吕刑》,《钦定四库全书》本。

天以刑"相治"斯民。① 元人王充耘《读书管见》不认同蔡沉的说法。②

一解为"相助"。宋人林之奇《尚书全解》解说为，今"天相助此民"而"生育长养之"。③ 宋人夏僎《尚书详解》解说为，天之设刑，非期于用刑。民之所为，或有偏颇不中者，天就以刑而"辅相"之，使不中者归于中。④ 宋人史浩《尚书讲义》解说为，"以生圣君，又生贤佐以佑斯民"。⑤ 元人王充耘《读书管见》认为，今"天相民"，与说"天佑下民"相似。⑥ 康熙《御制日讲书经解义》指说，五刑都称为"天刑"，天非以刑虐民，实以刑"相助"斯民。⑦

以下是评论。宋人陈经《陈氏尚书详解》说，刑是"天之讨罪"。今"天"相下民而爱之，于是以刑"整齐其民"，"使善者有所恃"，"恶者无所肆"。这不就是"天之爱民"吗？⑧

2. 作配在下

此段的主语有两解。一解"人君"。《尚书注疏》汉孔传加"人君"为主语，解"作"为"为"，"配"为"配天"，说"当承天意"。唐孔疏说，而天不"自治"，"使人"治之。"命人君为天子"，而"配天在于

---

① "今天以刑相治斯民。"（宋）蔡沉：《书经集传》卷六《吕刑》，《钦定四库全书》本。
② "传云，天以刑相治斯民者，非。"（元）王充耘：《读书管见》卷下《吕刑》，《钦定四库全书》本。
③ "今天相助此民而生育长养之。"（宋）林之奇：《尚书全解》卷三十九《吕刑·周书》，《钦定四库全书》本。
④ "吕侯谓天之设刑，非期于用刑也。民之所为，或有偏颇不中者，天乃以刑而辅相之，使不中者归于中也。"（宋）夏僎：《尚书详解》卷二十五《吕刑》，《钦定四库全书》本。
⑤ "今天相民，以生圣君，又生贤佐以佑斯民。"（宋）史浩：《尚书讲义》卷二十《吕刑》，《钦定四库全书》本。
⑥ "今天相民，犹云天佑下民相似。"（元）王充耘：《读书管见》卷下《吕刑》，《钦定四库全书》本。
⑦ "夫五刑皆谓之天刑，天非以刑虐民，而实以刑相助斯民。"《日讲书经解义》卷十三《吕刑》，《钦定四库全书》本。
⑧ "穆王实见得刑，乃天之讨罪。今天相下民而爱之，故以刑整齐其民，使善者有所恃，恶者无所肆。此岂非天之爱民乎。"（宋）陈经：《尚书详解》卷四十七《周书·吕刑》，《钦定四库全书》本。

下","为事甚重","当承天意治民,治之当使称天心"。① 宋人夏僎《尚书详解》说,"天"虽有相民之心,却不能"自致"于民。因此作为"配","合天心"而"承其意"以从事,如人君,如典狱,在天之下,以"遂上天欲相之心"。② 宋人黄度《尚书说》解说为,"天佑助斯民,置君作配于其下",怎能"使贼之"?③

一解"官伯族姓"。宋人林之奇《尚书全解》解说为,"临民者必当有不忍之心,然后能为天之配于下"。盖"天爱民是配之也"。④ 宋人蔡沉《书经集传》解说为,"汝实任责",可"作配在下"。⑤ 宋人陈经《陈氏尚书详解》解说为,天有爱民之心,司政典狱,实代天以养民,所以称"作配在下"。⑥ 元人王充耘《读书管见》认为,"作配在下",是说"汝官伯族姓、有邦有土皆配天在下,以相民"。⑦ 康熙《御制日讲书经解义》解说为,"尔等有代天理刑之责,是作配在下者",那么,听狱怎可不敬?⑧

以下是评论。据宋人时澜《增修东莱书说》,吕祖谦解说,五刑,天用来"左右斯民",司刑只是"代天行罚",而"作配在下",怎能不敬?⑨ 宋

---

① 传,"人君为配天在下,当承天意"。疏,"而天不自治,使人治之,命人君为天子,配天在于下,承天之意,为事甚重"。"人君为配天在下,当承天意治民,治之当使称天心也。"(汉)孔氏传、(唐)陆德明音义、(唐)孔颖达疏《尚书注疏》卷十八《周书·吕刑》,《钦定四库全书》本。
② "然天虽有相民之心,而不能自致于民。故作为配合天心而承其意以从事,如人君,如典狱者,在天之下,以遂上天欲相之心,则配天而在民上者,其可忽哉。"(宋)夏僎:《尚书详解》卷二十五《吕刑》,《钦定四库全书》本。
③ "君配天者也。天佑助斯民,置君作配于其下,夫岂使贼之哉。"(宋)黄度:《尚书说》卷七《周书·吕刑》,《钦定四库全书》本。
④ "临民者必当有不忍之心,然后能为天之配于下,盖天爱民是配之也。"(宋)林之奇:《尚书全解》卷三十九《吕刑·周书》,《钦定四库全书》本。
⑤ "汝实任责,作配在下可也。"(宋)蔡沉:《书经集传》卷六《吕刑》,《钦定四库全书》本。
⑥ "天有爱民之心,而司政典狱者,实代天以养民,故曰作配在下。"(宋)陈经:《尚书详解》卷四十七《周书·吕刑》,《钦定四库全书》本。
⑦ "作配在下,言汝官伯族姓、有邦有土皆配天在下,以相民者也。"(元)王充耘:《读书管见》卷下《吕刑》,《钦定四库全书》本。
⑧ "尔等有代天理刑之责,是作配在下者,则听狱可不敬乎。"《日讲书经解义》卷十三《吕刑》,《钦定四库全书》本。
⑨ "五刑,天所以左右斯民,而司刑者代天行罚,作配在下。奈何其不敬哉。"(宋)时澜:《增修东莱书说》卷三十四《周书·吕刑第二十九》,《钦定四库全书》本。

人史浩《尚书讲义》指称，前文已说"配享在下"，此处又说"作配在下"，表达"皇天""生圣贤"，都是希望"配天之德以谨刑"。既然这样，那么，"重黎三后之生"，不也就是"皇天命之"？① 元人陈栎《书集传纂疏》引张氏，前文说"配享在下"，此处说"作配在下"。可见狱官之重与天配。②《钦定书经传说汇纂》引明人顾锡畴，作配在下，"期之之辞"，希望其"体上天相民之心"以敬刑，而使我相民与天无二，"以赞天之所不及"。③

3. 明清于单辞

此段"单辞"有四解。一解"一人独言"。《尚书注疏》汉孔传"明清"指"听讼当清审"，说"单辞特难听"，故"言"之。唐孔疏解"单辞"为"一人独言"，未有"与对"之人。说，"欲称天心，听狱当清审单辞"。由于讼者多"直己"以"曲彼"，"构辞"以"诬"人。所以"单辞特难听"。并引孔子赞美子路"片言可以折狱"之例为证，子路"行直"闻于天下，不肯"自道己长"，"妄称彼短"，而凡人少"能然"。④ 宋人史浩《尚书讲义》解说，由于"用中"，所以"明清于单辞"。单辞是一人之言，不待"质证"而"得其情"。不是"得中之人"，"安有不惑"。要是"得中"，"虽事物纷至沓来，不待诘问，情伪不得而逃，非明清则不能也"。⑤

---

① "前已言配享在下，今又言作配在下。表夫皇天之生圣贤，皆欲配天之德以谨刑也。然则重黎三后之生，非皇天命之乎。"（宋）史浩：《尚书讲义》卷二十《吕刑》，《钦定四库全书》本。

② "前云配享在下，此云作配在下。见狱官之重与天配也。"（元）陈栎：《书集传纂疏》卷六《钦定四库全书》本。

③ "顾氏锡畴曰，作配在下，期之之辞，是欲其体上天相民之心以敬刑，而使我之相民亦与天无二，是有以赞天之所不及也。"《钦定书经传说汇纂》卷二十一，《钦定四库全书》本。

④ 传，"听讼当清审单辞。单辞特难听，故言之"。疏，"其听狱讼，当明白清审于狱之单辞"。"欲称天心，听狱当清审单辞。单辞谓一人独言，未有与对之人。讼者多直己以曲彼，构辞以诬人。单辞特难听，故言之也。孔子美子路云，片言可以折狱者，其由也与。片言即单辞也，子路行直闻于天下，不肯自道己长，妄称彼短，得其单辞即可以断狱者，惟子路尔，凡人少能然，故难听也。"（汉）孔氏传、（唐）陆德明音义、（唐）孔颖达疏《尚书注疏》卷十八《周书·吕刑》，《钦定四库全书》本。

⑤ "惟其用中，故明清于单辞。单辞一人之言也，不待质证而得其情。非夫得中之人，则安有不惑乎。苟得中矣，虽事物纷至沓来，不待诘问，情伪不得而逃，非明清则不能也。"（宋）史浩：《尚书讲义》卷二十《吕刑》，《钦定四库全书》本。

一解"偏辞"。宋人胡士行《胡氏尚书详解》解"单"为"偏"。胡士行称说,两造之辞曲直易分,一偏之辞,毁誉难辨。① 宋人夏僎《尚书详解》说,单辞应当"明清以听之"。单辞,偏辞。夏僎解说,两造之辞,曲直易分。一偏之辞,"誉或过实","毁或损真"。任一人"自陈",无众佐"辨白",格外"难决"。因此只有"明不容蔽,清不容奸者"可以听之。② 宋人陈经《陈氏尚书详解》解说,情之难察,莫如单辞,是指辞之偏,而非有两造。陈经认为,既然为天之配合,那么,当"察其难察之情"。典狱者,"明此心",如火之照物,无所不见。"清此心",如水然,无一毫之累。这样才可以听单词。要是"不明不清",是"在己之心",未免有"私蔽",不足以为天之配。③ 宋人黄度《尚书说》说:"狱必比两辞而听之。不比两辞是为单辞,明照清涤,使曲直各得其所。"④

一解"无证之辞"。据宋人时澜《增修东莱书说》,吕祖谦说,"明清于单辞"以下,是告之以敬天之实。狱辞,有单,有两。"无证佐"称为单辞。听之尤难。称"明",又再称"清",是因为"笃敬之至"。澄之又澄,表里洞彻,然后才能"不待证佐","坐照"其情。⑤ 宋人蔡沉《书经集传》以为"明清以下"是叙述"敬刑之事"。狱辞,有单,有两"。单辞"就是"无证之辞"。听之"为尤难明"。"无一毫之蔽清","无一点

---

① "单,偏。""两造之辞曲直易分,一偏之辞,毁誉难辨。"(宋)胡士行:《尚书详解》说卷十二《周书·吕刑第二十九》,《钦定四库全书》本。
② "惟当明清于单辞可也。盖单辞者偏辞也。两造之辞则曲直易分。一偏之辞,则誉或过实,毁或损真。任一人之自陈,无众佐之辨白,此尤听狱者之所难决也。故惟明不容蔽,清不容奸者可以听之。此《吕刑》所以有取于明清于单辞。"(宋)夏僎:《尚书详解》卷二十五《吕刑》,《钦定四库全书》本。
③ "既为天之配合,当有以察其难察之情可也。情之难察莫如单辞,谓之辞之偏,而非有两造也。在典狱者,明此心,如火之照物,然无所不见。清此心,如水然,无一毫之累。如此然后可以听单词。苟不明不清,是在己之心,未免有私蔽之,不足以为天之配矣。"(宋)陈经:《尚书详解》卷四十七《周书·吕刑》,《钦定四库全书》本。
④ "狱必比两辞而听之。不比两辞是为单辞,明照清涤,使曲直各得其所。"(宋)黄度:《尚书说》卷七《周书·吕刑》,《钦定四库全书》本。
⑤ "明清于单辞以下,告之以敬天之实也。狱辞,有单、有两,无证佐者谓之单辞。听之为尤难。曰明而复曰清,盖笃敬之至。澄之又澄,表里洞彻。然后能不待证佐,而坐照其情也。"(宋)时澜:《增修东莱书说》卷三十四《周书·吕刑第二十九》,《钦定四库全书》本。

之污",叫作"明",叫作"清"。只有"诚敬笃至","表里洞彻","无少私曲",然后"能察其情"。① 蔡沉解近似吕祖谦。康熙《御制日讲书经解义》说,狱辞有二,有单辞,有两辞,单辞,无证之辞。两造具备,是两辞。单辞"易于眩惑",听之"必极其明","无一毫之蔽",必极"清而无一点之污",那么,单辞之情"得"。②

一解"使民得尽其辞"。宋人林之奇《尚书全解》接上文解说,用以"配天"的,就是"明清于单辞"。指称单辞有二说,都通。先引汉孔、唐孔,又引薛博士,单,尽。"明清而使民得尽其辞"。认为都"可用以为说"。明清,听之审。③ 明人刘三吾《书传会选》,引宋人陈大猷,明清以听单辞。④

4. 叙评

此句多歧义。"今天相民","相"一解为"治",或"天治民",或"天有意治民",或"天以刑相治斯民";一解"相助",或"天相助此民",或"以刑而辅相之",或"以佑斯民",或"天佑下民",或"实以刑相助斯民"。"作配在下"主语一解"人君",有指说"天不自治,使人治之,命人君为天子,配天在于下";一解"官伯族姓",有指说"汝实任责",或"尔等有代天理刑之责"。"明清于单辞","单辞",或称"一

---

① "明清以下,敬刑之事也。狱辞,有单,有两。单辞者,无证之辞也。听之为尤难明者,无一毫之蔽清者,无一点之污,曰明曰清。诚敬笃至,表里洞彻,无少私曲,然后能察其情也。"(宋)蔡沉:《书经集传》卷六《吕刑》,《钦定四库全书》本。
② "单辞,无证之辞。""夫狱辞有二,有单辞,有两辞,其无证者,是单辞也。单辞易于眩惑,听之必极其明,而无一毫之蔽,必极其清而无一点之污,则单辞之情得矣。其两造具备者,是两辞也。"《日讲书经解义》卷十三《吕刑》,《钦定四库全书》本。
③ "所以配天者,惟明清于单辞而已。单辞有二说,皆通。先儒曰,单辞特难听,故言之。唐孔氏因引子路片言可以折狱,片言即单辞也。子路行直闻天下,不肯自道己长,妄称彼短。得其单辞,即可以断狱者,惟子路耳,凡人少能,然故难听也。薛博士则曰,单,尽也,与单厥心之单同。明清而使民得尽其辞也。皆可用以为说。明清者,听之审也。"(宋)林之奇:《尚书全解》卷三十九《吕刑·周书》,《钦定四库全书》本。
④ "陈氏大猷曰,明清以听单辞。"(明)刘三吾:《书传会选》卷六《吕刑》,《钦定四库全书》本。

人独言";或称"偏辞",有指说"非有两造";或称"无证之辞";或称"使民得尽其辞",以"单"为"尽"。"明清",有"听讼当清审"、"诚敬笃至"两解。

笔者以为,"今天相民","相助"不符文义,"治"为正解,唐孔的"天有意治民",比较通顺,可采。"作配在下","人君"与下文不衔接,此文是穆王告诫,"官伯族姓"为正解,康熙的"尔等有代天理刑之责",兼采唐孔的"天不自治"为善解,当采。"明清于单辞","明清","诚敬笃至"可通,但与前文重复,汉孔的"听讼当清审"较为通畅,稍优,可采。"单辞","一人独言"、"偏辞"、"无证之辞"为同义或近义,在此句可通,但与下文衔接时显然突兀。以"单"为"尽",解为"使民得尽其辞",上下文贯通,是善解,当采。整句可以解说为：

现在,天有意治民而不自治,你们在下配合代天理刑之责；听讼应当清审,使民得以尽其辞。

（四）民之乱，罔不中听狱之两辞，无或私家于狱之两辞

笔者引证解说此句的有,汉孔,唐孔,宋人苏轼、林之奇、吕祖谦、夏僎、张九成、黄伦、史浩、胡士行、陈大猷、陈经,元人王充耘、吴澄,明人刘三吾、邱濬,清帝康熙。

1. 民之乱

此段"乱"大多解为"治"。《尚书注疏》汉孔传解为,"民之所以治"。唐孔疏仅转述。[①] 据宋人黄伦《尚书精义》,张九成解同汉孔。[②] 解

[①] "传,民之所以治"疏,"民之所以治者"。（汉）孔氏传、（唐）陆德明音义、（唐）孔颖达疏《尚书注疏》卷十八《周书·吕刑》,《钦定四库全书》本。

[②] 无垢曰,"夫民之所以治者"。（宋）黄伦：《尚书精义》卷四十九《吕刑》,《钦定四库全书》本。

同汉孔的还有宋人史浩《尚书讲义》。① 元人王充耘《读书管见》解为，"治民之道"，无不"中听狱之两辞"。② 宋人蔡沉《书经集传》解"乱"为"治"。③

另有他解。宋人苏轼《书传》指说，"欲济民于险难"。④ 宋人胡士行《胡氏尚书详解》解"乱"为"争竞纷纭"。⑤

2. 罔不中听狱之两辞

此段大多为评论，有论者解"中"为"中正"、"中正之道"、"中正之心"，"两辞"为"两造之辞"。《尚书注疏》汉孔传解"中"为"中正"，以"典狱"为主语，将此段解说为"由典狱之无不以中正听狱之两辞"。并说"两辞，弃虚从实"。而"刑狱清，则民治"。唐孔疏说"由以中正之故，下民得治"。唐孔指"狱之两辞"为"两人竞理，一虚一实"。并评论，民之所以得治，在于典狱之官。实者枉屈，虚者得理，民因此"不得治"。弃虚从实，实者得理，虚者受刑，那么，虚者不敢"更讼"，于是刑狱清而民治。孔子称必"使无讼"就是指此。⑥

宋人苏轼《书传》说，当"竭"其中，以听两辞。⑦ 宋人林之奇《尚书全解》说，民"治"的缘故，是由于"其听狱之两辞而无不中"。

---

① "盖以民之治。"（宋）史浩：《尚书讲义》卷二十《吕刑》，《钦定四库全书》本。
② "乱者，治也，言治民之道，无不中听狱之两辞。"（元）王充耘：《读书管见》卷下《吕刑》，《钦定四库全书》本。
③ "乱，治也。"（宋）蔡沉：《书经集传》卷六《吕刑》，《钦定四库全书》本。
④ "欲济民于险难者。"（宋）苏轼：《书传》卷十九《周书·吕刑第二十九》，《钦定四库全书》本。
⑤ "乱，争竞纷纭。"（宋）胡士行：《尚书详解》卷十二《周书·吕刑第二十九》，《钦定四库全书》本。
⑥ 传，"由典狱之无不以中正听狱之两辞。两辞，弃虚从实。刑狱清，则民治"。疏，"由狱官无有不用中正听讼之两辞，由以中正之故，下民得治"。"狱之两辞谓两人竞理，一虚一实。实者枉屈，虚者得理，则此民之所以不得治也。民之所以得治者，由典狱之官。其无不以中正之心，听狱之两辞，弃虚从实，实者得理，虚者受刑。虚者不敢更讼，则刑狱清而民治矣。孔子称必也使无讼乎，谓此也。"（汉）孔氏传、（唐）陆德明音义、（唐）孔颖达疏《尚书注疏》卷十八《周书·吕刑》，《钦定四库全书》本。
⑦ "当竭其中，以听两辞也。"（宋）苏轼：《书传》卷十九《周书·吕刑第二十九》，《钦定四库全书》本。

为此，曲直得其当，无辜者不至于枉滥，有罪者不至于"侥倖"而免。例举伯州犁、苗民作为反证。① 据宋人时澜《增修东莱书说》，吕祖谦说，单辞确实"难听"，然而"不常值"。"凡日"所听，无非两辞。于是又戒之。民得以"治"，罔不由中。听讼之两辞，假如"有偏仄"，将会"无所措手足"。② 宋人夏僎《尚书详解》解说，上文已说单辞当明清以听之，此处又说，单辞虽不可轻听，两辞也"不可不察"。两辞，就是前文"两造之辞"。民有两家争执，曲直不分，"纷纷淆乱"，无由自定。只有典狱"执中道"以听之，不偏于彼，也不偏于此，才能"中其情"，当其罪。于是，枉者得以曲，恶者无所逃，"民安得而不治"。③ 宋人史浩《尚书讲义》说是，罔不"以中"，中，就是"两辞必有折衷"。④ 宋人黄伦《尚书精义》引张九成解说为"以典狱之官先得理之中"，"中"为"得理之中"。⑤ 明人刘三吾《书传会选》，引宋人陈大猷，以中而听两辞。⑥ 宋人黄度《尚书说》解说为，民之治，无不由中于听狱之两辞。⑦ 宋人陈经《陈氏尚书详解》说是，陈述单辞之后，随即又提及两辞。天下之民，得

---

① "民之所以治者，以其听狱之两辞，而无不中，则曲直得其当，无辜者不至于枉滥，而有罪者不至于侥倖而免也。穿封戌与公子围争郑囚，正于伯州犁。伯州犁则上下其手，此听两辞而不中者也。苗民之泯泯棼棼，以其罔差有辞，则民之治岂不自于中听两辞乎。"（宋）林之奇：《尚书全解》卷三十九《吕刑·周书》，《钦定四库全书》本。
② "单辞固难听，然不常值。凡日之所听者，无非两辞也。故复戒之。民之所以治，罔不由中。听讼之两辞，而有偏仄，是将无所措手足矣。"（宋）时澜：《增修东莱书说》卷三十四《周书·吕刑第二十九》，《钦定四库全书》本。
③ "民之乱罔不中听于狱之两辞者，吕侯上既言单辞当明清以听之，此又言单辞虽不可轻听，而两辞不可不察。两辞，即前所谓两造之辞也。吕侯谓民有两家争执，曲直不分，则纷纷淆乱，无由自定。惟得典狱者执中道以听之，不偏于彼，亦不偏于此，则中其情，当其罪。枉者得以曲，恶者无所逃，民安得而不治哉。此所以谓之民之乱，罔不中听于狱之两辞也。"（宋）夏僎：《尚书详解》卷二十五《吕刑》，《钦定四库全书》本。
④ "罔不以中，中则两辞必有折衷。"（宋）史浩：《尚书讲义》卷二十《吕刑》，《钦定四库全书》本。
⑤ 无垢曰，"以典狱之官先得理之中"。（宋）黄伦：《尚书精义》卷四十九《吕刑》，《钦定四库全书》本。
⑥ 陈氏大猷曰，"以中而听两辞也"。（明）刘三吾：《书传会选》卷六《吕刑》，《钦定四库全书》本。
⑦ "民之治，无不由中于听狱之两辞者。"（宋）黄度：《尚书说》卷七《周书·吕刑》，《钦定四库全书》本。

以"治",无不在典狱能以"中道"听狱之两辞。讼者之辞,有直,必有曲,有是,必有非。直其所直,而不直其所曲;是其所是,而不是其所非。"非"就曲,而非者不敢怨,"是"就直,而是者无所冤,民怎得不治?如果不是这样,就"是非曲直不当"了。①

《钦定书经传说汇纂》引明人邱濬,狱辞之初造者必单,俗称一面之辞。及两造其备,就有两辞,用"清明之心行乎今日中正之道"。② 康熙《御制日讲书经解义》说,两辞易于偏听,要是"一失其中",民不可治。今民之治,正由典狱之官能以"中正之心",听断两家之辞。③

3. 无或私家于狱之两辞

此段"私家"有两解。一解"受货听诈"。《尚书注疏》汉孔传解"无或"为典狱"无敢有",而"私家"为"受货听诈成私家"。唐孔疏说,"勿于"狱之"两家"受货致富。由于典狱"知其虚","受其货",而"听其诈"。结果,诈者虚而得理,狱官致富成"私家"。唐孔认为,此民之所以乱,所以"戒诸侯","无使狱官成私家于狱之两辞"。④ 宋人林之奇《尚书全解》解说,不可以狱之两辞而为私家,"以狱为家",就"惟货是视",不复问"两家之曲直"。⑤ 宋人夏僎《尚书详解》解说,狱

---

① "既曰单辞矣,又言其两辞,天下之民,所以得其治者,无不在夫典狱者,能以中道而听夫狱之两辞。讼者之辞,有直,则必有曲;有是,则必有非。直其所直,而不直其所曲;是其所是,而不是其所非。非则曲,而非者不敢怨;是则直,而是者无所冤,民安得不治乎。如其不然,则是非曲直不当,民奚赖焉。"(宋)陈经:《尚书详解》卷四十七《周书·吕刑》,《钦定四库全书》本。
② "邱氏濬曰,狱辞之初造者必单,俗所谓一面之辞也。及夫两造其备,则有两辞矣。必即其两者之辞而折之以中道,用吾前日清明之心行乎今日中正之道。"《钦定书经传说汇纂》卷二十一,《钦定四库全书》本。
③ "两辞易于偏听,苟一失其中,而民不可治矣。今民之治,正由典狱之官能以中正之心听断两家之辞。"《日讲书经解义》卷十三《吕刑》,《钦定四库全书》本。
④ "传,典狱无敢有受货听诈,成私家于狱之两辞。"疏,"汝狱官无有敢受货赂,成私家于狱之两辞,勿于狱之两家受货致富"。"典狱知其虚,受其货,而听其诈。诈者虚而得理,狱官致富成私家,此民之所以乱也。故戒诸侯,无使狱官成私家于狱之两辞。"(汉)孔氏传、(唐)陆德明音义、(唐)孔颖达疏《尚书注疏》卷十八《周书·吕刑》,《钦定四库全书》本。
⑤ "不可以狱之两辞而为私家,以狱为家,则惟货是视,不复问乎两家之曲直也。"(宋)林之奇:《尚书全解》卷三十九《吕刑·周书》,《钦定四库全书》本。

有两辞,由曲直不能决,因此,求决于典狱之官。要是竟然不循公理,不别是非,而私于其家,黩货以鬻狱,以曲为直,认非作是,怎足以致民之治。① 宋人黄度《尚书说》说,私家,是指"位临势迫、货赂请求"。狱之两辞,都"徇其志",而私家之也。单辞,无对,还未变乱;私家两辞,就"不复可信"。②《钦定书经传说汇纂》引宋人徐侨,不得以狱之两辞为私家之利,是说"狱以贿成"。③ 宋人史浩《尚书讲义》论说,怎会再有"私家之患",在于"私家",非"公而忘私","国而忘家"之人。④ 宋人胡士行《胡氏尚书详解》说,私于其家,黩货鬻狱。⑤ 元人吴澄《书纂言》说,不中,听狱者所见之偏。私家于狱,必受货赂。⑥ 康熙《御制日讲书经解义》说,尔等慎勿借此两家之辞为"私家囊橐"之计,"纳货鞫狱"而失其平。⑦

一解"私意"。据宋人时澜《增修东莱书说》,吕祖谦说,怎可用"私意而家于"狱之两辞。家,出没变化于两辞之中,成为"囊橐窟穴"。⑧ 宋人黄伦《尚书精义》引张九成说,私家,指"私喜私怒",其下至于"纳赂受贿以乱曲直"的都是。张九成认为,无私喜无私怒,以

---

① "无或私家于狱之两辞者,谓狱所以有两辞,由曲直不能决,故求决于典狱之官。今乃不循公理,不别是非,而乃私于其家,而黩货以鬻狱,遂至以曲为直,认非作是,岂足以致民之治哉。此吕侯所以惟欲其中听,而不欲私于家也。"(宋)夏僎:《尚书详解》卷二十五《吕刑》,《钦定四库全书》本。
② "私家,谓位临势迫、货赂请求。狱之两辞,皆徇其志,而私家之也。单辞,无对耳,犹未变乱;私家两辞,则不复可信矣。"(宋)黄度:《尚书说》卷七《周书·吕刑》,《钦定四库全书》本。
③ "徐氏侨曰,无以狱之两辞为私家之利,谓狱以贿成也。"《钦定书经传说汇纂》卷二十一,《钦定四库全书》本。
④ "岂复有私家之患乎。私家者,非公而忘私,国而忘家之人也。"(宋)史浩:《尚书讲义》卷二十《吕刑》,《钦定四库全书》本。
⑤ "私于其家,黩货鬻狱。"(宋)胡士行:《尚书详解》卷十二《周书·吕刑第二十九》,《钦定四库全书》本。
⑥ "不中,听狱者所见之偏尔。私家于狱者,必受货赂也。"(元)吴澄:《书纂言》卷四下《吕刑》,《钦定四库全书》本。
⑦ "尔等慎勿借此两家之辞为私家囊橐之计,纳货鞫狱而失其平也。"《日讲书经解义》卷十三《吕刑》,《钦定四库全书》本。
⑧ "其可用私意而家于狱之两辞乎。家云者,出没变化于两辞之中,以为囊橐窟穴者也。"(宋)时澜:《增修东莱书说》卷三十四《周书·吕刑第二十九》,《钦定四库全书》本。

此听狱之两辞，于是"直者得理，曲者服刑"。曲直在彼，而"我无一毫私心"变动于其间，由此"君子有所怙，小人有所惧"。在张九成看来，不能"分"两辞之曲直，"多由私家乱之"。不能不"以私家为戒"。①《钦定书经传说汇纂》引宋人叶梦得，私家，私其家。② 宋人陈经《陈氏尚书详解》说，要是"或容私其间"，那么，两辞必不得其正，直者"未必有曲"，"曲者反得直"。③ 元人王充耘《读书管见》说，"单辞"只是"一面辞"，因此应当"明清以听之两辞"，那么，各执一说，"非单辞之比"。"主于中"以听之，未可有所"偏主"。私家，是"偏有所主"的意思。就是说，以私意而"主于原告"，那么，"被告虽有理"也不肯听；"主于被告"，那么，"原告虽得实"也不肯信。这样就不能称之为"中"。④ 元人吴澄《书纂言》说："家者，人之所私。私家，谓私之如家。"⑤

宋人蔡沉《书经集传》未解此句，称"文有未详者姑缺之"。⑥

4. 叙评

此句，"民之乱"，"乱"大多解为"治"，或称"民之所以治"，或称"治民之道"。"罔不中听狱之两辞"，"中"，或为"中正"，或为"中正之道"，或为"中正之心"；"两辞"为"两造之辞"。"无或私家于狱

---

① 无垢曰："无私喜无私怒，以此听狱之两辞，则直者得理，曲者服刑。曲直在彼，而我无一毫私心变动于其间焉。所以君子有所怙，小人有所惧。又曰不能分两辞之曲直者，多由私家乱之也。私家云者，私喜私怒，其下至于纳赂受贿以乱曲直者皆是也。可不以私家为戒乎。"（宋）黄伦：《尚书精义》卷四十九《吕刑》，《钦定四库全书》本。

② "叶氏梦得曰，私家私其家也。"《钦定书经传说汇纂》卷二十一，《钦定四库全书》本。

③ "无或私家于狱之两辞，苟或容私其间，则两辞必不得其正，直者未必有曲，曲者反得直矣。"（宋）陈经：《尚书详解》卷四十七《周书·吕刑》，《钦定四库全书》本。

④ "无或私家于狱之两辞，盖单辞者只是一面辞，惟当明清以听之两辞，则各执一说，非单辞之比。主于中以听之，未可有所偏主。私家者，偏有所主之谓也。盖以私意而主于原告，则被告虽有理亦不肯听矣；主于被告，则原告虽得实，亦不肯信矣。如此，则安得为中。"（元）王充耘：《读书管见》卷下《吕刑》，《钦定四库全书》本。

⑤ "家者，人之所私。私家，谓私之如家。"（元）吴澄：《书纂言》卷四下《吕刑》，《钦定四库全书》本。

⑥ "此章文有未详者姑缺之。"（宋）蔡沉：《书经集传》卷六《吕刑》，《钦定四库全书》本。

之两辞",一解或称"受货听诈成私家",或称"狱以贿成",或称"以狱为家","惟货是视",或称"私于其家","黩货以鬻狱",或称"位临势迫、货赂请求",或称"私于其家,黩货鬻狱"。一解或称"用私意而家于狱之两辞","家",指说"出没变化于两辞之中",或称"私喜私怒",或称"容私其间",或称"偏有所主"。

笔者以为,"民之乱",可取王充耘的"治民之道"。"中",康熙的"中正之心"较为贴切,可采。"两辞",可取夏僎的"两造之辞"。"无或"取汉孔的"无敢有"。"私家"两解都通,只是货赂与后文重复,不可取;"私意"为正解。兼采苏轼的"用私意"、张九成的"私喜私怒"、王充耘的"偏有所主",可为善解。整句可以解说为:

治民之道,无不是用中正之心听取诉讼双方的供词;不得以私意喜怒偏向听从一方之词。

(五)狱货非宝,惟府辜功,报以庶尤

笔者引证解说此句的有,汉孔,唐孔,宋人苏轼、林之奇、吕祖谦、夏僎、张九成、黄伦、黄度、史浩、蔡沉、陈经,元人吴澄、朱祖义、王充耘,清帝康熙。

1. 狱货非宝

此段几无歧义。《尚书注疏》汉孔传解"狱货"为"受狱货","宝"为"家宝"。唐孔疏"狱货"为"治狱受货"。[①] 宋人苏轼《书传》说是指,狱货"非所以为"宝。[②] 宋人林之奇《尚书全解》近似苏轼。[③] 宋人黄伦《尚书精义》引张九成,解"狱货"为"鬻狱得货","非宝"为

[①] "传,受狱货非家宝也"。疏,"治狱受货非家宝也"。"受狱货非是家之宝也。"(汉)孔氏传、(唐)陆德明音义、(唐)孔颖达疏《尚书注疏》卷十八《周书·吕刑》,《钦定四库全书》本。

[②] "言狱货非所以为宝也。"(宋)苏轼:《书传》卷十九《周书·吕刑第二十九》,《钦定四库全书》本。

[③] "夫以狱得货者,非所以为宝也。"(宋)林之奇:《尚书全解》卷三十九《吕刑·周书》,《钦定四库全书》本。

"人见其为宝"，实际"非宝"。① 宋人夏僎《尚书详解》接上文说，在告知"两辞不可以私于家，而至于黩货以妄决"之后，随之就告诫，缘狱得货虽足以"致一时之富"，"实非以为宝"。② 宋人黄度《尚书说》说，以狱受货，何能为宝。③ 宋人蔡沉《书经集传》解"狱货"为"鬻狱而得货"。④ 元人王充耘《读书管见》指称"鬻狱而得货"，"岂足以为宝"。⑤ 康熙《御制日讲书经解义》说，以狱得货，不足为宝。⑥

2. 惟府辜功

此段"功"有三解。一解为"事"。《尚书注疏》汉孔传说，"惟聚罪之事"。唐孔疏"府"为"聚"，"功"为"事"，指说，"惟最聚近罪之事"。又疏"惟是聚罪之事"，说，"言汝身多违，则不达虚言戒行急恶疏非虚论矣"。⑦ 四库馆臣考证说，此"数句不可解，疑有脱误"。⑧

一解为"迹"，"辜功"为"罪状"。宋人苏轼《书传》解"府"为"聚"，"辜功"为"罪状"。说，古者论罪有"功、意"，"功，其迹状"。苏轼认为此段是指，只给"汝"典狱者"聚罪状"。⑨ 宋人黄伦《尚书精义》载张九成引苏轼。张九成例举《纲鉴易知录》姚坦"但见血山，安得假山"

---

① 无垢"又曰：鬻狱得货，人见其为宝耳，非宝也。"（宋）黄伦：《尚书精义》卷四十九《吕刑》，《钦定四库全书》本。
② "吕侯既言两辞不可以私于家，而至于黩货以妄决，于是遂戒之曰，缘狱得货虽足以致一时之富，实非以为宝也。"（宋）夏僎：《尚书详解》卷二十五《吕刑》，《钦定四库全书》本。
③ "以狱受货，何能为宝。"（宋）黄度：《尚书说》卷七《周书·吕刑》，《钦定四库全书》本。
④ "狱货，鬻狱而得货也。"（宋）蔡沉：《书经集传》卷六《吕刑》，《钦定四库全书》本。
⑤ "狱货非宝，惟府辜功，言鬻狱而得货，岂足以为宝。"（元）王充耘：《读书管见》卷下《吕刑》，《钦定四库全书》本。
⑥ "以狱得货，不足为宝。"《日讲书经解义》卷十三《吕刑》，《钦定四库全书》本。
⑦ "传，惟聚罪之事。"疏，"惟是聚罪之事，言汝身多违，则不达虚言戒行急恶疏非虚论矣。""府聚也。功事也。""惟最聚近罪之事尔。"（汉）孔氏传、（唐）陆德明音义（唐）孔颖达疏《尚书注疏》卷十八《周书·吕刑》，《钦定四库全书》本。
⑧ "惟府辜功疏言汝身多违则不达虚言戒行急恶疏非虚论矣，数句不可解疑有脱误各本并同仍之。"（汉）孔氏传、（唐）陆德明音义、（唐）孔颖达疏《尚书注疏》卷十八《考证》，《钦定四库全书》本。
⑨ "府，聚也，辜功，犹言罪状也。古者论罪有功意，功其迹状也。""但与汝典狱者聚罪状耳。"（宋）苏轼：《书传》卷十九《周书·吕刑第二十九》，《钦定四库全书》本。

之说，以说明"狱货非宝"，而"聚众祸"。张九成问道，取祸入门，"稍知利害"的人做吗？而贪吏"见金不见祸"，"其亦可哀"。于是穆王指狱货为祸，"使知所警"。①宋人黄度《尚书说》解"府"为"聚"。聚其罪而成之。黄度评论说，善不积，不足以成名，恶不积不足以灭身。善恶必积，而后成名灭身，都"有其效"。②宋人蔡沉《书经集传》解"府"为"聚"，"辜功"为"罪状"。③元人王充耘《读书管见》说，不过"聚蓄辜罪之显迹"。④康熙《御制日讲书经解义》解"府"为"聚"，"辜功"为"罪状"。实为罪状之府。⑤

一解"自以为功"。宋人林之奇《尚书全解》解"府"为"聚"。"惟聚其罪"，是指"必将败露而获罪"。功，是指罪积于身，而"自以为功"。⑥宋人夏僎《尚书详解》解说，只是"积聚罪恶"，"罪大而为功"，那么，辜功，是指聚罪"自黩货者言之"，却以此为"功"。⑦宋人史浩《尚书讲义》解说，既然说是"私家"，就"必总于货"，"必辜有功"。那么，"总货则悖"，"辜功则诬"。于是刑不能得"平"。⑧元人朱祖义

---

① 无垢曰："乃聚罪状耳。东坡云，辜功犹罪状也，古者论罪，有功其迹状也。此意犹昔人作假山，其傅曰此非假山也，乃血山耳，以言狱货非宝也，乃聚众祸耳。取祸入门，稍知利害者为之乎，而贪吏见金不见祸，其亦可哀也。故穆王指狱货为祸，使知所警焉。"（宋）黄伦：《尚书精义》卷四十九《吕刑》，《钦定四库全书》本。
② "惟聚其罪而成之耳。府，聚也。善不积，不足以成名，恶不积不足以灭身。善恶必积，而后成名灭身，皆有其效焉。"（宋）黄度：《尚书说》卷七《周书·吕刑》，《钦定四库全书》本。
③ "府，聚也。辜功，犹云罪状也。"（宋）蔡沉：《书经集传》卷六《吕刑》，《钦定四库全书》本。
④ "不过聚蓄辜罪之显迹耳。"（元）王充耘：《读书管见》卷下《吕刑》，《钦定四库全书》本。
⑤ "府，聚也。辜功，犹云罪状。""实为罪状之府。"《日讲书经解义》卷十三《吕刑》，《钦定四库全书》本。
⑥ "惟聚其罪耳。府，聚也，言必将败露而获罪也。功者言罪积于身，而自以为功耳。"（宋）林之奇：《尚书全解》卷三十九《吕刑·周书》，《钦定四库全书》本。
⑦ "但积聚罪恶，至于罪大而为功。""此言辜功，如经言凶德、暴德一同，凶暴岂德也哉。自凶暴者言之，则自以为德，聚罪自黩货者言之，则以此为功耳。"（宋）夏僎：《尚书详解》卷二十五《吕刑》，《钦定四库全书》本。
⑧ "既曰私家，必总于货，必辜有功。总货则悖，辜功则诬。刑安得平乎。"（宋）史浩：《尚书讲义》卷二十《吕刑》，《钦定四库全书》本。

《尚书句解》说，如府库聚财，以聚罪恶于一身，反以罪人为功。①

元人吴澄《书纂言》解"府"为"主案牍"，"辜功"为"以入人之罪为功"。"狱之所以私"，也有不"以财宝为货"，只是主吏"欲以人之罪为己之功"，于是"故以陷人"。②

3. 报以庶尤

此段"庶尤"有三解。一解"众人见罪"。《尚书注疏》汉孔传解为"其报则以众人见罪"。唐孔疏"报"为"天报"，说"多聚罪则天报汝"；"庶尤"为"以众人见被尤怨"而"罚责之"。认为，"罪多必有恶报"，众人"见罪"多，天必报以"祸罚"。所以下句"戒令"畏天罚之。③

一解"众罪"。宋人苏轼《书传》解说为，"我报汝以众罪"。④ 宋人林之奇《尚书全解》解说为，"必将报汝以众罪而诛殛之"。报，就如报虐以威，"有是恶"就"必有是报"，都是"出乎尔"，"反乎尔"。⑤ 宋人夏僎《尚书详解》解说为，天必报之以"众祸"。⑥ 宋人史浩《尚书讲义》解为"天实报"人庶尤，交作罪"丛"一身。⑦

---

① "但如府库聚财，以聚罪恶于一身，反以罪人为功耳。"（元）朱祖义：《尚书句解》卷十二《吕刑第二十九》，《钦定四库全书》本。
② "然府主案牍者。辜功，以入人之罪为功也。然狱之所以私，亦有非以财宝为货者，惟主吏欲以人之罪为己之功，则故以陷人。"（元）吴澄：《书纂言》卷四下《吕刑》，《钦定四库全书》本。
③ 传，"其报则以众人见罪"。疏，"多聚罪则天报汝，以众人见被尤怨而罚责之"。"罪多必有恶报，其报则以众人见罪也。众人见罪者多，天必报以祸罚。故下句戒令畏天罚之。众人见罪者多，天必报以祸罚汝。"（汉）孔氏传、（唐）陆德明音义、（唐）孔颖达疏《尚书注疏》卷十八《周书·吕刑》，《钦定四库全书》本。
④ "我报汝以众罪。"（宋）苏轼：《书传》卷十九《周书·吕刑第二十九》，《钦定四库全书》本。
⑤ "则必将报汝以众罪而诛殛之也。报者，亦如报虐以威，有是恶则必有是报，皆是出乎尔者，反乎尔者也。"（宋）林之奇：《尚书全解》卷三十九《吕刑·周书》，《钦定四库全书》本。
⑥ "天必报之以众祸。"（宋）夏僎：《尚书详解》卷二十五《吕刑》，《钦定四库全书》本。
⑦ "天实报人庶尤，交作罪丛一身。"（宋）史浩：《尚书讲义》卷二十《吕刑》，《钦定四库全书》本。

一解"百殃"。宋人黄度《尚书说》说"报以庶尤,不有人祸,必有天殃,言其事非一也"。① 宋人黄伦《尚书精义》引张九成说,作善,"降之百祥";作不善,"降之百殃"。张九成认为,这是"天理之自然"。人以"冤枉求正于我",而我"受人货赂",变是为非,乱曲为直,这就是"作不善"。报以庶尤,就是"降之百殃"的意思。② 宋人蔡沉《书经集传》说,降之百殃。③ 元人王充耘《读书管见》说是"他日受报","将"报以庶尤,必定"降之百殃"。④ 康熙《御制日讲书经解义》说,庶尤,百殃。必将报之百殃。⑤

以下为评论。据宋人时澜《增修东莱书说》,吕祖谦接上句解说,所以如此,必有利而"然",于是"戒之",使之知狱货不能作为宝。货积,罪也积,只是成为"聚汝辜罪"的功状,终会有偿罪之时。取货时,"固欲其多",而至报以庶尤时,众罪"交至",就难以承受。"受货为富",要是可喜,"计货为罪"确实可惧。⑥ 宋人陈经《陈氏尚书详解》说是指"鬻狱之祸"。以狱而得人之货贿,不足以为宝,适以"聚其罪之功"。一时之间得利,人情都以为益,而不知其实有祸害。其报应,必以庶尤,就是说,百殃俱至。⑦

---

① "报以庶尤,不有人祸,必有天殃,言其事非一也。"(宋)黄度:《尚书说》卷七《周书·吕刑》,《钦定四库全书》本。
② 无垢"又曰,作善,降之百祥;作不善,降之百殃。此天理之自然者。人以冤枉求正于我,而我受人货赂,变是为非,乱曲为直,此正作不善者也。报以庶尤,即降之百殃之谓也"。(宋)黄伦:《尚书精义》卷四十九《吕刑》,《钦定四库全书》本。
③ "报以庶尤者,降之百殃也。"(宋)蔡沉:《书经集传》卷六《吕刑》,《钦定四库全书》本。
④ "他日受报,将报以庶尤,殆降之百殃也。"(元)王充耘:《读书管见》卷下《吕刑》,《钦定四库全书》本。
⑤ "庶尤,百殃也。""必将报之百殃。"《日讲书经解义》卷十三《吕刑》,《钦定四库全书》本。
⑥ "其所以如此者,盖必有所利而然。故戒之以狱货非宝,惟府辜功,报以庶尤,使之知狱货非所以为宝。货积而罪亦积,乃所以聚汝辜罪之功状,终有时而偿。取货之时,固欲其多。至报以庶尤之时,众罪交至,岂汝所能胜乎。受货为富,若可喜,计货为罪诚可惧也。"(宋)时澜:《增修东莱书说》卷三十四《周书·吕刑第二十九》,《钦定四库全书》本。
⑦ "狱货非宝,惟府辜功,报以庶尤,此深言鬻狱之祸。以狱而得人之货贿者,不足以为宝,适以聚其罪之功。尔一时之间得利,则人情皆以为益,而不知其实有祸害。其报应也,必以庶尤,言百殃俱至也。"(宋)陈经:《尚书详解》卷四十七《周书·吕刑》,《钦定四库全书》本。

4. 叙评

此句，"狱货非宝"无歧义，"狱货"或为"受狱货"，或为"治狱受货"，或为"鬻狱得货"，或为"缘狱得货"，或为"以狱得货"。"非宝"有论称"不足为宝"。"惟府辜功"，"功"有三解。一解为"事"。一解为"迹"，或为"显迹"；"辜功"为"罪状"，或为"众祸"。一解"自以为功"。"府"大多解为"聚"。"报以庶尤"，"庶尤"，或为"众人见罪"，或为"众罪"，或为"百殃"。"报"，或为"天报"，或为"我报"。

笔者以为，"狱货"几解，张九成的"鬻狱得货"较为贴切，可采。"非宝"采康熙的"不足为宝"。"功"三解都可通。苏轼解"辜功"为"罪状"较为贴切，可采。"府"取汉孔的"聚"。"庶尤"三解也都可通，"众人见罪"稍逊，苏轼的"众罪"、张九成的"百殃"，可以兼采，并取张九成的"见金不见祸"。"报"，苏轼的"我报"与下文不符，唐孔的"天报"为正解。整句可以解说为：

断狱枉法，收取贿赂，不足为宝，只能是集聚罪状；见金不见祸，天将会报以众罪百殃。

（六）永畏惟罚，非天不中，惟人在命

笔者引证解说此句的有，汉孔，唐孔，宋人苏轼、林之奇、张九成、夏僎、黄伦、黄度、史浩、陈大猷、陈经，元人王充耘、吴澄，明人胡广、刘三吾，清帝康熙。

1. 永畏惟罚

此段无歧义。"罚"大多指说是"天罚"。《尚书注疏》汉孔传解"永畏"为"当长畏惧"，"罚"为"为天所罚"。唐孔疏仅加"诸侯等"字样。① 宋人

---

① "传，当长畏惧，惟为天所罚。"疏，"汝当长畏，惟天所罚。""诸侯等当长畏惧，为天所罚。"（汉）孔氏传、（唐）陆德明音义、（唐）孔颖达疏《尚书注疏》卷十八《周书·吕刑》，《钦定四库全书》本。

苏轼《书传》解说，"所当长畏者天罚"，① 近似汉孔。宋人林之奇《尚书全解》接上句解说，"所长可畏者，惟是天罚"，也近似汉孔。② 宋人夏僎《尚书详解》解说，官伯族姓应当长久深畏的就是"天罚"。③ 宋人黄伦《尚书精义》引张九成说，永畏，"非一朝一夕之畏"。张九成指称，"天罚昭然如此"，自古及今"不昧"，不可不"长久畏之"。④ 明人刘三吾《书传会选》引宋人陈大猷，鬻狱而降罚。⑤ 康熙《御制日讲书经解义》说，怎可不永畏此天罚。⑥

以下是评论。宋人史浩《尚书讲义》接上句说，不可"不惧"。因此，圣贤之人，要是知晓"用中"，那么就会"永畏刑罚"。⑦ 宋人黄度《尚书说》说是指，"永可畏"就是罚。穆王将"以赎法惩天下"，于是以"其羞恶之心"而"表异之"，以为庶尤"最可畏"的在此。⑧ 宋人陈经《陈氏尚书详解》说，天道"福善"，"祸淫之罚可畏"，当永畏之，"不可暂畏之而暂止"。⑨ 元人王充耘《读书管见》只作评论，认为"前言朕敬于刑，后言永畏惟罚"，是"以刑罚对言"，而"以敬畏互言"。引前文"罚惩非死，人极于病"，指说，固当"敬刑"，也当"畏""罚"。⑩

---

① "而所当长畏者天罚也。"（宋）苏轼：《书传》卷十九《周书·吕刑第二十九》，《钦定四库全书》本。
② "狱货者必报以庶尤，则所长可畏者，惟是天罚也。"（宋）林之奇：《尚书全解》卷三十九《吕刑·周书》，《钦定四库全书》本。
③ "然则官伯族姓所当长久深畏者，果何事哉，惟此天罚而已。"（宋）夏僎：《尚书详解》卷二十五《吕刑》，《钦定四库全书》本。
④ 无垢曰："天罚昭然如此，自古及今所不昧者也。其可不长久畏之乎。永畏云者，非一朝一夕之畏也。"（宋）黄伦：《尚书精义》卷四十九《吕刑》，《钦定四库全书》本。
⑤ "陈氏大猷曰，鬻狱而降罚。"（明）刘三吾：《书传会选》卷六《吕刑》，《钦定四库全书》本。
⑥ "而岂可不永畏此天罚乎。"《日讲书经解义》卷十三《吕刑》，《钦定四库全书》本。
⑦ "可不惧哉。是以圣贤之人，苟知用中，则所永畏者刑罚也。"（宋）史浩：《尚书讲义》卷二十《吕刑》，《钦定四库全书》本。
⑧ "其永可畏者惟罚乎，穆王将以赎法惩天下，故因其羞恶之心而表异之，以为庶尤之最可畏者在此。"（宋）黄度：《尚书说》卷七《周书·吕刑》，《钦定四库全书》本。
⑨ "永畏惟罚，天道福善，祸淫之罚可畏，当永畏之，不可暂畏之而暂止也。"（宋）陈经：《尚书详解》卷四十七《周书·吕刑》，《钦定四库全书》本。
⑩ "前言朕敬于刑，后言永畏惟罚，以刑罚对言，而以敬畏互言也。罚惩非死，人极于病，刑固当敬也，罚独不可畏乎。"（元）王充耘：《读书管见》卷下《吕刑》，《钦定四库全书》本。

元人吴澄《书纂言》说，治狱而私，天必报之以庶尤。天罚今虽未报，终久可畏。①

2. 非天不中

此段，有称"天道"，有称"中道"，似无歧义。《尚书注疏》汉孔传解，"非天道不中"。唐孔疏近似转述。② 明人刘三吾《书传会选》引陈氏大猷曰，"非天道失中"。③

宋人黄伦《尚书精义》引张九成说，鬻狱而"变是非，乱曲直"，天于是就"降之殃祸"，这是必然之理，并非天"不以中道待人"。④ 宋人夏僎《尚书详解》说，天降此罚，并非天不以"中道"待人，而"过为"此酷罚以毒人。⑤ 宋人蔡沉《书经集传》说，并非天不以中道待人。⑥ 康熙《御制日讲书经解义》说，非天不以中道待人"偏罚之"。⑦

宋人黄度《尚书说》解说，"天岂有不中"。⑧ 宋人陈经《陈氏尚书详解》解说，天之于人"何尝不中"。⑨ 宋人史浩《尚书讲义》解说，"天罚之"，非天不中。⑩ 元人王充耘《读书管见》认为，非天不中"以

---

① "治狱而私，天必报之以庶尤。今虽未报，终久可畏者，惟天罚也。"（元）吴澄：《书纂言》卷四下《吕刑》，《钦定四库全书》本。
② 传，"非天道不中"。疏，"天罚汝者，非是天道不中"。"天之罚人，非天不得其中。"（汉）孔氏传、（唐）陆德明音义、（唐）孔颖达疏《尚书注疏》卷十八《周书·吕刑》，《钦定四库全书》本。
③ 陈氏大猷曰："非天道失中。"（明）刘三吾：《书传会选》卷六《吕刑》，《钦定四库全书》本。
④ 无垢"又曰鬻狱而变是非，乱曲直，天乃降之殃祸，此必然之理也，岂天不以中道待人哉"。（宋）黄伦：《尚书精义》卷四十九《吕刑》，《钦定四库全书》本。
⑤ "然天之所以降此罚者，又非天不以中道待人，而过为此酷罚以毒夫人也。"（宋）夏僎：《尚书详解》卷二十五《吕刑》，《钦定四库全书》本。
⑥ "非天不中，惟人在命者，非天不以中道待人。"（宋）蔡沉：《书经集传》卷六《吕刑》，《钦定四库全书》本。
⑦ "非天不以中道待人而编罚之。"《日讲书经解义》卷十三《吕刑》，《钦定四库全书》本。
⑧ "天岂有不中哉。"（宋）黄度：《尚书说》卷七《周书·吕刑》，《钦定四库全书》本。
⑨ "非天不中，惟人在命，天之于人何尝不中哉。"（宋）陈经：《尚书详解》卷四十七《周书·吕刑》，《钦定四库全书》本。
⑩ "天之罚之，非天不中。"（宋）史浩：《尚书讲义》卷二十《吕刑》，《钦定四库全书》本。

下"的内容，明确说明"报以庶尤"的含义，指"用刑失当"，"受报如此"，而非"天有不中"而"妄加人祸"。① 元人吴澄《书纂言》说，非天不中而偏罚之。② 明人胡广等《书经大全》引吴澄。③

3. 惟人在命

此段"命"有三解。一解"教命"。《尚书注疏》汉孔传解"在命"为"在教命使不中"，说，"不中"则天罚之。唐孔疏"教命"为"自作教命"，指说，施教命于民的，为"诸侯一国之君"，所以"戒以施教命中否"。④ 宋人林之奇《尚书全解》解说，天罚之，并非天不中，而是由于"人取之"。人取之，在其教命之不中；教命不中，就不是所说的"制百姓于刑之中以教祇德"。⑤

一解"殃祸之命"。据宋人黄伦《尚书精义》，张九成解为，"惟人自取其殃祸"。说，"在"，指人自取"正在"殃祸之命。张九成引《召诰》"今天其命哲，命吉凶，命历年"，指称是，哲命，吉命，凶命，历年之命。张九成认为，"天何容心"，即天不在意，"惟人自取之"。⑥ 宋人史浩《尚书讲义》解

---

① "非天不中以下，又申言报以庶尤之意，言用刑失当者，受报如此，此岂天有不中而妄加人祸哉。"（元）王充耘：《读书管见》卷下《吕刑》，《钦定四库全书》本。
② "非天不中而偏罚之。"（元）吴澄：《书纂言》卷四下《吕刑》，《钦定四库全书》本。
③ "临川吴氏曰，非天不中而偏罚之。"（明）胡广等：《书经大全》卷十《吕刑》，《钦定四库全书》本。
④ 传，"惟人在教命使不中，不中则天罚之"。疏，"惟人在于自作教命使不中尔。教命不中，则天罚汝"。"惟人在其教命，自使不中。教命不中，则天罚之。诸侯一国之君，施教命于民者也。故戒以施教命中否也。"（汉）孔氏传、（唐）陆德明音义（唐）孔颖达疏《尚书注疏》卷十八《周书·吕刑》，《钦定四库全书》本。
⑤ "天之罚之也，非天之不中，惟人取之尔。人取之者，在其教命之不中也，教命不中，则非所谓制百姓于刑之中以教祇德。"（宋）林之奇：《尚书全解》卷三十九《吕刑·周书》，《钦定四库全书》本。
⑥ 无垢曰："惟人自取其殃祸耳。《召诰》曰，'今天其命哲，命吉凶，命历年'，是哲命，吉命，凶命，历年之命。天何容心，惟人自取之耳。在者，谓人自取正在殃祸之命也。"（宋）黄伦：《尚书精义》卷四十九《吕刑》，《钦定四库全书》本。

为"自取"。① 宋人黄度《尚书说》解为,"其命吉凶惟人"。② 宋人蔡沉《书经集传》解为,在于"人自取其殃祸之命"。③ 宋人陈经《陈氏尚书详解》解为,人自取之。天不只是有"福善之命",也有"祸淫之命"。"惟人在命",是自取其"祸淫之命"。④ 元人王充耘《读书管见》解说为"只人'自造命',而有以致之",认为,如同说"自贻哲命"、"自作元命"那样的含义。⑤ 康熙《御制日讲书经解义》解为,"惟人自殄绝厥命"。⑥

一解"人命生死"。宋人苏轼《书传》解为,"惟汝罪在人命"。⑦ 宋人夏僎《尚书详解》解为,只是由于"人之为人",在乎性命。私家鬻狱,不循公理,灭人性命,因此"自贻天罚",哪会是"天之不中"。⑧ 明人刘三吾《书传会选》引宋人陈大猷,刑狱是人命生死之所在。⑨ 元人吴澄《书纂言》解为,以人之为人,在于有生之命。陷人命以至于死,天岂容之。⑩ 明人胡广等《书经大全》引吴澄。⑪

以下是评论。据宋人时澜《增修东莱书说》,吕祖谦解说,人对于"用罚",确实有时"知惧",然而,"或警或肆",并非永畏。确实有时偶合,然

---

① "惟人自取其殃祸之命尔。"(宋)蔡沉:《书经集传》卷六《吕刑》,《钦定四库全书》本。
② "其命吉凶惟人耳。"(宋)黄度:《尚书说》卷七《周书·吕刑》,《钦定四库全书》本。
③ "惟人在命自取也。"(宋)史浩:《尚书讲义》卷二十《吕刑》,《钦定四库全书》本。
④ "人自取之,所谓自贻伊戚也。天不惟有福善之命,亦有祸淫之命。惟人在命,是自取其祸淫之命也。"(宋)陈经:《尚书详解》卷四十七《周书·吕刑》,《钦定四库全书》本。
⑤ "惟人在命,只人自造命,而有以致之耳,犹云'自贻哲命'、'自作元命'之意。"(元)王充耘:《读书管见》卷下《吕刑》,《钦定四库全书》本。
⑥ "惟人自殄绝厥命。"《日讲书经解义》卷十三《吕刑》,《钦定四库全书》本。
⑦ "惟汝罪在人命也。"(宋)苏轼:《书传》卷十九《周书·吕刑第二十九》,《钦定四库全书》本。
⑧ "惟以人之为人,在乎性命。今私家鬻狱,不循公理,灭人性命,自贻天罚,岂诚天之不中哉。"(宋)夏僎:《尚书详解》卷二十五《吕刑》,《钦定四库全书》本。
⑨ 陈氏大猷曰:"盖狱者乃人命生死之所在故也。"(明)刘三吾:《书传会选》卷六《吕刑》,《钦定四库全书》本。
⑩ "盖以人之为人,在于有生之命。陷人命以至于死,天岂容之哉。"(元)吴澄:《书纂言》卷四下《吕刑》,《钦定四库全书》本。
⑪ 临川吴氏曰:"盖以人之为人,在于有生之命,陷人命以至于死,天岂容之哉。"(明)胡广等:《书经大全》卷十《吕刑》,《钦定四库全书》本。

而,"臆度揣摩",并非天德。未至永畏,未造天德,那么,"我有须臾之间",民已有死生之差。"惟人在命",畏怎么能"不永",德怎么能"不天"。① 明人刘三吾《书传会选》引宋人陈大猷,"任刑之大本在敬与中"。用刑以敬为主,用法以中为主。前章已论之。至此复提敬与中训之,后章复申以中。②

4. 叙评

此句,"永畏惟罚","罚"大多指说是"天罚",有论说"鸷狱而降罚";"永畏",或称"长畏",或称"长久畏之"。"非天不中",有解"天道",称"非天道不中",或称"非天道失中";有解"中道",称"不以中道待人"。"惟人在命",有解"教命"称"在教命使不中";有解"殃祸之命",或"祸淫之命",称是"自取";有解"人命生死",称是"私家鸷狱","灭人性命"。

笔者以为,"永畏惟罚",取林之奇的"所当长畏者天罚"。"非天不中","中道"也通,但不如"天道"贴切,陈大猷的"非天道失中",与下文衔接顺畅,应为善解,当采。"惟人在命","教命"和"殃祸之命"显得突兀,与文义不符,有强解之嫌;陈大猷的"人命生死"连接上下文,是正解,当采,兼采吴澄的"陷人命以至于死,天岂容之"。整句可以解说为:

天罚应当长久畏惧,并非天道有失中正,而在于刑狱事关人命,陷人于死,天所不容。

(七) 天罚不极,庶民罔有令政在于天下

笔者引证解说此句的有,汉孔,唐孔,宋人苏轼、史浩、林之奇、吕

---

① "永畏惟罚,非天不中,惟人在命者,人之于用罚,固有时而知惧矣,然或警或肆,非所以为永畏也。固有时而偶合矣。然臆度揣摩,非所谓天德也。未至乎永畏,未造乎天德,我有须臾之间,而民已有死生之差矣。惟人在命,畏若之何而不永,德若之何而不天也。"(宋)时澜:《增修东莱书说》卷三十四《周书·吕刑第二十九》,《钦定四库全书》本。
② 陈氏大猷曰:"且任刑之大本在敬与中。用刑以敬为主,用法以中为主。前章已论之。至此复提敬与中训之,后章复申以中焉。"(明)刘三吾:《书传会选》卷六《吕刑》,《钦定四库全书》本。

祖谦、夏僎、黄度、黄伦、胡士行、蔡沉、陈经、陈大猷，元人吴澄，明人刘三吾、胡广，清帝康熙。

1. 天罚不极

此段"不极"有两解。一解"不中"。《尚书注疏》汉孔传解，天道罚不中。唐孔疏转述。① 宋人苏轼《书传》说，"天既罚汝不中之罪"，"极"解为"中"，② 同汉孔。宋人史浩《尚书讲义》解"极"为"中"。③

宋人黄伦《尚书精义》引张九成，人君"代天"，庶人"为不中之行"，以强凌弱，以众暴寡，以智诈愚，以勇苦怯，人君"当行天命"以罚之。今"人君失职"，使典狱者"变是非，乱曲直"，天于是就"自降殃祸""以罚不中之民事"。④ 宋人胡士行《胡氏尚书详解》解"不极"为"不罚而待天罚，是我私家而故纵之"。⑤

一解"不至其极"。明人刘三吾《书传会选》引宋人陈大猷，要是用刑失中，而天罚不至其极，那么刑典狱就无所惩戒。⑥ 元人吴澄《书纂言》解为，天之罚不如此其极，那么狱吏将无所畏。⑦ 明人胡广等《书经大全》引吴澄。⑧

---

① "传，天道罚不中。"疏，"天道罚不中也"。疏，"天道下罚，罚不中者"。（汉）孔氏传、（唐）陆德明音义、（唐）孔颖达疏《尚书注疏》卷十八《周书・吕刑》，《钦定四库全书》本。
② "天既罚汝不中之罪。"（宋）苏轼：《书传》卷十九《周书・吕刑第二十九》，《钦定四库全书》本。
③ "天罚不极，极中也。"（宋）史浩：《尚书讲义》卷二十《吕刑》，《钦定四库全书》本。
④ 无垢"又曰，人君代天者也，庶人为不中之行，以强凌弱，以众暴寡，以智诈愚，以勇苦怯。人君当行天命以罚之。今人君失职，使典狱者变是非，乱曲直，天乃自降殃祸，以罚不中之民事"。（宋）黄伦：《尚书精义》卷四十九《吕刑》，《钦定四库全书》本。
⑤ "不极者，不罚而待天罚，是我私家而故纵之也。"（宋）胡士行：《尚书详解》卷十二《周书・吕刑第二十九》，《钦定四库全书》本。
⑥ 陈氏大猷曰："苟用刑失中，而天罚不至其极，则刑典狱者无所惩戒。"（明）刘三吾：《书传会选》卷六《吕刑》，《钦定四库全书》本。
⑦ "若天之罚不如此其极，则狱吏将无所畏，恣为深刻。"（元）吴澄：《书纂言》卷四下《吕刑》，《钦定四库全书》本。
⑧ 临川吴氏曰："若天之罚不如此其极，则狱吏将无所畏，恣为深刻。"（明）胡广等：《书经大全》卷十《吕刑》，《钦定四库全书》本。

2. 庶民罔有令政在于天下

　　此段"令政"都解为"善政"。"罔有令政"有三解。一解"人主无有善政"。《尚书注疏》汉孔传解"庶民"为"众民","令政"为"善政"。此段解说为"令众民无有善政在于天下"。说"由人主不中，将亦罚之"。唐孔疏说，"为人主不中，故无善政"，诸侯"为民之主"，所以天罚"惧"之。"此言戒诸侯"。① 宋人苏轼《书传》称，民皆"咎我"，我"无复有善政"在天下。② 据宋人黄伦《尚书精义》，张九成解说为，至于此，是"人君纪纲大坏"，没有"善政"在于天下。张九成认为，"无辜者得理"，"有罪者服刑"，就是"善政"。③ 宋人史浩《尚书讲义》接上解说，"既不中，天下皆恶政"，说是"吁可畏"。④ 元人朱祖义《尚书句解》说，在我无有善政在天下，而使归于善。⑤

　　一解"庶民无有蒙善政"。明人刘三吾《书传会选》引宋人陈大猷，"自此庶民无有蒙善政"在于天下。⑥ 元人吴澄《书纂言》解为，施之庶民，都是酷虐之政，"无复有令善之政"在于天下。⑦ 明人胡广等《书经

---

① 传，"令众民无有善政在于天下，由人主不中，将亦罚之"。疏，"若令众民无有善政在于天下，则是人主不中，天亦将罚人主。诸侯为民之主，故以天罚惧之"。"令使众民无有善政在于天下。由人主不中。为主不中，故无善政，天将亦罚人主。人主谓诸侯，此言戒诸侯也。"（汉）孔氏传、（唐）陆德明音义、（唐）孔颖达疏《尚书注疏》卷十八《周书·吕刑》，《钦定四库全书》本。
② "则民皆咎我，我无复有善政在天下矣。"（宋）苏轼：《书传》卷十九《周书·吕刑第二十九》，《钦定四库全书》本。
③ 无垢曰："至于此，是人君纪纲大坏，无有善政在于天下者也。何谓善政，无辜者得理，有罪者服刑，此善政也。"（宋）黄伦：《尚书精义》卷四十九《吕刑》，《钦定四库全书》本。
④ "庶民罔有令政在于天下，夫既不中，天下皆恶政也，吁可畏哉。"（宋）史浩：《尚书讲义》卷二十《吕刑》，《钦定四库全书》本。
⑤ "亦在我无有善政在乎天下，而使归于善。"（元）朱祖义：《尚书句解》卷十二《吕刑第二十九》，《钦定四库全书》本。
⑥ 陈氏大猷曰："自此庶民无有蒙善政而在于天下者矣。"（明）刘三吾：《书传会选》卷六《吕刑》，《钦定四库全书》本。
⑦ "而施之庶民者，皆酷虐之政，无复有令善之政在于天下矣。"（元）吴澄：《书纂言》卷四下《吕刑》，《钦定四库全书》本。

大全》引吴澄。① 康熙《御制日讲书经解义》解为，要是天罚不"如是之极"，那么，庶民全"被"虐政，怎复有令善之政在于天下。②

一解"庶民必无有善政"。宋人林之奇《尚书全解》解为"天之罚不中"，那么庶民"必无有善政在于天下"。大概由于其无有善政，因此"以不中而罚之"。林之奇认为"无有善政"的是"君"，而被认为是庶民的缘由在于，政虽出于君，而布于庶民。例举"三苗之民泯泯棼棼"为证。③ 据宋人时澜《增修东莱书说》，吕祖谦解说，要是用刑失中，不协于极，就会"干天之罚"，而"播于庶民"，也"略无令善可称之政"于天下，"流恶为无穷"。④ 宋人黄度《尚书说》解为，天降罚不中，是由于今庶民"无善政"在天下，那么即使"人主"，还将"不得蒙天之祐"，况且"官伯族姓"，怎能"与国同休"。⑤ 宋人陈经《陈氏尚书详解》解为，庶民"为不中"，只有司政典狱"能令之正"。司政典狱以"私心"听狱，民至于有冤不得伸，就是"极之民"，人不罚之而天罚之，至于此，怎有令政在天下。⑥

宋人蔡沉《书经集传》未解。说"文有未详者姑缺之"。⑦

---

① 临川吴氏曰："而施之庶民者皆酷虐之政，无复有令善之政在于天下矣。"（明）胡广等：《书经大全》卷十《吕刑》，《钦定四库全书》本。
② "若使天罚不如是之极，则庶民全被虐政，岂复有令善之政在于天下哉。"《日讲书经解义》卷十三《吕刑》，《钦定四库全书》本。
③ "天之罚不中，则庶民必无有善政在于天下矣。盖以其无有善政，故以不中而罚之也。无有善政者，君也，而以为庶民者，政虽出于君，而布于庶民。三苗之民泯泯棼棼，此所谓庶民无有令政在于天下也。"（宋）林之奇：《尚书全解》卷三十九《吕刑·周书》，《钦定四库全书》本。
④ "苟用刑失中，不协于极，则干天之罚，播于庶民者，亦略无令善可称之政于天下，流恶为无穷矣。"（宋）时澜：《增修东莱书说》卷三十四《周书·吕刑第二十九》，《钦定四库全书》本。
⑤ "天降罚不中，由今庶民无善政在天下，则虽人主，犹将不得蒙天之祐，而况官伯族姓，其能与国同休哉。"（宋）黄度：《尚书说》卷七《周书·吕刑》，《钦定四库全书》本。
⑥ "天罚不极庶民罔有令政在于天下，庶民之为不中，惟司政典狱者为能令之正也。司政典狱者以私心听狱，民至于有冤不得伸，则极之民，人不罚之而天罚之，至于此，则安有令政在天下乎。"（宋）陈经：《尚书详解》卷四十七《周书·吕刑》，《钦定四库全书》本。
⑦ "此章文有未详者姑缺之。"（宋）蔡沉：《书经集传》卷六《吕刑》，《钦定四库全书》本。

以下是评论。宋人夏僎《尚书详解》解说，然而，天罚有时"过暴"，不适其中，以加于"庶民"，如苗民之遏绝无世，都是"天罚之不极"，并非"天之私"，都"在我"自无善政在乎天下。如苗民以虐，而天则报威。这是以"祸福之说"恐官伯族姓。①康熙《御制日讲书经解义》说，由此可见，天之制刑，本所以相民，用刑一有不当，就上逆天心，自及于祸，因此不可以不敬。②

3. 天罚不极庶民，罔有令政在于天下

元人王充耘《读书管见》另有断句，解释说"天之所罚"，是"其不极庶民"，由于"罔有令政在于天下"。王充耘认为，"极"，即"原于皇极之极"。"不极庶民"，只是"刑罚失中"，"不协"于极。王充耘引蔡沉"此章文多未详"，主张"以意逆志"，以为"当如此释之，似得其旨"。③

以下是评论。据宋人时澜《增修东莱书说》，吕祖谦说，穆王告官伯族姓，高的就"望之以天"，卑的就"防之以货"。其语似乎没有条理，是由于"克念、罔念"，"特一息之间"。④宋人黄度《尚书说》说，穆王之训伯冏，称"惟货其吉"，其训赎刑，称"狱货非宝"。那么就是说，"货赂行于其世"。⑤宋人陈经《陈氏尚书详解》说，此章是指"天罚之可畏"。用刑者，当"去其私心"，以"合天之心"。⑥

---

① "然则天罚所以有时过暴，不适其中，以加于庶民，如苗民之遏绝无世，皆天罚之不极者，非天之私也，皆在我自无善政在乎天下。如苗民以虐而天则报威耳。此又吕侯以祸福之说恐官伯族姓也。"（宋）夏僎：《尚书详解》卷二十五《吕刑》，《钦定四库全书》本。
② "是可见天之制刑，本所以相民，而用刑一有不当，即上逆天心，而自及于祸，故不可以不敬也。"《日讲书经解义》卷十三《吕刑》，《钦定四库全书》本。
③ "天之所罚者，为其不极庶民，惟其罔有令政在于天下。极，即原于皇极之极。不极庶民，只是刑罚失中，不协于极耳。传谓，此章文多未详，以意逆志，当如此释之，似得其旨。"（元）王充耘：《读书管见》卷下《吕刑》，《钦定四库全书》本。
④ "穆王此章告官伯族姓，高则望之以天，卑则防之以货。其语若不伦者，盖克念、罔念，特一息之间耳。"（宋）时澜：《增修东莱书说》卷三十四《周书·吕刑第二十九》，《钦定四库全书》本。
⑤ "穆王之训伯冏，曰惟货其吉。其训赎刑，曰狱货非宝。然则货赂行于其世矣。"（宋）黄度：《尚书说》卷七《周书·吕刑》，《钦定四库全书》本。
⑥ "此章言天罚之可畏；用刑者，当去其私心，以合天之心。"（宋）陈经：《尚书详解》卷四十七《周书·吕刑》，《钦定四库全书》本。

元人王天与《尚书纂传》对前后几章作长篇幅评论，录以待查。①

4. 叙评

此句，"天罚不极"，"不极"或称"不中"，指说"人君代天"而庶人"为不中之行"，"人君失职"，天"自降殃祸"；或称"不至其极"，指说典狱就无所惩戒。"令政"都解为"善政"。"庶民罔有令政"，或称"人主无有善政"；或称"庶民无有蒙善政"，指说"庶民全被虐政"；或称"庶民必无有善政"。

笔者以为，"不极"、"不中"之解，显得突兀，与文义以及全文宗旨不符。陈大猷的"不至其极"与上下文衔接顺畅，可为善解，当采。"庶民罔有令政"，"庶民必无有善政"，从文字上似乎可通，却与前文的文义不符；"人主无有善政"和"庶民无有蒙善政"都通，陈大猷的"庶民无有蒙善政"比较贴切，可兼采吴澄的"酷虐之政"。整句可以解说为：

要是天罚不至其极，典狱无所惩戒，滥施刑罚，天下民众就得不到善政。

（八）王曰：呜呼，嗣孙，今往何监，非德于民之中，尚明听之哉

元人王天与《尚书纂传》解说，末章以祥刑终之。② 康熙《御制日讲

---

① "按前三章止言刑，第四章并言刑罚，此章又以敬刑畏罚申言之。敬之哉一语，提其纲。朕敬于刑以下，敬刑也。诸家说已得之。永畏惟罚以下畏罚也。诸说皆本孔氏，但前章屡言刑罚，不应此处两语独是警惧臣下。盖穆王非特敬刑，亦且畏罚，罚乃天之罚也。罚而非天则不中矣。罚虽仅伤民之财，而参以前'罚惩非死人极于病'之云，则罚亦关系于民命。民命所系，罚其可不永畏。罚其可非天而不中，罚为天罚而不极，则众民罔有政令在于天下。极言轻用罚之祸，及民而无善政之可观也。即一章观之，朕敬于刑一节，对永畏惟罚一节，皆申敬罚之意，敬刑一节，言天、言民、言中，而以辜功庶尤终，不敬刑之非。畏罚一节，亦言天、言民、言中、言极，而以罔有政令戒不畏罚之失。条理粲然。至第五章又以祥刑终之。盖刑重于罚，罚轻于刑，吕刑之书以训刑为主故也。"（元）王天与：《尚书纂传》卷四十三《周书·吕刑第二十九》，《钦定四库全书》本。

② "末章以祥刑终之。"（元）王天与：《尚书纂传》卷四十三《周书·吕刑第二十九》，《钦定四库全书》本。

书经解义》解说,"并典狱诸侯之子孙"而告之。① 笔者引证解说此句的有,汉孔,唐孔,宋人苏轼、林之奇、夏僎、史浩、黄度、钱时、蔡沉、陈经,元人吴澄、王天与,清帝康熙。

1. 王曰:呜呼,嗣孙

"嗣孙"都认同"嗣世子孙",有两解。一解"诸侯嗣世子孙"。《尚书注疏》汉孔传指说"诸侯嗣世子孙,非一世"。唐孔疏转述,说"戒之"。② 宋人钱时《融堂书解》说,"嗣孙",是"承官伯族姓而言",大概是指"诸侯之嗣孙"。穆王当时,"年已耄荒"。"既告"诸侯,"又告"官伯族姓,"又告"其嗣孙,是"为深长之虑"。所以王之同姓"亦及"幼子童孙。钱时认为,下文数语"虽系嗣孙之下",其实是"普告"有邦有土,"与前祥刑相应"。③ 宋人陈经《陈氏尚书详解》解"嗣孙"为"诸侯嗣世之子孙"。穆王之戒不特及于官伯族姓,还及于嗣世子孙,不只是有望于今日,还有望于"来世"。也许就都知穆王此心恤刑。④ 宋人夏僎《尚书详解》说,前文都是告当时"在庭"之人,是为"当时虑"。这里,呼嗣孙,是指,内而百执事,外而众诸侯,"凡为嗣世之子孙",是为"后世虑"。夏僎为此感叹吕侯"忠厚慈祥之意"。⑤ 元人吴澄《书

---

① "此一节书是又并典狱诸侯之子孙而告之也。"《日讲书经解义》卷十三《吕刑》,《钦定四库全书》本。
② "传,嗣孙,诸侯嗣世子孙,非一世。"疏,"戒之,既终,王又言而叹曰,呜呼,汝诸侯嗣世子孙等"。(汉)孔氏传、(唐)陆德明音义、(唐)孔颖达疏《尚书注疏》卷十八《周书·吕刑》,《钦定四库全书》本。
③ "嗣孙,承官伯族姓而言,盖诸侯之嗣孙也。穆王是时,年已耄荒矣。既告诸侯,又告官伯族姓,又告其嗣孙,为深长之虑也,所以王之同姓亦及幼子童孙。此数语虽系嗣孙之下,其实普告有邦有土,与前祥刑相应。"(宋)钱时:《融堂书解》卷二十《吕刑》,《钦定四库全书》本。
④ "嗣孙者,诸侯嗣世之子孙也。穆王之戒不特及于官伯族姓,又有及于嗣世之子孙,不惟有望于今日,而犹有望于来世。庶几皆知穆王此心之恤刑。"(宋)陈经:《尚书详解》卷四十七《周书·吕刑》,《钦定四库全书》本。
⑤ "前此皆是吕侯告当时在庭之人,乃为当时虑也。此呼嗣孙,乃谓内而百执事,外而众诸侯。凡为嗣世之子孙者,是吕侯乃为后世虑也。呜呼吕侯之虑及乎,此则吕侯之心天地之心也。其忠厚慈祥之意,形于长虑,却顾者如此。其意果有穷已哉。此吾所以益敬吕侯之为人也。"(宋)夏僎:《尚书详解》卷二十五《吕刑》,《钦定四库全书》本。

纂言》说，嗣孙，诸侯嗣世之子孙。诸侯或有世子代君来朝。①

一解"穆王嗣世子孙"。宋人苏轼《书传》说，王耄，诸侯多其孙。②宋人林之奇《尚书全解》解说，嗣孙，王享国百年，诸侯或许是其孙。上文称伯父伯兄仲叔季弟幼子童孙，此处只说嗣孙，"举其略"。继世而立，称"嗣"。③宋人史浩《尚书讲义》解说，穆王既然已告"伯父、伯兄、仲叔、季弟、幼子、童孙"，为何现又告"嗣孙"，大概"前告童孙"是"王族之裔"，行法之人；今告"嗣孙"，是王的"嫡孙"，因此所说的皆"君道"。④宋人黄度《尚书说》解说，嗣孙，嗣其祖，传袭之远，"穆王属亦尊矣"。⑤宋人蔡沉《书经集传》说是"此诏来世"。嗣孙，嗣世子孙。⑥

2. 今往何监

此段"监"，有"监视"、"监观"、"监法"之解。《尚书注疏》汉孔传解为"自今已往，当何监视"。唐孔疏转述。⑦宋人蔡沉《书经集传》说是指"今往何所监视"。⑧宋人苏轼《书传》解为，自今"当安"所监。⑨

---

① "嗣孙，诸侯嗣世之子孙。盖诸侯或有世子代君来朝者。"（元）吴澄：《书纂言》卷四下《吕刑》，《钦定四库全书》本。

② "王耄矣，诸侯多其孙矣。"（宋）苏轼：《书传》卷十九《周书·吕刑第二十九》，《钦定四库全书》本。

③ "嗣孙者，王享国百年，故诸侯或其孙也。上言伯父伯兄仲叔季弟幼子童孙，此特言嗣孙，举其略也。继世而立，故曰嗣。"（宋）林之奇：《尚书全解》卷三十九《吕刑·周书》，《钦定四库全书》本。

④ "穆王既告伯父伯兄仲叔季弟幼子童孙矣，兹又告嗣孙，何哉？盖前告童孙，王族之裔也，行法之人也。今告嗣孙，王之嫡孙也。故其所言皆君道。"（宋）史浩：《尚书讲义》卷二十《吕刑》，《钦定四库全书》本。

⑤ "嗣孙，嗣其祖者也，言传袭之远也。穆王属亦尊矣。"（宋）黄度：《尚书说》卷七《周书·吕刑》，《钦定四库全书》本。

⑥ "此诏来世也。嗣孙，嗣世子孙也。"（宋）蔡沉：《书经集传》卷六《吕刑》，《钦定四库全书》本。

⑦ 传，"自今已往，当何监视"。疏，"从自今已往，当何所监视"。（汉）孔氏传、（唐）陆德明音义、（唐）孔颖达疏《尚书注疏》卷十八《周书·吕刑》，《钦定四库全书》本。

⑧ "言今往何所监视。"（宋）蔡沉：《书经集传》卷六《吕刑》，《钦定四库全书》本。

⑨ "自今当安所监。"（宋）苏轼：《书传》卷十九《周书·吕刑第二十九》，《钦定四库全书》本。

宋人林之奇《尚书全解》解为，自今以往当何所监。① 宋人夏僎《尚书详解》解为，自今日已往将何所"监观"。② 康熙《御制日讲书经解义》解为，自今以往当何所"监法"。③

3. 非德于民之中

《尚书注疏》汉孔传解"德"为"当立德"，"中"为"为之中正"。此段解说为"非当立德于民，为之中正"。唐孔疏转述并强调"言诸侯并嗣世，惟当视此"。④

以下为评论。宋人苏轼《书传》解说"非以此德为民中"，近乎未解。⑤ 宋人林之奇《尚书全解》解说为，不就是"施德于民"，"以为之中"。林之奇认为，德于民之中，大概是指伯夷。⑥ 据宋人时澜《增修东莱书说》，吕祖谦也称，中，是《吕刑》的纲领，并列举前文。至于末章，"训迪"，自"中"之外，也无他说。吕祖谦指说，用刑，"有意干誉"，或上或下，"欲以德名"，实际上却"不足以为德"。德，一定要在"民之中"而"后可"。说是，"其施无心，其行无事，本非作德，而德莫加"。这就是所说的"德于民之中"，是典狱的"大法"。⑦ 宋人夏僎《尚

---

① "言自今以往当何所监。"（宋）林之奇：《尚书全解》卷三十九《吕刑·周书》，《钦定四库全书》本。
② "自今日已往将何所监观。"（宋）夏僎：《尚书详解》卷二十五《吕刑》，《钦定四库全书》本。
③ "穆王又叹息言曰，凡我所言不独为今日官伯族姓发也，其嗣世子孙，自今以往当何所监法。"《日讲书经解义》卷十三《吕刑》，《钦定四库全书》本。
④ 传，"非当立德于民，为之中正乎"。疏，"非当视立德于民，而为之中正乎"。"言诸侯并嗣世，惟当视此，立德于民，为之中正之事，汝必视此。"（汉）孔氏传、（唐）陆德明音义、（唐）孔颖达疏《尚书注疏》卷十八《周书·吕刑》，《钦定四库全书》本。
⑤ "非以此德为民中乎。"（宋）苏轼：《书传》卷十九《周书·吕刑第二十九》，《钦定四库全书》本。
⑥ "非是施德于民，以为之中乎，言惟是在所监也。德于民之中，盖指伯夷以为言。"（宋）林之奇：《尚书全解》卷三十九《吕刑·周书》，《钦定四库全书》本。
⑦ "中者，《吕刑》之纲领也。苗民罔是中者也。皋陶明是中者也。穆王之告司政典狱勉是中者也。至于末章之所训迪，自中之外，亦无它说焉。今尔何所当监，岂非德于民之中乎。用刑有意干誉，或上或下，欲以德名，而实不足以为德，所以为德者，必于民之中而后可也。其施无心，其行无事，本非作德，而德莫加焉。此所谓德于民之中，典狱者之大法也。"（宋）时澜：《增修东莱书说》卷三十四《周书·吕刑第二十九》，《钦定四库全书》本。

书详解》解说，所监者不就是"德"与"民之中"。夏僎认为，典狱之人黩刑，由于"无德"；民犯刑，因其"失本然之中"，于是，颠倒错谬，陷于刑戮而不自知。假如，典狱"在我"，能监于德，那就是忠厚慈祥之人，怎会黩刑。民能知其性之"本中"，其陷于刑，就必知其为不幸，而求"有以生之"，使之改过自新。这是推原"措刑"的缘由而告嗣孙。①

据宋人黄伦《尚书精义》，张九成指称，"此篇大抵多主于中"，并列举《吕刑》相应的经文。解说此段为"非立德以启发民之中"。张九成认为，大概"民各有中"，"得此中"，那么，上下贵贱，老少长幼，各安其分，不相陵犯，有和睦之风，无乖争之俗，就不会"陷于刑辟"。不过，只是"此中"，并不能"自发见"，只有在上者"行德以启发之"。并引前文帝尧之事以证明。② 宋人黄度《尚书说》解说，不就是"作德于民之中"。③ 宋人史浩《尚书讲义》接上句解说，何监，"非德以明"。并套用《论语·为政》说"道之以德"，那么民就"有耻且格"。认为"觌（dí）德"就会使"民皆归中"，这就是《尚书·周书·君牙》所说的"民心罔中，惟尔之中"。④ 宋人胡士行《胡氏尚书详解》解说，降于民为中，得于己为德，"中德一也"。用刑者无德，于是，犯刑者失其中。以此典狱"当监"

---

① "所监者岂非德与民之中乎。""盖典狱之人所以黩刑者，由其无德，而民之所以犯刑者，以其失本然之中。故颠倒错谬，陷于刑戮而不自知。使典狱者在我，能监于德，则忠厚慈祥之人也岂至于黩刑。于民能知其性之本中，其陷于刑也，必知其为不幸，而求有以生之，使之改过自新。此又吕侯推原措刑之所自者而告嗣孙也。"（宋）夏僎：《尚书详解》卷二十五《吕刑》，《钦定四库全书》本。
② "无垢曰，此篇大抵多主于中，如曰士制百姓于刑之中，曰故乃明于刑之中，曰观于五刑之中，曰咸庶中正，曰民之乱罔不中，曰非天不中，而终曰咸中有庆，今又曰今汝嗣孙，自今以往何监法乎，非立德以启发民之中乎。庶几汝嗣孙，明听我言哉。盖民各有中，得此中，则上下贵贱老少长幼各安其分，不相陵犯，有和睦之风，无乖争之俗，安得陷于刑辟哉。顾惟此中，其何能自发见乎，惟在上者行德以启发之耳。昔尧以穆穆在上，而群后以明明在下，君臣合德，醖酿造化，灼于四方，故乃明于刑之中，率乂于民棐彝，则民之中，果在上立德以启发之耳。"（宋）黄伦：《尚书精义》卷四十九《吕刑》，《钦定四库全书》本。
③ "岂不在于作德于民之中乎。"（宋）黄度：《尚书说》卷七《周书·吕刑》，《钦定四库全书》本。
④ "何监，非德以明，道之以德，则民有耻且格。觌（dí）德则民皆归中，所谓民心罔中惟尔之中也。"（宋）史浩：《尚书讲义》卷二十《吕刑》，《钦定四库全书》本。

的，不就是"以德而体民之中"。① 宋人蔡沉《书经集传》解说，无非就是"用刑成德"，而使"全"民，能"受之中"。下文哲人，即"所当监者"。② 宋人陈经《陈氏尚书详解》解说，不就是在于"以德而发民之中"。民"受天地之中"以生，都有"此中"。只是化民者有德，"足以启迪之"。③

元人王充耘《读书管见》说，德，即有德，"惟刑之德"；中，只是刑之中。王充耘认为篇中"中"字不一，都是"主刑"，有人说是"为民所受之中"，"恐未然"。④ 元人陈栎《书集传纂疏》解说，非有德于民所受之中。民失其受中之性，我以德导之，使复其性，就是有德于民所受之中。⑤ 康熙《御制日讲书经解义》解说，不就是古之"能敬五刑以教祗德"，能全斯民"所受之中"。⑥

4. 尚明听之哉

此段几无歧义。《尚书注疏》汉孔传解，"庶几明听我言而行之"。唐孔疏转述。⑦ 宋人林之奇《尚书全解》同汉孔，后加"不可忽"。⑧ 据宋人黄伦《尚书精义》，张九成解说为，"明听我言"，近似汉孔。⑨ 宋人胡士行《胡氏尚书详解》解说，为嗣孙的，能不明听此训。胡士行称，有

---

① "降于民为中，得于己为德，中德一也。用刑者无德，则犯刑者失其中矣。然则典狱之当监者，非以德而体民之中乎。"（宋）胡士行：《尚书详解》卷十二《周书·吕刑第二十九》，《钦定四库全书》本。
② "非用刑成德，而能全民所受之中者乎。下文哲人，即所当监者。"（宋）蔡沉：《书经集传》卷六《吕刑》，《钦定四库全书》本。
③ "得非在于以德而发民之中乎。民受天地之中以生，皆有此中。惟化民者有德，足以启迪之。"（宋）陈经：《尚书详解》卷四十七《周书·吕刑》，《钦定四库全书》本。
④ "此与'今尔何监，非时伯夷播刑之迪'相似。德，即有德，惟刑之德；中，只是刑之中。篇中'中'字不一，皆是主刑，言谓为民所受之中，恐未然。"（元）王充耘：《读书管见》卷下《吕刑》，《钦定四库全书》本。
⑤ "或曰，非有德于民所受之中乎。民失其受中之性，我以德导之，使复其性，是有德于民所受之中也。"（元）陈栎：《书集传纂疏》卷六，《钦定四库全书》本。
⑥ "非古之能敬五刑以教祗德，能全斯民所受之中者乎。"《日讲书经解义》卷十三《吕刑》，《钦定四库全书》本。
⑦ 传，"庶几明听我言而行之哉"。疏，"庶几明听我言而行之哉"。（汉）孔氏传、（唐）陆德明音义、（唐）孔颖达疏《尚书注疏》卷十八《周书·吕刑》，《钦定四库全书》本。
⑧ "尔庶几明听我言，而行之，不可忽也。"（宋）林之奇：《尚书全解》卷三十九《吕刑·周书》，《钦定四库全书》本。
⑨ 无垢曰："庶几汝嗣孙，明听我言哉。"（宋）黄伦：《尚书精义》卷四十九《吕刑》，《钦定四库全书》本。

一说，明听，听刑。① 宋人陈经《陈氏尚书详解》解说，"尚明听我之言"。② 康熙《御制日讲书经解义》解说，"我试言之"，可"明听之"。③

5. 叙评

此句，"嗣孙"或称"诸侯嗣世子孙"，或"称穆王嗣世子孙"。"监"，有"监视"、"监观"、"监法"之解。"非德于民之中"，有论称"非当立德于民，为之中正"。"尚明听之"，有论称"庶几明听我言而行之"，有强调"不可忽"。

笔者以为，"嗣孙"两解都通，不必深究。"监"，汉孔的"监视"与下文的"监于兹祥刑"相呼应，可采。"非德于民之中"，取汉孔的"非当立德于民，为之中正"。"尚明听之"，取汉孔的"庶几明听我言而行之"，兼采林之奇的"不可忽"。整句可以解说为：

王叹息说：嗣世子孙们，从今往后，如何看管治理民众，不就是要施德中正，希望听清楚我说的话，并加以施行，不得怠慢。

（九）哲人惟刑，无疆之辞，属于五极，咸中有庆

笔者引证解说此句的有，汉孔，唐孔，宋人苏轼、林之奇、吕祖谦、夏僎、张九成、黄伦、黄度、胡士行、史浩、钱时、蔡沉，元人王天与、陈栎，清帝康熙。

1. 哲人惟刑

此段"哲人"有两解。一解"智人"。《尚书注疏》汉孔传解此段为"智人惟用刑"。唐孔则疏说"有智之人，惟能用刑"。④ 宋人苏轼《书

---

① "为嗣孙者，可不明听此训乎。""一云，明听，听刑也。"（宋）胡士行：《尚书详解》卷十二《周书·吕刑第二十九》，《钦定四库全书》本。
② "尚明听我之言。"（宋）陈经：《尚书详解》卷四十七《周书·吕刑》，《钦定四库全书》本。
③ "我试言之，其明听之可也。"《日讲书经解义》卷十三《吕刑》，《钦定四库全书》本。
④ "传，言智人惟用刑。"疏，"有智之人，惟能用刑"。（汉）孔氏传、（唐）陆德明音义、（唐）孔颖达疏《尚书注疏》卷十八《周书·吕刑》，《钦定四库全书》本。

传》解为,古之哲人,无不"以刑作德"。① 宋人林之奇《尚书全解》说,自古被称为哲人的,都是"在于用刑",如皋陶"以智"称于后世。这大概是,"哲"才能明清于单辞。② 宋人夏僎《尚书详解》解说,"任是刑事者,惟哲人能之"。"哲"解为"德与中所发见者"。夏僎认为,人"私欲横生",昏蒙其天资,就为愚,为暗。要是"天理浑然",本无亏缺,那么,此德、此中,凝然湛然,如水如月,物来能明,事至能断。③

一解"知人"。据宋人黄伦《尚书精义》,张九成指称,"知人"就是"哲","哲"为"知人"的意思。张九成认为,"有知人之哲"而"以断刑",那么,人之是非曲直"何所逃"。张九成将"哲"、"自知"、"三省"联系起来。"三省"就"自知一心之是非曲直"。而自知一心之是非曲直,那么,天下之是非曲直"皆影见于吾一心"。犹如"悬镜于堂,妍丑皆入";"澄水于江,星斗自见"。哲,大概出自于此。④

2. 无疆之辞

此段"辞"有两解。一解"善辞"。《尚书注疏》汉孔传解,"乃有无穷之善辞,名闻于后世"。唐孔疏指"无疆"为"无疆境"。⑤ 宋

---

① "古之哲人,无不以刑作德者。"(宋)苏轼:《书传》卷十九《周书·吕刑第二十九》,《钦定四库全书》本。
② "自古之称哲人者,惟在于用刑耳,如皋陶以智称于后世。是盖惟哲则能明清于单辞也。"(宋)林之奇:《尚书全解》卷三十九《吕刑·周书》,《钦定四库全书》本。
③ "此下遂言,任是刑事者,惟哲人能之。盖哲即德与中所发见者。人惟私欲横生,昏蒙其天资,故为愚,为暗。若天理浑然本无亏缺,则此德、此中,凝然湛然,如水如月,物来能明,事至能断。其为哲也,孰甚焉。"(宋)夏僎:《尚书详解》卷二十五《吕刑》,《钦定四库全书》本。
④ 无垢"曰知人则哲,哲者,知人之谓也。有知人之哲而以断刑,则人之是非曲直何所逃哉"。"然则孰为而哲,曰自知;孰为自知,曰三省。三省则自知一心之是非曲直矣。自知一心之是非曲直,则天下之是非曲直皆影见于吾一心矣。犹悬镜于堂,妍丑皆入;澄水于江,星斗自见。哲,盖自于此。"(宋)黄伦:《尚书精义》卷四十九《吕刑》,《钦定四库全书》本。
⑤ 传,"乃有无穷之善辞,名闻于后世"。疏,"乃有无疆境之善辞"。(汉)孔氏传、(唐)陆德明音义、(唐)孔颖达疏《尚书注疏》卷十八《周书·吕刑》,《钦定四库全书》本。

人苏轼《书传》解为"无穷之闻"。① 宋人史浩《尚书讲义》解为"永有令闻"。② 宋人黄度《尚书说》解说为"智哲之人惟刑，立无疆之名"，认为是指伯夷、皋陶。③ 据宋人黄伦《尚书精义》，张九成评论说，是非明辨，曲直昭然，"善人怙"，"恶人惧"。万口一音，称颂赞美，这是"自然之理"。④ 宋人胡士行《胡氏尚书详解》，有一说，"无疆之辞，无穷之誉"。⑤ 宋人蔡沉《书经集传》说，"明哲"之人用刑，有无穷之"誉"。⑥ 宋人陈经《陈氏尚书详解》说，哲智之人"为能用刑"，所见者明，所察者审，不至妄用，就自然有无穷之"美名"。⑦ 康熙《御制日讲书经解义》说，辞，誉。康熙解，古人，如伯夷、皋陶都是"明哲之人"，一是"折民惟刑"，一是"明于五刑以弼五教"，为何都有"无穷之誉"？⑧

一解"囚辞"。宋人夏僎《尚书详解》解说，哲人断刑，能照是非，别邪正，重轻高下，洞然无遗，因此，囚辞之来，即使纷纷众多，无有疆界，无有穷尽，哲人处之，都"附着"于五刑之"极处"。极，"总要之地"。极虽多"泛观"，约取其中，必有总要纲领之地。要是"昧者"当之，就有后世"文书盈几格，典者不能遍观"之患。要是"哲人"处此，

---

① "无穷之闻"。（宋）苏轼：《书传》卷十九《周书·吕刑第二十九》，《钦定四库全书》本。
② "哲人惟刑，无疆之辞，永有令闻也。"（宋）史浩：《尚书讲义》卷二十《吕刑》，《钦定四库全书》本。
③ "智哲之人惟刑，立无疆之名，伯夷皋陶是也。"（宋）黄度：《尚书说》卷七《周书·吕刑》，《钦定四库全书》本。
④ 无垢"曰是非明辨，曲直昭然，善人怙焉，恶人惧焉。万口一音，称颂赞美者，此自然之理也。"（宋）黄伦：《尚书精义》卷四十九《吕刑》，《钦定四库全书》本。
⑤ 一云，"无疆之辞无穷之誉也"。（宋）胡士行：《尚书详解》卷十二《周书·吕刑第二十九》，《钦定四库全书》本。
⑥ "明哲之人用刑，而有无穷之誉。"（宋）蔡沉：《书经集传》卷六《吕刑》，《钦定四库全书》本。
⑦ "哲人惟刑，无疆之辞，哲智之人为能用刑，盖其所见者明，所察者审，不至妄用，则自然有无穷之美名。"（宋）陈经：《尚书详解》卷四十七《周书·吕刑》，《钦定四库全书》本。
⑧ "辞，誉也。""盖古之人，如伯夷、皋陶皆是明哲之人，一则折民惟刑，一则明于五刑以弼五教，皆有无穷之誉者何哉？"《日讲书经解义》卷十三《吕刑》，《钦定四库全书》本。

就如设镜于堂，妍丑立辨，澄水于江，星斗自陈。① 宋人胡士行《胡氏尚书详解》接上句说，"是训"，只有"哲人能尽之"。哲，就"天理明"，其于听刑之际，即使"伪辞纷纷无穷"，而各附之"极刑"无不中，那么，庆怎能"外至"？胡士行认为，凡中一偏"不可言咸"。庆，"中则有福"。② 元人王天与《尚书纂传》引徐侨，"情辞虽难穷，惟智哲则有见，以哲人而用刑，虽情辞之来，纷然无有疆界，而以理烛之，以辞系法，各协其极，自然有庆"。③ 康熙《钦定书经传说汇纂》也引徐侨。④

3. 属于五极

此段"五极"主要有三解。一解"五常之中正。"《尚书注疏》汉孔传，认为是，"以其折狱，属五常之中正"。唐孔疏说，"属"指"属着"，"极"为"中"。"五常"指仁义礼智信，是人所常行之道。因为人所常行的"惟有五事"，所以知道是"五常"。认为，以其折狱能属于五常之中正而"得有"无疆善辞。⑤ 宋人苏轼《书传》解"五极"为"五常"。⑥ 宋人黄度《尚书说》

---

① "是故哲人之断刑，则能照是非，别邪正，重轻高下，洞然无遗，故囚辞之来，虽纷纷之众多，无有疆界，无有穷尽，而哲人处之，皆附着于五刑之极处。所谓极者，乃总要之地，盖极虽多泛观，约取其中，必有总要纲领之地。若昧者当之，则有后世文书盈几格，典者不能遍观之患。若哲人处此，则如设镜于堂，妍丑立辨，澄水于江，星斗自陈。总要纲领，岂逃监观之下哉，则其于人也。"（宋）夏僎：《尚书详解》卷二十五《吕刑》，《钦定四库全书》本。

② "是训也，惟哲人能尽之，哲则天理明，其于听刑之际，虽伪辞纷纷无穷，而各附之极刑无不中，而庆岂外至乎。""凡中一偏不可言咸。""庆，中则有福。"（宋）胡士行：《尚书详解》卷十二《周书·吕刑第二十九》，《钦定四库全书》本。

③ "徐氏曰，情辞虽难穷，惟智哲则有见，以哲人而用刑，虽情辞之来，纷然无有疆界，而以理烛之，以辞系法，各协其极，自然有庆矣。"（元）王天与：《尚书纂传》卷四十三《周书·吕刑第二十九》，《钦定四库全书》本。

④ "徐氏侨曰，情辞虽难穷，惟智哲则有见，以哲人而用刑，虽情辞之来纷然无有疆界，而以理烛之，以辞系法，各协其极，自然有庆矣。"《钦定书经传说汇纂》卷二十一，《钦定四库全书》本。

⑤ 传，"以其折狱，属五常之中正"。疏，"得有无疆善辞者，以其折狱能属五常之中正。""属谓属着也；极中也。""五常谓仁义礼智信，人所常行之道也。""知五是五常者，以人所常行，惟有五事，知是五常也。"（汉）孔氏传、（唐）陆德明音义、（唐）孔颖达疏《尚书注疏》卷十八《周书·吕刑》，《钦定四库全书》本。

⑥ "五极，五常也。"（宋）苏轼：《书传》卷十九《周书·吕刑第二十九》，《钦定四库全书》本。

解说，"属附于五常之极"，引《诗·周颂·思文》"立我烝民，莫匪尔极"。①

一解"五刑"。宋人蔡沉《书经集传》解说，五极，五刑。② 清人朱鹤龄《尚书埤传》解说，不称五刑，称五极，是由于，刑是"毒民之具"。极，即《洪范》"六极"之极。③

一解"五刑之标准"。元人陈栎《书集传纂疏》解说，极者标准之名。"折狱能系属于五刑之标准"。陈栎不认同"训极为中"以及"径指五极为五刑"。④ 元人王天与《尚书纂传》引陈氏，五极，五刑之施皆中正之极。⑤ 明人刘三吾《书传会选》引陈栎。⑥

以下是他解及评论。宋人钱时《融堂书解》说，"极"是"究极情理，无所不尽其至"的意思。⑦ 元人王充耘《读书管见》解说为，五刑"各臻其极"，认为是，于事理无"有少不当"的意思。⑧ 据宋人黄伦《尚书精义》，张九成认为，哲人"有无疆之誉"，是由于其断狱皆"属于五刑之中"的缘故。不轻以用刑，有罪者无所逃，不重以用刑，无罪者无所虑，"一以中断刑"。⑨

4. 咸中有庆

此段几无歧义。《尚书注疏》汉孔传解，"皆中有善"。唐孔解"庆"

---

① "属附于五常之极，立我烝民，莫匪尔极也。"（宋）黄度：《尚书说》卷七《周书·吕刑》，《钦差四库全书》本。
② "五极，五刑也。"（宋）蔡沉：《书经集传》卷六《吕刑》，《钦定四库全书》本。
③ "不曰五刑，曰五极者，刑乃毒民之具，即洪范六极之极。"朱鹤龄：《尚书埤传》卷十五《周书·吕刑》，《钦定四库全书》本。
④ "愚谓，极者标准之名。折狱能系属于五刑之标准。""或训极为中，固非；径指五极为五刑，亦非。"（元）陈栎：《书集传纂疏》卷六，《钦定四库全书》本。
⑤ "陈氏曰，五极，五刑之施皆中正之极也。"（元）王天与：《尚书纂传》卷四十三《周书·吕刑第二十九》，《钦定四库全书》本。
⑥ "新安陈氏曰，极多，准则之名，折狱能系属五刑之准则，所以皆合乎中理，而有是庆也。或训极为中固非，径指五极为五刑，亦非也。"（明）刘三吾：《书传会选》卷六《吕刑》，《钦定四库全书》本。
⑦ "极者，究极情理，无所不尽其至之谓。"（宋）钱时：《融堂书解》卷二十《吕刑》，《钦定四库全书》本。
⑧ "谓五刑各臻其极，于事理无有少不当之谓。"（元）王充耘：《读书管见》卷下《吕刑》，《钦定四库全书》本。
⑨ 无垢"又曰哲人何以有无疆之誉哉，以其断狱皆属于五刑之中故也。不轻以用刑，有罪者无所逃，不重以用刑，无罪者无所虑，一以中断刑而已矣"。（宋）黄伦：《尚书精义》卷四十九《吕刑》，《钦定四库全书》本。

为"善",疏说,"皆中其理",而"法有善政"。并认为,之所以说"得有"善辞,名闻于后世,是由于,其断狱能属着于五常之中正,皆得其理,而"法之有善"。① 宋人苏轼《书传》说,"必由五刑",咸得其中,则有庆。② 据宋人黄伦《尚书精义》,张九成解说,大而大辟,小而墨辟,"皆得其中",于是有无疆的"庆誉"。③ 宋人夏僎《尚书详解》说,"用法"咸得其中,于"已",就"自天阴袭"其庆。④ 宋人黄度《尚书说》说,"皆协于中乃有善庆"。⑤ 元人陈栎《书集传纂疏》说,皆合乎中理,而有福庆。⑥

以下是前三段连解。宋人林之奇《尚书全解》说,五极,五刑之得其中。不认同汉孔,以其为"误"。林之奇认为,称有无穷之美誉,是由于五刑得中,而刑得中就有余庆。既有美誉,又有余庆,"天人之所共予"。属,连。是指"美辞由于用刑",所以称"属"。⑦

以下是"属于五极咸中有庆"连解。宋人史浩《尚书讲义》解为"五刑既皆得中有庆"。⑧ 宋人蔡沉《书经集传》说,大概是"五刑咸得

---

① 传,"皆中有善。所以然也"。疏,"皆中其理,而法有善政,故也"。"庆善也。""言得有善辞,名闻于后世者,以其断狱能属着于五常之中正,皆得其理,而法之有善。所以得然也。"(汉)孔氏传、(唐)陆德明音义、(唐)孔颖达疏《尚书注疏》卷十八《周书·吕刑》,《钦定四库全书》本。
② "必由五刑,咸得其中,则有庆。"(宋)苏轼:《书传》卷十九《周书·吕刑第二十九》,《钦定四库全书》本。
③ 无垢曰:"吾何容心哉。大而大辟,小而墨辟,皆得其中,所以有无疆之庆誉也。哲人岂求名于人哉。鼓钟于宫,其声自闻于外,兰生于林,其馨自达于远。"(宋)黄伦:《尚书精义》卷四十九《吕刑》,《钦定四库全书》本。
④ "故用法咸得其中,于己则自天阴袭其庆,故曰咸中有庆。"(宋)夏僎:《尚书详解》卷二十五《吕刑》,《钦定四库全书》本。
⑤ "皆协于中乃有善庆。"(宋)黄度:《尚书说》卷七《周书·吕刑》,《钦定四库全书》本。
⑥ "所以皆合乎中理,而有福庆也。"(元)陈栎:《书集传纂疏》卷六,《钦定四库全书》本。
⑦ "五极,五刑之得其中也,先儒以为五常,误矣。言有无穷之美誉者,由五刑之得中,刑得中则有余庆矣。既有美誉,又有余庆,天人之所共予也。属,连也。言美辞由于用刑,故以属言之。"(宋)林之奇:《尚书全解》卷三十九《吕刑·周书》,《钦定四库全书》本。
⑧ "五刑既皆得中有庆。"(宋)史浩:《尚书讲义》卷二十《吕刑》,《钦定四库全书》本。

其中",所以"有庆"。①宋人陈经《陈氏尚书详解》说,刑之中,"自有庆之理存"。只有使刑都"属于极",那么,五刑"无一而不中",于是就"有庆"。庆,就是上文"自作元命","无疆之辞"。②康熙《御制日讲书经解义》解"五极"为"五刑"。确实是由于"明清敬慎",所丽属于五刑,咸得其中,当重而重,宜轻而轻,因此能配享在下,而有无穷之庆。康熙评论,"五刑咸得其中",不就是"祥刑"？③

以下是评论。据宋人时澜《增修东莱书说》,吕祖谦认为,"哲人惟刑",是"待之尊";"无疆之辞",是"期之远"。属于五极,咸中有庆,是"教之以密察之工"。属,"系属"的意思,以罪系法,"各协其极",然后称之咸中有庆。九中一偏,就还有所憾,不得为庆。④元人陈栎《书集传纂疏》,引滕氏,书之大意一中字。允执厥中《书》所以始,咸中有庆《书》所以终。⑤

5. 叙评

此句,"哲人惟刑","哲人"有解为"智人",指说是"有智之人,惟能用刑";有解为"知人",指说是"有知人之哲","人之是非曲直何所逃"。"惟刑",或"用刑",或"断刑"。"无疆之辞",或为"无穷之善辞"、"无穷之闻"、"永有令闻"、"无疆之名"、"无穷之誉";或为囚辞"无有穷尽","伪辞纷纷无穷"。"属于五极","五极",或为"五常"、

---

① "盖由五刑咸得其中,所以有庆也。"(宋)蔡沉:《书经集传》卷六《吕刑》,《钦定四库全书》本。

② "所以然者,盖刑之中,自有庆之理存。惟使刑皆属于极,则五刑无一而不中,斯有庆矣。所谓庆者,即上文所言自作元命,无疆之辞皆是也。"(宋)陈经:《尚书详解》卷四十七《周书·吕刑》,《钦定四库全书》本。

③ "五极,五刑也。""诚由其明清敬慎,所丽属于五刑者,咸得其中,当重而重,宜轻而轻,故能配享在下,而有无穷之庆也。夫五刑咸得其中,非祥刑乎。"《日讲书经解义》卷十三《吕刑》,《钦定四库全书》本。

④ "哲人惟刑,待之尊也,无疆之辞,期之远也。属于五极,咸中有庆,教之以密察之工也。属者系属之谓,以罪系法,各协其极,然后谓之咸中有庆。九中而一偏,则犹有所憾,不得为庆矣。"(宋)时澜:《增修东莱书说》卷三十四《周书·吕刑第二十九》,《钦定四库全书》本。

⑤ "滕氏曰,书之大意一中字而已。允执厥中《书》所以始,咸中有庆《书》所以终。"(元)陈栎:《书集传纂疏》卷六,《钦定四库全书》本。

"五常之极"、"五常之中正";或为"五刑";或为"五刑之标准"。"属",有论说是"连",或"属着",或"属附",或"丽属"。"咸中有庆","中",有"皆中其理",或"皆得其中",或"皆协于中"。"庆",有"庆誉",或"善庆",或"余庆",或"福庆",或"法有善政"。

笔者以为,"哲人惟刑","惟刑",汉孔的"用刑"、张九成的"断刑"、陈栎的"折狱"属于近义,可以合说。在本段,"哲人","智人"和"知人"两解都通。汉人许慎《说文解字》解"哲"为"知"。① 宋人郑樵《尔雅注》解"哲"为"智"。② 但是,穆王旨在告诫嗣孙,汉孔的"智人"与下文的衔接显得牵强,文义不顺;张九成的"知人"应为正解,当采。"无疆之辞","无穷之善辞"、"无穷之闻"、"永有令闻"、"无疆之名"、"无穷之誉"等解与穆王的告诫之意不符,穆王的本意应该不会是让其获得赞美。夏僎的因辞"无有穷尽"、胡士行的"伪辞纷纷无穷"是从不同角度解说的,都通,可以合说。"属于五极","五极","五常"诸解似乎有突兀的感觉。蔡沉的"五刑"、陈栎的"五刑之标准"都通,"五刑"更为贴切,可采。"属","连"似乎不顺;"属着"、"属附"、"丽属"为近义,黄度的"属附"稍优,可采。③ "咸中有庆","中"诸解近义,张九成的"皆得其中"稍优,可采。"庆"诸解,似乎都不顺,应与前文"一人有庆"同义,采《广雅·释言》之解。整句可以解说为:

折狱要有知人之哲,明了是非曲直;囚辞纷纷无穷,分别归属于五刑,要是断刑都能够适中,就值得庆贺。

(十)受王嘉师,监于兹祥刑

宋人夏僎《尚书详解》认为告嗣孙至上文而止,此句是总结一篇之意,凡同姓、异姓诸侯及官伯族姓"无不遍及之"。④ 笔者引证解说此句

---

① "哲,知也。"(汉)许慎:《说文解字》卷二上,《钦定四库全书》本。
② "哲,智也。"(宋)郑樵:《尔雅注》卷上,《钦定四库全书》本。
③ "属附于五常之极,立我烝民,莫匪尔极也。"(宋)黄度:《尚书说》卷七《周书·吕刑》,《钦定四库全书》本。
④ "吕侯告嗣孙至此而止,其下二句总结一篇之意,凡同姓、异姓诸侯及官伯族姓无不遍及之也。"(宋)夏僎:《尚书详解》卷二十五《吕刑》,《钦定四库全书》本。

的有，汉孔，唐孔，宋人苏轼、林之奇、吕祖谦、夏僎、史浩、黄度、胡士行、蔡沉、陈经，元人陈栎，清帝康熙。

1. 受王嘉师

此段"嘉师"解为"善众"或"良民"。《尚书注疏》汉孔传解此段为"有邦有土，受王之善众而治之"，指"嘉师"为"善众"。唐孔疏汉孔"有邦有土"为"汝有邦有土之君"。① 宋人苏轼《书传》解"嘉"为"善"。② 宋人林之奇《尚书全解》解"嘉师"为"善众"，如称"良民"。"汝受之于王"，及有邦有土"所临涖"的，无非良民。③ 宋人史浩《尚书讲义》接上句解为"必受王之善众而缵（zuǎn）承之"，④ 近似汉孔。宋人黄度《尚书说》，"嘉"为"善"，"师"为"众"。民无有不善，凡临民上治其狱讼，都受王之善众。⑤ 宋人蔡沉《书经集传》解"嘉"为"善"，"师"为"众"。诸侯受天子良民善众。⑥ 康熙《御制日讲书经解义》解"嘉"为"善"，"师"为"众"。⑦ 元人陈栎《书集传纂疏》解"嘉师"为"良"。⑧

以下是评论。宋人苏轼《书传》说，王所以能"轻刑"，是由于"民善"。⑨ 宋人林之奇《尚书全解》说，吕侯告诸侯，虽出于王命，其言却

---

① "传，有邦有土，受王之善众而治之者。"疏，"汝有邦有土之君，受王之善众而治之"。（汉）孔氏传、（唐）陆德明音义、（唐）孔颖达疏《尚书注疏》卷十八《周书·吕刑》，《钦定四库全书》本。
② "嘉，善也。"（宋）苏轼：《书传》卷十九《周书·吕刑第二十九》，《钦定四库全书》本。
③ "嘉师，善众也，犹言良民也。汝受之于王，而有邦有土者，其所临涖，无非良民。"（宋）林之奇：《尚书全解》卷三十九《吕刑·周书》，《钦定四库全书》本。
④ "必受王之善众而缵（zuǎn）承之。"（宋）史浩：《尚书讲义》卷二十《吕刑》，《钦定四库全书》本。
⑤ "嘉，善；师，众。民无有不善，凡临民上治其狱讼者，皆受王之善众，必监于此善祥之刑，一纳之于仁寿之域可也。"（宋）黄度：《尚书说》卷七《周书·吕刑》，《钦定四库全书》本。
⑥ "嘉，善；师，众也。诸侯受天子良民善众。"（宋）蔡沉：《书经集传》卷六《吕刑》，《钦定四库全书》本。
⑦ "嘉，善。师，众。"《日讲书经解义》卷十三《吕刑》，《钦定四库全书》本。
⑧ "嘉师，良民也。"（元）陈栎：《书集传纂疏》卷六《钦定四库全书》本。
⑨ "王所以能轻刑者，以民善故也。"（宋）苏轼：《书传》卷十九《周书·吕刑第二十九》，《钦定四库全书》本。

是吕侯之言。所以虽称"王曰",而又称"受王嘉师",就如《梓材》之篇,周公以王命告康叔,虽称"王曰",而又称"王启监厥乱为民"之类。① 宋人胡士行《胡氏尚书详解》接上句说,于是断之称,受王嘉师。"嘉"一字,可以显示"民之性,本中,本善"。陷于罪,非其本心。② 康熙《御制日讲书经解义》说,自今嗣孙"继世为民牧",勿以民为不可教,当知民受天地之中以生,"其性本善",即使有不善而"非其本然",是真嘉师。③

2. 监于兹祥刑

此段行文各异,但几无歧义。《尚书注疏》汉孔传解为"视于此善刑",认为是,"欲其勤而法之,为无疆之辞"。唐孔疏为"当视于"此善刑。认为是指,"从上已来,举善刑以告之"。而"欲其勤而法之,使有无穷之美誉",则是转述汉孔。④

宋人林之奇《尚书全解》说,既然如此,那么上文所言祥刑,就不可不监。刑用来禁奸,民既善,"惟此祥刑"即可。⑤ 据宋人时澜《增修东莱书说》,吕祖谦说,"汝诸侯,汝司政典狱,受我嘉美之众,蔼然郁然,无一损缺,当共护养"。怎能"不监于此祥刑",却"忍轻戕虐之"。吕祖谦感叹,穆王之心,千载可见。⑥ 宋人夏僎《尚书详

---

① "吕侯之告诸侯,虽出于王命,而其言则吕侯之言。故虽曰王曰,而又曰受王嘉师,亦犹《梓材》之篇,周公以王命告康叔,虽以王曰为言,而又曰王启监厥乱为民之类。"(宋)林之奇:《尚书全解》卷三十九《吕刑·周书》,《钦定四库全书》本。
② "故断之曰,受王嘉师。嘉之一字,以见民之性,本中,本善。其陷于罪者,非其本心也。"(宋)胡士行:《尚书详解》卷十二《周书·吕刑第二十九》,《钦定四库全书》本。
③ "自今嗣孙继世为民牧,勿以民为不可教,当知民受天地之中以生,其性本善,即有不善而非其本然,是真嘉师也。"《日讲书经解义》卷十三《吕刑》,《钦定四库全书》本。
④ 传,"视于此善刑,欲其勤而法之,为无疆之辞"。疏,"当视于此善刑。从上已来,举善刑以告之,欲其勤而法之,使有无穷之美誉"。(汉)孔氏传、(唐)陆德明音义、(唐)孔颖达疏《尚书注疏》卷十八《周书·吕刑》,《钦定四库全书》本。
⑤ "则如此,上文所言祥刑,不可不监也。刑所以禁奸,民既善矣,惟此祥刑可也。"(宋)林之奇:《尚书全解》卷三十九《吕刑·周书》,《钦定四库全书》本。
⑥ "又总而结之曰,受王嘉师,监于兹祥刑,言汝诸侯,汝司政典狱,受我嘉美之众,蔼然郁然无一损缺,当共护养。其可不监于此祥刑,而忍轻戕虐之乎。呜呼穆王之心,千载犹可见也。"(宋)时澜:《增修东莱书说》卷三十四《周书·吕刑第二十九》,《钦定四库全书》本。

解》解说为，同姓、异姓诸侯及官伯、族姓，"皆受人君之善众"，怎可不"监观我此祥刑之书"。夏僎指称，民"受中"以生，未尝不善，陷于罪，是其不幸，所以，民称"嘉师"。刑，尽管"主于刑人"，然而刑奸宄，用以"扶良善"，虽说"不祥"，却被以为"祥"。夏僎引"近世有识者"并认同，刑，本为不祥之器，而称为祥刑。民之犯刑，无非恶，而称为嘉师。能以不祥为祥，以恶为嘉，而后知"用刑之道"。① 宋人史浩《尚书讲义》解为"皆因谨刑而致"。② 宋人胡士行《胡氏尚书详解》说，民嘉，而"吾之刑"怎可不祥。③ 宋人黄度《尚书说》说，务必监于此善祥之刑，"一纳之于仁寿之域"。④ 宋人蔡沉《书经集传》说，当监视于此祥刑，认为是"申言"以"结之"。⑤ 宋人陈经《陈氏尚书详解》接上文说，刑可以"获福如此"，那么，民未可以"不善"而仓猝"纳之刑"，未可"以杀戮之事"而轻视之。陈经认为，民心本善，不就是"嘉师"？刑本用来"使民为善"，不就是"祥刑"？⑥

元人陈栎《书集传纂疏》解说，祥刑，良法。此申明前告尔祥刑之

---

① "所谓受王嘉师，监于慈祥刑者，盖谓凡尔同姓、异姓诸侯及官伯、族姓，皆受人君之善众者，岂可不监观我此祥刑之书。盖民受中以生，未尝不善，其陷于罪，乃其不幸，故民曰嘉师。刑虽主于刑人，然刑奸宄，所以扶良善，虽曰不祥，乃所以为祥也。近世有识者，尝为之说，曰刑本不祥之器也，而谓之祥刑。民之犯刑，无非恶也，而谓之嘉师。夫能以不祥为祥，以恶为嘉，而后知用刑之道矣。善哉言乎。"（宋）夏僎：《尚书详解》卷二十五《吕刑》，《钦定四库全书》本。
② "监于兹祥刑者，皆因谨刑而致也。"（宋）史浩：《尚书讲义》卷二十《吕刑》，《钦定四库全书》本。
③ "民嘉矣，而吾之刑其可不祥也邪。"（宋）胡士行：《尚书详解》卷十二《周书·吕刑第二十九》，《钦定四库全书》本。
④ "嘉，善；师，众。民无有不善，凡临民上治其狱讼者，皆受王之善众，必监于此善祥之刑，一纳之于仁寿之域可也。"（宋）黄度：《尚书说》卷七《周书·吕刑》，《钦定四库全书》本。
⑤ "当监视于此祥刑，申言以结之也。"（宋）蔡沉：《书经集传》说卷六《吕刑》，《钦定四库全书》本。
⑥ "受王嘉师，监于兹祥刑，刑之可以获福如此，则民未可以不善而遽纳之刑；未可以杀戮之事而轻视之也。何者，民心本善，岂非嘉师。刑本所以使民为善，岂非祥刑。"（宋）陈经：《尚书详解》卷四十七《周书·吕刑》，《钦定四库全书》本。

意，而欲其监观于所告之祥刑。① 康熙《御制日讲书经解义》说，"受之于王，而抚此嘉师，其可不监于古者之祥刑，以收无疆之誉"。②

3. 叙评

此句，"受王嘉师"，"嘉师"解为"善众"或"良民"。"监于兹祥刑"，"监"有"视"、"监观"、"监视"之解。"祥刑"，有"善刑"、"良法"之解。笔者以为，"嘉师"，"善众"和"良民"都可用，可以合说。"视"、"监观"与文义不符，蔡沉的"监视"与前文同解，可采。"善刑"、"良法"都通，汉孔的"善刑"比较贴切，可采。整句可以解说为：

你们得到我的善众良民，应当用我告诉你们的善刑来看管治理。

---

① "祥刑，良法也。此申明前告尔祥刑之意，而欲其监观于所告之祥刑也。"（元）陈栎：《书集传纂疏》卷六，《钦定四库全书》本。
② "受之于王，而抚此嘉师，其可不监于古者之祥刑，以收无疆之誉哉。"《日讲书经解义》卷十三《吕刑》，《钦定四库全书》本。

附录
《吕刑》解译

吕命穆王训夏赎刑,作《吕刑》。	三公太宰吕侯,受周穆王之命修订刑典,整理诸夏历朝赎刑旧规,增减取舍,编成单行典章,布告天下,训饬诸侯遵行。史官记录此事,写成《吕刑》之文。
惟吕命,王享国百年,耄荒度作刑,以诘四方。	太宰吕侯奉命修订刑罚时,穆王已经百岁了,依然在管理国家,尽心刑罚之事,与吕侯共同商定条文,为四方诸侯设定禁约以供遵行。
王曰:若古有训,蚩尤惟始作乱,延及于平民。	王说:古代三皇五帝之时有遗训说:鸿荒之世,民风浑厚朴实,平民只知耕作饮食,不知作乱,也没有刑罚。黄帝之时,有诸侯蚩尤开始拥兵作乱,被黄帝诛杀。平民染上蚩尤的恶习,跟随仿效蚩尤犯法作乱,而成为风气习俗。
罔不寇贼鸱义,奸宄,夺攘矫虔。	无不抢劫杀人,并以残暴鸷杀为义,自为侠客;内奸外宄,为非作歹,抢夺窃盗,造伪欺诈,仗势侵夺。有鉴于此,除非用刑予以惩治,否则罪恶就无从遏绝。刑罚的产生实际上是从此开始的。
苗民弗用灵制以刑,惟作五虐之刑曰法。	五帝之时,采用善制之刑,劝导平民去恶为善,以期无可用刑,而三苗之君不用先王之制,滥用五刑,却自称依法处治。
杀戮无辜,爰始淫为劓、刵、椓、黥。	于是开始杀戮无罪之人,无节制地滥用劓鼻、刵耳、椓阴、黥面之刑。
越兹丽刑并制,罔差有辞。	在用刑时,不分轻重,对于其罪不当而诉冤的,不分差等,一并处罚。
民兴胥渐,泯泯棼棼,罔中于信,以覆诅盟。	三苗国内之民,对于滥刑习以为常,群而起之,相互逐渐感染,人心转变为恶,形成习俗,奸邪良善无所分别,一同作恶;诚信不是出于内心,虽对着鬼神盟誓,却反复违背。
虐威,庶戮方告无辜于上。	三苗之君虐政作威,众被罪之人皆以其无罪而诉于天。

续表

上帝监民,罔有馨香德,刑发闻惟腥。	上天下视苗民,未有德政的馨香,而虐刑的腥秽发散可闻。
皇帝哀矜庶戮之不辜,报虐以威,遏绝苗民,无世在下。	三苗之君肆用刑罚,下失民心,上触天怒,帝舜体会天心,哀伤怜悯众多被刑戮之人遭受不当刑罚,奉上天之意,顺从民心,报为虐者以威刑,远窜他方,使子孙无继世为诸侯,另立国君。
乃命重黎,绝地天通,罔有降格。	由于三苗之君昏虐,获罪的平民,无所控诉,只能求助于神。平民滥用诅盟祭祀,家家敬神占卜,观察天文星象,向神发誓,祈求降祸他人,天神下降民间,民神混杂,祸灾接连出现。为了变恶俗,定民志,正人心,帝舜任命重黎出掌天地四时的官职,司天属神,司地属民,使人神互不相扰,各得其序,天神不降于地,地民不求于神,荒唐怪异的现象不再出现。
群后之逮在下,明明棐常,鳏寡无盖。	诸侯众臣体察下情,以纯洁之心辅助帝舜施行世间常道规则,鳏寡的冤情不被遮掩阻塞而得以上达,平民不再求助神灵。
皇帝清问下民,鳏寡有辞于苗,德威惟畏,德明惟明。	帝舜详问民间疾苦,清楚鳏寡对三苗之君的抱怨,于是,增修德政,威明并用,施政令以德行威,使民畏服远恶;彰教化以德明礼,使民知晓向善。
乃命三后,恤功于民,伯夷降典,折民惟刑;禹平水土,主名山川;稷降播种,农殖嘉谷。	于是,帝舜命伯夷、大禹、后稷三后,一起以民事为忧,各建功业。伯夷颁下典礼教民,以正民心,而礼刑合一,失礼入刑,示民以刑,折服断绝其为恶邪心;大禹治洪水,以定居住,命名山川,设为表识,划分九州疆域,并立主祭之典;后稷颁下播种之法教民,以厚民生,农田种植谷物,民得食粮。
三后成功,惟殷于民;士制百姓于刑之中,以教祗德。	伯夷、大禹、后稷各自完成功业,民得所居、所养,民生以遂;民得所教,民俗纯朴;百姓衣食充足,殷盛富庶。皋陶为士,管束百姓,用刑中正得当,不偏不倚,以此教民敬德。
穆穆在上,明明在下,灼于四方,罔不惟德之勤。	帝舜在上,敬天、敬民,躬行德政;众臣在下,纯洁至诚无私,承德辅佐;君臣合德,光辉照灼于四方,百姓效仿,无不勤于行德为善。
故乃明于刑之中,率乂(yì)于民棐彝。	于是士师中正用刑,以此整治不遵守常规典章之民。 另一说 于是士师中正用刑,以此整治不从德化之民,辅助典礼之教。
典狱非讫于威,惟讫于富。	帝舜的典狱之官不仅拒绝威势请托,杜绝威虐,而且拒绝行贿,杜绝受贿。
敬忌,罔有择言在身。	敬谨其职,有所畏惧,不敢轻忽怠慢,言行纯洁真诚,没有过失可以挑剔。
惟克天德,自作元命,配享在下。	能心存无私,与天合德,人之生死,上天所托,生杀予夺,代天讨罚,符合天意,配享天命。
王曰:嗟,四方司政典狱,非尔惟作天牧?	王感慨地说:唉,四方司政典狱的诸侯们,不就是你们负有为天养民的重任吗?

续表

今尔何监？非时伯夷播刑之迪。	现在,你们要借鉴仿效什么呢？不就是伯夷的布刑之道。礼与刑是一样的规则,先礼而后刑,教民以礼,使其自趋典礼之善；如有怠惰不恭,以刑待之,使其出刑入礼。
其今尔何惩？惟时苗民匪察于狱之丽。	现在,你们需要惩戒的是什么呢？就是三苗之君对断狱不予明察,刑与罪不相称,导致灭亡。
罔择吉人,观于五刑之中；惟时庶威夺货,断制五刑,以乱无辜。	不选择良善之人,斟酌五刑轻重,使之中正得当,不偏不倚,却放任许多典狱官逞威、索贿,以私意裁断五刑,乱加无罪之人。
上帝不蠲,降咎于苗,苗民无辞于罚,乃绝厥世。	上帝不宽恕其恶,降罪于三苗之君,三苗之君无以躲避天罚,绝其传世,子孙不得再为国君。
王曰:呜呼,念之哉,伯父伯兄、仲叔季弟、幼子童孙,皆听朕言,庶有格命。	王慨叹地说:呜呼！伯父伯兄、仲叔季弟、幼子童孙们,都听我说,有许多非常有用适当的话要告诉你们,要记住啊。
今尔罔不由慰曰勤,尔罔或戒不勤。	现在,你们无不答应说会勤勉,事事尽心,以此自我安慰；你们可不得间或懒惰怠慢,事不尽心,而后再知悔而思戒。
天齐于民,俾我,一日非终,惟终在人。	上天要治理下民,而民不能自治,把我作为天子,此事不可一日之间完成,而望于得人辅佐,行事能时时勤勉不息。
尔尚敬逆天命,以奉我一人,虽畏勿畏,虽休勿休。	希望你们会恭敬顺从天命,对我尽心奉事,即使我认为要处死的,你们也不要就处死；即使我认为要宽宥的,你们也不要就宽宥,而应按天意裁断。
惟敬五刑,以成三德,一人有庆,兆民赖之,其宁惟永。	应当敬慎五刑,当重则重,当轻则轻,或不轻不重,以成刚、柔、正直之德,如此,在上君主庆贺,在下万民蒙利,这才是安宁长久之道。
王曰:吁,来,有邦有土,告尔祥刑。	王叹而呼之说:吁,来,有邦的诸侯,有土的大夫们,告诉你们善用刑之道。
在今尔安百姓,何择非人,何敬非刑,何度非及。	在当今,你们要安抚百姓,应当选择的是什么,不就是典狱理刑的人；应当敬慎的是什么,不就是五刑；应当忖度的是什么,不就是轻重适宜,情罪相ившись,罪法相及,不株连无辜。
两造具备,师听五辞。	原告、被告都到,辞证俱在,士师据此审理,以入五刑。
五辞简孚,正于五刑。	狱辞经核实,可信无疑,确认情法相当,以五刑定罪。
五刑不简,正于五罚。	如果案情不清,疑而不实,或者情罪不合,无恰当条文,或情理可悯,委曲可议,不入五刑,令出赎金。
五罚不服,正于五过。	如果本无意,由于不得已,或出于过误,情节轻微,似乎可罚,又似乎不可罚,处以五罚不当,就不应罚,从五过赦免。

续表

五过之疵：惟官,惟反,惟内,惟货,惟来。	但是五过从赦也会由于以下五种因素出现弊端,一是官,涉及过去或现在在同一衙门的官员,或者其他官员请托,或者屈服于权势。一是反,报德或者报怨。一是内,内亲干预,或关连内亲,或者妻妾以及其他亲近女性的请求。一是货,典狱官受贿索贿。一是来,涉及过去或一直交往的友人或受其请托,或者与诉讼当事人私下交往,受其请托。
其罪惟均,其审克之。	出入人罪,依法应当同坐,以其罪处罚,典狱官要详审精察,克己私意。
五刑之疑有赦,五罚之疑有赦,其审克之。	如果入五刑有疑,就赦刑从罚；入五罚有疑,就赦罚从过,过而从免；典狱官要详审精察,克己私意。
简孚有众,惟貌有稽,无简不听,具严天威。	如果经过核实,有许多觉得可信无疑的狱辞证据,还不能无冤,仍然需要色听审察其貌；如果狱辞证据不能核实证明有罪,就不用再色听审察其貌,不作处罚,无罪赦免；尤其是,不能仅凭借其貌作出有罪判决。之所以如此,全在于敬畏天威。
墨辟疑赦,其罚百锾,阅实其罪。	按法律,属于墨罪,按情节,加刑似乎有疑惑,就应赦免,收取罚金黄铜六十斤赎罪；应当详检核实,罪罚相当。
劓辟疑赦,其罪惟倍,阅实其罪。	按法律,属于劓罪,按情节,加刑似乎有疑惑,就应赦免,收取罚金黄铜一百二十斤赎罪；应当详检核实,罪罚相当。
剕辟疑赦,其罚倍差,阅实其罪。	按法律,属于剕罪,按情节,加刑似乎有疑惑,就应赦免,收取罚金黄铜三百斤赎罪；应当详检核实,罪罚相当。
宫辟疑赦,其罚六百锾,阅实其罪	按法律,属于宫罪,按情节,加刑似乎予有疑惑,就应赦免,收取罚金黄铜三百六十斤赎罪；应当详检核实,罪罚相当。
大辟疑赦,其罚千锾,阅实其罪。	按法律,属于大辟,按情节,加刑似乎有疑惑,就应赦免,收取罚金黄铜六百斤赎罪；应当详检核实,罪罚相当。
墨罚之属千,劓罚之属千,剕罚之属五百,宫罚之属三百,大辟之罚其属二百,五刑之属三千。	墨罚的条目一千,劓罚的条目一千,剕罚的条目五百,宫罚的条目三百,大辟罚赎的条目二百,刑书每条都有刑、有罚,五刑、五罚的条目各有三千。
上下比罪,无僭乱辞,勿用不行。	如果罪无正律规定,可以比较对照上下轻重条文,审慎量刑；不能用刑与狱辞不相应,或者以私意曲解狱辞而导致差误；也不得使用以前的而现在已经废止的法律条文,以及现有的而与犯罪情节不符的法律条文。
惟察惟法,其审克之。	务必明察情理,内合于心,而外合于法,听审要详尽,应当克己私意。
上刑适轻下服,下刑适重上服,轻重诸罚有权。	上刑,如果罪重情轻,应当减一等服下刑；下刑,如果罪轻情重,应当加一等服上刑；各等罚金也一样,应当按轻重情形,权衡妥当,减一等,或加一等收取。

续表

刑罚世轻世重,惟齐非齐,有伦有要。	刑罚随世轻重,是遵行正条,还是适度变通,应推究人伦情理,明察治乱要领。
罚惩非死,人极于病。	罚惩虽非死伤,却殚尽资财,已使人极度痛苦。
非佞折狱,惟良折狱,罔非在中。	绝不可任花言巧语的人断狱,而应让善良纯洁温和的人断狱,无非就是要寻求中正。
察辞于差,非从惟从。	狱囚供词前后不一,或者掩饰真情出现差错,以及双方供词佐证不同,应当明察分辨;不应听信狱囚隐瞒造伪,或自诬的供词,以及并无冤枉却翻供之词;只听从实情;如狱囚妄承罪名,确有冤枉,临刑反悔翻供也应听取辨明。
哀敬折狱,明启刑书胥占,咸庶中正。	断狱应常存哀悯敬畏之心,明开刑书,与众狱官和狱囚共同占度,希望都能得到中正,无过失差错。
其刑其罚,其审克之。	当刑者刑,当罚者罚;听审要详尽,应当克己私意。
狱成而孚,输而孚,其刑上备,有并两刑。	断狱成辞,得其情实,信为有罪,典狱官应自书情实,并让囚犯也自书情实表示服罪;断刑文书,呈送王府或国君,应具备不可隐漏;如果有轻重两刑,以及一人犯两刑、一罪数法,应一并列出,听王或国君裁决。
王曰:呜呼,敬之哉,官伯族姓,朕言多惧。	王叹息说:敬慎啊,诸侯百官们,刑罚攸关生死,说起来尚且畏惧,何况使用。
朕敬于刑,有德惟刑。	我敬慎刑罚,要知道有德才能称为刑罚。
今天相民,作配在下,明清于单辞。	现在,天有意治民而不自治,你们在下配合,代天理刑之责;听讼应当清审,使民得以尽其辞。
民之乱,罔不中听狱之两辞,无或私家于狱之两辞。	治民之道,无不是用中正之心听取诉讼双方的供词;不得以私意喜怒偏向听从一方之词。
狱货非宝,惟府辜功,报以庶尤。	断狱枉法,收取贿赂,不足为宝,只能是集聚罪状;见金不见祸,天将会报以众罪百殃。
永畏惟罚,非天不中,惟人在命。	天罚应当长久畏惧,并非天道有失中正,而在于刑狱事关人命,陷人于死,天所不容。
天罚不极,庶民罔有令政在于天下。	要是天罚不至其极,典狱无所惩戒,滥施刑罚,天下民众就得不到善政。
王曰:呜呼,嗣孙,今往何监,非德于民之中,尚明听之哉。	王叹息说:嗣世子孙们,从今往后,如何看管治理民众,不就是要立德中正,希望听清楚我说的话,并加以施行,不得怠慢。
哲人惟刑,无疆之辞,属于五极,咸中有庆。	折狱要有知人之哲,明了是非曲直;囚辞纷纷无穷,分别归属于五刑,要是断刑都能够适中,就值得庆贺。
受王嘉师,监于兹祥刑。	你们得到我的善众良民,应当用我告诉你们的善刑来看管治理。

引证文献资料

一 历史文献

1. （汉）孔氏传、（唐）陆德明音义、（唐）孔颖达疏《尚书注疏》，《钦定四库全书》本。

2. （汉）许慎：《说文解字》卷二上，《钦定四库全书》本。

3. （魏）张揖：《广雅》卷五《释言》，《钦定四库全书》本。

4. （宋）苏洵：《嘉祐集》卷五《衡论下·议法》，《钦定四库全书》本。

5. （宋）苏轼：《书传》卷十九《周书·吕刑第二十九》，《钦定四库全书》本。

6. （宋）袁燮：《絜斋家塾书钞》卷十，《钦定四库全书》本。

7. （宋）叶时：《礼经会元》卷四下《刑罚》，《钦定四库全书》本。

8. （宋）陈大猷：《书集传或问》卷下《周书·吕刑》，《钦定四库全书》本。

9. 《朱子语类》卷七十八《尚书一·舜典》，《钦定四库全书》本。

10. 《朱子语类》卷七十九《尚书二·周书·吕刑》，《钦定四库全书》本。

11. （宋）钱时：《融堂书解》卷二十《周书·吕刑》，《钦定四库全书》本。

12. （宋）黄伦：《尚书精义》卷四十九《周书·吕刑》，《钦定四库全书》本。

13. （宋）时澜：《增修东莱书说》卷三十四《周书·吕刑第二十

九》,《钦定四库全书》本。

14. (宋)黄度:《尚书说》卷七《周书·吕刑》,《钦定四库全书》本。

15. (宋)林之奇:《尚书全解》卷三十九《周书·吕刑》,《钦定四库全书》本。

16. (宋)胡士行:《尚书详解》卷十二《周书·吕刑第二十九》,《钦定四库全书》本。

17. (宋)夏僎:《尚书详解》卷二十五《周书·吕刑》,《钦定四库全书》本。

18. (宋)陈经:《尚书详解》卷四十七《周书·吕刑》,《钦定四库全书》本。

19. (宋)魏了翁:《尚书要义》卷十九《周书·吕刑》,《钦定四库全书》本。

20. (宋)蔡沉:《书经集传》卷六《周书·吕刑》,《钦定四库全书》本。

21. (宋)史浩:《尚书讲义》卷二十《周书·吕刑》,《钦定四库全书》本。

22. (宋)郑樵:《尔雅注》卷上,《钦定四库全书》本。

23. (元)陈师凯:《书蔡氏传旁通》卷六下《周书·吕刑》,《钦定四库全书》本。

24. (元)朱祖义:《尚书句解》卷十二《周书·吕刑第二十九》,《钦定四库全书》本。

25. (元)吴澄:《书纂言》卷四下《周书·吕刑》,《钦定四库全书》本。

26. (元)陈栎:《书集传纂疏》卷六,《钦定四库全书》本。

27. (元)董鼎:《书传辑录纂注》卷六《周书·吕刑》,《钦定四库全书》本。

28. (元)王充耘:《读书管见》卷下《周书·吕刑》,《钦定四库全书》本。

29. (元)陈悦道:《书义断法》卷六《周书·吕刑》,《钦定四库全书》本。

30. （元）许谦：《读书丛说》卷六《周书·吕刑》，《钦定四库全书》本。

31. （元）王充耘：《书义矜式》卷六《周书·吕刑》，《钦定四库全书》本。

32. （明）陈第：《尚书疏衍》卷四《周书·吕刑》，《钦定四库全书》本。

33. （明）刘三吾：《书传会选》卷六《周书·吕刑》，《钦定四库全书》本。

34. （明）王樵：《尚书日记》卷十六《周书·吕刑》，《钦定四库全书》本。

35. （明）胡广等：《书经大全》卷十《周书·吕刑》，《钦定四库全书》本。

36. （明）马明衡：《尚书疑义》卷六《周书·吕刑》，《钦定四库全书》本。

37. （明）梅鷟：《尚书考异》卷五《周书·吕刑》，《钦定四库全书》本。

38. 康熙：《日讲书经解义》卷十三《周书·吕刑》，《钦定四库全书》本。

39. （清）王夫之：《尚书稗疏》卷四下《周书·吕刑》，《钦定四库全书》本。

40. 程川：《朱子五经语类》卷四十九《周书·吕刑》，《钦定四库全书》本。

41. （清）朱鹤龄：《尚书埤传》卷十五《周书·吕刑》，《钦定四库全书》本。

42. （清）余萧客：《古经解钩沉》卷四《周书·吕刑》，《钦定四库全书》本。

43. 《钦定书经传说汇纂》卷二十一《周书·吕刑》，《钦定四库全书》本。

44. （汉）韩婴：《诗外传》，《钦定四库全书》本。

45. （汉）郑氏笺、（唐）陆德明音义、（唐）孔颖达疏《毛诗注疏》，《钦定四库全书》本。

46. （宋）王应麟：《诗地理考》，《钦定四库全书》本。

47. （宋）李樗、黄櫄：《毛诗李黄集解》，《钦定四库全书》本。

48. （宋）严粲：《诗缉》，《钦定四库全书》本。

49. （宋）范处义：《诗补传》，《钦定四库全书》本。

50. （元）梁益：《诗传旁通》，《钦定四库全书》本。

51. （元）许谦：《诗集传名物钞》，《钦定四库全书》本。

52. （元）刘瑾：《诗传通释》，《钦定四库全书》本。

53. （明）冯复京：《六家诗名物疏》，《钦定四库全书》本。

54. （明）朱朝瑛：《读诗略记》，《钦定四库全书》本。

55. （明）胡广等：《诗传大全》，《钦定四库全书》。

56. （明）梁寅：《诗演义》，《钦定四库全书》本。

57. 吴景旭：《历代诗话》，《钦定四库全书》本。

58. （明）季本：《诗说解颐正释》，《钦定四库全书》本。

59. （清）毛奇龄：《毛诗写官记》，《钦定四库全书》本。

60. （清）毛奇龄：《诗传诗说驳义》，《钦定四库全书》本。

61. （清）顾镇：《虞东学诗》，《钦定四库全书》本。

62. （清）严虞惇：《读诗质疑》，《钦定四库全书》本。

63. （清）朱鹤龄：《诗经通义》，《钦定四库全书》本。

64. （清）姜炳璋：《诗序补义》，《钦定四库全书》本。

65. （清）陈启源：《毛诗稽古编》，《钦定四库全书》本。

66. （汉）郑氏注、（唐）陆德明音义、（唐）贾公彦疏《周礼注疏》，《钦定四库全书》本。

67. （宋）卫湜：《礼记集说》，《钦定四库全书》本。

68. 唐明皇御注、陆德明音义、宋邢昺疏《孝经注疏》，《钦定四库全书》本。

69. （汉）赵氏注、（宋）孙奭音义并疏《孟子注疏》，《钦定四库全书》本。

70. （晋）杜预：《春秋释例》，《钦定四库全书》本。

71. （五代）冯继先：《春秋名号归一图》，《钦定四库全书》本。

72. （宋）程公说：《春秋分记》，《钦定四库全书》本。

73. （宋）吕祖谦：《左氏传续说》，《钦定四库全书》本。

74. （宋）吕本中：《春秋集解》，《钦定四库全书》本。

75. （宋）魏了翁：《春秋左传要义》，《钦定四库全书》本。

76. （元）齐履谦：《春秋诸国统纪》，《钦定四库全书》本。

77. （明）王道焜、赵如源同编《左传杜林合注》，《钦定四库全书》本。

78. （清）胡安国：《胡氏春秋传》，《钦定四库全书》本。

79. （清）张尚瑗：《三传折诸·左传折诸》，《钦定四库全书》本。

80. （清）顾炎武：《左传杜解补正》，《钦定四库全书》本。

81. （清）顾栋高：《春秋大事表》，《钦定四库全书》本。

82. 《春秋集传释义大成》，《钦定四库全书》经部五。

83. 《帝王世纪》，齐鲁书社，2005。

84. 王国维：《今本竹书纪年疏证》，世界书局，1957。

85. 《古本竹书纪年》，齐鲁书社，2005。

86. （晋）郭璞注《穆天子传》，《钦定四库全书》本。

87. （吴）韦昭注《国语》，《钦定四库全书》本。

88. （汉）高诱注《战国策》，《钦定四库全书》本。

89. （汉）司马迁：《史记》，中华书局，1982。

90. （南朝宋）范晔撰、（梁）刘昭注《后汉书》，《钦定四库全书》本。

91. （宋）欧阳修：《新唐书》，《钦定四库全书》本。

92. （宋）司马光：《资治通鉴》，《钦定四库全书》本

93. （宋）罗泌：《路史》卷二十四《国名纪》，《钦定四库全书》本。

94. （宋）吕祖谦：《大事记》，《钦定四库全书》本。

95. （魏）郦道元：《水经注》，《钦定四库全书》本。

96. （唐）李吉甫：《元和郡县志》，《钦定四库全书》本。

97. （宋）郑樵：《通志》，《钦定四库全书》本。

98. （宋）乐史：《太平寰宇记》，《钦定四库全书》本。

99. （宋）潘自牧：《记纂渊海》，《钦定四库全书》本。

100. （宋）欧阳忞：《舆地广记》，《钦定四库全书》本。

101. （宋）王存等：《元丰九域志》，《钦定四库全书》本。

102. （宋）祝穆：《方舆胜览》，《钦定四库全书》本。

103. （元）于钦：《齐乘》，《钦定四库全书》本。

104. （明）李贤：《明一统志》，《钦定四库全书》本。

105. 《大清一统志》，《钦定四库全书》本。

106. 《河南通志》，《钦定四库全书》本。

107. 《河南通志》，《钦定四库全书》本。

108. 《山西通志》，《钦定四库全书》本。

109. 《江南通志》，《钦定四库全书》本。

110. 《甘肃通志》，《钦定四库全书》本。

111. （汉）高诱注《吕氏春秋》，《钦定四库全书》本。

112. （汉）王符：《潜夫论》，《钦定四库全书》本。

113. （宋）王应麟：《困学纪闻》，《钦定四库全书》本。

114. （宋）章如愚：《群书考索续集》，《钦定四库全书》本。

115. （清）阎若璩：《潜邱札记》，《钦定四库全书》本。

116. 《墨子》，《钦定四库全书》本。

117. （汉）高诱注《淮南鸿烈解》，《钦定四库全书》本。

118. （晋）郭象注《庄子注》，《钦定四库全书》本。

119. （晋）张湛注、（唐）殷敬慎释文《列子》，《钦定四库全书》本。

120. （宋）郑樵：《通志》，《钦定四库全书》本。

121. （元）马端临：《文献通考》，《钦定四库全书》本。

122. 《御批历代通鉴辑览》，《钦定四库全书》本。

123. （元）尚仲贤：《洞庭湖柳毅传书》，中华书局，1936。

二　今人著述

1. 章太炎：《国学讲演录》，《章太炎讲国学》第二辑，（北京）金城出版社，2008。

2. 郭沫若：《金文丛考》，人民出版社，1954。

3. 郭沫若：《十批判书》，中国华侨出版社，2008。

4. 顾颉刚、刘起釪：《尚书校释译论》第 4 册，中华书局，2005。

5. 《顾颉刚读书笔记》，（台北）联经出版有限公司，1990，2005 年第 2 版。

6. 顾颉刚：《论〈今文尚书〉著作时代书》，《古史辨》第一册，上海古籍出版社，1982。

7. 徐少华：《周代南土历史地理与文化》，武汉大学出版社，1994。

8. 傅斯年：《民族与古代中国史·姜原》，《国立中央研究院历史语言研究所集刊》第二本第一分，1930 年 5 月。

9. 傅斯年：《民族与古代中国史·大东小东说》，《国立中央研究院历史语言研究所集刊》第二本第一分，1930 年 5 月。

10. 钱穆：《周官著作时代考》，《两汉经学今古文平议》，商务印书馆，2001。

11. 何光岳：《吕国的形成和迁徙》，《史学月刊》1984 年第 3 期。

12. 马小红：《试论〈吕刑〉的制作年代》，《晋阳学刊》1989 年第 6 期。

13. 吴锐：《杨向奎先生论炎帝文明》，《中国哲学史》1996 年第 3 期。

14. 徐少华：《吕国铜器及其历史地理探疑》，《中原文物》1996 年第 4 期。

15. 晁福林：《郭店楚简〈缁衣〉与〈尚书·吕刑〉》，《史学史研究》2002 年第 2 期。

16. 李力：《先秦法制研究之批判》，《中国法制史考证》甲篇第一卷，中国社会科学出版社，2003。

17. 郭静云：《从不同文本引用〈尚书·吕刑〉篇试探战国社会思想的多元性》，《史学史研究》2009 年第 2 期。

18. 金荣权：《古吕国综考》，《南都学坛》2011 年第 2 期。

19. 尤韶华：《〈尚书〉所见的法律形式》，《法律史论丛》第 11 辑，社会科学文献出版社，2011。

后　　记

对《尚书》的研读，起于大学本科时期。此后断断续续地收集积累相关的《书经》文献史料。第一篇论文《象刑歧义考》发表于韩延龙教授主编的《法律史论集》第3卷，法律出版社2000年10月版，收入杨一凡教授总主编的《中国法制史考证甲编》第一卷《夏商周法制考》，中国社会科学出版社，2003年9月版。第二篇论文《〈尚书〉所见的法律形式》发表于杨一凡教授主编的《中国古代法律形式研究》，社会科学文献出版社2011年10月版。第三篇论文《〈吕刑〉的穆吕之争：〈尚书·吕刑〉性质辨析》发表于《江苏警官学院学报》第27卷第2期，2012年3月。本书定稿于2012年岁末。长期积累起来的《尚书》文献史料，也拟将整理出版，包括《四库本〈书经〉集解》、《〈书经〉四库辑考》（暂定名），并拟在此基础上作系统的研究。当然，这得有待时日，希望不会落空。

板凳坐得十年冷，文章不着一字空。这是许多史学前辈的教诲。十分怀念以前良好的学术氛围。正是有这种学术氛围，才使得文献资料的积累成为可能。从今往后，不知是否还有此种福分。但不管如何，能存世方为文与书，一直是笔者的信念。

本书原定在2011年年底结稿，答应社科文献出版社刘骁军主任的约稿。最终却延误了一年，原因已经在自序中说明。此间，刘骁军主任和中国社会科学院法学研究所科研处的胡微波先生一直关心本书的进展。本书列入《中国社会科学院文库》，获得资助，得以面世。芮素平责任编辑付出了辛劳。在此，对于所有支持和关心本书出版的人士深表感激。

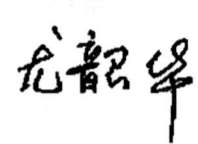

图书在版编目(CIP)数据

归善斋《吕刑》汇纂叙论/尤韶华著. —北京：社会科学文献出版社，2013.7
（中国社会科学院文库. 法学社会学研究系列）
ISBN 978-7-5097-4706-3

Ⅰ.①归… Ⅱ.①尤… Ⅲ.①中国奴隶制时期法律-研究-西周时代 Ⅳ.①D929.24

中国版本图书馆 CIP 数据核字（2013）第 118321 号

中国社会科学院文库·法学社会学研究系列

归善斋《吕刑》汇纂叙论

著　　者 /	尤韶华
出 版 人 /	谢寿光
出 版 者 /	社会科学文献出版社
地　　址 /	北京市西城区北三环中路甲29号院3号楼华龙大厦
邮政编码 /	100029

责任部门 /	社会政法分社（010）59367156	责任编辑 /	芮素平
电子信箱 /	shekebu@ssap.cn	责任校对 /	宝　蕾
项目统筹 /	刘晓军	责任印制 /	岳　阳
经　　销 /	社会科学文献出版社市场营销中心（010）59367081　59367089		
读者服务 /	读者服务中心（010）59367028		

印　　装 /	北京季蜂印刷有限公司		
开　　本 /	787mm×1092mm　1/16	印　张 /	31.75
版　　次 /	2013年7月第1版	字　数 /	500千字
印　　次 /	2013年7月第1次印刷		
书　　号 /	ISBN 978-7-5097-4706-3		
定　　价 /	128.00元		

本书如有破损、缺页、装订错误，请与本社读者服务中心联系更换

版权所有　翻印必究